GRAND PRIX STORY 2011

Der mit dem Bullen tanzt – Die große Vettel Show

Heinz Prüller/ Robert Höpoltseder

GRAND PRIX STORY 2011

Der mit dem Bullen tanzt

Die große Vettel Show

Residenz Verlag

Bildnachweis:

Cover: Melzer/Motorsportpressebild
Klappe: (oben) BMW Motorsport, (unten) Privat
Umschlag Rückseite: BMW Motorsport

Fotos Innen:
APA-Grafik / picturedesk.com: S. 160 (unten klein)
ARC Beaumont: Seite: 33, 34, 35, 36/37, 74/75, 76 (oben u. unten links), 77 (unten), 79 (oben, links Mitte, links unten), 114, 115, 116/117, 118 (oben), 119 (unten), 120, 156/157 (oben)
Oliver J. Graf / Interfoto / picturedesk.com: Seite 229
Getty Images: Seite 40 (unten)
Melzer/Motorsportpressebild (MSP): Seite 38/39, 40 (oben), 73, 76 (rechts unten, Mitte), 77 (oben), 78, 79 (rechts unten), 80, 113 114 (oben rechts Mitte), 118 (unten 3x), 119 (oben), 153, 154, 155, 158, 159, 160 (oben)
Stephen Morris / EPA / picturedesk.com: Seite 3
Andreas Pessendorfer/APA Picturedesk: Seite 160 (unten)

Bibliografische Information der Deutschen Bibliothek
Die Deutsche Bibliothek verzeichnet diese Publikation in der Deutschen Nationalbibliografie; detaillierte bibliografische Daten sind im Internet über http://dnb.ddb.de abrufbar.

Redaktionsschluss: 28. 11. 2011

Residenz Verlag
im Niederösterreichischen Pressehaus
Druck- und Verlagsgesellschaft mbH
St. Pölten – Salzburg

www.residenzverlag.at
info@residenzverlag.at

Grafische Gestaltung/Satz: José Coll | Studio B.A.C.K.
Statistik: Thomas Lang
Projektleitung: Sonja Franzke | www.vielseitig.co.at
Gesamtherstellung: CPI Moravia

ISBN 978-3-7017- 3250-0

INHALT

7 Grußwort von Michael Schumacher
8 Der neue Superstar
10 So fuhren sie 2011

11 Vettel – und die 32 Weltmeister vor ihm
16 Laudatio für Vettel
18 Interview: Markos Geheimnisse

26 Melbourne: Solo für Vettel
42 Sepang: Hamilton zockt
49 Shanghai: „War kurz beim Chef"
55 Istanbul: Freie Fahrt für Seb
65 Spielberg: Ö-Ring wachgeküsst
71 Barcelona: Alonso lebenslang
85 Monte Carlo: Glück im Chaos
101 Montreal: „Sorry, Sebastian!"
110 Zeitreise: 100 Jahre Fangio
122 Valencia: Sieg nach Schema V
130 Silverstone: Auspuff-Streiterei
143 Nürburgring: Cooldown für Vettel
151 Budapest: So arbeitet Red Bull
170 Spa: „Schumi muss bleiben!"
180 Monza: Vettels Meisterstück
190 Singapur: Ganz knapp im Aus
196 Suzuka: Ein Punkt, zwei Titel
205 Korea: Straflos zum Sieg
209 Neu-Delhi: Sieg mit Trauerflor
217 Abu Dhabi: Schon wieder Rekord
221 Interlagos: Endlich Mark Webber
229 Monza 1961: Requiem für Graf Trips

236 Statistik

GRUSSWORT
VON MICHAEL SCHUMACHER

„Als ich in diesem Jahr in Spa mein 20. Jahr in der Formel I feierte, hatte ich das Gefühl, schon ewig dabei zu sein, und die meisten Beobachter im Fahrerlager teilten dieses Gefühl. Wenn ich dich ansehe, denke ich allerdings das genaue Gegenteil: Du bist schon so lange in den Fahrerlagern der Welt unterwegs, dass ich dagegen eher ein Jungspund bin.

Trotzdem, im Vergleich zu meinen heutigen Rivalen bin ich natürlich recht betagt – wenn man zum Beispiel das Alter der beiden Toro-Rosso-Fahrer zusammenzählt, kommt man so ungefähr auf meines. Das Kämpfen gegen die Jungs macht aber nicht weniger Spaß als früher. Ich habe keine Sekunde bereut, dass ich mich zur Rückkehr auf die Rennstrecken entschlossen habe. Immer schon habe ich Herausforderungen geliebt, und diese Herausforderung ist extrem reizvoll. Natürlich haben wir uns alle gewünscht, dass die Zusammenarbeit Brawn – Mercedes – Schumacher schneller erfolgreich wird, aber mein Credo ist schon immer gewesen, dass man für sein Glück hart arbeiten muss. Wir arbeiten hart, und wir lassen uns nicht entmutigen. In der Ruhe liegt die Kraft, daran glaube ich. Und auch wenn man nichts erzwingen kann, kann man doch sein Bestes geben.

In dieser Saison habe ich viele Fortschritte erkennen können, die nach außen vielleicht nicht so deutlich wurden. Ich bin überzeugt davon, dass wir uns weiter verbessern werden und Mercedes wieder um die WM kämpfen wird. Daher gehe ich guten Mutes in das nächste Jahr und freue mich auf weitere Duelle. Und natürlich wünsche ich mir, dass ich dann mit Sebastian werde kämpfen können; nicht nur weiterhin auf der Kartbahn, sondern dann auch auf den Formel-I-Strecken."

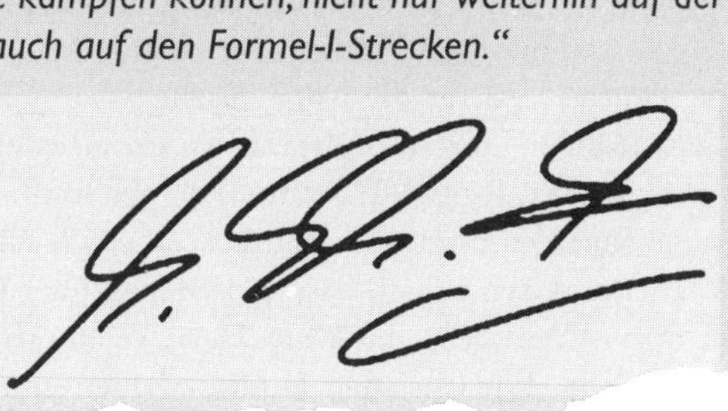

Der jüngste Doppelweltmeister im Porträt

DER NEUE SUPERSTAR

„Talent ohne Ende!“ bescheinigt ihm Niki Lauda. Für Gerhard Berger sah er vor ein paar Jahren „noch aus wie ein Kind, hatte aber schon die Reife eines Erwachsenen.“ Red-Bull-Teamchef Christian Horner sieht „einen erwachsenen Kopf auf jungen Schultern.“ Und: „Wenn man seine unglaublichen Rekorde ansieht, kann man leicht vergessen, wie jung er noch ist. Aber wenn er mit seinem Fitmacher daherkommt, beide mit Rucksack, würde jeder tippen: zwei InterRail-Kids, die sich ein bissl die Welt anschauen …“

Sebastian Vettel, Doppelweltmeister, der jüngste der Geschichte. Red Bulls „Golden Boy“. Ein Formel-I-Star, anders als die anderen – auch seine Vorgänger-Weltmeister. Der vierte deutschsprachige Champion nach Jochen Rindt, Niki Lauda, Michael Schumacher. Von denen ihm als Typ vor allem Rindt imponiert.Auch seine spezielle Sonnenbrille. Ich konnte ihm helfen – mit einer Retro-Brille von 1970. „Ich hab alle Dokus gesehen, alle Bücher gelesen. Waren die Formel-I-Fahrer früher wirklich so wilde Hunde? Mir kommt vor, damals war mehr Kameradschaft zwischen den Piloten.“ Sicher. Aber Vettel ist ein Rennfahrer, der zwar viele Gegner hat, aber keine Feinde. Höchstens ein bissl die Engländer, von denen viele immer noch Schumacher hassen und den „Baby-Schumi“ als Michaels Sohn betrachten.

Dabei ist Vettel ein problemloser, sympathischer, netter Kerl, der viel Spaß am Leben hat, aber seinen Job unheimlich ernst nimmt. Und ihm absolut alles unterordnet. Der „Seb“, der zwischen zwei Asien-GP kurzerhand mit Rucksack, als Backpack-Reisender, nach Hawaii fliegt, ist der gleiche, der stundenlang mit den Technikern Trainings und Qualifying analysiert – und noch im Flieger alle Daten studiert, während andere rund um ihn nur noch ihr Gameboy fasziniert. Da erinnert er mich an Ayrton Senna, der oft um Mitternacht noch auf die Strecke zurückkam, wenn ihm etwas einfiel, wo er noch ein paar Hundertstel gewinnen könnte. Aber auch wenn es oft so aussieht: Vettel ist nicht unbedingt der Typ, der als Hollywood-Strahlemann einsteigt – und ohne alle Probleme gewinnt.

In Montreal half er die halbe Nacht seiner Crew, um das Auto zu reparieren und umzubauen – und in Budapest, wo Unterboden/Diffusor nicht zusammenpassten, machte er in der Box Überstunden. „Jetzt schon ein großer Champion!“ loben ihn seine Ingenieure und Mechaniker, „aber gleichzeitig ist er auch einer von den Boys …“ Bei denen er sich nach jedem Sieg über Boxenfunk bedankt. Sein Ritual kennt inzwischen die halbe Welt. Den „Vettel-Mittelfinger“. Die Jubelschreie im Cockpit, wenn ihm Christian Horner wieder einmal für einen „brillanten Drive“

gratuliert. Manche warten nur noch, bis er bei der Siegerehrung jodelt – wie früher „Striezel" Stuck.

Reifer als sein Alter – mit einer Zukunft ohne Limit. „Wart nur, bis er ein bissl älter wird. Die Reife kommt mit der Zeit. Die wird zeigen, wie außergewöhnlich seine Erfolge sind", überlegt Christian Horner. „Aber was er in kürzester Zeit geleistet hat, ist phänomenal."

Aus dem 10-jährigen Buben, der zur Essener Motorshow mit seinem Album mit Zeitungsausschnitten kam („Ich bin Sebastian Vettel und brauche zum Rennfahren Sponsorgelder"), ist längst ein internationaler Superstar geworden. Aber einer ohne Privatjet und Yacht, auch wenn ihn Bernie Ecclestone im Sommer auf sein Schiff eingeladen hat. Vettel braucht keine Luxushotels und würde am liebsten immer noch mit Eltern und Geschwistern im Familienwohnwagen schlafen, den Vater Norbert meist in Fahrerlager-Nähe parkt.

Was für ein Unterschied! 2010 unter größtem Druck, mit dem Rücken zur Wand, die drei letzten Rennen gewonnen – seine einzige Chance. Und jetzt, 2011, schon den ersten Matchball zum WM-Titel verwertet.

Wie hat sich Sebastian Vettels Welt verändert? 2010 in Istanbul noch die Kollision mit Mark Webber, als er um die Führung fightete, in Spa der Dreher gegen Jenson Button – aber Sebastian hat voriges Jahr auch 63 Punkte allein durch technische Defekte und Ausfälle verloren. „Wir waren halt noch nicht perfekt." Und heuer? „Schwer zu sagen, was besser wurde. Ich versuch halt immer, aus jedem Rennen zu lernen."

In Shanghai wurde er noch von Hamilton überrascht, in Montreal rutschte er, mit Jenson Button im Nacken, in der letzten Kurve aus, am Nürburgring war der frühe Dreher vielleicht unnötig – aber was macht das gegen die anderen Sensationsrennen? In Barcelona fuhr er trotz Hamilton im Nacken ohne Fehler – in Monaco gegen Alonso und Button. Eine stolze Siegbilanz

Dein bestes Rennen, Sebastian? „Valencia! Vielleicht hat's von außen fad ausgeschaut, aber ich war total happy. Wie wir am Auto das ganze Wochenende arbeiteten,bis wir alles perfekt hinkriegten – und wie ich dann das Rennen kontrollierte."

Mit Gasfuß, Herz und Hirn. Damit keine Überhitzung mehr droht, schaltet Vettel sein KERS oft während der Rennen ein oder aus. 2012, wenn Red Bull zusammen mit Renault entwickelt – sicher kein Problem mehr.

Wer vom „Reifenflüsterer" Button schwärmt, darf auch Vettel nicht vergessen. „Auf die neuen Pirelli musst du genau horchen, weil sie nicht so lange halten und mehr Verschleiß haben. Aber ich weiß nicht, wie lang die anderen brauchen, um sie zu verstehen." So macht Vettel aus dem schwarzen Gold echtes Gold. Vielleicht fährt Mark Webber den Speed des Autos. Den Unterschied macht Vettel bis zum jümgsten Doppelweltmeister aller Zeiten.

SO FUHREN SIE 2011

Red Bull Racing (Motor: Renault)

1 Sebastian Vettel (DEUTSCHLAND) — 2 Mark Webber (AUSTRALIEN)

McLaren (Motor: Mercedes)

3 Lewis Hamilton (ENGLAND) — 4 Jenson Button (ENGLAND)

Ferrari (Motor: Ferrari)

5 Fernando Alonso (SPANIEN) — 6 Felipe Massa (BRASILIEN)

Mercedes (Motor: Mercedes)

7 Michael Schumacher (DEUTSCHLAND) — 8 Nico Rosberg (DEUTSCHLAND)

Lotus-Renault (Motor: Renault)

9 Robert Kubica (POLEN) — 10 Vitaly Petrov (RUSSLAND)
9 Nick Heidfeld (DEUTSCHLAND)
9 Bruno Senna (BRASILIEN)

Heidfeld ab Saisonbeginn statt dem verletzten Kubica, Senna ab Spa.

Williams (Motor: Cosworth)

11 Rubens Barrichello (BRASILIEN) — 12 Pastor Maldonado (VENEZUELA)

Force India (Motor: Mercedes)

14 Adrian Sutil (DEUTSCHLAND) — 15 Paul Di Resta (SCHOTTLAND)

Sauber (Motor: Ferrari)

16 Kamui Kobayashi (JAPAN) — 17 Sergio Pérez Mendoza (MEXIKO)
17 Pedro de la Rosa (SPANIEN)

De la Rosa in Montreal statt dem verletzten Pérez.

Toro Rosso (Motor: Ferrari)

18 Sébastien Buemi (SCHWEIZ) — 19 Jaime Alguersuari (SPANIEN)

Team Lotus (Motor: Renault)

20 Jarno Trulli (ITALIEN) — 21 Heikki Kovalainen (FINNLAND)
20 Karun Chandhok (INDIEN)

Chandhok am Nürburgring statt Trulli.

HRT (Motor: Cosworth)

22 Narain Karthikeyan (INDIEN) — 23 Vitantonio Liuzzi (ITALIEN)
22 Daniel Ricciardo (AUSTRALIEN)

Ricciardo ab Silverstone statt Karthikeyan, dieser wieder später statt Liuzzi.

Marussia Virgin Racing (Motor: Cosworth)

24 Timo Glock (DEUTSCHLAND) — 25 Jérôme d'Ambrosio (BELGIEN)

VETTEL – UND DIE 32 WELTMEISTER VOR IHM

Wer sie waren, was aus ihnen wurde: 20 leben – und vier fahren noch

Dr. Giuseppe Nino Farina (Weltmeister 1950): eines von 13 Kindern (!) und Erbe der alten Karosseriefirma Stabilimento Farina aus den 20er-Jahren, kümmerte sich aber viel lieber ums Rennfahren. Sein Cousin Pinin Farina („der Kleinste") machte sich selbständig und wurde mit seinen traumhaften Karosserien weltberühmt. Eine Familie mit Benzin im Blut. Dr. Giuseppe Nino verunglückte 59-jährig bei einem Verkehrsunfall in Südfrankreich tödlich.

Juan Manuel Fangio (1951, 1954–57): Der argentinische Maurersohn ist für viele der Größte aller Zeiten. Überlebte ganze Starterfelder. „Ich wollte immer der Erste im Ziel sein, aber der Letzte beim Sterben." Wurde 84 Jahre alt. Hatte er Söhne, Neffen, Cousins, die später als Juan Manuel Fangio II, III und IV Rennen fuhren? Bei einem Vaterschaftsprozess bestritt Fangio alles, trotz verblüffender Ähnlichkeiten. „Herr Rat, 1,3 Milliarden Chinesen schauen sich auch ähnlich und sind trotzdem nicht miteinander verwandt." Mehr davon später.

Alberto Ascari (1952, 53): der erste Ferrari-Weltmeister. Überlebte 1955 in Monte Carlo einen Sturz ins Hafenbecken, wurde von Froschmännern gerettet und verunglückte vier Tage später bei einem harmlosen Sportwagentest in Monza – wegen eines Reifenplatzers.

Mike Hawthorn (1958): Englands erster Weltmeister. Wollte nach seinem Rücktritt ein Model heiraten, verunglückte aber bei einem privaten Wettrennen, Jaguar gegen Mercedes, mit dem Whisky-Nachfahre Rob Walker – Jochen Rindts erster Formel-I-Teamchef.

Jack Brabham (1959, 1960, 1966): der erste Weltmeister mit Heckmotor (Cooper), dann der Erste, der mit einem selbstgebauten Wagen Weltmeister wurde, und danach der älteste Sieger – mit 44 doppelt so alt wie Vettel. Reist noch heute als großer Australien-Botschafter um die Welt. „Aber ich mach mir immer noch Vorwürfe, dass ich 1969 nicht genug Sponsorgelder aufgetrieben habe, um Jochen Rindt in meinem Team zu halten. Bei mir wäre er auch Weltmeister geworden – und noch am Leben."

Phil Hill (1961): der Letzte, der mit James Dean vor dessen Unfall sprach, weil er mit dem rennverrückten Filmstar seine Garage in Kalifornien teilte. Erster amerikanischer Weltmeister im offenen, aber tragischen Titelduell mit Graf Berghe von Trips. „Wir baten vor manchen Rennen Ferrari um eine Stallorder – aber es kam keine." Mehr davon im letzten Kapitel dieser Grand Prix Story.

Graham Hill (1962, 1968): vom Rennmechaniker zum Grand-Prix-Sieger wie Hermann Lang in den 30er-Jahren. Hungerte sich zur großen Karriere durch: Musterbeispiel für englische Beharrlichkeit. Musste nach seinem schweren Unfall in Watkins Glen 1969 mit Heroin behandelt werden, weil Morphium gegen die Schmerzen zu schwach war – und hinkte ein halbes Jahr später schon wieder zum Start. 1975 mit seinem Privatflugzeug abgestürzt – mit seinen wichtigsten Teammitgliedern an Bord.

Jim Clark (1963, 1965): Das Gespann Jim Clark/Colin Chapman, einzigartiges Rennfahrer-Naturtalent und genial-risikofreudiger Konstrukteur, war das Superduo der Sixties. Für alle war der bescheidene, unauffällige schottische Schafzüchter der schnellste Fahrer seiner Zeit. Als er 1968 in Hockenheim in einem Formel-II-Rennen wegen schleichendem Plattfuß verunglückte, war der Schock bei den Freunden und Konkurrenten groß: „Wenn nicht einmal Clark sicher war – welche Chance haben dann wir?" Seine 25 GP-Siege wurden erst 1973 von Jackie Stewart überboten.

John Surtees (1964): kaufte als Youngster sein erstes Motorrad von Bernie Ecclestone: „Ich war noch in kurzen Hosen und Bernie aus ihnen auch noch nicht lang draußen." Ein gutes Investment: „Big John" wurde auf MV Agusta siebenmal Motorradweltmeister und 1964 auf Ferrari auch Formel-I-Weltmeister: der einzige Champion auf zwei und auf vier Rädern. Leidet heute schwer unter dem tragischen Unfalltod seines Sohnes Henry, dem eine große Rennfahrerzukunft offenstand.

Denis Hulme (1967): Brabhams Leutnant. Fuhr nach dem tragischen Unglück seines Sohnes wieder Autorennen und erlitt 1992 im Cockpit einen Herzschlag.

Jackie Stewart (1969, 1971, 1973): Der erste Public-Relations-Agent für sich selber in der Formel I ist der pfiffige, clevere Geschäftsmann geblieben. Bekam sein Formel-I-Team von Ford fast geschenkt – und verkaufte es später teuer zurück. Schickt – wie auch Bernie Ecclestone – immer noch phantasievolle Weihnachtskarten mit eigenen Foto-Motiven statt Massen-SMS und E-Mail. Danke, Jackie!

Jochen Rindt (1970): Der erste Popstar der Formel I entfesselte 2010 eine ungeheure Nostalgiewelle. Vierzig Jahre nach der Tragödie von Monza immer noch unvergessenes Idol für Millionen. Der erste posthume Weltmeister der Formel I, für

Bernie Ecclestone heute noch der Beste aller Zeiten. Vettel, der alle Rindt-TV-Dokus gesehen hat und heute Jochens nostalgische Sonnenbrillenmode trägt: „Früher gab es mehr Respekt und Kameradschaft zwischen den Formel-I-Piloten."

Emerson Fittipaldi (1972, 1974): der erste brasilianische Champion und jahrelang (bis zu Alonso) der jüngste Weltmeister. Zweite Ehe, zweite oder schon dritte Karriere. Fuhr mit 60 plus wieder Rennen. Sein eigener „Copersucar"-Rennwagen floppte, seine riesige Orangenplantage aber lief gut. Der Brasilo mit den langen Koteletten und Hamsterbacken ist heute noch einer der Beliebtesten im Fahrerlager – wenn er kommt.

Niki Lauda (1975, 1977, 1984): vielleicht der Cleverste von allen. Aber alles andere als ein Computer. Wenn nötig, konnte er genauso viel Gas geben wie die jungen Himmelstürmer. Ein Mann für alle Rekordbücher. Hatte zwei Airlines, und wurde mit 60 noch Vater von Zwillingen. Großer Fan von Vettel: „Der ist heute schon besser als Schumacher."

James Hunt (1976): führte ein abenteuerliches Leben und wurde nur 45. Seine letzte große Liebe kam vom Pferdesport. Als James die junge Lady einmal zu einem Autorennen mitnahm, erschreckte sie der Lärm: „Weißt du, was ich fürchte? Die kommen alle noch einmal vorbei …"

Mario Andretti (1978): der Champion zweier Welten – Europa und Amerika. Held der 500 Meilen von Indianapolis. In der Formel I 1977–79 mit dem schwarzen Lotus (John Player Special) fast unschlagbar.

Jody Scheckter (1979): machte nach seiner Karriere viel Geld mit einem Computer-Trainingssystem für Polizisten und Bodyguards, das er später teuer verkaufte. Heute Bio-Farmer in England. Alle seine Söhne wurden Rennfahrer. „Ich bin ihr Manager – und unglücklicherweise auch ihr Sponsor …"

Alan Jones (1980): der erste Williams-Weltmeister, hat aber zu früh aufgehört. Sein Comeback war schwach, seine Ehe wurde geschieden, weil er auf einer stürmischen Bootsparty vergaß, sein Handy abzudrehen. Heute großer Biertrinker.

Keke Rosberg (1982): der letzte Saugmotor-Weltmeister vor der großen Turbo-Ära. Respektiert und geschätzt als TV-Analytiker und vielseitiger Geschäftsmann. Managte u. a. Slalom-Weltmeister Kalle Pallander, baute seinen Sohn Nico behutsam auf, hält sich aber im Hintergrund. Also kein „Eislauf-Papa."

Alain Prost (1985, 1986, 1989, 1993): nach Schumacher (7) und Fangio (5) der Pilot mit den meisten WM-Titeln, mit 51 Grand-Prix-Triumphen (bei 199 Starts) der siegreichste Fahrer nach Schumacher. 1999 in der Wiener Staatsoper als „Motorsportler des Jahrhunderts" ausgezeichnet. Bekannt als „Professor" im Cockpit, als Politiker außerhalb. Fährt heute noch Eisrennen.

Nelson Piquet (1981, 1983, 1987): mit Brabham-BMW der erste Turbo-Weltmeister. Und der lebenslustigste. Sechs Kinder mit fünf Frauen, die letzte hat er nach seinem schweren Indianapolis-Unfall kennengelernt. Hätte mit mehr Ernst und Zielstrebigkeit mehr als drei WM-Titel gewinnen können, aber das war ihm egal. Sein Opa war Indianer. Als Businessman verwickelt mit dem „Autodromo Nelson Piquet" in Rio-Jacarepague und einem Computersystem fürs optimale Einsatz-Timing von Lkws.

Ayrton Senna (1988, 1990, 1991): heute noch von Millionen Fans mythisch, fast gottgleich verehrt, nicht nur in Brasilien, sondern vor allem auch in Japan. Gewann 41 GP-Rennen, aber keinen an Vettels Geburtstag (3. Juli 1987). An diesem Wochenende wurde Senna in Le Castellet Vierter, Mansell gewann aus der Pole-Position vor Piquet und Prost. Als Ayrton 1994 in Imola verunglückte, saß der kleine Sebastian schon im Kart. Es sah aus wie das Foto einer Puppe.

Nigel Mansell (1992): wird nie aufhören, von einem Le-Mans-Sieg zusammen mit seinen zwei Söhnen zu träumen. Typisch englische Beharrlichkeit. Verlor durch seine Sturheit 1986 in Adelaide wegen einer Reifenexplosion bei 320 km/h den WM-Titel. Schaffte es endlich mit 39, aber das Ende war mühsam: passte nicht mehr ins McLaren-Cockpit und ließ das Auto in Barcelona einfach auf der Strecke stehen. „Aber ich bin nie zurückgetreten ..."

Michael Schumacher (1994, 1995, 2000–2004): schraubte die Fitness der Formel-I-Stars auf bis dato unerreichte Höhen. Dazu ein Genie am Lenkrad. Seine Statistiken – 91 Siege, sieben WM-Titel – sind wohl Rekorde für die Ewigkeit. Nützte mit Benetton clever alle Grauzonen im Reglement und speziell bei Ferrari alle Möglichkeiten zum Testen – und der Stallregie. Gewann viele Rennen beim Tanken und Reifenwechsel in der Box: überreichte dem kleinen Sebastian 1995 den ersten Kart-Pokal. Als Vettel in einem Jahr 18 von 20 Formel-BMW-Juniorrennen gewann, sah Schumi schon seinen Nachfolger: „Der Sebastian wird noch ein ganz Großer." Da besuchte der clevere Youngster bereits mit seinen sauber eingeklebten Zeitungsausschnitten potentielle Sponsoren: „Ich bin Sebastian Vettel und brauch Geld für mein Rennfahren ..."

Damon Hill (1996): der erste Weltmeister in zweiter Generation, als Präsident des British Racing Drivers Club heute gefeiert als Retter des Silverstone-Grand-Prix.

Jacques Villeneuve (1997): gewann die WM, aber nie Monte Carlo – bei seinem berühmten Vater Gilles war's genau umgekehrt. Wäre gern mit einem eigenen Team in die Formel I zurückgekommen – sagt er jedenfalls.

Mika Hakkinen (1998, 1999): Der erste echt finnische Weltmeister ist heute noch einer der populärsten. Für Schumacher immer „der härteste Konkurrent, den ich je hatte, aber der fairste." In der DTM trafen sie nicht mehr aufeinander ...

Fernando Alonso (2005, 2006): Der jüngste Weltmeister der Formel I, bis Vettel kam. Heute der typische Ferrari-Pilot: leidenschaftlich, voll innerem Feuer, oft ein Paket Dynamit im Starterfeld. Hat mit seinem 26. Sieg die Allzeit-Größen Clark und Lauda überholt, mit seinem 27. Stewart eingeholt und ist schon Nr. 5 der ewigen Siegerliste. 2010 von den Teamchefs zum Fahrer des Jahres gewählt, aber schreckliche strategische Fehler der Ferrari-Box raubten ihm in Abu Dhabi die WM-Titelchance. Vielleicht Vettels größter Gegner für die nächsten Jahre.

Kimi Räikkönen (2007): rätselhaft, mysteriös, lang nicht so offenherzig wie Vettel. Sondern das genaue Gegenteil. Aber gleiche Ausbildung bei Sauber wie Vettel, der in Kimis großem WM-Jahr in die Formel I vorstieß: mit Platz 8 in Indianapolis (hinter Webber!) der Jüngste, der je einen WM-Punkt holte. Fuhr 2007 auch noch sieben Rennen für Toro Rosso. Und Räikkönen? Ist inzwischen zu den Rallyes abgedriftet. Für wie lange weiß keiner ...

Lewis Hamilton (2008): löste Alonso als Youngster-Champion ab. Kracht heute noch manchmal Vettel in die Kiste. „Aber bei seinen Kollisionen wird an seinem Auto fast nie etwas kaputt", klagte Vettel letztes Jahr nicht zu Unrecht. „Nur bei mir."

Jenson Button (2009): kam – außer bei der Kollision in Spa – Vettel bisher nur am Start in die Quere. Aber 2011 riecht schon den ganzen Winter nach spannenden Duellen.

Aber der Applaus für Sebastian hallt noch lange nach. Nach dem Motorschaden in Korea 2010 musste er unter allen Umständen die letzten drei Rennen gewinnen. Wie er das geschafft hat, gehört zu den sensationellsten Leistungen im Spitzensport, die ich je gesehen habe. Niki Lauda übrigens auch. Der dreifache Weltmeister analysiert für die Grand Prix Story den jüngsten Weltmeister aller Zeiten:

Niki sagt: „Für mich ist er schon besser als Schumacher"

LAUDATIO FÜR VETTEL

Ich habe für Vettel schon öfter meine Kappe gezogen – und tue es jetzt mit Freude noch einmal. Sebastian Vettel ist einfach gigantisch. Talent ohne Ende, seine Grenzen sind noch überhaupt nicht absehbar. Was mich am meisten beeindruckt, ist seine Leistung, wenn er unter enormen Druck geraten ist, z. B. für nur eine einzige schnelle Runde im Qualifying. Da ist Sebastian, wie wir oft gesehen haben, am besten.

Vettel hat sich stetig weiterentwickelt, wurde darum als jüngster Weltmeister der Geschichte ausgezeichnet und hat einen sehr erfolgreichen Weg vor sich. Wenn er so weitermacht, in jedem Jahr noch etwas besser, wird er ganz bestimmt noch einer der ganz Großen. Für mich ist er heute schon besser als Michael Schumacher. Vettel ist anders, weil er sich mit dem Auto besser auseinandersetzt, die ganze Stufe der Entwicklung seines Autos überprüft und auch immer alles analysiert, und zwar bis ins allerkleinste Detail. Das hat er sehr schnell erkannt.

Mit dem Red Bull hatte er auch dieses Jahr das schnellste und beste Auto der Formel I – aber man muss das auch umsetzen können. In den ersten Rennen 2010 war er von Defekten verfolgt, die sein Team aber in Griff bekam. Damals rieten ihm manche: Du brauchst mehr Geduld. Ich sehe das so: Nach der Stallkollision von Istanbul 2010 sagte ich voraus: „Vettel braucht unbedingt in Montreal die Pole-Position, dann kann er die WM noch umdrehen." Gewonnen hat er aber erst wieder in Valencia, mit einem Start-Ziel-Sieg. Spa und Monza waren damals noch keine Red-Bull-Strecken, weil dort die überlegene Aerodynamik nicht zum Tragen kommt. Was ich Vettel während der Saison 2010 geraten hätte? Ein bisschen mehr Selbstkritik nach einem Fehler wie in Budapest, wo er in der Safety-Car-Phase zu viel Abstand ließ. Sei nicht traurig und bös auf alle, such die Schuld zuerst bei dir selber, hab ich ihm gesagt. Dabei hätte er ja die WM voriges Jahr schon im Sommer gewinnen können – und er hat sie in einem super spannenden Finale dann auch wirklich gewonnen.

Bevor wir die große Vettel Show von 2011 analysieren, noch ein kurzer Blick in den Rückspiegel, was Sebastian 2010 geleistet hat – damit wir seine grandiose Serie von 2011 noch besser einschätzen können.

Wer in 19 Rennen 10-mal Pole-Position fährt, 5-mal gewinnt und insgesamt 382 Runden in Führung liegt, muss ein absolut verdienter Weltmeister sein, gar keine Frage. Aus meiner Sicht: Im Moment ist jeder Sieg der schönste, aber im Rückblick, in der Erinnerung, sind sie alle gleich. Trotzdem am sensationellsten waren für mich Sebastians letzte zwei Rennen, in Interlagos und Abu Dhabi, weil er dort den größten Druck hatte, unvorstellbar groß für jeden Sportler, besonders Rennfahrer, in seiner Situation. Er musste zweimal gewinnen und fuhr zwei fehlerfreie, absolut perfekte Rennen. Eine super Leistung!

Für mich wäre Vettel auch ohne WM-Titel der Champion des Jahres 2010 gewesen, quasi Formel-I-Olympiasieger, weil sich Dietrich Mateschitz' Team als einziges an die korrekten Spielregeln gehalten hatte – keine Stallorder, keine Strategie. Alle anderen fuhren nach den Gesetzen der normalen Formel I, mit all ihren Tricks und Strategien. Also ist Vettel für mich nicht nur Formel-I-Weltmeister, sondern auch Olympiasieger – und damit geht er in die Geschichte ein.

Aus der Red Bull Box: Sebastians Weg nach oben

MARKOS GEHEIMNISSE

Helmut Marko, viele Formel-I-Fans halten dich für extra cool, fast emotionslos, aber in Abu Dhabi hast du vor einem Jahr neben Sebastian Vettel bei der Siegerehrung vor Freude geweint?

Marko: Ja, weil dieser WM-Titel die Krönung war – die Krönung für alles. Sebastian hat da oben immer nur gesagt: Danke, danke, danke. Aber er hat das alles noch gar nicht richtig fassen können.

Die Achse Marko-Vettel ist bei Red Bull eine ganz starke geworden. Erinnerst du dich an die Anfänge?

Marko: Das erste Mal aufgefallen ist er mir irgendwann auf dem A-1-Ring bei Youngster-Testfahrten, eine Vorstufe für die Formel BMW. Die erste Rennsaison, wo ihn Red Bull unterstützte, war 2003 bei Eiffelland Racing. Am Saisonende machten wir dann einen vollen Red-Bull-Junior-Vertrag.

Zu welchen Bedingungen?

Marko: Er kriegt kein Geld, bekommt aber das Auto umsonst gestellt. Für einen so jungen Rennfahrer eine irrsinnige Auszeichnung. Sebastian war ja damals erst 16. Aber er war schon mit 15 Red-Bull-Racing-gebrandet, aber damals noch nicht vollwertig als Red-Bull-Juniormitglied integriert. 2005 hatte er seinen BMW-Vertrag, weil wir zu diesem Zeitpunkt noch kein eigenes Formel-I-Team hatten.

Blick in den Rückspiegel: Du bist Jurist. Bestand damals die Gefahr, dass ihr Vettel ganz an BMW verlieren könntet?

Marko: Nein, wir hatten vertraglich das Rückholrecht. Gewisse Sachen unter gewissen Bedingungen …

Wann hast du gemerkt, dass ihr euch da einen Goldschatz geangelt habt, dass Vettel wirklich etwas ganz Besonderes sein muss?

Marko: Als er in seinem zweiten BMW-Jahr 18 von 20 Rennen gewonnen hat und trotzdem nicht restlos zufrieden war. Er wollte unbedingt alles gewinnen. Dann kam 2005 seine Formel-III-Saison bei Mücke, einem anerkannt sehr guten Team. Aber die Technik funktionierte nicht so optimal, wie er geglaubt hatte. Das passiert auch nur selten: dass ein junger, 17-jähriger Pilot in einem arrivierten Team aufmuckt und sagt: So geht's nicht. Darauf haben wir uns mit dem Team zusammengesetzt und nach Vettels Wünschen weitergemacht. Das Team hat seine Vorgangsweise ändern müssen. Es ist nicht normal, dass ein so junger Rennfahrer seinem arrivierten Team sagt, was es tun muss. Aber dieses absolut kompromisslose Herangehen an Probleme ist typisch Vettel.

Und die nächste Stufe auf der steilen Erfolgsleiter?

Marko: Fürs klassische Macao-Rennen 2006 wechselte er zu Carlin. Das hat auch hinten und vorn nicht funktioniert. Aber Vettel hat, von ganz hinten als 25. gestartet, nie aufgegeben, total angegriffen und ist weit nach vorn gekommen – ich glaub auf Platz 3, und das in Macao, wo Überholen nie leicht ist. Aber die letzten Runden fuhr er so schnell wie die Spitze.

Vettel war, keine Frage, schon reif für die Formel I – um dort alle Youngster-Weltrekorde zu zertrümmern?

Marko: Wir sahen eine Chance, dass wir ihn früher kriegen. Deshalb haben wir den Deal mit Toro Rosso gemacht – wo er 2008 sensationell in Monza gewonnen hat. Danach war er voll bei uns.

Sein Erfolgsgeheimnis, damals wie heute?

Marko: Sein fahrerisches Talent und seine Gesamtpersönlichkeit. Hart arbeiten. Und je mehr Druck er hat, umso besser kann er seine Höchstleistung abliefern. Shanghai 2009 ist das beste Beispiel. Wir hatten Probleme mit der Antriebswelle, im Qualifying konnte er in Q1, Q2 und Q3 jeweils nur eine einzige Runde drehen. Trotzdem holte er Pole-Position und hat das Rennen gewonnen!

Manchmal sagtest du 2010, Vettels einziges Manko wäre, er ist oft ein bissl zu ungeduldig? Auf seine Jugend zurückzuführen?

Marko: Das war besonders arg und auffällig bei Regen und Nebel in Fuji 2007. Wir lagen auf Platz 2 und 3. Mark Webber hatte ein Auto zum Gewinnen, aber dann kollidierten die beiden hinter dem Safety-Car. Damals war Sebastian halt noch sehr jung.

Aber er hat draus, wie aus allem, schnell gelernt?

Marko: Sehr schnell. Wenn ihm schon einmal ein Fehler passiert – er macht den gleichen Fehler nie ein zweites Mal.

Damals in Fuji hat er noch geweint?

Marko: Er hat sich wirklich geärgert, auch verständlich. Weil er ja auch noch das Schwesternauto von Red Bull getroffen hat – und das hätte gewinnen können.

2009 griff Vettel schon nach dem WM-Titel, aber erst 2010 hat es dann wirklich geklappt – doch die Saison war eine abenteuerliche Hochschaubahn der Gefühle?

Marko: Er hätte schon im Sommer 2010 Weltmeister sein können. Ich hab ihm immer gesagt: Du musst die ersten zwei Rennen wegstecken. Nicht leicht für ihn: Da führst du in Bahrain souverän, und dann geht eine Zündkerze k.o: nur 4. Platz. In Australien bricht, wieder in Führung, ein Radbolzen. In Barcelona lassen ihn die Bremsen im Stich. Aber das Schlimmste war natürlich der Motorschaden in Korea. Wir hatten Tränen in den Augen und im Team sagten viele: Damit ist die WM für uns vorbei. Aber Vettel hat uns alle aufgerichtet: „Im Gegenteil, wir gehen es jetzt erst richtig an.“ Er gibt halt nie auf, ist mental so unheimlich stark – das macht es aus. Und darum konnte er, unter fast unmenschlichem Druck, den sich keiner so richtig vorstellen kann, die letzten zwei Rennen in Interlagos und Abu Dhabi gewinnen. Das war sein erster WM-Titel.

Alle seine Stärken, zusammengefasst?

Marko: Er ist fleißig, arbeitet hart, ist Technik-orientiert, gibt immer 100 Prozent.

Viele sind überzeugt: der große Superstar der Zukunft, ein Rennfahrer ohne Grenzen?

Marko: Für ihn ist nichts unmöglich. Das erste Ziel, der WM-Titel, ist erreicht. Aber er hätte ihn schon 2009 ohne die Probleme mit dem Doppel-Diffusor locker gewonnen. Vielleicht war es von außen nicht so transparent, aber es hat schon 2009 eine kontinuierliche Steigerung seines Potentials gegeben.

Kannst du Details aus seinem Trainingsprogramm verraten?

Marko: Wir arbeiten viel mit dem Simulator – und in Milton Keynes haben wir einen sehr guten, Vettel ist oft dort. Das heißt für mich, dass sein Reifeprozess noch lang nicht abgeschlossen ist. Ich glaub sogar, dass wir noch lang nicht das wahre Limit von Sebastian sehen werden.

Worauf ist seine mentale Stärke zurückzuführen?

Marko: Das bleibt sein Geheimnis. Er hat seine Freiheiten. Zum Beispiel taucht er zwei Tage vor jedem Rennwochenende unter. Dann ist er für niemanden erreichbar, auch für uns nicht. Aber er kann sich aufs Rennen so vorbereiten, wie er es will. Mit perfekter medizinischer und psychologischer Unterstützung.

Ich hab einiges von seinen Geheimübungen erfahren, zum Beispiel, dass er – wegen perfekter Distanzeinschätzung – mit geschlossenen Augen auf eine Mauer zuläuft und sich erst im letzten Moment einbremst?

Marko: Dann hoffen wir, dass er sich nicht einmal verschätzt und dabei den Kopf anschlägt und sich wehtut …

Aber wenn er da ist, hat er eine Ausnahmestellung im Team, dem er den ersten WM-Titel beschert hat?

Marko: Das ganze Team schaut auf ihn – weil es nur als Gesamtpaket Erfolg haben kann. Die ganze Technologie ist hochgestochen, aber ganz wichtig ist, dass dann der Fahrer die letzten Tausendstelsekunden herausquetscht.

Vettel ist anders als die anderen, kein Manager mit Aktenkoffer, der um ihn herumwieselt, keine Wichtigtuer, keine Zwischenträger?

Marko: Nur einen Anwalt für seine Verträge – die er alle selbst macht. Und das Organisatorische hat er in die Hände der Red-Bull-PR-Lady Britta Roeske gelegt. Aber er will auch als Weltmeister nicht öfter auf der Bühne stehen – darum hatte er den ausdrücklichen Wunsch, 2011 seine PR-Termine zu reduzieren: auf 15 Tage im Jahr. Dazwischen freilich raste er von Sieg zu Sieg.

Aufschlag Vettel! Bei der Wahl zu Europas „Sportler des Jahres“ muss sich der deutsche Red-Bull-Supermann 2010 nur Rafael Nadal geschlagen geben: Aber für 2011 hat er nicht nur den spanischen Tenniskönig im Visier, sondern auch Fernando Alonso – bis dahin noch der jüngste Doppelweltmeister der Formel I: Ein Titel, der Sebastian noch fehlt, den ihm aber alle unbedingt zutrauen. Niki Lauda bestätigt mir wie gesagt: „Vettel ist heute schon besser, als Michael Schumacher in seinen Ferrari-Jahren war!“

Ein Riesenkompliment, wenn man im direkten Vergleich mit einem siebenfachen Weltmeister und 91-fachen Grand-Prix-Sieger antritt.

Ein direkter Vergleich Schumi-Vettel, also zwischen den beiden deutschen Weltmeistern, ist spannend. Beide schafften ihren ersten WM-Titel im vierten Jahr, Michael in seinem 52., Sebastian in seinem 62. Grand Prix, dafür war er zwei Jahre jünger als Michael. An Siegen stand das Fernduell genau unentschieden – 10:10. Vettel hatte mehr Pole-Positions (15:6), Schumi dafür mehr schnellste Runden (15:6).

Die genaue Analyse: Schumacher und Vettel zum Zeitpunkt, als sie beide zum ersten Mal Weltmeister wurden. Wo stand Schumi 1994 in Adelaide, wo steht Vettel seit Abu Dhabi 2010?

	SCHUMACHER	**VETTEL**
Erster WM-Titel	mit 25 Jahren, 315 Tagen	mit 23 Jahren, 135 Tagen
Im ...	dritten vollen Formel-1-Jahr	dritten vollen Formel-I-Jahr
Im ...	52. Grand Prix	im 62. Grand Prix
Durch ...	Kollision mit Damon Hill	einen perfekten Sieg in Abu Dhabi
Pole-Positions	6	15
Siege	10	10
Podiums	27	19
Im Ziel/in den WM-Punkten	33	38
Ausgefallen durch		
- technische Defekte	10	8
- Unfälle oder Kollisionen	7	9
Startplatz-Rückversetzung		
- durch techn. Probleme	1	1
- wegen unsportlichen Verhaltens	–	2
Strafen während der Rennen	2	3
Disqualifikationen	2	–
Sperren für Rennen	2	–
Schnellste Runden	15	6

Das Jahr beginnt mit einer Überraschung: Bernie Ecclestone im Schnee! Als ihm Ex-Slalomstar und Tomba-Rivale Bernhard Gstrein vor Jahren das Skilaufen beibrachte, bedankte sich der Formel-I-Zampano mit einer goldenen Uhr. „Für Bernie von Bernie", war eingraviert. „Eine neue Welt. Ich hätte mit Skilaufen viel früher beginnen müssen", bedauert Ecclestone und macht sich im Exklusivinterview Gedanken; Sicherheit im Skirennsport – und die neue Formel I.

Bernie, die Formel I gilt für viele als beispielhaft. Wenn etwas passiert, wird sofort reagiert, wie 1994 nach Sennas Unfall. Seither gibt es keine Sturzopfer mehr – aber im Skisport?

Ecclestone: Ganz ehrlich, da bin ich selber ratlos. 150 km/h, ungeschützter Körper. Was nützen dir die besten Fangnetze, wenn du mit dem Kopf auf eine Eispiste aufschlägst?

Du wurdest neulich in London Opfer eines Raubüberfalls. Niki Lauda hat imponiert, dass du danach sofort eine Werbekampagne gestartet hast – mit blaugeschlagenem Auge und dem Text: Hier sehen Sie, was manche Leute alles tun für eine goldene Uhr?

Ecclestone: Lieber hätte ich mir das alles erspart. Aber ich bin schon am nächsten Tag wieder im Büro gesessen, genau wie immer.

Harte Bandagen auch im Business. Angeblich warst du in die 50-Millionen-Dollar-Affäre rund um die Alpe Adria und Bayrische Vereinsbank verwickelt?

Ecclestone: Darauf hat die CBC bereits in einem Kommuniqué geantwortet. Ich hab dazu nichts zu sagen.

Du hast mir den Wert des Formel-I-Zirkus' einmal mit drei Milliarden Dollar genannt. Ist es mehr geworden durch die super spannende WM 2010?

Ecclestone: Müsste man genau ausrechnen ... aber ich bin überzeugt: 2011 wird noch besser. 527 Millionen TV-Zuseher schon voriges Jahr, heuer Formel I in HD – und eine noch spannendere Ausgangslage: Zum ersten Mal seit 1970 sind fünf Weltmeister am Start.

Und wer ist dein Favorit?

Ecclestone: Bei den Teams Red Bull und Ferrari, aber bei McLaren weißt du nie. Die zaubern plötzlich ein Superauto aus dem Hut. Und bei den Fahrern: Sebastian Vettel – gegen Webber, Alonso und Hamilton.

Nicht nur aus deutscher Sicht interessant, wenn Sebastian Vettel seine (vielleicht) jahrelange Jagd auf den Schumacher-Weltrekord startet, sondern auch aus österreichischem Blickwinkel: Fernando Alonso hat 2010 mit 26 Siegen nicht nur den Allzeitgrößten Juan Manuel Fangio (24) überholt, sondern auch schon Niki Lauda und Jim Clark (je 25). Vettel selbst hat Gerhard Berger (10 Siege) eingeholt und Mark Webber (6 Siege) mit Jochen Rindt gleichgezogen. Alles das war 2010.

SIEGE DER AKTUELLEN FAHRER	
91	Michael Schumacher
26	Fernando Alonso
14	Lewis Hamilton
11	Felipe Massa
11	Rubens Barrichello
10	Sebastian Vettel
9	Jenson Button
6	Mark Webber
1	Jarno Trulli
1	Heikki Kovalainen

... UND DER AKTUELLEN TEAMS	
215	Ferrari
169	McLaren
113	Williams
79	Lotus
35	Renault
15	Red Bull
9	Mercedes
1	BMW-Sauber
1	Toro Rosso

Stand jeweils Ende 2010

Es wird Zeit für ein Interview mit dem „Oberbullen“, Vettels Chef Didi Mateschitz.

Zwei WM-Titel, 15 Pole-Positions, 9 Siege und zusammen 699 Führungsrunden – nach der sensationellen Saison 2010 rüstet das Red-Bull-Duo Sebastian Vettel und Mark Webber für neue Aufgaben. Welche Hoffnungen, Ziele, Pläne hat Didi Mateschitz? Im Februar verrät er mir seine Gedanken über den Saisonauftakt in Melbourne – wo zum ersten Mal ein Red Bull mit der heißbegehrten Startnummer 1 antritt.

Didi Mateschitz, die FIA hat das vieldiskutierte Stallorder-Verbot für 2011 wieder aufgehoben. Deine Reaktion?

Mateschitz: Das hat auf uns überhaupt keinen großartigen Einfluss, weil wir ja nur unserer Philosophie treu bleiben. Wir haben zwei Nummer 1 Piloten, behandeln sie absolut gleich, auch vom Material, und schauen aufs Gleichgewicht – bis sich vielleicht etwas verschiebt.

Wird das Erfolgsteam mit Vettel und Webber auch 2012 zusammenbleiben?

Mateschitz: Das sieht man gegen Saisonende, wenn das Rochieren anfängt. Ich hab keine Ahnung, ob Webber weiterfährt. Wenn ja, hat er sicher Angebote. Alles andere ist Spekulation.

Wie sehr freust du dich auf die neue Saison? Welche Ziele hast du? Red Bull verteidigt ja beide WM-Titel – Vettel die Fahrer-, Red Bull die Konstrukteur-WM?

Mateschitz: Das können wir heuer nicht überbieten. Mehr als den WM-Titel kann ein Fahrer nicht gewinnen. Aber nicht nur das, es geht auch ums Wie, um die Umstände. Die können sich 2011 nicht wiederholen, die Spannung und Dramatik vom letzten Jahr sind unüberbietbar.

Was ist schwieriger: Den Titel zu gewinnen oder zu verteidigen?

Mateschitz: Nicht so auf die Formel I und die WM bezogen: Was ich wirklich glaub: Das Ziel ist, die Spitze zu erreichen und kontinuierlich, langfristig vorn bleiben.

Die Traditionsteams der Formel 1 machen heuer Jagd auf Red Bull? Wer ist am gefährlichsten?

Mateschitz: McLaren, Ferrari, auch Mercedes darf man nicht abschreiben. Also die üblichen Verdächtigen.

Wie sehr freust du dich auf den Saisonstart in Melbourne?

Mateschitz: Die letzte Saison war so aufregend, dass ich hoffe, die Spannung bleibt aufrecht. Besonders gleich in Australien, weil nach den Testfahrten zum ersten Mal nicht mehr geblufft wird. Jeder wird auf sein Auto packen, was er nur hat.

Aus England melden sich schon die ersten Neider. Angeblich hätte Red Bull von allen Spitzenteams das größte Budget?

Mateschitz: Ist schon korrigiert worden. Da wurden irrtümlich Red Bull Racing, unser Technologie-Center und auch Toro Rosso zusammengezählt. Unsere Ausgaben liegen sicher hinter McLaren – und weit hinter Mercedes und Ferrari.

Geld schießt keine Tore, gewinnt aber auch keine Grands Prix?

Mateschitz: Dafür gibt's genug Beispiele. Sonst wäre Toyota Weltmeister, Honda, BMW – und Mercedes nahe dran.

Und dann mitten im Winter der große Schock für alle: Robert Kubicas schwerer Unfall mit dem Rallye-Auto, der sein Leben und seine Gesundheit gefährdet – und seine Karriere sowieso.

GEFÄHRLICHE SEITENSPRÜNGE

Wie lang dauert Mitleid in der Formel I? Eine Stunde, zwei Tage? Bei Renault war der Kampf ums plötzlich frei gewordene Kubica-Cockpit sofort voll entbrannt. „Ich kenn das", weiß Niki Lauda und erinnert sich an seinen Traktorunfall auf seinem damaligen Grundstück in Hof bei Salzburg 1976. „Wenn ich ehrlich bin – schlimmer als meine Rennunfälle."

Niki lag hilflos unterm umgestürzten Traktor eingeklemmt. „Mein Gesicht gegen Gras und Erde gedrückt. Ich bekam keine Luft und hatte Schmerzen." Zwei Rippen gebrochen – und der GP von Spanien in Madrid-Jarama stand vor der Tür!

Ferrari, in Panik, redete sofort mit dem Schweden Ronnie Peterson. Aber ein sauschneller Ersatzmann in seinem Cockpit – das passte Lauda nicht. Also musste er schnell gesund werden. Dank Willi Dungl – sein erster Einsatz in der Formel I. Bastelte für Niki ein Korsett, fönte und trocknete es in den Boxen von Jarama – und Lauda gewann mit gebrochenen Rippen sensationell den GP von Spanien.

Aber die Freizeit-Aktivitäten der Formel-I-Stars gehen nicht immer harmlos aus. Gefährliche Seitensprünge! Patrick Depailler, der Pilot des Tyrrell-Sechsradlers, stürzte – wie Emerson Fittipaldi – beim Drachenfliegen ab und brach sich „fast jeden Knochen in meinem Körper." Sein französischer Landsmann Didier Pironi starb bei einem Motorbootrennen – aber erst nach seiner Karriere.

Carlos Pace verunglückte mit einem Lightweight-Flugzeug im brasilianischen Dschungel, Sandro Nannini mit dem Hubschrauber nahe seiner Bäckerei in Siena. „Den abgetrennten Arm nahm mein Vater, in Eis gepackt, mit ins Spital – dort wurde er mir wieder angenäht."

Rätselhaft, warum McLaren seinerzeit Juan-Pablo Montoya rausgeschmissen hat. Offiziell, weil er sich beim Tennisspielen (!) verletzt hatte. In Wahrheit war es ein Unfall mit dem Quad. No risk, no fun.

Mark Webber wurde vor zwei Jahren in Australien beim Training mit dem Mountainbike schuldlos in eine Kollision verwickelt – die Schrauben hat er heute noch im Bein. Wie Robert Kubica seine 17 Schrauben nach einem Verkehrsunfall vor 10 Jahren im rechten Arm.

Kein Wunder, dass in allen Formel-I-Verträgen steht: „Risiko-Sportarten sind verboten!" Dazu zählt für die Teamchefs auch Skifahren. Aber daran hat sich noch nie ein Österreicher gehalten – am wenigsten Gerhard Berger: „Einem Tiroler kannscht das Skifahren net verbieten ..."

Melbourne: Kein Bahrain, kein Kubica

SOLO FÜR VETTEL

Formel-I-Galaparty in Stuttgart: Gefeiert wurde der 125. Jahrestag der Patenterteilung für Carl Benz. Mit allen Stars. Und einem unsichtbaren, virtuellen Ehrengast: dem Simulator, über den Niki Lauda und Michael Schumacher lang diskutierten. Lauda ist vor Jahren in Houston, Texas, fasziniert im „Space Shuttle"-Simulator gesessen. Schumi wird jetzt im Mercedes-Simulator schwindlig. Sechs Wochen vor dem Saison-Auftakt in Bahrain musste der Deutsche die Tests abbrechen. Ein Fehlstart in die WM 2011, von der Michael sagt: „Ich gewinn schon noch meinen achten WM-Titel. Und wenn nicht heuer, dann halt 2012 ..."

Der Formel-I-Simulator ist unglaublich sensibel. Aber Sebastian Vettel hat Lauda verraten: „Ich war vorher noch nie in Korea, nur im Simulator – aber als ich dann dort aus der Box fuhr, hatte ich das Gefühl, ich hab schon 100 Runden gedreht."

Weil der Red-Bull-Simulator perfekt funktioniert. Bei Mercedes nicht. Das Problem: Ein Simulator hat keine Fliehkräfte. Und wenn das Bild und die Lenkbewegung nicht absolut synchron sind, ohne Delay, verliert der Pilot das Gleichgewicht, wird ihm schlecht.

Heißes Thema Nr. 2: die neuen, seltsamen FIA-Regeln fürs Überholen. Jeder Pilot darf zweimal pro Runde den Heckflügel verstellen – aber nur, wenn er mindestens eine Sekunde Abstand zum Vordermann hat. Dann leuchtet in seinem Cockpit Grünlicht auf: „Jetzt darfst du!" Und mit flachem Heckflügel wird er sofort um 12 km/h schneller. Aber was ist, wenn der Vordermann sein KERS aktiviert und plötzlich genauso fliegt?

Niki Lauda spart nicht mit Kritik:„Das künstliche Eingreifen der Technik, damit mehr überholt wird, ist immer ein schlechter Kompromiss. Alles, was jetzt erfunden wird, ist irrsinnig aufwendig – und eine Manipulation der Rennen! Spannende und fade Rennen hat's immer schon gegeben, aber das Überholen war schon 2010 okay. Warum jetzt alles komplizieren?"

Sogar die Champions klagen bereits: „Warum zwei Knöpfe mehr im Cockpit? Es wird alles nur mühsamer. Wir brauchen schon einen Extra-Simulator, damit wir die Knöpfe finden."

„Auch wenn der GP abgesagt ist, flieg ich trotzdem nach Bahrain, stell mich am 13. März auf die leere Startaufstellung und lass mich vor der Startlinie fotografieren", kündigt mir der Schweizer Formel-I-Starreporter Roger Benoit vom „Blick" an.

Große Show oder Trotzreaktion? Ähnliches tat schon der vollbärtige, risikoliebende englische Rennfahrer-Journalist Denis Jenkinson, der 1955 mit Stirling Moss die berühmte Mille Miglia gewonnen hatte.

„Jenks" verteufelte trotz schrecklichem Blutzoll (zwei bis drei Tote pro Jahr!) die verzweifelten Sicherheitsbestrebungen der Formel-I-Piloten. Und als Jochen Rindt und Jackie Stewart die Verlegung des deutschen GPs vom lebensgefährlichen Nürburgring zum sicheren Hockenheimring durchkämpften, boykottierte sie Jenkinson, setzte sich am 2. August 1970 aus Protest mutterseelenallein auf die Nürburgring-Pressetribüne und schrieb in seiner Zeitung einen Bericht über das Phantomrennen, das es nie gab. Mit erfundener Startaufstellung, nicht stattgefundenen Boxenstopps und einem fiktiven Zieleinlauf. Der wurde sogar gedruckt.

Nicht erfunden war dafür Jenkinsons berühmte Wette: „Rindt wird nie einen Grand Prix gewinnen! Und falls zufällig doch, könnt ihr mir meinen meterlangen Vollbart abschneiden." Taten wir damals mit Vergnügen.

Jetzt macht die Bahrain-Absage die Australier, die den Saisonauftakt erben, um 10 Millionen Euro ärmer – aber warum? Die geheimen Zahlen: Jeder Grand Prix kostet 20 Millionen Dollar, nur der erste jedes Jahres, weil so vielpubliziert, kostet 30 Millionen. Und der letzte, spannendste, weil sich dort meist die WM entscheidet, sogar 50 Millionen!

Die „Aussies" müssen die 10 Extra-Millionen schlucken. Aber Melbourne-Bürgermeister Robert Doyle will den Vertrag (bis 2015) nicht mehr verlängern. Und der Parlamentarier Michael Danby sogar schon vorher aussteigen. „Der Grand Prix war 1997 eine gute Idee, kostete die Regierung aber damals nur 1,7 Millionen Dollar. Jetzt müssen die Steuerzahler 50 Millionen blechen."

Bernie Ecclestone ist bereit, eine Vertragslösung zu diskutieren. „Und wenn die Aussies behaupten, ich wäre schrullig, kann ich ihnen das auch beweisen …"

Aber dann alamiert die Atomkatastrophe von Fukushima die ganze Welt, überraschend wenig nur die Formel I.

DAS LETZTE UFER

Beim Olympiaslalom 1998 in Nagano, als gerade Mario Reiter fuhr, bewegte sich die japanische Erde. Auch ich hatte wie viele andere neben der Piste plötzlich sekundenlang das Gefühl, in ein Loch zu fallen. Seltsam, dass nicht alle das kleine Erdbeben spürten. Thomas Sykora gewann sogar die Bronzemedaille. Knapp 7 Jahre später in Suzuka: Taifun-Alarm für den ganzen Formel-I-Zirkus. Die Trainings abgesagt, die Boxen mit Sandsäcken verbarrikadiert, die Piloten

in ihre Hotelzimmer verbannt. Doch zum Glück gab es Entwarnung: Halb so schlimm, der Wirbelsturm drehte im letzten Moment ab.
„Schade um den Taifun", sagten mir ein paar junge Piloten. „Wir hätten so gern dieses Naturschauspiel erlebt …" Gotteslästerung?
Etwa um 1960, als Jack Brabham gerade Weltmeister war, schrieb Nevil Shute den apokalyptischen Endzeit-Roman „On the Beach". Aufwühlend und beklemmend. Der deutsche Filmtitel hieß „Das letzte Ufer". Eine Atomwolke, die bereits alles Leben vernichtet hat, treibt unaufhaltsam auf Australien zu, wohin sich der letzte Rest der Menschheit geflüchtet hat.
Gregory Peck fährt als U-Boot-Kommandant mit Ava Gardner noch einmal um die Welt, um irgendwelche Lebenszeichen zu finden. Es gibt keine mehr. In Australien fahren die letzten Überlebenden, sinnlos und verzweifelt, Autorennen – bis ihnen das Benzin ausgeht oder alle verunglücken.
Einen der hoffnungslosen Endzeit-Kamikaze – mit Overall und Rennbrille – spielte der berühmte Hollywood-Tänzer Fred Astaire. Bizarr, genau wie das japanische Sprichwort: „Wenn du am Fujiyama vorbeifliegst und den schneebedeckten Gipfel im hellen Sonnenschein sehen darfst, hast du für dein ganzes Leben Gesundheit und Glück."
Mit welchen Gefühlen wird der Formel-I-Zirkus – derzeit in Australien – im Oktober nach Japan fliegen, wenn überhaupt?

Endlich, endlich geht's los. Der Formel-I-Tross ist nach den vielen Testfahrten heiß gelaufen und brennt auf den Saisonstart. Doch in Melbourne ist es eher kühl mit knapp 20 Grad. In Sydney dagegen schwitzen sie bei 28 bis 30 Hitzegraden. Mark Webber ist dort gerade auf Interview- und Autogramm-Tournee gewesen. Dank dem WM-Dritten von 2010 wird die Formel I im Land der Kängurus und Koalas immer populärer. Selbst in der Stadt mit dem einmaligen Namen Wagga-Wagga hatte Webber schon einen PR-Auftritt. Und der war alles andere als „gaga".

Dem Red-Bull-Piloten aus Queanbeyan nahe Canberra fällt auf: „Vor drei Jahren konnte ich unerkannt durch die Städte laufen, heute ist das schwieriger. Was für ein Wandel und was für eine Umstellung für mich." Umdisponieren musste auch die Grand-Prix-Karawane: Nach den politischen Unruhen auf der Wüsteninsel Bahrain ist man nun auf dem fünften Kontinent gelandet. Unter anderem mit mehr als 60.000 Testkilometern im Gepäck, verteilt allerdings nur auf elf Teams.

Denn das zwölfte, HRT-Cosworth, war auch beim letzten Test nicht in die Gänge gekommen und in der Garage geblieben. HRT startet mit null Testkilometern in die Saison. Zum Vergleich: Red Bull fuhr mit dem neuen RB7-Boliden „made by Adrian Newey" 6.200 km. Test-Spitzenreiter Ferrari kam sogar auf knapp 7.000 km. Fernando Alonso und Felipe Massa teilten sich diese exakt fifty-fifty. Damit sich ja keiner benachteiligt fühlt – und mit schlechten Gedanken in die Saison startet.

Apropos Massa und Alonso. In Melbournes Airport spielte sich mit den beiden eine herrliche Szene ab. Im familiär wirkenden Fahrerlager des Albert Parks wurde darüber noch lange gelächelt. Viele Witze machten die Runde. Denn ein VIP-Betreuer, der Alonso und Massa bei der Reisepass-Kontrolle in der Warteschlange sah, ging nur auf Massa zu und sagte ihm: „Mister Alonso, please would you follow me to our special Formula-One-Counter." Bitte folgen Sie mir zum FI-VIP-Ausgang. Felipe war daraufhin sichtlich peinlich berührt, blickte zu Alonso und wusste nicht so recht, was er nun tun und lassen sollte. Alonso schmunzelte nur und sagte mit extra lauter Stimme: „Go on, Fernando, go on. It's your turn." Felipe folgte dem VIP-Ruf, der eigentlich Fernando galt. Kurze Zeit später wurde auch Alonso vom Warten befreit und wie ein VIP behandelt.

In Melbourne ist das Grand-Prix-Spektakel immer auch ein großes Volksfest. Von Donnerstagmorgen bis Sonntagnacht herrscht eine Stimmung wie am Open-Air-Festival. Und das nicht nur im Stadt- bzw. Albert Park, wo die Rennstrecke, die Festwiesen, die Barbecue-Grillzelte und die „Tankstellen" liegen. Nein, dort feiert eine ganze Stadt mit. Und zwar so, dass man oft während des GP-Weekends darüber rätseln muss: Saufen jetzt die gedrosselten Boliden immer weniger Benzin und die enthemmten Fans immer mehr Bier? Erstere kommen „nur" noch auf rund 60 Liter für 100 km. Letztere sind – je länger desto mehr – kaum berechenbar.

Doch die Bier-Gelage sind nicht der Grund, warum dieser Grand Prix in Melbourne so umstritten ist. Vielmehr sind es die tiefroten Zahlen, die diese Veranstaltung jährlich schreibt. Für diese Millionen-Verluste müssen die Steuerzahler des Bundesstaates Victoria aufkommen.

Rund 40.000 Fans sind schon am Donnerstag in den Albert Park gekommen. Wahnsinn, diese Vorfreude. Auch das Fernsehen und die Zeitungen spielen mit. Groß wird über alles berichtet, was mit Grand Prix zu tun hat. Etwa über Lewis Hamilton, der für den Sportartikel-Hersteller Reebok so etwas wie ein globaler Botschafter ist. In dieser Rolle joggte er in Melbournes City am Yarra-River entlang – an seiner Seite die amtierende Miss Australia. Und viele andere Jogger aus dieser Sport-Metropole suchten den Windschatten der beiden. „Mit so vielen Leuten bin ich noch nie gelaufen", so Hamilton, „normalerweise jogge ich ja immer allein."

Und Sebastian Vettel? Wo hat sich der vor dem Rennen als FI-Botschafter herumgetrieben? Sie erraten es nicht. Er war auf einer Farm außerhalb Melbournes.

Oder Station, wie man dort eher zum Bauernhof sagt. Doch die Landwirtschaft scheint nicht Vettels Terrain zu sein. Was immer er anfasste, sah irgendwie komisch aus. Und beim Scheren von Schafen zeigte sich der Champion wahrlich nicht weltmeisterlich. Ganz zum Spaß der Zuschauer, doch ganz zum Leid des einen Tieres. Bei dem es dann Gott sei Dank blieb. „Das war leider ein großer Stress für das Schaf. Beim nächsten Mal muss das von meiner Seite aus viel besser werden", entschuldigte sich der 23-Jährige mehr beim Schaf als bei den Umstehenden.

Im Fahrerlager angekommen, zeigte sich sofort: Dort ist Vettel zu Hause. Dort geht der Nummer 1 der Formel I und von Red Bull alles viel leichter von der Hand. Was immer er dort anpackt, wirkt professionell. Eben eines Weltmeisters würdig. In den Boxen hilft er seinen Mechanikern, denen Räder vom Karren gerollt sind. Und in der Red-Bull-Feldküche, wo er kurz vorbeischaut, bereitet er Spaghetti Bolognese im Stil eines TV-Starkochs zu. Das Freitag-Training auf dem 5,3 km langen Albert Park Circuit macht dem meist gutgelaunten Blondschopf Appetit auf mehr: Hinter dem McLaren-Duo Jenson Button (1:25,854) und Lewis Hamilton (1:25,986) sowie Ferraris Fernando Alonso (1:26,001) wird er Tages-Vierter mit 1:26,014. „Da liegt schon noch was drin", verrät er auf dem Weg zum Team-Briefing.

Am Samstagvormittag kommt der Hesse aus Heppenheim an der Bergstraße im Training immer mehr auf Touren. Bestzeit mit 1:24,507, eineinhalb Sekunden schneller als am Vortag. Im Qualifying dreht er dann richtig auf. Und zwar so, dass viele Konkurrenten an der computerisierten Rundenzeit-Nehmung zweifeln. Oder gar verzweifeln. „Bei Sebastians Zeit musste ich zweimal hingucken", staunt Force-India-Testfahrer Nico Hülkenberg. Denn Vettel donnert bei seiner entscheidenden Melbourne-Stadtpark-Runde in 1:23,529 über den Asphalt. Damit ist er mit dem RB7-Boliden nochmals um eine Sekunde schneller als am Vormittag. Kopfschütteln bei den Geschlagenen Hamilton, Webber, Button und Alonso.

Dass in der Startaufstellung für den Saison-Opener in Australien ein Red Bull ganz vorne steht, ist angesichts der Wintertests keine große Überraschung. Die Art und Weise, wie Sebastian Vettel im Albert-Park den Rest der FI-Welt deklassiert, aber sehr wohl: Der Weltmeister fährt mit sensationellen 0,778 Sekunden Vorsprung auf die Pole-Position – und markiert sein Terrain! In der Tierwelt, bei Löwen, würde man von einem „territorial call" sprechen: Hier bin ich der Herr im Haus. Und fordere jeden zum Kampf auf, der das nicht so sieht.

Bestzeit im ersten, zweiten und dritten Sektor. Bestzeit auch in allen drei Qualifying-Abschnitten – sehr viel eindrucksvoller kann man gar nicht in eine neue Saison starten. „Wir ziehen unser Ding durch und arbeiten immer weiter", jubelt Vettel in den Boxenfunk, als er von seinem Renningenieur Guillaume Rocquelin über die Fabel-Bestzeit in Q3 informiert wird: „Wir sind, was wir sind. Das ist ein tolles Auto. Danke dafür, Jungs!"

Mark Webber sagt zu Vettels Performance: „Ich kam einfach nicht auf seine Zeiten und bin darüber sehr enttäuscht. Ich habe mein Bestes gegeben. Jetzt muss ich mir alles anschauen und mir überlegen, wie ich mich steigern kann. Gerade hier in Melbourne hätte ich natürlich gerne besser ausgesehen."

Auch Mercedes GP kann mit den neuen Silberpfeilen die hohen Erwartungen nicht erfüllen: „Da geht nix", seufzt Nico Rosberg, der zumindest ins Top-10-Finale einzog und mit knapp zwei Sekunden Rückstand Siebter wird. Aber er relativiert: „Das ist nicht die wahre Geschichte – ich glaube nicht, dass wir ganz so weit weg sind." Michael Schumacher sieht das anders, denn für den siebenfachen Weltmeister war schon nach zwei von drei Qualifying-Abschnitten Schluss: der undankbare 11. Startplatz. „Schon überraschend, wo wir uns gerade wiederfinden", findet Schumacher, dem in Q2 nur 89 Tausendstelsekunden auf Sébastien Buemi im Toro Rosso fehlten.

In der Formel I geht es aber nicht immer nur um Tausendstel. In einer Schweigeminute vor dem Start gedenkt man den Erdbeben- und Tsunami-Opfern in Japan. Kamui Kobayashi und Jarno Trulli tragen Vollvisierhelme mit den Farben Japans. Das Rennen ist dann ein einziges Vettel-Solo. Dort, wo er 2010 aufgehört hat, fängt er 2011 an: auf Platz 1. Der Red-Bull-Liebling dominiert die Stadtrundfahrt von Melbourne nach Belieben. Und das, obwohl sich vieles geändert hat. Die Aero-Hilfen Doppeldiffusor und F-Schacht sind passé.

Es gibt eine neue Reifenmarke: Die Pirelli-Pneus sorgen mit höchst unterschiedlicher Lebensdauer für große Unterschiede bei den Rundenzeiten. Dann gibt es den verstellbaren Heckflügel (DRS, Drag Reduction System). Dieser kommt auf dem Albert-Park-Kurs nicht so zur Wirkung und ist noch keine Überholhilfe. Und es gibt wieder KERS, wie schon 2009.

Wegen dieses Kinetic-Energy-Recovery-Systems oder Bremsenergie-Rückgewinnungssystems haben die Boliden um 20 kg zugelegt: von 620 auf 640 kg Mindestgewicht. KERS erweist sich als einzige Schwachstelle im sonst genialen Red Bull RB7, den Aerodynamik-Guru Adrian Newey konzipierte.

Doch auf diesen KERS-Schub von 82 PS (60 kW) – für 6,7 Sekunden pro Runde – kann Vettel locker verzichten. Die vier Zehntel, die das pro Runde kostet, hat sein Auto in der Tasche. Hamilton ist im Rennen der Einzige, der dem Sieger auf den Fersen bleiben kann. Doch Vettel fährt nur so schnell, wie er muss – und wie es der knapp bemessene Tankinhalt zulässt. Webbers Red Bull rollt als Fünfter hundert Meter nach der Ziellinie ohne Sprit aus. Das nennt man Präzision – oder Schwein gehabt.

Der Mann des Auftaktrennens ist der 26-jährige Underdog Vitaly Petrov. Sensationell seine Leistung. In Abwesenheit von Renaults rekonvaleszentem Teamleader Robert Kubica (Rallye-Unfall am 6. Februar) braust der Russe erstmals als Dritter aufs Podest. Kubica-Ersatz Nick Heidfeld kommt mit dem Renault-Lotus nicht so zurecht und wird nur 12. Das Renault-Team mailt eilig eine Grußbotschaft ins Santa-Corona-Spital von Pietra Ligure in Italien: „Wir vermissen dich, Robert!"

Den Flop des Rennens liefert Mercedes GP mit der Nullnummer. Michael Schumachers Chancen sinken gleich nach dem Start auf null: Kollision mit Jaime Alguersuaris Toro Rosso. Reifenschaden, lädierter Unterboden „und wahrscheinlich war danach auch die Aufhängung ein bisschen verbogen", zieht Schumacher ein langes Gesicht, nachdem er in Runde 20 w.o. geben musste. Drei Runden später kann Teamchef Ross Brawn am Mercedes-Kommandostand ganz zusammenpacken. Denn ausgerechnet Routinier Rubens Barrichello brannten die Sicherungen durch. Er schießt Nico Rosberg aus unmöglicher Position in Kurve 3 ab. „Das war unnötig", ärgert sich der Deutsche über den Williams-Piloten. Übrigens: Auch für Williams setzt es eine Nullnummer. Deren GP-Neuling Pastor Maldonado aus Venezuela kommt nur 9 Runden weit: Getriebe defekt.

Ganz dick kommt es für Sauber und deren Neuling, den Mexikaner Sergio Pérez. Denn um 21.30 Uhr Ortszeit schlägt die bierselige Feierstimmung im Sauber-Lager auf zu Tode betrübt um. Pérez und der Japaner Kamui Kobayashi fliegen nach ihren überraschenden Rängen 7 und 8 aus der Wertung. Sauber werden 10 WM-Punkte gestrichen. Winzige Ursache, riesige Wirkung. Oder: Millimeter, die Sauber am Ende in der Konstrukteurs-Wertung um Millionen bringen können. Der innere Radius des Heckflügelflaps unterschreitet das Mindestmaß um zwei Millimeter. Eine Unachtsamkeit der Fertigung. Kaum zu glauben, aber wahr: Vier der sechs Flügel im Gepäck entsprechen den Regeln. Nur die an den Sauber-Autos sind reglementwidrig.

Die Melbourne-Schlussworte gehören zwei Teamchefs. McLarens Martin Whitmarsh: „Unsere Ingenieure haben fast ein Wunder vollbracht. Denn bei den Tests fuhren wir noch im Niemandsland. Jetzt haben wir beide Autos ins Ziel gebracht. Lewis (Hamilton) ist Zweiter und Jenson (Button) hätte Dritter statt Sechster werden können, wenn er nicht für das Überholmanöver an Massa bestraft worden wäre."

Ferraris Stefano Domenicali: „Ich muss zugeben, der Saisonstart hat uns mehr Rätsel als Lösungen beschert. Nach den Testfahrten gingen wir davon aus, ein reifenschonendes Auto zu haben. Das war nicht der Fall. Die Gründe dafür müssen wir schnellstens analysieren. Vielleicht litten wir unter zu wenig Abtrieb am Frontflügel. Fernando (Alonso) als Vierter und Felipe (Massa) als Siebter – klar ist das eine Enttäuschung. Doch es ist zu früh, daraus ein Drama zu machen."

Noch ein Schritt weiter in den Rekordlisten – und die Magie der Nummer 1! In Melbourne wurde am Sonntag zum 15. Mal (einmal hatte man sie vergessen) bei

neuer Typ von Superstar: Sebastian Vettel, der jüngste Doppelweltmeister der Formel I. Ein ent ohne Grenzen. Für Niki Lauda wird er mit jedem Sieg (hier: Istanbul) „noch ein bissl außerscher“, für Didi Mateschitz kommt er sowieso „von einem anderen Planeten“ und Bernie clestone traut ihm sogar sieben WM-Titel zu – wie Schumacher.

Stationen einer Traumsaison für die „Bullen“. Vettel startet ins Jahr 2011 wie eine Rakete, gewinnt gleich in Melbourne und Sepang (Bild oben) und schockiert die Konkurrenz bald mit Rekordvorsprung. Auch Mark Webber fährt starke, aber oft schwierige Rennen wie auf Platz 2 in Spa (Bild unten) – nicht der einzige Doppelsieg.

ıperhirn“ Adrian Newey (Mitte) ist der Schlüssel für die Siegesserie. In Monza (Bild oben) war
ıon fast alles klar. Links unten: Mark Webber in Silverstone. Von der Nebenfahrbahn, aber nie
ıechspur, immer wieder aufs Podest. Mark, voll konzentriert, stürmt am Nürburgring auf „Pole“
ır Vettel und Hamılton).

Red Bull
RAUCH
Pepe Jeans
TOTAL
RENAULT

Der beste Fahrer der Formel 1, das beste Auto, das beste Team: Red Bull wurde 2011 zum zweiten Mal Markenweltmeister. Ein Triumph der „Formel Austria", ermöglicht von 500 Red-Bull-Mitarbeitern. „Ihr habt alle Anteil an meinen WM-Titeln – allein hätte ich das nie geschafft!", bedankte sich Vettel bei seiner Crew, nicht nur für den Boxenstopp in Spa.

Vettel-Hype in Singapur – wo er gerade World Champion geworden ist (Bild oben). 15 Tage im Jah muss er laut Vertrag seinem Team und seinen Sponsoren zur Verfügung stehen – aber Medien und Fans hätten ihn gern zehnmal öfter. Unten: Niki Lauda zieht schon längst seine Kappe, Bernie

:clestone gratuliert Teamchef Christian Horner. Und Vater Norbert Vettel ist auf stille Art happy.
lder rechts: mit jungen Fans in Silverstone und beim traditionellen Sprung in den Swimmingpool in
onte Carlo. Rechts unten: Sportchef Dr. Helmut Marko – 40 Jahre nach seinem Sieg in Le Mans 1971.

Auch die Chinesen lieben Vettel – auch nach seiner Niederlage gegen Hamilton in Shanghai. Aber ob sich seine Freundin Hanna über die Transparente wirklich freut …? Atemberaubend jedenfalls wie rasant Vettel die Karriereleiter bis ganz nach oben geschafft hat. Wie weit kann es die nächste Jahre noch aufwärts gehen?

einer Formel-I-Siegerehrung die österreichische Bundeshymne gespielt – und Sebastian Vettel wurde der erst sechste Pilot der Formel-I-Geschichte, der gleich sein erstes Rennen als Champion gewonnen hat. Das haben drei Weltmeister, darunter Niki Lauda, noch im gleichen Jahr geschafft, drei, zuletzt Vettel, im ersten Rennen der neuen Saison. Und übrigens, kein einziger Weltmeister hat nach einem Markenwechsel gleich sein erstes Rennen für sein neues Team gewonnen.

WELTMEISTER, DIE GLEICH IHR 1. RENNEN GEWANNEN:

Fahrer	**Auto**	**Weltmeisterjahr**	**Erster Sieg nach dem Titelgewinn**
Alberto Ascari	Ferrari	1952	Monza 1952
Graham Hill	BRM	1962	Monte Carlo 1963
Niki Lauda	Ferrari	1975	Watkins Glen 1975
Alan Jones	Williams	1980	Watkins Glen 1980
Michael Schumacher	Benetton	1994	Interlagos 1995
Sebastian Vettel	Red Bull	2010	Melbourne 2011

Sepang: Vettel zaubert, Webber zaudert und …

HAMILTON ZOCKT

Hot and humid. Hitze und hohe Luftfeuchtigkeit prägen aus europäischer Sicht Malaysia – und den dortigen Grand Prix. Von einem Großen Preis kann für ein Mal nicht die Rede sein. Sondern nur vom Großen Schweiß von Malaysia. Nur das Nachtrennen von Singapur ist noch näher am Äquator. Der Schweiß fließt hier wie dort, Tag und Nacht, in Strömen.

Wer nicht sofort durch ein verschwitztes Hemd glänzen will, trägt darunter ein „saugendes" T-Shirt. Am besten schon bei der Ankunft am großzügig angelegten Airport, wie auch Sebastian Vettel weiß. Der große Melbourne-Sieger wird in Malaysia groß empfangen. Doch dem Red-Bull-Champion ist gar nicht nach „großem Bahnhof". Er möchte am liebsten gleich ins kühle Hotel und sich nur noch aufs heiße Rennen konzentrieren. „Hier drinnen im Airport ist es zwar noch air-conditioniert", sagt er auf gut Deutsch-Englisch, „doch draußen läuft man gleich in den Hitze-Hammer. Die Schwüle ist erdrückend. Und drückt deshalb die Schweißtropfen aus wirklich jeder Pore." Dann geht's ab ins Fahrer-Hotel Pan Pacific – zu Fuß, weil es gleich am Airport liegt.

Die Boxenanlage des Sepang International Circuit ist längst vollklimatisiert. Überall rotieren große Ventilatoren, die die extreme Schwüle so verwirbeln, dass Dunstschleier wie Nebelschwaden davonziehen. Für die Mechaniker wird ihr Knochenjob fast schon unerträglich. Und für die Piloten werden die „Dreharbeiten" am Lenkrad-Laptop zur härtesten Belastungsprobe des Jahres.

Nick Heidfeld ist der Malaysia-Routinier unter den Fahrern. Fast könnte man sagen, der Reiseführer. Denn im Gegensatz zu vielen anderen seiner Kollegen dreht er im Land am Äquator gerne seine Runden. Und das bezieht sich nicht nur auf die 5,5 km auf der Rennstrecke, die gleich neben dem KLIA liegt. Dem Kuala Lumpur International Airport. Nein, Heidfeld drehte auch im Land selbst seine Runden. Als Formel-I-Botschafter für Sauber und Petronas.

Malaysias staat- und stattlicher Öl- und Gas-Multi sponserte ja von 1995 weg zehn Jahre lang das Privatteam von Peter Sauber. Rund eine halbe Milliarde Dollar flossen so von Malaysia in die Schweiz, genauer ins Zürcher Oberland nach Hinwil. Während dieser Zeit war Heidfeld mit dem Sauber-Team mehrmals auf Tour – kreuz und quer durch Malaysia. Von der Badeinsel Penang im Norden bis Kuching (Sarawak) und Kota Kinabalu (Sabah) auf Borneo im Süden. Ausflüge zu Ölplattformen und Bohrinseln standen ebenso auf dem Programm wie die Besichtigung von

Flüssigerdgas-Anlagen (LNG). Petronas war auch Partner bei BMW-Sauber. Jetzt fahren die Malaysier bei Mercedes GP als Sponsor mit.

Dass die Formel I in Malaysia noch immer eine Staatsangelegenheit ist, zeigt die Einladung zum Dinner beim Regierungschef: Am Mittwochabend hat Premierminister Najib Razak die Fahrer und die Teams zum gemeinsamen Abendessen in seine Residenz in Putrajaya geladen. Solch eine große Ehre widerfährt dem Formel-I-Tross nicht in jedem Land. Sepangs Strecken-Vorsitzender Razan Razali freute sich: „Durch die Absage von Bahrain sind wir das erste Grand-Prix-Weekend auf einer permanenten Rennstrecke. Ich glaube, erst hier werden wir das wahre Potenzial der Teams und ihrer Autos sehen."

„Das wird wieder ein sehr, sehr schweißtreibendes Rennen", sagt Heidfeld am Donnerstag im Fahrerlager von Sepang. Eine knappe Autostunde liegt die Strecke von Malaysias 1,5-Millionen-Metropole Kuala Lumpur entfernt. Heidfeld hat nun weder mit Sauber noch mit Petronas etwas zu tun. 2010 war das noch anders, als er dritter Mann bei Mercedes GP war.

Nun ist der gebürtige Mönchengladbacher bei Renault-Lotus gelandet, als Ersatz für den verletzten Robert Kubica. Seinen Schweizer Wohnsitz am Zürichsee hat er nach wie vor. Auch Heidfeld schwitzt. Es ist 33 bis 35 Grad heiß und die relative Luftfeuchtigkeit beträgt 70 bis 80 Prozent. Doch mit Zahlen ist die Sauna von Sepang nur bedingt zu beschreiben.

Deutsche Piloten wie Michael Schumacher, Nico Rosberg, Timo Glock und auch Heidfeld haben speziell vorgesorgt: Für das GP-Dampfbad mit Cockpittemperaturen jenseits von 50 Grad holten sie sich auch Tipps von der Sportklinik im hessischen Bad Nauheim. „Allein beim Qualifying kann der Wasserverlust zwei Liter betragen", erklärt Schumacher, „im Rennen ist er doppelt so groß."

Daher gilt: Die Piloten sollen täglich bis zu drei Liter mehr als gewöhnlich zu sich nehmen. Während des mehr als 300 km langen Rennens sollen die Fahrer nach Möglichkeit gut eineinhalb Liter isotonischer Getränke trinken. „Die Kombination aus Hitze, hoher Luftfeuchtigkeit und großem Gewitterrisiko mit monsunartigen Regenfällen ist stets gewöhnungsbedürftig", weiß Schumacher als dreimaliger Malaysia-GP-Sieger (zuletzt 2004), „aber mir hat das nie etwas ausgemacht."

Michael Schumacher und Nico Rosberg sind in Kuala Lumpur auch am Donnerstagvormittag noch auf den Spuren von Heidfeld unterwegs: als Formel-I-Botschafter für Petronas und Mercedes. Dabei laufen sie in der Shopping Mall KLCC – Kuala Lumpur City Center – an einem großen Flat-Screen vorbei, aus dem Peter Sauber lächelt. Schumacher ist ja für Sauber 1990 in der Sportwagen-Prototypen-WM gefahren. Und über Saubers Schreibtisch ging auch der Scheck für Eddie Jordan. Damit Schumacher 1991 in die Formel I einsteigen konnte.

Der 67-jährige Schweizer Teamchef hat für 2011 in Mexiko neue Geldgeber gefunden: in der Familie von Carlos Slim Helu, dem reichsten Mann der Welt (Telmex). Mit Petronas verbinden ihn nur noch freundschaftliche Kontakte. Dennoch wurde Malaysia fast schon zur zweiten Heimat für ihn. Insgeheim gilt er dort als Formel-I-Sultan – und das nicht nur, weil er als einer von wenigen Europäern schon bei der Inthronisation des Königs von Malaysia beiwohnen durfte. Dieses Mal fehlt Peter Sauber allerdings – und ist nur via Groß-Flat-Screen präsent.

Die Petronas-Ölquelle sprudelt nun für Mercedes GP. Von dort kommt auch die Schmiermittel-Marke Syntium. Doch bei den Silberpfeilen läuft es alles andere als geschmiert. Schumacher und Rosberg ist die Nullnummer von Melbourne noch ins Gesicht geschrieben. Und das, obwohl sie gute Miene zum bösen Spiel machen. Und die Gespräche bei ihren PR-Auftritten gerne in andere Richtungen lenken.

Hunderte von Fans haben sich am Petronas-Hauptsitz in Kuala Lumpur, unter dem markanten Twin-Towers-Wolkenkratzerpaar versammelt. Ein wahrlich imposantes Wahrzeichen: 452 m hoch, 88 Etagen, 78 Lifte. Petronas (Petroliam Nasional Berhad) gehört mit Vertretungen in 30 Ländern und mehr als 100 Tochtergesellschaften zu den 500 größten Konzernen der Welt („Fortune 500").

Der staatliche Ölkonzern hat auch die Rennstrecke erstellt und erhält sie. Seit 1999 werden dort GPs gefahren. 2010 mit dem großen Sieger Sebastian Vettel. Vom dritten Startplatz aus. Auch dieses Mal überlässt Vettel den anderen die Trainings-Bestzeiten am Freitag und Samstagvormittag. Nicht aber die Pole-Position.

Dabei hat es nach dem dritten Freien Training in Sepang schon nach einer Überraschung durch McLaren ausgesehen: Lewis Hamilton Schnellster, Jenson Button Dritter. Doch Vettels Weltmeister-Form reicht im Qualifying doch noch, um den Angriff der britischen Chrompfeile abzuwehren. Der „Bulle" spürt zwar den heißen Atem der McLaren-Fahrer, sichert sich aber die „Pole" auf den allerletzten Drücker.

Nur Red Bull und McLaren haben im Qualifying-Finale noch genug weiche Pirelli-Reifen (Options), um zweimal auf die Strecke zu gehen. In den letzten drei Minuten sind so alle zehn Autos gleichzeitig unterwegs. Hochspannung im Duell Red Bull gegen McLaren. Alle vier Fahrer absolvieren den ersten Sektor in 24,6 Sekunden. Den zweiten Sektor fährt Vettel in 31,5 Sekunden. Lewis Hamilton und Mark Webber kommen auf 31,6, Jenson Button auf 31,7.

Unterm Strich entscheidet eine Zehntelsekunde für Vettel und gegen Hamilton. „Am Ende war es knapp, aber ich bin überglücklich, dass es gereicht hat", lacht ein verschwitzter Vettel leicht verschmitzt. Dieses Mal kam Vettel die Hilfe von KERS zugute. Auf das Hybridsystem mit dem 82-PS-Boost hatte Red Bull in Melbourne teilweise noch freiwillig verzichtet. Vettel: „Ich glaube, heute hat KERS den Unterschied gemacht. Ohne KERS würde ich nicht auf Pole stehen."

Hamilton kann mit Startplatz zwei gut leben: „Wir sind nicht enttäuscht", behauptet er und bedankt sich beim Team für die neuen Teile, die über Nacht eingeflogen wurden. „Natürlich wäre ich gerne auf der Pole gestanden, aber Red Bull hat immer noch einen kleinen Vorteil. Doch der Rückstand wird kleiner und meine Runde war nicht perfekt."

Apropos Hamilton. Wer hätte gedacht, dass Fernando Alonso diesen Namen mit Relaxen und Entspannen verbindet? Immerhin waren sich die beiden spinnefeind, als sie 2007 bei McLaren fuhren. Und so mit sich beschäftigt, dass sie den WM-Titel jeweils um einen Punkt verpassten! Wenn sich zwei streiten, freut sich der Dritte: Kimi Räikkönen schnappte den beiden den Titel weg. Nun hat Alonso auf Hamilton Island, im Nordosten Australiens, Ferien gemacht. „Ich habe es genossen", so Alonso, „dachte aber keine Sekunde an Lewis."

Im Qualifying landet Ferraris Nummer 1 erst 0,6 Sekunden hinter dem Spitzenquartett und fast eine Sekunde hinter der Pole-Position auf Rang fünf. Ferraris Unsicherheit zeigte sich bereits in Q1, wo die Roten sofort weiche Reifen aufzogen und nichts dem Zufall überließen. Felipe Massa steht in der Startaufstellung direkt hinter seinem Teamkollegen. Dazwischengezwängt hat sich überraschend Nick Heidfeld als Sechster.

Die Startaufstellung ist vielversprechend. Die Red-Bull-Dominanz und Langeweile vom Saisonstart in Melbourne scheint verflogen. Polesetter Vettel bleibt Favorit. Sein Förderer und Red Bulls Motorsport-Konsulent Helmut Marko kündigte bereits vor dem Qualifying an, dass man sich diesmal auf den Renntrimm konzentriert habe. Aber dann ist da noch der Pirelli-Faktor: „Die Reifen halten nicht einmal annähernd so lange wie in Melbourne", weiß Vettel in der Red-Bull-Hospitality zu erzählen, „es wird sicher ein ganz anderes Rennen. Ich erwarte definitiv mehr Boxenstopps. Die Frage ist nur, wie viele."

Es sollten 56 Stopps werden. Und 45 Überholmanöver im Rennen. Zum Vergleich: Beim Australien-GP waren es nur 24. Der Start gelingt Vettel. Er übernimmt gleich das Kommando. In dieser Rolle fühlt er sich wohl. Und noch besser fühlt er sich, als er auch über Funk hört, was er hinter sich sieht: Heidfeld prescht von Startplatz 6 sensationell auf Rang 2 vor. Damit schirmt er Vettel von seinen McLaren-Rivalen ab. Der McLaren-Kommandostand an der Boxenmauer schäumt wegen des Zeitverlustes. Vettel kann davonfahren.

Mark Webber dagegen fällt ohne funktionierende KERS-Starthilfe von 3 auf 19 zurück. Der von fast allen Topteams befürchtete Monsunregen scheint an Sepang vorbeizuziehen. Nur in Runde 14 tröpfelt es. Der große Schauer bleibt aus. Zur Rennmitte führt Vettel vor Hamilton, „Reifenflüsterer" Button, Alonso, Webber und Heidfeld. Alles sieht danach aus, dass der Titelverteidiger im zweiten Saisonrennen seinen zweiten Triumph – den vierten Sieg in Folge – ins Trockene bringen kann.

DER FORMEL-I-STRESSZYKLUS

Was spielt sich eigentlich vor dem Start ab? Die Stressreaktion der Formel-I-Piloten läuft in vier Phasen ab: Hier unsere wissenschaftliche Analyse:

1. DIE ALARMPHASE (START)

Sie wird psychisch ausgelöst. Angst, Empfindungen (Sehen, Hören), Emotionen bereiten den Organismus auf eine bevorstehende Leistung vor. Über den Sympathikus-Nerv und die Katecholamine (Adrenalin, Noradrenalin) werden die Atmung (über eine Steigerung der Atemfrequenz), der Kreislauf (Steigerung der Herzfrequenz, Blutdruckanstieg) und der Stoffwechsel (Fettsäure- und Glukosemobilisation) auf die zu erbringende Leistung – den Start – vorbereitet. Sportler zeigen in der Startphase – je nach Typus – unterschiedlich hohe Herzfrequenzanstiege (zwischen 100 und 200 Schläge pro Minute). Weil eine potentielle Blutungsgefahr droht, forciert der Organismus unmittelbar vor dem Start die Blutplättchenaktivierung, um auf einen drohenden Unfall vorbereitet zu sein.

2. DIE ANPASSUNGSPHASE (RENNEN)

Durch die gesteigerte Atemfrequenz und Erhöhung des Atemminutenvolumens kann die Lunge mehr Sauerstoff aufnehmen. Die Sauerstoff-Anlieferung an die arbeitende Muskulatur wird erhöht. Den Muskelzellen werden vermehrt Nährstoffe zur Verfügung gestellt. Hier spielt das Hormon Kortison eine wichtige Rolle, das während der Belastung vermehrt gebildet wird. Elektrolyte (z. B. 2–3 g Kochsalz pro Liter Wasser) während des Rennens können den Leistungsabfall verringern bzw. hinauszögern.

3. ERMÜDUNG/ERSCHÖPFUNG (DIE LETZTEN RUNDEN)

Die Phase der Ermüdung (Verminderung der Leistungsfähigkeit) und Erschöpfung (Aufhebung der Leistungsfähigkeit) ist die Folge des Verbrauchs von Ressourcen (Nährstoffe, Wasser, Elektrolyte), im Rennsport verbunden mit einer zentralen Ermüdung. Die Konzentrations- und Denkfähigkeit nehmen im Laufe des Rennens ab, was zu einem Verlust der Handlungsfähigkeit führen kann. Jede Belastung, auch die Trainingsbelastung, ist ein abbauender, kataboler Vorgang.

4. WIEDERHERSTELLUNG/ERHOLUNG (DIE STUNDEN DANACH)

Unmittelbar nach Beendigung des Rennens beginnt die Wiederherstellung der ursprünglichen Leistungsfähigkeit. Es handelt sich hierbei um einen anabolen Vorgang. Es müssen die geleerten Energiedepots wiederaufgefüllt werden (Glykogen) und der Wasser- und Salzverlust ausgeglichen werden. Die regenerativen Vorgänge benötigen Zeit und bei hohen psychoemotionellen Belastungen oft bis zu 24 Stunden und länger.

DDr. Barbara Prüller-Strasser

Aufregung bringt die 31. Runde ins Rennen, mit dem hektischen Funkspruch an Vettel: „Verwende KERS nicht mehr." Der Grund: An seinem RB7-Auto überhitzen die Batterien des Bremsenergie-Rückgewinnungssystems. Es droht ein Kurzschluss, der den Wagen lahmlegen könnte. Vettel bewahrt kühlen Kopf und fährt den Sieg auch ohne KERS nach Hause. „Der Start war entscheidend", schildert er später das Rennen aus seiner Perspektive: „Ich hatte einen guten Start und war in Kurve eins überrascht, plötzlich etwas Schwarzes hinter mir zu sehen! Ich dachte: ‚Wo kommt der denn her?' Nick (Heidfeld) hat mir im ersten Stint ein bisschen geholfen, denn so konnte ich mich absetzen."

Heidfeld fährt im Renault eines seiner besten Rennen. Kaum zu glauben: Ohne den Kubica-Rallye-Unfall würde er cockpit- und arbeitslos zuhause sitzen. So betrachtet, springt er vom Sofa aufs Sepang-Podest. In den letzten Runden übt Webber mit frischeren Reifen enormen Druck auf den drittplatzierten Heidfeld aus. Doch der Deutsche beweist Nervenstärke. Webber hat jedoch den Nachteil des deaktivierten KERS: „Wenn alle KERS haben, nur du selbst nicht, ist es schwierig, dich nach vorne zu kämpfen", seufzt der Australier hinterher.

Nach Vettels KERS-Schaden riskiert Hamilton alles. Er zockt, indem er aus dem Renn-Rhythmus der anderen ausbricht und nicht auf weiche, sondern auf harte Pirellis wechselt. Der Schuss geht nach hinten los. Denn in der zweiten Rennhälfte und besonders im letzten Stint bricht sein Tempo stark ein. Im Finish muss er sogar einen zusätzlichen Boxenstopp einlegen. Das alles spielt Button in die Hände. Der „Reifenflüsterer" beendet ein für ihn „verwirrendes Rennen" als Zweiter.

Hamilton fällt noch hinter Felipe Massa und Fernando Alonso auf Rang sieben zurück. Mit Alonso lieferte er sich zuvor ein hartes Rad-an-Rad-Duell, in dem Verfolger Alonso das höhere Tempo anschlug. Doch der Asturier verschätzte sich beim Herausbeschleunigen aus einer schnellen Rechtskurve, fuhr auf den McLaren auf und zerbrach dabei eine Frontflügel-Endplatte. Für dieses Manöver bestrafte die Rennleitung hinterher beide mit 20-Sekunden-Zeitstrafen. Alonso blieb Sechster. Hamilton rutschte auf Rang 8 ab. Sein Kommentar: „Sch…, ich war doch dran an Sebastian. Und nun bin ich ein Rennen gefahren, das ich vergessen kann. Nun muss ich ihn halt in China packen." Aber diskutiert wird über Malaysia noch sehr lange.

Die Steinzeit-Fotos der Grand-Prix-Geschichte wurden berühmt: Autorennfahrer, die bei full speed plötzlich ein loses Lenkrad in der Hand hielten – und ihrem Teamchef oder Mechaniker mit Mord und Totschlag drohten! Umso mehr verblüfft den Formel-1-Zirkus jetzt die Coolness, mit der Vitaly Petrov in Malaysia ein lebensgefährliches Malheur wegsteckte. „Wir haben wenigstens bewiesen, dass unsere Renaults schnell genug sind, um vorn mitzufahren …"

Mitzufahren, nicht mitzufliegen. „Ich hab einen kleinen Fehler gemacht, bin rausgerutscht, auf dem Randstein hochgeschleudert worden. Aber es hätte nicht so böse ausgehen müssen", sagte der (unverletzte) Russe cool. Und: „Schade – wir hätten beide Autos in die Punkte bringen können!"

Das schaffte natürlich Red Bull – aber mit Herzklopfen. Adrian Newey analysiert das KERS-Drama seiner Piloten: „Wir haben Sebastian Vettel über Funk befohlen: Benütz in der zweiten Rennhälfte das KERS nicht mehr! Es hätte vielleicht durchgehalten – aber die Gefahr eines Defekts war zu groß." Und Mark Webber? „Der hatte ein völlig neues Problem schon in der Aufwärmrunde zum Start. Darum sagten wir ihm: Schalt das System sofort aus."

Klappt es dafür jetzt in Shanghai? Newey ist vorsichtig: „Wir haben unseren Fahrern gesagt: Verlasst euch nicht darauf, dass wir die Probleme so schnell lösen können. Wir haben für KERS ein limitiertes Budget – und haben keinen großen Autohersteller hinter uns."

Hamilton und Alonso akzeptierten Sonntagabend ihre 20-Sekunden-Strafen. Lewis: „Wenn ich zu den Sportkommissären muss, rechne ich immer gleich mit dem Schlimmsten." Der McLaren verlor einen Platz, der Ferrari keinen.

Shanghai: Webber der Mann des Rennens

„WAR KURZ BEIM CHEF“

Nihao – guten Tag. Der Red-Bull-Tross ist im Reich der Mitte gelandet. Auf Shanghais Pudong-Airport wird das Team mit weltmeisterlichen Ehren empfangen. Die chinesischen GP-Organisatoren machen daraus schon fast einen kleinen Staatsempfang. Ganz im kommunistischen Stil stehen hochrangige Politiker und KP-Kader der Volksrepublik Spalier – und verbeugen sich: Teamchef Christian Horner tut es ihnen gleich. Und schaut genauso ernst und mit versteinerter Miene. Weltmeister Sebastian Vettel dagegen schlendert mit einer Hand in der Hosentasche ebenso locker und lässig vorbei wie Mark Webber. Der 34-jährige Australier ist vom Langstreckenflug mehr gezeichnet als sein 11 Jahre jüngerer Teamgefährte. Webber, unrasiert und mit eingefallenem Gesicht, scheint hier kaum einer zu kennen. Alle Blicke sind auf Vettel gerichtet. Selbst China-Fans mit Kappen und Flaggen in den McLaren-Farben winken ihm zu. 2009 konnte der Blondschopf von Shanghai als großer Sieger wegfliegen.

Dieses Mal startet Vettel sein Grand-Prix-Weekend in China mit einer ungewöhnlichen Testfahrt: allerdings nicht auf dem Shanghai International Circuit, der gigantischen Formel-1-Arena draußen im Jangtse-Delta, sondern auf einem Fahrsicherheits-Gelände irgendwo in dieser 20-Millionen-Mega-City. Doch auch dort rauchen die Bremsbeläge und es riecht stark nach verbranntem Gummi: Der Red-Bull-Pilot driftet für einmal mit „High Performance“-Wagen des Luxuslabels Infiniti um die Kurven. Diese Marke gehört zu Nissan und damit auch zu Renault und sponsert seit dieser Saison die Renault-getriebenen Red Bulls. Einen Infiniti FX50S (5-Liter-V8, 390 PS) ist der Deutsche mit Schweizer Wohnsitz zuletzt auch privat gefahren: vor allem, um vom Kanton Thurgau am Bodensee zur Familie ins südhessische Heppenheim an der Bergstraße zu kommen. Vater Norbert Vettel ist ein treuer Begleiter seines Sohnes. Lange Flugreisen mag er aber nicht so. Dafür liebt er die mitteleuropäischen Grands Prix, weil er dort bequem mit dem Motorhome anrollen kann. Motto: My home is my castle.

Streifzüge durch Shanghai, nur mit den Sponsoren, fehlen auch bei Lewis Hamilton und Jenson Button nicht. Gerade für Shanghai gilt: Trainings und Rennen sind die Kür. Die vielen VIP-Termine im GP-Vorprogramm die Pflicht. Dabei kommt es zu einem Gag am Rande: Nach einer dieser Präsentationen stehen beide Chrompfeil-Fahrer auf, doch nur Hamilton scheint den Weg vom Redner-Sofa zum

ZUHAUSE, WO DEIN HUND IST

Der Formel-I-Zirkus hat genug politisch-technische Probleme – aber jetzt hören viele auch vom neuen Gesetz in Shanghai: Nach der Ein-Kind-Verordnung ist für die Bevölkerung jetzt auch nur noch ein Hund pro Familie erlaubt, schon ein zweiter oder dritter per Gesetz verboten. Womit vielen Piloten die ängstlichen Hunde, die auf der Straße in Netzen oder Drahtkäfigen zum Verkauf (und Verspeisen) angeboten werden, noch mehr leidtun.

Michael Schumacher kann dankbar sein, dass er keiner der bereits 1,3 Milliarden Chinesen ist: Auf seinem Besitz am Genfer See tummeln sich, wenn die Schumi-Großfamilie komplett ist, bis zu zehn Hunde. Der jahrelange Liebling ist der „Brasilianer", den Michael und seine Frau Corinna auf der Rennstrecke von Interlagos aufgelesen haben.

Sie schleppten ihn zum Tierarzt, fütterten ihn mit Ferrari-Mortadella, nahmen ihn mit ins Hotel und dann nach Europa.

Ferraris jahrelanges „Superhirn" Ross Brawn ist nicht nur Manchester-United-Mitglied, Weinbauer und Rosenzüchter, sondern auch Hundeliebhaber – wie fast alle in Bernies Zirkus.

Seine Freunde sahen Tränen in seinen Augen, als Bernie einmal in Budapest seinen Hund zurückgab.

Rubens Barrichello war genauso traurig, als er als 19-Jähriger Brasilien Richtung England verließ – und seinen Hund zurücklassen musste.

Unsere Formel-I-Heroes lieben unverändert ihre Hunde. Niki Lauda seine Golden Retriever Chivas und Felix, Gerhard Berger seinen Labrador Lucky und Paco, einen Berner Sennenhund.

Jackie Stewart, auch ein großer Hundefan, verriet mir einmal seine Philosophie: „Your home is where your dog is. Denn deine Frau oder Freundin kannst ja überall hin mitnehmen, deinen Hund aber nicht, also bist du dort zuhause, wo dein Hund ist …"

Als Flavio Briatore und die „verrückte" Naomi Campbell noch in ihrem Haus bei Turin zusammenlebten, gab es oft Streit wegen ihrem Pudel. Wer geht mit ihm Gassi, wenn beide wegmüssen? „Dann haben sie mir immer ihren Hund zum Aufpassen gegeben", erzählt mir ihr prominenter Nachbar, der Slalomspezialist, große Ingemar-Stenmark-Gegner und heutige TV-Star Paolo de Chiesa.

In Schweden platzte einmal fast ein großes Skirennen, weil der massige Weltcupchef Serge Lang seine „Babsi" nicht mitnehmen durfte. Strengstes Einreiseverbot für Hunde! „Dann sag ich den Weltcup ab!", drohte Lang, aber letztlich wurde doch gefahren. Beim abendlichen Galadinner blickte König Carl Gustaf auf Serge Langs übergroßes Sakko und fragte ihn vertraulich: „Jetzt können Sie mir ja verraten: Wo haben Sie Ihren Hund versteckt?"

Ausgang zu kennen. Deshalb nimmt er Button, der falsch abgebogen ist, bei der Hand und weist ihm den rechten Weg. Hamilton und Button Hand in Hand. Das Gelächter ist laut und lang. Button kontert leicht verlegen: „So gut, wie es jetzt aussieht, verstehen wir uns auch wieder nicht. Am Sonntag werde ich Lewis zeigen, wo es zum Ziel geht." Beim Vodafone-Galaabend, im 6-Sterne-Hotel an Shanghais Bund-Promenade am Huangpo-Fluss, sagt Hamilton: „Die Jungs von Red Bull sind hier der klare Favorit. Jenson und ich sind nur ihre schärfsten Verfolger. Sollten sie sich auch nur den kleinsten Fehler erlauben, sind wir zur Stelle und werden siegen."

Leisere Töne werden beim angeschlagenen Mercedes-GP-Team angeschlagen: „Wir wissen, was wir können. Und wir wissen, dass wir bisher unter unserem Wert geschlagen wurden", sagt Norbert Haug, der Motorsportdirektor des Stern-Teams. Teamchef Ross Brawn legt seine Stirn in Falten. An sich gilt er ja als ruhender Pol im Team. Doch nun ist ihm eine Mischung aus Anspannung, Aufregung und leichter Nervosität ins Gesicht geschrieben. Bei ihm ist das ein seltener Anblick. Da muss schon etwas Besonderes im Busch liegen. Ist der Grund dafür in der momentanen Qualität des Silberpfeils zu suchen? Oder ist es eher wegen Dieter Zetsche, dem Mercedes-Konzernboss, der wegen der Internationalen Autoshow in Shanghai ist und sich natürlich auch hinaus zur Rennstrecke chauffieren lässt. Das dortige Fahrerlager ist übrigens das flächenmäßig größte der Formel I: Vier bis fünf Fußballfelder würden hineinpassen. Alle Teams logieren in modernen, geräumigen Pavillons – auf Betonsäulen gebaut und vom Wasser umspült. Bei Mercedes GP sollten allein schon wegen dieses hohen Besuchs aus dem Stuttgarter Hauptsitz die Silberpfeile mehr glänzen als zuletzt – vor allem im Rennen.

Das Freitagnachmittag-Training beenden Nico Rosberg und Michael Schumacher überraschend auf den Plätzen vier und fünf. Das kommt unerwartet, nach den Schlappen von Melbourne und Sepang, wo einzig Schumacher als Neunter zwei WM-Punkte holte und Doppel-Nullnummern verhinderte. Wie erwartet, ist dagegen Vettel auf dem Rundkurs mit der einmaligen „Schneckenkurve", konzipiert vom Aachener Strecken-Architekten Hermann Tilke, Tagesschnellster. Dahinter lauert das McLaren-Duo Hamilton/Button. Die Startaufstellung sieht fast gleich aus: „Pole" für Vettel vor Button, Hamilton und Rosberg. Mit dem gebürtigen Wiesbadener freuen sich Mercedes GP und Boss Dieter Zetsche.

Hinter Rosberg stehen die Ferraris von Fernando Alonso und Felipe Massa. Auch dort lief es bisher noch nicht rund. Deshalb musste Teamchef Stefano Domenicali in der kurzen Woche zwischen Malaysia- und China-GP eigens zum Hauptquartier nach Maranello fliegen. Dort bei „Il Presidente" Luca di Montezemolo zum Rapport antraben und ihm die Erfolglosigkeit erklären. Und dann wieder zurückfliegen. Domenicali auf die Frage: Wo warst du?: „Ich war kurz mal beim Chef."

Und was hat es gebracht? „Ich weiß es noch nicht …" Sicher ist: Ferraris Teamchef konnte zusätzlich Flugmeilen sammeln. Ferrari einmal mehr in der Krise. Doch ganz stark trumpfen die Jungen im Shanghai-Qualifying auf: Hinter den Ferraris stehen Jaime Alguersuari im Toro-Rosso-Ferrari und Paul Di Resta im Force-India-Mercedes. Der Schotte ist ein toller Newcomer, er fährt erst sein drittes Formel-I-Rennen. 2010 triumphierte er als DTM-Champion (mit Mercedes) und löste damit sein FI-Ticket. Vettel kann mit der DTM-Rennserie noch nicht viel anfangen: „Ich weiß nicht, ob ich dort einmal fahren möchte. Vielleicht. Aber eher nicht." Der Red-Bull-Weltmeister spricht nach der Pole-Position in gewohnter Manier: „Der erste Startplatz macht mir viel Freude. Doch gewonnen ist damit noch nichts."

Vor dem Start lüftet Vettel ein lange gehütetes Geheimnis. Nämlich, dass er in Shanghai nicht nur auf der Rennstrecke, dem Fahrsicherheitsgelände, sondern auch im Alltagsverkehr selber am Steuer sitzt. An sich dürfen das Ausländer dort nur mit einer Spezialbewilligung. Das ist auch gut so. Denn was sich auf Shanghais Straßen tut, hat mit unserem Verkehrsgeschehen nichts zu tun. Unter den GP-Piloten ist Vettel einer der wenigen, die es dort wagen, einen Wagen zu lenken. Kamui Kobayashi, an sich ein Draufgänger im FI-Cockpit, sagt: „Viel zu gefährlich. Ich bin ja nicht lebensmüde." Chinas Mega-Metropole ist die einzige Stadt, wo der Sauber-Japaner nie selbst vom Hotel zur Strecke und zurück fahren würde. Hut ab vor Vettel, der schreckt wahrlich vor nichts zurück.

Doch ohne ein hundertprozentig funktionierendes KERS kann auch er, im an sich genialen Red-Bull-Boliden von Adrian Newey, beim Start keine Wunder wirken. Trotz Pole-Position. Prompt flitzen die McLarens an ihm vorbei. Jetzt ist es für ihn anders als zuvor in Melbourne und Sepang. Nun wird ihm die Strategie vom Renngeschehen aufgezwungen. Anders ist auch, dass er hier schlechten bzw. keinen Kontakt zur Box hat, weil sein Funk gestört ist. Kaum KERS, keine Kommunikation. Was passiert nun in Sachen Rennstrategie? Eigentlich sollte er dreimal Reifen wechseln. Doch als er auch hinter Rosberg eingeklemmt ist, wird auf zwei Stopps umdisponiert. Mit dem großen Risiko, dass sein letzter Reifensatz 25 Runden halten muss. Was Vettel und seine Boxen-Strategen zu diesem Zeitpunkt nicht wissen können: Hamilton wird im Finish, zur großen Überraschung aller, seinen McLaren mit harten Reifen „zum Fliegen bringen", also allen mit frischerem Gummi auf und davon fahren: In der 51. von 56 Runden drängt er sich in Kurve 5 an Vettel vorbei.

Dabei wäre das Rennen für Hamilton um ein Haar schon zu Ende gewesen, bevor es gestartet wurde. Sein Teamchef Martin Whitmarsh sagt dazu: „Beim Einfüllen des Sprits machte das Entlüftungsventil zu. Der Luftsammler hat sich mit Benzin gefüllt und der Motor sprang nicht an, weil er nur Sprit schluckte." Im Klartext: Hamilton ist in der Box der Motor abgesoffen. Das passiert exakt sechs Minuten vor der Schließung der Boxengasse. Ihm droht also der Start aus der Boxenstraße – und der letzte Platz im Feld. Doch seine Mechaniker-Crew behält die Nerven und arbeitet fix. 30 Sekunden vor Torschluss passiert er die Boxenausfahrt. Hamilton, der in der ganzen Hektik Ruhe bewahrte und im Cockpit die Sekunden zählte, kann aufatmen. Doch in der Eile ist ein kleiner Teil der Motorabdeckung in der McLaren-Box liegen geblieben. Hamilton startet ohne dieses Teil – und kaum einer der Zuschauer merkt es. Die Spione bei Red Bull und Ferrari, den großen McLaren-Rivalen, schlagen aber Alarm: Hamiltons Auto entspreche nicht den Regeln, mailen sie an die Rennleitung. Die Antwort vom Kontrollturm: alles legal. Hamilton fährt entfesselt, er nützt Vettels KERS-, Kommunikations- und Strategie-Schwächen – und unterbricht die Siegesserie des WM-Leaders.

Zum Mann des Rennens aber wird Mark Webber. Sein Ärger mit KERS, eine riskante Reifenwahl und das falsche Timing führen ihn schon im Qualifying auf lange nicht mehr gekannte Abwege in den hinteren Regionen: auf Startplatz 18. Das frühe Aus in Q1 trifft Red Bull wie ein Blitz aus heiterem Himmel. Nachdem sich die erste Enttäuschung gelegt hat, sieht der Australier in der Niederlage auch eine Chance. Denn immerhin hat er so drei weiche Reifensätze fürs Rennen gespart. Daher lässt sich auch mit einem schlechten Startplatz eine gute Strategie anlegen. Webber rast dank dieser cleveren Boxenstopp-Taktik bis auf Platz drei vor. Und vielleicht hätte er auch Vettel und Hamilton noch packen können, wenn er bis Runde 15 nicht auf Rang 17 festgehangen wäre.

Der Verlierer dieses GPs ist Nico Rosberg. Dennoch ist man bei Mercedes GP guter Laune. Immerhin hat Dieter Zetsche, der oberste Konzernboss, gesehen, dass die Silberpfeile vorne mitfahren können: Rosberg führt das Rennen 14 Runden lang an. Wer hätte das nach den schwachen Vorstellungen zuvor gedacht? Dann bremst ihn ein Problem, mit dem er nicht gerechnet hat. „Du musst auf den Spritverbrauch achten", funkt ihm die Box 15 Runden vor Schluss. Rosberg traut seinen Ohren nicht. Doch der Mercedes-Kommandostand hat sich beim Verbrauch verrechnet, weil keiner damit rechnete, dass Rosberg so schnell fahren könnte. Die 1:44er-Rundenzeiten vom Freitag unterbot er am Sonntag um bis zu drei Sekunden. Im Finish drosselt Rosberg sein Tempo, verliert einen Podestplatz, wird Fünfter und ist stinksauer.

Den Blackout dieses höchst ereignisreichen Renntages liefert Jenson Button. In der Hitze des Gefechts steuert er beim ersten Reifenwechsel die falsche Box an. Button fährt, zum Entsetzen seiner McLaren-Crew, zu Red Bull, wo man auf Vettel wartet. Buttons Entschuldigung: „Ich schaute auf mein Lenkrad, um an einigen Knöpfen zu drehen. Als ich wieder aufblickte, fuhr ich auf eine Wand von Red-Bull-Leuten zu. Sorry. Das ist mir noch nie passiert." Der hinter ihm in die Boxengasse eingebogene Vettel kommentierte die Slapstick-Szene mit einem Lächeln: „Ich sah, wie Jenson vor mir meine Box ansteuert und hoffte inständig, dass er nicht unseren Mann am Wagenheber umfährt – und dass ihm keiner meine Reifen gibt."

DIE ERSTE LAUDA-ANALYSE

Die Fans jubeln über eine superspannende Grand-Prix-Saison. „China war das beste Rennen des Jahres!", applaudiert Niki Lauda. Aber wie geht's weiter, wenn der Formel-I-Zirkus in zwei Wochen (Istanbul) nach Europa zurückkehrt? Niki Lauda analysiert für die Grand-Prix-Story-Fans alle Brennpunkte und Baustellen der neuen Formel I.

RED BULL. Da droht keine Trendumkehr. Aber China hat bewiesen: Selbst wenn du um 0,8 Sekunden schneller bist, kannst du ein Rennen verlieren, weil zwei, drei Sachen nicht stimmen. Falsche Reifen, falsche Stallregie, aber weil bei Vettel der Funk defekt war, konnte man sie auch nicht korrigieren. Da helfen die 0,8 Sekunden Vorsprung auch nichts.

DIE REIFENFRAGE. Wird immer interessanter! Drei Stopps waren in China die richtige Taktik. Zwei Stopps hätten unter Umständen auch gereicht – vielleicht jetzt in Istanbul?

FERRARI-DESASTER. Nach drei Rennen noch kein Stockerlplatz ist einfach zu erklären. Ferrari kommt mit den Pirelli-Reifen nicht zurecht. Bei allen anderen Teams ist der Unterschied zwischen weichen und harten Reifen mindestens eine Sekunde – nur bei Ferrari sind sie komischerweise beide gleich schnell. Was die Strategie schwierig macht.

MERCEDES-FLOP. Dass Nico Rosberg der Sprit ausging, war für mich die größte Enttäuschung. Sein Renningenieur hatte den Spritverbrauch falsch berechnet, weil er die Daten aus dem Training hernahm. Für mich auch eine Frage der Intelligenz.

DER VORDERFLÜGEL. Wird immer wichtiger – und damit kämpfen jetzt alle Teams, weil der Frontflipper das gesamte Auto beeinflusst. Das darf man nimmer isoliert sehen. Wenn man's richtig hinbringt, kriegt das ganze Auto über den Unterboden bis zum Diffusor noch mehr Anpressdruck – und wird dadurch schneller. Bei mir war's noch wurscht: Da war das Verhältnis Vorder- und Heckflügel 60:40. Heute zählt der Frontflügel 80 Prozent.

DIE TV-SHOW mit Flügelverstellung, KERS usw. Überraschungssiege sind zwar schön, aber wenn der Zuschauer 20 Runden vor der Zielflagge noch nicht weiß, wer wirklich schnell ist und wer gewinnen kann – auch nicht ideal. Aber warten wir auf den Türkei-GP.

Istanbul: Triumph statt Kollision

FREIE FAHRT FÜR SEB

„Allah korusoun", steht auf allen türkischen Taxis, „Gott bewahre!" Wer mit ihnen von Besiktas oder Topkapi über die Bosporus-Brücke fährt, versteht das. Jetzt rasen die Formel-I-Piloten wieder mit Leihautos zum „Otodrom" im Istanbul Park, was sie ja in China nicht konnten – dort darf nur Auto fahren, wer einen chinesischen Führerschein hat. In der Formel I also keiner.

Verstopfte Straßen, quietschende Reifen und Bremsen – das jährliche Bild des Türkei-GPs. Pirelli fertigt alle seine Formel-I-Reifen in der Türkei, darum kommt der oberste Boss am Freitag nach Istanbul, um alle Teamchefs zum großen Meeting zu treffen. Offene Aussprache: „Was wollt ihr von uns? Wie passen euch unsere Reifen?" Die auf Wunsch von Bernie Ecclestone und der FIA weicher sind als die Bridgestones 2008-10 – weil man fürs Fernsehen mehr Boxenstopps will.

Sogar mit Risiko. Zuletzt in Shanghai bog McLaren-Pilot Jenson Button irrtümlich in die Red-Bull-Box, aber die Crew winkte ihn hektisch weiter. Weil jeden Moment Sebastian Vettel hereinkommen konnte – da brauchte man keine blockierte Box.

Und dem Toro-Rosso-Youngster Sébastien Buemi flog nach dem Boxenstopp das rechte Vorderrad weg – nicht richtig angeschraubt. Lang nicht so dramatisch wie Shanghai 2010, als ihm binnen 0,9 Sekunden beide Vorderräder wegbrachen. Ein Materialdefekt der Radträger – schon nach 25 Kilometern.

Für Freitag verspricht Pirelli den Teams wieder zwei Reifensätze zusätzlich. Eine neue Mischung, die Pedro de la Rosa noch nicht unter Rennbedingungen testen konnte. Ideale Möglichkeit für die Teams, ihre Ersatz-Piloten einzusetzen, damit sie nicht rosten, sondern scharf und fit bleiben.

Bei Toro Rosso fährt der australische Wunderknabe Daniel Ricciardo, der auch von Red Bull gemeldet ist, jeden zweiten Freitag. Einmal statt Alguersuari, einmal statt Buemi. Als Faust im Nacken? In China kam er nur auf Rang 18. „Probleme mit dem Frontflügel", entschuldigt Teamchef Franz Tost.

Spionage gibt's nicht. Schon Freitagabend muss das „schwarze Gold" wieder zurückgegeben werden. Im totalen Reifenkrieg der 1970er-Jahre kam es schon vor, dass ein Konkurrenzreifen gestohlen, zerschnitten und analysiert wurde. Wie manchmal auch die Wunderski im Weltcupzirkus. Aber die Täter wurden Weltmeister.

MUTTERTAG IN DEN BOXEN

Muttertag – auch in der Formel I. Für Michael und Ralf Schumacher war er am bittersten, als sie aus Imola nach Kerpen flogen, um sich von ihrer Mutter zu verabschieden – und noch in der Nacht zurück zur Rennstrecke mussten.

Als Hans Geist noch Chef am alten Ö-Ring war, hatte er 2004 die tolle Idee, die Mütter der Formel-I-Piloten zum Muttertag zum Grand Prix einzuladen. Fast alle kamen. Keine aufgebrezelt, aber jede freundlich, sympathisch, vielleicht in der Box ein bissl unsicher.

Zwei aktuelle Weltmeister haben schon ihre Wurzeln verloren: Jenson Button und Lewis Hamilton. Die Eltern geschieden oder getrennt. Aber bei Jenson übernahmen bald die älteren Schwestern die Mutterrolle – und Hamiltons Mum war natürlich da, als ihr Lewis als erster Farbiger World Champion wurde.

Stolz sind und waren sie alle – oft mit Verspätung. Jackie Stewart hatte von zuhause strengstes Verbot, Rennen zu fahren. „Ich musste durchs Küchenfenster flüchten und unter dem Pseudonym A.N. Other starten." Another heißt auf Deutsch ein anderer …

Als Ricardo Patrese 1982 in Monte Carlo siegte, stürmte plötzlich eine temperamentvolle Italienerin, gegen jedes Protokoll, zur Siegerehrung und Pressekonferenz und umarmte ihren Sohn unter Freudentränen: „Riccardo!" Der hatte gerade seinen ersten GP gewonnen …

Heute sind viel mehr Väter in den Boxen als Mütter. Fast immer dabei: die Mütter von Sebastian Vettel und Felipe Massa, oft auch die Mutter von Fernando Alonso, die früher im Kaufhaus „Corte Ingles" die Herren-Konfektionsabteilung geleitet hat.

Alain Prosts Mutter sammelte vor der EU-Zeit Geldmünzen aus allen Ländern, in denen ihr Sohn gewonnen hatte. Sehr tapfer war Bette Hill, Ehefrau und Mutter eines Rennfahrers. Als Niki Laudas Sohn Mathias noch DTM- und andere Rennen fuhr, gestand Marlene Lauda: „Jedes Mal, wenn ich den Kasten öffne und den Overall von Mathias hängen seh, kommen mir die Tränen. Weil ich dann an Niki und den Nürburgring denken muss …"

Mustafa Kemal Atatürk und Sabiha Gökçen. Das sind die zwei klingenden Namen, ohne die auch der Formel-I-Tross vor dem Türkei-GP nicht auskommt. Der eine ist als „Vater der Türken" bestens bekannt, die andere ist eines seiner acht Adoptivkinder gewesen und war etwas weniger bekannt. Nach ihnen sind Flughäfen in der 14-Millionen-Region Istanbul benannt. Wen wundert's, war doch Sabiha Gökçen von 1937 weg die erste türkische Pilotin und die erste Kampfpilotin der

Welt. So wie auch ihrem Vater der Übername Atatürk verliehen wurde, erhielt auch sie den Namen Gökçen – was auf Türkisch „himmelsbezogen“ bedeutet.

Dazu fällt einem Red Bull Air-Race World Series, die Formel I der Lüfte, ein. Diese WM wurde schon zweimal in Istanbul geflogen. Die Asphalt-bezogene Formel I gastiert zum verflixten siebenten Mal in der Metropole am Bosporus. Und natürlich ist der bodenständige Himmelsstürmer Sebastian Vettel mit dabei. Der Titelverteidiger hat keine guten Erinnerungen an das Rennen im Istanbul Park. Auf dieser Rennstrecke, die auf asiatischem Boden liegt, gerieten Vettel und sein Teamgefährte Mark Webber 2010 aneinander. Nach der Kollision blieb Vettel auf der Strecke, stieg aus und tippte sich mit dem Zeigefinger an die Stirn. Webber, dem dieser Fingerzeig gegolten hatte, wurde noch Dritter.

Der Australier kommt dieses Mal per Charterflug auf dem Sabiha-Gökçen-Airport, nahe der Rennstrecke, an. Vettel dagegen landet mit der Swiss-Linienmaschine, aus Zürich kommend, auf dem „Atatürk Havalimani“, wie der Airport heißt. Vorteil Webber, was die Wahl des Flughafens betrifft. Denn während er innerhalb von 15 Minuten im Strecken-nahen Hotel ist, dauert es vom Atatürk-Airport eineinhalb bis zwei Autostunden. Je nachdem, wie lange man im Stau vor einer der zwei Bosporus-Brücken steckt.

Die monumentalen Bauwerke, die zwischen Europa und Asien Brücken schlagen, sind für Autofahrer zunächst einmal Nadelöhre. Und da gilt es, sich im Pkw gegen Monster-Trucks zu behaupten: Im Zickzack-Slalom und Kreuz-und-quer-Kurs werden aus gefühlten 17 Spuren nur noch 5 Fahrbahnen, die aufs andere Ufer führen.

Dieses Stau-Erlebnis zwischen den Kontinenten will sich die Hälfte der Formel-I-Beteiligten offenbar nicht entgehen lassen – und landet weiterhin am Atatürk. Von denen werfen sich allerdings nicht alle ins gewöhnungsbedürftige Istanbuler Verkehrsgetümmel: Die meisten lassen sich chauffieren – in Bussen und Limousinen. Die andere Hälfte, die keinen Bock auf Verkehrs-Stunk „auf Türkisch“ hat, fliegt geradezu auf Sabiha Gökçen. Im Januar 2001 wurde dieser zweite Istanbul-Region-Airport eingeweiht. Zwei Monate danach starb die Namensgeberin – 88-jährig.

Auf dem Istanbul-Park-Circuit wird der Grand Prix seit 2005 gefahren. Istanbuls Handelskammer und Teile der dortigen Wirtschafts-Elite finanzierten den Rundkurs, der die Handschrift des Aachener Strecken-Architekten Hermann Tilke trägt. Nun werden der anspruchsvolle Kurs und der Formel-I-GP selbst für die so spendierfreudigen Sponsoren von damals zu teuer. Formel I-CEO Bernie Ecclestone erwägt eine Verdoppelung des Startgeldes: von 13 auf 26 Millionen Euro. „Der GP-Zirkus hat eben seinen Preis“, argumentiert Ecclestone, „und unsere Show wird ja von Jahr zu Jahr besser und spannender. An sich ist sie ja so gut wie unbezahlbar …“

In den Köpfen der türkischen Organisatoren geht's damit bereits vor dem GP rund. Es wird geschimpft (nur auf Türkisch), geraucht (nur Wasserpfeife), getrunken (nur Minztee) – und gerechnet (nur in Euro und Dollar). Doch auf die Zuschauer vor Ort brauchen die Veranstalter dabei nicht zu zählen. Denn die kommen wahrlich nicht in Massen. Der Türkei-GP zählt zu den am schlechtesten besuchten Rennen der Königsklasse. Die Hauptgründe: zu hohe Ticketpreise für Lira-Durchschnittsverdiener und zu wenig Promotion. Und dann fehlt den Fans auch noch der Türkei-Bezug: kein Fahrer, kein Team, kein nationaler Sponsor und Formel-I-Förderer wie etwa Petronas in Malaysia.

Dabei mögen mehr als die Hälfte der GP-Fahrer dieses Rennen sehr. Und für die Teams ist allein schon der Transportweg dorthin einmalig. Für Ferrari, Toro Rosso und Sauber etwa begann die Reise dorthin bereits eineinhalb Wochen vor dem GP. Und zwar im Hafen von Triest, wo alle Transporter und Trucks der Teams eingeschifft wurden. Nach 58 Stunden legte die Formel-I-Fähre dann in Pendik, dem türkischen Industriehafen am Marmarameer an. Es folgte die kurze Fahrt nach Kurtköy zum Istanbul-Park-Circuit. Sauber braucht allein für die Hospitality sieben Trucks. „Die Anreise in die Türkei ist eine der aufwändigsten", sagt Sauber-Teammanager Beat Zehnder, „die Fracht nach Melbourne im Jumbo aufzugeben ist wesentlich einfacher als eine so lange Reise mit der Fähre."

Egal, ob der Hafen von Pendik oder die Flughäfen Atatürk und Sabiha Gökçen: Der Formel-I-Tross ist angekommen. Doch was noch fehlt, ist das schöne, sonnige Wetter, das die Türkei zum so beliebten Urlaubsland macht. Stattdessen Regen und 12 Grad: Der Donnerstag im Fahrerlager ist grau, kühl und trostlos. Das Wetter ist bei jeder Team-Präsentation, bei jedem Fahrer-Medientermin ein Thema. Nasse Bedingungen sind für die Topteams kein Vorteil: Je mehr Regen, desto mehr Zufälle drohen. Und die brauchen Teams wie Red Bull überhaupt nicht. Weil dort nichts dem Zufall überlassen wird.

Deshalb fragen sich alle: Sind Sebastian Vettel und Red Bull auf ihrem Weg zu den zweiten WM-Titeln noch zu bremsen? „Am ehesten noch von McLaren und Ferrari", sagt GP-Routinier Rubens Barrichello, der seinen brasilianischen Landsmann Felipe Massa im Ferrari-Motorhome besucht. „Rubinho" wechselt auch mit Fernando Alonso einige Worte. Beide kommen zum Schluss: Sowohl Ferrari wie Williams wurden bisher klar unter ihrem Wert geschlagen. Und Vettel? „Er und sein Team können in dieser Saison wohl nur noch über sich selbst stolpern", sagt Alonso. Barrichello nickt: „Ich sehe sonst auch keinen Stolperstein."

Freitagvormittag ist es noch immer regnerisch. Bei 12 bis 14 Grad erhitzen sich in der Red-Bull-Box plötzlich die sonst so coolen Gemüter: Exakt um 11.02 Uhr ist Sebastian Vettel im Regentraining gestolpert. Abflug ausgerechnet in der berühmt-berüchtigten Kurve 8. Dort parkt Vettels Bolide am Streckenrand: abgeknickte

DIE ECKIGE KURVE 8

Die Formel I hat viele klassische, berühmte Kurven. In manchen stehen – virtuell – Gedenksteine wie in der Parabolica von Monza (Jochen Rindt) oder der Tamburello von Imola (Ayrton Senna). Wie am Mount Everest oder in der Eiger-Nord.
Andere Kurven sind Balanceakte, Mutproben auf dem Hochseil wie die Eau Rouge von Spa oder die 130 R von Suzuka.
Und dann gibt es die technisch schwierigen, in denen nicht nur die Fitness der Piloten entscheidet. Eine davon ist die Kurve 8 im „Otodrom". Fahren wir sie einmal mit Sebastian Vettel.
„Istanbul steht für bergauf-bergab, abwechslungsreiche, faszinierende Kurven und 58 Runden gegen den Uhrzeigersinn. In Kurve 4 stürzt man sich regelrecht in ein Loch hinunter, und Turn 8 ist berühmt-berüchtigt. 6. Gang, fast Vollgas, vier Scheitelpunkte, es zieht unheimlich am Nacken – eine anstrengende Strecke für Körper und Geist", sagt der fitteste, energievollste Pilot der Formel I.
Vier Scheitelpunkte! Die hat keine andere Kurve. Turn 8 erinnert mich immer an die berühmten Kamelbuckel der Grödner Abfahrt – eine abenteuerliche Mutprobe. Man kann sie einzeln meistern oder alle mit einem Riesensatz überspringen, was sich 1980 Uli Spieß und der Franzose Gérard Rambaud als Erste trauten.
Nur: Man muss vorher schon genau wissen, was man will – genau wie in der Eau Rouge von Spa: Fahr ich sie voll oder nicht? Spätere Korrekturen sind unmöglich.
Genauso bei Turn 8. Man kann jede der vier Kurven einzeln ansetzen, jeweils in der Ideallinie – oder außen in einem Zug durchrauschen. Beides ist möglich.
„Diese Kurve ist eckig" – wie oft wurde dieser Satz schon belächelt und zitiert? Aber in Istanbul gibt's sie: natürlich kein eckiger Kreis, sondern eine Kurve mit vier Ecken.

Räder, gebrochener Frontflügel, zersplitterter Unterboden und überall verstreute Kleinteile. Im Training mit den vielen Drehern herrscht Stillstand. Seinem RB7 fehlte plötzlich der Grip und er bog unerwartet scharf nach innen ab. Nur 5 m beträgt dort der Abstand zur Leitplanke. Nach außen hin dagegen sind die Sturzräume so groß wie Fußballfelder. Vettels Wrack ist an allen vier Ecken stark beschädigt, als es auf dem Transporter zurück in die Boxengasse kommt. Per Kran wird es bei Red Bull abgeliefert.

Für Vettel ist das Freitag-Training vorbei. Er ist sauer, weil er im Nachmittagstraining zuschauen muss. Und er sagt „Sorry", weil er seiner Boxencrew sehr viel Arbeit beschert hat. In der Red-Bull-Box muss der Vettel-Wagen fast schon neu aufgebaut werden – für das Samstag-Training und das Qualifying.

Zu seinem ersten kapitalen Schaden in der Saison sagte der Champion: „Es ging alles sehr schnell. Wenn die Streckenbegrenzung immer näher kommt, hoffst du nur noch, dass nichts passiert. Dass der Einschlag nicht zu heftig wird. Es war ja extrem rutschig. Ein kleiner Fehler und dann war das Thema schon gegessen. Ich habe das Auto nicht auf den Curbs, sondern auf dem Kunstrasenstreifen verloren. Ich bin leicht da draufgekommen und die Hinterreifen hatten plötzlich null Grip. Da kannst du gar nichts mehr machen, um den Einschlag zu verhindern. Nochmals ein großes Sorry an meine Jungs."

Vettels Abflug hat damit zu tun, dass bei der extremen Aerodynamik der Formel-I-Autos sofort der Abtrieb (Downforce) abreißt, wenn der Wagen einmal quer steht. Vettel gehört zu den größten Kritikern der künstlich angelegten Rasenflächen hinter den Randsteinen (Curbs). Er hält sie für potenzielle Crashfallen. Sein schwerer Unfall in der Renault World Series 2006 in Spa-Francorchamps hatte die gleiche Ursache: „Auf dem Kunstgras ausgerutscht – und ab ging die Post."

Vettel gibt zu bedenken: „Aber solch ein Aufprall gehört eben auch zum Rennfahren. Wir sind ja da, um das Limit auszuloten. Das spürt man dann auch mal ziemlich hart." Was war in Istanbuls Turn 8 eigentlich mit deinen Glücksbringern los? Neben der Münze im Rennschuh soll Vettel in der Türkei auch „Fatimas Auge", ein orientalischer Glücksbringer, auf dem Vollvisierhelm vor Unheil und Unfall schützen? „Die haben sehr geholfen. Sonst würde ich ja wohl nicht hier stehen und könnte mit euch auch nicht über den Crash reden." Glück im Unglück also. Dem Blondschopf, hier mit neuem Kurzhaarschnitt, ist das frische, sympathische und unbekümmerte Lächeln jedenfalls nicht vergangen.

Istanbuls Kurve 8 oder „Turn Eight" verbreitet zwar nicht den Mythos und Schrecken von Spas Eau Rouge, Monzas Parabolica, Suzukas 130R oder Silverstones Copse. Dennoch fordert dieser Linksbogen alles von den Fahrern und noch mehr von den rechten Vorderreifen ab. Mit 640 m ist es die längste Kurve dieser GP-Saison. Die Hochgeschwindigkeits-Biegung dreht sich nach dem Einlenken und weiteren drei Linksbögen, also drei Scheitelpunkten, um 200 Grad fast im Kreis. Mit Tempo 270 wird sie im Schnitt in 8,5 Sekunden durchfahren – 58-mal im Rennen. Die Spitzenbelastung für die Piloten liegt bei 5g, der Durchschnittswert immerhin noch bei 3,5g.

Detail am Rande: Auch Michael Schumacher war beim Regentraining nahe daran, in Kurve 8 auf dem mit Wasser vollgesoffenen Kunstrasen abzufliegen. Doch der siebenmalige Weltmeister vermochte seinen Silberpfeil noch abzufangen. Hat er routiniertere und noch immer trainiertere Reflexe als der um 18 Jahre jüngere Vettel? Nein. Was den Mercedes-Fahrer in Turn 8 vor einem Abflug bewahrte, waren einzig die Pirelli-Regenreifen (Full wets). Vettel dagegen flog mit Intermediates, also mit weniger profilierten Reifen, von der regennassen Strecke.

Am Samstagvormittag scheint über der Istanbul-Region und vor allem über Red Bull und Sebastian Vettel wieder die Sonne. Zu mehr als 18 Grad reicht es allerdings nicht. Hauptsache es bleibt trocken. Damit hat Vettel alles im Trockenen. Vergessen ist der Regencrash und seine Zuschauerrolle an der Boxenmauer: mit Kopfhörern neben Helmut Marko, Red Bulls Motorsportkonsulent. „Es war sicher nicht optimal", gesteht Vettel, „doch wir haben ja die Daten des Freitag-Trainings von Mark (Webber)." Schon am Samstagvormittag findet Red Bulls Nummer 1 beim Training sofort seinen Rhythmus. „Ich mag diese Strecke. Das hat sicher sehr geholfen", sagt er. Und dann folgt, was nur logisch ist: Er hämmert die Pole-Position-Zeit in den Asphalt des Istanbul Parks.

Was dabei so verblüffend war? Die souveräne Art und Weise, wie er das machte. Denn als die Konkurrenten in Q3 noch eine schnelle Runde wagten, waren Vettel und Mark Webber schon ausgestiegen und schauten sich das Ganze gelassen in der Box vor dem TV-Flatscreen an. „Es war schon ein bisschen komisch", sagt der Hesse, „im Finish des Q3 zuzuschauen, wie deine Rivalen noch eine Runde fahren. Aber unsere Quali-Taktik war auf jeden Fall sicherer als jene von Mercedes, die erst am Schluss rausfuhren. Wenn etwas schiefgelaufen wäre, hätten wir noch einen Schuss gehabt. Bis zum Ende zu warten, ist immer riskant. Es könnte vorher ja auch eine rote Flagge geben."

Nichts zeigt die Überlegenheit von Red Bull deutlicher als die Ruhe und Abgeklärtheit, mit der Vettel und Webber von ihren schnellsten Rundenzeiten überzeugt sind. Die erste Startreihe kann ihnen keiner streitig machen. Am nächsten kommt dem Duo überraschend der Mercedes mit Nico Rosberg. Doch der war „auf nur einer Runde bei den Schnellsten", wie Red-Bull-Teamchef Christian Horner weiß. Früher nannte man so eine Rundenzeit eine Vorstandszeit. Doch im Gegensatz zu Shanghai war der Stern-Konzern-Vorsitzende Dieter Zetsche dieses Mal nicht vor Ort. Im Renntrimm war Rosbergs Silberpfeil erwartungsgemäß nicht mehr so „spitz".

Das Rennen gleicht dem Qualifying: 1. Vettel, 2. Webber. Eine lupenreine Demonstrationsfahrt des WM-Leaders. Vettel – und dann lange keiner mehr. Vom Start bis ins Ziel. Das Team des österreichischen Getränkeherstellers packt seine Rivalen einmal mehr mit „Energy" in die Dose. Vier GPs mit vier Pole-Positions, drei Triumphen und einem zweiten Platz sagen alles über Vettels Dominanz im Red Bull.

„Das heißt", sagt der Grazer Vettel-Förderer Helmut Marko, „wir sind immer dabei, unabhängig von der jeweiligen Strecke. Wenn keine Fehler oder Probleme auftreten, sind wir meiner Meinung nach die absoluten Favoriten. Zuletzt in China hat man aber gesehen: Wenn mehrere Schwierigkeiten zusammenkommen und vor allem, wenn die Kommunikation nicht stimmt, dann sind wir verwundbar. Das liegt vor allem an der heiklen Situation mit den Reifen, die ja ziemlich rasch Grip

(Bodenhaftung) abbauen." Das Türkei-Rennen zeigt das mit rekordverdächtigen 82 Boxenstopps.

Red Bull Racing ist der Türkei-GP 2010, mit dem McLaren-Doppelsieg und der eigenen „Bullen"-Kollision, nur zu gut in schlechter Erinnerung. Von den hier zuletzt siegreichen McLarens geht dieses Mal für Vettel und Webber keine Gefahr aus. Lewis Hamilton und Jenson Button sind mit sich und den Reifen so beschäftigt, dass es nur zu den Rängen vier und sechs reicht. Noch weniger Druck geht von Rosberg und Mercedes aus (3. Startplatz). Wie Marko und Horner erwarteten, haben die Silberpfeile auf den Longruns noch Nachholbedarf. Zudem verliert sich Michael Schumacher in den Niederungen und kämpft um Platz zwölf. Der Grund für seinen Rückfall: Eine Kurzschluss-Handlung, die zur Kollision mit Vitaly Petrovs Renault führt.

Stärker als angenommen sind im Rennen Ferrari und Fernando Alonso. Doch selbst der erstarkte Asturier vermag Vettel nie annähernd zu gefährden. Der deut-

SPRÜCHE DES FORMEL-I-JAHRES 2010–2011

„Hier seht ihr, was Leute für eine Hublot tun." *(Bernie Ecclestones Werbekampagne für eine Uhrenfirma – mit blauem Auge nach einem Überfall von Straßenräubern.)*

„Ich weiß noch, wie das Leben mit 22 war – aber Sebastian weiß nicht, wie das Leben mit 33 ist." *(Mark Webber zum Thema Stallrivalität bei Red Bull.)*

„Diesmal werde ich schon am Start alle wegkegeln." *(Sebastian Vettel zum Spaß über seine Taktik in Monza.)*

„Nicht schlecht für einen Nummer-2-Piloten." *(Mark Webber nach seinem Sieg in Silverstone im Red-Bull-Boxenfunk – wofür er sich später beim Team entschuldigte.)*

„Vettel hat 2010 durch technische Defekte 66 Punkte verloren. Die gingen praktisch alle an Alonso." *(Dr. Helmut Marko, Superhirn, muss kein Rechenkünstler sein.)*

„Als Japaner hab ich sehr schmale Augen – ich seh die anderen nicht." *(Kamui Kobayashi, angriffslustiger Sauber-Pilot, erklärt seine vielen Überholmanöver 2010.)*

„Sakon ist durchs Sushi-Essen so gut trainiert, dass wir dachten: Lassen wir ihn besser mit nackten Fingern fahren." *(Der Chef des Formel-I-Fahrerteams, der Yamamoto beim Snowmobil-Rennen in Hinterglemm bei bitterer Kälte irrtümlich ohne Handschuhe auf die Piste schickte.)*

„Wir sind nicht Mafia-ähnlich. Wir sind die Mafia." *(Bernie Ecclestone über sich und den Ex-FIA-Präsidenten Max Mosley, den er zurückholen will.)*

„Schumacher ist meine größte Enttäuschung des Jahres." *(Niki Lauda über das Comeback des siebenfachen Weltmeisters.)*

„Red Bull ist der Olympiasieger in der Formel I, Alonso und Ferrari werden die Weltmeister." *(Niki Lauda vorm WM-Finale in Abu Dhabi – weil Red Bull auf Stallorder verzichtete. Und dann wurden die „Bullen" beides.)*

„2010 war trotzdem meine beste Saison überhaupt." *(Fernando Alonso, der die WM durch einen schweren taktischen Fehler von Ferrari verlor.)*

sche Titelverteidiger fühlt sich ganz in seinem Element: Er hat freie Fahrt. Zudem funktioniert der Boxenfunk wieder bestens. Und damit die so wichtig gewordene Kommunikation bezüglich der Reifenstrategie. Runde für Runde hängt er so seine Verfolger, sofern man diese als solche sehen konnte, nach Belieben ab.

Die „Bullen"-Kollision von 2010 machten Red Bull, Vettel (23) und Webber (34) mit einer Souveränität vergessen, wie sie sich Firmengründer Didi Mateschitz nur wünschen konnte. „Ein schöner, sonniger Sieg nach dem Regencrash", jubelt Vettel, „der Renntag ist für uns großartig gelaufen. Ein riesiges Dankeschön an meine Crew. Der Sieg ist so etwas wie eine Entschädigung für die viele Arbeit, die die Jungs hier mit mir hatten."

Lärm und Chaos, flimmernde Hitze, oft auch Regen, der Gestank von zerfetztem Reifengummi, Sprit und Öl – die Hölle der Formel I. Draußen funkgesteuerte Piloten, auf der Boxenmauer rauchende Superhirne. Was Formel-I-Fans schon immer

„Wenn einer nicht Rad fahren kann, soll er halt nicht Rad fahren." *(Red-Bull-Teamchef Christian Horner über Mark Webbers Schulterverletzung im Saisonfinish, die er dem Team verschwieg.)*

„Mein nächstes Ziel? 350 Grands Prix? Vielleicht 400 …" *(Rubens Barrichello bei seinem 300. GP in Spa.)*

„Ich hab keine Lust, früher im Himmel zu sein als er." *(Rubens Barrichello, nachdem ihn Schumacher in Budapest mit 300 km/h beinahe gegen die Boxenmauer gedrückt hatte.)*

„Webber hätte seine Verletzung entweder gleich sagen sollen – oder aber ganz für sich behalten müssen." *(Flavio Briatore über das Buch, in dem sein Schützling erst im Winter zum ersten Mal seine Schulterverletzung erwähnte. „Aber die WM hat Mark nicht deswegen verloren, sondern schon in Korea.")*

„Es ist wie ein Märchen. Didi und ich müssen uns bei den Meetings oft zwicken: Ist das alles wahr oder nur ein Traum?" *(Red-Bull-Sportchef Dr. Helmut Marko mitten in der großen Erfolgsserie von Red Bull)*

„Wahrscheinich fragt ihr mich mit 80 Jahren immer noch: Bist du verliebt in Vettel?" *(Mark Webber über seine Beziehung zum Red Bull-Stallkollegen)*

„Die FormeI I verschlingt einen. Ich bin mit Leib und Seele drin. Da musst du aufpassen, dass du dich nicht verbrennst."*(Sebastian Vettel über den Stress als Doppelweltmeister)*

„Diese Frau nervt Vettel." *(„Bild" über eine Österreicherin, die sich als Vettels Psychotherapeutin ausgab, bis der Anwalt eingriff.)*

„Es ist nicht wie Weihnachten, wenn du unterm Christbaum dein Packerl aufmachst und nicht weißt, was drinnen ist. Wir wissen das sehr genau …" *(Didi Mateschitz kurz bevor der totale Triumph – Fahrer-und Konstrukteur-WM – auch mathematisch endgültig feststand.)*

„Mit jedem Sieg ist er noch ein bissl außerirdischer geworden." *(Niki Lauda über Seriensieger Vettel)*

„Ich fahr selber gern Auto …" *(Sebastian Vettel, warum er seine Freundin Hanna nicht so gern ans Steuer lässt.)*

„Lasst den Michael doch fahren, solang es ihm Spaß macht." *(Gerhard Berger bei Saisonhalbzeit zur aufkommenden Kritik an Comeback-Superstar Michael Schumacher,dem viele zum Aufhören rieten)*

wissen wollten: Wie funktioniert die perfekte Boxenstrategie mit Reifenwechsel usw. wirklich? Aktuell und exklusiv: ein tiefer Blick hinter die Kulissen der rasenden Zauberei. Und das große Geheimnis unseres Weltmeisterteams: die „Schattenarmee" zuhause in der Fabrik!

„Durch KERS, den verstellbaren Heckflügel und die neuen Pirelli-Reifen ist die Strategie seit 2010 doppelt so schwierig geworden", analysiert Red-Bull-Sportchef Dr. Helmut Marko. Das haben die Bullen sofort erkannt – und als Erste reagiert. „Früher hatten wir in Milton Keynes nur einen Mann, der unsere Strategien verfolgte, für Abfragen bereitstand – jetzt haben wir pro Auto und Fahrer zwei Spezialisten, die online permanent mit unserer Boxenmauer verbunden sind."

Zu viele Köche, die den „Formel-I-Brei" verderben könnten? Droht da Chaos? „Ausgeschlossen. Unsere Boxencrew ist unterschiedlich gestaffelt. Alle News werden gefiltert – nur gewisse Infos für gewisse Leute."

Am wichtigsten: die Reifen. „Der Pirelli baut ab – jedoch unvorhersehbar. Plötzlich kommt der Punkt, wo er wegkippt, um 2–3 Sekunden langsamer wird. Wann, ist unterschiedlich. Aber er erholt sich nimmer." Das erklärt die oft verrückten Zacken im Rennverlauf. Marko: „Also musst du schauen, dass du ja nicht in diese Phase kommst." Das Fenster ist minimal – aber das müssen die Spione in Milton Keynes rechtzeitig erkennen.

So war auch die Sensationsfahrt von Mark Webber in China möglich: nur 18. Startplatz, mit harten Reifen, bei Halbzeit auch nur 14., aber dann auf weiche Reifen gewechselt, fast alle überholt – und Dritter im Ziel, obwohl er nach einem Ausrutscher einen zusätzlichen Boxenstopp hatte und hinter Kobayashi (Sauber) sechs Sekunden verlor. „Im Ziel fehlten ihm nur 7 Sekunden", grübelt Marko. „Webber hätte gewinnen können!" Auch dank der Schattenarmee in der Fabrik.

Sprit ist auch immer ein heißes Thema. Nicht erst, seit Nico Rosberg (fuchsteufelswild) in Shanghai das Benzin ausging. Eine Warnung für alle? „Auf manchen Strecken kannst unmöglich mit voller Leistung durchfahren", bestätigt Marko. „Also brauchst einen Kompromiss." Und obwohl der Renault-Motor (in China zum 250. Mal auf dem Podest) als sparsam gilt: „Wir gehen selber immer zurück. Weniger Spritverbrauch heißt weniger Leistung." Trotzdem feierten auch die Bullen in China ein Jubiläum: der 50. Stockerlplatz mit allen früheren und jetzigen Teamnamen – Stewart, Jaguar und eben jetzt Red Bull. Dafür hat Sebastian Vettel mit seiner 18. Pole-Position Jackie Stewart (17) überholt – aber auf die 27 GP-Siege des großen Jochen-Rindt-Rivalen fehlen noch 15 …

Und was fehlt den österreichischen Formel-I-Fans? Endlich wieder ein österreichischer Grand-Prix-Pilot – und natürlich ein eigener Grand Prix.

Spielberg: keine Geisterstadt mehr

Ö-RING WACHGEKÜSST

Sensationsbesuch in der Steiermark! Charlie Whiting, der Starter, Renndirektor und Sicherheitschef von Bernie Ecclestones Zirkus, war auf dem Österreich- oder A-1- oder Red-Bull-Ring, wie er jetzt heißt. Und was hat er gesehen? Die praktisch 1:1 wiederhergestellte klassische 5,9-km-Strecke, auf der 1987 zum letzten Mal Formel I gefahren wurde, die Naturtribüne auf der Zielgeraden und 25.000 Sitzplätze.

24 Jahre sind vergangen, seit Nigel Mansell (Williams) als letzter Sieger auf dem großen Ö-Ring gefeiert wurde. Nach 10 Jahren Pause wurde 1997–2003 auf dem verkürzten A-1-Ring gefahren – letzter Gewinner war Schumacher auf Ferrari. Aber aus dem „Kuh Grand-Prix" von damals hat Mateschitz eine hochmoderne Rennstrecke entwickelt – natürlich auch in der Gastronomie.

Fehlt nur noch ein Weltmeister, der mit einer Eröffnungsrunde die neue Strecke einweiht – Sebastian Vettel? „Das wäre fein, ist aber noch spekulativ."

Didi Mateschitz, was bedeutet die Eröffnung des Red-Bull-Rings, das Comeback von Spielberg, für dich? Die Erfüllung eines Traums?

Mateschitz: Das hat mit Erfüllung nichts zu tun. Das kommt aus der Geschichte. Ich hab natürlich wie jeder Steirer eine spezielle Beziehung zu Zeltweg, zum Ö-Ring und A-1-Ring immer gehabt. Aber die Situation hat sich geändert. Unser Landeshauptmann, Frau Dr. Klassnik, hat mich gebeten, ob wir die Verwaltung für den Ring übernehmen wollen. Da hatten wir schon lang keinen Formel-I-Grand-Prix mehr, Zeltweg war eine Geisterstadt geworden … aber das ist lang her, Schnee von gestern. Ich versuchte, Partner zu finden, mit denen man das Projekt realisieren kann. Die haben wir verloren und mussten in eine Nachdenkphase gehen.

Und das Ergebnis?

Mateschitz: Die Rennstrecke gibt's wieder, für kleinere Veranstaltungen und Freizeit-Motorsport – aber wir wollen nicht nur die Rennstrecke verwalten.

Von deinen vielen Erfolgsprojekten – Formel I, Fußball, Eishockey, die Air-Show, Hangar 7, Servus-TV, Magazine etc: Ist die Rückgewinnung von Spielberg als Rennstrecke dein emotionalstes Projekt? In das du das meiste Herzblut investiert hast?

Mateschitz: Spielberg liegt mir am Herzen, das hat aber nichts mit Red Bull zu tun, sondern nur privat mit mir. Wichtig ist bei allem, was wir tun, die Sinnhaftigkeitsfrage zu stellen, und das musst du nicht unbedingt immer rationell oder kommerziell sehen. Es ist auch keine Marketingaktion für Red Bull und hat nichts mit der Firma zu tun.

Sondern?

Mateschitz: Sagen wir Freunde für Freunde. Steirer sind eine spezielle Spezies von Menschen, die zusammenrücken und zusammenstehen.

Du stammst ja selber aus der Gegend – wie weit ist St. Marein von Spielberg entfernt?

Mateschitz: 40 bis 50 Kilometer. Und ich war schon als Jugendlicher in Zeltweg, später als Student mit Freunden. Ich hab in den 70er- und 80er-Jahren keinen Grand Prix ausgelassen und bin heute noch stolz auf ein Foto und Autogramm von Jochen Rindt.

Was hat dein Sensationsprojekt „Spielberg neu" gekostet?

Mateschitz: Sagen wir einen dreistelligen Betrag. Aber wir sind ja noch nicht ganz fertig, sondern erst am Anfang einer Entwicklung, die wir begleiten.

Bist du deinen Red-Bull-Ring eigentlich schon selber gefahren?

Mateschitz: Früher ja, den alten Österreichring, aber dort sind wir ja alle gefahren. Ich jetzt natürlich auch, aber nicht die ganze Rennstrecke, weil die Brücke noch nicht fertig war. Darum musste ich umdrehen und wieder zurückfahren.

Und jetzt freuen sich alle Motorsportfans auf die Neueröffnung. Du am allermeisten?

Mateschitz: Es wird ein Probebetrieb mit Unterhaltung, ein Tag der offenen Tür mit 10 bis 12 Gentleman-Piloten, denen das Rennfahren immer noch Spaß macht, in den Boliden der 70er- und 80er-Jahre. Aber dazu haben wir auch aktuelle Piloten von heute und von gestern eingeladen bis hin zur Formel I.

Apropos. Charlie Whiting, Bernie Ecclestones Starter, Renndirektor und Sicherheitschef, war noch im Winter in der Steiermark auf Besuch – und sah die praktisch 1:1 wiederhergestellte, klassische 5,9-km-Strecke – mit Naturtribünen auf der Zielgeraden und 25.000 Sitzplätzen. Aber man darf nicht wieder von der Formel I träumen?

Mateschitz: Nein – auch wenn wir die Formel-I-Zulassung gekriegt haben. Die Strecke ist laut FIA voll Formel-I-tauglich. Aber das ist nicht realistisch, weil wir keinen Grand Prix kriegen und wegen des Testverbots auch keine einzelnen Teams zum Testen kommen. Aber das war auch nicht unsere Absicht. Dafür kommt am 5. Juni die DTM.

Zeltweg und Spielberg haben sich dank dir total gewandelt?

Mateschitz: Hauptsache, es ist keine Geisterstadt mehr. Und die Befürchtung, dass es wieder eine wird, hab ich nicht mehr. Wir sind für 100 Tage ausgebucht. Motorräder, Rallyeautos, Tourenwagen usw. Eine vernünftige Auslastung. Aber wir wollen nicht nur die Rennstrecke verwalten, uns auch um Zweirad, Vierrad und Offroad kümmern.

Du hast nicht nur eine hochmoderne Rennstrecke entwickelt, sondern auch die Gastronomie?

Mateschitz: Aber weil wir ja auch die Infrastruktur haben, bleibt das nicht alles, was die Gegend bietet: Joggen, Wandern, Forellen- oder Fliegenfischen. Wir haben wunderschöne Flüsse, seit auch die Mur wieder sauber ist. Im Namen Spielberg steckt ja alles. Wir kommunizieren alles, was zu einem Spielzeug dazugehört …

Nicht nur deine steirischen Landsleute werden es dir danken?

Mateschitz: Ich hab der Frau Landeshauptmann versprochen, mich um Spielberg zu kümmern – und ich halte immer meine Versprechen.

Bernie Ecclestone, der im Zelt eine Pappschachtel mit ein paar Bündeln Tausender übernahm, ein paar steirische Hände schüttelte, sich artig bedankte und dann mit dem Privat-Jet abflog. Die Kuh, die im Training neben der Rennstrecke weidete – was einen Abbruch erzwang. Die französischen Starpiloten Alain Prost, Jacques Laffite & Co, die in Obdach fürs Nachtmahl selber Forellen fischten. Die beliebten TV-Schwenks über die vollgestopften Tribünen für 100.000 – Bilder, die man nicht vergisst. Der Formel-1-Zirkus hatte Zeltweg immer besonders gern.

Aber auch die Ferientage am Wörther See. Niki Lauda & Co pendelten zwischen High Society und Hightec. Grand-Prix-Erotik zwischen Benzindunst und Wiesenblumen – das bot kein anderer WM-Lauf. Ein so leidenschaftliches Publikum auch nicht. Wer immer auf dem Österreichring gewann, wurde triumphal gefeiert – mehr als sonst wo.

In einer langen Zeitreise mit drei Phasen.

Anfangs wurde noch auf dem rumpeligen Zeltweger Militärflugplatz gefahren – entsprechend dem Trend englischer Rennen. Der Erste, der bei uns ein Formel-1-Rennen gewann, war 1961 der Schotte Innes Ireland, ein Fallschirmjäger im Suez-Krieg. Im Siegesrausch kletterte er um Mitternacht auf den Kirchturm in Judenburg. Viele Jahre später wollte er seine Mutprobe wiederholen – wir konnten ihn gerade noch dran hindern.

Bei der Siegesfeier in Knittelfeld, mit Alphornblasen, Musik und Tanz, kam der Rennleiter Martin Pfundner zu mir, einen jungen, bescheidenen Rennfahrer neben sich: „Du kennst Jim Clark. Kannst du ihn bitte mit dem Auto nach Wien mitnehmen – er hat morgen zeitig früh einen Flug nach London."

Clark, der fliegende Schotte. Später zweimal Weltmeister, aber in Zeltweg 1964 hatte er kein Glück: Beim ersten Grand Prix von Österreich brachen Radaufhängungen und Halbachsen, alle Favoriten schieden mit Defekten aus, Jochen

Rindt feierte ein tapferes Debüt und der Außenseiter Lorenzo Bandini (Ferrari) gewann.

Rumpelige Flugplatzrennen waren bald nicht mehr zeitgemäß. Eine echte Rennstrecke musste her: der 5,9 km lange Österreichring, spektakulärste und schnellste Grand-Prix-Strecke der Welt, abwechselnd mit Silverstone. Im Juli hielten immer die Engländer den Speed-Rekord, im August die Österreicher – Rennschnitt 222 km/h!

Die Premiere 1970 war eine Sensation. Jochen Rindt, der Steirer, kam als überlegener WM-Leader, kommender Weltmeister, und wurde für seine Pole-Position unfassbar gefeiert. Rindt war Basis und Spitze einer ungeheuren Pyramide – Motorsportbegeisterung in Österreich. Jochen war – für mich – nicht nur unser erster Astronaut, der in unerreichbar scheinende Welten vorstieß, sondern auch der erste Popstar eines neuen Show-Business, der Formel I.

Als Rindt nach 21 Runden mit Motorschaden ausfiel, war den 100.000 Fans, als hätte man den Stecker herausgezogen. Mir auch in der TV-Kommentatorkabine vor einem Schwarz-Weiß-Fernseher. Unten stand Helmut Zwickl in der Box, um zu interviewen, aber sein Mikrokabel war nur ein paar Meter lang. „Ich musste mir vorkommen wie ein Hund an der Leine …" Das war Fernsehen im Rindt-Zeitalter.

Der Österreichring war bald berühmt für seine Regen-, Hitze- und Abbruchrennen. Nach dem Ferrari-Doppelsieg Jacky Ickx vor Clay Regazzoni 1970 triumphierten Stars wie Jo Siffert, Emerson Fittipaldi, Ronnie Peterson, Carlos Reutemann usw. Ab 1971 waren schon Niki Lauda und Dr. Helmut Marko dabei – die Erben von Jochen Rindt. 1975 erkämpfte Niki schon seinen ersten WM-Titel, aber Zeltweg wurde ein Rennen mit Trauerrand: Der Amerikaner Mark Donohue, im Aufwärmtraining verunglückt, starb wenige Tage später wegen Gehirnblutung.

Unfallursache: ein Reifenplatzer bei 250 km/h. Die Witwe klagte den Reifenhersteller auf 20 Millionen Dollar, worauf Mario Andretti seiner Frau Deen-Ann befahl: „Wenn mir je etwas zustößt, darfst du nie klagen. Ich hatte im Rennsport auch viele schöne Erlebnisse."

1975 war das gefährlichste Rennen. Leitplanken-Billard der besten Fahrer der Welt im Regen und fast viel zu spät der Abbruch. „Aufhören, bevor es Tote gibt!", befahlen Bernie Ecclestone und Luca Montezemolo. Als der Außenseiter Vittorio Brambilla, ein Mechaniker aus Monza, als Sieger durchs Ziel schlitterte, riss er im Jubel beide Arme vom Lenkrad – und krachte voll in die Boxenmauer.

1976 war schon wieder ein Grand Prix in Moll: Niki Lauda, auf dem Nürburgring verunglückt, fehlte bei seinem Heimrennen. Sieger war John Watson im Penske, einer der vielen Überraschungs- und Premierensiege in Österreich. Wie 1977 Alan Jones mit dem Shadow und einem exotischen Teamchef: Don Nichols, früher CIA-Agent in Hongkong, mit dem Zorro-Outfit, also im schwarzen Mantel.

Oft passierte in Zeltweg Unglaubliches. 1978, in einem unterbrochenen Regen-Trocken-Rennen mit spannendem Rennverlauf, holte Niki Lauda auf den Zweiten auf – und krachte plötzlich in die Leitplanken. Noch nie hatte man Niki so sauer gesehen wie damals. Erst lange später gab er preis, was wirklich passierte: Mitten im Rennen fiel ihm das charmante Rendezvous vom Vorabend wieder ein, plötzlich spannte der enge Rennoverall, Lauda saß unbequem, war unkonzentriert – und rutschte auf dem letzten noch verbliebenen Wasserfleck aus ...

Auf seinen ersten Heimsieg in Zeltweg musste Lauda bis 1984 warten. Und gewann dann mit Glück und mit Hirn. Getriebeschaden im McLaren, alles krachte und grammelte, „aber weil ich aus Faulheit nicht zu Fuß an die Box wollte, rollte ich weiter. Plötzlich funktionierte ein Gang wieder, dann der nächste ... und mit langsam Fahren kam ich wirklich als Sieger ins Ziel."

Weil sein Verfolger Nelson Piquet irrtümlich glaubte, Niki tat nur ein taktisches Manöver und darum selber vom Gas ging. Erst bei der Siegerehrung gestand ihm Lauda, warum er so viel langsamer wurde. Piquet griff sich an den Kopf: „Ich Idiot!"

Ab 1986 wurde auf dem Ö-Ring auch Tirolerisch geredet – Gerhard Berger war da, faszinierte mit seinem Pole-Position-Duell mit Benetton-Teamkollegen Teo Fabi, schied aber im Rennen mit Defekt aus.

1987 fiel dann die Zielflagge für Zeltweg: zu schnell geworden, zu gefährlich, vor allem die Start-Ziel-Gerade zu eng, daher dort 1987 gleich zwei Startabbrüche wegen Massenkollisionen. Letzter „klassischer" Sieger war Nigel Mansell – und wurde auf der Ehrenrunde in einem offenen Lkw von einer Traverse k.o geschlagen. „Den Tippel hab ich heute noch",(kam schon mal vor, s. S. 1 dieses Kap.) sagte mir Mansell, als ich ihn später auf einem Golfplatz traf. „Ich war ja nie wirklich intelligent, aber seit Zeltweg bin ich noch ein bissl depperter ..."

Der Ö-Ring wurde auf A-1-Ring umbenannt, auf 3,4 km verkürzt. „Nur vier Kurven?", staunten die Starpiloten anfangs, waren aber dann selber überrascht. „Die Runde selbst ist nicht sensationell, weil du immer auf eine neue Kurve wartest – aber gerade deswegen entwickeln sich spektakuläre Rennen."

Jacques Villeneuve war 1997 der erste neue Sieger – Sohn des unvergessenen Ferrari-Helden Gilles Villeneuve. Nie werde ich vergessen, wie Gilles 1981 bei der Party im Steirerschlössl um Mitternacht zur Trompete griff und sehr gekonnt das berühmte Trompetensolo aus dem US-Kriegsfilm „Verdammt in alle Ewigkeit" spielte.

1982 kam Villeneuve nicht mehr nach Zeltweg, und seit 2003 (letzter Sieger Michael Schumacher) gab es auch keinen Grand Prix von Österreich mehr. Fahrerlager, Strecke und Boxen verfielen. Aber jetzt heißt es dank Didi Mateschitz: Vorwärts in die Vergangenheit und zurück in die Zukunft.

DANKE, DIDI!

NIKI LAUDA: „Es gibt niemanden wie Didi Mateschitz, der sich aus reinen, positiven Emotionen für die Steiermark und den Österreichring das alles antut – nachdem sein Projekt vorläufig abgelehnt war. Aber er hat wieder einmal alles perfekt hingebracht, in Hotels investiert, er gibt den Gemeinden Geld, damit sie die Häuser anmalen können, er schafft 25.000 Arbeitsplätze, kurbelt den Tourismus an etc. Diese Ecke der Steiermark war ohne Perspektive – bis Didi alles umkrempelte. Damit das Leben für die Menschen dort wieder Sinn bekommt. Ich zieh meine Kappe vor Mateschitz. Aber wenn jetzt die zuständige Politik nicht voll und ganz hinter ihm steht, ohne alle Restriktionen – dann versteh ich die Welt nimmer."

GERHARD BERGER: „Ich freu mich wahnsinnig über das Konzept von Didi Mateschitz, dass wir wieder Motorsport treiben können – Autos, Motorräder, sogar mit Familie. Super, dass wir wieder ein Spielzeug kriegen, mit dem wir uns austoben können, ohne zu fragen oder eine Rennstrecke mieten zu müssen. Also einfach hingehen und unsere Reflexe trainieren. Was da früher alles zusammenspielte, hab ich sowieso nie verstanden. Aber jetzt haben wir Zugang zu Autos, Motorrädern, allen Arten von Motorsport – mit Herz betrieben. Und das ganze wahnsinnig emotionell, wie Rennfahren früher betrieben wurde. Jetzt ist Österreich dank Didi wieder auf der großen Bühne des Motorsports."

Barcelona: Stress-Test für Red Bull

ALONSO LEBENSLANG

Spaniens König und Staatsoberhaupt, Juan Carlos I., lässt es sich nicht nehmen, Fernando Alonso schon am Donnerstag fur sein Heimrennen extra alles Gute, viel Glück und so viele Punkte wie möglich zu wünschen. Der aus dem Hause der Bourbonen stammende Monarch ist und bleibt halt ein Formel-I-Fan. Und das trotz großer Sorgen wegen der Finanz- und Immobilienkrise sowie der hohen Jugendarbeitslosigkeit im Land. Auch seine Gesundheit ist angeschlagen. Dennoch hat er nicht auf seinen „Formel-I-Prinzen von Asturien" vergessen. Ohne es zu wissen, suchte der blaublütige Formel-I-Fan genau den richtigen Tag für seine Glückwünsche aus: denn Ferrari gibt vor Alonsos Heimspiel die Verlängerung des Vertrages mit dem Spanier bis Ende 2016 bekannt.

Der König hatte es schon vor Jahren riskiert, auf dem „Circuit de Catalunya" in einem FI-Doppelsitzer als Passagier mitzufahren. Seinen „GP-Prinzen" traf er zuletzt auf einer Ausstellungseröffnung des katalanischen Malers Joan Miró in Madrid. Alonso und Miró – wer hätte das gedacht. Dort bekräftigte Spaniens König erneut: „Unser Mann wird mit Ferrari Champion. Denn da haben sich zwei große Könner zusammengetan." Ähnlich sei es ja auch bei Iker Casillas und Real Madrid, spielte der Monarch den Ball gleich an den Weltklasse-Torhüter weiter. Denn organisiert war dieser royale Miró Kunstevent von den „Königlichen" von Real Madrid worden.

Kein Wunder, dass Alonso in Sachen Fußball für das „weiße Ballett" schwärmt. Wenngleich er am Rande des hektischen Ferrari-Donnerstag-Medientermins zugibt, sich auch gerne Topspiele von Barcelona und Juventus Turin anzusehen. „Barca" wohl aus spanisch-taktischen Gründen. Und bei der „Juve" lässt nun halt der Ferrari-Fahrer grüßen. Apropos: Seitdem er wegen Ferrari und Maranello ab und zu auch im nahen Schweizer Kanton Tessin lebt, gehört er auch zu den Zuschauern des FC Lugano. Früher, als er in Mont-sur-Rolle am Genfersee seinen Wohnsitz hatte, schaute er beim FC Lausanne oder bei Servette Genf vorbei. Künftig will der Asturier allerdings wieder mehr in Spanien wohnen: in seiner Heimatstadt Oviedo.

Alonsos Miró-Einladung war höchstpersönlich von Real-Präsident Florentino Pérez unterzeichnet worden – mit der schmeichelnden Anrede: Meinem hochverehrten Fernando Alonso, dem ersten spanischen Grand-Prix-Sieger und Weltmeister der Formel-I-Geschichte.

Und noch ein Detail wurde mir von Alonsos Betreuerstab anvertraut: Der milliardenschwere Bau-Unternehmer Pérez stellte Alonso dort voller Stolz mit einer Kurzstory aus den Kindertagen vor: „Als Fernando drei Jahre alt war, wollte sein Vater José Luis, der ein begeisterter Hobby-Kart-Pilot war, seine Leidenschaft auch seinen Kindern vermitteln. So baute er einen Kart, der ursprünglich für die achtjährige Lorena vorgesehen war. Als die Tochter dann aber so gar kein Interesse daran zeigte, kam halt ihr Bruder Fernando zum Zuge. Und jetzt ist aus dem Zufalls-Kart-Kid von einst schon ein zweimaliger Champion geworden." Real-Präsident Pérez fügte noch an: „Was für eine schöne Geschichte" – und gab zu, sie bei Wikipedia recherchiert zu haben.

Von Real-Madrid-Kickern ist donnerstags im Fahrerlager nichts zu sehen. Dafür haben sich Goalie-Kollegen von Iker Casillas für Qualifying und Rennen angesagt: Ex-Weltklasse-Torhüter Peter Schmeichel und René Adler (Bayer Leverkusen). Der polnisch-stämmige Däne Schmeichel stand 1999 im Tor, als sein Klub Manchester United im Estadio Nou Camp Bayern München eine schmerzliche Niederlage in der Champions League beschert hatte.

Zu der Zeit war Alonso noch nicht in der Formel I. Er stieg 2001 rennmäßig bei Minardi (heute Toro Rosso) ein. Alonso steht in der Journalistenrunde plötzlich auf und lacht: In der Tür zum Ferrari-Motorhome steht sein Landsmann und Motorrad-Weltmeister Jorge Lorenzo. „Suchst du einen Sitzplatz auf vier Rädern", scherzt Alonso.

Der Zweirad-Champion gratuliert Alonso zum langjährigen Ferrari-Vertrag. Bis einschließlich der Formel-I-Saison 2016 fährt der Asturier in Rot. Deshalb wird die Donnerstag-Runde mit ihm bei Ferrari auch zur Mega-Medienrunde. Der rote Fahrerlager-Tempel ist zum Bersten voll. TV-Teams stehen Schlange für Exklusiv-Interviews mit Alonso. Dem zweimaligen Champion behagt das hektische Treiben sichtlich nicht. Doch er ist Profi genug, um seinen Job zu machen. „Ich habe mich bei Ferrari auf Anhieb wohl gefühlt, ich empfinde die Scuderia als meine zweite Familie", sagt Alonso mit stoischer Miene.

Der Spanier tritt mit diesem roten „Lebensvertrag" in die Fußstapfen von Michael Schumacher. Alonso hatte Schumacher ja mit den Titelgewinnen 2005 und 2006 (jeweils bei Renault) in die vorübergehende Rente geschickt. Beim Vertragsende 2016 wäre er nur noch zwei Jahre jünger als der Rekordweltmeister bei seinem ersten Rücktritt.

Erst vor wenigen Tagen habe Ferrari ihn wegen der Verlängerung angesprochen, die Einigung erfolgte in Rekordzeit. „Wenn beide Seiten etwas wollen, geht es eben manchmal sehr schnell", erklärt Alonso, der künftig schätzungsweise 20 Millionen Euro pro Jahr verdienen soll. „Ich habe absolutes Vertrauen in die Menschen, die dort arbeiten – und in jene, die an der Spitze stehen", so Alonso. „Es war für mich daher nur logisch, meine langfristige Zukunft bei Ferrari zu sehen – in einem Team,

ederauferstehung der McLarens, besonders Jenson Button wird ab Saisonmitte immer stärker.
Budapest, beim halben Heim-Grand-Prix der österreichischen Fans, schlägt die frühere Berger-
tdeckung den Weltmeister Vettel und Fernando Alonso wird ein etwas geknickter Dritter.

Nur ja nicht zu viele Emotionen zeigen, immer cool bleiben, war jahrzehntelang das Prinzip von McLaren: „Nicht laut jubeln, nicht zu sehr ärgern“, hieß es unter Ron Dennis. Was sich mit Martin Whitmarsh dramatisch geändert hat. So stürmisch feiern die „Super-Macs“ den Sieg von Button in Budapest – mit Absturzgefahr.

odafone

Boxen-Ballett bei McLaren: Jenson Buttons Boxenstopp in Monza (oben), darunter Jensons Freun
Michibata. Ganz links: Stammgast bei den FIA-Sportkomissaren ist Lewis Hamilton. „Ich fürchte da
immer das Schlimmste." Und dann trennte er sich von Nicole Scherzinger. Die Ex-Pussy-Cat-Dol
mit einem sehr privaten Ron Dennis.

milton war im ersten Saisondrittel Vettels Gegner Nr. 1, aber dann hatte Button seine Sternstun-
und drängte Lewis in der Team-Hierarchie auf Platz 2 zurück. Bild unten: Champagnerdusche
Hamilton und Button in Barcelona – Placido Domingo flüchtet.

Die Wiedergeburt des Regenchampions: Michael Schumacher liegt in Montreal erstmals seit seinem Comeback wieder auf Platz 1 – wenn auch nur kurz und von der Wetterlotterie nach vor gespült. Darunter: Die Saison hatte für Schumi nicht so toll begonnen: 11. Startplatz in Melbourne out im Rennen.

ei Generationen, ein Ziel: der erste Podestplatz für die Silberpfeile seit 56 Jahren. Nico Rosberg vann das Qualifying-Stallduell mit Schumacher überlegen – leider bremsten ihn in Budapest Ben-probleme: Sprit sparen war befohlen. Auch Schumacher lässt sich durch Aus- oder Unfälle nicht mutigen: „Ich komme wieder!“

„Lasst den Michael doch fahren, solang er Spaß an der Formel I hat!", appelliert Gerhard Berger an alle, die dem siebenfachen Weltmeister schon den zweiten Rücktritt nahelegen. Promis dränge unvermindert in die Box der Silberpfeile – auch der Ansturm der Schumi-Fans (wie in Suzuka ode in Melbourne) hat nicht nachgelassen.

bei dem ich zweifellos meine Karriere irgendwann einmal ausklingen lassen möchte." Der Spanier schließt nicht aus, noch weitere Jahre dranzuhängen. „Vielleicht werde ich für 2017 noch einmal verlängern", sagt er breit grinsend: „Wenn ich mich nicht zu alt fühle und Ferrari mich noch will, warum nicht?"

In den Augen von Michael Schumacher ist diese langfristige Bindung „ein Schlüssel zum Erfolg, weil ich nach wie vor an Kontinuität glaube. Dieser Deal überrascht mich ganz und gar nicht", sagt Schumacher in der in Silber glänzenden Mercedes-Hospitality im Fahrerlager. Drei Häuser weiter vorne, bei Red Bull, sagt Sebastian Vettel: „Ich bin ziemlich sicher, dass sich Fernando dort sehr wohl fühlt, wo er ist. Ansonsten hätte er sich nicht zu einem solch wichtigen Schritt entschlossen."

Der Titelverteidiger blickt in die Runde und weiß, welche Frage den Medienleuten nun auf der Zunge liegt, deshalb legt er gleich los: „Damit ist Fernandos Zukunft erst einmal abgesteckt. Meiner Meinung nach denken wir Fahrer da alle ähnlich. Bist du in einer Umgebung, in der du dich zuhause fühlst, dann ist das prima für dich und das Team. Ich mache mir über dergleichen aber nicht zu viele Gedanken. Ich denke nicht darüber nach, wo ich 2016 sein werde. Das ist mir noch zu weit weg."

Aber von Ferrari träumst du doch? Wann wirst du Fernando dort Gesellschaft leisten? „Ich gehe die Dinge lieber Schritt für Schritt an", bleibt Vettel beim Reizthema Ferrari ruhig, „selbst die kommende Saison ist noch weit entfernt. Über 2013 braucht man erst gar nicht zu reden. Denn angesichts der neuen Regeln können bis dahin noch sehr viele Dinge passieren." Viel Wert legt Red Bulls Nummer 1 noch auf den folgenden Satz, den er extra betont: „Ich bin sehr zufrieden damit, wo ich bin."

Am Freitag vor den freien Trainings steht fest: Für Vettel wie für Mark Webber und das gesamte Team von Red Bull Racing artet der Grand Prix von Barcelona-Montmeló zu einem einzigen Stresstest aus. Im Grunde können die „Bullen" hier – auf dem Circuit de Catalunya – nur verlieren, also nur über sich selbst stolpern.

Dass sie gewinnen, wird von allen als selbstverständlich angesehen. Denn auf der seit Jahrzehnten meistbefahrenen Formel-I-Teststrecke sind sie die alleinigen Favoriten. Das haben die Rennen zuvor gezeigt – und das haben auch die Wintertests bewiesen. Am Freitag kann nur Lewis Hamilton im McLaren die Red-Bull-Phalanx sprengen: Tagesschnellster ist Webber vor Hamilton, Vettel, Button und Alonso.

Samstagvormittag geht es in diesem Tempo weiter: Vettel fährt mit 1:21,707 Minuten die bisher schnellste Rundenzeit des Spanien-GP-Weekends. Dicht gefolgt von Webber und – welche Überraschung – von Michael Schumacher im Silberpfeil. Erst dahinter reihen sich die Chrompfeile von Hamilton und Button ein.

Schumacher schaffte bereits 2010 auf seiner Lieblingsstrecke außerhalb Barcelonas mit Platz vier seine bislang beste Platzierung im Rennen.

Pech dagegen hat Nick Heidfeld. Er bleibt mit einem abgefackelten Renault R31 auf der Strecke liegen: Wegen eines Lochs im Auspuffsystem fing das Heck Feuer. Der Schaden ist so groß, dass Heidfeld während des Qualifyings nur zuschauen kann. Startplatz 24 ist die Quittung dafür. Im Rennen allerdings sollte ihm das Glück wieder zur Seite stehen.

Sebastian Vettel fehlt im Qualifying das Quäntchen Glück. Seine Serie an Pole-Positions, seit dem Saisonauftakt vier in Folge, endet abrupt: Webber „donnert" nach seiner schnellen Runde mit 1:20,981 über die Ziellinie. Vettel kommt „nur" auf 1:21,181. Hinter den beiden Red Bulls gehen die Startplätze an Hamilton und Alonso sowie an Button und Vitaly Petrov. Platz 7 für Nico Rosberg und nur Platz 10 für Schumacher. Der Grund: Der Rekordchampion brach wegen KERS-Problemen Q3 ab und schonte seine Reifen. Titelverteidiger Vettel sucht nicht nach Ausreden und sagt: „Mark war heute schneller. Kompliment."

Damit ist die Ausgangslage fürs fünfte Saisonrennen klar. Für eine neuerliche Red-Bull-Prozession spricht die Klasse der RB7-Renner und die Überlegenheit von Vettel sowie Webber. Dagegen sprechen die unberechenbaren Pirelli-Reifen sowie die Überholhilfen DRS (beweglicher Heckflügel-Flap) und KERS. Und nicht zu vergessen: die vielen unerprobten Updates, die alle Teams eigens für Barcelona an ihren Autos angebracht haben.

Wie belastbar ist Vettel? Was hält seine Boxencrew aus, die bei den vielen Stopps zum Reifenwechsel immer mehr gefordert ist? Welchem Erfolgsdruck kann Red Bull Racing als Favoriten-Team standhalten? Wie stark steht der an sich geniale Designer Adrian Newey wegen seiner KERS-Umbauten unter Strom? Das sind die Fragen, die sich beim WM-Leader und Weltmeisterteam gerade vor dem Spanien-GP in Barcelona stellen.

Die 4,6 km lange Strecke gilt als ultimative Prüfung für die Aerodynamik. Somit müssten die RB7-Boliden des Aero-Gurus Newey hier noch überlegener sein als zuletzt in Istanbul. Außerdem heißt es: Wer auf dem Circuit de Catalunya schnell ist, kann überall um den Sieg mitfahren. 2010 starteten Webber und Vettel hier ebenfalls aus der ersten Reihe. Im Ziel hieß es: 1. Webber, 2. Alonso, 3. Vettel.

Auch am sonnigen und 27 Grad heißen Rennsonntag 2011 stiehlt Lokalmatador Alonso den Red Bulls zunächst völlig überraschend die Show. Unter dem Jubel zehntausender blaugelber Fans aus Asturien gelingt ihrem Helden ein perfekter Start. Dank KERS und einem speziellen Start-Programm. Ferraris Nummer 1 flitzt an Hamilton und den beiden Red Bulls vorbei.

Bis zum ersten Boxenstopp liegt der Spanier vorne. Doch als bei ihm die harten Reifen aufgezogen werden, brechen seine Rundenzeiten dramatisch ein. Im Finish wird er als Fünfter dann sogar noch überrundet. Nur die ersten vier fahren in der gleichen Runde über die Ziellinie: Vettel, Hamilton, Button und Webber. Der „Aussie"-Pole-Mann startete einmal mehr schlecht und konnte dieses Manko gegen erstarkte McLarens in 66 Runden nicht mehr aufholen.

Vor allem für die hochdotierten Aerodynamik-Abteilungen und Windkanal-Experten von Ferrari und Mercedes ist das Ergebnis niederschmetternd, eine schallende Ohrfeige. „Eine Katastrophe für alle außer Red Bull und McLaren", bringt es der Tiroler Ex-GP-Pilot Karl Wendlinger auf den Punkt, „denn es funktionieren derzeit offensichtlich nur zwei Autos perfekt. Und das in Barcelona, auf der Strecke, die jedes Team wie seine Westentasche kennt." Felipe Massa fällt mit Getriebeschaden aus. Schumacher wird vor Rosberg Sechster.

Mildernde Umstände gibt es für Renault: Nick Heidfeld musste nach dem Feuer im Samstag-Training vom letzten Startplatz losfahren und arbeitete sich immerhin noch auf Rang acht nach vorne. „Wäre das Rennen noch eine Runde länger gegangen, hätte ich auch noch einen Mercedes geschnappt", ist sich der Mann des Rennens sicher. Doch wie konnte Heidfeld so viel Boden gutmachen und auch den um 18 Plätze weiter vorne gestarteten Teamkollegen Vitaly Petrov (11.) noch hinter sich lassen?

Das Geheimnis liegt wieder einmal bei den Pirellis und in der Reifenstrategie. Wie Mark Webber in Shanghai montierte der Mönchengladbacher die langsameren, harten Reifen für den Start. Da ist der Nachteil wegen der schweren Spritlast nicht so groß. Vor dem ersten Boxenstopp in Runde 21 liegt Heidfeld bereits auf Rang 15. Allein beim Start machte er sieben Plätze gut. Bis zum zweiten Stopp in Runde 36 gewinnt er nur noch zwei weitere Plätze. Im Schlussabschnitt macht er die meisten Positionen gut: Mit einem frischen Satz weicher Reifen und wenig Sprit kämpft er sich in den letzten 14 Runden um sechs Plätze nach vorne.

An der Spitze fährt Vettel das Rennen seines Lebens. Für den dreimaligen Ex-Champion Niki Lauda „hat der Junge hier endgültig seine Meisterprüfung abgelegt." Der 62-Jährige zieht sein Kapperl vor dem 23-Jährigen und stimmt ein Loblied auf ihn an: „Das war wohl sein bisher am härtesten erkämpfter Sieg dieser Saison. Ich habe immer gesagt, dass Sebastian ein großartiger Rennfahrer ist, aber heute ist er das größte und beste Rennen seines Lebens gefahren. Lewis Hamilton kam immer näher und hat unglaublichen Druck gemacht – und er hat toll dagegengehalten."

Der vierte Sieg von Sebastian Vettel im fünften Saisonrennen gleicht einer Zitterpartie. Erst fährt ihm Alonso 19 Runden vor der Nase herum. Und dann hat er 40 Runden lang Hamilton formatfüllend im Rückspiegel. „Mann, das war echt knapp heute", lacht Vettel hinterher. Und die Strapazen von 66 Runden sind an ihm nicht spurlos vorübergegangen. Was dem Blondschopf neben Hamilton noch zu schaffen machte, war der Ärger mit KERS: „Ich kenne das Spiel ja schon. Anfangs fiel es nur zeitweise aus. Das ist nervig, weil du sofort die Bremsbalance und ein paar andere Sachen am Auto verstellen musst, damit sich das Fahrverhalten nicht ändert."

15 Runden vor Schluss der Funkspruch: „Schalte das KERS ganz ab." Vettel rekapituliert: „Das ist wirklich das Letzte, was du zu diesem Zeitpunkt hören willst. Lewis hatte KERS, und er hatte den verstellbaren Heckflügel. Das sind allein auf der Geraden drei Zehntel." Im Ziel jubelt der eigens eingeflogene Red-Bull-Gründer Didi Mateschitz mit Vettel: „Sebastians derzeitige Dominanz ist unglaublich herrlich und gegen alle Wahrscheinlichkeiten. Wir dürfen aber nicht erwarten, dass es immer so weitergeht. Irgendwann wird ein Einbruch kommen." Vettel scherzt: „Ja, ja. Irgendwann, wenn ich so alt bin wie du." Mateschitz feierte zwei Tage vor Vettels Triumph in Barcelona seinen 67. Geburtstag! Was für ein schönes, verspätetes Geschenk.

DER NEUE HERR FINANZMINISTER

Maria Fekter, unsere neue Finanzministerin, bekommt einen Amtskollegen aus der Formel I: Marco Piccinini, den langjährigen Ferrari-Teamchef! Gerhard Berger, unser Mann in Monte Carlo, war selbst überrascht: „Ich war mit Piccinini beim Japaner abendessen, und plötzlich verrät er mir: Ich bin jetzt der Finanzminister von Monaco!" Piccinini war der Mann, der 1986 mit Gerhard Berger – spätabends und in Socken – heimlich in Enzo Ferraris Zimmer schlich. Weil den Sensations-Transfer damals noch keiner erfahren durfte, vor allem nicht die italienische Presse. Und Piccinini dolmetschte auch die Vertragsverhandlungen.

„800.000 Dollar hab ich damals gekriegt." Aber als Berger später über den Umweg McLaren zu Ferrari zurückkehrte: zehnmal so viel! „Da hab dann ich den Preis diktiert ..."

Piccinini war aber nicht nur Bergers Rennleiter. 1985 hatte er den heiklen Job zu erklären, warum er den superschnellen René Arnoux mitten in der Saison gegen den Schweden Stefan Johansson austauschen musste ...

Mit Notlügen. Piccinini war Priester-Seminarist, sein Vater kontrollierte eine Großbank im Fürstentum. Dort hatte nicht nur Enzo Ferrari seine Millionen angelegt, dort wurde auch das Vermögen des Vatikans verwaltet – was Marco schnell gelernt hat.

Seine Amtszeit beginnt hektisch: Fürstenhochzeit und der klassische Grand Prix am 29. Mai. Längst vorbereitet. „Die ersten Leitschienen sind schon montiert", berichtet Berger. „Ich geh jeden Tag von meinem Büro über die Strecke – zum Mittagessen oder nach Hause. Und da fliegen mich aus der Formel I dauernd Erinnerungen und Erlebnisse an." Wie sein traditionelles Frühstück mit Ayrton Senna in der Bar „Brasil", dort, wo die Rennwagen rechts zum Tunnel abzweigen.

Momentan kann Gerhard nur mit Piccinini diskutieren, was bei Ferrari alles schiefläuft. „Ich weiß auch nicht. Ich seh nur im TV, wie sie hinter der Spitze hergurken ..."

Monte Carlo: Wie sexy ist die Formel I?

GLÜCK IM CHAOS

Die Formel I leuchtet rotweißrot. Gleich zweimal wurde bei der WM-Siegerehrung 2010 die österreichische Flagge aufgezogen und unsere Bundeshymne gespielt: Red Bull gewann die höchsteingeschätzte und auch höchstdotierte Weltmeisterschaft der Konstrukteure und Sebastian Vettel, der neue Lieblingspilot der „Formel Austria", wurde mit dem austro-englischen Boliden der jüngste Weltmeister aller Zeiten. Didi Mateschitz, der das Wunder möglich machte, steht also in den Geschichtsbüchern auf einer Seite mit Enzo Ferrari, Colin Chapman, Frank Williams usw. – und Vettel ist schon längst im Windschatten von Schumacher & Co. Ein Privatteam hat die Giganten der Formel I mit ihren Milliardenbudgets besiegt.

Aber wie ist es möglich, dass aus dem Ski- und Fremdenverkehrsparadies Österreich auch eine große Motorsportnation geworden ist? Und wissen wirklich alle, dass schon vor unseren Formel-I-Champions Jochen Rindt, Niki Lauda und Gerhard Berger österreichische Rennfahrer Motorsportgeschichte geschrieben haben?

Lernen wir Geschichte. Unser erster Monte-Carlo-Sieger war 1902 Otto Hieronymus – 73 Jahre vor den berühmten Handküssen von Niki Lauda für Gracia Patricia in der Fürstenloge 1975 und 1976. Denn Hieronymus gewann schon 1902 das damals klassische, aber gefürchtete Bergrennen Nizza-La Turbie, den Vorläufer des heutigen GP von Monaco, mit einem 60 PS starken Mercedes. Und der hieß Mercedes, weil der damalige österreichische Generalkonsul in Nizza, Jelinek, eine bildschöne Tochter mit schwarzen Haaren hatte – und die hieß Mercedes. Als der Papa bei Daimler-Benz in Stuttgart eine größere Flotte Autos bestellte, war seine Bedingung: Sie müssten Mercedes heißen.

Hieronymus, aus Deutschland früh nach Wien übersiedelt, war der große Star der Semmering-Bergrennen – im ersten Viertel des 20. Jahrhunderts genau wie die Alpenfahrt glanzvoller Mittelpunkt der Motorsportwelt und der internationalen Motor Societa. Er hatte die Lizenznummer 1 des ÖAC, des österreichischen Automobilclubs, und war als Konstrukteur genauso erfolgreich wie als Rennfahrer – er wurde sogar Direktor der Steyr-Werke.

1929 wurde ein atemberaubendes neues Kapitel aufgeschlagen: der echte Grand Prix in Monte Carlo. Zum ersten Mal drehte sich das berühmte Auto-Roulette an der Côte d'Azur. Ich habe im 20 kg schweren, dicken „goldenen Buch" von Monaco nachgeschaut und entdeckt: Unter den Abenteuern, Amateuren, Profis und Playboys startete auch ein Österreicher: Startnummer 26, C. D. Sterlich (Autriche) mit einem

Maserati 26 B. De Sterlich startete aus der vierten Reihe, verteidigte seine Position gegen Philip Rothschild und Rudolf Caracciola – bis er am Hafenkai Defekt hatte. Die ersten 16 Österreicher-Runden in Monaco waren vorbei. Später verloren sich die Spuren von de Sterlich – schade.

DIE WILDEN HUNDE VON FRÜHER

Wie sexy ist die Formel I – nicht nur in Monte Carlo? Und wie sexy war sie überhaupt früher im Vergleich zu heute? In einem offenherzigen Interview fürs „Red Bull Magazin" im Salzburger Hangar 7 stellte Sebastian Vettel an Niki Lauda die Frage: „Man hört, dass es viele Boxenluder gibt. Stimmt es, dass die Fahrer früher wirklich so wilde Hunde waren?"

Bei Lauda strömt das Testosteron sofort zurück. Er erinnert sich ans dramatische WM-Finale gegen Alain Prost 1984 in Estoril – und an dessen Preludium: „WM-entscheidend zwischen Prost und mir ... Willi Dungl sagte zu mir: Da unten sucht dich eine blonde Italienerin ... Ich hab sie dann Freitag zum Abendessen ausgeführt und ihr für Samstag gesagt: Sie kann zwischen acht und zehn zu mir aufs Zimmer kommen. Ich hatte das schlechteste Gewissen, weil ich ja um die WM kämpfte. Aber dann stand am nächsten Morgen Prost, der sonst immer Fingernägel kaute, grinsend in der Box: Stell dir vor, ich hab gestern Abend die Stephanie von Monaco erwischt. Ich war unglaublich erleichtert. Denn jetzt stand es 1:1 vor dem Lieben Gott ..."

Ein paar Stunden später gewann Prost das Rennen, aber Lauda wurde dank eines hart erkämpften zweiten Platzes Weltmeister um einen halben Punkt.

Niki hat bekanntlich nichts zu verschenken. Vettel auch nicht. In einem Shampoo-Werbespot beschreibt er sich so: „Pure Leidenschaft – super Ergebnisse – höchste Konzentration – Riesenehrgeiz – perfekte Pasta." Aber an Schuppen denken muss er nie.

Das war die Welt von gestern. 68 Jahre vergingen, bis unser Jochen Rindt nach seiner sensationellen Aufholjagd gegen den führenden Jack Brabham 1970 das aufregendste Monaco-Rennen aller Zeiten gewann. Brabham rutschte in der allerletzten Kurve aus und Rindt feierte den größten und berühmtesten seiner sechs GP-Siege. Der Rennleiter war so überrascht, dass er den Lotus gar nicht abwinkte, weil er ja auf Brabham wartete – und Rindt feierte seinen Triumph die halbe Nacht mit Bernie Ecclestone im Casino von Monte Carlo.

Niki Lauda gewann 1975 und 1976, jeweils auf Ferrari, den großen Klassiker und wunderte sich über die erstaunten Kommentare über sein untadeliges Benehmen in der Fürstenloge: „Für mich war es völlig normal, einer Fürstin die

Hand zu küssen." Die zwei Monaco-Siege auf Ferrari sind in der Erfolgsbilanz unseres 25-fachen GP-Siegers und dreifachen Weltmeisters – der eigentlich Andreas Nikolaus Ritter von Lauda heißt – etwas Besonderes geblieben, für alle Zeiten.

Aber auch Gerhard Berger hatte die Chance, in Monaco unsterblich zu werden. 1988: Der Superstar Ayrton Senna führte, Berger kämpfte mit Alain Prost verbissen um Platz 2. „Dann ließ ich den Franzosen leider vorbei – und 12 Runden später steckte Senna unten am Tunnel in den Leitplanken", bedauert der Tiroler noch heute. Hat er einen Monaco-Sieg weggeschmissen? 10 Große Preise hat er gewonnen, Monte Carlo ist leider nicht dabei.

Für mich war Berger immer der typische Ferrari-Pilot: leidenschaftlich und kämpferisch, voll Einsatzfreude, Mut zum Risiko und sehr schnell.

Und vielleicht sollten wir uns erinnern, dass Österreicher schon 41 Große Preise gewonnen hatten, als die große Automobilnation Deutschland bis 1994 immer noch auf ihren ersten Formel-I-Weltmeister warten musste ...

„Formel-I-Fahren in Monte Carlo ist wie Hubschrauberfliegen im Wohnzimmer", sagte mir Dreifachweltmeister Nelson Piquet vor 30 Jahren. Das Zitat ging um die Welt. Nigel Mansell ergänzte später: „... oder wie Radfahren im Badezimmer." Mit 286 km/h durch die engen Häuserschluchten von Monaco – sicher ein Anachronismus. Der gefährlichste, aber auch charmanteste der Sportwelt. Hightech in einer Märchenwelt von gestern.

Erster Monaco-Sieger war 1929 der englische Pseudonym-Rennfahrer „Williams", später ein Agent im Zweiten Weltkrieg mit tragischem Schicksal: Tod im KZ.

In 73 Jahren wurde die Strecke oft verändert – aber die Herausforderung blieb. Märchen, Mythen, Monte Carlo ...

Der Start auf dem Boulevard Albert I. ist der kürzeste der Formel I: nur 120 Meter bis zur ersten Schikane, St. Devote, benannt nach der Schutzheiligen von Monaco. Viele mutige Draufgänger haben sie in der ersten Kurve schon gebraucht. Und werden sie auch am Sonntag brauchen.

Dann die Avenue d'Ostende, der steile Anstieg hinauf zum Casino. Links die teuersten Luxus-Shops der Welt, rechts ein Gitterzaun. „Irgendwann wird ein Auto abstürzen und wir haben die große Katastrophe", hat Alain Prost immer befürchtet. Jochen Mass verpasste einmal den Bremspunkt und landete im Juweliergeschäft „Van Cleef und Arpels". Van Klepp, sagte er.

Die Linkskurve heißt Massenet, benannt nach dem französischen Opernkomponisten. Angefahren mit 270 km/h im 6. Gang, mit Pauken und Trompeten. Dort wurde Prost einmal von Andrea de Cesaris in der Luft überholt – unbemerkt von allen TV-Kameras. Du musst den Bremspunkt vor der Bodenwelle erwischen, sonst ist alles zu spät.

Im Regen verstolperte sich dort sogar Niki Lauda. „Zuerst rinnt dir das Wasser ins Auto, dann in den Helm, dann ins Hirn – und dann verbremst du dich." Linker Hand das noble Hotel de Paris, rechts das Café de Paris, dazwischen riesige, wunderschöne Blumenbeete, aber die Romantik täuscht.

Gerhard Berger: „Wenn du jemandem zeigen willst, was sich in der Formel I wirklich abspielt, wie brutal, dann musst du mit ihm in der Casino-Kurve stehen." Wo sich sogar hartgesottene Ex-Weltmeister hinter dicken Bäumen verstecken. Aber das ist Auto-Rodeo pur mit 225 km/h.

Die abschüssige Straße runter nach Mirabeau. Dort holte Jochen Rindt 1970 am meisten auf, dort überholte Stefan Bellof 1984 vom letzten Startplatz 22 Autos! Bellof war der deutsche Vor-Schumacher. Ein Komet, der leider viel zu früh verglühte.

In Mirabeau kracht es öfter beim Anbremsen, dagegen ist die Abfahrt zur Loews-Haarnadel, der langsamsten Kurve der Formel I, fast harmlos. Dort starb 1982 dem führenden Ricardo Patrese der Motor ab, irgendwie sprang er wieder an – und der Italiener gewann seinen ersten GP.

Runter zum Hafen. Links die „Bar Brasil", in der Berger und Ayrton Senna oft gemeinsam ihren Espresso tranken – rechts die Tunneleinfahrt, in der Senna 1988, 12 Runden vor der Zielflagge, sein gefährliches Blackout hatte. „Ein Rätsel. Plötzlich die Konzentration verloren, und schon steckte ich in den Leitplanken." Die McLaren-Box wartete vergeblich auf ihren Superstar: Der nahm den entgegengesetzten Weg, zu seinem Appartement, und ging schlafen.

Der Tunnel ist 600 Meter lang, aber trocken? Einmal musste der Start verschoben werden: Wasserrohrbruch im Hotel oberhalb des Tunnels, den die Feuerwehr trocken pumpen musste. Einmal ging ich mit Gerhard Berger während des Trainings durch den Tunnel. Der Lärm: infernalisch. „Unvorstellbar, dass man da je fahren konnte ..."

Die schnellste Passage ist von der Tunnelausfahrt bis zur Schikane – wo Karl Wendlinger 1994 verunglückte, wo Alberto Ascari 1955 ins Meer raste und von Froschmännern geborgen wurde. Aber dort stehen auch virtuelle Gedenksteine: Lorenzo Bandini starb 1967 nach einem Feuerunfall, Paul Hawkins crashte ins Hafenbecken.

Aus „Tobaccos Corner" mit seinem Kiosk wurde die schnelle Kurve zum Swimmingpool – für viele Piloten heute die Passage, die am meisten Überwindung fordert.

Ein Denkmal erinnert an den berühmten Rennfahrer Louis Chiron, dessen Karriere im Hotel de Paris anfing – als kleiner Page mit großem Ruf. Seine außergewöhnlichen körperlichen Vorzüge machten ihn zum Liebling der mondänen Damenwelt an der Côte d'Azur – und finanzierten seine Rennfahrerkarriere. Oft wurde der Start verzögert, weil Chiron noch mit einer geheimnisvollen Schönheit im Meer unterwegs war – ein Mechaniker wärmte sein Auto auf.

Viele Jahre später machte es ihm Ex-Matrose Jochen Mass nach: Der segelte aus Cap Ferrat direkt zu den Boxen. Aber schließlich kamen auch Ladykiller wie Mike Hailwood und James Hunt oft direkt aus der „Chatham Bar" zum Morgentraining, nach einem Warm-up bei der berühmten Rosie.

AUSTRIA IN MONTE CARLO

Der Anteil der Österreicher am Formel-I-Tourismus ist groß wie immer. Bis ganz nach oben: Dr. Otto von Habsburg, der nach dem Krieg als Bugatti-Präsident seinen ersten Pass in Monaco erhielt, verfolgte vor ein paar Jahren den Grand Prix sogar in der Fürstenloge – neben Fürst Rainier III.
Gerhard Berger, heute noch unser Mann in Monte Carlo, fuhr seine letzte Formel-I-Saison 1997 mit Monaco-Lizenz – aber die Siegerhymne nach seinem 10. und letzten GP-Triumph in Hockenheim war natürlich die österreichische.
Jochen Rindts unfassbare Aufholjagd im GP 1970 ist längst Renngeschichte – genau wie Niki Laudas Handküsse für Gracia Patricia bei der Siegerehrung 1975 und 1976.
Und es gab sogar einen Grand Prix mit zwei Österreichern im Ziel: 1972. Helmut Marko auf BRM wurde 8., Niki Lauda auf March 16. Der große Star dieses Regenrennens war der Franzose Jean Pierre Beltoise. „Aber der hatte als Einziger echte Regenreifen", erinnert sich Marko.

In der Rue Princesse Caroline, hinter der Tribüne auf der Start-Ziel-Geraden, betrieb der blonde Fußballstar Ernst Stojaspal jahrelang seine „Bar Vienne". Er war mit einer Französin verheiratet, die immer mit ihrem Pudel durch Monte Carlo ging. Ernst Happel sagte einmal zu ihr: „Madame, Ihr Hund ist ein Bastard." Darauf haben die beiden Superkicker, der eine von Rapid, der andere von der Austria, kein Wort mehr miteinander geredet …
Jochen Rindt liebte die Motorboot-Vollgasjagden im Mittelmeer. Je stürmischer das Wetter, je rauher die See – umso besser. 1970 waren wir zu so einer Fahrt verabredet. Jochen grinste: „Gestern hat sich mein Pilot auf einer Riesenwelle den Fuß gebrochen … willst immer noch mitfahren?" Natürlich. Zwei Tage später gewann Rindt seinen sensationellsten Grand Prix – und ich fand ihn gleich darauf als Gast auf einer Superyacht im Hafen, neben ihm der große Austria-Chef Joschi Walter. Wir wussten gar nicht, dass er auch Formel-I-Fan ist. Aber er war auch ein Supermann bei Peugeot.
Jochen Rindt feierte danach mit Bernie Ecclestone die halbe Nacht im Casino. In der Formel I sprengten beide wirklich die Bank.

Schlatzig ist die Passage zur Rascasse, weil genau dort die Fischer ihre Netze zu den Kühlhäusern schleppen – aber natürlich nicht am Formel-I-Wochenende. Rascasse heißt ein sehr schmackhafter Fisch an der Côte d'Azur. Aber Schumacher hat Fernando Alonso 2006 allen Appetit geraubt, als er seinen Ferrari dort mutwillig parkte, als Alonso gerade mit bester Zwischenzeit zur Pole-Position stürmte.

Die legendäre Gasometer-Kurve, in der Rindt 1970 so spektakulär Jack Brabham ausbremste, gibt's nicht mehr, die bucklige Zielkurve ist eine echte Rallyekurve. Und rechts fliegen die Boxensignale über die Mauer, vis-à-vis von der Fürstenloge, in die einmal ein weggebrochener Shadow-Heckflügel krachte. Zufällig war sie gerade leer.

„Bitte nicht gratulieren!", sagten früher oft Monte-Carlo-Sieger und zeigten ihre oft blutenden, aufgerissenen rechten Handflächen. Aber der Schaltknüppel ist längst von den Schaltwippen abgelöst worden – doch die Tortur, die unglaubliche Konzentration verlangt, ist geblieben: 55 Schaltmanöver pro Runde – macht über die 78-Runden-Renndistanz unglaubliche 4.300 Gangwechsel!

Und der Pilot darf sich keinen Fehler erlauben. Schwierig genug bei durchschnittlich 32 Funktionen am Lenkrad – längst ein Steuerknüppel wie im Düsenjet. Und durch den beweglichen Heckflügel und KERS ist die Arbeit im Cockpit um 40 Prozent mehr geworden. Allein das Display am Lenkrad hat 10 verschiedene Programme: Für KERS, Batterieaufladen, Boxenfunk etc.

Dagegen wird bei Rosberg und Schumacher – verrät Mercedes ein Geheimnis – das DRS nicht mit dem Lenkrad, sondern einem Pedal gesteuert. Das „Magic Pedal", von dem Schumi schon lang spricht?

Nicht nur die Tennisasse haben ihren Grand Slam – die besten Autorennfahrer der Welt genauso. Der Traum jedes Piloten: die drei weltberühmten Klassiker zu gewinnen – Formel I in Monaco, die 500 Meilen von Indianapolis und die 24 Stunden von Le Mans.

Oft versucht, oft misslungen. Ein Einziger hat den großen Hattrick geschafft: „Mr. Pokerface" Graham Hill, Doppelweltmeister, fünfmal Sieger in Monaco, 1966 auch in der „Hölle von Indy" und 1972 im Marathon von Le Mans. Andere zerbrachen beim Versuch, es dem schnauzbärtigen Briten nachzumachen.

Monte Carlo – das Rennen, das jeder miterleben, das jeder gewinnen will. „Es war für unseren Bruder die große, leider ungestillte Sehnsucht", verrieten mir einmal die Schwestern des „fliegenden Schotten" Jim Clark. „Jimmy wollte schon aufhören, dachte an Rücktritt – aber er wollte noch so lange fahren, bis er auch Monaco gewonnen hat …" Es blieb ein Traum – wie für viele.

Gilles Villeneuve war zwar nie Weltmeister, aber dafür Monte-Carlo-Sieger. Bei seinem Sohn Jacques war es genau umgekehrt. Und der war ein bissl eifersüchtig auf seinen Dad …

In diese exklusive Rekordliste hätte auch unser Jochen Rindt gehört: 1965 Sieger in Le Mans, 1970 Held von Monte Carlo – und dazwischen sprang er in Indy bei 300 km/h aus einem brennenden Boliden. Möglich gewesen wäre alles.

WAS NIKI LAUDA IN MONACO ÄRGERT

Abendessen im „Rampoldi"-Restaurant, auf halbem Weg zwischen Casino und Mirabeau – am gleichen zweiten Tisch links, der 30 Jahre lang für Fangio reserviert war – auch als er gar nicht mehr mitfuhr. Aber ein Salat mit drei verhungerten Scampi für 50 Euro – das hätte sich auch der fünffache Weltmeister überlegt …

In Monte Carlo ist, wie jedes Jahr zur Grand-Prix-Woche, das Geld abgeschafft. Im mondänen Hotel de Paris kostet das Zimmer mit Meerblick 12.000, mit Blick auf die Strecke schlanke 24.000 Euro. Das Sonntag-Menü 700 Euro, genau wie im „Hermitage", dafür gibt's das Brunch im „Monte Carlo Beach" schon für 50 Euro, im Café de Paris für 270 Euro – aber am teuersten ist die offene Bar in der Zielkurve Rascasse für 1500 Euro – dafür zwei, drei Meter von der Rennstrecke, getrennt nur durch Leitplanken und Gitterzaun.

Niki Lauda hat sich jahrelang grün und blau geärgert: „Da fahren wir draußen um unser Leben, kämpfen um jede Hundertstelsekunde – und neben uns nur Gelächter und Gekicher, Flirts und Champagnerparty."

Die Fahrer könnten den Fans direkt in die Gesichter schauen … jene, von denen Lauda sagt: „Ich kenne keinen anderen Platz auf der Welt, wo sich so viele Menschen anstrengen, nur ja nicht normal zu sein …"

Bernie Ecclestone (wer sonst?) hatte als Erster die Idee, wie man mit der Formel I in Monaco Geld verdient. „Ich charterte für die ganze Woche eine Luxusyacht und vermietete die Kajüten an reiche Fans." Bis auf seine eigene. Aber als Bernie eines Nachts wegen der stürmischen See schlecht wurde, packte er sein ganzes Bettzeug und schlief draußen auf dem Hafenkai weiter. Verblüffte Touristen sahen im Morgengrauen den reichsten Mann der Formel I im Pyjama.

Ayrton Senna spielte im Casino vor jedem Rennen seine Startnummer oder Startposition – und siebenmal gewann er wirklich.

Aber die spannendste Story? Wie während des Grand Prix ein paar Ganoven das unbewachte Casino ausraubten. Ein starker Roman, ein toller Film. In Monte Carlo ist nichts unmöglich …

„Auf gewissen Rennstrecken gewinnt zu 80 Prozent das Auto und nur zu 20 Prozent der Fahrer", analysiert Niki Lauda. „Aber in Monte Carlo ist es genau umgekehrt: 80 Prozent zählt der Fahrer, nur 20 Prozent das Auto." Hinter diesem

Klassiker an der Côte d'Azur verstecken sich Rituale, Aberglauben und viele Geheimnisse. Verraten wir ein paar davon.

Wer hätte gedacht, dass ein Formel-I-Auto mit der Monaco-Abstimmung mit 160 km/h auf der Decke fahren könnte – mit den Rädern nach oben, dem Piloten unten? Das haben die Aerodynamiker im Windkanal, am Simulator, am Computer ausgeheckt. „Downforce" (Anpressdruck) ist in Monaco alles – darum auch die steilste Flügeleinstellung.

Oder: Wussten Sie, dass die meisten Piloten in Monte Carlo nach Gehör fahren? Weil sie in der verwirrenden Kurvenorgie mit den unzähligen Bodenwellen und wegen der kleinen Rückspiegel oft die Konkurrenten gar nicht sehen können! „In Monte Carlo hörst du deine Gegner wesentlich mehr, als du sie siehst." Aber bei diesem infernalischen Lärm braucht es schon das Ohr eines Konzertpianisten. Und die Gratulation in der Fürstenloge kann der Sieger oft nicht wirklich verstehen: verstopfte Ohren wie nach einem Tiefsee-Tauchgang.

Aber was tut der Fahrer bei einem Regenrennen? „Ganz einfach – man schaut auf die Reifenspuren des Vordermanns. Sind sie frisch, weiß man: Dein Gegner ist unmittelbar vor dir. Sind sie verwaschen, hast du noch länger Zeit." Der legendäre Silberpfeil-Pilot Caracciola streute vorm Regenrennen immer Asche aufs Visier, damit das Wasser besser abfließen konnte.

Und die Strategie in Monaco? Früher immer: „Fahr so langsam wie möglich." Heute ist es ein Sprint vom Start bis ins Ziel. Wie gefährlich? „Bleib ja von den Leitplanken weg!", haben die Teamchefs ihre Heißsporne immer gewarnt. Aber mit jeder Runde wird der Abstand geringer – bei 5 Zentimetern beginnt die Weltklasse. Streifschüsse: unvermeidbar. Und Jackie Stewart hatte als Erster den charmanten Spruch: „Ich hab die Leitplanken geküsst …"

Schön, schnell und schrill: Monte Carlo – kein anderer Name lässt die Herzen der Fans höher schlagen. Jahr für Jahr übt dieser illustre Grand-Prix-Schauplatz eine einmalige Faszination auf alle Beteiligten aus. „So alt kann man gar nicht werden, dass einem dieses nervenkitzelnde Straßenroulette rund ums Casino nicht in den Bann zieht", sagt der dreifache Weltmeister und Monaco-Sieger Jackie Stewart und fragt: „Auf welche Nummer rollt dieses Mal die Kugel? Startnummer eins?"

Die Côte d'Azur und das nur 2,02 km² kleine, feine Grimaldi-Fürstentum Monaco präsentieren sich Ende Mai so bezaubernd, so entzückend und so entrückt wie eh und je. Die Mittelmeerwellen glitzern in der Sonne, der Himmel färbt sich azurblau. Im Hafenbecken blendet das grelle Weiß der auf Hochglanz polierten Luxusschiffe. Deren Fenster und Luken werden zu Spiegeln, die fast blind machen. Den Gipfelpunkt auf den größten Cruisern bilden die Helikopter. Sie glänzen über den Oberdecks im Abendlicht. Wie auf der 98 m langen „Indian Empress" von

Force-India-Milliardär Vijay Mallya. Wer hier und jetzt vor Anker liegt, zahlt Liegegebühren von rund 50.000 Euro.

Die Schönen und Reichen – und auch die ganz schön Reichen – räkeln sich an Deck, faulenzen am Hotel-Swimmingpool, am Beach und in VIP-Suiten an der Strecke. Abends lassen sie sich im Rolls-Royce hinter dunklen Panzerglasscheiben vor das Casino chauffieren. Nur wer einen Ferrari oder ähnlich Sündhaftes auf vier Rädern hat, gibt sich sportlich und fährt selbst vor. Alles nur, um gesehen zu werden. Nirgendwo ist der Glamour-Faktor so entscheidend wie im Principauté de Monaco. Was an Promis noch fehlt, kommt von dem zu Ende gegangenen Filmfestival in Cannes noch nach. Die „Bussi-Bussi"-Gesellschaft ist komplett.

Monaco vor dem 69. Grand Prix. Die Strecke ist ein Schrecken für alle Piloten. Seit 1929 werden dort Autorennen gefahren – auf dem Stadtkurs „Circuit de Monaco", der durch die Stadtbezirke Monte Carlo und La Condamine führt. Fast alles hat dort eine jahrzehntelange Tradition. So wurde die gefragte und geschätzte Steueroase zuletzt in sechs Wochen Aufbauarbeit wieder einmal in eine blühende Formel-I-Landschaft verzaubert. Der Rückbau hin zum normalen Straßenverkehr wird nur drei Wochen dauern.

Dann kommt's allerdings zum Aufbau einer neuen, ganz anderen Kulisse im Operetten-Stadtstaat: denn Fürst Albert II. von Monaco hat seine Hochzeit mit der südafrikanischen Olympia-Schwimmerin Charlene Wittstock für den 2./3. Juli angekündigt. Seit dem 23. Juni 2010 ist der Olympia-Bobfahrer mit ihr verlobt.

Albert II. ist seit dem Tod seines Vaters Rainier III. am 6. April 2005 regierender Fürst von Monaco und Oberhaupt der Familie Grimaldi. Wie der Vater setzt sich auch der Sohn für die Fortführung des berühmt-berüchtigten Boliden-Spektakels ein. Mit dem „Indy 500" und den 24 Stunden von Le Mans zählt es seit Jahrzehnten zu den berühmtesten Autorennen der Welt. „I'm glad it's you." Ich freue mich, dass Sie es sind. So gratulierte Rainier III. stets dem Sieger. Albert II. hält an diesen traditionellen Worten fest – mit denen der jeweilige Sieger am Ende des Rennens, in der Mitte der Start-Ziel-Geraden, in der Fürstenloge „geadelt" wird. Vorjahressieger Mark Webber klingt dieser Satz noch heute wie ein hohes Loblied in den Ohren nach.

Monte Carlo ist und bleibt einzigartig. In den Straßenschluchten, wo man sonst im Stau steckt, sind die „Laufkäfige" für die gefährlichen Boliden und für die gefährdeten Zuschauer hochgezogen worden. Sagenhafte 33 km an Leitplanken wurden mit 160.000 Schrauben und Nieten zur Sicherheit aller montiert. 3.600 Reifen bilden die Pufferzonen an heiklen Passagen. Alle 15 m steht auf dem 3,34-km-Kurs ein Feuerlöscher. 650 Streckenposten sollen einen reibungslosen Ablauf der populärsten Formel-I-Boliden-Show garantieren: Unter ihnen sind Feuerwehrleute, Bergungsspezialisten, Sanitäter, Kranfahrer und Rettungstaucher.

Die Hochhaus-Appartments mit der besten Sicht sind fürs lauteste Wochenende des Jahres längst weitervermietet worden: Für fünf Zimmer mit schöner Terrasse über dem Renndschungel – und mit Meerblick – sind bis zu 100.000 Euro hingeblättert worden. Für nur fünf Tage! Da darf dann der Champagner pro Magnumflasche auch gut 5.000 Euro kosten. Santé und chin-chin!

Alles ist bereit. Doch dann das. Am Hafen, wo die Luxusjachten dümpeln, herrscht am Mittwoch immer noch das große Chaos. Solch ein Durcheinander hat dort keine Tradition, sondern ist eine „Premiere“: Der Aufbau des Fahrerlagers ist hinter dem Zeitplan. Schuld daran ist Mercedes. Das musste ja so kommen. Nur vier Tage nach dem Grand Prix von Spanien sollen die Autos schon wieder in Monaco rollen. Mit der Zielflagge in Montmeló begann der Monaco-Countdown für die Fahrerlager-Bauarbeiter. Vor allem wegen der mehrstöckigen Tempel von McLaren, Mercedes und Force India wird der Logistik-Zeitplan eng.

Bei Red Bull konnte man es dagegen gemütlich angehen lassen. Die imposante Energy-Station liegt bereits auf einem riesigen Ponton im Hafenbecken vor Anker. Per Schiff wurde die „auf Wasser gebaute“ Hospitality in wochenlanger Arbeit dorthin gelotst. Die „Bullen“-Bars im Parterre und ersten Stock sind bereit für die ersten Partys. Der Pool auf dem Sonnendeck ist gefüllt für die feuchtfröhliche Siegesfeier. Damit das alles nach Plan läuft, hatte Red Bull in Barcelona das etwas kleinere B-Motorhome im VIP-Einsatz.

Wer am Mittwochmorgen das Fahrerlager von Monaco sieht, kann nicht glauben, dass hier am Donnerstag die Autos fahren und die Stars und Sternchen, die Millionäre und Mitläufer nobel empfangen werden sollen. Drei Tage nach der Zieldurchfahrt von Barcelona ist das Chaos hier perfekt: Lkw und Gabelstapler behindern sich gegenseitig.

Überall wieseln gestresste und überfleißige Bauarbeiter durch das halbfertige Fahrerlager. Ein total übermüdeter Gabelstapler-Fahrer ist es auch, der Jenson Button fast über den Haufen fährt. Der McLaren-Pilot hatte Glück, weil er den Unfall kommen sah – im Gegensatz zum Arbeiter, der rückwärts flitzte, aber nach vorne blickte. Buttons Fazit: Helmpflicht auch fürs Fahrerlager.

Auslöser für die große Verzögerung ist ausgerechnet Mercedes – Buttons Motorenlieferant. Schon macht der Spruch die Runde, wonach die Mercedes-GP-Leute abseits der Strecke noch später dran sind als auf der Strecke. Der silberne Glastempel der Schwaben war schon mit Verspätung in Barcelona abgebaut worden. Deshalb erreichten die Stern-Trucks den Monaco-Hafen deutlich hinter dem Zeitplan.

Das Problem: Mercedes steht mit seinen Trucks und Containern ganz hinten im Fahrerlager. Die anderen Teams mussten also mit dem Aufbau so lange warten, bis Mercedes GP endlich durch war. Kein Wunder, dass man noch einen, zugegeben, fiesen Spruch hörte: Die Silberpfeile halten selbst im Fahrerlager die Konkurrenten auf. Spaß beiseite. Immerhin haben die Silbernen ja die schnellste Boxencrew mit den fixesten Schraubern bei den Reifenstopps.

Die schnellste Mannschaft beim Abbau hatte übrigens Williams. „Wir haben das Fahrerlager von Barcelona am Sonntagabend schon um 22.30 Uhr verlassen", grinste Teammanager Dickie Stanford stolz. Zur Verteidigung der anderen Teams muss man allerdings hinzufügen, dass der britische Privatrennstall nicht gerade die größte und komfortabelste Motorhome-Hospitality vorzuweisen hat.

Weil ein Unheil nie alleine kommt, passiert auch das noch: Neben der Groß-Baustelle Fahrerlager sorgt am Mittwoch ein kanonenartiger Knall für Aufregung im Grand-Prix-Hafen. Ein Wohn-Truck ist explodiert, die Trümmer sind im hohen Bogen in die Luft geflogen. Die schwarze Rauchwolke war noch aus weiter Entfernung zu sehen. Verletzt wurde niemand.

Bis das Motorhome gelöscht war, hatte die enorme Feuer-Hitze den Strecken-Asphalt darunter schon „gegrillt". Die Brandstelle liegt in der Saint-Devote-Kurve, genau in deren Bremszone. In der Nacht mussten Bauarbeiter eine Sonderschicht einlegen und die Stelle fürs Donnerstag-Training neu asphaltieren. Force-India-Pilot Paul Di Resta, der in Monaco lebt, war Augenzeuge der gewaltigen Explosion: „Gut, dass ich noch weit genug weg war." Das nennt man Glück im Unglück.

Apropos Wohnmobil. Norbert Vettel, der Senior von Junior Sebastian, war einmal mehr wieder allein „on the road again". Denn der Filius war nach seinem Triumph in Barcelona in sein Schweizer Refugium im Kanton Thurgau zurückgeflogen. Vater Norbert kutschierte derweil mit dem Motorhome von Barcelona nach Monte Carlo. Während der Senior das GP-Wochenende erneut in seiner rollenden Unterkunft verbringt, logiert der Junior standesgemäß im Fünf-Sterne-Hotelapartment in Monte Carlo. Das ist zweifellos teurer, aber auch sicherer.

Vor dem freien Training am Donnerstag formuliert der Schweizer Teamchef Peter Sauber seine Zielvorgabe so treffend, dass sie für alle gelten kann. Das erfahrene Grand-Prix-Urgestein aus dem Zürcher Oberland kennt die Tücken des Traditionsrennens so gut wie kaum ein anderer: „Das ist Roulette und wir spielen mit. Jeder mit unterschiedlichem Einsatz und Risiko. Mehr möchte ich dazu nicht sagen. Für mein Team erwarte ich zunächst einmal gar nichts in Monaco." Eine gesunde Einstellung.

Für den Klassiker im Fürstentum bringt Pirelli eine neue Reifenmischung und Variante an den Start: Erstmals 2011 fährt die Formel I mit den rot markierten superweichen Reifen, also mit Supersofts und den herkömmlichen Soft-Gummiwalzen (gelbe Markierung). Soft ist dieses Mal somit die harte Mischung („Prime"), Supersoft der weiche Reifen („Option").

Diese Superweichen verstehen sich nicht als „klassische" Qualifying-Reifen, sondern bestechen in erster Linie durch ihre kurze Aufwärmzeit und durch volle

Leistung (Grip, Bodenhaftung) von der ersten Runde an. Der Haken daran: Diese Reifen können bereits nach knapp zehn Runden drastisch in die Knie gehen und dramatisch an Grip verlieren. Speziell unter hohem Benzingewicht hält sich die Ausdauer der Supersoft-Pneus in engen Grenzen.

Unterm Strich heißt das: Auch in Monte Carlo nehmen die Pirellis die zentrale Rolle im Renngeschehen ein. „Monaco ist ein außergewöhnliches Grand-Prix-Rennen“, sagt Paul Hembery, der Motorsport-Direktor bei Pirelli, „einerseits ist der Kurs mit keiner anderen Rennstrecke zu vergleichen, andererseits ist der Event immer noch das Kronjuwel des Rennkalenders. Wir freuen uns sehr darauf, unsere superweichen Slicks dabei zu beobachten, wie sie in den engen, kurvigen Stadtstraßen ihr Renn-Debüt geben. Der superweiche Pneu wurde entworfen, um über eine kurze Zeit eine außergewöhnliche Leistung zu erbringen. Doch das geht zu Lasten der Haltbarkeit. Deshalb müssen alle Teams ihre Strategie sorgfältig entwickeln und überdenken.“

Pirellis Sportchef Hembery sagt voraus: „Die richtige Reifen-Taktik entscheidet hier über Sieg oder Niederlage. Für längere Stints hat sich der weiche Reifen bereits als zuverlässiges und beliebtes Produkt erwiesen. Er leistet seinen Beitrag zu extrem spannenden Rennen und liefert den Fahrern die Sicherheit, die sie brauchen, um das Maximum aus ihren Fahrzeugen herauszuholen.“ Genau darum gehe es Pirelli ja in diesem Jahr, so Hembery: „Wir sagten von Anfang an, dass wir die Rennen den Rennfahrern zurückgeben wollen. Und wir hoffen, dass Monaco ein klassisches Beispiel dafür sein wird.“

Hemberys Prognose wird bereits im Donnerstag-Training bestätigt. Bei sonnig-trockenen 25–26 Grad (37 bis 44 Grad Asphalttemperaturen) rücken die Reifen die Piloten in den Vordergrund – und umgekehrt. Sebastian Vettel sieht Ferrari nach der Alonso-Bestzeit im zweiten Training (mit Supersofts) in der Favoritenrolle. Während Vettel das Morgentraining auf Soft-Gummis mit 0,113 Sekunden Vorsprung auf Fernando Alonso für sich entschied, drehte der Spanier am Nachmittag das Reifen-Spiel um. Alonsos Bestzeit auf Supersofts war um 0,544 Sekunden besser als die schnellste Runde von Vettel.

Anderes Rennen, anderer Kurs, andere Reifen – neues Glück? Nur eine Woche nach der Schmach mit der Überrundung von Barcelona mischt Ferrari wieder in der Spitzengruppe mit. Das hat nichts mit den Modifikationen an der Hinterachse des F150 Italia zu tun. Auch nicht damit, dass Pat Fry bei der Scuderia den langjährigen technischen Direktor Aldo Costa ersetzt hat. Und erst recht nicht damit, dass die Roten der schöneren Optik zuliebe Showzeiten gefahren wären.

„Es sind die weichen und superweichen Reifen“, erklärt Alonso die Ferrari-Renaissance im Fürstentum. „Diese Reifen bringen jedes Auto in das optimale Arbeitsfenster. Deshalb sind die Abstände geringer. Hier sieht man das wahre

Kräfteverhältnis. In Barcelona waren nur Red Bull und McLaren in der Lage, die harten Reifen auf Temperatur zu bringen. Keiner von den anderen hat das Reifen-Arbeitsfenster so exakt getroffen. Das erklärt die riesigen Abstände." Im Klartext: Der Ferrari ist ein ordentliches Rennauto. Er fuhr bislang nur auf den falschen Reifen.

Auf den weichen Reifen herrscht zwischen Red Bull und Ferrari Gleichstand. Die Stunde der roten Renner schlug erst, als die superweiche Mischung ausgepackt wurde. Die Erklärung dafür: Die supersoften Pirellis, der beste „Klebstoff" auf dem Asphalt, nehmen Red Bull auf dem Stadtkurs den aerodynamischen Vorteil weg. Das spielt Ferrari im Rennen einen Joker zu. Wer also die superweichen Reifen länger schont, kann am Renntag sehr davon profitieren.

Wenig verheißungsvoll startet Vorjahrssieger Mark Webber in Monaco: Wie anfällig der an sich geniale Red Bull RB7 auch sein kann, zeigt ein Getriebeschaden. Für den Australier ist das Donnerstag-Training bereits nach nur drei langsamen Installationsrunden zu Ende. Auf die Startaufstellung hat das keine Auswirkungen: Im freien Training darf das Getriebe straffrei gewechselt werden. Auch für Michael Schumacher fängt es nicht gut an. Der fünffache Monaco-Sieger prallt sieben Minuten vor dem Ende der Session – nach einem Verbremser – in die Reifenstapel der St.-Devote-Kurve. „Mein Fehler", gibt er zu. Mit leicht beschädigtem Frontflügel und angeknackster Aufhängung muss er seinen Silberpfeil abstellen.

Den Freitag, den traditionellen Formel-I-Ruhetag, empfindet Vettel in Monte Carlo nicht als solchen. Er hetzt von Termin zu Termin, von einer Präsentation in die andere „Highspeed"-Gala. Das „Drumherum", wie er sagt, „mit Millionären und Mädchen" interessiere ihn weniger. Sein Hauptaugenmerk gilt den Motoren – und nicht den Missen. Auch wenn bei der Miss-Monte-Carlo-Wahl die Bikinis noch so knapp sitzen – den Sitz in der Jury überlässt Vettel lieber seinem Vorgänger David Coulthard.

Den Freitagabend verbringt der Wahlschweizer im trauten Familienkreis: mit Freundin Hanna, Vater Norbert, Mutter Heike und seinem ständigen Begleiter und Physiotherapeuten Tommi Pärmäkoski, einem finnischen Ex-Eishockey-Goalie. Freundin Hanna kommt selten zu den Rennen mit. Sebastian ist das recht so: „Weil ich mich dort viel zu sehr nur um sie kümmern würde, was mich wiederum viel zu sehr von meinem Job bei Red Bull ablenken würde." Deshalb bleibt Vettel dabei und lacht: „Generell ist es nichts Schlechtes, wenn Frauen an der Rennstrecke sind, aber bei der eigenen ist es etwas anderes."

Beim Frühstück am frühen Samstagmorgen ist Vettel wenig redselig, sondern in sich gekehrt: Hat er seine erste Pole-Position und seinen ersten Triumph in Monaco im Sinn? Am Samstagvormittag geht's im Training so weiter wie am Donnerstag:

mit einem Crash eines Mercedes. Nico Rosberg unterläuft an der gefährlichsten Stelle des Stadtkurses ein Fehler: Tunnelausfahrt, Tempo 280: Mit seinem Silberpfeil schlägt er beim Anbremsen für die Hafenschikane auf der bekannt-berüchtigten Bodenwelle auf. Sein Auto ist vollgetankt, also schwer – unter dem Auto reißt die Strömung ab, er verliert an mechanischem Grip, die Hinterräder blockieren und ab geht's in die Leitplanken. Rosberg steht sein Schutzengel zur Seite: denn er prallt danach nicht mit voller Wucht gegen die Sicherheits-Barrieren („Tecpro-Puffer") am „Wendlinger-Eck", sondern flitzt links knapp daran vorbei. Sein Bolide bleibt auf der „Hafenstraße" liegen. Der Schaden ist groß, kann bis zum Qualifying aber repariert werden. Glück gehabt, wie zuvor schon Vitaly Petrov und Vitantonio Liuzzi.

Die Tecpro-Barrieren an der betreffenden Stelle sind für Crashs bis über 200 km/h konzipiert: Auf 5 Metern „verdichten" sich 38 ineinander verschachtelte Plastikelemente. Die 120 kg schweren Tecpro-Blöcke sind abwechselnd mit Luft und Schaum gefüllt. Solch einen „Polster" gab es 1994 noch nicht, als an diesem wunden Punkt des Kurses der Tiroler Karl Wendlinger schwer verunglückte. 19 Tage lag er danach im Koma. Sein Sauber-Wagen wurde damals dort noch von Wassertonnen „aufgefangen", die mit den heutigen Sicherheits-Barrieren nicht vergleichbar sind.

In Q3 geht die unheimliche Crash-Serie exakt an dieser verflixten Passage weiter. Überraschungsmann Sergio Pérez verliert genauso die Kontrolle über seinen Sauber-Ferrari – und hat in der Hafenschikane nicht so viel Glück. Knapp vor 15 Uhr knallt der 21-jährige Mexikaner breitseits gegen die „Wendlinger"-Barriere. Das Qualifying muss unterbrochen werden.

Rennarzt, Ambulanz und Feuerwehr sind auf dem Weg. Der GPII-Vorjahrssieger von Monaco wird mit seiner Sitzschale aus dem Wagen gehievt. Das übliche Prozedere. Die Rettungsaktion sieht dennoch dramatisch aus: mit Sichtschutz-Tüchern – wegen der allgegenwärtigen TV-Kameras und Paparazzi. Die „Entwarnung" kommt um 17 Uhr von den Ärzten aus dem Hospital Princess Grace: Pérez hat „nur" eine Gehirnerschütterung und eine Prellung am rechten Oberschenkel erlitten – keine Knochenbrüche. Das Rennen ist für ihn passé.

Aus dem Vormittags-Crash von Rosberg waren sofort erste Lehren gezogen worden. Die künstlichen Bodenwellen („Speed-Bumper") wurden entfernt, mit denen die Piloten am Abkürzen der Hafenschikane gehindert werden sollten. Denn Rosbergs Auto war auf solch einem „Speed-Bumper" gefährlich in die Höhe katapultiert worden. „Das war sicherlich eine gute Entscheidung von (FIA-Rennleiter) Charlie Whiting", lobt Jenson Button, „sonst hätte Sergio vielleicht noch abgehoben und es wäre noch schlimmer gekommen."

Dass Vettel seine erste Monaco-„Pole" holt – und das mit der schnellsten Runde, die jemals in den Straßenschluchten gefahren wurde –, ist für einmal Nebensache.

Seine im wahrsten Sinn des Wortes einmaligen 1:13,556 Minuten gehen in der Pérez-Sorge unter. Auch Vettel sagt: „Viel wichtiger ist, dass es Sergio schnell wieder besser geht."

Am Sonntag, vor dem Start, lässt der Sauber-Mexikaner aus dem Princess-Grace-Spital ausrichten: „Am 12. Juni in Montreal bin ich wieder dabei." Pérez liegt im Krankenbett und hat nur noch Augen für den Flatscreen-TV, auf dem er am Vorabend bereits den Champions-League-Finalsieg „seines" FC Barcelona sehen konnte: Gebannt blickt er auf den Start, der in Monaco so gut wie rennentscheidend ist – „denn auch mit DRS und KERS bleibt dieser Kurs extrem überholfeindlich", wie der „König der Überholmanöver" und Pérez-Teamgefährte Kamui Kobayashi meinte.

„Pole"-Mann Vettel kommt um Punkt 14 Uhr auf den Supersofts gut weg und führt das Feld an. Bei 24 Grad scheint die Sonne nun ganz besonders für den Champion. Für viele Experten ist jetzt schon klar: Das wird sein fünfter Sieg im sechsten Saisonrennen. BBC-Fachmann und Ex-Teamchef Eddie Jordan sagt: „Dieser Bursche lässt nichts mehr anbrennen. Der wird hier seinen Premieren-Triumph nach Hause fahren." Doch auf Red Bulls Kommandobrücke bricht Panik aus. Erstens, weil Jenson Button seinen ersten Stopp vorzieht (15. Runde) und Red Bull so zum Konter zwingt. Zweitens, weil es plötzlich Kommunikationsprobleme gibt: zwischen der Box und Mark Webber – und zwischen dem Kommandostand und der Boxencrew.

Diese Verständigungsschwierigkeiten kosten Vettel die Führung. Weil beide Autos in der 16. Runde die Box ansteuern, kommt es bei Red Bull erstmals zum Durcheinander beim Reifenwechsel: Statt erneut Supersoft-, werden bei Vettel Soft-Reifen montiert. Und das auch noch mit drei bis vier Sekunden Verzögerung, weil das rechte Vorderrad nicht parat liegt. So ein Boxen-Patzer ist schon lange nicht mehr passiert. Und nun ausgerechnet in Monte Carlo. Rote Köpfe am Kommandostand: Helmut Marko, Adrian Newey und Christian Horner rechnen, reagieren und riskieren: „Seb" wird von zwei Stopps auf nur einen Reifenhalt „umgepolt". Denn Button führt.

Später wird Vettel zugeben: „Ich habe nicht mehr an den Sieg geglaubt." Button wechselt zum zweiten Mal auf Supersofts und Vettel führt wieder (33. Runde). Zwei Runden später muss das Safety-Car raus. Auf der Red-Bull-Brücke rauchen erneut die Köpfe. Wieder eine Strategie-Änderung? Noch eine risikoreichere Variante? Vettel bleibt gegen den Rat seines Teams draußen. Richtig gepokert. Denn er wäre bei einem Stopp in der Safety-Car-Phase wieder hinter den McLaren gefallen. Sein taktischer Weitblick hat Alonso-Qualitäten.

Der Ferrari-Spanier ist sein nächster Rivale. Alonso kommt Vettel näher, weil dessen Soft-Reifen abbauen und Grip einbüßen. Ab Runde 62 rast das Spitzentrio auf Tuchfühlung um den engsten und gefürchtetsten GP-Kurs: Vettel (mit nur einem Stopp) vor Alonso (2.) und Button (3). Droht beim Führenden ein Reifengummi-Drama? Sechs Runden vor Schluss erlöst Vettel die rote Flagge – Renn-Abbruch. Bei der Schwimmbad-Passage sind die drei auf einen Pulk aufgelaufen – und schon ist es zwischen den Leitschienen zum „Boliden-Billard“ gekommen: mit Adrian Sutil, Jaime Alguersuari, Lewis Hamilton und Vitaly Petrov. Der Russe ist dabei in spitzem Winkel gegen die Leitplanken gedonnert. Vettel und Alonso entkommen dem Chaos mit Glück und ohne Schaden. Petrov muss mit der Ambulanz abtransportiert werden. Er bleibt glücklicherweise unverletzt.

Vor dem Re-Start um 16.05 Uhr dürfen alle frische Reifen aufziehen. Deshalb sind die letzten sechs Runden für das Führungstrio nur noch eine Formalität. Nicht so für Lewis Hamilton. Bei ihm läuft an diesem Weekend alles schief, was schieflaufen kann. Zum Schluss bugsiert er noch den sechstplatzierten Pastor Maldonado in die Leitschienen. Mit 20 Strafsekunden kommt der McLaren-Pilot milde davon und bleibt Sechster. „Ich habe den schlimmsten GP hinter mir“, schimpft Hamilton.

Für Red Bulls Nummer 1 ist es der schönste. Die Sensation ist perfekt: Sebastian Vettel steigt erstmals als Sieger die Treppen zur Fürstenloge hinauf. Albert II. empfängt und beglückwünscht ihn wie einen Freund: „I'm glad it's you!“ Auf der Start-Ziel-Geraden spielt sich ein einziger Freudentaumel ab: Das ganze Red-Bull-Team geht im Champagner unter. Helmut Marko, der FI-Verantwortliche, ist überzeugt: „Sebastian hätte auch ohne Rennabbruch gewonnen. Er ist ein unglaubliches Rennen gefahren.“ Alonso hält dagegen: „Ohne Abbruch hätte ich Seb noch gekriegt.“ Vettel kann das egal sein. Er fühlt sich im siebenten Piloten-Himmel: „Es ist fantastisch, Rennfahrer zu sein. Hoffentlich träume ich das nicht nur.“

Es folgt das traditionelle Sieger-Bad in Red Bulls „Floaterhome“-Pool. Sebastian Vettel und Teamchef Christian Horner versenken dort zuerst Technikchef Adrian Newey. Dann geht auch Vettels Vater Norbert unter. Der Junior steigt dann kurz aus dem Pool, schüttelt sich und macht mit einer „Arschbombe“ auch die herumstehenden Fotografen nass. Nur Mark Webber verzichtet nach seinem vierten Platz auf die Plansch-Party. Vettel-Freund Michael Schumacher, im Rennen ausgefallen, sagt dazu nur: „Wir sind schon im Rennen baden gegangen.“

Montreal: Button Sieger in der letzten Runde

„SORRY, SEBASTIAN!“

Das „Auge der Fatima“, das Sebastian Vettel zum Sieg in Istanbul leuchtete, das „Magic Pedal“ von Michael Schumacher, von dessen Zauberkraft man aber bisher noch nichts gespürt hat, die Kartentricks von Fernando Alonso – die Formel I ist voll von mystischem Aberglauben, von Glücksbringern, und mancher Talisman ist wichtiger als die PS.

Besonders beim GP von Kanada, einem Rennen ohne Leitplanken, wo die Piloten mit 300 km/h zwischen Betonmauern rasen – und an der „Wall of the Champions“ schon Weltmeisterautos zerschellt sind. Frag nur den Polen Robert Kubica, der 2007 einen alarmierenden Crash wie durch ein Wunder überlebte, tags darauf mit Jarno Trulli in „Vieux Montreal“ essen ging – und ein Jahr später den Montreal-Grand-Prix sensationell gewann.

Beides dank eines Heiligenbildes unterm Sturzhelm. Aber darüber redet Kubica, der wie der frühere Papst Johannes Paul II. aus Krakau stammt, nicht gern: „Zu privat.“

Sie alle hüten ihre Geheimnisse – bis auf Vettel. Der Weltmeister designt, entwirft und bemalt seine Helme selber, das Glücksbringer-Motiv wird aber erst Donnerstagabend mit dem Team bestimmt.

Wenn er gewonnen hat, hebt er sich den Helm auf. Da kommt keiner ran. Bis jetzt sind es 13 Siegerhelme, sauber gepflegt – im Gegensatz zu Peter Revson. Der New Yorker Playboy und Kosmetik-Millionenerbe von Revlon, der für McLaren fuhr, musste immer den schmutzigsten Helm im ganzen Fahrerlager haben. Sonst war er nicht happy.

Dass Vettel seinen Autos Mädchennamen gibt, ist bekannt. „Kate“ und „Kates dirty Sister“ 2010, Weltmeister wurde er in Abu Dhabi mit „RandyMandy“. Aber 2011 gibt es – bis jetzt – nur „Kylie“. Dabei war die Minogue gar nicht beim Auftakt in Melbourne.

Nur dran glauben muss man. Als Schumacher einmal in Bahrain seinen Talisman, den ihm seine Frau Corinna geschenkt hatte, im Hotel vergaß, musste ein Ferrari-Mechaniker im Irrsinnstempo zurück ins Hotel rasen, damit er noch zurecht kommt – ohne Glücksbringer wäre Schumi vielleicht gar nicht gestartet. Er steigt auch immer nur von links ins Auto. „Aber nicht aus Aberglauben. Nur, damit sich die Mechaniker ans Auto gewöhnen und besser arbeiten können.“ Einmal stieg Schumi von der falschen Seite ein. Und? „Das Ergebnis war auch nicht anders ...“

NIKI LAUDAS BERÜHMTER RÜCKTRITT

28. September 1979 in Montreal. Ich frühstücke im Hyatt gerade mit Niki Lauda, als der Schweizer Reporter Roger Benoit an unseren Tisch tritt: „Niki, hast du eine Story für mich?"

Lauda sagt ja. „Ich trete heute zurück!"

Benoit geht kopfschüttelnd davon: „Wenn du nichts Besseres weißt …"

Drei Stunden später flüchtet Niki Lauda wirklich – zum ersten Mal – von der Formel I. Draußen, auf dem „Circuit Gilles Villeneuve" am Sankt-Lorenz-Strom, machen wir unser langes Rücktritts-Interview, dann ruf ich in Wien beim Fernsehen an: „Weltexklusiv für den ORF: Lauda ist zurückgetreten. Interview hab ich schon."

Der Kollege am Küniglberg reagiert überraschend cool: „Das spielen wir nicht."

„Ja, spinnst du? Und warum nicht?"

„Weil ich dir den Rücktritt nicht glaub. Die APA hat noch nichts gemeldet."

So erfahren die Fernsehzuschauer erst mit einem Tag Verspätung, was drei Millionen Zeitungsleser schon einen Tag früher gewusst hatten …

32 Jahre später: Niki, war deine Entscheidung zurückzutreten richtig oder falsch?

Lauda: „Zum damaligen Zeitpunkt richtig."

Obwohl er am Wochenende davor in Imola noch die beiden Ferraris von Villeneuve und Reutemann besiegt hatte …

Bernie Ecclestone machte Lauda in den Montreal-Boxen die Mauer und er flog nach Long Beach, um den McDonnell-Douglas-Präsidenten Pete Conrad zu treffen – und einen Flieger einzukaufen.

„Pete Conrad war der Mann im Mond", sagt Niki heute noch bewundernd – und als vor ein paar Monaten die Chance kam, in einem Spaceshuttle ins Weltall zu fliegen, sagte Lauda sofort begeistert ja.

Rubens Barrichello auch. Nur: Der muss 350.000 Euro bezahlen. Niki bekäme sein Weltraum-Ticket umsonst. Leider ist inzwischen die abenteuerliche Idee eingeschlafen. „Ich hab nix mehr gehört."

Dafür saß Niki fasziniert im Spaceshuttle-Simulator. Ich sehe die Bilder heute noch vor mir: Lauda wie Bruce Willis, wenn er wieder einmal die Welt rettet.

Auch in der Formel I ist der Simulator lebenswichtig. Aber das Problem ist: Ein Simulator hat keine Fliehkräfte. Lauda verrät: „Wenn das Bild und die Lenkbewegungen nicht absolut übereinstimmen, ohne jeden Delay, verliert der Pilot das Gleichgewicht – und dann wird ihm schlecht." Frag nur Schumacher – und seinen Fehlstart im Winter.

Felipe Massas Aberglauben: „Ich spring, wenn ich aus dem Ferrari-Wohnmobil komm, immer zwei Treppen auf einmal runter – damit ich mit meiner Karriere schneller vorankomme." Aber um Alonso zu überhupfen, müsste der kleine Brasilianer schon Weltrekord springen.

Rubens Barrichello hat im Cockpit immer eine kleine brasilianische Flagge versteckt. Um sie in der Auslaufrunde zu schwenken, wenn er gewonnen hat. Das taten schon seine Williams-Vorgänger Mansell und Piquet. Nigel mit dem Union Jack, Nelson mit seinem „Ordem e progresso", dem Motto auf der Nationalflagge.

Als Rubens 2003 in Silverstone wirklich gewann, mit tränenverhangenem Blick zum Himmel dem Lieben Gott und seinem Idol Ayrton Senna dankte, blieben beide Hände am Lenkrad. Die strengen Sportkommissare hatten die Brasilo-Flagge entfernt – wie Schiedsrichter die Halsketten, dicken Ringe usw. von Fußballern. Vurschrift is Vurschrift.

Abergläubisch ist jeder Sportler, vor allem Rennfahrer – ob sie es zugeben oder nicht. Ferraris erster Doppelweltmeister Alberto Ascari saß 1955 am Vorabend des klassischen GPs von Monaco im Kino. Ein schlechter Rennfahrerfilm mit haarsträubenden Unfallszenen. Nach fünf Minuten sagte Ascari: „Mir wird schlecht. Zu viele Unfälle. Gehen wir." Tags darauf raste er mit seinem Formel I wegen Bremsdefekt ins Meer …

Stefano Modena, Sensationsdritter in Monaco 1989, trieb alle Hotelchefs zur Verzweiflung, weil er immer sein Zimmer umbaute, vor allem das Bett. „Meine Füße müssen immer zum Fenster zeigen. Denn in Italien tragen sie dich, wenn etwas passiert, mit den Füßen voran hinaus." Ein Schutzmechanismus.

Ähnlich dachte Jacky Ickx, 1970 der erste Sieger auf dem Ö-Ring. Der Belgier nahm nach jedem Grand Prix beim Auschecken den Hotelschlüssel-Anhänger mit – als Garantie, dass er im nächsten Jahr gesund wiederkommt. Bald gab ihm jeder Concierge nur noch den nackten Schlüssel …

Als Niki Lauda 1977 noch für Ferrari fuhr, steckte ihm sein damaliger Rennleiter Roberto Noseto immer ein grünes Stofftuch ins Cockpit: „Sonst kannst du nicht gewinnen." Lauda reagierte verärgert und schmiss den Fetzen schon in der ersten Kurve aus dem Auto. Trotzdem wurde er auch 1977 Weltmeister.

Alex Wurz überraschte im Top-Team Benetton mit zwei verschiedenfarbigen Schuhen: einer rot, einer blau. Als er ins streng durchgestylte McLaren-Team kam, war's aus mit dem Farbenzauber.

„Bienvenue Québec" – Willkommen in Kanadas eher französischer als englischer Provinz. Montreal gilt deshalb auch als das Paris Nordamerikas. In der 2-Millionen-Metropole ist alles zweisprachig, aber nicht zweideutig. Egal, ob „Formule I" oder „Formula One". Die „Königsklasse" wird vom Großteil der trendigen Stadt geliebt und gelebt. Dass die global populärste Rennserie 2009 wegen Finanzproblemen des Organisators nicht zum „königlichen Berg", also nach Montreal kam, verstehen viele dort immer noch nicht.

Am GP-Weekend wird die ganze Innenstadt mit ihren Shops, Bars, Pubs und Clubs zum Formel-I-Zirkus – mit PS-Partys, Grand-Prix-Dinners, Racing-Events, dröhnendem Boliden-Sound aus Mega-Boxen sowie Reifenstopp-Wettbewerben in Shopping Malls. Und das schon seit Jahrzehnten. Für Nordamerika ist und bleibt das einzigartig.

Das beginnt auch schon bei der Ankunft am Flughafen im Stadtteil Dorval: dem Aéroport International Pierre-Elliott-Trudeau de Montréal, kurz Montréal-Trudeau. In der Heimatstadt des weltberühmten „Cirque du Soleil" wird der nicht minder bekannte Grand-Prix-Zirkus mit offenen Armen – und einer tollen FI-Ausstellung empfangen: Alles unter dem Titel: „Montreal, das etwas andere Monaco".

Stargäste sind Sebastian Vettel, Mark Webber, Lewis Hamilton, Jenson Button, Fernando Alonso, Felipe Massa, Michael Schumacher und viele mehr. Darunter natürlich auch Jacques Villeneuve. Ohne den Namen Villeneuve geht in Montreal ja kaum etwas in Sachen Formel I. Im Mittelpunkt steht dabei auch Jacques' Restaurant „Newtown" in Downtown Montreal, 1500 Rue Crescent. Sein Vater Gilles triumphierte hier 1978 im Ferrari. Allein diesem bisher einzigen und historisch gewordenen Heim-Sieg ist ein gutes Drittel der „Racing Exhibition" am Airport gewidmet. An jenem 8. Oktober 1978 war es in Montreal so kalt gewesen, dass die Piloten eingemummt auf dem Podium standen und bei Schneeflocken ihre Pokale entgegennahmen.

Als Initiant dieser ganz speziellen Kanada-GP-Exhibition tritt eine Stiftung von Guy Laliberté auf. Er ist Milliardär, Menschenfreund, Weltraumtourist, Cirque-du-Soleil-Gründer – und Formel-I-Fan. Seine jährlichen Party-Empfänge während des Renn-Wochenendes sind so traditionell wie berühmt-berüchtigt. Kimi Räikkönen, der coole, trinkfeste Schweiger aus dem hohen Norden, hat dort mal einen ganzen Abend lang hundert Gäste als Entertainer köstlich unterhalten. Unvorstellbar für jemanden, der den wortkargen, medienscheuen Finnen nur vom Fahrerlager her kennt. Bis heute kann oder will sich der Kanada-GP-Sieger von 2005 (McLaren-Mercedes) aber nicht mehr daran erinnern: „Was haben mir die damals bloß ins Mineralwasser getan …?"

Zurück zur Nüchternheit. In schönen Erinnerungen schwelgten nach ihrer Ankunft in Nordamerikas Formel-I-„Capital City" auch die Kanada-Sieger Hamilton (2007, 2010), Alonso (2006) und Schumacher. Der siebenmalige Champion schaffte hier sieben Triumphe: 1994, 1997, 1998, 2000, 2002, 2003 und 2004. Doch am meisten ins Staunen geriet der 91-fache GP-Rekordsieger, als er das Siegerposter von Ralf Schumacher aus dem Jahr 2001 sah. „Was, mein Bruder hat hier auch gewonnen?" Ja, und zwar im BMW-Williams. Damals vor Michael im Ferrari, der aus der Pole-Position neben Ralf gestartet war. Michael lächelt: „Als ob ich das vergessen könnte.“ Was für eine Story: „Two Schueys in the first row“, zwei Schumis in der ersten Reihe, lautet der Ausstellungs-Titel.

Apropos Michael Schumacher und Mercedes GP. Das Tyrrell-Team, der Vorfahre des heutigen Silberpfeil-Teams, fuhr 1970 beim Kanada-GP in Mont-Tremblant seinen ersten Grand Prix. Dort, rund eineinhalb Autostunden nordwestlich von Montreal, begann die Geschichte des Teams dank Jackie Stewart mit einem Start aus der Pole-Position. Ab 1999 war aus Tyrrell dann BAR, British American Racing, geworden.

Von 2006 an hatte sich Honda die BAR-Equipe einverleibt – und diese Ende 2008 zum symbolischen Preis von einem Pfund an Teamchef Ross Brawn und einige Partner (u. a. Nick Fry) übergeben. Dazu gab es noch eine Mitgift von 111 Millionen Euro! Der Rest ist ja bekannt: 2009 holte Brawn den WM-Titel. Dann verkaufte der Hobby-Rosenzüchter und Weltmeister-Macher von „Schumi“ (Benetton, Ferrari) und Button (Brawn) seine Teamanteile an Mercedes (Daimler) und dessen Abu-Dhabi Investor Aabar. Ross Brawn soll dabei um 83 Millionen Euro reicher geworden sein! Mit so viel Geld hatte der knorrige Ken Tyrrell einst mehr als zehn Formel-I-Saisons finanziert.

„Das waren halt noch Zeiten“, sagt Jean Alesi dazu grinsend. Der Südfranzose ist als Botschafter der Lotus Group (Renault-Lotus) in Montreal unterwegs. 2012 will er die 500 Meilen von Indianapolis fahren. Der 47-Jährige hat sich zusammen mit russischen Geschäftsleuten auch an einer Firma beteiligt, die hochwertige Schreibwaren produziert. Wer einen „Montegrappa“-Füllhalter kaufen will, muss tief in die Tasche greifen. „Der günstigste kostet 350, der teuerste eine Million Euro“, macht Alesi, für einmal, keinen Witz.

Voller Stolz zeigte er auf seinen großen Sieger-Poster: 1995, als Ferrari-Fahrer. Er gewann damals an seinem 31. Geburtstag. Was für ein Geschenk. Es sollte allerdings sein einziger Formel-I-Triumph bleiben. Alesi siegte vor einem, der heute noch fährt: Rubens Barrichello. „Und du, Michael, bist nur Fünfter geworden“, schiebt Alesi noch schmunzelnd nach. Schumacher kontert: „Dafür stand ich damals auf der Pole-Position.“ Dann wird „Schumi“ etwas nachdenklicher: „Wenn man diese Fotos so sieht, wird einem erst richtig bewusst, wie lange man schon dabei ist. Rubens und ich, heute sind wir die Piloten-Dinosaurier der Formel I.“

Lange, lange ist es auch her, als beim Grand Prix von Kanada Geschichte geschrieben wurde. Als das Rennen noch in Mosport (Ontario) gefahren wurde, kam es dort 1973 zur Premiere des Safety-Cars. Diese Neuerung in Sachen „rollende Sicherheit auf der Strecke“ hatte man sich damals von den US-Rennserien CART und NASCAR abgeschaut. Zufall oder nicht? Auf Montreals fahrerisch sehr anspruchsvollem Circuit Gilles Villeneuve gibt es traditionell immer viele Safety-Car-Einsätze während des Grand Prix. Das Rennen 2011 sollte diese Tradition eindrucksvoll fortsetzen.

Am Donnerstag wird von Météo-France, den offiziellen Wetterfröschen des Internationalen Automobilverbandes FIA, fürs Wochenende eine Regenwahrscheinlichkeit von 65 Prozent vorhergesagt. Die meisten Wetter-Dienste der Teams rechnen zwar mit keinem Regenrennen am Sonntag, allerdings mit vereinzelten Schauern. Die 4,361 km lange Strecke liegt im ehemaligen Expo-Gelände von 1967 auf einer künstlich aufgeschütteten Insel, der Ile Notre-Dame, mitten im reißenden Sankt-Lorenz-Strom. Neben dem dicht gedrängten Fahrerlager plätschern immer noch die Wellen im Ruderbecken der Olympischen Spiele von 1976. Um zu ihren Arbeitsplätzen zu gelangen, müssen die FI-Leute täglich übers Wasser gehen – auf einer Ponton-Brücke.

Auf der Strecke ist es für die Piloten wesentlich weniger idyllisch. Der Circuit Gilles Villeneuve bleibt eine Ausnahmeerscheinung im Renn-Kalender. Mit seinem Mix aus langen, schnellen Geraden, engen Schikanen, einer Haarnadel, und das alles eingerahmt von Betonmauern, fühlt er sich an wie ein Melange aus Monaco und Monza. Entsprechend vielfältig sind die Herausforderungen bei der Fahrzeugabstimmung. Nur in Monza werden noch flachere Flügelstellungen gefahren. Und Montreal ist mit Abstand der härteste Kurs für die Bremsen. Pro Runde gibt es vier Passagen, wo von rund 300 km/h auf Tempo 120 heruntergebremst wird. 70-mal im Rennen.

Am Donnerstag ist neben dem nahenden Schlechtwetter und der endgültigen Bahrain-GP-Absage Lewis Hamilton das große Thema im Fahrerlager. Der McLaren-Draufgänger entging nach seinem Ausraster nach dem Monaco-GP nur knapp einer GP-Sperre. Hamilton hatte also Glück, in Montreal überhaupt starten zu dürfen. Nur ein Entschuldigungs-Brief an FIA-Präsident Jean Todt bewahrte ihn gerade noch vor einer Sperre für sechs GP-Rennen. Diese drastische Strafe drohte dem emotionalen Briten nach seinem verbalen Rundumschlag von Monaco, wo er kein gutes Haar an Kollegen und Kommissaren ließ.

Nach dem Rennen musste er dort einmal mehr bei den FIA-Kommissaren antraben – und seine riskanten Manöver sowie seine rüpelhaft-rasante Fahrweise rechtfertigen. Hinterher beschwerte er sich mit harschen Worten über seine Strafen und machte einen „fehlgeschlagenen Witz" mit rassistischen Anspielungen (... vielleicht haben sie es nur auf mich abgesehen, weil ich schwarz bin ...). Hamilton: „Ich wollte lustig sein. Aber es war nicht lustig." Todt befand, dass die Kommentare des Weltmeisters von 2008 inakzeptabel gewesen seien. Doch nun, nach dem großen Sorry in Briefform, sei die Sache für ihn erledigt.

Vor dem Freitag-Training gibt sich Hamilton einsichtig: „Ich bin ein leidenschaftlicher Pilot. Ich überhole viel, einmal richtig, einmal falsch. Die Stewards machen einen guten Job. Allerdings würde ich gerne nicht ganz so häufig nach dem

Rennen zum Rapport gebeten werden." Zumindest in Kanada sollte dies wieder nur ein frommer Wunsch bleiben.

Bei den Trainings-Sessionen am Freitag steht Hamilton nicht im Mittelpunkt, sondern Sebastian Vettel. Er gehört an diesem Tag neben Adrian Sutil, Kamui Kobayashi und Jérome D'Ambrosio zu den vier „Crashtest-Dummies". Beinahe dazugehört hätte auch Rubens Barrichello. Übrigens: Was „Barri" und „Schumi" nach eigenen Worten als Piloten sind, gilt für Montreal als Strecke: Sie ist ein Dinosaurier. Eine Rennstrecke, wie es sie heute kaum noch gibt. Im Zeitalter der Retortenkurse, mit Auslaufzonen so breit wie Supermarkt-Parkplätze, werden Fahrfehler ja kaum noch bestraft. Nicht so auf der Highspeed-Strecke mitten im Sankt-Lorenz-Strom. Auf der Ile Notre-Dame warten relativ knapp hinter den Kerbs nur Mauern, Leitplanken und Reifenstapel.

Die Widerstandsfähigkeit dieser Streckenbegrenzungen wird gleich am Trainingsfreitag auf eine besondere Probe gestellt. Gleich vier Piloten hinterlassen dort deutliche Spuren. Den Anfang macht am Vormittag Sebastian Vettel. Der Weltmeister driftet die Schikane vor Start-Ziel etwas zu optimistisch an und rutscht in die „Wall of Champions": Die seit langem gefürchtete Weltmeister-Mauer ist auch der Schrecken aller Mechaniker. Vettels Wagen sieht nach viel Arbeit aus.

Unter anderem haben dort schon Michael Schumacher, Jacques Villeneuve, Damon Hill, Mika Hakkinen, Fernando Alonso und Jenson Button beim „Mauer-Kuss" ihre Boliden ramponiert. Vettel hätte jedoch gerne auf die Aufnahme in diesen exklusiven „Club" verzichtet.

Dank Red Bulls flotter Boxen-Crew war Vettels RB7 nachmittags wieder einsatzbereit. Noch beim Mittagessen wurde über einen offenbar übereifrigen Streckenposten gelacht. Dieser wollte Vettel zu Hilfe eilen, indem er sich – wenig geschmeidig – über die Reifenstapel abrollte und stürzte. „Den habe ich gesehen. Dem hilfsbereiten Kerl hat dabei wohl etwas Traktion gefehlt", grinste Vettel.

Zur Mittagszeit ist auch bei Sauber Hektik ausgebrochen. Denn so gegen 13 Uhr war klar, dass der in Monte Carlo so schwer verunglückte und ohne schwere Verletzungen gebliebene Sergio Pérez nicht mehr weiterfahren konnte. Der Mexikaner klagt über Schwindel und Übelkeit – Nachwirkungen seiner Gehirnerschütterung. Damit kommt es zum ersten Fahrerwechsel der Saison: McLaren- und Pirelli-Testpilot Pedro de la Rosa springt ein. Im letzten Jahr war der Spanier mit Wohnsitz Zürich nach 14 Saisonrennen wegen Erfolglosigkeit gefeuert worden – von Sauber. Nach 2005, 2006 und 2010 kommt De la Rosa zu seinem vierten Comeback.

In weiser Voraussicht kontaktierte Sauber den 40-Jährigen bereits zehn Tage davor und nahm seine Sitzschale vom Vorjahr mit ins Gepäck. De la Rosa muss sich in Rekordzeit an die neuen Knöpfe am Lenkrad gewöhnen. DRS und KERS schaltet und spürt er zum ersten Mal. „Wieso fährt der Pérez jetzt mit einem De-la-Rosa-Helm? Ist Sergios Helm nicht grün?“, wundert sich Vettel.

Am Freitagabend bleibt Red Bulls Nummer 1 in seinem Hotelzimmer. „Mein Fokus gilt dem morgigen Qualifying“, sagt er. Seine mitgereiste Freundin Hanna und sein Vater Norbert dagegen fokussieren sich auf Rihanna. Die Pop- und R&B-Sängerin aus Barbados macht auf ihrer Tournee in Montreal einen „Boxenstopp“. Ihr Konzert ist ausverkauft, wie die Tribünenplätze für das GP-Rennen am Sonntag.

Am Samstag schwärmt Hanna von Rihanna. Und Vater Vettel dröhnen die Ohren immer noch. Sebastians Verzicht auf Rihanna macht sich im Qualifying bezahlt: neue Strecke, altes Spiel – sechste Pole-Position beim siebenten Saison-GP. Und dann auch noch ein rundes Jubiläum: Vettel sorgt damit für die 100. Pole-Position eines deutschen Piloten in der Formel I. Neben dem Titelverteidiger wird der zweimalige Champion Fernando Alonso im Ferrari starten. Dahinter dessen Teamgefährte Felipe Massa. Am Abend zuvor waren beide noch als Tankwarte in Aktion – bei einem PR-Event an einer Montrealer Shell-Station. Die „Ferraristi“ standen Schlange für Benzin.

Mark Webber wird „nur“ Vierter. Nachdem der Australier beim Samstagvormittag-Training wegen eines KERS-Problems aussetzen musste, blieb er in der Qualifikation vier Zehntel hinter der Bestzeit. Auch bei McLaren ist man mit den Startplätzen fünf für Lewis Hamilton und sieben für Jenson Button nicht gerade glücklich. Die Chrompfeile galten hier nach ihrem Doppelsieg 2010 als Geheimfavoriten. Doch die Stunde der „McBoys“ könnte am Sonntag schlagen: McLaren setzt auf mehr Abtrieb als die Konkurrenten, was bei einem Regenrennen zum Joker werden könnte.

FI-CEO und GP-Chefvermarkter Bernie Ecclestone will sich am Sonntag offenbar keine nassen Füße holen. Der smarte Brite lässt sich zum Airport Montréal-Trudeau bringen. Er verlässt Montreal schon am Samstagabend Richtung London. Vorher spielte er noch mit Sebastian Vettel eine Partie Backgammon. Hätte Ecclestone geahnt, welches Rennen der Rekorde er am Sonntag verpassen würde – er wäre mit Sicherheit geblieben. Auch wenn er von Kopf bis Fuß nass geworden wäre.

Im Regen-Chaos kommt es zum längsten und langsamsten Grand Prix der Geschichte. Auch Sieger Jenson Button stellt bei seinem 10. GP-Triumph Rekorde auf. Noch nie hat ein Fahrer gewonnen, der nach 40 von 70 Runden noch auf dem letzten und 21. Platz lag – und auf seinem Weg zum Sieg sechs Mal durch die Boxengasse musste: 1 Durchfahrtsstrafe, 5 Stopps, die 2:21 Minuten dauerten – auch das ist Rekord.

So lange wie im Montreal-Regen mussten die Zuschauer noch nie auf einen FI-Sieger warten: Button wird erst 4:04:39,537 Stunden nach dem Start abgewunken. Der Grund: Die Regenpause nach 25 Runden zieht sich 2:02 Stunden in die Länge. ManU-Fußballer Michael Carrick, als McLaren-Gast im Fahrerlager, staunt: „In einer so langen Halbzeit-Pause würden die Zuschauer selbst bei einem Spiel zwischen Manchester United und FC Barcelona davonlaufen." Am Circuit Gilles Villeneuve bleibt der Großteil der Fans auf den Tribünen sitzen – triefend nass. Damit wurde der bestehende Rekord vom Nürburgring 1954 mit 3:45:45,8 Stunden klar überboten.

Weitere Rekorde beim 32. Montreal-GP: Allein Button überholt 23-mal, davon manche Konkurrenten doppelt und dreifach. Die 30 Runden hinter dem Safety-Car waren fünf mehr als bei der bisherigen Bestmarke im japanischen Fuji 2007. Zudem war es mit 74,864 km/h auch das „langsamste" Rennen aller Zeiten – wobei die Pause als Fahrzeit gerechnet wird. Dazu 76 Boxenstopps, Kollisionen zuhauf (u. a. Hamilton-Webber, Button-Hamilton, Alonso-Button, Kobayashi-Heidfeld), einige Strafen und fünf Safety-Car-Phasen.

Die letzte und fünfte Safety-Car-Phase trägt im Finish entscheidend dazu bei, dass Rennleader Vettel noch verliert und Verfolger Button doch noch gewinnt. Denn hinter Safety-Car-Fahrer Bernd Mayländer wird das Feld erneut zusammengestaucht. Plötzlich liegen Vettel, Schumacher, Webber und Button auf Schlagdistanz. Webber merkt schnell: Jenson ist klar der Schnellere. Eine Runde später ist auch Schumacher fällig. Jetzt trennen Vettel und Button nur noch 3,1 Sekunden.

In der vorletzten Runde hat der McLaren-Pilot Button den Anschluss geschafft, um auf der langen Geraden den Heckflügel flach stellen zu dürfen. „Das DRS hat mich an Seb zwar nicht vorbei, aber wenigstens an ihn herangebracht. Es wäre für Seb in der letzten Runde so oder so sehr schwierig geworden, sich zu verteidigen", meint Button hinterher. Vettel dagegen ärgert sich: „Jenson war schneller, aber ich hätte es schaffen können. Ausschlaggebend war ganz klar mein Fehler. Ich war in der Kurve etwas spät auf der Bremse, kam auf einen nassen Fleck, stand kurz quer – und das war's."

WM-Leader Vettel verliert den Sieg auf den letzten drei Kilometern. Nachdem er 68 von 70 Runden geführt hatte: „Ich habe für einen Fehler bezahlt, der nicht gerade zum günstigsten Zeitpunkt kam." Was Vettel auch nicht gelegen kam: Er musste vom Start weg auf sein KERS verzichten. Das kostete rund vier Zehntel pro Runde. Sein Trost, wenn auch ein schwacher: 5 Siege und 2 zweite Ränge in 7 Rennen – das kann sich noch immer sehen lassen.

Zwecks Ablenkung und Zerstreuung gönnt sich der Champion nach dem Kanada-GP einen Abstecher zum Big Apple und zum Fußball. Dort trainiert der bekennende Fan von Bundesliga-Absteiger Eintracht Frankfurt unter anderem mit dem Ex-Welt- und Europameister Thierry Henry. Und zwar beim US Major Soccer League Team New York Red Bulls, das ja auch zum Sportimperium des Didi Mateschitz gehört.

Aber manche denken in diesen Tagen auch an den wahrscheinlich größten Renn fahrer aller Zeiten – Juan Manuel Fangio.

Zeitreise: Der Größte von allen

100 JAHRE FANGIO

„Ich wollte immer der Erste im Rennen sein, aber der Letzte beim Sterben“: Juan Manuel Fangio, bis zur Schumacher-Ära der siegreichste und berühmteste Autorennfahrer der Welt, wäre jetzt (24. Juni) 100 Jahre alt geworden – fast genau am Jahrestag seiner einzigen Niederlage gegen seinen Mercedes-Teamkollegen Stirling Moss in dessen englischem Heim-GP in Aintree 1955.

„Aber ich weiß bis heute nicht, ob ich Fangio wirklich besiegt habe. Oder ob er mich gewinnen hat lassen“, grübelt Moss noch heute. „Aber Fangio hat mir noch bei unserem letzten Gespräch bestätigt: Nein, ich hab dir den Sieg nicht geschenkt. Es war dein großer Tag, dein Rennen, und du hast fair und korrekt gewonnen.“

Typisch Fangio. Menschlich, charakterstark, fair, unpolitisch. Und für einen Rennfahrer seiner Extraklasse keine Spur überheblich, immer bodenständig. Niki Lauda: „Er hat nie Blödsinn geredet.“ Und Jackie Stewart über die Aura des Mythos Fangio: „Du wusstest, wenn er in einem Raum war – auch wenn du ihn gar nicht gesehen hast.“

Der Sohn eines einfachen Maurers aus Balcarce (Argentinien), der sein Haus selbst baute, hat bei 51 Grand-Prix-Starts, ein gigantisches Percentage, 24-mal gewonnen, also jedes zweite Rennen, er startete 28-mal aus der Pole-Position, 48-mal aus der damals gefährlich dicht gedrängten ersten Reihe und drehte 23-mal die schnellste Runde. „Aber ich fuhr fast nie so schnell, wie ich konnte, sondern nur so schnell, wie ich musste.“

Fangio gegen Schumacher: fünf gegen sieben WM-Titel. Aber jeder Vergleich wäre unfair, weil sie aus verschiedenen Welten kamen. Als Fangio fuhr, zerschellten Rennautos an Bäumen und Hausmauern, jeder Ausrutscher bedeutete Unfall, fast jede Kollision Feuer. Wie Jackie Stewart ist auch Fangio einmal eine ganze Nacht wach gelegen. „Ich hab gezählt, wie viele Piloten, gegen die ich gefahren bin, im Rennen umgekommen sind. Piloten, denen ich die Hand geschüttelt, mit denen ich geredet hab.“

Ich glaub, sie kamen auf etwa 80. Dann entschlossen sie sich zum Rücktritt. Fangio nach seinem fünften WM-Titel 1957 auf dem Nürburgring. Dort zettelte er mit einer genialen Idee noch eine Revolution an: den ersten programmierten Boxenstopp.

„Ich wusste, dass meine Reifen nicht die volle Distanz durchhalten, also kalkulierte ich: Wenn ich schon zum Reifenwechsel an die Box muss, kann ich dabei auch tanken – und starte das Rennen mit einem leichten Auto." Gesagt, getan. Fangio (auf Maserati) büßte seine Führung beim geplanten Boxenstopp an die jungen Ferrari-Piloten Mike Hawthorn und Peter Collins ein, jagte ihnen aber nach wie von Furien gehetzt, überholte beide in der letzten Runde … und gewann den GP von Deutschland. „Aber ich hab mehr riskiert als je zuvor in meinem Leben. Das darf ich nie wieder tun."

Er tat es vorher und nachher. Beim mörderischen Hitze-Grand-Prix von Argentinien 1955 war Fangio der Einzige, der die 375-km-Distanz ohne Fahrerwechsel durchhielt – hinter ihm lösten sich, von Sonnenstich und Kreislaufkollaps geplagt, in jedem Wagen bis zu drei Piloten ab. Und viele Jahre später, bei einer Mercedes-Demo in Dubai, blieb Fangio als älterer Herr trotz Gluthitze im Auto sitzen.

Er bezahlte seine Aufopferung mit Herzrhythmus-Störungen. Aber darüber hat er nie geklagt.

Ihr mörderischstes Abenteuer?, fragte ich den Champion einmal. „Das war gar kein Autorennen. 1957 entführten mich Fidel Castros Rebellen vor einem Sportwagenrennen in Havanna." Der Kidnapper von damals, Arnol Rodriguez, hat sich später im TV entschuldigt. „Aber im Gefängnis war man nett zu mir. Ich durfte mir sogar im Fernsehen anschauen, wie Stirling Moss gewann …"

Ich durfte Fangio schon als junger Reporter kennenlernen. 1959 in Wien: eine Initiative des italienischen Kulturinstituts. Fangio, auf Schlauchvisite, testete Semperit-Reifen in Kottingbrunn (wo Jochen Rindt später zum ersten Mal in einen Rennwagen kletterte) und war abends in der Wiener City beim Empfang des italienischen Kulturinstituts in der noblen Kärntnerstraße, die man damals noch in beide Richtungen befahren konnte – und die heute längst Fußgängerzone ist.

Nach unserem Interview bat ich Fangio, sich für ein Zeitungsfoto in mein erstes Auto zu setzen – ein klappriges, schwarz-gelbes Ford-Eifel-Cabrio, Baujahr 1938, noch mit Trittbrettern und Türgriffen, Winkern statt Blinkern etc. Fangio nickte, stieg ein und fuhr sogar eine Runde durch die Wiener City. Ich war mächtig stolz.

Als Fangio wieder ausstieg, sagte er lächelnd: „Dir geht's wie dem Stirling Moss." Und wieso, Señor Fangio? „Dem fehlt zum Weltmeister auch immer nur das richtige Auto …" Meines hatte auch nur 6.000 Schilling gekostet.

Drei Jahrzehnte später durfte ich die Autos tauschen. Ich fuhr einen ganzen Vormittag lang Fangios berühmten Weltmeisterwagen von 1954/55 auf der Teststrecke in Untertürkheim. Ein unvergessliches Erlebnis, für das ich Prof. Jürgen Hubbert – der Mann, der Mercedes in die Formel I zurückbrachte – heute noch dankbar bin.

Fangio hatte Humor, viele Einfälle, kam aber vorm Fernsehzeitalter, in der Schwarz-Weiß-Wochenschau, noch nicht so als Medienstar rüber. Noch kein Popstar wie viele spätere Rennfahrer, aber die Aufnahmen verstärkten nur noch seinen Mythos.

An seinem 80. Geburtstag nahm ich mit Fangio eine Jubiläumssendung auf. Wir redeten in einem Mix aus Englisch, Italienisch und Spanisch, und nachher bat ich Fangio, dem Stil der Zeit entsprechend, noch um einen sogenannten Opener.

„Wie heißt deine Sendung?", fragte der Champion.

„Sport und Musik", sagte ich, und ohne nachzudenken legte er los: „Sono Fanchio – ich bin Fangio. Ich begrüße alle Zuhörer von Sport, der für die Education der Jugend sehr wichtig ist, und Musik, die immer aus dem Herzen kommt."

Ich war baff. Die Worte eines einfachen Maurers – in dieser Form noch nie gehört von einem Fußballer oder Trainer.

Und er wusste auf jede meiner Fragen eine originelle Antwort.

Über eine WM, die er wegen der Reifen verloren hat: „Denk dran, wie viele Rennen ich wegen der Reifen gewonnen hab."

Über die damalige tödliche Stallfeindschaft zwischen Alain Prost und Ayrton Senna bei McLaren: „Das Problem beginnt, wenn von zweien jeder glaubt, er ist der Größte. Ich hab das von mir nie geglaubt."

Über das Geld, das Formel-I-Piloten verdienen: „Wer heute ein paar Rennen gewinnt, hat für sein ganzes Leben finanziell ausgesorgt. Ich war fünfmal Weltmeister – und muss immer noch arbeiten …"

Über die Raserei auf Verkehrsstraßen – haben wir zu viele Unfälle durch Schnellfahren? „Vergiss nicht, wie viele Menschenleben schon durch Schnellfahren gerettet wurden: von Rettung, Polizei, Feuerwehr usw."

Auf der italienischen Autostrada war Fangio einmal schuldlos in einen bösen Crash verwickelt. Im Auto seines Managers Giambertone, der mit einem Lkw kollidierte und sich überschlug. „Sie glauben wohl, Sie sind Fangio?", empörte sich der Lkw-Chauffeur. Giambertone blieb cool: „Fangio liegt dort drüben." Darauf fiel der Fahrer in Ohnmacht.

Fangios größter Sieg war, dass er überlebt hat. Er fuhr in der gefährlichsten Epoche der Formel I, die Mercedes-Katastrophe von Le Mans 1955 mit 85 Todesopfern inbegriffen. Die Story, die damals um die Welt ging: Mercedes-Stallkollege Pierre Levegh riss in den letzten Sekunden den rechten Arm hoch, um den dichtauf folgenden Fangio zu warnen, rettete ihm also das Leben.

Fangio hat darüber nie gesprochen, aber der damalige Mercedes-Pressechef Arthur Käser verriet mir viele Jahre später: „Diese Geste von Levegh hat es nie gegeben. Ich habe sie nur erfunden, damit es in all den Berichten voll Blut, Tränen und Verzweiflung wenigstens einen Hauch Menschlichkeit gibt."

Fangio, der sich nach dem Aussteigen bekreuzigte, hat das nie dementiert.

Eine andere Story erzählte mir Clay Regazzoni: „Als Fangio den GP von Argentinien mit der Nationalflagge startete, verabredete er mit mir ein heimliches Signal. Pass genau auf. Dann kannst du einen Hauch früher losfahren als alle anderen …"

ernando, du musst jetzt anfangen, zu attackieren." „Und was, glaubst du, mach ich schon die ganze
it?" Der Dialog zwischen Fernando und seinem Renningenieur Frank Stella am Ferrari-Boxenfunk
legendär. In Korea resignierte der Spanier im Finish: „I give up!" Obwohl Ferrari im Rennen meist
rker war als im Qualifying.

Ein gestrippter Ferrari, offen, ganz ohne Hülle – höchst selten in der geheimen Welt der Formel I. bewegliche Heckflügel macht auch Vettel neugierig, die vielen neuen Instrumente im Cockpit verw sogar die Piloten: „Wir brauchen einen eigenen Simulator, um alle Schalter und Knöpfe zu begreife Links unten: Alonso feiert in Budapest seinen 30. Geburtstag und 30. GP-Start für Ferrari (Platz 3)

neller als jedes Kameraauge: Alonsos Reifenwechsel in Istanbul, wo er 2011 als Dritter hinter
tel und Webber erstmals aufs Podest kommt. Was alle Fans freut: Dank des neuen Reglements
DRS und KERS-Comeback wurde 2011 öfter überholt als zuletzt. Massa macht mit Heikki
valainen kurzen Prozess.

Fast nie im Tunnel oder im Schatten, sondern immer im grellen Schlaglicht: Fernando Alonso in Monte Carlo, wo er Zweiter hinter Vettel wurde. Der Spanier wurde von vielen Piloten trotz Vettel zum „Fahrer der Fahrer“ gekürt. Die ganze Rasanz, Dynamik und Faszination des Formel-I-Fahrens in einem Bild.

tander
V-Power

Die Bullen-Youngster schnappen immer öfter zu: Toro Rosso kämpft sich 2011 durchs Mittelfeld und an die Spitze des Verfolgerpulks. Jaime Alguersuari, aktuell der jüngste FI-Pilot, und Sebastien Buemi holen für Toro Rosso viele kostbare Punkte. Nach Jo Siffert, Clay Regazzoni und Marc Surer leuchtet wieder ein Schweizerkreuz auf dem Helm.

ash und Kleinholz am Nürburgring nach der Kollision Buemi-Heidfeld (oben), aber umso hr Freude in Budapest beim Jubiläumsrennen: Toro Rosso, früher Gerhard Bergers Formel-I-ım, feiert in Ungarn seinen 100. Grand Prix mit beiden Piloten in den WM-Punkten: Buemi 8., uersuari 10.

Welches Team ist wirklich das echte Lotus-Team? Renault mit Petrov, Heidfeld und später Senna – oder die Truppe mit Kovalainen und Trulli? Der Namensstreit beschäftigt 2011 auch die Juristen. Laut Statuten müssen sich bei einer Namensänderung alle Teams einig sein. Sind sie aber fast nie.

Nach seinem Rücktritt pendelte Fangio noch Jahrzehnte im 500-km-Dreieck Buenos Aires – Mar del Plata – Balcarce, um nach seinem Business zu sehen. Beim letzten GP von Argentinien fuhr ich von Buenos Aires nach Balcarce, durch die Pampa, in der der junge Fangio seine ersten Autorennen bestritten hatte. Wilson Fittipaldi, der Vater von Emerson und Wilson jr., übertrug Juan Manuels Heldentaten zuerst im Radio, dann im Fernsehen.

Auf den 500 km kamen mir nur drei Fahrzeuge entgegen: ein alter Pick-Up, ein alter Autobus, ein alter Mercedes.

Fangios Welt von früher. Als ihn Perón Ende der 40er-Jahre nach Europa schickte. Aber allgegenwärtig im Fangio-Museum, in dem liebevoll alles ausgestellt ist, das zu seinem Leben gehört. Die Señores sind echte Afficionados. Ein Anruf aus Balcarce im Museum – und schon war die Sperrstunde um zwei, drei Stunden verschoben.

Ein Pflichtbesuch auf dem Friedhof von Balcarce, im Familien-Mausoleum. Weiße Tücher, brennende Kerzen, immer frische Blumen.

Fangios Bruder Toto ist inzwischen gestorben, aber seine Schwester Clara begrüßt mich herzlich. „Nur warum haben Sie nicht angerufen? Dann hätte ich noch zum Friseur gehen können …“ Die alte Dame trifft sich jeden zweiten Sonntag mit Fangios Frau Andrea, die aus Mar del Plata anreist, zum Tee.

Fangios Frau? Als der Champion in den Sixties nochmals in Wien war, um die Jochen-Rindt-Show zu eröffnen, verriet er mir bei einem Drink in der Bar über die rassige Argentinierin, die ihm nach jedem Sieg an den Hals flog: „Andrea und ich waren nie verheiratet.“

Hatte Fangio Kinder? „Mein Bruder hat nie davon gesprochen“, sagt Clara. „Wir wissen es auch nicht.“ Aber wieso taucht dann in diversen Startlisten, vor allem in Amerika, immer wieder ein Fangio II, Fangio III oder Fangio IV auf?

Bei einem Vaterschaftsprozess in Buenos Aires sagte die Richterin: „Aber Señor Fangio, Sie können doch nicht abstreiten, dass das Ihr Sohn ist. Er ist Ihnen wie aus dem Gesicht geschnitten!“ Worauf Fangio antwortete: „Frau Rat, es gibt auch über eine Milliarde Chinesen, die sich alle ähnlich sehen – und trotzdem sind sie nicht miteinander verwandt.“

Valencia: Haug & Co. – gemeinsam in Rente

SIEG NACH „SCHEMA V“

Sentimentale Formel-I-Feier am Hafen von Valencia – Juan Manuel Fangios 100. Geburtstag berührte Freitagabend auch die heutige Rennfahrergeneration. „Wenn ich bedenke: Fangio wurde noch mit 46 Jahren Weltmeister, bevor er aufhörte – da hab ich schon noch einige Jährchen vor mir“, überlegte Michael Schumacher (42).

Trotz aller Regeländerungen: gute Laune im Formel-I-Zirkus. Auch bei Timo Glock, der seit 2009 (mit Toyota) immer noch den offiziellen Valencia-Rundenrekord hält. Aber jetzt läuft der Deutsche mit dick bandagiertem linkem Zeigefinger durch die Gegend. Fast unglaublicher, aber wahrer Grund: „Ich hab mir beim Brotschneiden fast den Finger abgeschnitten.“

Der alte Spruch: „Wer kein Brot abschneiden kann, kann sich auch keines verdienen“, gilt im gut besoldeten Formel-I-Zirkus nicht. Da schon eher, was Glock ein bissl gequält lächelnd sagt: „Das kommt davon, wenn du als Fahrer im Team einschneidende Veränderungen verlangst.“

Und die hatte Glock bei Virgin gefordert: den technischen Direktor Nick Wirth – früher Chefingenieur des Benetton-Testteams, dann 1994 Teamchef von Roland Ratzenberger bei Simtek – endlich auszutauschen.

Kaum war das geschehen, griff Glock zum Brotmesser.

Dafür schöpft der kleine Mexikaner Sergio Pérez vier Wochen nach seinem schrecklichen Monaco-Crash neuen Mut: „Ich bin motivierter als je zuvor!“ In Montreal hatte er noch nach dem ersten Training das Handtuch schmeißen müssen – in Valencia ist er wieder da: „Ich hoff, ich spür keine Übelkeit und keinen Schwindel mehr.“

Am Simulator hat alles gepasst. Aber weil Sauber keinen eigenen Simulator hat, musste Pérez als „Untermieter“ zu Ferrari nach Maranello, um dort in den Simulator zu klettern. Spekulationen über eine Ferrari-Zukunft des Mexikaners sind aber zu früh: Sponsor Carlos Slim Domit, Sohn des reichsten Mannes der Welt, sitzt im Aufsichtsrat des Ferrari-Zigarettensponsors. So werden die Fäden in der Formel I gezogen.

Bei McLaren aber momentan nicht im Hintergrund, sondern erstaunlich offen. Für Martin Whitmarsh ist ein Transfer von Hamilton „derzeit kein Thema“, und offiziell denkt auch Lewis „überhaupt nicht daran. Ich bin schon 13 Jahre bei McLaren, das bleibt immer meine Familie.“

Um sie zu stärken, will Martin Whitmarsh seine Fahrer bis weit über das Jahr 2016 hinaus an sich binden. Kann mit Hamilton funktionieren – mit Jenson Button aber nicht. Der Montreal-Regenheld, der vom 17. Startplatz aus gewonnen hat: „Nur ein, höchstens zwei Jahre. Ich kann mir nicht vorstellen, so lang im gleichen Team zu fahren wie Hamilton bei McLaren oder Alonso bei Ferrari.“ Oder wie Sebastian Vettel bei Red Bull …

Viva Valencia! Sea, Sun and Fun. Valencia ist einmalig. Zu Lande wie zu Wasser. Deshalb kann die High Society dort bequem einfliegen. Oder gemütlich auf dem Seeweg anreisen. Sonnentage sind die Regel. Die Durchschnittstemperaturen im Juni bewegen sich von 26 bis 33 Grad. Nirgendwo an einer GP-Strecke mit Meer-Anschluss sind die Sandstrände breiter als die breitesten Auslaufzonen des Stadtkurses. Und nirgendwo sind diese einladenden und gepflegten Sandstrände so nah an der Rennstrecke wie in der spanischen Mittelmeer-Metropole.

Die Formel I ist also nah am Wasser gebaut. Wer am Strand in der Sonne liegt, hört das Dröhnen der Boliden lautstark – und er spürt es als Vibration auch hautnah im Sand. Manche Red-Bull-GP-Fans behaupteten sogar: Wenn unser Vettel vorbeirast, geraten die Biergläser auf den Plastiktischen der Strand-Restaurants ins Wackeln ...

Zum vierten Mal seit 2008 gastiert der GP-Zirkus mit seinem Europa-Rennen in Spaniens drittgrößter Metropole. Zur Hauptattraktion ist dort der Jachthafen am Mittelmeer geworden – das verleiht dem Rennen Monaco-Flair. Im Gegensatz zum Fürstentum mit seinen nur 35.000 Einwohnern leben im Valencia-Großraum knapp zwei Millionen Menschen an der Mündung des historischen Turia. Dieser Fluss wurde nach der verheerenden Flutkatastrophe von 1957, die große Teile der Stadt schwer beschädigte, umgeleitet und umgebettet. Der Turia wurde gesplittet: Ein Teil fließt seitdem im Westen, der andere in einem Kanal im Süden Valencias ins Mittelmeer.

Alonso ist etwas früher als sonst nach Valencia gereist. Vom „Aeropuerto de Manises“ ist er in einem schwarzen Maserati Quattroporte direkt in die City chauffiert worden, um im „Luna-Park“ mit behinderten Kindern Karussell zu fahren. Allesamt sind sie begeisterte Formel-I-Fans – und es war ihr sehnlichster Wunsch, mit ihrem Idol auf dem Ringelspiel zu sein.

Ein wahrlich kreativer Kinderwunsch. Denn das Karussell und die Formel I haben ja eines gemeinsam: Beides kann man als „drehendes Fahrgeschäft“ sehen. Danach schrieb der spanische Doppelweltmeister hunderte Autogramme. Und das mit einer Engelsgeduld, wie man sie bei ihm im Fahrerlager noch nie gesehen hat.

Wussten Sie übrigens? Fernando Alonso gehört der Generation Rennfahrer an, für die die automobile Königsklasse lange Zeit kein „Muss“ war: „Bis zum Alter von 17 Jahren habe ich keinen einzigen Grand Prix vor dem TV angeschaut. Ich kannte noch nicht einmal die Namen der Fahrer.“ Ferraris Medienchef Luca Colajanni sagt dazu: „Ich habe das auch von Fernando gehört. Nur glauben kann ich es bis heute nicht. Der 16-jährige Alonso soll keinen Michael Schumacher, Damon Hill, Jacques Villeneuve oder Mika Hakkinen gekannt haben. Das ist für mich nur schwer vorstellbar. Aber wie gesagt, er hat es gesagt. Basta."

Valencia-Vorjahrssieger Sebastian Vettel war bereits am Wochenende davor in Spanien. Genauer gesagt auf Mallorca, wo er in Palma bei Thomas Gottschalks letzter „Sommer-Wetten, dass …?"-Livesendung einer der Stargäste war. In der grell und bunt beleuchteten, antiken Stierkampf-Showarena fand der Blondschopf seinen Platz zwischen den Schönheiten Cameron Diaz und Heidi Klum. Auch das nennt man Pole-Position.

Natürlich machte Vettel dort eine gute Figur und zeigte sich von seiner besten Seite. Formel-I-CEO Bernie Ecclestone bestätigte das sehr glaubwürdig: „Mr. E" saß an diesem Abend mit seiner brasilianischen Lebensgefährtin Fabiana Flosi in den vorderen Zuschauerreihen. Alles nach dem Motto: Man gönnt sich ja sonst nichts.

Von Palma de Mallorca ist Vettel via Zürich nach Valencia eingeflogen. Bei der Fahrerlager-Medienrunde in der Red Bull Energy-Station sagt er am Donnerstag leicht stöhnend: „Es ist ja schön, wieder bei euch zu sein und in die Mitte genommen zu werden. Doch ehrlich gesagt, zwischen Cameron Diaz und Heidi Klum habe ich mich noch wohler gefühlt."

Red Bulls Nummer 1 schwelgt an diesem sonnig-heißen Donnerstag weiter in Erinnerungen. Dem 23-jährigen Vorjahrssieger blieb vom Europa-GP 2010 vor allem eine Szene eindrucksvoll in Erinnerung: nämlich als sich sein Teamgefährte Mark Webber beim Versuch, Heikki Kovalainen zu überholen, spektakulär überschlagen hatte. Nach Webbers harter Landung – er blieb unverletzt – landete Vettel damals ganz oben auf dem Podium.

Mark Webber redet bei seinem Donnerstag-Medientisch lieber über anderes: „Meine Flugshow gibt's nur noch auf YouTube." Im Internet sind allerdings nicht nur seine Flugerfahrungen von Valencia, sondern auch jene von Le Mans zu sehen. Beim 24-Stundenrennen von 1999 war sein Mercedes-Sportwagen plötzlich zum Flugzeug geworden. Niki Lauda, 2001 und 2002 Jaguar-Rennchef, holte Webber denn auch mit folgender Begründung für 2003 zu Jaguar: „Weil er nicht nur fahren, sondern auch fliegen kann."

Der 34-jährige „Aussie" überrascht nach Monaco, Montreal und vor dem Valencia-Rennen mit einem interessanten Vorschlag für ein weiteres Stadtrennen: „Downtown San Francisco mit allen seinen Hügeln und Sprüngen wäre ein sehr gutes Pflaster. Für die Fans könnte das sicher großartig werden."

Wussten Sie übrigens, wer Webbers Lieblings-Teamkollege wäre? „Juan Manuel Fangio – und meine zweite Wahl wäre Sebastian." Das sind ja ganz neue, versöhnliche Töne gegenüber dem Teamgefährten. Und sollte Webber künftig Formel-I-Teamchef werden, würde er als seinen Nummer-1-Piloten Fernando Alonso engagieren – und doch nicht Vettel. Der Grund: „Fernando ist unglaublich komplett. Er ist erfahren und schnell. Er ist eben einzigartig."

Es ist Freitag – und der Himmel über Valencia ist bei 25 Grad bewölkt. Das ist ungewöhnlich. Alles andere verläuft in gewohnten Bahnen. So hat auch der deutsche Streckenbau-Spezialist Hermann Tilke sein traditionelles Kommen zum Europa-GP zugesagt. Tilke kommt gerne: erstens wegen seines „heißen" 5,419 km langen Valencia Street Circuits. Zweitens, weil die Stadt auch die selbsternannte „Paella-Hauptstadt" ist. Ein kulinarisches Highlight, das sich niemand entgehen lassen sollte. Schließlich haben sie hier mit der Reis-Köstlichkeit seit 200 Jahren Erfahrung.

Erst seit 2008 gibt es die vom Aachener GP-Architekten Hermann Tilke designte Strecke. Er hat diesen „schnellsten" Stadtkurs rund um den ehemaligen America's-Cup-Jachthafen angelegt. 2007 und 2010 startete hier für die Hochsee-Segler die „Formel I der Meere".

Zurück zum Asphalt: Gleich fünfmal pro Runde beschleunigen die Boliden auf mehr als 280 km/h. Mit 25 Kurven gibt es in Valencia die meisten Richtungswechsel. Die Fahrer kommen dabei gehörig in die Gänge: 64-mal pro Runde schalten sie – nur in Singapur sind Schaltwippen und Getriebe pro Runde noch mehr gefordert (71-mal). In den 57 Valencia-Runden wird somit 3648-mal geschaltet!

Und noch etwas ist hier außergewöhnlich: Während des GP-Weekends wird die Strecke jede Nacht „unterbrochen", weil die Hafen-Schwenkbrücke für die Schifffahrt geöffnet wird. Bislang ist am anderen Morgen noch nie vergessen worden, die Brücke wieder zu schließen. Oder wie Webber witzelt: „Kein Bolide ist bisher ins Wasser gefallen – und wie ein Turbo-U-Boot getaucht."

Webber ist im ersten Freitag-Training mit 1:40,403 Minuten der Schnellste. Vor Vitaly Petrov, Alonso, Hamilton und Nick Heidfeld. Vettel lässt es als 16. noch verhalten angehen (1:42,941). Nachmittags steigert er seine Rundenzeit im Red Bull RB7 auf 1:38,265 – und ist Dritter hinter dem Tagesschnellsten Alonso (1:37,968) sowie Hamilton. Fazit: Ein typischer Formel-I-Freitag ohne besondere Vorkommnisse.

Alonso ist von der Rennstrecke rund um die „Juan Carlos I. Marina" begeistert. Mit einem Vollgas-Anteil von 69 Prozent reiht sich der Valencia Street Circuit punkto Tempo bei Melbourne, Istanbul und Silverstone ein. Mit Melbourne verbindet Valencia noch: Die Straßenstrecke wird nur einmal im Jahr genutzt. Folglich wird der Grip (Bodenhaftung der Reifen) während des Wochenendes immer besser – je mehr gefahren wird, je mehr Gummi lagert sich auf der Ideallinie ab und desto besser wird der Grip.

Die einzigartigen Anforderungen dieses Kurses haben den Reifen-Monopolisten Pirelli dazu bewogen, in Valencia mit den brandneuen Medium-Reifen, also mit der mittelharten Gummi-Mischung zu debütieren. Die Medium-Reifen wurden vor zwei Wochen während des freien Trainings in Kanada getestet.

Der mit weißem Schriftzug gekennzeichnete Medium-Reifen ist nicht ganz so langlebig wie der harte Slick (Silber-Kennzeichnung), der bei den ersten fünf Rennen der Saison eingesetzt wurde. „Ist dieser Medium-Reifen schneller als der harte?“, fragt Force-India-Teamchef Vijay Mallya. Doch Pirellis Motorsportchef Paul Hembery zuckt mit den Schultern: „Das kann sein, muss aber nicht sein.“

Freitagabend, 21 Uhr, Fahrerlager: Die Sonne, die man vormittags vermisste, brennt immer noch vom Himmel. Von den meisten VIP-Tempeln der Teams kann man sie unübersehbar erkennen: Die 95 m lange „Indian Empress“ von Force-India-Milliardär Vijay Mallya ist das stolzeste Schiff im Hafenbecken. Kein anderes ist dominanter, protziger und luxuriöser. Vor einem Jahr trafen sich dort auf dem dritten Deck Bernie Ecclestone, Flavio Briatore und Jean Todt zum sogenannten „FI-Mafia“-Meeting.

Dieses Mal wird eine kleine GP-Party für Auserwählte gegeben. „Der teuerste Champagner floss wie Mineralwasser“, schwärmt ein ungenannt bleiben wollender Auserwählter. Die geplante 800-Gäste-Mega-„Sause“ sagte Mallya kurzfristig ab. Der Grund: Er hätte der Stadt Valencia dafür zu viel Vergnügungssteuer entrichten müssen. Sein übliches Beiboot, die „nur“ 50 m lange „Force India“, ließ der Inder dieses Mal zuhause.

Freitagabends wird auch bei Mercedes GP gefeiert. Allerdings auf festem Grund: auf der Terrasse ihres Fahrerlager-Pavillons. Anlass ist der 24. Juni 2011. Auf den Tag genau feiert das Silberpfeil-Team den „100. Geburtstag von Juan Manuel Fangio“. Der fünfmalige argentinische Formel-I-Weltmeister wurde am 24. Juni 1911 geboren. 1954 und 1955 fuhr er für Mercedes – und wurde jeweils Champion. Fangio starb 84-jährig in Buenos Aires – am 17. Juli 1995. Seine letztes GP-Rennen fuhr er als 47-Jähriger in Reims. „Da habe ich noch etwas Zeit“, schmunzelt der 42-jährige Mercedes-Fahrer Michael Schumacher. Sein Motorsportdirektor Norbert Haug ist in Sachen Schumacher-Rücktritt zum Scherzen aufgelegt: „Michael fährt so lange, dass wir beide gemeinsam in Rente gehen können.“ Haug ist 58.

Bevor es am Samstag mit dem achten Qualifying der Saison losgeht, erklärt Rennleiter Charlie Whiting die neuen Regeln bezüglich Motor-Mapping (Kennfelder). In Valencia sorgt diese neue Formel für den Abgas-angeblasenen Diffusor nur zum Teil für Einschränkungen bei den Teams. In Silverstone wird das Mapping-Verbot dann gänzlich zum Tragen kommen. Am Saisonende wird es ganz abgeschafft. Die wichtigsten Auszüge daraus in Q&A-Form:

Im Rennen muss neu mit gleichen Motoreinstellungen (Mappings) gefahren werden, wie im Qualifying. Dürfen Piloten im Rennen trotzdem unterschiedliche Motorkennfelder anwählen?

Sie dürfen das – per Knopfdruck am Lenker. Weil es sich dabei nur um Feintuning handelt. Mehr erlaubt die Standardelektronik ja ohnedies nicht. Wer im Quali auf einen extrem aggressiven Motor-Modus setzt, muss ihn auch im Rennen fahren. Mit allen Konsequenzen und Ausfall-Risiken. Die bisherige Neuprogrammierung der Kennfelder mittels Laptops im Parc fermé, zwischen Quali und Rennen, ist ab nun verboten.

Wieso änderte die FIA diese Regel vor Valencia, also während der Saison?

Man ändere gemäß FIA nicht die Regeln. Man stoppe nur die Teams, die diese Regeln nicht respektieren. Der Abgas-angeblasene Diffusor wurde ja nicht verboten. Die Auspuffgase dürfen weiter genutzt werden, solange sie dazu produziert werden, um den Motor-Brennraum zu leeren. Die FIA verbietet nur, dass Auspuffgase ausschließlich dazu generiert werden, um die Aerodynamik zu unterstützen. Das koste zu viel Sprit.

Sollte dieses Verbot Red Bull einbremsen?

Laut FIA ist die Klarstellung der Regel nur aus technischen und nicht aus politischen Gründen erfolgt. Man habe keine Ahnung, welches Team die Technik am besten beherrsche und welches dadurch am meisten betroffen sei.

Das mit Spannung erwartete Qualifying zeigt, dass es mehr als eine kleine Regeländerung braucht, um Red Bull zu stoppen: Sebastian Vettel schafft beim achten Saison-GP seine siebente Pole-Position – vor Teamgefährten Mark Webber, McLarens Lewis Hamilton und Fernando Alonso im Ferrari. Den Vettel-Verfolgern bleibt damit nur die Hoffnung auf den nächsten, rigoroseren Auspuff-Regelschnitt in zwei Wochen in Silverstone.

Auch im Rennen werden in Valencia jene Rivalen enttäuscht, die aufgrund der neuen Regel auf eine Schwäche von Red Bull hofften. Sebastian Vettel diktiert einen unspektakulären Grand Prix vom Start bis ins Ziel. Das Rennen läuft nach Schema V ab. Das heißt: Vettel gewinnt. Die einzige Überraschung: Ferrari löst McLaren als Gegner von Red Bull ab.

Alles fragt sich: Warum bleiben im Hitzerennen die Höhepunkte aus? Es gibt keinen Ausfall, keine Safety-Car-Phase, keinen Crash. Beide Reifentypen funktionieren relativ unkritisch. Der verstellbare Heckflügel (DRS) erweist sich – trotz zwei Überholpassagen – wenig effizient als zusätzlicher Spannungsfaktor. Alonsos Überholmanöver an Webber vorbei ist ein Gewaltakt. Ferraris Nummer 1 profitiert von Getriebeproblemen im Red Bull Nummer 2. Nur so – und mit deftigen Flüchen auf Spanisch für Nachzügler, die ihn aufhalten – schafft es der spanische Lokalmatador als Zweiter ins Red-Bull-Sandwich. „Wir haben den Rückstand auf

Red Bull zwar halbiert, müssen aber froh sein, wenn wir wenigstens eines der beiden Autos schlagen können", relativiert Alonso die rote Freude in der Box.

Hamilton wird nur Vierter. McLarens Teamchef Martin Whitmarsh zieht verbittert Bilanz: „Heute klappte nicht viel. Die Starts waren schlecht, das Rennen bot uns keine Chance, Red Bull und Ferrari mit einer anderen Strategie in die Falle zu locken. Unser Speed war zu langsam und dann streikte auch noch das KERS."

Und zwar bei Button (6.), der ab der Hälfte der 57-Runden-Distanz auf sein KERS verzichten musste. Weil der Fahrer in diesem Fall die Bremsbalance nach hinten verstellen muss, um das beim Laden der Batterien auftretende Bremsmoment an der Hinterachse zu kompensieren, kam es zu höheren Temperaturen an den hinteren Bremsen. Das heizt die Reifen doppelt auf.

Mit so vielen Unzulänglichkeiten kann man gegen einen Vettel nicht gewinnen. Der WM-Leader baut seinen Vorsprung aus – und liegt mit 186:109 Punkten vor Button/Webber. Hamilton fehlen 89 Punkte auf Vettel. Alonso gar 99. Die Verfolger wissen: Der WM-Zug ist abgefahren. Es sei denn, da passiert noch ein Wunder.

Der zweite Gewinner neben Vettel ist in Valencia „die Technologie", wie GP-Urgestein Jarno Trulli sagt. Denn beim Europa-GP sehen alle 24 gestarteten Boliden die Zielflagge. Erst zum vierten Mal in der mehr als 60-jährigen Formel-I-Historie gibt es somit ein Rennen ohne Ausfall. Der indische HRT-Pilot Narain Karthikeyan aus Chennai (Madras) ist der erste GP-Fahrer, der ein Rennen auf Platz 24 beendet.

„Wir haben hier einen noch vor nicht allzu langer Zeit für unmöglich gehaltenen Rekord aufgestellt", sagt Jarno Trulli nachdenklich, „alle 24 Gestarteten im Ziel. Das heißt, punkto Technik und Qualitätskontrolle haben wir ein exzellentes Niveau erreicht. Doch dies hat auch seine Schattenseiten, weil durch die hohe Zuverlässigkeit ein weiterer menschlicher Faktor verloren geht." Der Team-Lotus-Pilot nennt noch zwei weitere Gründe, warum ihm diese Entwicklung nicht gefällt: „Erstens wird es für die kleinen Teams wesentlich schwieriger, in die Punkteränge zu fahren. Zweitens war es kein Zufall, dass Valencia das bisher langweiligste Rennen dieser Saison war."

Jarno Trullis treffender Schlusssatz: „Das soll Sebastians Erfolg aber in keiner Weise schmälern. Der Bursche fährt fantastisch – und hat keinen Verfolger. Weil sich seine Jäger die Punkte gegenseitig wegschießen."

Valencia – das erste Formel-I-Wochenende nach der Regel-Reform! „Unfair, mitten in der Saison das Reglement zu ändern", schimpfen immer noch viele, aber Michael Schumacher relativiert: „Wenn die Polizei ein Tempolimit von 80 km/h verhängt und dann auf 60 runtergeht, regt sich auch keiner auf." Sagt Schumi, der als Bub eine Zeitlang sogar den Berufswunsch hatte, Polizist zu werden …

Keine Veränderung am Motor-Management zwischen dem gestrigen Qualifying und dem morgigen Rennen, ab Silverstone auch keine heißen Auspuffgase mehr – wie sehr ändert sich die Hackordnung in der Formel I? Und wen trifft's am härtesten? „Die Österreicher!", behauptet Schumacher. Weil man im Qualifying nimmer so viel mit heißen Dämpfen riskieren kann – was die Standfestigkeit im Rennen reduziert?

„Macht einen Unterschied für alle, aber nicht mehr als für uns", sagt Sebastian Vettel. „Alle spielen herum. Aber wir haben keine Geheimnisse. Das Team hat mir nichts versteckt."

2010 gab es eine Phase, da wetterte die Konkurrenz, Red Bull habe einen Schalter im Cockpit, um das System zu deaktivieren. „Wir hatten nix Spezielles", beteuert Vettel. Aber heuer hat der gigantische Quali-Vorsprung in Barcelona (0,9 Sekunden) die Neidgenossenschaft aufgeschreckt. Und Hamilton erinnert sich, „dass Alonso auch in Montreal etwas im Auto hatte – als er in die erste Startreihe vorkam."

„Engine-mapping", also die Motor-Abstimmung, hat immer viel mit zwei Parametern zu tun: Gangwechsel und Spritverbrauch. In Valencia schalten die Piloten heute 64-mal pro Runde, also 3.648-mal über die volle Renndistanz – im Durchschnitt alle 85 Meter. In Monte Carlo alle 61, in Spa alle 143 Meter.

„In Valencia haben wir acht langsame Kurven mit genau der gleichen Geschwindigkeit im Scheitelpunkt", haben die Motor-Experten ausgerechnet. „Das macht es schwer für die Ingenieure, die Rennabstimmung auszutüfteln. Bei jedem Debriefing besuchen sie jetzt einen Computer, um zu wissen: Von welcher Kurve reden wir?"

Und noch etwas ist heute beim GP von Europa anders: Valencia war schon 2010 das Rennen mit dem höchsten Spritverbrauch.

ALLE AUTOS IM ZIEL

Zandvoort 1961 (15 gestartet – 15 im Ziel)	1. Graf Trips (Ferrari)
Indianapolis 2005 (6 gestartet – 6 im Ziel)	1. Michael Schumacher (Ferrari)
	6. Patrick Friesacher (Minardi)
Monza 2005 (20 gestartet – 20 im Ziel)	1. Juan Pablo Montoya (Williams)
Valencia 2011 (24 gestartet – 24 im Ziel)	1. Sebastian Vettel (Red Bull)

Silverstone: Viva Ferrari & Alonso

AUSPUFF-STREITEREI

Fünf Liter Super, bitte. Der alte Scherz an der Formel-I-Tankstelle gilt nicht mehr, seit Nachtanken verboten ist. Wäre oft wichtig, vor allem jetzt in Silverstone. Und für die Austria-Piloten.

Jochen Rindt verlor dort 1969 den GP von England, weil ihm kurz vor Schluss der Sprit ausging, gewann ihn aber 1970, weil seinem WM-Rivalen Jack Brabham das gleiche Malheur passierte. Jochen, fair: „Eine Ironie, dass ich ein Jahr später das gleiche Rennen gewinnen sollte durch das Pech eines anderen."

Jack (85) verrät noch heute genüsslich: „Mein Mechaniker Ron Dennis hatte sich verzählt. Nur acht statt neun Kanistern eingefüllt." Heute regelt alles der Computer.

Gerhard Berger holte 1988 in Silverstone gegen die unschlagbaren McLaren-Honda Pole-Position und führte auch im Ferrari – bis ihn die Anzeige warnte: „Gas wegnehmen, du bist mit dem Sprit im Minus." Er wurde nur Neunter.

Ist schon allen passiert: 1964 in Spa blieben die ersten vier in der letzten Runde ohne Sprit liegen, 1982 in Monte Carlo stoppen die ersten drei – Andrea De Cesaris ohne Benzin. Und Barrichellos peinliche Spritpanne 2003 in Interlagos entschuldigte Ferrari mit „elektronischen Problemen".

Formel-I-Fans fragen oft als Erstes: a) Wie schnell geht er auf der Geraden? Und b) wie viel braucht er auf 100 km? Ad a) in Monza bis zu 350 km/h. Ad b) etwa 70 Liter – die Tanks der heutigen GP-Autos fassen bis 220 Liter Sprit – je nach Vollgasanteil und Strecke. Abweichung: etwa 5 Prozent.

Und Silverstone frisst am meisten – mehr noch als zuletzt Valencia!

In den 50er-Jahren fuhr die Formel I mit dem leichteren Flugbenzin. Enzo Ferrari befahl damals: „Füllt ja nicht zu viel ein, jedes Gramm zählt. Mir ist am liebsten, meinem Auto geht auf der Ziellinie der Sprit aus – oder der Motor zerplatzt."

Was in der Turbo-Ära passierte. Nelson Piquet (Brabham-BMW) schoss sein Auto 1984 zu neun Pole-Positions, aber um die WM kämpften Niki Lauda und Alain Prost. Piquets Geheimnis: der echte Raketensprit! BMW-Genie Paul Rosche kannte einen Ingenieur aus dem Raketen-Forschungszentrum Peenemünde – und der hatte noch ein paar Fässer von damals im Keller: Dickflüssig, schwarz, synthetisch – der Sprit hatte nie einen Tropfen Erdöl gesehen.

Himbeersaft war's keiner. Als einem Mechaniker beim Tanken ein Tropfen überlief und aufs Uhrenarmband klatschte, fiel ihm sofort die Uhr zu Boden. Ferrari befahl seinen Mechanikern: „Ihr müsst zwei Liter Milch am Tag trinken – wegen der Leber." Und den Williams-Einfüllmann mit der großen Lederschürze hat man plötzlich auch nicht mehr gesehen.

Heute haben wir längst wieder den Sprit von der Tankstelle – 98 Oktan. Aber billiger ist er auch in der Formel I nicht geworden.

Er war Niki Laudas Stallkollege bei Brabham und McLaren, beinahe Weltmeister, Sieger im Österreich GP 1976, wo er sich aufgrund einer Wette den Vollbart abrasieren musste – und gewann 1981 den GP von England. Gentleman-Pilot John Watson, heute TV-Kommentator über den Klassiker von Silverstone – und Sebastian Vettel.

John, die englischen Medien haben Schumacher wegen seiner Kollisionen mit Damon Hill immer verteufelt, legten ihm den Rücktritt nahe – wie sehr mögen sie Sebastian Vettel?

Watson: Wir alle würden von Seb gern mehr wissen. Wie er lebt, welche Hobbies usw. Viele halten das „German Boy Wonder" für ein Computer-Kid. Aber seine Rekorde verlangen allen Respekt. Es gibt viele Gründe, warum er so außergewöhnlich ist.

Mit 24 Jahren hat noch keiner so viel gewonnen, auch kein Jim Clark oder Jackie Stewart. Vettel – bald der Größte von allen?

Watson: Der Beste im besten Auto! Aber dazu müsste man ihn erst einmal in einem anderen Team sehen. Stewart gewann alle drei WM-Titel mit Ken Tyrrell, Clark fuhr alle seine 72 GPs für Lotus …

… Wozu mir Colin Chapman sagte: Jimmy wäre in jedem anderen Auto genauso gut, aber kein anderer wäre so gut im Lotus?

Watson: Hat was für sich, ja. Aber für mich sind die Größten, die mit verschiedenen Autos siegten. Und darum war Fangio, der Weltmeister mit vier Teams, der Größte von allen.

Aber was Vettel in der Formel I auslöst, ist eine Revolution?

Watson: Soviel ich mitkrieg, vergessen die meisten Teams jetzt schon auf die WM 2011, bauen nur noch ihre Autos für 2012. Und der Grund dafür ist die Überlegenheit, der unheimliche Vorsprung von Vettel.

Wann wird er Weltmeister?

Watson: Schon sehr bald. Das könnte nur etwas total Außergewöhnliches verhindern. Wie ein Unfall mit Verletzungen. Aber das wünscht ihm bestimmt keiner!

Wem halten die Briten am Sonntag die Daumen?

Watson: Immer noch dem McLaren-Team. Lewis Hamilton und Jenson Button sind die Lieblinge der Fans. Sie kämpfen nur um Platz 3 gegen Alonso. Aber ich wünsch auch Schumacher einen Podestplatz.

Wer wird also Silverstone gewinnen?

Watson: Sicher wieder ein Red Bull, aber mich würde nicht überraschen, wenn diesmal Webber.

Wie schon 2010, als er nach der Zielflagge seinem Team über Boxenfunk sagte: „Nicht schlecht für einen Nummer-2-Piloten"?

Watson: Mark hatte damals seinen neuen Heckflügel an Vettel abtreten müssen und sich geärgert. Ich versteh Mark. Mir hat Bernie Ecclestone auch einmal die Reifen weggenommen und dem Niki draufgeben lassen.

John, eine historische Korrektur. Buttons Sieg in Montreal, nach Aufholjagd vom 17. Platz, war gar kein Weltrekord?

Watson: Niki Lauda und ich haben 1983 in Long Beach vom 22. und 23. Startplatz gewonnen. Wir brachten im Qualifying die Reifen nicht richtig zum Arbeiten – erst im Rennen mit vollen Tanks.

Silverstone – da begann in der Formel I die Turbo-Ära, über die jetzt wieder so viel diskutiert wird. 1977 debütierte Jean-Pierre Jabouille mit dem kleinen, fast mitleidig belächelten Renault-Turbo, schied mit Motorschaden aus, holte aber schon zwei Jahre später den ersten Grand-Prix-Sieg in Dijon – und triumphierte 1980 in Zeltweg.

In Silverstone fuhr Niki Lauda 1983 die ersten Tests mit dem McLaren-TAG-Turbo, mit dem er 1984 die WM gewann. Der Motor war eine Porsche-Auftragsproduktion für 12 Millionen Dollar.

Und jetzt wieder Silverstone – mit heißen Debatten über die Motor-Entscheidung für 2013. Wie bei einem Boxkampf. In der einen Ecke Bernie Ecclestone: „Der echte Motorlärm gehört zur Formel I. Mit einem säuselnden Turbo können die Fans nichts anfangen – und ich auch nicht." Im anderen Corner FIA-Präsident Jean Todt, der angeblich ab jetzt bei jedem Grand Prix ein Luxusbüro wie Bernie verlangt – genauso groß und im gleichen Stock …

Todt hatte den Turbo-Pionier Renault hinter sich – Ferrari und Mercedes kämpften um die V8-2,4-Liter-Saugmotoren, gaben aber überraschend nach. Darum fährt die Formel I ab 2013 mit 1,6-Liter-V6-Turbos, Hybrid-Technik und Eco-Sprit.

Für Ferrari-Fans bricht eine Welt zusammen. Sogar Enzo Ferrari wird vom Himmel drohende Blitze schicken. Der 12-Zylinder mit seinem satten Geräusch war immer die Ferrari-Religion.

Noch zu Niki Laudas Ferrari-Zeiten wusste man im Team die geheime Story: Wann immer Enzo Ferrari in seiner Wohnung auf der Teststrecke Fiorano eine junge Signorina zum Mittagessen einlud, stand unten in der Box ein Formel I bereit. Und auf Ferraris Kommando musste ein Mechaniker den Motor starten – und minutenlang laufen lassen. Das brachte den alten Herrn so richtig in Schwung. Hätt's auch ein Turbo geschafft?

Dunkle Wolken über dem früheren RAF-Kriegsflughafen Silverstone – wie immer beim Grand Prix. Aber Blitz und Donner in den Boxen! „Bis Mittwoch", erfahre ich von den Teamchefs, „müssen wir das neue Reglement kennen. Denn was mit den heißen Auspuffgasen passiert, was wir alles draus machen dürfen und was nicht, wurde im Gegensatz zu allen Ankündigungen noch nicht genau definiert. Schauen wir, was daherkommt – aber das müssen wir bis Mittwoch wissen!"

Nur einen Tag vor der technischen Abnahme, zwei Tage vor Trainingsbeginn – da droht sowieso Chaos. „Es gibt so viele Varianten und Ideen", verrät Red-Bull-Sportchef Dr. Helmut Marko. „Aber es muss letztlich etwas sein, das für alle gleich ist und keine Auswirkungen hat." Außer den 0,5 Sekunden, um die die Autos in Silverstone langsamer sein werden – haben die „Superhirne" schon ausgerechnet.

Aber warum die „Lex Red Bull"? Warum muss die „Formel Austria" wie schon mit dem Motormanagement-Verbot zwischen Qualifying und Rennen dauernd eingebremst werden?

„Gewinn einmal, und alle gratulieren und freuen sich mit dir. Aber gewinn zweimal, und alle hassen dich", ist ein berühmter Spruch in der Formel I.

Im Fußball muss jede Meisterschaft so beendet werden, wie sie begonnen hat – im berühmten „Yellow book" der FIA steht nichts dabei. Reglementänderungen während der Saison sind verboten – mit einer einzigen Ausnahme: wegen der Sicherheit!

So wurden die gefährlichen „Flügelautos" 1982 nach der Kollision Mass-Baldi in Le Castellet verboten – ein Auto war damals über die Leitplanken geflogen. Und 1994, als binnen elf Tagen Roland Ratzenberger, Ayrton Senna (in Imola) und Karl Wendlinger (in Monaco) verunglückten, beschnitt die FIA ab sofort die Aerodynamik.

Aber das berühmteste Verbot traf den sensationellen Staubsauger-Brabham, mit dem Niki Lauda 1978 in Anderstorp (Schweden) gewann. Der Brabham Alpha BT 46B war die Antwort von Teambesitzer Bernie Ecclestone und seinem genialen Konstrukteur Gordon Murray auf den unschlagbaren Lotus. Ein riesiger Ventilator im Heck, offiziell als „Ölkühler" deklariert, presste das Auto auf die Fahrbahn und ermöglichte sagenhafte Kurventempi.

Lauda gewann überlegen, musste aber um seinen Sieg zittern. Für die FIA-Sportkommissare war der BT nicht gerade irregulär, aber „nicht im Geist und Sinne des Gesetzes". Die Lösung? Lauda behielt Sieg und 9 WM-Punkte, aber der „Staubsauger" durfte nie mehr ein Rennen fahren, offiziell „wegen mangelnder Sicherheit. Der Ventilator könnte Steine ausspucken, die die anderen Fahrer gefährden …"

Heute vergammelt der geniale „Staubsauger" unbeachtet in einer Ecke der Brabham-Fabrik …

Die „Komödie" beginnt am Freitagvormittag – und macht das freie Training gänzlich zur Nebensache. FIA-Rennleiter Charlie Whiting ist nicht zu beneiden: Schon am Freitagabend kann er die Wörter Motorkennfeld (Mapping), Auspuff, Diffusor/Unterboden, Zwischengas, Vierzylinder-Modus, Walzenschieber und Drosselklappenöffnung nicht mehr hören.

Geschickte Lobbyarbeit der Teams hat die FIA in dieser komplexen und komplizierten Regelinterpretation beim Auspuff-Zank in einen Zickzackkurs getrieben.

Die FIA hat das Ausmaß des Auspufftricks falsch eingeschätzt: Weil fast jedes Team eine andere Philosophie in Bezug auf die Zwischengas-Lösung verfolgt, geraten dieser Motor-Passus und nicht zuletzt auch dessen Überwachung durch die FIA immer mehr ins Wanken. Die Konfusion ist hausgemacht.

Was diesbezüglich von der FIA am Freitag als neue Vorschrift eingeführt wurde, musste am Samstag – nach Protesten einzelner Teams – wieder zurückgenommen werden. Jeden Tag eine neue Regelauslegung? Die Verwirrung und der Eklat lassen kein normales GP-Weekend zu. Niki Lauda stichelt: „Im Fußball streiten sie während des Spiels ja auch nicht darüber, wie viel Luft im Ball ist."

Team-Lotus-Chef Tony Fernandes schüttelt am Samstagvormittag verständnislos den Kopf: „Da kommen nur noch ganz wenige mit. Der Rest versteht nur Bahnhof." Mark Webber sagt nach seiner zweiten Saison-Pole-Position vor Vettel: „Ich glaube, diejenigen, die darüber diskutieren, haben mittlerweile auch den Überblick verloren. Genauso wie ich und alle Fans."

„Das Fahrerlager gleicht einem Irrenhaus", sagt Bernie Ecclestone, „und wie bekannt, ist dort ja nur der Direktor normal." Dann holt er am Samstag nach dem Qualifying weit aus und sagt sinngemäß: Einmal gilt der harte Motoren-Kurs mit nur zehn Prozent Öffnung der Drosselklappen oder Walzenschieber. Dann wieder bekommen die Drosselklappen-Motoren von Renault und Ferrari Sonderrechte und dürfen um 50 Prozent öffnen. Tags darauf ist wieder alles anders.

Motoren-Rivale Mercedes rechnet vor, dass die Renault-Teams bei 50 Prozent geöffneten Drosselklappen über Gebühr profitieren. Das bedeute 70 Prozent Luftdurchsatz und damit auch 70 Prozent „kaltes" Anblasen mit allen seinen aerodynamischen Vorteilen.

Ein solches Ungleichgewicht zugunsten von Renault könne man nicht hinnehmen. McLaren vermutet, dass Renault die Sorgen um die Standfestigkeit ihrer Motoren (deshalb zuerst das Sonderrecht) nur vorschiebt, um aerodynamisch so wenig wie möglich zu verlieren.

Im Motor-Wirrwarr um den Auspufftrick bahnt sich kurz vor dem Rennen eine Einigung an: weil die übrig gebliebenen „Verweigerer" Ferrari und Sauber einlenken. „Die Formel I sollte keinen Schaden nehmen", begründet Sauber-Geschäftsführerin Monisha Kaltenborn die Entscheidung im Sinne der Allgemeinheit, „wir denken primär an das Image und die Fans der Formel I. Die ganze Angelegenheit wurde am Ende sehr kompliziert. Deshalb sind wir froh, dass es nun eine Einigung gibt."

Ab dem Nürburgring-GP gelten somit wieder die Regeln, die vor Silverstone (also in Valencia) zur Anwendung gekommen sind. „Kaltes" und „heißes" Auspuffgas-Anblasen beim Diffusor ist wieder erlaubt – ohne Beschränkung der Drosselklappenöffnung. Nur eine einzige Einschränkung gibt es: Die Motoreinstellung (Kennfeld, Mapping) darf zwischen Qualifying und Rennen nicht verändert werden.

„Zu 99,9 Prozent ausverkauft!", höre ich vorm englischen Grand Prix. Spätestens seit Jenson Buttons dramatischem Sieg in der Regenschlacht von Montreal sind die coolen Briten wieder total Formel-I-verrückt. Silverstone-Chef Damon Hill, Weltmeister 1996, hat den sündteuren 17-Jahre-Deal mit Bernie Ecclestone ausgeschnapst, aber es ist sein letzter British GP: „Ich trete als Präsident des BRDC, des britischen Racing Drivers Club, zurück!"

Sein Nachfolger: wahrscheinlich Derek Warwick. Ayrton Senna hat ihn 1985 bei Lotus abgelehnt, Gerhard Berger ging 1989 in Estoril haarscharf an einer Katastrophe vorbei, als er Warwick als Geisterfahrer mit 300 km/h entgegenraste. Grund: Die „aktive Radaufhängung" hatte versagt und der Ferrari war nach dem Boxenstopp nicht mehr zu lenken.

Ein Tipp für den neuen BRDC-Präsidenten Warwick: Bitte das Pop-Konzert zum British Grand Prix wieder einführen! Zu Jochen Rindts Zeiten musizierten Chris Barber und Humphrey Littleton den ganzen Abend nach dem Rennen im Silverstone-Fahrerlager – in den letzten Jahren gab es das Open Air der Formel-I-Piloten. Ein großer Hit: mit Hill und dessen Band mit dem seltsamen Namen „Sex, Hitler and the Hormons", mit Villeneuve, Frentzen, Irvine, Eddie Jordan & Co. live on stage.

Heuer ist noch der Tag der Gartenpartys, mit den Frauen und Freundinnen der Ingenieure und Mechaniker im Fahrerlager. Red-Bull-Teamchef Chris Horner hat den härtesten Job: Sein Team hat 500 Mitglieder, er aber keine 500 Tickets fürs Fahrerlager.

2010 stieg die Bullen-Party noch im Garten von Horners Landhaus. Mit einem diskret erfreuten Sieger Mark Webber und einem enttäuschten Sebastian Vettel: nur Platz 7 nach Kollision mit Lewis Hamilton schon in der 1. Runde.

Niki goes Hollywood! In der Filmmetropole braut sich derzeit ein Sensationsprojekt zusammen: Der englische Drehbuchautor Peter Morgan, berühmt durch seinen „Queen"-Film, schreibt schon am Script für eine Verfilmung des dramatischen Duells Niki Lauda – James Hunt um den WM-Titel 1976.

„Kein PR-Gag, das ist total echt, und ich find's voll gut", sagte mir Niki. „Morgan ist ein Top-Drehbuchautor, höchste Qualität. Ich hab ihn vor zwei, drei Wochen getroffen. Er fragte mich, ob ich mich in den Rennszenen spielen kann, und ich hab mich einverstanden erklärt. Jetzt müssen die rechtlichen Dinge geklärt werden – aber keine Sorge, der Film wird sicher passieren: Nächstes Jahr ist alles fertig. Ein echter Hollywoodfilm!", freut sich Lauda.

Der dreifache Weltmeister im Windschatten von Christoph Waltz und Karl Markovic? Und wer spielt den Menschen Lauda? „Da muss ich erst einen finden, dem ich ein halbes Ohr abbrenn – und der mit 25, 26 Formel-I-Weltmeister wird ..." Niki findet sein Double: Daniel Brühl, den er im November zum ersten Mal trifft.

Laudas Gage – gemessen an den Hollywood-Superstars? „Ich krieg fast nix. Aber darum geht's bei diesem Projekt gar nicht, sondern nur um die Hetz."

Lauda hat schon Film-Erfahrung. Nach seinem Rücktritt 1985 drehte er „100 Jahre Automobilgeschichte", halb Spielfilm, halb Doku, an der Seite eines kleinen Buben. „Aber das kannst vergessen." Echte Klassiker waren natürlich „Le Mans" mit Steve McQueen, „Grand Prix" mit Yves Montand und Jochen Rindt in einer Nebenrolle und „Weekend of a Champion" mit Jackie Stewart. Und jetzt?

Das Duell Lauda – Hunt schreit direkt nach einer Hollywood-Verfilmung: eines der spannendsten, außergewöhnlichsten Jahre der Grand-Prix-Historie. Von Laudas Spanien-Sieg trotz Rippenbruch, McLarens häufigen Regelverstößen und dem Polit-Krieg mit Ferrari, Nikis Nürburgring-Feuerunfall mit Letzter Ölung und sensationellem Comeback in Monza – bis zu seinem „Mut zur Feigheit" im Rennen von Fuji, wo er im Regen freiwillig ausstieg und Hunt den WM-Titel überließ.

James, ein toller Filmtyp mit langen struppigen Haaren und dem T-Shirt „Breakfast for Champions", wurde nur 45 Jahre alt: gestorben 1993.

Das Requiem von Niki Lauda damals? „James ist mit dem schlechteren Auto Weltmeister geworden."

Aber hast du nicht immer behauptet, der McLaren ist dem Ferrari technisch überlegen? „Schon. Aber ich wollte über James Hunt noch einmal etwas Nettes sagen."

Jetzt begegnen sie einander wieder – in Hollywood.

„Please, drive carefully" – Fahren Sie vorsichtig. So steht es auf der Ortstafel des 2000-Einwohner-Dorfes, wo Großbritanniens Motorsport zuhause ist: Silverstone ist typisch britisch, liegt in Mittelengland und ist der Mittelpunkt aller Race-Fans auf der Insel – es ist das „Home of British Motor Racing".

Rund um das idyllische Dörfchen mit der Flugplatz-Rennstrecke, mit Kuh- und Schafweiden sowie einem Golfplatz ist das weltweit erste „Motorsport Valley" entstanden. Im Gegensatz zum kalifornischen „Silicon Valley" geht's hier nicht nur um Bits und Bytes, sondern vor allem auch um PS und km/h.

In den Grafschaften Northamptonshire, Buckinghamshire und Oxfordshire – zwischen London und Birmingham – ist Racing zum blühenden Wirtschaftszweig geworden. Mehr als die Hälfte der rund 4.500 Rennsport-Unternehmen auf der Insel haben im „Motorsport Valley" ihren Sitz bzw. ihr Werk.

Dazu gehören auch 7 Formel-I-Teams: Force-India (Silverstone), Red Bull (Milton Keynes), Mercedes GP (Brackley), Renault-Lotus (Enstone/Chipping Norton), Williams (Grove-Wantage) und McLaren (Woking) sowie Virgin (Bicester). Zudem hat das „Team Lotus" des Malaysia-Millionärs Tony Fernandes seinen Werkssitz in Hingham bei Norwich (Norfolk).

8 der 12 Formel-I-Teams haben damit zum Großbritannien-Grand-Prix den kürzesten Anreiseweg der Saison. Nur die Italiener (Ferrari, Toro Rosso), die Schweizer (Sauber) und die Spanier-Deutschen (HRT aus Murcia und Greding nahe Ingolstadt) müssen ihre Trucks und Transporter am Kanal einschiffen. Oder per Huckepack-Zug durch den Eurotunnel schicken – unter der Schiffs-Straße von Dover durch.

In good, old England wartet ein neues Silverstone auf den Formel-I-Tross: „State of the Art" nennt man den neuen „Wing"-Boxenkomplex und das Fahrerlager. Damon Hill, der Noch-Präsident des noblen British Racing Drivers Clubs (BRDC), dem die Rennstrecke gehört, empfängt die Königsklasse im Vereinigten Königreich am Donnerstag mit großen Worten: „Willkommen im neuen Mittelpunkt des Motorsport-Universums." Dann fragt der Weltmeister von 1996: „Wissen Sie, was Silverstone so einmalig macht?"

Sebastian Vettel antwortet schlagfertig: „Du meinst sicher das Wetter, weil dies hier das einzige Land ist, in dem es gleichzeitig Regen und Sonne gibt." Damon Hill lacht und sagt darauf mit ernster Miene: „Silverstone hat eine Tradition wie Monza und so schnelle Kurven wie Spa. Doch einmalig ist, dass in Mittelengland der Motorsport tatsächlich mehr ist als die Kombination aus Sport und Motoren. Es ist eine Industriesparte mit eigenem Branchenverband. Die Formel I ist hier ein nicht unwichtiger Wirtschaftsfaktor."

Diesem hohen Anspruch wurde der British GP allerdings lange Zeit nicht gerecht. Die Rennstrecke, die im Zweiten Weltkrieg ein Flugplatz war und als Stützpunkt der Royal Air Force diente, war in die Jahre gekommen. Man merkte es ihr an, dass hier am 13. Mai 1950 das überhaupt erste Formel-I-WM-Rennen gefahren wurde: Antiquierte Gebäude und Tribünen, enge Zufahrtswege, Wiesen-Parkplätze, die bei Regen zur Schlammfalle werden – Formel-I-CEO Bernie Ecclestone kritisierte diesen Event lange Zeit als „Jahrmarktsrummel mit Dorf-Charakter". Aus London ließ „Mr. E" noch viele andere verbal-bissige Attacken gegen den Silverstone-Circuit folgen.

Die Oberklasse-Snobs des BRDC nahmen den Emporkömmling – Ecclestone war einst Gebrauchtwagenhändler – jedoch lange nicht ernst. Erst als der FI-Boss

DIE MILLION-PFUND-NOTE

Gregory Peck findet auf der Straße einen Million-Pfund-Schein, den ihm natürlich niemand wechseln kann. „The Million Pound Note" war ein Hollywood-Klassiker in den Fifties. Aber genauso viel, eine Million Pfund = damals 72 Millionen Schilling oder 12 Millionen D-Mark, war damals der gesamte Formel-I-Zirkus wert. Heute sind es drei Milliarden, aber Euros.
Der Anteil der Reifenfirmen war anfangs noch bescheiden: Ein paar Pfund als Prämien für Top-3-Platzierungen. Das Szenario, als 1950 die Formel-I-WM begann: Pirelli rüstete fast alle italienischen Teams aus, Dunlop die englischen.
Die Azzurri sammelten Siege und WM-Titel mit Alfa Romeo, Ferrari und Maserati, aber nicht unbedingt exklusiv. Auch Englebert rüstete zeitweise Ferrari aus, erklärbar durch Ferraris Naheverhältnis zum belgischen Ex-König Leopold, der zu Ferrari-Krisenzeiten in Maranello meist ein paar Edelkarossen bestellte, aber auch durch die vielen belgischen Piloten in Ferrari-Cockpits: Olivier Gendebien, Willy Mairesse, Paul Frère usw.
Als Mercedes 1954 wiederkam, lebte die alte Liebe zu Continental (schon aus den 30er-Jahren) wieder auf. Die Engländer produzierten ihre berühmten Dunlop „Green Spot"- und „Yellow Spot"-Pneus, der grüne Punkt für Trocken-, der gelbe Punkt für Regenreifen. Die Reifenmuster erkannte man meist acht, zehn Jahre später auf unseren Pkw-Reifen wieder.
Boxenstopps zum Reifenwechsel brauchte keiner. Jim Clark (Lotus) gewann einmal vier Grands Prix hintereinander, alle mit den gleichen Reifen. Und verabschiedete sich oft nach dem Training von seinen Mechanikern: „Bitte nur den Reifendruck nachschauen – ich bin morgen wieder da …"

Als Dunlop ausstieg, hatten die Engländer 83 Grands Prix gewonnen – den letzten in Spa 1970 mit Pedro Rodriguez. Aber die Sensation vom Regenrennen in Fuji 1976: Der Japaner Hasemi schnappte sich wenige Runden vor Schluss alte Quali-Reifen von Dunlop und fuhr damit die schnellste Runde – offiziell zuerkannt wurde sie freilich Jacques Laffite.
Aber da waren längst schon die Amerikaner in der Arena. Die Reifengiganten Goodyear (ab 1965) und Firestone (ab 1966) zahlten für damalige Verhältnisse Irrsinnsgagen an die Top-Piloten, oft getarnt als großzügiges Kilometergeld für Reifentestfahrten. Und Erste-Klasse-Flüge zwischen Amerika und Europa, wenn Mario Andretti zu den 500 Meilen von Indy jetten musste oder Jackie Stewart zur Can-Am, waren ganz normal.

Einmal kaufte Firestone sogar die ganze erste Klasse, nur damit Andretti ungestört schlafen konnte.

Goodyear gewann 1965 in Mexiko mit Richie Ginther seinen ersten von 368 GPs, ist also die erfolgreichste Formel-I-Reifenmarke aller Zeiten. Aber es gab auch eine bittere Niederlage. Beim Regenrennen in Zandvoort 1971 schwommen sieben Firestone-Piloten auf die Plätze 1–7, erst dann kam der beste Goodyear-Fahrer ins Ziel. Firestone holte 49 Siege, aber nur, wenn man die elf Indy-Siege 1950–60 dazurechnet. Das 500-Meilen-Rennen zählte damals zur Formel-I-WM. Firestone gewann 1966 mit Ludovico Scarfiotti (Ferrari) zum ersten und 1972 mit Emerson Fittipaldi (Lotus) zum letzten Mal – jeweils in Monza.
Dass Jim Clark 1968 in Hockenheim wahrscheinlich wegen eines „schleichenden Plattfußes" verunglückte, blieb lang geheim. Lotus-Chef Colin Chapman: „Wir wollten nicht, dass die so erfolgreiche Allianz zwischen einem Fahrer und einer Reifenfirma öffentlich zerstört wird."
Aber die Aktionäre der US-Giganten, die jahrelang den GP-Zirkus finanzierten, murrten: Die Formel I war zu teuer geworden. Als sich Goodyear 1998 mit dem Ferrari-Doppelsieg Schumacher/Irvine in Monza selber die Zielflagge zeigte, waren schon längst die Franzosen da: Michelin, seit Jahrzehnten im Familienbesitz, kam und ging. Zum ersten Mal als Weltmeister: 1984 nach Niki Laudas WM-Titel mit McLaren, seinem dritten. Erst Gerhard Berger holte als BMW-Motorsportchef die Franzosen 2001 zurück in die Formel I, samt ihrem temperamentvollen Rennchef Pierre Dupasquier, dem „Mann in Schwarz". Aber in Indianapolis 2005 wurde es wirklich finster: Nach Ralf Schumachers Trainings-Crash einigten sich Michelin und alle Teams außer Ferrari, Jordan und Minardi: Rückzug vom Rennen aus Sicherheitsgründen. Schumacher/Barrichello gewannen dieses Geisterrennen im Ferrari-Solo.
Da hatte längst ein neuer Gigant angeklopft: Bridgestone. Schon 1997 in Budapest ging es nur haarscharf an einem dreifachen Premierensieg Arrows-Yamaha-Bridgestone vorbei: Damon Hill verlor Platz 1 erst in der letzten Runde.
Das Bridgestone-Monopol der letzten Jahre ist noch lebendig. Für die Nachfolge der Japaner bewarben sich Michelin und Pirelli. Die Franzosen wollten aber wieder nur gegen Konkurrenz antreten, also einen neuen Reifenkrieg entfesseln – Pirelli beharrte auf dem Reifen-Monopol. Und gewann für drei Jahre die Schlacht ums schwarze Gold.

drohte, den britischen Grand Prix nach Donington zu verlegen, setzten die Lords und Sirs die Baumaschinen in Bewegung. Und investierten rund 25 Millionen Euro in den „Silverstone Wing“: einen neuen Boxen-, Fahrerlager-, VIP- und Medien-Komplex, dessen Dachkonstruktion an einen Flügel erinnern soll.

Am 17. Mai war dieser „Wing“ vom Herzog von Kent standesgemäß eröffnet worden. In einer nächsten Bau-Etappe sollen dort Hotels und Messehallen folgen. Das passt gut zum Nachfolger von Damon Hill als BRDC-Präsident: Derek Warwick, FI-Pilot von 1981 bis 1993, macht sein Geld heute mit Immobilien.

„Gut gemacht, Leute“, sagt Ecclestone am Donnerstag vor dem Rennen, „nur schade, dass das nicht schon vor zehn Jahren passiert ist.“ Der Formel-I-CEO wurde mit dem Helikopter eingeflogen. Auch Rennfahrer und Teamchefs nützen die Gelegenheit, mit dem Heli oder Privatflieger auf dem Ex-Militärflugfeld zu landen. Also inmitten der Strecke und neben dem Fahrerlager. Der Schweizer Teamchef Peter Sauber staunte dabei über die Improvisationskünste des Organisators: „Der Tower bestand aus zwei übereinandergestapelten Containern.“

Sebastian Vettel kommt per Auto aus der 35 km entfernten Retorten-Stadt Milton Keynes. Im dortigen Stadtteil Tilbrook steht die Rennfabrik von Red Bull Racing. Vor dem Werksbesuch war der jüngste Weltmeister in der englischen Auto-TV-Kultserie „Top Gear“ groß herausgekommen.

Vettel driftete mit einem „Brot-und-Butter-Pkw“, einem Suzuki Liana, über das Testgelände Dunsfold Aerodrome. Dabei schlug er den Rekord von Rubens Barrichello von 1:44,3 Minuten um drei Zehntel. „Die Karre hat null Leistung“, erzählt Vettel, „ich habe die Reifen total heruntergeschrubbt, um auf eine halbwegs schnelle Zeit zu kommen.“

Weil Camping in Silverstone eine gute Alternative zu den teilweise doch heruntergekommenen Unterkünften auf dem Land ist, logiert Vettel im eigenen Motorhome. Vater Norbert chauffierte es auf die Insel. Rubens Barrichello, Nico Rosberg, Timo Glock und Jenson Button schlafen ebenso luxuriös auf vier Rädern. So können sie zu Fuß ins Fahrerlager gehen. Dort wird vor allem über eines diskutiert: den Zwischengas-Zank oder, besser gesagt, die „Drosselklappen-Komödie“.

Das hat der Weltautoverband FIA nun davon, wenn er mitten in der Saison die Auspuff- und Zwischengas-Regeln ändert. Das Geschehen auf der Strecke ist deshalb Freitag und Samstag zur Nebensache verkommen. Es geht um viel „heiße“ Luft. Und um die Frage, wie sehr die Motoreinstellungen (Drosselklappen-Öffnungen) zurückgefahren werden müssen, um das aktive Anblasen des Diffusors/Unterbodens mit Auspuffgasen im Schleppbetrieb zu unterbinden. Also auch, wenn der Fahrer den Fuß vom Gaspedal nimmt (Zwischengas-Modus).

Mark Webber schüttelt den Kopf: „Die Fans kapieren höchstens 0,1 Prozent davon, was hier gespielt wird.“ Die Regeln ändern sich im Stundentakt. Was Freitag erlaubt ist (50-Prozent-Öffnung der Drosselklappen-Motoren von Renault und Ferrari), wird am Samstagmorgen verboten. Weil Mercedes und Cosworth heftig protestierten – ihre Triebwerke haben Walzenschieber statt Drosselklappen. Neu gilt: nur noch 10 statt 100 Prozent Luftdurchsatz für alle und das Einspritzen und Zünden bei nur vier statt acht Zylindern.

Als „Pole"-Setter Webber nach dem Quali, und seiner zweiten Saison-Bestzeit vor Vettel, gefragt wird: Auf welcher Fahrbahnseite startest du am Sonntag?, antwortet er zynisch-schlagfertig: „Ich weiß nicht, was die FIA diesbezüglich über Nacht entscheiden wird."

Auf das bisherige Kräfteverhältnis im Quali wirkt sich der Motor-Auspuff-Knatsch kaum aus: Red-Bull-Renault steht in der ersten Reihe (Webber, Vettel). Dahinter lauern die Ferraris (Fernando Alonso, Felipe Massa) und der McLaren von Jenson Button. Bei seinem Teamgefährten Lewis Hamilton läuft das Timing in Sachen Reifen und Regen schief: nur 10. Startplatz. Der einzige Quali-Verlierer im Auspuff-Streit ist Renault-Lotus: 14. Vitaly Petrov, 16. Nick Heidfeld.

Das Zwischengas-„Theater" geht nur deshalb über die Bühne, weil man sich vor Silverstone nicht darauf einigen konnte, zu den Valencia-Regeln zurückzukehren. Ferrari und Sauber legen sich quer. In Valencia galt: Es ist alles erlaubt, „heißes" wie „kaltes" Anblasen – nur mit der Einschränkung, dass die Qualifying-Motoreinstellung auch im Rennen gefahren werden muss.

Am Sonntag, nach dem Silverstone-Rennen, ist diese Einigung unter den Teams plötzlich doch möglich. „Im Sinne des Sports und der Fans", wie Ferraris Teamchef Stefano Domenicali und Sauber-CEO Monisha Kaltenborn unisono sagen.

Red Bull atmet auf. Die Meister des „kalten" Anblasens verlieren in den Bremszonen an aerodynamischer Effizienz. Weil dort der Auspuffstrahl beim Gaswegnehmen den Diffusor seitlich nicht mehr „abdichtet". Doch der Silverstone Circuit ist gnädig. Denn pro Runde stehen die Fahrer nur 8 Sekunden auf der Bremse.

Das Weltmeister-Team stellt mit großem Erstaunen fest, dass McLaren und Mercedes GP noch viel mehr Zeit einbüßen. Sie haben das „heiße" Anblasen perfektioniert. Das Aufheizen und Beschleunigen der Auspuffgase dient hauptsächlich dazu, noch mehr Abtrieb (Downforce) zu generieren. Auf diese Art werden die aerodynamischen Defizite dieser Boliden kaschiert.

Im Rennen ist Ferrari schneller als Red Bull. Wer denkt, dass der Silverstone-Triumph der Roten nur am Verbot des Auspufftricks liegt, macht es sich zu einfach. Letztlich entscheidend ist, dass Ferrari das halbe F150er-Auto weiterentwickelte. Die Liste der neuen Teile ist lang: Auspuff, Unterboden, eine schlankere Motorabdeckung, Heckflügel, eine neue Hinterradaufhängung.

„Alles hat gut funktioniert, vor allem in den schnellen Kurven", strahlt Fernando Alonso, nachdem er das Red-Bull-Duo Vettel/Webber um rund 17 Sekunden abgehängt hat. Es ist der erste Saisonsieg für den Spanier und Ferrari. Insgesamt ist es sein 27. und Ferraris Sieg Nummer 216!

Vor 60 Jahren, fast auf den Tag genau, bejubelte die Scuderia aus Maranello hier ihren überhaupt ersten Formel-I-Sieg: am 14. Juli 1951 mit dem Argentinier José Froilan Gonzalez im Ferrari 375 F1. Mit diesem Oldtimer, der zur Ecclestone-Sammlung gehört, durfte Alonso vor dem Rennen zwei Demo-Runden fahren.

Doppelte Feierstimmung also für Ferrari. Und diese lässt man sich auch nicht kleinreden. Immerhin hat Red Bull mit der Boxenstopp-Panne beim führenden Vettel dem Rivalen ein Geschenk bereitet. Ferrari-Teamchef Domenicali sagt dazu cool: „Unsere Pace im Rennen war sehr gut. Ich denke, dass wir auch ohne das Geschenk eine gute Chance auf den Sieg gehabt hätten."

Sebastian Vettel verliert bei seinem zweiten Boxenstopp rund sieben Sekunden. Der hintere Wagenheber bricht, als sein RB7-Auto in die Höhe gehievt wird. Ein Ersatzheber muss eilig herbeigeschafft werden – und der Reifen-Schrauber links hinten muss zweimal ansetzen. Wie das Rennen ohne dieses Malheur ausgegangen wäre? Vettel: „Schwer zu sagen. Alles graue Theorie." Alonso: „Das weiß man nie. Es wäre sicher schwieriger geworden, wenn ich auf der Strecke an Seb vorbeigemusst hätte."

Die Stimmung in der Red Bull Energy-Station ist aufgeladen: nicht weil man verloren hat, sondern weil Webber (3.) im Finish Vettel (2.) attackierte – und die Team-Anweisungen ignorierte. Webber sagt: „Ich sehe mich nicht als Nummer zwei. Es ist verständlich, wenn das Team auf die Punkte schaut, aber ich will mein Punktekonto auch erhöhen. Deshalb lasse ich mich nicht fünf Runden vor Schluss zurückpfeifen, wenn ich klar schneller bin als mein Teamkollege."

Schon 2010 knisterte es in Silverstone bei Red Bull. Es ging um einen Frontflügel, von dem es nur ein Exemplar gab – und das wurde bei Vettel montiert. Und um Webbers Vorwurf, das Team degradiere ihn zur Nummer zwei. „Sollte man den WM-Titel nicht auf der Strecke gewinnen?", wird Vettel jetzt von englischen Reportern provokant gefragt. „Habe ich doch", gibt der Hesse abgebrüht zurück.

Dann spricht Vettel Klartext: „Bei uns gibt es keine Regel, die besagt: Ich fahre rechts und du links. Mark hat versucht, mich zu überholen, und er hat es nicht geschafft. Zugegeben, etwas komisch war es schon, das zu so einem späten Zeitpunkt im Rennen zu probieren. Hätte ich Mark vorbeigewunken, wäre es noch viel weniger Rennsport gewesen."

Nürburgring: Heißer Hamilton

COOLDOWN FÜR VETTEL

SCHUMIS 91 SIEGE

8 x Magny-Cours
7 x Montreal
7 x Imola
6 x Spa
6 x Barcelona
6 x Suzuka
5 x Monte Carlo
5 x Indianapolis
5 x Monza
5 x Nürburgring
4 x Interlagos
4 x Melbourne
4 x Hockenheim
4 x Budapest
3 x Silverstone
3 x Sepang
2 x Aida
2 x Spielberg
1 x Buenos Aires
1 x Estoril
1 x Jerez
1 x Bahrain
1 x Shanghai

Was macht Mark Webber falsch? Zweimal heuer schon in Pole-Position – aber nie konnte er diesen Vorteil in einen Sieg ummünzen. In Barcelona wurde er Vierter, in Silverstone Dritter – nicht gerade, was sich ein Quali-Schnellster erwartet. Das englische Sprichwort heißt: „Third time lucky" – fährt Sebastian Vettels schneller Teamrivale am Nürburgring seinem Pole-Position-Fluch davon? Dort, wo in der ersten Kurve meist eine Massenkarambolage droht. Alter Formel-I-Spruch: „Der sicherste Platz im Rennen ist immer der an der Spitze!"

Was ist bei Webber – zuletzt im Silverstone-Finish vom Team eingebremst – heuer am Start schiefgelaufen? „In Barcelona hat er sich ganz auf Vettel konzentriert – und dabei ist Alonso vorbeigekommen", analysiert Dr. Helmut Marko. „Und in Silverstone hatte er zu stark durchdrehende Hinterräder – Wheelspin mit den Intermediate-Reifen. Und das war wesentlich schwieriger."

Die Formel-I-Starts sind heuer kritisch, genau wie die letzten Boxenstopps. Und Webber hat auf den ersten paar hundert Metern fast immer Positionen verloren. „Das passiert", sagt Marko cool, „vielleicht hat er sein Auto nicht richtig platziert oder er war auf der falschen Seite. Aber ich seh da keine Tendenz."

Webber ist oft in den letzten Kurven des Qualifyings am schnellsten, meist auch ein starker Finisher im Rennen – aber die eigentlichen Starts? Die Formel-I-Raketen – in Abständen von 8 Metern – katapultieren sich meist mit 13.000 U/min ins Rennen. „Aber die Sache ist viel komplexer, als man glaubt. Die Kupplungseinstellung hängt ab vom Wetter, vom Streckenbelag, von den Reifen, von so vielen Faktoren – da gibt es keine fixen Parameter. Aber darum probieren wir das alles im Training."

DIE 2. PLÄTZE HINTER SCHUMACHER

20 x Rubens Barrichello
9 x David Coulthard
8 x Damon Hill
8 x Juan-Pablo Montoya
7 x Mika Hakkinen
6 x Kimi Räikkönen
6 x Fernando Alonso
4 x Jean Alesi
4 x Ralf Schumacher
3x Giancarlo Fisichella
3 x Eddie Irvine
2 x Heinz-Harald Frentzen
2 x Jenson Button
2 x Felipe Massa
1 x Nigel Mansell
1 x Alain Prost
1 x Gerhard Berger
1 x Nicola Larini
1 x Martin Brundle
1 x Johnny Herbert
1 x Jacques Villeneuve

Und natürlich am Simulator – aber der hat ja auf das gefürchtete Nürburgring-Wetter keinen Einfluss …

Aber selbst wenn Webber und Vettel am Sonntag perfekt wegkommen: Der Sprint zur ersten Kurve, dem sogenannten Yokohama-S, ist lang – aus 300 km/h angebremst. Hier gab es 1984, im ersten Jahr des „neuen Nürburgrings", eine prominente Massenkollision mit fünf Autos. Verwickelt waren: Exweltmeister Keke Rosberg, der kommende Superstar Ayrton Senna, der heutige Sky-TV-Kommentator Marc Surer, unser Gerhard Berger und Piercarlo Ghinzani, damals Teamkollege unseres Jo Gartner bei Osella.

Die Silberpfeile unterhalb der alten Raubritterburg – da leben die klassischen Storys wieder auf. Wie der dicke Rennleiter Alfred Neubauer, ein Alt-Österreicher, den Lack abkratzen ließ, weil die Mercedes ein paar Gramm mehr als die vorgeschriebenen 750 kg wogen – bis nur noch die silberne Alu-Haut übrigblieb. Oder wie sich auf der Berliner Avus 1932 die düstere Prophezeiung des sagenumwitterten Wahrsagers Hanussen aus der berühmten Roxy-Bar grausam erfüllte: „Hier habt ihr einen Zettel mit zwei Namen. Einer wird morgen gewinnen, der andere verunglücken."

Der Tote war der junge Österreicher Lobkowitz – schon in der ersten Runde.

Egal ob Avus oder Nürburgring: Die Duelle Mercedes gegen Auto-Union (heute Audi) dominierten die 30er-Jahre. Ihre technische Überlegenheit war so groß, dass sie nach dem Krieg sogar den englischen Geheimdienst beschäftigte: „Die Akte Silberpfeile".

Die zweite Ära 1954–55 endete nach der Le-Mans-Katastrophe (85 Tote) in Monza. Doppelsieg Juan Manuel Fangio vor Piero Taruffi, danach wurden die Silberpfeile zugedeckt – und Neubauer, der Erfinder der Boxensignale, verdrückte ein paar Tränen. Seinen Lebensabend verbrachte er später in Lunz am See.

Heute weiß ich: Neubauer hatte unter seinem Hotelbett immer eine Landjäger-Wurst und einen Taschenfeitel. Und wenn seine jungen Piloten Stirling Moss, Hans

Herrmann usw. in der Nacht vorm Rennen oft zu flott unterwegs waren, zwang er sie, bei ihm im Doppelzimmer zu schlafen.

Was würden heute Schumi oder Nico Rosberg sagen, wenn Norbert Haug das Gleiche verlangt? Oder wenn sie wüssten, dass Neubauer auch Prozente von den Siegesprämien seiner Fahrer kassierte? Haug, schmunzelnd: „Vielleicht wäre das auch heute eine gute Idee …“

Allerdings – reich wäre er nicht geworden. Das Mercedes-Comeback ist für viele die größte Enttäuschung. Das stolze Team, als „deutsche Formel-1-Nationalmannschaft“ mit dem Anspruch angetreten, die WM zu gewinnen, ist nach bereits 28 (!) Rennen immer noch sieglos.

Einziger Silberstreif: wie Schumi in der Wetterlotterie Montreal zeitweise auf Platz 2 vorgespült wurde. Michael ist der Schnellste bei Mischwetter auf Intermediates.

Auch am Sonntag? 1995 hat er auf dem Nürburgring mit einer cleveren Strategie – drei Boxenstopps gegen nur einen des führenden Alesi – gewonnen. Und unterhalb der Nürburg regnet's oft.

Am Nürburgring pflanzt jedes Jahr der Formel-1-Weltmeister einen Baum. Aber nicht nur der dünne Fichtenwald wird nach dem Champion benannt, sondern manchmal auch eine Kurve.

Wie das Schumacher-S am Nürburgring: die 9. Kurve, 265 km/h schnell.

„Ich freu mich schon, wieder durch meine Kurve durchzudüsen“, spürt Schumacher das gewisse Kribbeln. Ob er genau dort überholen kann?

Das Schumi-S ist nicht die einzige Formel-1-Kurve mit prominentem Namensgeber. In Melbourne gibt es sogar acht! Benannt nach Alan Jones (305 km/h), Jack Brabham (200), Niki Lauda (230), Jim Clark (285), Graham Hill (280), Alberto Ascari (235), Jackie Stewart (75) und Alain Prost (165). Rindt-Kurven habe ich aber auch in Zolder usw. schon gesehen.

Als Bernie Ecclestone in Hockenheim feierlich die Clark-Schikane taufte, kamen sogar Jimmys schottische Schwestern.

Rennfahrer und ihre Kurven – oft Denkmäler für Top-Performance, waghalsige Manöver, aber manchmal stehen dort auch virtuelle Grabsteine. Wie in der Villeneuve-Schikane in Imola, in der der Salzburger Roland Ratzenberger verunglückte, oder der „Variante Ascari“ in Monza.

Auf dem alten Österreichring, den Didi Mateschitz wachküsste, haben alle drei großen Formel-1-Österreicher ihre eigene Kurve: Jochen Rindt, Niki Lauda, Gerhard Berger.

„Die schnellste mit 250 km/h gehört dem Rindt“, weiß Gerhard, „weil mit einer Schikane hätte man ihn beleidigt …“

Die größte Mutkurve aber ist das steil abschüssige Senna-S, die erste Kurve von Interlagos: runterschalten vom 7. Gang, 230 km/h. „Die Kurve schreit direkt nach Ausbremsmanövern!", freut sich Sebastian Vettel schon aufs WM-Finale am 27.11. in Brasilien.

Auf dem Nürburgring hat Vettel schon als Kind die Nordschleife mit dem Kart bezwungen. „Und hier schon in allen Klassen gewonnen – Formel BMW, Formel III, Formel Renault. Also wird's Zeit für einen Formel-I-Sieg am Ring!" Vielleicht überholt er gerade im Schumi-S.

Das deutsche Heimspiel in der Formel I: Aus dem doppelten Schumacher-Festival ist längst die große Vettel-Show geworden. Aber was waren das früher für Bruder-Duelle, Bruderkriege, wenn sich Michael und Ralf gegenseitig gegen die Boxenmauer drängten, sodass auch Niki Lauda den Kopf schüttelte: „Das hab ich noch nie erlebt, dass zwei Brüder so brutal gegeneinander kämpfen. Erst kurz vorm Umbringen Gas wegnehmen – aber wirklich erst Zentimeter vor der Mauer, im allerletzten Moment …"

Die Klitschko-Brüder werden nie gegeneinander um den WM-Titel boxen, aber Michael und Ralf fuhren 180 Mal gegeneinander in der Formel I. Am härtesten am Nürburgring – auch wenn sie dort nur einmal richtig zusammenkrachten: Kollision 1997.

Michael gab dem kleinen Bruder die Schuld, Ralf dem großen Bruder – aber weil noch ein drittes Auto beteiligt war, einigten sie sich rasch: „Schuld am ganzen Schlamassel war Fisichella!"

Seit Interlagos 2007 (11. auf Toyota) fährt Ralf (35) nicht mehr Formel I. Seine Karriere klingt in der DTM aus. Dritter in Oschersleben, Zweiter am Red-Bull-Ring, sonst kämpft er meist mit David Coulthard im letzten Drittel des Feldes, bis er ohne Pokal nach Salzburg zurückkehrt. Aber nimmer lang.

In der Festspielstadt bricht Ralf bald seine Zelte ab: „Ich warte nur noch, bis unser Sohn David (10) mit der Volksschule fertig ist." Eine Schumi-Karriere in zweiter Generation? Eher bei Michaels Sohn Mick als bei David, der sich auch schon im Gokart versucht hat. Bis jetzt ohne gewonnene Pokale.

Und die Mutter Cora, immer noch in Pole-Position in der Salzburger Society? Ihre Boutique „Koka" in der Getreidegasse in der Salzburger Innenstadt, die sie zusammen mit Alexander Zicklers Ex-Frau Katja betrieb, gibt es längst nicht mehr, und die Schumacher-Villa in Hallwang steht zum Verkauf – für vier Millionen Euro.

Ralf Schumacher, hinter Michael und Vettel der dritterfolgreichste Deutsche in der Formel I, kehrt zurück nach Deutschland. Er wird sich um Michaels große Kartbahn in Kerpen bei Köln kümmern. Schumi II – zurück zu den Wurzeln.

Nach Silverstone geht's mit der Königsklasse wieder ins Grüne. Also hinaus aufs Land – in die einstige „grüne Hölle". Die meisten Grand-Prix-Leute landen in Düsseldorf, Köln-Bonn, Frankfurt und Luxemburg. Einzelne Piloten und Teamchefs fliegen im Privatjet auf kleineren Flugplätzen nahe Trier und bei Koblenz ein. Dann kutschieren alle in Mietwagen hinauf in die Vulkan-Eifel – zu den Maaren und Kratern.

Die Formel I ist wieder auf dem Nürburgring angelangt – oben, bei der Burg und dem gleichnamigen Ort: Mehr als anderswo dreht es sich dort um Mythen, Motoren und Moneten. Zu Letzterem passt das Empfangskomitee, das den FI-Tross in der Eifel begrüßt: Mit „Save the Ring"-Plakaten und -Transparenten protestieren eingefleischte Nürburgring-Fans für die Weiterführung des finanziell gefährdeten GP-Rennens auf der Eifel-Rennstrecke. Dabei sind die neuen „Herren des Rings" gefordert. Mit ihrer Betreibergesellschaft „Nürburgring Automotive GmbH" stehen sie im Verhandlungspoker mit dem Königsklasse-CEO Bernie Ecclestone. Der Nürburgring wechselt sich im Jahresrhythmus mit dem Hockenheimring ab.

Hauptsache GP Deutschland. Erster Heim-Grand-Prix für Sebastian Vettel als Weltmeister: Auf dem „Ring" dreht sich fast alles um ihn. Doch der Hesse bleibt cool und hakt Termin um Termin ab. „Mein Zeitplan unterscheidet sich nicht groß von anderen GPs", sagt er. Neu ist ein Vettel-Sponsor: Die in Neckarsulm ansässige Lebensmittel-Handelskette „Kaufland" mit mehr als 100.000 Mitarbeitenden (vor allem in Deutschland) ist am Nürburgring einmalig als Red-Bull-Sponsor in Aktion. Die „Logos" sind an der Chassisspitze und seitlich an der Motorenabdeckung zu sehen, ebenso auf den Overalls von Vettel und Mark Webber. Die „Bullen"-Piloten als Bestseller. Von nun an wird sich Red Bull in den „Kaufland"-Läden noch besser verkaufen …

Mittwoch und Donnerstag geht's rund ums Fahrerlager schon rund: Zuerst macht Vettel für Deutschlands Golf-Ass Martin Kaymer den Renn-Chauffeur, dann bekommt er als Dankeschön etwas Nachhilfe im Golfen. Für RTL sind die beiden Weltklasse-Burschen – die Nummer 1 der Formel I und die Golf-Nummer-3 – auf einer Spritztour im Infiniti (Nissans Luxus-Automarke) auf der Nordschleife.

„In den ersten zwei, drei Kurven habe ich den Coolen gespielt, obwohl mir da schon ein bisschen mulmig war", gibt Kaymer zu. Zwischendurch machen die beiden einen Stopp, um mit dem 9er-Eisen eine Runde Golf zu spielen: Beim Einlochen in den Kofferraum fehlt Vettel noch das Feingefühl, das ihn am Lenker auszeichnet. Doch beim Abschlag in die grüne Eifel-Hölle hinein macht er eine ganz passable Figur.

Ganz passabel hält sich Vettel auch beim Kick für Kinder: Traditionell wird vor dem deutschen GP das Benefiz-Fußballspiel der Rennfahrer-Elf „Nazionale Piloti" angepfiffen. Der jüngste Weltmeister läuft als Team-Kapitän seiner Mannschaft aufs Feld. Der Gegner ist die Promi-Truppe der „biggAllstars". Das „bigg" bedeutet, dass einige Allstars weit über sich hinausgewachsen sind: zwar nicht im Spiel, aber von ihrer Statur her.

Rund 6.400 Zuschauer erleben in Frankfurt ein unterhaltsames Spiel, bei dem das sportliche Abschneiden sichtlich nicht im Vordergrund steht. Die Rennfahrer gewinnen dennoch, auch durch ein schönes Tor von Vitaly Petrov, mit 6:2. Vettel wurde in der Pause ausgewechselt – nicht weil er schlecht spielte, sondern weil er per Helikopter zurück zum nächsten Nürburgring-Termin musste. Hauptsache, das eingespielte Geld kommt bedürftigen Kindern zugute.

Mercedes nützt die Chance – und fährt auf der Traditionsstrecke auf Nostalgie ab. Michael Schumacher und Nico Rosberg dürfen am Nürburgring einige Kilometer in den Mercedes-W196-Siegerautos von 1954 zurücklegen. Um keinen Streit zwischen den beiden Stern-Piloten zu provozieren, haben die Stuttgarter gleich zwei Silberpfeile aus den glorreichen Zeiten mit dabei. Im Ur-Monoposto-W196, mit dem Juan-Manuel Fangio 1954 den Belgien-GP gewann, nimmt Rosberg Platz. Schumacher erhält die Stromlinien-Variante zugeteilt: Der designte W196, für schnellere Strecken, war 1954 beim GP Frankreich in Reims Fangios Siegerauto.

Nachdem die Mercedes-Techniker die brachial dröhnenden 2,5-Liter-R8-Motoren der antiken Silberpfeile sorgsam aufgewärmt haben, kann es für Schumacher und Rosberg losgehen. Das ist allerdings nicht so einfach, wie es aussieht. „So breitbeinig bin ich noch nie in einem Auto gesessen", schaut „Schumi" etwas verdutzt aus seinem Oldie-Cockpit. Rosberg blickt ähnlich überrascht: „Das geht ja gar nicht – und wenn, so ist es höchst gewöhnungsbedürftig", grinst der Youngster, während er seine Storchen-Beine ins enge Cockpit zwängt.

Auf der Nordschleife machen der alte wie der junge Stern-Fahrer in den Uralt-Silberpfeilen eine prächtige Figur. Niki Lauda witzelt: „Die sehen ja in den Oldtimern besser aus als in ihren aktuellen Silberpfeilen." Lauda-Kollege Norbert Haug, der Mercedes-Motorsportdirektor, sieht das sicher anders – versteht aber Spaß.

Wie auch immer. Gar nicht gut ausgesehen hat auf der Nordschleife Yu Abiru, die zerbrechlich wirkende japanische Freundin von Kamui Kobayashi. Der draufgängerische Sauber-Japaner wollte seiner Liebsten am „Ring" eine Freude bereiten – und kaufte für 89 Euro beim Self-drive-Schalter einen „Fahrschein" für die Nordschleife. Doch schon nach der ersten Kurve brach die Freundin vor Angst in Tränen aus. Denn Kobayashi startete im „Kamikaze"-Stil. Danach schlich er mit Tempo 60 um den Kurs. Freude machte das keine.

Das gilt auch für das Wetter, das sich selbst im Juli erfrischend Eifel-typisch, also für Sonnenanbeter wenig erfreulich gibt. Die Regenjacke bleibt übers ganze Wochenende ständiger Begleiter. Am Freitag bringt Mark Webber seine Tagesbestzeit vor Fernando Alonso und Sebastian Vettel ins Trockene. Red Bull dominiert auch das Training am Samstagvormittag (mit Vettel vor Webber). Doch das Qualifying läuft nur zur Hälfte für das „Formel-Austria"-Team: zwar mit der Pole-Position für Webber, doch nur mit Startplatz 3 für Vettel. Damit steht er seit Monza 2010 nicht in der ersten Startreihe.

Das ist eine kleine Enttäuschung für den Heppenheimer und seine Fans beim Heim-GP. Lewis Hamilton hat sich mit dem McLaren-Mercedes ins Red-Bull-Renault-Sandwich geschoben. Vettel muss neben Alonso ins Rennen starten: „Das wird eine harte Nuss." Doch nicht nur das: Der ganze Rennsonntag sollte für Red Bull und vor allem für Vettel zur harten Nuss werden – die schließlich überraschend von Lewis Hamilton geknackt wurde. Sein Triumph bedeutet: Red Bull gewinnt nach Silverstone auch am Nürburgring nicht.

Ist das der Beginn einer Trendwende? Die Zeiten, in denen Vettel an der Spitze eines Grand Prix sein eigenes Rennen fährt, sind vorbei. Jetzt merkt auch Vettel, wie es ist, wenn man im Pulk in Zweikämpfe verstrickt ist. Dann steigt der Reifenverschleiß. Dann wird die Luftanströmung und damit der Anpressdruck des Wagens gestört. Und dann fährt man nicht mehr die optimale Rennstrategie, sondern diejenige, die einem der Gegner aufzwingt.

Ferrari und McLaren kommen näher. „Lewis hat den Sieg verdient", applaudiert Vettel als Vierter, „wir waren nicht schnell genug. Ich habe alles gegeben, aber es hat nicht gereicht. Ferrari und McLaren waren das kleine bisschen schneller. Man muss kein Albert Einstein sein, um zu kapieren, dass wir hart arbeiten müssen, um unseren Vorsprung zurückzugewinnen." Vettel fährt im 10. Saisonrennen sein bisher schlechtestes Ergebnis ein – und das ausgerechnet beim Heim-GP, nach sechs Siegen und drei 2. Plätzen.

Lewis Hamilton überraschte sich selbst. „Den Speed hätte ich von uns nicht erwartet." Technisch ist McLarens dritter Saisonsieg nur unzureichend zu erklären. Es gab kleine Retuschen an den Heckflügelendplatten und am Diffusor. Neuentwicklungen am Auspuff und am DRS-System blieben genauso im Transporter wie der modifiziert-kopierte Ferrari-Frontflügel. Für McLaren sprachen allein die fast frühwinterlichen Temperaturen am Nürburgring: 11 bis 14 Grad. Auf dem Asphalt wurden am gesamten Wochenende nur zwischen 15 und 23 Grad gemessen.

Kein Auto brachte seine Reifen so schnell auf Temperatur wie der McLaren-Chrompfeil. Das konnte man schon in Silverstone beobachten. Erstaunlicherweise bezahlte McLaren dieses Mal aber nicht mit einem höheren Gummi-Verschleiß. Aus drei Gründen: Am Nürburgring fehlen die schnellen Kurven. Die Ingenieure bekamen das Set-up der Autos besser hin als in Valencia und Silverstone. Und Hamilton passte im Verlauf des Rennens seinen rabiaten Fahrstil besser an.

Bleibt noch die Frage: Warum musste Fernando Alonso seinen Ferrari auf der Auslaufrunde abstellen? Aus der Antwort macht Ferrari zunächst ein Geheimnis. Teamchef Stefano Domenicali sagt später, dass seine Ingenieure befürchteten, im Alonso-Auto wäre nicht mehr genügend Sprit für die FIA-Probe gewesen. „Es muss noch ein Liter Sprit im Tank sein", erklärt der Ferrari-Teamchef, „doch das ist alles erledigt. Es gibt keine Probleme."

PS: Die FIA-Kommissare unternahmen übrigens auch nichts gegen Mark Webber, der Alonso auf dem Seitenkasten seines RB7-Wagens zur Siegerehrung chauffierte. Eigentlich schreiben die Regeln vor, dass die Autos nach dem Rennen auf direktem Weg zum Parc Fermé kommen müssen. Wie Webber jedoch Alonsos Notlage so schnell erkennen konnte, war auch für den Spanier ein Rätsel. „Ich weiß nicht, woher er gewusst hat, dass ich auf der Strecke den Motor abstelle. Vielleicht hat er eine Funkverbindung zu meinem Renn-Ingenieur ..."

Fazit: In den letzten vier Rennen gab es vier verschiedene Sieger: Button, Vettel, Alonso und nun Hamilton. Das sind gute Nachrichten für die Formel I. Und weniger gute News für Vettel-Fans. „Keine Bange. Mein erster Grand-Prix-Heimsieg ist nur aufgeschoben", beruhigt der WM-Leader Vettel – und reist aus der Eifel weniger enttäuscht ab als viele seiner Fans.

Budapest: 100. GP für Rosberg, 200. für Button

SO ARBEITET RED BULL

Das letzte Formel-I-Spektakel vor der Sommerpause: Alle Fans, die am Nürburgring keine Tickets mehr gekriegt haben oder denen der Weg in die Eifel zu weit war, stürmen den Hungaroring! „Voriges Jahr haben wir 25 Jahre Hungaroring gefeiert“, erinnert sich Ungarn-GP-Chef Thomas Frank. „Heuer ist es unser 25. Grand Prix.“

Der erste, 1986, bleibt unvergessen. 200.000 Zuschauer – die Arena war schwarz vor Menschen. Um den Sieg ein Brasilianer-Duell Piquet gegen Senna. Gerhard Berger saß wegen einer gebrochenen Spritleitung mitten im Benzin, quälte sich aber tapfer weiter, so lang es ging: ab sofort der Publikumsliebling der Ungarn, fast immer auf dem Stockerl.

Einmal tauchte der Plan auf, Zeltweg und den Hungaroring als gemeinsames Rennen kombiniert zu werten – quasi als Donaupokal. Was Bernie Ecclestone jedoch abblies: „Jedes dieser zwei Rennen ist für sich allein gut und spektakulär genug.“

Zur großen Gala im Puskas (früher Nep-Stadion) am Samstag hat Ecclestone den sportbegeisterten Fürst Albert von Monaco eingeladen. „Zumindest hat er noch nicht abgesagt“, weiß Thomas Frank. Und wenn er kommt – mit der jungen Fürstin Charlene? „Das ist die große Frage …“

Von den Sportlern in Pole Position: Sprint-Rakete Tyson Gay, der die 100 m serienweise unter 10,0 heruntertrommelt. Aber vor allem wird es eine Gedenkfeier für die jahrelange Nummer 1 der Ungarn im internationalen Sport: Istvan Gyulai. Olympiateilnehmer, TV-Sportchef, IAAF-Generalsekretär, IOC-Mitglied usw. Ein Ecclestone ohne Motoren.

Heidfeld, von den Deutschen je nach Laune „Quick Nick“ oder „Schleichfeld“ genannt, hat als Einziger der Top Ten noch die Hoffnung auf den ersten Sieg. De Cesaris fuhr für fast alle Teams. Brundle ist heute Formel-I-Kommentator bei der BBC; Warwick wird Nachfolger von Damon Hill als BRDC-Präsident; Jarier verblüffte mit

100 GRANDS PRIX – UND NOCH KEIN SIEG!

208: Andrea de Cesaris (ITA)
182: Nick Heidfeld (D)
158: Martin Brundle (GB)
147: Derek Warwick (GB)
135: Jean-Pierre Jarier (F)
132: Eddie Cheever (USA)
119: Pier-Luigi Martini (ITA)
110: Mika Salo (FIN)
109: Philippe Alliot (F)
107: Jos Verstappen (NL)
99: Nico Rosberg (D)

DR. OTTO VON HABSBURG UND SISI

Hightech neben K.u.K.: Nur 6 km vom Hungaroring – von den F-I-Piloten unbemerkt – steht Gödöllö, das Sommerschloss der Kaiserin Elisabeth. Aber nicht der einzige Grund, warum Dr. Otto Habsburg öfter beim Grand Prix von Ungarn war – und 2002 auf Wunsch von Bernie Ecclestone die Siegerehrungen vornahm.
Aber weil sich der ungarische Sportminister vordrängte, um Rubens Barrichello den Siegerpokal in die Hand zu drücken, trat der Kaisersohn, bescheiden wie er war, zurück und überreichte dem Zweiten die Trophäe – Michael Schumacher.
Dr. Habsburg saß ja auch neben Rainier III. in der Fürstenloge des Monaco-GP. „Monaco war das erste Land, das mir nach dem Krieg einen Pass gegeben hat", erzählte er mir einmal, „und ich war ja auch Präsident von Bugatti. Von irgendwas mussten wir ja leben."
Beim Ungarn-GP kamen viele Erinnerungen zurück. Als wir in den Boxen ein TV-Interview machten, pirschte sich der RTL-Boxenstarreporter Kai Ebel heran – voll Respekt. „Kannst du mir bitte auch ein Interview mit eurem Kaiser verschaffen?"
„Gern, aber dazu brauchst mich nicht. Doktor Habsburg ist total unkompliziert", sagte ich.
„Aber", fragte Kai, „wie muss ich ihn ansprechen? Kaiserliche Hoheit?"
Nix da, empörte sich darauf ein doppelter Doktor vom Fernsehen. „Der Adel ist abgeschafft. Des is a ganz einfacher Doktor."
Kai Ebel war total überrascht: „Was? Dann ist er ja weniger als du …"
Bei Dr. Habsburgs 90. Geburtstagsfest in Schloss Schönbrunn durfte ich, ein Privileg, dabei sein. Der Wunsch des Jubilars war: „Ich möchte an diesem Tag gern Österreichs berühmteste Sportler bei mir haben."
Die Fußballer waren gerade nicht so berühmt, die Skifahrer in Amerika – aber Andreas Nikolaus Ritter von Lauda (Niki) und Gerhard Berger kamen gern nach Schönbrunn – und trafen dort den König von Schweden, den Infanten von Spanien etc.
Ein paar adelige Gäste fragten: „Herr Lauda, fahren Sie noch?"
Im blaublütigen Partygewühl verloren einander Lauda und Berger aus den Augen. „Drei-, viermal bin ich auf ein rotes Kappl zugegangen", erzählte Gerhard später, „aber es war nie der Niki, sondern jedes Mal ein Bischof …"
Um Mitternacht fuhr die Limousine für Dr. Habsburg vor. „So – und jetzt mit jugendlicher Energie", sagte der 90-Jährige und schwang sich sportlich, fast mit Fosbury-Flop, auf den Hintersitz. Ich konnte mir die Bemerkung nicht verkneifen: „Und wir haben immer geglaubt, der Schumacher hat die beste Kondition."

stärkste Formel-I-Feld seit langem: erstmals wieder mit fünf Weltmeistern. Oben: Glock,
mbrosio, Liuzzi, Karthikeyan, Sutil, di Resta. Mitte: Alguersuari, Buemi, Barrichello, Maldonado,
alainen, Trulli, Kobayashi, Perez. Unten: Heidfeld, Petrov, Button, Hamilton, Vettel, Webber, Alonso,
sa, Schumacher, Rosberg – wie in Melbourne alles anfing. Darunter: Pirellis Reifen-Revolution.
b bedeutet: der schnellere von je zwei Reifentypen, hält aber nicht ewig.

Auch Helden-Autos können knicken. Sebastian Vettels RB 7, getauft „Kinky Kylie“, in Istanbul. Trotzdem schaffte er Pole-Position und gewann auch das Rennen. Unten: Der Alptraum aller Fahrer und Fans: Massenkollision nach dem Start im Autodrom von Monza. Verletzt wurde zum Glück niemand.

: gefeiert, dann gefeuert. Nick Heidfeld überraschte als Kubica-Ersatz in Malaysia mit Platz 3, ·de aber später entlassen. Ein heißer Abschied von Renault in Budapest. Darunter: Regen in ıtreal, Rosberg vor Schumacher und das Safety-Car im Dauereinsatz. Rechts: der Sauber, in dem ez seinen Monaco-Unfall überlebte, und der Petrov-Crash in Melbourne.

Die vier Rookies der Saison 2011. Der Schotte Paul di Resta, der aus der DTM kam, war der Beste von den Neulingen. Er hielt bei Force India nicht nur das Tempo des erfahreneren Sutil, so dern punktete gleich zum Debüt: Rang 10 in Melbourne. Im Bild oben überholt er gerade Pastor Maldonado, den ersten Formel-I-Venezolaner seit Johnny Cecotto. Maldonado, der GP-II-Champi

· bei Williams immer auf Augenhöhe mit Barrichello. Links unten: Der Mexikaner Sergio Perez,
Sauber 2011 Sorgen, aber auch viel Freude bereitete. Rechts unten: Bruno Senna, der schon
0 erste FI-Versuche machte. „Er redet wie sein Onkel Ayrton", fiel Gerhard Berger auf. Alle
eren Vergleiche sind schwieriger …

Linke Seite: Glanz und Glamour der Formel I: links oben Hamilton mit dem USA-Basketball-Riese
Andre Bynum (208 cm), daneben Bernie Ecclestone mit Töchtern im erweiterten Familienkreis,
den Reichen und Schönen. Links unten: Heinz-Harald Frentzen auf Boxenstopp bei der Miss Unive
Leila Lopes. Rechts: Peter Sauber mit seinen mexikanischen Sponsor-Milliardären, Carlos Slim Sen

Junior, den vielleicht reichsten Männern der Welt, darunter Jacky Ickx mit Action-Hero Jason
nam. *Rechte Seite:* Jean-Paul Belmondo gerät bei so viel Attraktion wieder einmal „außer Atem“,
nter Colin Farrell, im Film „Alexander der Große“, und Ferrari-Fan Placido Domingo. Rechts:
non Hill, englischer Patriot, mit Prinz Harry.

Exotische Premiere: Zum ersten Mal erlebten wir 2011 einen Grand Prix in Indien (Bild oben).
Sentimentales Comeback: Didi Mateschitz hat den klassischen alten Österreichring wachgeküsst
Spielberg ist keine Geisterstadt mehr. Danke, Didi!

dem erstaunlichen Shadow und ersetzte 1978 Ronnie Peterson bei Lotus, Cheever gewann wenigstens die 500 Meilen von Indianapolis, Martini war der tüchtigste und fleißigste aller Minardi-Piloten, Salo ersetzte einmal kurzfristig Schumacher bei Ferrari, musste aber in Hockenheim Eddie Irvine den Sieg überlassen, Alliot war nur in den unteren Klassen wirklich schnell und Verstappen fuhr leidenschaftlich private Gokart-Rennen gegen den großen Schumi – wahrscheinlich heute noch.

26 Grad ist die Weekend-Prognose für Budapest – beinahe Badewetter am Hungaroring! Und die richtige Kulisse für den „halben Heim-Grand-Prix" der Österreicher – und zwei Jubiläumsrennen im Formel-I-Zirkus: Jenson Button fährt am Sonntag seinen bereits 200. Grand Prix – und Nico Rosberg seinen 100. Der Unterschied? Button hat 2006 in Budapest seinen ersten von 10 Siegen gefeiert – aber der genauso talentierte Rosberg muss immer noch drauf warten! Wie lange noch?

Als der Formel-I-Zirkus 1985 das erste Mal hinter dem (damals) Eisernen Vorhang gastierte, als sogar manche Teams anfragten: „Müssen wir Essen mitnehmen?", da warnte Nicos Vater Keke: „Wir müssen hier sehr, sehr leise auftreten."

Auch sein Sohn Nico ist kein Sprücheklopfer, obwohl er im Quali-Duell mit Michael Schumacher bereits 8:2 führt, aber die Ergebnisse müssen ihm wehtun – auch wenn er nicht darüber klagt: noch immer kein Podestplatz! Während Schumi offen kritisiert: „Wir entwickeln uns rückwärts", muss Nico teamfreundlich wie schon früher Hakkinen oder Coulthard vorgegebene Sprüche aufsagen: „Ein Schritt in die richtige Richtung."

Und jetzt Rosbergs 100. Grand Prix. „Eine schöne Zahl, aber für mich nicht so wichtig", sagt Nico. „Und irgendwie verrückt, wenn du bedenkst: Mein Vater fuhr in seiner ganzen Karriere insgesamt 114 Rennen. Ich freu mich auf Budapest, auch wenn ich dort 2010 ausgefallen bin."

Aber das „deutsche Formel-I-Nationalteam", angetreten mit dem Anspruch des WM-Titels im dritten Jahr, ist nicht nur für Niki Lauda „die größte Enttäuschung des Jahres." In Stuttgart hätte man Niederlagen gegen die Formel-I-Giganten Ferrari und McLaren noch hingenommen, aber nicht mehr gegen das Familienauto Renault. Und jetzt sind die Silberpfeile, am Nürburgring schon wieder überrundet, auch bereits hinter Force India zurückgefallen – und bald auch hinter Toro Rosso. Kein Wunder, dass Mercedes-Chef Zetsche, von den Medien angesprochen, den Nürburgring gruß- und wortlos verließ.

Das spiegelt auch das Luxus-Motorhome der Silberpfeile wieder, in dem sich jeder als ungebetener Gast, wenn nicht sogar Spion fühlen muss. Bald wird keiner mehr kommen, weil man fürchten muss zu erfrieren. Im totalen Gegensatz zum McLaren-Team, das alle Gäste mit der Aufschrift „Welcome" begrüßt. Das neue (alte) Siegerteam ist eines der freundlichsten im Zirkus geworden. Der neue Chef

FELIPE MASSA – ZURÜCK IN UNSERER WELT

Alle, die Felipe Massa zum Nr.-2-Piloten abkanzeln, vergessen: Er lag, nachdem ein Barrichello-Aufhängungsteil seinen Helm durchschlagen hatte, 2009 in Budapest tagelang im Koma. Die Brasilianer beteten damals für Massa – wie die Österreicher 1994 für Karl Wendlinger oder 2011 für Hans Grugger nach dessen mörderischem Sturz auf der Kitzbüheler Streif. Nicht der erste – und wahrscheinlich auch nicht der letzte.

„Ein solcher Unfall", weiß der weltberühmte Südtiroler Neurologie-Professor Leopold Saltuari, „verändert jeden Menschen. Danach bist du nie wieder der Gleiche." Aber wie erleben Risikosportler ihre Koma-Phasen wirklich? Prof. Saltuari: „Sie wissen nichts. Der Unfall, das Davor und das Danach sind total ausgeblendet – wahrscheinlich eine Schutzmaßnahme des Gehirns."

Karl Wendlinger, der 1994 nach seinem Monaco-Unfall tagelang im Koma lag: „Da ist nichts – nur ein schwarzes, finsteres Loch." Bis zur Rückkehr in unsere Welt. Als ihm die Ärzte nach der Aufweckphase sagten: „Wir fliegen dich jetzt nach Innsbruck", protestierte der Tiroler: „Wieso Innsbruck? Das nächste Rennen ist ja Barcelona …" Fühlst du dich heute verändert, Karl? „Nein, ich bin nur happy, dass ich meinen Sport weiter ausüben kann. Und die Leute sagen: Ich red jetzt sogar mehr und schneller als früher."

In Amerika wird Wendlinger heute noch wie ein Held gefeiert. Weil du Monte Carlo überlebt hast? „Nein, weil ich den 24-Stunden-Klassiker von Daytona gewonnen hab." Und auch Massa fand wieder zurück aufs Siegerpodest – aber sein erster Weg in Budapest 2010 führte zu den Ärzten von damals.

Die mutige Tiroler Skirennläuferin Christine Putz – vor 26 Jahren in Val d'Isère verunglückt – sagte später zu ihrer Mutter: „Ich hab mir jedes Wort gemerkt, das du in meiner Koma-Phase zu mir gesagt hast." In Val d'Isère zerschellte auch die Karriere des Schweizer Skikometen Silvano Beltrametti. Sein Trost: „Als ich verunglückte, war ich der schnellste Skirennläufer der Welt. Ich hatte ja die beste Zwischenzeit."

Grugger war an seiner Unglücksstelle schneller als je zuvor, Massa 2009 in Budapest nicht ganz, aber bald.

Formel-I-Comebacks sind immer laut, nur die Wiederkehr von Mika Hakkinen – den ein Luftröhrenschnitt in Adelaide gerettet hatte – war fast geisterhaft ruhig. „Als ich in Le Castellet beim geheimen Test zum ersten Mal wieder aus der Box fuhr, war es totenstill. Fast traute sich keiner zu atmen." Danach wurde der Finne noch zweimal Weltmeister.

Martin Whitmarsh lächelnd: „Viele hatten mich für einen Klon von Ron Dennis gehalten. Aber ich bin nicht sein Klon."

Mit McLaren haben sich am Nürburgring fast alle gefreut, aber die Durchhalteparolen der frustrierten Konkurrenz: „Wir kommen in Podestnähe", will keiner mehr hören. Aber es wäre schade, müsste man nach der fast peinlichen dritten Formel-I-Ära der Silberpfeile feststellen, was in Deutschland immer öfter geschrieben wird: Bei Schumacher ist bei seinem letzten Formel-I-Team der Mythos abgebröckelt – und Rosberg hat seine besten Rennfahrerjahre mit einem schwachen Team vergeudet.

Wer gewinnt für Red Bull? Sebastian Vettel? Oder Mark Webber? Oder gar der Franzose Jean-Eric Vergne? Das ist der Mann im Schatten, der in der Fabrik in Milton Keynes das Training, Qualifying und Rennen im Simulator mitfährt, während hunderte Kilometer entfernt Vettel und Webber um echte Startplätze, Siege und WM-Punkte kämpfen. Ein exklusiver Blick hinter die Kulissen: Wie arbeitet das Red-Bull-Superteam – geheim – an einem Formel-I-Wochenende wie in Budapest?

Der Ablauf: 15 Uhr: Zielflagge fürs Qualifying, gefolgt von der Pressekonferenz der ersten drei. Dann setzt sich das ganze Team zusammen: die Fahrer, ihre Renningenieure Guillaume Rocquelin (Vettel), nur genannt „Rocky" wie Sylvester Stallone, und Claron Pilbeam (Webber), der Sohn des Niki-Lauda-Konstrukteurs bei BRM 1973. Dazu die relevanten Techniker. Also: Chefingenieur Mark Ellis plus die zwei Fahrwerkingenieure plus natürlich Adrian Newey – der bei allen Meetings dabei ist.

Grundsätzlich: Das erste Meeting nach Training oder Qualifying ist mit den Fahrern und deren Fahrwerkingenieuren. Andere Techniker wie die Renault-Motorspezialisten werden beigezogen – wenn nötig. Ihre Namen hält Red Bull streng geheim – Angst vor Spionage? „Uns wurden heuer schon vier, fünf Techniker abgeworben."

Red Bull geht alles mit den Fahrern durch, jede Runde, jedes noch so kleine, winzige Detail. „Bis wir alles haben, was wir brauchen." Die Reifenleute kommen erst später am Nachmittag, wenn man alles über den Reifenverschleiß weiß – oft sogar erst Sonntag früh. Der „Rat der Weisen" umfasst 10 bis 15 Mann. Immer dabei: „Superhirn" Adrian Newey. Nach ihm am wichtigsten: die Renningenieure.

Wie ist die Hierarchie aufgebaut? Ein Chefmechaniker kommandiert die stillen Helden in der Box, die am Nürburgring den sensationellen 2,8-Sekunden-Reifenwechsel für Vettel schafften. Jedes Auto hat einen Nummer-1-Mechaniker plus sechs Mechaniker. Aber wenn ein gröberer Defekt auftritt wie z. B. bei Vettel in Montreal, helfen auch die Monteure des anderen Teams mit. Ohne unnötige Machtkämpfe.

Heikler ist oft das „schwarze Gold". Niki Lauda hatte immer einen großen Goodyear-Schwindelzettel heimlich in der Overalltasche. Mit welcher Reifennummer er wann gewonnen hat – oder Probleme hatte. Dr. Helmut Marko: „Wir haben keinen eigenen Reifeningenieur. Aber wenn wir Infos brauchen, versuchen wir sie zu kriegen – oder es kommen eben Pirelli-Leute vorbei."

All diese Daten überträgt Red Bull in Echtzeit in die Fabrik nach Milton Keynes, wo schon eine „Schattenarmee" wartet. Der Simulator wird mit allen Daten-Einzelheiten gefüttert. Und dann klemmt sich der Franzose Jean-Eric Vergne – der in der Renault-World-Series führt – ins Cockpit, simuliert das Qualifying oder Rennen und checkt (oder korrigiert) die Abstimmung, das Set-up des Autos, Flügeleinstellung usw. Wie sich alles anfühlt und auswirkt. „Und wenn im Qualifying am Simulator ein Problem auftaucht, suchen wir einen Kompromiss – was man halt bis zum Rennen noch verstellen darf."

Die Daten sind dann in Echtzeit beim Racing-Team in der Box. „Du siehst, alles ist viel komplexer, als es aussieht – weil nichts programmierbar ist", betont Dr. Helmut Marko.

Das gleiche Meeting gibt's auch nach dem Rennen – wenn andere Fahrer schon längst im Hubschrauber entschwirren, andere Teams oft freudlos zusammenpacken.

Das letzte Meeting nach dem Nürburgringrennen hat zweieinhalb Stunden gedauert! Weil „nach dem Rennen immer vor dem Rennen ist", um die Fußballersprache zu verwenden? „Nein, weil es im Rennen zu viele Ungereimtheiten gab, wir kein einheitliches Fahrverhalten von der ersten bis letzten Runde hatten."

Am „Ring" war das Problem die große Kälte von 10–15 Grad. Und am Hungaroring? Sicher nicht. Aber vielleicht ein anderes?

Formel-I-Hochbetrieb im Hochsommer. Doch vom Wetter her herrscht eher Herbststimmung – egal, ob am Nürburg- oder Hungaroring. Der Deutschland-GP ist noch nicht verarbeitet – weder in den Köpfen noch von den Team-Computern – und schon laufen die Ungarn-GP-Vorbereitungen auf Hochtouren. Die Armada der mehr als 150 Team- und Reifen-Trucks fuhr direkt von der Eifel an die Donau nach Budapest. Die jeweils 40- bis 80-Personen-Belegschaften der zwölf Teams landeten von Montagabend an in Etappen auf dem Budapester Airport „Ferenc Liszt", einst Ferihegy.

Allen FI-Mitgliedern war dabei von Anfang an klar: Das wird ein wahrlich großes, feierliches Grand-Prix-Wochenende. Und das nicht nur, weil auch in Budapest zum 200. Geburtstag des Komponisten und Schriftstellers Franz Liszt viele große Feiern zelebriert werden: 2011 gilt ja auch in Österreich als „Liszt-Jahr". Schließlich wurde der Pianist und Dirigent im damaligen Kaiserreich – im ungarischen Kron-, heutigen Burgenland – geboren.

Die Formel I hat dagegen einen anderen 200er-Jubilar zu feiern: Der Brite Jenson Button fährt sein 200. GP-Rennen ausgerechnet dort, wo er 2006 im Honda zum ersten GP-Triumph stürmte: auf dem Hungaroring, der rund 20 km außerhalb von Budapest beim Dorf Mogyorod liegt. Schon am Donnerstag wird Jenson in der Medienrunde mit Jubiläumsfragen bestürmt. Auch sein Vater John Button wird belagert – und erklärt gerne mit einem Glas Rotwein in der Hand, wie sein Junior 2009 erstmals zum Champion wurde.

Der McLaren-Pilot ist der elfte Fahrer der GP-Geschichte, der die 200-Grands-Prix-Marke geschafft hat. Einsamer Spitzenreiter ist Rubens Barrichello mit 315 GP-Starts. Gefolgt von Michael Schumacher (279), Riccardo Patrese (256), David Coulthard (246), Jarno Trulli (244), Giancarlo Fisichella (229), Gerhard Berger (210), Andrea de Cesaris (208), Nelson Piquet (204) und Jean Alesi (201).

Doch damit noch nicht genug gefeiert, wird Fernando Alonso am Freitag, den 29. Juli, 30 Jahre alt. Im Freitag-Training ist nur Lewis Hamilton schneller als das Geburtstagskind. Dahinter dann Button, Mark Webber, der nach einem Crash eine neue Frontpartie braucht, und Sebastian Vettel. Beide Red-Bull-Fahrer gratulierten Alonso bereits vor dem freien Training.

Bei der Ferrari-Medienrunde nach dem Freitag-Training schleicht sich FI-Boss Bernie Ecclestone in das Ferrari-Motorhome. Alonso steht gerade den spanischen Journalisten Rede und Antwort. Da greift sich „Mr. E“ das Mikrofon und fragt Alonso: „Ist es wahr, dass du heute Geburtstag hast?“ Alonso lächelt und antwortet schlagfertig: „Alles zu seiner Zeit, lieber Bernie, im Moment sprechen wir hier nur Spanisch. Die Engländer sind gleich an der Reihe ...“

In den Silberpfeil-Boxen versammeln sich zu dieser Zeit die Mercedes-Männer zu einem Erinnerungsfoto. Der Grund ist der 100. GP von Nico Rosberg. Darüber kann sich der in Monte Carlo lebende Deutsche nur bedingt freuen. Denn letztlich bedeutet dieses Jubiläum für ihn auch: 100 Formel-I-Rennen ohne Sieg. Die Möglichkeit, dass er beim Ungarn-GP siegen könnte, schätzt der Sohn des finnischen FI-Champions Keke Rosberg (1982) äußerst nüchtern ein: „Da müssten Weihnachten, Ostern und Pfingsten ja auf diesen Sonntag fallen.“ Als Teamgefährte Michael Schumacher diesen Satz hört, sagt er breit schmunzelnd: „Gut gebrüllt, Löwe.“ Mercedes würdigt am Freitagabend auch den 100. Einsatz seines 2,4-Liter-V8-Motors, der seit 2006 dröhnt.

Und nicht zu vergessen ist in Sachen Feiern auch: dass der Ungarn-GP Ende Juli das letzte Rennen vor der Sommerpause ist. Dann geht's für die Formel-I-Leute ab in den Urlaub. Schon allein das ist Grund genug zum Feiern. Die zehn GPs, die seit Ende März gefahren wurden, sind an den Team-Crews nicht spurlos vorübergegangen. Nahezu allen Team-Mitgliedern ist der Substanzverlust vor dem 11. Saisonrennen ins Gesicht geschrieben, von den langen Arbeitstagen an den Rennstrecken, den unzähligen Flugkilometern und Reisestunden – und von den Feiern.

Ein Jubiläum aber geht fast unter. Denn vor 25 Jahren, am 10. August 1986, machte die Formel 1 zum ersten Mal Station in Ungarn. Die „Außerirdischen", wie sie von den Magyaren auch genannt wurden, landeten damals im Ostblock – und präsentierten ihre glitzernde Boliden-Show erstmals hinter dem Eisernen Vorhang. Mehr als 200.000 Menschen pilgerten zum Premieren-Rennen. Viele von ihnen kamen aus der DDR – und das, obwohl die dortige Propaganda verbreitet hatte, der Ungarn-GP sei abgesagt. Auf dem Hungaroring und in Budapest herrschte damals Belagerungszustand. Auf den Straßen waren schon einzelne Sportwagen zu sehen, sonst aber nur Trabis, Ladas, Wartburgs und Co.

Sebastian Vettel war damals noch nicht einmal auf der Welt. Seit dem 3. Juli 2011 ist er 24 – doch mit dem Ungarn-GP kommt er irgendwie nicht ganz so zurecht. 2010 reichte es nur zu Rang 3 hinter Webber und Alonso. Dabei sah er damals schon wie der sichere Sieger aus: Doch dann passierte dem Führenden ein Anfängerfehler, weil er zu viel Abstand zum Safety-Car ließ. Was eine Boxen-Strafe nach sich zog – und ihm den Sieg raubte.

Jetzt sollte es nicht viel besser laufen. Bereits im Freitag-Training sehen die Red Bulls von Vettel und Webber nicht überragend aus. Doch am Samstagvormittag schießt Vettel aus der Hüfte ein fahrerisches Feuerwerk ab: Er holt die Bestzeit und macht seinen Fans und dem Team Hoffnungen.

Auch im Qualifying wird Vettel seinem Nummer-1-Status gerecht. Er schafft die schnellste Runde: Mit 1:19,815 Minuten liegt er knapp vor Hamilton (1:19,978) und Button (1:20,024). In der Box atmet sein Red-Bull-Übervater Helmut Marko tief durch: „Das war knapp." Der fünftplatzierte Fernando Alonso schüttelt ungläubig den Kopf – und mutmaßt: „Seb muss einen Zauberknopf an seinem Lenker haben. Seine Zeit ist unglaublich." Webber dagegen bekundet weiter Schwierigkeiten mit seinem RB7 und kommt über Startplatz 6 nicht hinaus (1:20,474).

Das Rennen am Ring der Ungarn wird zum Strategie- und Reifenpoker. Der Grund ist das Wetter, das sich nicht entscheiden kann: Es ist bewölkt bei 15 Grad. Anfangs ist es noch nass, später trocken und am Schluss setzt wieder kurzer Nieselregen ein. Fazit: In 70 Runden kommt es zu 88 Boxenstopps und mehr Überholmanövern, als man zählen kann. Der Einzige, der in diesem Chaos den Überblick behält, ist Jenson Button. Er krönt sein 200er-GP-Jubiläum mit seinem 11. Sieg – vor Vettel und Alonso. Button gelingt dieser Coup nur, weil sein McLaren-Kollege Hamilton den sicher scheinenden Sieg noch verschenkt – und nur Vierter wird, immerhin noch vor Webber.

Keine Frage, Hamilton ist der schnellste Mann auf der Strecke. Der Nürburgring-Sieger führt in Runde 45 komfortabel mit 6,3 Sekunden Vorsprung auf Button. Doch dann dreht sich das Blatt. Hamilton ist mit zwei Fehlern selbst schuld daran. Ein kurzer Nieselregen hatte die Schikane „eingeseift". Der Spitzenreiter passt nicht auf, dreht sich und steht plötzlich verkehrt herum im Verkehr. Sein erster Fehler dabei: Ohne Rücksicht auf Verluste reißt er das Auto um 180 Grad herum. Rubens Barrichello und Paul Di Resta werden zu wilden Ausweichmanövern gezwungen. Hamilton wird dafür eine Boxen-Durchfahrtsstrafe aufgebrummt.

Als der Nieselregen nachlässt und der Reifen-Grip wieder besser wird, pirscht sich Hamilton erneut an Button heran. Ein unglaubliches McLaren-Führungsduell entwickelt sich: Fünfmal wechseln die Positionen, weil mal der eine, mal der andere die Auslaufzonen als Notausgang „testen" muss.

Dann wieder Nieselregen – und Hamiltons zweiter Fehler: Die McLaren-Box weist beide Fahrer zum Wechsel auf Intermediates an. Hamilton verlässt sich auf seinen Renn-Ingenieur, Button auf sein Gefühl. Nach zwei Runden ist Hamilton klar, dass Intermediates die falsche Wahl waren. Der Regen lässt wieder nach. Also noch einmal an die Box, zurück auf Slicks (Trockenreifen). Hamilton verbringt so insgesamt zwei Minuten in der Box. Button nur gut eine Minute. Gegen einen annähernd gleich starken Stallrivalen kann man so nicht gewinnen.

Und warum kann Red Bull nicht mehr gewinnen? Drei Rennen in Folge ohne Sieg: Sebastian Vettel lag immer auf Schlagdistanz zur Spitze. Dort lauerte er auf einen Fehler. Doch Button tat ihm diesen Gefallen nicht. Zudem holten Red Bulls Strategen ihre Nummer 1 bei den ersten beiden Stopps jeweils eine Runde zu spät an die Boxen. So kam Button nach dem ersten Reifenwechsel an ihm vorbei. Und Vettel seinerseits konnte den Spieß nach dem zweiten Halt nicht mehr umdrehen. Alles in allem zeigte der GP Ungarn, dass Red Bull nur noch auf eine Runde den Speed hat, um McLaren zu schlagen. Und schon dabei musste Vettel im RB7 förmlich zaubern.

Über eine Renndistanz haben McLaren und Ferrari die Titelverteidiger an der Spitze abgelöst. Der Beweis ist die nur fünftschnellste Rundenzeit für Vettel im Rennen. Die „Bullen"-Boliden haben bei kühlen Temperaturen ein Pirelli-Problem: Sie brauchen länger, um ihre Reifen auf optimale Betriebstemperatur zu bringen. Dafür brechen die Reifen am Red Bull auch früher wieder ein ...

Bei Vettel traten im Finish noch Bremsprobleme auf, die ihn schon am Nürburgring genervt hatten. Das Gute in der Niederlage: Trotz Platz 2 kann der Titelverteidiger seine WM-Führung ausbauen. Die Verfolger machen es ihm leicht: Einmal gewinnt Button, einmal Alonso, einmal Hamilton. Vettel hat noch keinen WM-Erzrivalen. Trotzdem macht der stets lustige Blondschopf ein ernstes Gesicht: „McLaren ist sehr, sehr stark geworden. Auch Ferrari hat enorm aufgeholt. Wir müssen herausfinden warum. Und noch wichtiger ist: Wir müssen bei uns selbst nachschauen, wo die Probleme liegen."

„Er ist anders als die anderen. Hat nicht den Killerinstinkt von Vettel, Hamilton und Alonso, aber er fährt eine saubere Linie, sehr reifenschonend – und hat immer die richtige Nase, wann seine Chance kommt. Die nützt er dann!" Besser als Gerhard Berger kann keiner den Hungaroring-Sieger Jenson Button beschreiben. Schließlich hat ihn Berger als BMW-Motorsportchef im Winter 1999/2000 ja mitentdeckt.

Damals rief Frank Williams seinen Teamchef-Partner an: „Ich hab da einen jungen Engländer, schau ihn dir einmal genau an." Berger traf Button in München, organisierte für Williams-BMW einen Test in Jerez. „Ich bin gleich rauf aufs Boxendach, um ihn mir von oben genau anzuschauen. Saubere Linie, sehr schnell – ein Riesentalent. Man sah sofort, der hat das Zeug zum Formel-I-Piloten, sogar Grand-Prix-Champion." Hat er auch in Budapest schon bewiesen.

Wo auch Berger immer gern und erfolgreich fuhr – dreimal Dritter. Überhaupt haben ihre Karrieren Parallelen: Button 200 Rennen, 11 Siege – Berger 204 Rennen, 10 Siege. Aber der Entdecker zweier Weltmeister: Button und Vettel. Dein Verdienst an der Button-Karriere? „Dem hab ich nur ein bissl geholfen. Aber er wäre auch ohne mich nach oben gekommen."

*

John Button ist im Formel-I-Fahrerlager bekannt wie ein bunter Hund. Der Vater des Weltmeisters von 2009 wird für sein Talent zum Feiern geschätzt. Er ist Stammgast in der Hospitality und Box von McLaren. In den 1970er-Jahren war er selbst aktiv und nahm an einigen Rallycross-WM-Läufen teil. Später war er Autohändler und Garagist. „Am besten ist es, wenn man einen Vater hat, der alles versteht", lobt der Junior seinen Senior.

Über seinen Vater kann Jenson demzufolge nur Gutes sagen. Besonders zu Beginn seiner Karriere bekam er viel Unterstützung: „Er ist wie ein Freund und überhaupt nicht aufdringlich. Er hat immer gesagt, dass ich jederzeit eine Pause machen kann, als wir noch im Kartsport waren. Er war immer klug genug, um zu wissen, dass ich nichts mache, wenn ich dazu gezwungen werde."

Bei den Rennen fiebert und leidet Vater Button sehr. Je spannender es bei Jenson zugeht, desto höher ist sein Rotwein-Konsum. „Ohne diese Medizin würde ich kein Rennen überstehen", sagt der „Alte" augenzwinkernd. „Dad ist nach einem schlechten Rennen betroffener als ich", bestätigt Jenson, „wenn ich ein schlechtes Wochenende hatte, kann ich das verkraften. Für ihn aber ist es härter, wenn ich verliere. Doch wenn ich gewinne, feiert er um vieles mehr als irgendjemand anderes." So ist es auch in Budapest, wo die Siegesfete im Kempinski steigt: mit viel Champagner und noch mehr Rotwein, den John Button ja so liebt – zur Beruhigung wie zur Belustigung. Hinterher jetten die Buttons, leicht verkatert, ab in den Sommerurlaub nach Honolulu und Big Island Hawaii.

Semesterferien im Grand-Prix-Zirkus – aber nicht ganz wie der alte Falco-Hit „Nie mehr Schule“. Ab Montag sind alle Formel-I-Fabriken zugesperrt, Windkanal und Simulator abgeschaltet – bis zum belgischen GP in Spa. Da muss sich jeder dran halten.

Aber die klassische Frage an alle Piloten in Budapest: Was machst du in den Ferien? Ab in die Südsee, Mountainbiken, Bergsteigen sind jedes Jahr die Hits. Auch für Sebastian Vettel? An ihm fasziniert immer wieder, wie er reist, Rucksack statt Business-Koffer, und meist kurz entschlossen – der Champion organisiert sich seine Privatreisen alle selbst. Einmal flog er zwischen zwei Asien-Rennen ganz einfach nach Hawaii.

„Aber jetzt, in der Sommerpause, mag ich nicht weit fliegen. Wir sitzen nachher, zwischen den Asien-Rennen, sowieso fast nur im Flugzeug. Ich bleib lieber in Thurgau.“

Also wird Vettel – mit seiner Freundin Hanna – viel zuhause sein: in seinem umgebauten Bauernhof mit einer alten Mühle, etwa 30 km vom Bodensee – zugezogen vor zwei Jahren von Walchwil am Zuger See. Und mit allen Problemen, die VIPs mit den Grünen haben, wenn sie ihren eigenen Golf- oder Tennisplatz wollen. Vettel darf sein privates Wimbledon momentan nicht bauen. Also spielt er momentan im lokalen Tennisclub in Kemmental. So wie Michael Schumacher im Kanton Vaud beim lokalen Fußballverein höflich anfragte, ob er mittrainieren, vielleicht sogar mitkicken dürfte.

Bis ihn ein Mitspieler mit der Frage amüsierte: „Hat dir schon jemand gesagt, dass du dem Schumacher ähnlich schaust?“

Vettels Tennisclub ist privater, abgeschiedener – und wahrscheinlich parkt auch das Wohnmobil von Vater Norbert gleich daneben.

Sebastian und sein Red-Bull-Team haben eine fixe Vereinbarung: Zwei Tage jeder Woche darf sich der Weltmeister eine Auszeit nehmen – dann ist er für niemanden erreichbar. Zuletzt, beim Heim-GP am Nürburgring, war das nicht so leicht beizubehalten: Vettel war von Donnerstag bis Sonntag 120 Stunden am Ring, saß davon aber nur fünf Stunden im Auto. Jetzt, in Budapest, gilt wieder die alte Regel – darauf schaut schon seine persönliche Betreuerin Britta, die bei Vettel angestellt ist: „Ich bin ihr Chef.“

Und ab Montag singt Falco: „Nie mehr Schule“ – bis Spa.

Spa: Red Bull – alles riskiert und gewonnen!

„SCHUMI MUSS BLEIBEN!“

Schumacher gegen Vettel! Das deutsche Traumduell steigt in Kerpen, nicht virtuell, sondern in echt. 50-Jahr-Jubiläum für die dortige Kartbahn, wo Papa Rolf früher kaputte Gokarts repariert, Mama Elisabeth Brote für den „Imbiss“ geschmiert hatte, wo Michael und später Seb ihre ersten Schritte zur Weltkarriere taten – und wo der große Schumi dem kleinen Sebastian den ersten gewonnenen Pokal überreichte.

Diesmal kommt der Weltmeister direkt aus der Red-Bull-Fabrik in Milton Keynes: Simulator-Fahren für Spa, Meetings, technischer Kriegsrat. Denn auch wenn alle Formel-I-Fabriken seit Budapest gesperrt, sogar E-Mails verboten waren und nur die Marketing-Leute arbeiten durften: „Unser Hirn auszuschalten, kann uns keiner befehlen“, grinst Dr. Helmut Marko. „Jetzt waren Ferien. Da darfst an nix arbeiten. Aber was im Kopf passiert, ist nicht kalkulierbar.“

Sommer, Sonne, Ferien und 33 Grad ade. Willkommen in Ostbelgien, in den Ardennenwäldern, bei 17 Grad. Und los geht es wieder. Doch zuerst bleiben wir noch im grenznahen Deutschland. Denn dort wird am Mittwoch vor dem Belgien-GP ein Weltmeister-Showrennen mit Sebastian Vettel und Michael Schumacher inszeniert: Auf dem Weg nach Spa-Francorchamps legen der jüngste und der älteste Formel-I-Weltmeister im aktuellen Fahrerfeld auf der Kartbahn in Kerpen nahe Köln eine Zwischenstation ein.

Vettel trifft sich hier mit seinem einstigen Idol, um zurück zu den Wurzeln zu driften: Der Kart-Club Kerpen feiert seinen 50. Geburtstag. Hier wurden ihre Ausnahme-Talente erkannt und gefördert. Beim Showduell auf dieser Bahn, wo für beide Champions alles angefangen hatte, ist der 42-jährige „Schumi“ dem 18 Jahre jüngeren „Herausforderer“ klar überlegen. Vettel dazu lächelnd: „Er hatte den größeren Heimvorteil. Und ich bin punkto Kart etwas in Trainingsverzug geraten.“

Dafür ist Red Bulls Nummer 1 beim Fußball besser in Schuss: Im ostbelgischen Eupen, Vettels und Schumachers zweiter Zwischenstation auf der Anreise nach Spa, siegen die „Nazionale Piloti“ am Mittwochabend gegen eine Promi-Auswahl mit 6:3. Vettel gelingt ein herrlicher Treffer, genau ins „Kreuzeck“. Schumacher, leider nur unter den Zuschauern, kommt aus dem Staunen nicht heraus. Genauso wie der Mann neben ihm: Ex-Bayern-Torhüter Jean-Marie Pfaff.

Am Donnerstag gibt es im Fahrerlager zwei große Themen: die Ausbootung von Nick Heidfeld. Renault setzt nun auf Ayrton Sennas Neffen Bruno Senna. Und erneut geht es wieder um Michael Schumacher. Natürlich. Es geht um 20 Jahre Formel I: von 1991 bis 2011. Bei Mercedes GP sind die Vorbereitungen für die spezielle Jubiläums-Grillparty am Samstagabend mit ganz besonderen Gästen in vollem Gang. „Schön, das zu hören. Doch meine volle Konzentration muss dem Training, Qualifying und Rennen gehören." Das sagen Schumacher und Vettel unabhängig voneinander.

Mit dem Highspeed-Spektakel in Spa-Francorchamps kehrt die Formel I aus ihrer zweieinhalbwöchigen Sommerpause zurück. Beendet ist auch ihr selbst auferlegtes Arbeitsverbot. Voller Tatendrang geht es zurück an die Strecke. Und zwar auf d i e Strecke: La Source, Eau Rouge, Pouhon, Blanchimont – das sind Namen, die das Herz jedes GP-Fahrers und FI-Fans erwärmen.

Zum Auftakt der Herbstsaison, dazu passt in Spa das Wetter bestens, herrscht allergrößte Spannung bei den Zuschauern und höchste Anspannung bei den Teams. Vor allem bei Red Bull, dem Titelverteidiger, der nach den Juli-Rennen vom Gejagten zum Jäger wurde. Drei Rennen waren die „Bullen" sieglos geblieben. Die Energydrink-Fraktion war zuletzt nicht mehr die dominierende Kraft im Feld. Die Frage aller Fragen lautet deshalb: Kehrt Sebastian Vettel beim Belgien-GP, im „Wohnzimmer" seines Fahrerfreundes Michael Schumacher, wieder auf die Siegerstraße zurück? Oder ist er nur noch darauf aus, seinen WM-Vorsprung bis zum Finale zu verwalten?

Der Vettel-Förderer Helmut Marko, Red Bulls graue Formel-I-Eminenz, beantwortet die Frage aller Fan-Fragen vor Spa ernüchternd: „Von den noch ausstehenden Saisonrennen werden wir in Spa und Monza wohl am schlechtesten abschneiden." Vettel dazu vor dem Trainings-Start am Freitag: „Spa wird, so wie die letzten drei Rennen, eine ganz enge Kiste zwischen uns, Ferrari und McLaren werden. Hier hat es für unseren Geschmack ein bisschen zu viele, zu lange und zu schnelle Geraden. Die Kurven konzentrieren sich alle auf Sektor zwei."

Marko sagt aber auch: „Wir hatten in Silverstone, am Nürburgring und in Budapest, also dort, wo wir zuletzt nicht siegen konnten, immer das schnellste Auto." Allerdings nur auf eine Runde gesehen, wie Vettels „Pole" in Ungarn zeigte – und nicht auf die Renndistanz.

Und zu der endlosen Transfer-Show um Mark Webber: „Das könnte sein letzter Deal sein." Was Teamchef Christian Horner bestreitet: „Mark kann noch 2, 3 oder 4 Jahre Formel I fahren – hängt alles nur von ihm ab."

Nach Kerpen kommt der rasante Hobby-Biker Webber nicht. Aber Schumi II, Ralf, ist natürlich dabei, genau wie Michaels Sohn Mick. Nach der großen Feier geht's zum Fußballmatch der Formel-I-Asse – und dann nach Spa. Wo auf Vettel wieder viele Fragen niederprasseln: Wo hast du dich während der Sommerferien versteckt? Was hast du seit Budapest gemacht? „Radfahren, Mountainbiken, Klettern", hatte Seb angekündigt – aber nicht verraten, wo oder auf welcher Insel.

Seit er vorigen Sommer auf Sardinien gleich am ersten Ferientag von Paparazzi überfallen wurde, ist Seb mit seinem Privatleben vorsichtig, diskret. Das heizt nur Gerüchte an. Wo immer Vettel (angeblich) auftaucht, ob Mallorca oder am Gardasee, heißt es sofort: „Er hat bei uns ein Haus gekauft ..."

Nicht in Spa. Dort gehören Bernie Ecclestone schon seit Jahren zwei Hotels: In La Source, der ersten Kurve, und in der legendären Eau Rouge. Dort feiert Schumi nach der Kartbahn ein zweites Jubiläum: den 20. Jahrestag seiner Formel-I-Premiere 1991 in Spa.

Die Story fürs Geschichtsbuch: Jordan-Pilot Bertrand Gachot, der erste Rennfahrer mit dem gelben EU-Strahlenkranz auf dem Helm, war nach einer angeblichen Pfefferspray-Attacke auf einen Londoner Taxichauffeur außer Gefecht – die große Chance für den jungen Schumacher. Der schlief mit seinem Manager Willi Weber damals in der Jugendherberge, war aber im Qualifying sensationell Siebenter, schied aber dann im Rennen schon in der ersten Runde aus – Kupplungsdefekt. Aber ein Stern war aufgegangen.

Grell und respektlos. Als er den Weltmeister Alain Prost im Training unter gelber Flagge überholte, verteidigte er sich: „Was kann ich dafür, dass der Prost so langsam fährt?" Und nach einem Handgemenge mit Ayrton Senna bei den Tests in Hockenheim: „Ich hab ihn ja nur ein bissl am Hals gekitzelt."

Vor Monza, in einer langen Nacht in der Villa d'Este am Comer See, wurde Schumi an Benetton verkauft. 1992 kam er nach Spa zurück und gewann seinen ersten von 91 Grands Prix. Deine Gefühle auf dem Siegerpodest, Michael? „Alles auf einmal. Freude, Glück, Anspannung und Erlösung, Glück und Tränen, gleichzeitig lachen und weinen."

1994 eher weinen. Da wurde Schumi in Spa als Sieger disqualifiziert – seine Holzbodenplatte war über die Kerbs zu stark abgeraspelt. Sein „Wohnzimmer" Spa war für Michael immer eine Hochschaubahn.

Zwei Jahrzehnte lang war Michael Schumacher der König von Spa – jetzt ist er schon 30 Rennen ohne Sieg, ja sogar ohne Podestplatz, vom Teamkollegen Nico Rosberg überstrahlt. „Schumi, warum tust du uns das an?", hatten Zweifler beim Schumi-Comeback gefragt. Und jetzt fragen immer mehr: „Warum hörst du nicht auf, bevor der ganze Mythos zerbröckelt?"

Dazu exklusiv ein Interview mit Gerhard Berger, der Schumacher jahrelang aus nächster Nähe erlebt hat, nicht nur bei Rad-an-Rad-Duellen. 1995/96 tauschten sie sogar ihre Autos: Schumacher von Benetton zu Ferrari, Berger von Ferrari zu Benetton – wo er noch 38-jährig in Hockenheim seinen letzten GP gewann. Schumi ist jetzt 42.

Gerhard, die Qualen eines Champions, der nicht aufhören kann – was würdest du Schumacher raten?

Berger: Dass er nicht mehr öffentlich sagt: „Ich will Rennen gewinnen", oder: „Ich will wieder Weltmeister sein." Sondern dass er Spaß haben will – hat er sich als siebenfacher Weltmeister auch verdient. Mit so viel Ehrgeiz und Einsatz, dass er jetzt das Recht hat, das zu tun, was ihm Spaß macht."

Aber das Hinterherfahren kann einem 91-fachen Sieger doch keinen Spaß machen?

Berger: Es ist völlig egal, ob er Erster oder Letzter wird. Wichtig ist nur, dass er Spaß dran hat. Und solang ihn sein Team will, hat er auch das Recht, dort zu sein. Alles Weitere regelt der Markt.

Wie anders als früher fährt er jetzt?

Berger: Die Blödheiten, die er macht, zeigen, dass der Ehrgeiz noch immer da ist.

Nur die Erfolge nimmer – wieso?

Berger: Wie sehr es am Auto liegt, weiß ich nicht. Aber man sieht bei Nico Rosberg ganz klar, dass die Zukunft bei der Jugend liegt – was von vornherein klar war. Sag so: Michael ist immer noch schnell unterwegs, aber sein Material ist momentan nicht das beste. Man sieht, er macht auch viele Fehler – zum Beispiel seine Kollisionen, allein zweimal mit Petrov. Weil er unter künstlichem Druck steht – den er sich freilich selber macht. Zum Teil aber auch die Fahrerkollegen und Medien.

Was soll er also tun?

Berger: Aufhören, wenn er keinen Spaß mehr hat – aber weiterfahren, solang es ihm noch Freude macht. Denn Ehrgeiz hat er sowieso

Und was soll sein Team machen?

Berger: Ein besseres Auto bauen! Rosberg ist für mich absolut ein WM-Kandidat, fährt in der gleichen Liga wie Vettel. Also muss Mercedes für Schumacher und Rosberg auch ein Auto hinstellen, das in der gleichen Liga fährt wie Red Bull.

Mit längerem Radstand, was die Reifen weniger abnützt?

Berger: Das müssen die Techniker wissen …

Bullen, aufgepasst: Seit 12 Jahren haben nur zwei Teams in Spa gewonnen – Ferrari und McLaren! Der letzte Außenseiter-Sieger war 1999 Jordan: Doppelsieg Damon Hill vor Ralf Schumacher, aber Ärger nachher. Schumi II war der schnellere Mann, wurde aber eingebremst, weil im Hill-Vertrag stand: Bei einem Doppelsieg muss der Engländer gewinnen …

Jetzt hat Red Bull eine historische Chance: Das erste Team, das mit beiden Piloten in allen WM-Läufen des Jahres punktet. 2011 sind Sebastian Vettel und Mark Webber die einzigen Fahrer, die in jedem Rennen die volle Rundenzahl gedreht haben – und immer in den WM-Punkten. Bisher noch nie mit zwei Fahrern gelungen – aber es gibt große Vorbilder: Juan Manuel Fangio kam 1954/55 in allen Rennen ins Ziel, aber das waren damals nur acht. Und Michael Schumacher stand 2002 in jedem Rennen auf dem Podium. Jetzt ist er der erste Fahrer, der 20 Jahre nach seinem Debüt (Spa 1991) immer noch Formel I fährt.

Aber was ist Vettels Rekordvorsprung wert? 85 Punkte – so viel wie noch nie. Was bedeutet: Der Red-Bull-Liebling bleibt mindestens bis zum GP von Japan (9. Oktober) WM-Führender –wenn er bis dahin nicht ohnehin schon wieder Weltmeister ist ... Wenn Vettel in Spa gewinnt, hätte er 7 Rennen vor Schluss seinen Vorjahrs-Rekord (256 Punkte) bereits übertroffen.

Vettel mag Spa, die Herz- und Mutstrecke in den Ardennen. „Am liebsten die Doppel-Linkskurve von Pouhon." Aber er war, erstaunlich, in Spa noch nie auf dem Podest!

Spa riecht immer nach Wetterkapriolen, Safety-Car-Phasen und Regen. Start in einem fürchterlichen Hagelgewitter, Finish unter gelber Flagge – alles schon da gewesen in den belgischen Ardennen.

Besonders dramatisch 1966. Ein plötzlicher Wolkenbruch schwemmte in Burneville das halbe Feld von der Straße. Autos krachten gegen Bäume, balancierten auf Felsen, ohne abzustürzen. Jochen Rindt drehte sich neunmal hintereinander. Als die Cooper-Maserati-Schnauze wieder nach vorn zeigte, gab er ungerührt Vollgas und führte bis zum Differentialschaden zwei Runden vor Schluss.

Damals gab es noch kein Safety-Car, keine Onboard-Kameras, aber trotzdem bewegte Bilder. Die angsterregenden Szenen hatte Exweltmeister Phil Hill gedreht. Mit einem Kameraauto außer Konkurrenz als Letzter gestartet. Als er nach einer Runde ausstieg, um die Filmrolle abzumontieren, zitterten seine Hände.

Die unglaublichen Action-Szenen sah man später in John Frankenheimers preisgekröntem Thriller „Grand Prix" mit Yves Montand in der Hauptrolle. Und unserem Jochen in einer Nebenrolle.

Aber selbst für Hollywood-Begriffe: Zu viel ist in Spa schon passiert. Lotus-Wagen verloren Räder, Stirling Moss hatte ein loses Lenkrad in der Hand. Der englische Mercedes-Star Dick Seaman starb 1939 in Spa. Er hatte trotz der gefährlichen politischen Lage eine Deutsche geheiratet – die Tochter eines BMW-Chefs. Die Eltern blieben aus Protest der Hochzeit fern – sie sahen ihren Sohn nie mehr wieder.

Niki Lauda brach sich 1985 in Stavelot das Handgelenk – als regierender Weltmeister. Und Gerhard Berger war jahrelang der Freitag-König von Spa, als die Startaufstellung noch an zwei Tagen ausgefahren wurde. Am Freitag war der Tiroler meist der Schnellste. Aber am Samstag schoss ihnmeist Ayrton Senna oder Nelson Piquet (Brabham-BMW) von der Pole-Position. Mit geheimnisvollem Raketensprit aus dem Raketen-Forschungszentrum Peenemünde – wo BMWs Technik-Boss Paul Rosche einen Kriegskameraden traf: „Geheimaktion Crossbow" hieß das im Film.

„Vielleicht setz ich mich am Wochenende aufs Motorradl und komm nach Spa", verriet mir Berger am Telefon. Wo sonst könnte er seinen 52. Geburtstag stilvoller feiern? Und rückt die Pension näher, Gerhard? „Ach was, ich bin ja schon längst in Pension …"

Jetzt steht er ihr wieder gegenüber – der „Eiger Nord der Formel I", wie ich sie immer genannt hab. „Die geht heute voll im 7. Gang. Aber wir fuhren sie auch schon voll – manchmal." Bevor sie verbreitert und entschärft wurde. „Die Eau Rouge ist immer noch ein Mythos – aber sie lebt in der Erinnerung …"

Wer dreht diesmal in Spa die meisten Führungsrunden? Vettel, Webber, Alonso, Hamilton oder Button? Ich tippe stark auf ein Auto ohne Startnummer – Bernd Mayländer im Safety-Car – obwohl dessen Einsätze trotz teils verpatztem Sommer 2011 bisher erstaunlich wenige waren:

In Monte Carlo von der 33.–37. Runde, um Massas Ferrari aus dem Tunnel rauszuholen, und von der 58.–72. Runde, um die Wracks von Petrov und Alguersuari abzuschleppen

In Montreal die ersten drei Runden nach Start im Regen, dann von der 7.–11. Runde, um Hamiltons McLaren zu bergen, von der 19.–24. Runde wegen starken Regens, von der 25.–33. für den neuen Start, schließlich von der 37.–39., um Alonsos Ferrari abzuschleppen, und nochmals von der 57.–59. wegen Heidfeld.

Viele TV-Fans amüsierten sich schon königlich, wann immer sie die TV-Onboard-Kamerabilder sahen. Jedes Mal, wenn sie die zwei auftauchen sahen: eine kleine Muppet-Show. Tempomacher Mayländer am Lenkrad und neben ihm, auf dem heißen Sitz, sein Copilot Dr Tibbits, ein Chemiker, der es immer eilig hat, ins Ziel zu kommen.

Er ist der Wissenschaftler, der gleich nach jedem Rennen, wenn die Piloten zur Gewichtskontrolle müssen, den Sprit analysiert, ob er mit dem „Fingerabdruck" seines Fahrers übereinstimmt oder nicht – was schon öfter zur Disqualifikation geführt hat.

Aber bis dahin leiden viele Fans mit Dr. Tibbits, 50 Prozent der immer wiederkehrenden Muppet-Show, weil man das Gefühl hat: Dem armen Chemiker kommt öfter der Magen hoch – als müsste er sich in den Sturzhelm übergeben.

Was Mayländer dementiert: „Der hält schon sehr viel aus. Dem ist noch nie schlecht geworden …" Aber jetzt wartet auf ihn die Eau Rouge, Königin aller Formel-I-Kurven.

Acht bis zehn Meter hinter dem Schrittmacherfahrzeug fährt der wirklich Führende im Rennen – den Abstand hat die FIA vorgeschrieben. Und wenn Mayländer der Sprit ausgehen sollte? Dann wartet ein zweites Safety-Car vollgetankt in der Box.

Die Formel I reißt heuer eine Schallmauer nieder. Noch nicht in Spa, aber umso sicherer in den nächsten Rennen. Nach 11 von 19 WM-Läufen 2011 zählen die Statistiker und Formel-I-Buchhalter bereits 511 genau beobachtete Überholmanöver und gewonnene Zweikämpfe – das ergibt hochgerechnet heuer tausend Überholungen bis Saisonende, so viel wie noch nie in der 62-jährigen Geschichte der Formel I.

Die neuen Pirelli-Reifen, daher verschiedene Strategien, DRS, KERS & Co. ermöglichen diesen Rekord.

Die bisherige, bald pulverisierte Bestmarke waren die 558 Überholmanöver 1987, als Nelson Piquet im Williams-Stallkrieg gegen Nigel Mansell Weltmeister wurde, aber Gerhard Berger, nach seinem Mexiko-Sieg zu Ferrari übergewechselt, mit Kampfgeist und Risikobereitschaft alle Champions aufmischte.

1989 gab es noch 547 Positionswechsel, danach aber in keinem Jahr mehr als 500 Überholungen. 2005 sogar nur noch 207, im Durchschnitt also nur zehn pro Rennen. Viel zu wenig für die Fans. Und darum begannen die „Superhirne" mit ihren Vorschlägen und Diskussionen, wie man die „Formel Fad" wieder attraktiver machen könnte. McLaren-Chef Ron Dennis verglich mit anderen Sportarten: „Im Basketball werden sehr viele Körbe erzielt, aber ist das deswegen spannender? Dagegen kann ein Fußballmatch sehr dramatisch sein, auch wenn es 0:0 endet. Tore sind nicht alles." Spektakuläre Überholmanöver schon.

Aber wer ist der König der Überholmanöver? Natürlich ein Bulle – Mark Webber mit 39 gewonnenen Zwei- oder Dreikämpfen vor Sébastien Buemi (36), Jenson Button (35), Michael Schumacher (34), dem Japaner Kobayashi (32), di Resta und Alguersuari (29), Massa (28), Heidfeld (26) und Rosberg (25) sind die Top Ten der Überholer. Nicht eingerechnet natürlich die kampflosen Überholmanöver, z. B. wenn der Vordermann wegen Defekts langsamer wird oder an die Boxen fährt – das ist dann nur ein Vorbeifahren. Wie beim Überholverbot der Polizei.

Wobei auffällt: Die jungen Piloten, vor allem die Toro-Rosso-Youngster, deren Vertragsverlängerung noch immer nicht bestätigt ist, attackieren sehr heftig. Mark Webber, der viele Starts verhaut, will immer unbedingt verlorene Plätze wieder aufholen. In Shanghai stieß er von Platz 18 auf Platz 3 vor, ähnlich wie Jenson Button bei seinem Sieg in Kanada: Schumacher startet meist sehr gut, gewann bisher 34 Zweikämpfe oder 34 Plätze.

Weltmeister Vettel liegt mit 5 Überholungen nur an viertletzter Stelle – aber wie soll der Pole-Position-König überholen, wenn er vor sich keine Gegner hat?

Am originellsten aber Kobayashi: „Als Japaner hab ich schmale Augen, deswegen seh ich die anderen Autos gar nicht."

Typisch Spa. Das Freitag-Training ist geprägt von regennasser Strecke und trockenem Asphalt. Dieser Wettermix aus Regenschauer und Sonnenschein – oft auch beides zugleich – führt zu kaum aussagekräftigen Rundenzeiten: Michael Schumacher ist vormittags der Schnellste (1:54,355). Diese Überraschung ist dem Spa-Jubilar zu gönnen. Mark Webber holt nachmittags die Bestzeit (1:50,321). Keine Technik-Crew kann große Rückschlüsse aus den Runden-Daten des gut 7 km langen Kurses ziehen.

Das Ardennen-Qualifying läuft am Samstag ähnlich wie das zuletzt am Hungaroring: Wiederum schafft Vettel die Pole-Position, seine erste in Spa und insgesamt seine 24. Trainingsbestzeit. Teamgefährte Webber, der hier 2010 auf „Pole" stand, holt nur Startplatz 3, weil er sich beim leidigen Wetter Timing verschätzt: „Ich bin meine schnelle Runde etwas zu früh gefahren, weil ich mit weiterem Regen rechnete." Vettel tut das nicht, er folgt nur seinem Instinkt – und wird mit der Premieren-„Pole" belohnt. Unglaubliches Pech verfolgt Vettels Fahrerfreund Michael Schumacher.

Denn sein Qualifying ist im Mercedes GP W02 schon nach einer halben Runde beendet. Kleiner Defekt, große Wirkung: Eine beim Montieren überdrehte und später lose gewordene Radmutter sorgt für einen heftigen Aufprall in der Rivage-Kurve. „Schumi" bleibt damit nur der 24. und letzte Startplatz.

Immerhin verliert Schumacher seinen Humor nicht, nachdem er bereits in der Einroll-Runde das rechte Hinterrad seines Silberpfeil-Wagens verloren und in die Reifenstapel gekracht war: „Ich habe ja in Spa schon einige Erfahrung auf drei Rädern. Aber das war heute anscheinend nicht genug." Er spricht dabei die Kollision mit David Coulthard 1998 an, bei der er – mit dem Ferrari in Führung liegend – das rechte Vorderrad verloren und dann auf nur drei Rädern an die Box zurückgekommen war. Dort suchte er dann wütend den Clinch mit Coulthard in der McLaren-Box.

Früher war Michael Schumacher in aussichtslosen Situationen immer besonders gefährlich. Man denke nur an den Belgien-Sieg 1995 vom 16. Startplatz aus (Benetton-Renault). Doch nun muss schon ein mittleres Wunder her, wenn es für den Jubilar 20 Jahre nach der Premiere in Spa noch einmal aufs Podest gehen soll. Vom letzten Startplatz aus will der Rekordsieger im Rennen zumindest eine gute Show liefern.

Doch zuerst muss er Samstagabend gute Miene zum „bösen" Startplatz machen. Michael Schumacher lädt das ganze Fahrerlager ins Mercedes-Motorhome ein. Zur einmaligen 20-Jahre-Spa-Feierstunde finden sich fast alle ein – bei Bier und Currywurst vom Grill. Die silberne Hospitality platzt aus allen Nähten, als um 18 Uhr Mercedes-Motorsportdirektor Norbert Haug zum Mikrofon greift und die Bescherung eröffnet. Mercedes schenkt seinem Jubilar ein Foto von seinem Le-Mans-Auto.

Ferraris Teamchef Stefano Domenicali überreicht seinem Ex-Schützling die Motorabdeckung des 2004er-FI-Ferraris. Darauf sind alle Zahlen, die Schumacher mit Ferrari verbinden: 5 WM-Titel, 72 GP-Siege, 58 Pole-Positions. Dazu eine Liebeserklärung der Ferrari-Belegschaft an ihren erfolgreichsten GP-Fahrer. Schumacher, der 13 Rennen mit dem Ferrari F2004 gewann, scherzt: „Dürfen wir dieses Teil morgen an unseren Mercedes schrauben?"

Schumachers erster Formel-I-Teamchef, Eddie Jordan, kommt leicht verspätet. Der heutige BBC-Chefkritiker des Altmeisters bringt eine Kupplung mit – und hat die Lacher auf seiner Seite. Damals, als 22-jähriger Debütant, rollte Schumacher bei seinem GP-Debüt in Spa mit dem Jordan ja mit defekter Kupplung aus – nach nur einem Kilometer.

Spa bleibt eine Rennstrecke der Superlative. Aber zugleich auch der „Jurassic Park" der Formel I, weil der Kurs gegenüber den vielen, modernen Renn-Parks „made by GP-Kurs-Architekt Hermann Tilke" längst nicht mehr zeitgemäß ist. Doch fast alle Piloten nehmen das wohl oder übel hin – und nehmen die fahrerische Berg- und Tal-Herausforderung in den Ardennenwäldern immer noch gerne an. Mark Webber behauptet gar, er werde so lange in der Formel I fahren, bis er in Spa einen GP gewonnen habe.

Erwartungsgemäß wird Webbers Red-Bull-Vertrag am Samstag, den 27. August, also an seinem 35. Geburtstag, bis Ende 2012 verlängert. Somit kann der „Aussie" auch noch nächstes Jahr Anlauf zum Spa-Sieg nehmen – in seiner sechsten „Bullen"-Saison. Die Vertragsverlängerung von Webber zog sich lange hin. Zunächst war gar nicht klar, was der Australier wollte. Webber könnte auch schon gut mit seiner Rente leben.

Der sechsfache GP-Sieger hat genügend Pläne, damit ihm in einem neuen Leben die Decke nicht auf den Kopf fällt: So steigt im Dezember seine „Tasmania Challenge", ein Outdoor-Sportevent, und er will seinen Flugschein machen. Zudem teilt er sich mit Red-Bull-Teamchef Christian Horner ein GP3-Team. Dort hat er mit dem 17-jährigen Neuseeländer Mitch Evans einen Fahrer, den Red Bull auch gerne hätte, aber noch nicht bekommt.

Doch am Sonntag bekommt Red Bull, was es will. Im 56. Belgien-GP gelingt dem Mateschitz-Team in Spa-Francorchamps der erste Sieg. Es ist ein Doppelschlag, den die Konkurrenz nicht erwartete: Vettel vor Webber. Diesem Premieren-GP-Triumph geht ein Poker um alles oder nichts voraus. Denn die Red-Bull-Piloten hatten sich im Qualifying ihre Vorderreifen ruiniert (Blistering/Blasenbildung auf dem Gummi) und mussten für das Rennen an den RB7-Boliden notfallmäßig das Set-up ändern: Radsturz, Reifendruck, Frontflügel.

Weil Marko, Newey, Horner und Co. nicht sicher waren, ob das funktionieren würde, sah ein Worst-Case-Szenario sogar den Start aus der Boxengasse vor. Vettel und Webber als Letzte. Doch so weit ist es nicht gekommen. Vettel hat zugegeben, dass man bezüglich Reifensturz und Reifendruck ein doppelt hohes Risiko eingegangen ist. Mit zwei Autos also vierfach riskierte – und doppelt siegte.

Und das, obwohl Vettel wie Webber ihre Starts als Pleite bezeichneten: Vettel kam schwer in die Gänge, Webber würgte den Renault-Motor fast ab. Dann legten die beiden auf dem Ardennenkurs eine Demo-Fahrt hin. Sie demonstrierten wieder alte Stärke. Mit seinem siebten Saisonsieg hat der WM-Leader und Titelverteidiger für eine Vorentscheidung in der WM gesorgt. Alles in allem: Seb is back. 2010 reichten ihm 256 Punkte zum Titel, nun hat er 259 – nach 12 von 19 Saisonrennen.

PS: Vettels Pilotenkollege Schumacher stürmte gleich in der ersten Runde von Startplatz 24 auf Rang 14 vor. Im Ziel ist er überraschend Fünfter, vor Nico Rosberg. Was für ein Jubiläum für den Rekordmann. Schumacher und Vettel beglückwünschen sich denn auch gegenseitig. Es geht eben nichts über eine solide Kart-Vorbereitung …

SIEGE AUF DEN GLEICHEN STRECKEN

8: Michael Schumacher in Magny-Cours

7: Michael Schumacher in Montreal
Michael Schumacher in Imola

6: Michael Schumacher in Spa
Michael Schumacher in Suzuka
Ayrton Senna in Monte Carlo
Michael Schumacher in Barcelona

5: Graham Hill in Monte Carlo
Michael Schumacher in Indianapolis
Ayrton Senna in Spa
Alain Prost in Rio
Michael Schumacher auf dem neuen Nürburgring
Alain Prost in Silverstone
Michael Schumacher in Monza
Michael Schumacher in Monte Carlo

4: Juan Manuel Fangio in Buenos Aires
Jim Clark in Spa
Jim Clark in Zandvoort
Nigel Mansell in Silverstone
Alain Prost in Monte Carlo
Alain Prost in Le Castellet
Michael Schumacher in Interlagos
Michael Schumacher in Melbourne
Michael Schumacher in Hockenheim
Kimi Räikkönen in Spa

3: Stirling Moss in Monte Carlo
Stirling Moss in Monza
Juan Manuel Fangio in Reims
Juan Manuel Fangio am Nürburgring
Juan Manuel Fangio in Spa
Juan Manuel Fangio in Monza
Jim Clark in Watkins Glen
Jim Clark in Silverstone
Graham Hill in Watkins Glen
Jackie Stewart am Nürburgring
Jackie Stewart in Monte Carlo
Jackie Stewart in Zandvoort
Niki Lauda in Kyalami
Niki Lauda in Brands Hatch
Niki Lauda in Zandvoort
Ronnie Peterson in Monza
Nelson Piquet in Montreal
Nelson Piquet in Hockenheim
Alain Prost in Monza
Nigel Mansell in Estoril
Alain Prost in Estoril
Ayrton Senna in Detroit
Ayrton Senna in Hockenheim
Damon Hill in Spa
Alain Prost auf dem Österreichring
Alain Prost in Imola
Ayrton Senna in Imola
Ayrton Senna in Budapest
Michael Schumacher in Silverstone
Mika Hakkinen in Barcelona
Rubens Barrichello in Monza
Kimi Räikkönen in Spa
Michael Schumacher in Sepang
Fernando Alonso in Bahrain
Felipe Massa in Istanbul

Monza: Schumachers Husarenritt

VETTELS MEISTERSTÜCK

Die „Hölle von Monza" sperrt auf: Tempojagd jenseits von 350 km/h – mit diesen Geschwindigkeiten sind Düsenflugzeuge längst aufgestiegen! Aber der „Raketenmann" von Monza fährt nicht mehr Formel I: Ex-Weltmeister Jacques Villeneuve knallte 2005 genau 375 km/h in den Asphalt, inoffizieller Speed-Weltrekord in Monza – aber 2011 wird er dank KERS und DRS sicher ausgelöscht – oder? Interessant, wie verschiedene Generationen von „Speed-Teufeln" das Fahren bei extrem hohen Geschwindigkeiten erleben – jenseits von 350 km/h. Ich hab sie gefragt.

DER PHILOSOPH. Der „rasende Juwelier" Gotfrid Köchert, Sportwagen-Champion, Patron und „Ziehvater" von Jochen Rindt, selber erfolgreicher Le-Mans-Pilot: „Die Farben werden bei 300 km/h pastell, das ganze Ambiente im Cockpit ändert sich. Es riecht sogar schon eine Spur nach Karbol …"

DER PROFI. Helmut Marko spürte bei seinem Le-Mans-Sieg 1971 bei 420 km/h: „Alles fängt an zu flimmern. Du hast ein etwas abgehobenes Gefühl, nicht mehr den richtigen Bodenkontakt. Gleichzeitig läuft der Motor auf seiner absolut höchsten Drehzahl – ein eigenartiges Singen." Das Marko später nachempfindet, als er zufällig Ausschnitte vom Steve-McQueen-Film „Le Mans" sieht: „Da ist es wieder, ein elektrisierendes Gefühl, wenn du mit dieser Geschwindigkeit dahinrauschst. Aber gleichzeitig musst du total konzentriert sein. Ich schau immer auf die Flaggenmasten. Wenn die Fahnen nur einen Hauch flattern, musst du bei den Windschneisen bereits gegensteuern." Bei 420 km/h auf der Geraden! „Aber wenn du die heutigen Fahrer fragst, sagen sie: ‚Wir spüren keinen Unterschied, auch keine wirklich schnellen Kurven mehr, seit sogar die Eau Rouge in Spa voll geht …'"

DER REALIST. Niki Lauda, Monza-Sieger 1984, gewohnt, bei Geschwindigkeiten, mit denen seine Flugzeuge abheben, noch Gas zu geben: „Aber ob 200 oder 300 km/h ist völlig wurscht. Du fährst ja immer gleich. Und wenn mich keiner aufmerksam gemacht hätte – ich hätte den Unterschied gar nicht gewusst. Sondern mich immer nur gewundert, wenn man mir z. B. nach dem Turbo-Fahren in Monza 1994 gesagt hat: 350 km/h. Nur eine Frage der Übersetzung. Die Aerodynamik presst das Auto in den Boden. Wenn es bei 300 schwimmt, hat's jemand falsch gebaut."

DER ABENTEURER. Gerhard Berger, Monza-Sieger 1988, fuhr schon 1986 mit dem Benetton 368 km/h: „Der Körper gewöhnt sich rasch an die hohen Geschwindigkeiten. Das Problem ist nicht, 350 oder 360 zu fahren, weil du dank Abtrieb, Flügeln, breiten Reifen ein sicheres Fahrgefühl hast. Aber die Flügel, relativ steil, geben schon sehr viel Widerstand. Du hast Tonnen auf den Rädern! Schwierig ist nur, dass du bei hohen Geschwindigkeiten nicht verreißen kannst – wäre auch zu gefährlich. Einmal verlor Jean Alesi bei über 300 km/h vor mir seine TV-Kamera, die wie eine Kanonenkugel auf mich zuschoss. Da hab ich mich verkrochen, dass sie mich ja nicht trifft – zum Glück nur die Radaufhängung. Und dann: das Bremsen, weil dir dein Hirn einhämmert: Um Gottes willen, steig endlich auf die Bremse, das geht nicht mehr gut – aber es funktioniert. Das Hirn sagt immer nein, aber dein Herz sagt ja. Dann, in den Kurven, hast du die gigantischen Fliehkräfte bis 5 g, versuchst den Kopf anzulehnen. In Monza noch mehr als sonst."

Rennfahrer, die den Wind besiegen: Am spannendsten bei der Tempojagd in Monza. Antonio Pizzonia (Williams-BMW), Ersatzpilot für den verletzten Ralf Schumacher, fuhr 2004 im Rennen 369,9 km/h, offizieller Weltrekord, den Kimi Räikkönen (McLaren) 2005 auf 370,1 schraubte. Aber da teufelte Villeneuve (Sauber-Ferrari) beim Testen schon auf 375 km/h.

Triumphe und Tragödien – Monza hat beides erlebt, öfter als jede andere Rennstrecke der Welt. Auch nach Ende der Windschattenschlachten (1971) durch den Einbau der drei Schikanen ist das Autodrom die schnellste Rennstrecke mit dem größten Topspeed, noch einen Hauch schneller als Hockenheim: David Coulthard fuhr bei den Monza-Tests 363 km/h Spitze. Aber was passieren kann, wenn Formel-I-Autos in Monza entgleisen, hat man oft gesehen: Die Massenkollision 2000, als sich Pedro de la Rosa sechsmal überschlug und ein Streckenposten durch ein wegfliegendes Rad getötet wurde. In der gleichen Roggia-Kurve hatte Michael Schumacher beim Testen einen Unfall.

In Monza 2007 war er der jüngste Sieger der Formel-I-Geschichte – in Singapur 2011 könnte er schon der jüngste Doppelweltmeister aller Zeiten sein und damit Fernando Alonso ablösen. Nach seinem Sieg im Thriller von Spa mit acht Führungswechseln in den ersten 18 Runden (!) trennen Sebastian Vettel nur noch ein paar Gasstöße vom nächsten Überholmanöver in der ewigen Statistik der großen Champions – die für den Deutschen wichtig ist.

Sein 30. Podestplatz. Zum 50. Mal in den WM-Punkten. Seinen Punkterekord von 2010 (256) übertroffen. Mit seiner 24. Pole-Position hat er Niki Lauda eingeholt. Aber das war kein Thema bei der großen Schumi-Party in Belgien, wo die beiden Comeback-Superstars zusammentrafen.

Niki: „Wir haben uns umarmt, er mich, ich ihn – Rennfahrer sprechen die gleiche Sprache. Ich hatte mit Michael nie ein Problem – und er nie eines mit mir. Ich hab ihn auch in RTL sehr gelobt, genau wie Vettel. Wie viele Punkte fehlen ihm jetzt eigentlich noch?"

Nur ganz wenige. Vettel hat 92 Punkte Vorsprung auf Mark Webber, 102 auf Fernando Alonso. „Aber der Zweite zählt nicht – Webber ist ja vom gleichen Team. Wichtig ist nur der Vorsprung auf den Dritten."

Also Alonso, der auch schon resigniert hat. Genau wie Lewis Hamilton. „Damit wird Vettel die WM in Suzuka gewinnen", prophezeit Niki Lauda. „Und dann flieg ich natürlich nach Japan – obwohl ich eigentlich gar nicht wollte." Seit seiner dramatischen WM-Niederlage gegen James Hunt 1976 in Fuji war Lauda nicht mehr im Kirschblütenland. 1977 stieg er bei Ferrari vorzeitig aus und überließ sein Cockpit dem jungen Himmelstürmer Gilles Villeneuve – der dann mit Ronnie Peterson kollidierte.

Als er im TV den umgekippten, leeren Ferrari mit Startnummer 12 liegen sah, war Lauda kurz erschrocken: „Das ist ja mein Auto ..." Und jetzt hoffen die Organisatoren aller folgenden WM-Läufe, Südkorea, Indien, Abu Dhabi und Interlagos, dass sich Laudas WM-Prognose nicht schon in Japan erfüllt. Am meisten Bernie Ecclestone – weil er das Finale in Brasilien selber veranstaltet.

Wo sind die Zeiten, da es in den Formel-I-Startaufstellungen von 10–12 Italienern wimmelte? Weil das „Toto Calcio", das Fußballtoto, die jeweils ersten drei jeder Rennfahrer-Nachwuchsformel sponserte? Nach der Ära von de Angelis, Patrese, Alboreto & Co. sind nur noch zwei übrig geblieben: Vitantonio Liuzzi – chancenlos. Und Jarno Trulli, trotz Renault-Teamkollegen Fernando Alonso Monaco-Sieger 2004 – aber jetzt erfolgreicher mit seinem Wein.

Nicht als Heurigenwirt mit Buschenschank, sondern als Großindustrieller. Der rote Trulli-Wein aus den Abruzzen ist bereits ein weltweiter Verkaufshit. Im ersten Jahr noch 18.000 Flaschen, jetzt über 100.000. Ein paar davon bringt Trulli zu jedem Grand Prix mit – die werden dann in den Formel-I-Restaurants serviert.

Auch Mario Andretti und Jean Alesi sind längst Weinbauern geworden. Formel-I-Piloten waren schon oft clevere Businessleute. Jochen Rindt betrieb einmal in Wien-Alsergrund eine Münzwäscherei und Gerhard Berger interessierte sich für die Müllabfuhr in Lissabon ...

Jetzt macht Trulli seinen Wein zu Gold – auch in seinem Hotel in Davos, das er gerade gekauft hat. „Aber vor allem bin ich natürlich immer noch Formel-I-Pilot!" Auch wenn sein bestes Ergebnis heuer Platz 13 war (14. in Spa) – und auch wenn ihn Heikki Kovalainen im Lotus-Stallduell heuer 10:1 gebogen hat.

Ein Finne – das tut Trulli nicht weh. Sein Vater war der größte Fan des finnischen Motorradweltmeisters und Salzburgring-Heros Jarno Saarinen – verunglückt 1973 in Monza. Darum taufte er den Junior auch Jarno.

Lässt Trulli (37) jetzt in Monza seine Rennkarriere auslaufen? Tauscht er endgültig Rennbenzin gegen Rebensaft? „Nein", dementiert Jarno. „Ich hab soeben meinen Lotus-Vertrag um ein weiteres Jahr verlängert."

Und die Chancen für Monza, wo seit 45 Jahren (Ludovico Scarfiotti 1966) kein Italiener mehr gewonnen hat? „Wir müssen realistisch sein. Aber ich hab jetzt endlich eine neue Servolenkung – das Power-Steering war bis jetzt unser größtes Problem." Für Trulli-Wein auf dem Siegerpodest wird's trotzdem nicht reichen ...

FERRARIS MONZA-SIEGER:

1951/52 Alberto Ascari
1960/61 Phil Hill
1964 John Surtees
1966 Ludovico Scarfiotti
1970/75 Clay Regazzoni
1979 Jody Scheckter
1988 Gerhard Berger
1996/98/2000/03/06 Michael Schumacher
2002/04 Rubens Barrichello
2010 Fernando Alonso

Die Bullen-Youngster attackieren! „Platz 8 in der Konstrukteurs-WM!", hat Franz Tost („Teamchef des Jahres") seinen Toro-Rosso-Piloten Jaime Alguersuari und Sébastien Buemi befohlen. „Wir müssen unbedingt vor Williams bleiben und Force India und Sauber näher rücken." Was Mut gibt: Sebastian Vettel hatte 2009 in Monza seine große Sternstunde – erster Sieg für Toro Rosso. „Es beflügelt immer, wenn du auf eine Strecke kommst, auf der dein Auto schon einmal gewonnen hat."

Alguersuari (20) und Buemi (22) sind das jüngste Fahrerduo der Formel I. Ihre Highlights 2011? Buemi startete in Budapest aus der Box und wurde noch 8. – er hatte 16 Autos überholt! Und der Spanier fuhr zuletzt in Spa auf den sensationellen 6. Startplatz. „Jaime hatte zu Saisonbeginn Reifenprobleme, konnte die neuen Pneus nicht richtig nützen, aber inzwischen hat er viel gelernt", vergleicht Tost. „Dagegen hat Buemi die neuen Reifen sofort begriffen – aber jetzt wird er schuldlos in Kollisionen verwickelt. Am Nürburgring mit Heidfeld – und jetzt in Spa hat ihn Pérez abgeschossen."

Aber die Jung-Bullen geben weiter kräftig Gas: zuerst gegen ihren „Schattengegner" Webber, denn bis zu Marks Vertragsverlängerung durften sich Buemi und Alguersuari Hoffnung machen, vom Junior- ins Hauptteam aufzusteigen. Didi Mateschitz sagte mir: „Hätten wir Lewis Hamilton verpflichtet, hätten die beiden das nicht verstanden."

Und jetzt ist auch der Druck des australischen Wunderknaben Daniel Ricciardo (an HRT verliehen) schwächer geworden. Aber trotzdem – fix hat weder Buemi noch Alguersuari sein Toro-Rosso-Cockpit für 2012. „Erst zu Saisonende", sagt Franz Tost, „dann werden wir uns mit Didi Mateschitz und Helmut Marko zusammensetzen und alles analysieren."

Auch Monza, das Heimrennen der Toro-Rosso-Ferraris – mit einer leidenschaftlichen Anhängerschaft. Tost: „Wir haben 12 Sponsoren, und jeder kommt mit Vorstand, Direktoren usw. ins Autodrom." Mit der Hoffnung auf eine Toro-Rosso-Sensation wie damals mit Vettel? „Wir erwarten die Startplätze 8–12 und im Rennen beide Fahrer in den Punkten. Wir hätten schon in Spa mindestens Siebenter werden können – vom Speed her sogar Sechster."

Keiner weiß warum, doch es ist immer noch so: Egal, ob als Fan oder Fahrer, kaum angekommen im Autodromo Nazionale di Monza, kribbelt es in Händen und Füßen. Es läuft einem heiß und kalt über den Rücken, Gänsehaut sprießt und lässt den ganzen Körper vibrieren. „Es ist ein fast unbeschreibliches Gefühl", sagt Rubens Barrichello, „so, als ob alle deine Glückshormone auf einmal ausgeschüttet würden."

Der noch dienstältere GP-Pilot, Michael Schumacher, schwärmt: „Die Atmosphäre hier steckt alle an, niemand und nichts kann sich diesem Racing-Virus entziehen: Selbst wenn du ein stilles Wasser kaufst, perlt es beim Trinken und gibt dir ein prickelndes Gefühl am Gaumen." Das sagt doch vieles. Vor allem, wenn es der dreimalige Monza-Sieger Barrichello (2002, 2004, 2009) und der dort fünffache Triumphator Schumacher sagen (1996, 1998, 2000, 2003, 2006). Beide Ex-Ferrari-Fahrer haben in der Stadt Monza ihre traditionellen Quartiere bezogen – teils privat, teils Hotel.

Am Donnerstag vor dem 82. Gran Premio d'Italia herrscht im Fahrerlager seltene Einigkeit: Monza bewegt und begeistert eben alle. Dieses Spektakel ist ein Pflichttermin für „Big Bosse" wie Bernie Ecclestone (FI), Jean Todt (FIA), Luca di Montezemolo (Ferrari), Ron Dennis (McLaren) und Dietrich Mateschitz (Red Bull). Auch dessen Lebenspartnerin mag Monza – wegen der schicken Boutiquen in der Design-Metropole Mailand.

Was das nahe gelegene Mailand für die Mode bedeutet, ist Monza für die Motoren: Dort die Laufstege und Catwalks, auf denen das Trendigste und Schönste läuft – hier die Asphaltpiste und Straightlines, auf denen das Stärkste und Schnellste läuft. Dort die Models, hier die Motoren. Wen wundert es, dass so mancher Tifosi oder eben auch Ferraristi behauptet: Hier habe er alles, was schön sei und Freude mache. Bella Italia!

Monza ist d e r Grand-Prix-Mythos: Speed, Spektakel und Spaghetti gehören ebenso dazu wie Triumphe, Tragödien, Tränen und eben die Tifosi. Nicht zu vergessen die einzigartige „rot-emotionale" Atmosphäre im unüberschaubar großen, grünen königlichen Park der Provinz Monza und Brianza in der Lombardei: im Mittelpunkt das Schloss Villa Reale und das Autodromo di Monza mit der berühmt-berüchtigten Parabolica-Kurve. Daneben die legendäre Steilwandkurve, ein Relikt aus noch älteren Zeiten. Egal, ob jung oder alt, der Monza-GP zieht alle in seinen Bann: auf Vollgas-Partys im Parco wie im Dauerstau in den verstopften Stadtstraßen.

Beim Europa-Finale der Formel I ist alles dabei, was Namen und keinen Rang hat … Für Sebastian Vettel gilt das natürlich nicht. Er ist der Titelverteidiger und der WM-Leader und er liebt Monza. Dort hat er 2008 das Siegen (kennen-)gelernt. Beim Grand Prix im Ferrari-Land zählt er sich jedoch vor dem Freitag-Training nicht zu den großen Favoriten. Zuletzt in Spa war das auch so.

Denn im High-Speed-Mekka Monza ist nicht der Abtrieb und damit Red Bulls unschlagbare Newey-Aerodynamik der Sieg-entscheidende Faktor, sondern die Top-Motorleistung. Auch ein rundum funktionierendes KERS wird auf den fast endlosen Geraden zum Siegfaktor. Gerade in diesen Bereichen (Renault-Motor, hausgemachtes KERS) trumpfte Red Bull im bisherigen Saisonverlauf noch nicht so groß auf. Doch mit besonders flachen Heckflügeln konnte man schon in Belgien feststellen, dass man nun auch in der Disziplin „Top-Speed" Siegerniveau erreicht hat. Aber Monza ist da doch nochmals um eine Spur extremer.

Am sommerlich-sonnigen und heißen Freitag sind im Training eigentlich die üblichen „Verdächtigen" vorne: vormittags Lewis Hamilton (1:23,865) vor Jenson Button, Sebastian Vettel und Mark Webber. Nachmittags Vettel (1:24,010) vor Hamilton – und Michael Schumacher. Richtig: Der zählt an sich nicht zu diesem „Täter"-Kreis, sondern ist dort neu und überraschend aufgetaucht. Es sollte nicht sein einziger Überraschungs-Coup an diesem Wochenende bleiben. Und die Ferraris auf ihrer Haus- und Hofstrecke? Fernando Alonso nur 7. und Felipe Massa nur 8. im ersten Training, im zweiten folgen die Ränge 4 (Massa) und 5 (Alonso). Die Roten laufen noch etwas unrund. Bei Red Bull dagegen läuft alles rund.

Das Autodrom mit dem einfachen Layout und der vielfachen Action brachte Red Bull in den letzten drei Jahren kein Glück. Das beste Ergebnis war Vettels vierter Platz 2010. Doch nach dem Premieren-Sieg in Spa sieht Red Bulls Nummer 1 auch bessere Chancen auf der Angststrecke der „Bullen". Er selbst hat ja mit Monza kein Problem: 2008 gewann der Hesse hier ja seinen ersten Großen Preis. Damals im vermeintlich schwächeren Schwesterauto Toro Rosso.

Die Statistik spricht in Monza gegen Red Bull. Doch Technik, Genie und Geld sprechen für das österreichisch-britische Team aus Milton Keynes. Red Bull dominierte zuletzt ja schon in Spa auf einer Strecke, auf der man zuvor noch nie gewinnen konnte. Also auf einem Kurs, der wie Monza in der Vergangenheit eher Ferrari und McLaren favorisierte. Red Bulls Technik-Genie Adrian Newey hatte die Verwundbarkeit seiner RB7-Boliden auf den schnellen Strecken sehr gewurmt. „Deshalb hat er besonders hartnäckig an einem Aerodynamikpaket für wenig und mittleren Abtrieb gearbeitet", verriet Teamchef Christian Horner noch vor dem Qualifying.

Newey schaffte es, die Effizienz des Autos in seiner High-Speed-Spezifikation zu verbessern. Offenbar ohne dafür Kompromisse eingehen zu müssen. Da gab es auch Lob von Red Bulls PS-Konsulenten Helmut Marko: „Wir haben für Monza ein rundum fast neu gemachtes Auto auf die Räder stellen können." Man sah Red Bulls hohes Entwicklungstempo bereits an dem Mini-Heckflügel, den sie sich in Spa leisten konnten, ohne dafür Zeit im kurvenreichen Sektor zwei liegen zu lassen. Kleiner geht es da wohl nicht mehr.

Und dann noch Neweys „Trick 17": Mit diesen streng geheimen Aero-Anpassungen soll er den Anstellwinkel des gesamten RB7-Autos nur für die superschnellen Strecken verringert haben. Seine Erfolgsformel: Je weniger der Red Bull hinten in den Federn steht, umso geringer auch sein Luftwiderstand.

Im Qualifying deklassiert Vettel die Konkurrenz – und hängt seine schärfsten Rivalen um viereinhalb Zehntel ab! Die McLaren-Weltmeister Hamilton und Button stehen ratlos mit ihren Chrompfeilen auf den Startplätzen zwei und drei. Und Ferrari würde schon ein kleines Wunder brauchen, um den Vorjahreserfolg beim Heimspektakel wiederholen zu können. Im 13. Saison-Quali schafft Vettel seine zehnte Pole-Position, insgesamt ist es seine 25. Der Wahl-Schweizer startet nach 2008 in Monza zum zweiten Mal von ganz vorne. Nur dieses Mal im „richtigen" Red-Bull-Wagen.

Adrian Neweys große Technik-Frage, wie viel riskiere ich im Rennen dieses Mal punkto Radsturz, beantwortet die FIA noch am Samstagnachmittag mit neuen Kontrollen. In Spa lag Red Bull beim Sturz der Reifen über den von Pirelli empfohlenen vier Grad, was zu gefährlicher Blasenbildung an den Vorderreifen führte. Für den Vollgas-Run von Monza, mit Höchstgeschwindigkeiten bis zu 350 km/h, empfiehlt Pirelli den Teams nun einen Radsturz von nur 3,25 Grad – das überprüft die FIA nach dem Qualifying.

Michael Schumacher (8.) erzählt nach dem Qualifying Bemerkenswertes: „Ich habe versucht, den Windschatten von Lewis zu nutzen. Doch der hat sich dann vor der Schikane etwas verbremst. Und ich mich fast mit ihm." Nur gut, dass „Schumi" Hamilton nicht auch noch bis in die McLaren-Box gefolgt ist …

Der Renntag ist traumhaft: Sonne und 30 Grad. Heiß geht es schon beim Start zu. Der Italien-GP beginnt mit einer roten Überraschung und einem Knalleffekt. Zuerst ist es Fernando Alonso, der alle verblüfft. Denn er kommt mit seinem Ferrari von Startplatz vier aus am schnellsten in die Gänge – und übernimmt überraschend die Führung vor „Pole"-Mann Vettel. Die „Ferraristi" sind hin- und hergerissen, denn gleichzeitig lenkt sie der „grande Crash" in der ersten Schikane ab.

Auslöser des noch glimpflich verlaufenden Startcrashs ist Vitantonio Liuzzi. Wenn 24 Boliden mit Tempo 280 auf eine enge Schikane zurasen, ist Ärger vorprogrammiert. Liuzzi torpediert mit seinem HRT gleich zwei Autos (Petrov, Rosberg) und hinterlässt ein riesiges Chaos. In Monza nennt man das auch „grande Casino".

Die Rennkommissare bestrafen den HRT-Piloten später dafür: Rückversetzung um fünf Startplätze beim Singapur-GP. Das Komische dabei: Liuzzi wird nach dem

Rennen gegen diese Strafe protestieren – ohne Erfolg. Dabei spielt es bei ihm doch gar keine Rolle: Mit dem nicht konkurrenzfähigen HRT muss er ja so oder so bei jedem Rennen aus der letzten Reihe starten.

Zurück zum sensationell führenden Alonso. Die Freude und der Jubel der vielen Tifosi auf den Tribünen währt nicht lange. Mit einem höchst spektakulären und riskanten Manöver zieht Vettel in Runde fünf, in der Curva Grande, außen mit dem Ferrari gleich. Dabei ist er mit einer Hälfte seines RB7 bereits kurz auf dem Gras und drückt sich dann beim Anbremsen der zweiten Schikane schließlich an Alonso vorbei.

„Viel Platz war dort nicht. Er hat mich da wohl nicht erwartet", sagte Vettel später mit einem Grinsen. Der Rest seines Rennens verläuft nach dem Motto: Vettel, die einsame Spitze – bis zur Ziellinie. Auch sein Getriebepoker geht auf: Mit zum Teil extrem kurz übersetzten Gängen verzichtet er auf absoluten Top-Speed, um schneller aus den engen Kurven – zum 8. Saisonsieg – beschleunigen zu können.

Vettels Teamgefährte Mark Webber muss schon in Runde 6 seinen ersten Saison-Ausfall hinnehmen: Nachdem er im Duell mit Felipe Massa den Frontflügel verliert, fehlt ihm vor der Parabolica der Anpressdruck auf der Vorderachse. Fazit: Ein heftiger Verbremser und ab geht's durchs Kiesbett bis in die Reifenstapel.

Der Fahrer des Rennens ist Michael Schumacher. Direkt nach der Safety-Car-Phase (wegen des Startcrashs) überlistet der Altmeister Lewis Hamilton in der ersten Schikane. Als Dritter zeigt er seinem aggressiven Konkurrenten anschließend mehr als 20 Runden lang den Heckflügel. Der deutlich schnellere Hamilton „kocht" und beschwert sich, dass Schumacher mit dem Silberpfeil zu oft die Linie wechseln würde.

Die Rennleitung reagiert auf die Hilferufe des Briten. Gleich dreimal wird Mercedes-GP-Teamchef Ross Brawn aufgefordert, seinem Piloten ins Cockpit zu funken, dass er in den Bremszonen seitlich eine Wagenbreite Platz lassen müsse. Schumi ist mit seinem Mercedes zu oft in der Mitte der Fahrbahn und fährt dem McLaren damit direkt vor die Nase. Doch bis die Rennleitung in solchen Fällen Strafen ausspricht, dauert es meist (zu) lange. Schumacher verteidigt sich geschickt am Rande der Legalität.

„Wir sind am Limit gefahren. Ich habe mich natürlich so breit wie möglich gemacht", verteidigte sich Schumacher, der letztlich Fünfter wurde. „Es war okay. Ich bin ja irgendwann doch noch an ihm vorbeigekommen", hielt sich Hamilton (4.) im Ziel mit weiterer Kritik zurück.

Vettel erhält Gratulationen von allen Seiten: Selbst wenn er in den nächsten fünf Rennen Urlaub machen und Alonso alles gewinnen würde, könnte er beim Finale in São Paulo/Interlagos immer noch um den Titel kämpfen. „Ich bin leider vertraglich verpflichtet, alle Rennen zu fahren", lehnt Vettel den Ferienplan dankend ab.

DIE SCHICKSALE DER FERRARI-FAHRER

„Einmal Ferrari-Fahrer, immer Ferrari-Fahrer", ist ein alter Spruch in Maranello. „Ferrari-Pilot bleibst du ewig." Mag sein – aber viele schafften nach ihrer Ferrari-Zeit den Umstieg auf eine solide bürgerliche Karriere. Ron Dennis wollte immer, „dass McLaren-Fahrer auch als McLaren-Fahrer aufhören." Ferrari-Piloten nicht? Ein paar Beispiele:

ALBERTO ASCARI: hatte schon zu seinen aktiven Zeiten die Fiat-Vertretung in der Corso Sempione 60 von Mailand.

FROILAN GONZALEZ: hatte einen Renault-Autohandel im Herzen von Buenos Aires.

PIERO TARUFFI: wurde Weltrekordfahrer mit der legendären „Taruffi-Doppelzigarre".

MAURICE TRINTIGNANT: Weinbauer und Bürgermeister eines kleinen Ortes in Südfrankreich.

PHIL HILL: organisierte jährliche amerikanische Fan-Reisen nach Monza.

TONY BROOKS: studierte Zahnmedizin, machte aber einen großen Autohandel in England auf.

DAN GURNEY: heute der Schwager von Mercedes-Sportchef Norbert Haug.

GIANCARLO BAGHETTI: wurde Fotograf in der Formel I.

JOHN SURTEES: gründete eigenes Formel-I-Team.

CHRIS AMON: heute Großfarmer in Neuseeland. Die Farm ist so groß, dass man sie mit dem Hubschrauber überfliegen muss.

JACKY ICKX: Privatmann in Belgien.

MARIO ANDRETTI: Weinbauer in Kalifornien.

NIKI LAUDA: Weltmeister mit McLaren, Flugunternehmer, TV-Analytiker für RTL.

CARLOS REUTEMANN: Politiker in Santa Fe.

JODY SCHECKTER: machte mit einem Computer-Simulationssystem für Polizisten und Bodyguards Millionen. Heute Biobauer in England.

IVAN CAPELLI: Fernseh-Kommentator für die Formel I.

PATRICK TAMBAY: zeitweise TV-Analytiker, managt seinen Sohn Adrian.

RENÉ ARNOUX: fährt spaßhalber noch Autorennen.

STEFAN JOHANSSON: Kunstliebhaber und -händler.

ALAIN PROST: fährt heute noch Eisrennen.

GERHARD BERGER: wurde BMW-Motorsportdirektor, heute Unternehmer, kümmert sich vor allem um die Lkw-Transportfirma seiner Eltern.

NIGEL MANSELL: vor allem Golfspieler.

JEAN ALESI: Weinbauer in Südfrankreich.

IVAN CAPELLI: Fernseh-Kommentator für die Formel I.

MICHAEL SCHUMACHER: aus der Pension zurück, mühsames Comeback bei Mercedes.

EDDIE IRVINE: Kunsthändler, sammelt alte Gemälde.

KIMI RÄIKKÖNEN: zum Rallyesport abgedriftet.

Übrigens: Würde die WM nach dem Medaillensystem gewertet, das Bernie Ecclestone vorschlug, wäre Vettel mit acht Gold- und vier Silber-Medaillen bereits durch.

„Sebastian Vettel erinnert mich an Ayrton Senna!“ Gerhard Berger – jahrelang Freund und Teamkollege des vergötterten Brasilianers und erster Teamchef des blutjungen Himmelstürmers Vettel – ist der Erste, der diesen Vergleich offen ausspricht. Und den Red-Bull-Superstar im Grand-Prix-Story-Interview analysiert.

Gerhard, wie erlebst du vor Singapur deinen früheren Musterschüler Vettel?

Berger: Da gibt's nicht viel zu sagen. Er hat mit 24 schon alle Ziele erreicht, ist menschlich sehr sympathisch und angenehm geblieben – ein perfekter Weltmeister!

In einem perfekten Team?

Berger: Red Bull und Vettel passen ideal zusammen. Das hat man heuer besonders gemerkt. Wie sehr Vettel die Lockerheit des Weltmeisters mitgebracht hat –fürs ganze Jahr. Er ist 2011 relaxt angegangen, hat aber darauf abgezielt, wie er seine Leistung auf den Punkt genau abrufen kann. Ein bissl wie früher Ayrton Senna, der auch sensationelle Runden hinknallen konnte, meist erst im allerletzten Moment – hochkonzentriert, mit 120 Prozent Leistung. Das fällt besonders im Qualifying auf. Wenn du dir Monza anschaust – das waren 120 Prozent.

Riskiert Vettel sehr viel? Zuviel? Mehr als die anderen?

Berger: Eigentlich schon. Vom Risiko her geht er an die Grenze. Wie sein waghalsiges Überholmanöver gegen Alonso in Monza gezeigt hat.

Von Senna abgesehen – an welche Weltmeister erinnert dich Vettel noch? An „Professor“ Alain Prost, der mit den Reifen auch so clever umgehen konnte?

Berger: Ich vergleich nur ungern. Jeder Fahrer hat seine Stärken und Schwächen. Vettels größtes Plus ist, dass er im Qualifying so punktgenau fahren kann.

Hat er überhaupt keine Schwächen?

Berger: Ich glaub nicht. Aber das ist von außen nur schwer zu erkennen.

Für manche überholt er zuwenig, aber das geht auch schwer, wenn du fast immer aus der Pole-Position losfährst?

Berger: Eben. Mir ist jedenfalls noch nie aufgefallen, dass er nicht überholen kann.

Wie wirds mit ihm weitergehen? Wie siehst du seinen weiteren Weg?

Berger: Der wird so weitergehen. Sebastian wird wieder Weltmeister, wenn er sich nicht wehtut – und die nächsten Jahre wieder. Wenn die Red-Bull-Truppe so bleibt, wie sie ist, wird er nur schwer zu schlagen sein.

Singapur: Vettels erster Matchball

GANZ KNAPP IM AUS

Singapur, wo Vettel am 25. September schon Weltmeister sein kann – und wie er diesen exotischen Grand Prix sieht: „Der Marina Bay Circuit – das heißt Rennfahren bei Nacht, hohe Konzentration. Und vor allem Kurven, Kurven, Kurven. Auch hier sind wir gegen den Uhrzeigersinn unterwegs und es geht immer wieder rechts-links-rechts-links. Die Strecke scheint kein Ende zu nehmen und eigentlich beginnt erst ab Kurve 9 der wahre Singapur-Charakter mit Geraden, Schikanen, Spitzkehren und einer Art Fußballstadion, in dem man unter der Tribüne durchfährt. Das Auto will die ganze Zeit ausbrechen, man muss extrem aktiv sein am Lenkrad."

Die zwei waren das Sensationsteam beim klassischen Oldtimer-Grand-Prix in Goodwood: Gerhard Berger/Adrian Newey mit einem Jaguar E – wie ihn früher auch Jochen Rindt hatte: Pole-Position, in Führung, dann Zweite im Rennen. „Aber nur, weil wir Pech mit der Safety-Car-Phase hatten", berichten die zwei, die abwechselnd am Steuer saßen. Und Gerhard lobt: „Der Adrian fährt sehr, sehr gut."

Das Red-Bull-Superhirn als schneller, risikofreudiger Rennfahrer am Nürburgring, in Le Mans usw. – längst ein gewohntes Bild. Manchmal crasht er. „Aber wie willst dem Adrian das Rennfahren verbieten?", lächelt Teamchef Christian Horner.

„Nothing else comes close" oder frei übersetzt: Das ist mit nichts zu vergleichen. Unter diesem Motto wird im 5-Millionen-Einwohner-Stadtstaat der vierte Singapur-Nacht-Grand-Prix gefahren. Ein einmaliges Spektakel, das Jahr für Jahr noch mehr Fans und Touristen in die südostasiatische Insel-Metropole am Äquator lockt. Da wirken selbst die extrem schwülen 30 Grad, Tag und Nacht fast 80 Prozent relative Luftfeuchtigkeit, kaum abschreckend. Wie im benachbarten Malaysia heißt es auch in Singapur: Großer Schweiß statt Großer Preis.

Für Sebastian Vettel, Mark Webber, Lewis Hamilton, Jenson Button, Fernando Alonso und viele andere Fahrer ist der Singapur-GP kein Überseerennen – trotz gut zwölfstündigem Langstreckenflug und sechs Stunden Zeitdifferenz zu Mitteleuropa. Denn sie behalten in „Singi" ihren Europa-Zeitrhythmus bei. So frühstückt Vettel um 14 Uhr Ortszeit, das wäre für ihn 8 Uhr in der Schweiz. Mittagessen gibt's zwischen 18 und 19 Uhr. Das Abendessen wird für ihn in Singapurs Swissotel bzw. The Fairmont so um 2 Uhr nachts serviert. Beide Hotels gehören zur Raffles-City-Mall.

Ab 4 Uhr liegt „Seb" dann im Bett und schläft bis 12 Uhr mittags. Die Fenster der FI-Hotelzimmer werden dafür zusätzlich mit schwarzen, dicken Vorhängen gegen Tageslicht „abgedichtet". Das Personal hat die strenge Order, nicht zu klopfen und im Gang auch nicht zu saugen. Der Zimmerservice rückt erst nachmittags an – so ab 15 Uhr, wenn das Fahrerlager geöffnet wird.

Die meisten GP-Piloten reisten daher eher knapp an. Also am Mittwochabend oder gar erst am Donnerstagmorgen. Sie landeten auf einem der besten und saubersten Drehkreuze (Hubs) der Welt: dem Changi-Airport. Vettel und Co. flogen mit dem Airbus A380, dem „Super-Jumbo" der Singapore Airlines mit den kleinen, feinen Schlafzimmern in der First- bzw. Suites-Class. Vor dem Airport wartet der Limousinen-Service auf die GP-Piloten, alle Wagen natürlich mit Aircondition. Die kurze Fahrt zum Hotel erfolgt bei heftigen Gewittern und Monsunregen. Das alles bei konstant schwülen 30 Grad – hot and humid eben.

Damit es das Rennwochenende nicht auch verregnet, engagiert der Veranstalter eigens einen malaysischen Schönwetter-„Beter". Kein Scherz: Für jede trockene GP-Stunde von Freitag bis Sonntag kassiert dieser geheimnisumwitterte Wetter-Macher aus dem Sultanat Malakka einen satten Erfolgsbonus. Es gibt halt nichts, was es nicht gibt ...

Singapurs GP-Verantwortliche scheuen weder Mühen noch Millionen. Nichts wird dem Zufall überlassen. In der Nacht der Nächte muss alles perfekt sein – gerade so, wie sich die saubere und disziplinierte Finanz-Drehscheibe gerne sieht. Seit 2008 gibt der Formel-I-Zirkus seine Vorstellungen dort nach Sonnenuntergang. Für dieses Flutlichtspektakel ist im kleinen Inselstaat ein riesiger Logistik-Aufwand nötig.

Die öffentlichen Straßen im Einkaufsviertel Marina Bay müssen in eine 5,073 km lange Rennstrecke verwandelt werden. Dazu mussten auf beiden Seiten der Stadtstrecke 3,20 m hohe Fanggitter errichtet werden – insgesamt also knapp zehn Kilometer Zäune. Als Fundament für diese Gitter brauchte man 2.600 Betonklötze, jeder einzelne wiegt 4,5 Tonnen. Dazu 1.700 so genannte Tecpro-Sicherheits-Elemente, die den Aufprall der Boliden in die Betonmauern absorbieren.

Schließlich muss diese Piste auch noch taghell beleuchtet werden: Der Aufbau des Beleuchtungssystems begann schon im Mai. 240 Pylonen aus Stahl halten im 32-m-Abstand die Aluminium-Halterungen der 1.500 Halogenprojektoren zu je 2.000 Watt. Diese strahlen aus zehn Metern Höhe immer nur auf einer Seite auf den Asphalt. Für den nötigen Strom sorgen 12 Doppel-Generatoren: Mit diesen 24 „Kraftwerken" ist dieser FI-Strecken-Stromkreis doppelt und dreifach gegen Stromausfall abgesichert.

Insgesamt wurden 108 km Kabel verlegt. Die Lichtstärke der Flutlicht-Anlage beträgt 3.000 Lux, mehr als doppelt so viel wie in einem großen Fußballstadion. Seit Mai wurde aufgebaut, bis Ende des Jahres wird die Strecke wieder abgebaut.

Und dann das: Lose gewordene Kurbs, also die rot-weiß markierten Randsteine, werden gleich im ersten Freitag-Training zur Gefahr. Weil die Piloten über die Kurbs „drüberräubern", wie Niki Lauda sagt, sind manche locker geworden und haben sich aus der Schraubenhalterung gelöst. Danach ragen in Kurven nur noch Metallstifte aus dem Asphalt. Ein Schreckensszenario für die Pirelli-Reifenleute. Das erste Freitag-Training beginnt mit Verspätung und muss um 30 Minuten verkürzt werden. Danach werden die Schäden behoben, die zweite Session verläuft nach Plan.

Das gilt auch für Vettel, der das Freitag-Training souverän als Tages- bzw. Nachtschnellster abschließt. Ihn kümmert das Randstein-Chaos nur am Rande – genauso wie die ständig gestellten Fragen: Kannst du schon hier deinen ersten Matchball verwerten und den WM-Titel holen? Wirst du nach Abu Dhabi 2010 und deinem dortigen 1001-Nacht-Märchen nun auch in der Nacht von Singapur jüngster Doppelweltmeister? Der WM-Leader und Titelverteidiger sagt dazu: „Ich will hier gewinnen. Dem Singapur-Sieg gehört meine volle Konzentration. Sonst denke ich an nichts und nehme alles, wie es kommt." Damit Vettel jetzt Champion wird, müsste es so kommen: Alonso darf nicht aufs Podest fahren und Button sowie Webber dürfen maximal Dritter werden.

Samstagnacht ab 22 Uhr Ortszeit verläuft auch das Qualifying nach Plan – zumindest für Vettel und Red Bull. Das Weltmeisterteam stellt beide RB7-Boliden in die erste Startreihe: Vettel vor Webber. Alle Red-Bull-Leute strahlen fast so wie die 2.000-Watt-Scheinwerfer rund um die Strecke. Im Top-ten-Qualifying gelingt dem Hessen aus Heppenheim auf den superweichen, rot markierten Rennreifen mit 1:44,381 Minuten die schnellste Runde. Er unterbietet die Bestmarke des Vorjahres um mehr als eine Sekunde (Alonso 1:45,390). Es ist Vettels insgesamt 26. Pole-Position, seine elfte in dieser Saison – bei bisher 14 GPs. Zudem startet der 24-Jährige Sonntagnacht zum 50. Mal für Red Bull Racing bei einem Grand Prix – und das zum 25. Mal von der Pole-Position aus. Das sind beeindruckende Zahlen, finden auch die Teamchefs der Erzrivalen, McLarens Martin Whitmarsh und Ferraris Stefano Domenicali. Beide haben nur noch ein Ziel: Die WM-Party von Vettel so lange wie möglich hinauszuzögern.

Die Nacht der Nächte, die Race-Night, beginnt in Singapur um 20 Uhr Ortszeit. 61 Runden auf der taghell beleuchteten, 5,073 km langen Stadtstrecke an der Marina Bay. Das Durchschnittstempo beträgt „nur" 170 km/h. Dafür sind die 71 Gangwechsel pro Runde ein Rekord – insgesamt also 4331-mal schalten im Rennen. Es geht durch 23 Kurven – 14-mal links, 9-mal rechts – und einmal sogar wie im Tunnel unter den Tribünen durch. Eine S-Kurvenkombination trägt den passenden Namen „Singapore Sling" – diese Schlangenlinie wurde nach dem berühmten „Drink" der Long Bar des traditionsreichen Raffles Hotels benannt. Vettel sagt zum „Singapore Sling": „Zuerst muss ich dort 61-mal durchfahren, ehe ich mir

ADRIAN NEWEY – DIE HEISSESTE AKTIE IN DER FORMEL I.

Spätestens seit sein türkisfarbener Leyton-House-March 1990 in Le Castellet die Superstars blamierte. Zwei Außenseiter, Capelli und Gugelmin, führten bis kurz vor Schluss – erst dann kam Alain Prost vorbei.

„Aber alle redeten von Neweys Auto", erinnert sich Karl Wendlinger, der ein Jahr später zu diesem Team stieß. „Newey hat es so extrem knapp gebaut, dass Capelli nur mit größter Mühe in dieses Auto kam ..."

Dein liebstes Auto, der türkisfarbene March?, fragte ich Newey. „Nein, das war der Ferrari-P-4-Prototyp. Bis heute mein Traumauto."

Alle anderen baute er selber. Von Leyton House zu Williams, dann zu McLaren, er baute immer und überall Siegerautos, sammelte serienweise WM-Titel – mehr als jeder Formel-I-Pilot.

Mit einem Geheimnis: Im Hightech-Zeitalter ist Newey der einzige Konstrukteur, der nicht stundenlang vorm Computer sitzt, sondern fast altmodisch seine Autos zeichnet! Natürlich gibt er seine Entwürfe später weiter – aber entstanden sind sie auf dem Zeichenbrett.

„Unser Auto hat keine Schwächen, sondern ist überall gut", lobt Sebastian Vettel. „Sehr gut in Kurven, besonders den schnellen. Den Top-Speed haben wir reduziert, weil wir glauben, wir müssen aus der Pole-Position nicht überholen. Eine andere Philosophie als bei unseren Gegnern." Und: „Wenn das Auto früher nicht ganz hingepasst hat, fuhren wir halt nur um Punkte. Jetzt kommen wir auch mit einem nicht ganz perfekten Auto aufs Podium!"

Colin Chapman/Jim Clark, genialer Konstrukteur und superschneller Rennfahrer, waren einmal das Traumduo der Formel I. Wie heute Adrian Newey und Sebastian Vettel.

Superstar Newey – mehr als nur ein Technokrat. Auftreten bescheiden, fast schüchtern, freundlich, redet leise, im Formel-I-Lärm nicht immer leicht verständlich, kein Theater-Englisch, obwohl er in der Shakespeare-Stadt Stratford-upon-Avon zuhause ist. Macho ist er auch keiner. Gemanagt wird Newey von seiner Ehefrau Mary-Gold. Aber weil sie so geschäftstüchtig ist, nennt man sie im Team nur die Goldmarie.

„Ist es heute noch möglich, mit einem Privatteam gegen die Giganten Ferrari, McLaren und Williams die Konstrukteurs-WM zu gewinnen?", fragte Didi Mateschitz vor 4, 5 Jahren Adrian Newey. Das Genie, das mit Williams und McLaren fast unschlagbare Raketen produziert hatte, dachte kurz und scharf nach. Dann sagte Newey wie die Bruce-Willis-Synchronstimme im Werbefernsehen: „Ja, es ist möglich!"

Was dem Whisky-Erben Rob Walker mit Stirling Moss oder dem exzentrischen Lord Hesketh mit James Hunt nicht möglich war, hat Red Bull heuer bereits zum zweiten Mal geschafft: verteidigte seinen Konstrukteurs-WM-Titel, der für manche Teams, besonders Williams, noch mehr zählt als die Fahrer-WM – und sogar noch mehr Geld bringt. Nicht nur Bernies TV-Prämien, sondern auch die Bonusgelder der Motorgiganten. So haben z. B. die Renault-Triebwerke schon zum neunten Mal die Team-WM gewonnen – mit dem Auto, dem Motor oder beidem. Die siegreichen Triebwerke von Vettel & Co. sind beim Entree in der Fabrik in Enstone ausgestellt – voll Stolz.

Die Giftpfeile der milliardenschweren Konkurrenz („Red Bull ist kein Racing-Team, sondern eine reine Marketingfirma") prallen von Didi Mateschitz längst ab.

Die meisten Konstrukteurs-Titel gehören Ferrari – 15. Gefolgt von McLaren, Williams und Renault (je 9) und Lotus (7). Jochen Rindt hat 1970 die WM für Lotus praktisch im Alleingang gewonnen – genau wie Niki Lauda 1975/76/77 für Ferrari. Und auch Gerhard Berger wurde 1190/91„Mannschaftsweltmeister" mit McLaren.

„Aber Sonderprämien für den Konstrukteurs-Titel hat's damals noch nicht gegeben", erinnert sich Niki Lauda – und der hat ja nichts zu verschenken. Heute ist das anders, reell sind zwei bis drei Millionen Dollar für die Fahrer.

Und wenn sich der Konstrukteur selber ins Cockpit setzt? Ing. Uhlenhaut, der Schöpfer der Silberpfeile, fuhr auf dem alten Nürburgring kaum langsamer als seine berühmten Piloten Fangio und Moss – später wechselte er zu Hochsee-Regatten. Jack Brabham war mit dem eigenen Auto Weltmeister als Fahrer und Konstrukteur – was Bruce McLaren leider nicht vergönnt war, auch nicht Dan Gurney, John Surtees oder Chris Amon. Bis hin zum Lauda-Lebensretter Arturio Merzario, dessen schwarzer Eigenbau-Renner zuletzt von einer Bestattungsfirma gesponsert war …

Ein Doppeltalent – wie Adrian Newey – war der legendäre „Mr. Lotus" Colin Chapman: sensationeller Trainingsfünfter in Reims 1956, aber dann der Unfall. Und darum steht in den Grand-Prix-Statistiken bei Chapman „Non-qualifyer" – genau wie bei Bernie Ecclestone.

diesen Drink gönne." Als er im Rennen erstmals diese Passage anfährt, führt er. Bereits in der Startrunde knackt er die Moral der Rivalen und liegt 2,5 Sekunden vor Button. Nach zehn Runden führt er schon fast mit zwölf Sekunden vor Button. Und diese Führung gibt Red Bulls Nummer 1 nicht mehr aus der Hand.

Das Rennen wird zu Vettels One-Man-Show. Vom Start bis ins Ziel behauptet er souverän wie ein Routinier seine Spitzenposition. Es ist Sebastian Vettels erster Start-Ziel-Sieg in diesem Jahr. Keiner kam in seine Nähe. Den knappen Rückstand von Verfolger Button im Ziel (1,7 Sekunden) erklärt Vettel so: „Jenson kam mir nur so nahe, weil ich aus Versehen vor dem Ziel zu früh vom Gas gegangen bin."

Apropos Button: Weil er Zweiter wird, muss Vettels große Champions-Party von Singapur auf Suzuka verschoben werden. Beim Japan-GP genügt ihm dann ein einziges Pünktchen schon zum zweiten Titelgewinn.

Nach Vettels 9. Saisonsieg lobt Red Bulls Konsulent Helmut Marko seinen Schützling: „Sebastian setzte seine Nadelstiche genau dann, wenn es nötig war. Mit seinen schnellen Runden, gleich nach dem Start und dem Re-Start nach der Safety-Car-Phase, hatte er den schärfsten Rivalen die Zähne gezogen."

Der 24 jährige Hesse und Wahlschweizer war nicht nur der Schnellste und Konstanteste im Feld, er ging auch am pfleglichsten mit seinen Reifen um. „Den letzten Reifenwechsel hätten wir uns sparen können", sagt Marko. Red Bull holte Vettel nur an die Box, weil Button im Finish noch einmal auf die „Supersofts" gewechselt hatte. Vettels Crew musste nachziehen, für den Fall, dass noch eine zweite Safety-Car-Phase gekommen wäre

PS: Vettels Premierentriumph in Singapur war nur einmal kurz in Gefahr. Nämlich, als ihm Heikki Kovalainen nach dem letzten Reifenstopp in der Boxengasse vor die Nase fuhr. Was auf den TV-Kameras ziemlich dramatisch aussah, war aus Sicht von Vettel aber halb so wild. „Ich war darauf gefasst, dass Heikki vor mir aus der Box kommen könnte, und habe deshalb den Lollipop-Mann von Lotus beobachtet. Heikki kann nichts dafür. Er fährt los, wenn er losgeschickt wird. Für mich kam es nicht überraschend."

Das Team Lotus wurde von den FIA-Kommissaren, einer davon war Heinz-Harald Frentzen, wegen „unsafe release" mit 10.000 Euro bestraft. Der Finne Kovalainen entschuldigte sich hinterher im Namen des Teams bei Vettel und gratulierte ihm schon zum Titelgewinn.

Suzuka: Der Champ singt Karaoke

EIN PUNKT, ZWEI TITEL

Gratulation, Didi Mateschitz! Mit einem Red-Bull-Champagner-Mix bereitete sich der „Oberbulle" auf seinem Bauernhof in Salzburg auf die bevorstehenden WM-Titelfeiern für Sebastian Vettel und das gesamte Team vor. Und blickt vor dem Grand Prix von Japan in Suzuka in den Rückspiegel einer bislang unglaublichen, faszinierenden Saison ...

Didi, dein Gefühl?

Mateschitz: Nicht überrascht. Weil es nicht wie Weihnachten ist, wo du dein Packerl aufmachst und nicht weißt, was drinnen ist. Aber wir wissen ja, was drinnen ist, sehen seit vielen Wochen, wie gut unser Auto ist.

Seit wann genau, eigentlich?

Mateschitz: Nach sechs, sieben Rennen wussten wir: Wir haben die Chance, heuer alles zu gewinnen! Natürlich mit dem Risiko, dass uns andere näher rücken. Aber das konnten wir verhindern, weil wir unser gutes Auto immer weiter verbesserten – das sind die Spielregeln. Und jetzt haben wir hoffentlich auch bald die formale Bestätigung, was alle seit langem wissen, und zwar endgültig. Große Freude bei uns allen!

Auf welchen Erfolg bist du am stolzesten?

Mateschitz: Dass wir überall Pole-Position hatten, sehr oft beide Fahrer auf dem Siegerpodest – schon sehr einzigartig! Aber das soll nicht als Gewohnheit gesehen werden, sondern bewusst, wie außerordentlich die Leistung vom Team und den Fahrern ist.

Die beiden WM-Titel sind wohl nur Formsache – wurden alle Ziele 2011 noch übertroffen?

Mateschitz: Wir wussten seit zweieinhalb Jahren, wie gut unser Auto ist. Und als wir im Winter gefragt wurden: Was wollt ihr 2011 noch erreichen?, sagten wir: die Titel verteidigen. Das ist oft schwieriger, als sie zu gewinnen. Aber das ist uns auf ziemlich unglaubliche Weise geglückt. Wir haben alle Ziele erreicht. 2011 – wirklich einzigartig.

Anders gefragt. Hast du irgendwann einmal gezweifelt, dass es heuer nicht klappen könnte?

Mateschitz: Nein. Wie gesagt, wir haben schon beim Roll-out im Februar gesehen, dass unser Auto ein sehr gutes ist, und wir haben gewusst, dass wir unseren Vorsprung halten können. Aber ich muss auch sagen, dass McLaren gewaltige Anstrengungen unternommen hat, um näher heranzukommen.

Wo liegt denn das Erfolgsgeheimnis von Red Bull Racing? Kontinuität, Kameradschaft, Genialität?

Mateschitz: In der komplexen Formel I ist Adrian Newey einzigartig. Und in der Kombination mit den besten Leuten auf den wichtigen Stellen ist dieser Erfolg wohl am besten zu erklären.

Wie lautet denn die Zielsetzung für 2012?

Mateschitz: Wenn du so viel Erfolg hast, kann das Ziel für die kommende Saison nur lauten: auch 2012 Weltmeister in der Fahrer- und Marken-Weltmeisterschaft!

„One Point, Two Titles" – so steht es in englischen und japanischen Lettern vor dem Flower-Garden-Circuit-Hotel in Suzuka. Dort logiert der Formel-I-Tross während des Japan-GPs – und natürlich auch Sebastian Vettel, der am Mittwochabend vor dem Rennen eincheckt. Ihm gilt dieser Spruch, der von seinen vielen japanischen Fans stammt und ihm Glück bringen soll. Der Red-Bull-Titelverteidiger benötigt im fünfletzten Saisonrennen auf Suzukas 5,8 km langer „Grand-Prix-Achterbahn" nur noch diesen einen Punkt. Dann ist er auch jüngster Doppelweltmeister der Königsklasse.

Sein Red Bull Racing Team hat die Meisterfeier fest eingeplant. Doch am Donnerstag sagt der Hesse im Fahrerlager, dass er mehr will als nur den einen Zähler. Vettel peilt nach 2009 und 2010 den dritten Suzuka-Sieg in Folge an. Red Bull jedenfalls hat für die große, interne Champions-Party alles vorbereitet. Die Meister-T-Shirts sind gedruckt und liegen parat – und der Mumm-FI-Champagner liegt bereits auf Eis.

Keiner zweifelt daran, dass „Basti Fantasti" sein Meisterstück in Suzuka endlich vollendet. Die Titelrechnung ist ja mittlerweile einfach geworden: Wenn Jenson Button gewinnt, muss Vettel mindestens Zehnter werden. Dieses winzige Pünktchen reicht, um das große Meister-Feuerwerk entzünden zu können.

Doch von all dem will „Super-Seb" am Donnerstag nichts wissen. Da ist er abergläubisch. „Zuerst muss ich Weltmeister sein, erst dann können wir übers Feiern reden", sagt der bodenständige Hesse freundlich, aber bestimmt. Konsequenterweise wirft er auch alle Karten, Poster und sonstigen Fanartikel mit der Aufschrift „Doppel-Champion" gleich in den Müll. Statt sie in seinem Red-Bull-Refugium zu unterschreiben.

Darunter ist auch der Pirelli-Flyer, auf dem steht: Sebastian Vettel ist dem exklusiven Klub jener Fahrer beigetreten, die die FI-WM auf Pirelli-Reifen gewonnen haben: Giuseppe Farina (1950), Alberto Ascari (1952, 1953) und Juan Manuel Fangio (1951, 1954, 1957). Zudem ist er der neunte Pilot, der den Titel in zwei aufeinanderfolgenden Jahren gewinnt.

„Schön. Doch so weit ist es noch lange nicht", sagt Vettel mit eher ernster Miene: „Weg mit dem Zeug. Das lenkt nur ab. Ich muss mich voll und ganz auf den

Grand Prix hier konzentrieren, wie sonst auch." Alles nach dem Motto: Je näher man dem Titel ist, desto mehr muss man sich anstrengen.

Vettel verabschiedet sich zum Team-Briefing. Ein Thema dort ist das „tückische Suzuka": Gemeint ist der Wind, der von der Ise-Pazifikbucht her mit einer steifen Brise weht und nicht selten mehrmals am Tag die Richtung wechselt. „Dieses Windspiel macht das Set-up der Autos zum Glückspiel", sagt Red Bulls Technikchef Adrian Newey.

Am Freitag ist in Suzuka Button-Tag. Auf der fahrerisch höchst anspruchsvollen Strecke, wo in den vergangenen 24 Jahren 11 Weltmeister gekrönt wurden, ist der Champion von 2009 (mit Brawn-Mercedes) Tagesschnellster. Doch diese McLaren-Bestzeit geht im Red-Bull-Lärm um den Vettel-Crash unter.

Wenige Sekunden vor dem Ende des Vormittag-Trainings erlebt Vettel bange Momente im Cockpit seines RB7. In Kurve 9 kommt er, wohl etwas übermotiviert, von der Strecke ab, rutscht ins Kiesbett und prallt in die Reifenstapel. Vettel steigt unverletzt aus. Der Einschlag war nicht heftig. Aber er war hart genug, um den Frontflügel zersplittern zu lassen. Dummerweise war diese Frontpartie eine Neuentwicklung. Und dummerweise war dieses Teil das einzige seiner Art.

Vettel weiß, was er angerichtet hat. Den Ärger über sich selbst bekommt ein japanischer Streckenposten zu spüren. Vettel will ihm klarmachen, dass er aufpassen soll, damit sein Auto nicht noch mehr beschädigt wird, wenn es am Abschlepphaken baumelt. Doch der hilfsbereite Japaner versteht nur „Bahnhof" – was der erhitzte Vettel wiederum nicht versteht und wild gestikuliert. An der Box gerät Newey ins Grübeln: „Ohne diesen Flügel haben wir gegen die McLarens kaum Chancen."

Doch Red Bulls graue Eminenz Helmut Marko und Teamchef Christian Horner haben die Lösung parat: Über Nacht wird ein Ersatz-Frontflügel aus dem Werk in Milton Keynes via London-Luton nach Nagoya auf den Chubu-Centrair-Airport eingeflogen. Im Privatjet natürlich. Vettel sagt: „Das war mein Fehler." Deshalb bietet er an, diesen Transport aus der eigenen Tasche zu bezahlen. Auch diesbezüglich ist der Blondschopf einzigartig.

Airline-Unternehmer Niki Lauda schätzt die Kosten auf mehr als 100.000 Euro ein. Lauda ist es auch, der diese Flügelgeschichte via RTL-TV publik macht. Was Vettel nicht wirklich freut. Denn er wollte über diese interne Story nicht groß reden: „Ich will mich da nicht hervortun", sagt er – und bleibt für einmal wortkarg.

So selbstkritisch und selbstlos sind nur wenige Rennfahrer. Und so talentiert, dass sie mit einer neuen Frontpartie, die das Fahrverhalten drastisch verändert, in wenigen Runden bereits das Limit finden, sind noch weniger. Genau das gelingt Vettel im Qualifying. Um neun Tausendstel schlägt er Jenson Button. Damit sichert sich Red Bulls Nummer 1 seine 12. Pole-Position der Saison. Die „Bullen" sind damit in dieser Disziplin 2011 weiterhin ungeschlagen.

Vettels Dank gilt dem Team: „Das war ein besonderes Qualifying. Denn durch meinen Fehler im gestrigen Training habe ich mir ja den Frontflügel beschädigt. Und es war der einzige, den wir von dieser Sorte hatten. Ich danke allen Leuten in der Fabrik, dass wir ihn noch rechtzeitig bekommen haben.“ Was die Bezahlung der Transportkosten anbelangt, wirft Teamchef Horner lächelnd ein: „Darüber werden wir mit Seb nochmal reden. Er macht uns ja so viel Freude.“

0,009 Sekunden oder 68 cm fehlen McLaren zur ersten Saison-„Pole“. Der zuvor von vielen favorisierte Button weiß nicht so recht, welche Miene er dazu beim Medientermin neben Vettel machen soll. Seine Mundwinkel hängen tief. Da ist es für ihn nur ein schwacher Trost, dass ihm McLaren zwei Tage zuvor einen mehrjährigen Vertrag gegeben hat.

Für Vettels Teamkollegen Mark Webber verlief das Qualifying ebenso enttäuschend. Er ist nur Sechster. Sauber-Pilot Kamui Kobayashi dagegen kann seine Katastrophen-geplagten japanischen Landsleute glücklich machen: In Q1 stellte er überraschend die Bestzeit auf. Dann schaffte er den Einzug in Q3. Die Belohnung dafür ist Startplatz 7 – sein bestes Quali-Resultat.

Saubers pfiffiger Teammanager und Regelexperte Beat Zehnder sorgte bei „Kamuikaze“ für das richtige Q3-Timing. Erst nach seinem Protest erhielt der „Sohn Nippons“ diesen Startplatz zugesprochen. Das Nachsehen haben Michael Schumacher (8.) und die Renault-Fahrer Bruno Senna (9.) und Vitaly Petrov (10.), die allesamt auch keine gezeitete Quali-Runde fuhren. Aber eben ohne Zeit nicht so weit kamen wie Kamui.

Sunday, Race day, 24 Grad. Es ist sonnig und trocken. Doch noch hat Vettel seinen zweiten Titel nicht im Trockenen. Wie angespannt er ist und wie fokussiert er auf dieses Ziel hinsteuert, zeigt der Start. Kaum sind die Lichter der Start-Ampel erloschen, kommt es fast zum Crash mit Button.

Vettel fährt schnell los. Doch Button erwischt einige Meter hinter ihm einen noch besseren Start. Der Brite schiebt sich rechts neben ihn – Zentimeter um Zentimeter, völlig unerschütterlich. Bis Vettel seinen Boliden in Buttons Bahn lenkt und ihn abdrängt. Dann bleibt Button, mit den rechten Rädern bereits auf dem Gras, nichts anderes übrig, als vom Gas zu gehen.

Vettels hartes Manöver war an der Grenze. Button fordert über Bordfunk eine Bestrafung des Red-Bull-Piloten. Die Rennkommissare mit Ex-Weltmeister Alan Jones sehen das anders. Vettel bleibt unbehelligt. Nach dem Rennen wird er sagen: „Ich war nicht sicher, wo Jenson gerade war. Ich habe ihn wirklich nicht gesehen. Ich wollte ihn nicht in Gefahr bringen. Doch ich denke, wir können mit zwei Rädern auf dem Gras fahren.“ Im Klartext: Einfach so wird Vettel die Ideallinie niemals freimachen.

Dass er im Finish des Rennens dennoch zurückliegt, hinter Jenson Button und Fernando Alonso, hat mit seinen drei Boxenstopps zum Reifenwechseln zu tun:

Sie waren schlecht getimt und liefen nicht gut. Zudem schwächelt sein Auto auf den weicheren Reifen. Als Vettel auf den letzten Kilometern nochmals attackieren will, pfeift ihn der Kommandostand zurück.

Sein Förderer und Boss Helmut Marko verrät hinterher: „In der Schlussphase haben wir Sebastian via Funk überzeugen können, keine unnötigen Risiken mehr einzugehen. Erfreut war er darüber nicht." Sozusagen entschuldigend fügte Vettels französischer Renningenieur Guillaume Rocquelin am Funk noch an: „Ich bin mir sicher, dass du das Rennen lieber gewonnen hättest."

Als Vettel als Dritter über die Ziellinie fährt, bleibt der Funk vorerst stumm. 2010 hatte er im Moment des Triumphes, beim Saisonfinale in Abu Dhabi, hemmungslos losgeschluchzt. Die ganze Welt konnte hören, wie er vor Freude weinte. Für diesen Gefühlsausbruch genierte er sich später etwas. Deshalb schluckt er nun die Freudentränen zuerst hinunter, ehe er sich am Funk zurückmeldet: „Danke euch! Wir haben es geschafft."

Der jüngste Doppel-Weltmeister und sein Red-Bull-Team, alle in Meister-T-Shirts, werden noch Stunden später an der Boxenmauer gefeiert – und das vor einer bis in die Nacht hinein voll besetzten Haupttribüne. Hinterher wird die Champions-Party in einen „Irish Pub" nahe der Strecke verlegt. „Die Karaoke-Maschine wurde angeschmissen und wir hatten unseren Spaß", berichtet Vettel am nächsten Morgen.

Die Formel-I-Erfolgsstory wiederholt sich – super für die Formel Austria, brutal für die Konkurrenz, seit Didi Mateschitz vor ein paar Jahren an einem Swimmingpool in Malaysia Adrian Newey fragte: „Ist es heute noch möglich, mit einem Privatteam, ohne direkte Werksunterstützung die WM zu gewinnen?" Newey nickte: „Es ist möglich." Jetzt bald in Korea zum bereits vierten Mal: zweimal hintereinander Weltmeister der Fahrer und Konstrukteure, was außer Ferrari nur wenige geschafft haben – der „Superbulle" auf einer Stufe mit Enzo Ferrari?

Didi, was hast du gestern im Herzen gespürt, als die österreichische Hymne erklang?

Mateschitz: Alles auf einmal: Stolz, Glück, Happiness – es war einfach wunderschön. Ein außergewöhnlicher Augenblick!

Warst du gestern nervös, bist schon früh aufgestanden?

Mateschitz: Ich bin sowieso Frühaufsteher. Wie die Steirer sagen: Der frühe Vogel fängt den Wurm. Und ich hab schon in der Früh gejubelt, bei der Moto-GP, als Case Stoner die WM gewann – einer unserer Schützlinge.

Und der Formel-I-Grand-Prix, Didi?

Mateschitz: Da hab ich mich ziemlich auf Mark Webber konzentriert, ob er es schaffen kann, Hamilton zu schlagen. Platz zwei in der Fahrer-WM wäre wichtig. Wenn der Doppelsieg wirklich gelingt, wäre das sehr, sehr viel – und würde alles Schöne noch komplettieren!

Auffallend, dass Webber und Vettel gestern nach dem Rennen nebeneinander durch die Boxenstraße fuhren, Mark aber Sebastian den Vortritt ließ. Jetzt wünscht ihm wohl jeder den Vize-Weltmeistertitel?

Mateschitz: Es müsste gelingen, und Webber verdient es auch: Er fuhr heuer hervorragende und nicht immer leichte Rennen.

Und Sebastian Vettel, der gestern mutig startete, das ganze Rennen kontrollierte und kurz vor Schluss noch die schnellste Runde auf den Asphalt hämmerte – deprimierend für die Konkurrenz?

Mateschitz: Vettel fährt halt auf einem anderen Planeten ...

Wie feierst du den Korea-Sieg, Revanche für Japan?

Mateschitz: Mit einem gemütlichen Abendessen. Aber ich hatte auf meinem Bauernhof schon Red Bull mit Champagner getrunken, nur schade, dass der Champagner unser Getränk verwässerte ...

Drei Rennen vor Schluss: Träumst du noch von neuen Rekorden?

Mateschitz: Ich wünsch mir vor allem, dass es spannend bleibt, das ist das Wichtigste.

Und 2012? Der Hattrick mit Gewinn beider WM-Titel?

Mateschitz: Ich weiß nicht, es wird immer knapper. Alle anderen werden sich enorm anstrengen – wir aber auch.

Vettel gilt schon als „der Mann, der mit dem Bullen tanzt". Aber das lernen die Youngsters in deinem Rennstall auch schon?

Mateschitz: Stimmt, sie haben gestern ein unglaubliches Signal gegeben, nämlich beide Rookies – Alguersuari auf Platz sieben, Buemi auf Platz neun. Da sieht man, was in ihnen steckt, wenn das Auto leicht verbessert ist. Alle vier Red-Bull-Piloten in den WM-Punkten – was willst du noch mehr?

Alle applaudieren, auch die Weltmeister-Vorgänger.

Niki Lauda, warum hat Vettel prinzipiell mehr Sympathien als Schumacher?

Lauda: Das ist einfach zu erklären. Weil Sebastian in seinem Auftreten und seinem Äußeren ein sympathischer junger Spitzbub ist. Dieser Gegensatz in seiner Persönlichkeit, sein Charisma verbunden mit der Brutalität des Rennsports, macht ihn so sympathisch. Weil nur mit deiner jungen Spitzbubenart kannst du keine Grands Prix gewinnen. Nur wenn alles, was dazu gebraucht wird, in dir vorhanden ist. Das Talent als Spitzbub hat er, der Rest ist Egoismus, so schnell wie möglich ans Ziel zu kommen. Diese notwendige Härte und Brutalität hat man auch beim Start in Suzuka gesehen. Alle Attribute sind also da, die ein sympathischer Spitzbub normal gar nicht hat.

Sind die Vettel-Triumphe gut für den Sport oder kommen jetzt wieder die Leute, die sagen, die Formel I wird fad – wie früher bei den Siegesserien von dir, von Schumacher?

NIKI LAUDA: MEINE TOP TEN 2011

Grand Prix Story – exklusiv: Niki Lauda verrät seine aktuellen Top Ten der Formel I – bevor die WM 2011 in die Zielgerade geht.

1. SEBASTIAN VETTEL: ganz klar, keine Diskussion, weil er alles gewonnen, alles dominiert hat, zum zweiten Mal Weltmeister geworden ist – mehr kannst du in einem kurzen Leben nicht erreichen. Er ist zuletzt sogar noch ein bissl außerirdischer geworden.

2. JENSON BUTTON: Da hab ich lang überlegt, aber ich platzier ihn vor Alonso, weil er unter schwierigeren Bedingungen hat kämpfen müssen – sich ab Saisonmitte gegen Hamilton durchgesetzt hat und auch übers Jahr gesehen besser war: mehr Siege (3), mehr Punkte.

3. FERNANDO ALONSO: durch seine Erfahrung und Klasse, die er sich über die Jahre und nicht nur bei Ferrari aufgebaut hat, für mich an sicherer dritter Stelle, auch wenn der feurige Spanier heuer nur einmal gewonnen hat – in Silverstone. Aber aufpassen 2012!

4. LEWIS HAMILTON: zwei Siege in Shanghai und am Nürburgring, aber auch oft für sein Verhalten im Zweikampf kritisiert. Sah im ersten Saisondrittel noch wie Vettels größter Titelrivale aus.

5. MICHAEL SCHUMACHER: weil er ab Saisonmitte seine Position im Team gefunden hat – dem muss man Kredit für sein Alter und seinen ungebrochenen Einsatzwillen geben.

6. NICO ROSBERG: lieferte in meiner privaten Bilanz dem Michael ein tolles Kopf-an-Kopf-Rennen um Platz 5 und ist wirklich nur um ein paar Millimeter hinter Schumacher zurück – den seh ich bei seinem Comeback heuer noch ganz knapp im Vorteil.

7. MARK WEBBER: weil er das ganze Jahr gegen Vettel fast nix zusammengebracht hat – bei allem Respekt vor seinen Pole-Positions in Barcelona, Silverstone und am Nürburgring, die er aber nicht perfekt umsetzte. Und seinen acht Podestplätzen.

8. BRUNO SENNA: ist neu in die Formel I gekommen und hat mich ein paarmal überrascht. Leicht hat er's mit diesem berühmten Namen sicher nicht gehabt.

9. PAUL DI RESTA: für mich der Beste von den wirklich Neuen. Von der DTM in die Formel I gekommen, schon in seinem Premierenrennen ein WM-Punkt – und meist schneller als sein routinierter Force-India-Kollege Sutil.

10. VITALI PETROV: hat schon 2010 gelegentlich überrascht und heuer bei Renault eine grundsolide Saison hingelegt. Ein Russe in der Formel I – hätte man sich früher auch nicht gedacht …

Lauda: Mich hat nie interessiert, ob meine Siege letztlich gut oder schlecht für den Sport waren. Siege sind das Verdienst von allen, die dort arbeiten. Ob's wem passt oder nicht, wir haben einen Sport, der hat sein Reglement und seine Gesetze.

Was ich mich oft frage: Werden so gigantische Rennsportpersönlichkeiten wie du, wie Vettel usw. durch ihren Sport zu dem, was sie wurden, oder waren sie schon so geboren?

Lauda: Es fängt damit an, dass du mit dem Dreiradler schneller um die Ecken driftest als der Nachbarbub, der runterfällt oder zu heulen anfängt – wenn du das kannst, ist dir das Talent in die Wiege gelegt, sonst nix. Alles andere entwickelt sich, auch deine Persönlichkeit –zum schnellen Dreiradler noch dazu. Aber der Unterschied bei Vettel: dass er bei allem Erfolg ein ganz normales Kind geblieben ist.

Ein „We are the Champions“ hat Sebastian Vettel, der total bodenständige „Spitzbub“-Superstar, in Japan nicht gesungen, sondern Frank Sinatra. In der langen japanischen Nacht nach seinem zweiten WM-Triumph – und in einer stimmungsvollen Karaoke-Bar in Yokkaichi, zirka 20 Kilometer von seiner Triumphstrecke Suzuka entfernt. Vettel sang zu Sinatras Evergreen „I did it my way“ – das passt genau zu seiner Karriere und zu seinem WM-Triumph 2011!

Vettel hatte eine lange Feier und eine kurze Nacht: TV-Interviews, Fotos usw. bis lange nach Mitternacht in Suzuka. „Ich hatte noch gar keine Zeit, mich richtig über den Titel zu freuen – bin ja noch gar nicht dazu gekommen.“ Und auch die vielen Gratulationen, die bei Red Bull eingetroffen sind, muss sich der 24-Jährige erst genau zu Gemüte führen. Da meinte u. a. Bundeskanzlerin Angela Merkel: „Eine großartige Leistung, jüngster Doppel-Weltmeister zu werden. Ich gratuliere Sebastian Vettel.“ Oder Fußball-Teamchef Joachim Löw: „Sebastian hat schon in seinen jungen Jahren deutsche Sportgeschichte geschrieben. Es ist beeindruckend, mit welcher Souveränität und Natürlichkeit er immer wieder aufs Neue aktuelle Herausforderungen meistert.“ Oder Box-Weltmeister Wladimir Klitschko: „Ich habe höchsten Respekt vor Herrn Vettel.“

Die WM-Party hatte Red Bull wie angekündigt nicht groß vorbereitet, sondern total improvisiert. Vielleicht war sie gerade deshalb so stimmungsvoll. Vettel: „Was mich am meisten gefreut hat: Irgendwann ist sogar Michael Schumacher gekommen, um mir zu gratulieren!“ Das war herzlich. Der siebenfache Weltmeister, der vor ein paar Jahren nach seinem eigenen Titelgewinn in Japan mit einem Gabelstapler gegen eine Hausmauer gefahren war, freute sich sichtlich mit und für seinen Nachfolger. Red-Bull-Motorsportchef Dr. Helmut Marko über Schumi: „Der hat auch ganz schön Gas gegeben – mehr als auf der Strecke!“

Schemenhaft erlebte Vettel nochmals den Grand Prix von Japan. „Dass ich Dritter wurde, hat mich nicht wirklich happy gemacht. Also will ich wenigstens die restlichen vier Rennen gewinnen." Worauf ist er am meisten stolz? „Der erste Sieg ist immer etwas Besonderes – genau wie der erste WM-Titel. Aber letztes Jahr war unser Auto auch schon sehr, sehr gut, nur ist das Team heuer noch besser geworden!"

Nach nur zwei Stunden Schlaf musste Vettel aus dem Bett, flog mit Teamchef Horner und Superhirn Newey ins Nissan/Infiniti-Center nach Azugi. Der Empfang war sensationell: Tausende Japaner mit Blumen, Transparenten, dem riesigen Vettel-Finger – sie hatten, mit Schlafsäcken ausgerüstet, bis zu 16 Stunden lang auf ihren Superstar gewartet!

Danach ging es nach Tokio – wo Vettel einen Tag Pause hat, ehe er nach Yeongam in Südkorea fliegt.

DIE DOPPELWELTMEISTER

Der erste Wiederholungstäter der Formel I-Geschichte war **Alberto Ascari** 1952/53. Dessen Adresse Corso Sempione 60 in Mailand war noch jahrelang das Wallfahrtsziel der Tifosi. Sein Sohn Tonio war eng befreundet mit Mario Andretti, kam aber über bescheidene Rennversuche nicht hinaus.

Juan Manuel Fangio war fünfmal Weltmeister mit vier verschiedenen Teams, aber seinen Ferrari-Titel 1956 schenkte ihm sein junger Teamkollege Peter Collins, der dem Maestro nach dessen Defekt mitten im Monza-Rennen sein Auto abtrat – heute längst verboten.

Jack Brabham musste seinen Cooper 1959 in Sebring 800 Meter ins Ziel schieben, weil ihm der Sprit ausgegangen war – sein erster von drei Titeln. Später hatte er genug Benzin. Aber es gab lange keine Doppelweltmeister mehr, besonders keine englischsprachigen. Jim Clark und Jackie Stewart wurden immer in den ungeraden Jahren World Champions, also nicht „back to back", wie es im Racing-English heißt. „Vielleicht, weil eine gewonnene Weltmeisterschaft Team und Fahrer physisch und psychisch so auslaugt und erschöpft, dass du im folgenden Jahr nicht mehr genug Kraft hast."

Oder wenn dich ein katastrophaler Unfall zurückwirft –wie Niki Lauda, Weltmeister 1975/1977, im Jahr dazwischen auf dem Nürburgring. Er stieg im Regen-Chaos von Fuji aus, „weil es Wichtigeres im Leben gibt als den WM-Titel – das Überleben." Nur ein Punkt fehlte Niki zum Triple-Champion –und vier Titeln total, also im Windschatten von Fangio.

Nach Lauda wurden **Alain Prost** und **Ayrton Senna** zu Serien-Champions, 1999/2000 dann **Mika Hakkinen** (Schumacher: „Der größte Gegner, den ich je hatte, vor allem der fairste.") vor der totalen **Michael Schumacher**-Dominanz. Aber die Frage blieb bis heute: Wären es für Schumi wirklich sieben WM-Titel, fünf hintereinander, geworden, hätte Senna überlebt?

Für **Fernando Alonso**, Doppelweltmeister 2005/06 mit Renault, aber mit McLaren und Ferrari haarscharf am Titel vorbei, gilt das alte französische Sprichwort: Die Tage folgen aufeinander, aber sie gleichen einander nie. Am wenigsten in der Formel I.

Korea: Love-Hotels und immer wieder Vettel

STRAFLOS ZUM SIEG

Er ist eben ein Allround-Talent. Darum wird der frischgebackene Doppel-Champion gleich universell eingesetzt. Sebastian Vettel gibt so auch beim Korea-GP sofort den Takt an. Und dabei schwingt er mit einer „Keule". Im Werbefilm des dortigen Renn-Veranstalters schlägt er damit auf den für Asien typischen großen, goldenen, hängenden Gong-„Teller": das Startsignal zur 16. Runde der Formel-I-WM.

Südkorea zum Zweiten also. Mittlerweile hat sich ja herumgesprochen, wo dort der Grand Prix gefahren wird: Die Stadt Mokpo und der Landkreis Yeongam sind sicherlich schon feste Begriffe. Oder? Wer es doch vergessen hat, weil die Formel-I-Premiere dort schon ein Jahr her ist: Mokpo ist jene einzigartige GP-Stadt, wo es traditionell viel mehr Love-Hotels als herkömmliche Hotels gibt.

Deswegen logiert der Großteil des FI-Trosses auch in diesen Etablissements, die da und dort schon einmal etwas abgewohnt wirken. Die meisten dieser Motel-Zimmer bieten allerdings viele Extras – eindeutig zweideutige natürlich. Übrigens: Was jene vielen Menschen, die sonst diese Love-Hotels eifrig und stundenweise frequentieren, während der ausgebuchten GP-Zeit tun oder lassen, blieb auch beim zweiten Mokpo-Besuch im Verborgenen.

Der 5,6 km lange „Korea International Circuit" liegt im südwestlichen Zipfel Südkoreas. Rund 400 km von der Hauptstadt Seoul und dem Mega-Airport Incheon entfernt. Und um sich ein besseres Bild von Seoul und den nahen Millionenstädten Incheon und Suwon machen zu können: In dieser Metropolregion namens Sudogwon leben rund 25 Millionen Menschen!

Die Hafen- und Industriestadt Mokpo dagegen zählt nur gut 350.000 Einwohner. Sie liegt in der Provinz Jeollanam-do, an der Mündung des Yeongsan ins Gelbe Meer. Die meisten Menschen dort arbeiten in Schiffswerften, die zu den weltweit größten gehören.

Die Rennstrecke wurde auf aufgeschüttetem Land, also am Wasser gebaut. Im Auftrag von Hyundai und KAVO (Korean Auto Valley Operation) war dort einmal mehr das Aachener Architekturbüro von GP-Rundkursspezialist Hermann Tilke tätig. Bei den Strecken-Kosten von rund 270 Millionen Dollar übernahm die Regierung in Seoul den Löwenanteil. Typisch Tilke baute er auch typisch Koreanisches ein: Der Dachvorsprung der Haupttribüne erinnert an „Hanok", das traditionelle Korea-Haus.

Beim Freitag-Training sind die Zuschauer froh über jedes Dach. Es regnet. Vor allem vormittags. Auch am Nachmittag wird der Asphaltbelag nicht trocken. Ein verlorener Tag für alle Teams. Denn an Trainingsrunden mit verschiedenen Auto-Set-ups, an seriöse Daten in den Telemetrie-Rechnern und an vernünftige Zeiten auf den Lap-Charts ist nicht zu denken.

Umso dramatischer ist es am Samstag im Qualifying-Finale. Die Frage, um die sich alles dreht: Werden die Top-ten-Qualis 2011 für Red Bull ein „Perfect Game"? Bisher haben Sebastian Vettel (12) und Mark Webber (3) ja alle Saison-Pole-Positions geradezu spielerisch geschafft. In Yeongam endet diese Serie. „Spielverderber" ist McLaren-Pilot Lewis Hamilton. Dank einer Rundenzeit von 1:35,820, gefahren auf den supersoften „Pirelli Zero Rot", steht er in Südkorea auf dem vordersten Startplatz. Es ist die erste „Pole" von Hamilton seit dem Kanada-GP 2010 – und das beim 700. Grand Prix von McLaren.

Der Brite ist um zwei Zehntel schneller als der frischgekürte Doppelweltmeister. Es ist auch das erste Mal seit dem Brasilien-GP 2010, dass kein „Bullen"-Auto von der Pole-Position startet: Damals stand ja überraschend Nico Hülkenberg im Williams vorne.

Vettel ist trotzdem froh, sechs Tage nach Suzuka zumindest in der ersten Startreihe zu stehen: „Nach der anstrengenden Woche ist es gut zu sehen, dass wir uns wieder zusammengerappelt haben und im Qualifying auf den Punkt genau da waren." Vettel hat ja eine harte Feier-Woche hinter sich.

Von Suzuka war er zuerst nach Yokohama gereist, um sich dort von Sponsor Nissan/Infiniti gebührend feiern zu lassen. Die Japaner bereiteten „ihrem" Doppel-Champion dabei einen kolossal-herzlichen Empfang. Via Tokio-Narita ging es erst dann nach Seoul und Mokpo-Yeongam.

Doch das Qualifying hat ein Nachspiel. Die FIA-Kommissare haben nach einem Protest von Ferrari gegen Red Bull eine Untersuchung eingeleitet. Droht Vettel eine Strafversetzung in der Startaufstellung – um fünf oder zehn Plätze oder gar ans Ende des Feldes? Der Grund: Vettel hatte gerade seinen ersten Versuch im Q3-Finish beendet, als er von seinem Renningenieur Guillaume Rocquelin aufgefordert wurde, so schnell wie möglich in die Box zurückzukehren, um das Auto für die zweite und entscheidende Ausfahrt vorzubereiten.

An sich ist das ein Standardspruch, der für die Fahrer zwiespältig ist: Einerseits soll er Gas geben, um rechtzeitig die Box zu erreichen. Andererseits schadet er seinen Reifen, wenn er dabei zu aggressiv zu Werke geht. Vettel wollte besonders schlau sein. Zwischen den Kurven 4 und 6 gibt es eine Verbindungsstraße. Wer diesen „Abschneider" nimmt, gewinnt fünf Sekunden. Doch dieses Abkürzen ist nicht erlaubt, außer man ist wegen eines Fahrfehlers in den Notausgang gerutscht.

Da zum Zeitpunkt des „Vergehens" in Q3 noch fünf Minuten blieben, war die Eile eigentlich unbegründet. Die Red-Bull-Mechaniker hätten genügend Zeit gehabt, das Auto mit der Nummer 1 für den letzten Quali-Versuch zu präparieren. Als Vettel auf seine Warm-up-Runde für den letzten „Schuss" ging, sagte ihm sein Renningenieur über Funk: „Du hast einen Zehn-Sekunden-Puffer." Als Vettel die Ziellinie für den entscheidenden Versuch kreuzte, hatte er sogar noch 17 Sekunden Zeit bis zum Abwinken. Also genug „Luft", um sich die Nummer mit dem Abkürzen zu sparen.

Nun muss Vettel nachsitzen. Fast zweieinhalb Stunden nach der Qualifikation laden die vier Sportkommissare – unter ihnen Ex-GP-Pilot Martin Donnelly – den Weltmeister und seinen Teammanager Jonathan Wheatley vor. Nach 80 Minuten Beratung entscheidet die Rennleitung: keine Strafe.

Vettel behält seinen zweiten Startplatz. Er gab bei den Kommissaren an, dass er sich bei der Nummer nichts gedacht habe. Ihn retteten zwei Dinge: Erstens hatten Mark Webber und Kamui Kobayashi vorher das Gleiche gemacht. Zweitens hatte ihm das Abkürzen keinen Vorteil gebracht. Sein Shortcut wäre strenger geahndet worden, wenn er seinen zweiten Q3-Versuch nur noch durch das Abkürzen geschafft hätte.

Am Sonntag vor dem Rennen, befürchten alle das Schlimmste. Im Fahrerlager ist aufgrund der Reifenvorgabe von Pirelli die Rede von fünf bis sechs Stopps! Der Reifenausrüster brachte die Mischungen „Soft" und „Supersoft" nach Südkorea mit. Die weichere Mischung ist dafür bekannt, nicht sehr haltbar zu sein. Darüber hinaus fordert dieser noch neue Streckenasphalt die Reifen sehr stark.

Weil es am Freitag regnete, konnten die Teams keinen Longrun mit den Slicks fahren und gehen daher vom Schlimmsten aus. Red Bull sparte sich eigens alle drei Sätze der härteren Mischung auf, um im Rennen auf Nummer sicher zu gehen. Doch erstens kommt es anders, zweitens als man denkt. Im Rennen stellen sich alle Befürchtungen als unbegründet heraus.

Red Bull agiert in Sachen Reifen übervorsichtig. Denn Hamilton kann nur in Kurve 1 seine Spitzenposition behaupten. Vettel schaut nicht lange in den McLaren-Auspuff. Er macht kurzen Prozess, zieht an Hamilton vorbei und führt nach Runde 1 souverän bis ins Ziel. „Wir haben viel mehr Gummi-Abnützung erwartet, aber das ist nicht der Fall gewesen", sagt Vettel als Sieger, „der Reifenverschleiß machte sich erst viel später bemerkbar. Deshalb kam ich später als geplant zum ersten Stopp. Und dann, nach dem zweiten, merkten wir, dass wir nicht einmal auf drei Stopps kommen werden. Von wegen also fünf bis sechs Stopps."

Vettel steht die große Freude über seinen zehnten Saisontriumph – vor Hamilton und Webber – deutlich ins Gesicht geschrieben. Sein erster Sieg als Doppelweltmeister. Doch mindestens genauso freut er sich auch schon auf seine nächste Station: seinen Heimatort Heppenheim, wo ihn am Samstag, den 22. Oktober, die ganze Kreisstadt und seine Fans hochleben lassen wollen. Auf dem dortigen Europaplatz wird er vor Zehntausenden mit dröhnendem Motor und rauchenden Reifen vorfahren. „Vettelheim" wird vibrieren.

„Was zählt in unserem Geschäft, ist nur der erste Platz", predigt „Mr. McLaren" Ron Dennis seit Jahren. „Schon als Zweiter bist du nur der Erste von den Verlierern." Heuer sogar hinter einem so überlegenen Super-Champion wie Sebastian Vettel?

Ab dem Korea-Grand-Prix tobt der Kampf um WM-Platz 2. Darum fighten Jenson Button, Fernando Alonso, Lewis Hamilton und Mark Webber – bis auf Vettels Red-Bull-Teamkollegen waren alle schon Weltmeister, kennen also das Gefühl der großen WM-Feier bei der FIA in Paris.

Aber jetzt: als Erster der Verlierer? Was ist der Titel „Vizeweltmeister" wirklich wert? Unvollendete Symphonien?

Stirling Moss, der ewige Zweite hinter dem Phänomen Juan Manuel Fangio, sagte mir einmal: „Macht mir überhaupt nichts, dass ich viermal Vizeweltmeister war. So behalten mich die Fans wenigstens in Erinnerung. Manche, die nur einmal Weltmeister waren, sind heute fast schon vergessen, aber der Moss, viermal Vize – den merkt man sich." Besser als manche Ein-Jahres-Fliegen …

Moss ist heute 81. Und sicher populärer als alle anderen Vizechampions der Formel I. David Coulthard, der sich tröstet: „Wenigstens bin ich der Brite mit den meisten WM-Punkten." Carlos Reutemann, der beim WM-Finale 1981 vom eigenen Williams-Team verraten wurde. Felipe Massa, der so viel Pech hatte. Rubens Barrichello, der gegen Schumi nicht gewinnen durfte. Eddie Irvine, der seine große Chance nach Schumis Beinbruch nicht nützen konnte. Riccardo Patrese, bis zu Barrichello mit 256 GP-Starts Weltrekordmann. Der populäre Jacques Laffite – bis zum Beckenbruch. Oder der „rasende Zahnarzt" Tony Brooks, der seinem Glauben an Gott 1959 den WM-Titel opferte: „Als ich komische Geräusche hörte, kam ich sofort zur Reparatur an die Box. Weil in der Bibel steht, du darfst nicht mutwillig dein Leben riskieren." Der (letztlich unnötige) Boxenstopp kostete dem gläubigen Brooks den WM-Titel – würde heute noch ein Pilot so reagieren?

Gerhard Berger war nie Vizeweltmeister, aber zweimal WM-Dritter. Er fuhr in seiner Karriere gegen zwölf (!) Weltmeister. Aber wissen das noch alle?

Neu Delhi: Vettel-Hattrick zur Premiere

SIEG MIT TRAUERFLOR

„Sweet Song of India“, sangen einmal die McGuire Sisters. Wird auch der Formel-I-Grand-Prix von Indien ein Hit? Das Wichtigste: Die Strecke – eine Autostunde von Neu Delhi entfernt – ist fertig geworden, wenn auch leicht verspätet. Enteignungen, Baustopps usw. bremsten das Gigantenprojekt: Für 500 Millionen entsteht dort rund um die Rennstrecke eine ganze Stadt wie in Südkorea.

Indien und die Formel I? Erst seit wenigen Jahren eine Lovestory. Im Motorsport kannte man früher nur Jogindher Singh, ältestes von 10 Kindern – die Vorfahren waren aus Indien eingewandert. Zuerst Handlanger von Großgrundbesitzern, später gründete der Vater eine Autowerkstatt in Nairobi, wo Jogindher auch zur Schule ging.

JOGINDER SINGH – DER FLIEGENDE SIKH

Er fuhr (und siegte) immer für Kenya – aber seine indische Herkunft war unübersehbar. „The flying Sikh“ hieß er sogar in Afrika – der fliegende Sikh. Allein dreimal gewann er die Afrika-Safari-Rallye. Und einmal startete er sogar bei der Jänner-Rallye in Österreich. Heute lebt Singh in Kanada, aber vielleicht kommt er zur Formel-I-Premiere nach Neu Delhi.

Ohne Singh hätte es keinen großen Motorsport in Indien gegeben. Ohne Dr. Vijay Mallya auch nicht.

Der Besitzer von Force India hat in Valencia, Monte Carlo usw. immer die größte Yacht im Hafen. Protzt zwar nie damit, feiert aber mit dem FI-Zirkus immer herzhafte Partys.

„Ich hab in Salzburg und Wien studiert“, verriet er mir bei der Präsentation von Force India in Mumbai (früher Bombay). Wo Mallya heute im Ranking der reichsten indischen Milliardäre steht? Sicher nicht schlechter als Adrian Sutil und Paul Di Resta in der Formel-I-WM-Tabelle …

Der erste Inder, der Formel I fuhr, war Narain Karthikeyan 2005 bei Jordan-Toyota. Immer höflich, leise, bescheidener Auftritt. Im komischen 6-Auto-Rennen von Indianapolis wurde er Vierter, verpasste gegen seinen Teamkollegen Tiago Monteiro einen Podestplatz nur ganz knapp. Heuer holte ihn HRT als rasendes Testimonial für den Indien-GP – bis er ab Silverstone dem Jung-Bullen Daniel Ricciardo Platz machen musste. Und als weitere Werbefigur wurde Chandok in Trullis Lotus-Cockpit gesetzt.

Chandok – der Sohn eines ganz wichtigen indischen Motorsportfunktionärs. Die

Parallele zu Jaime Alguersuari und Spanien. Aber Gas geben müssen die Söhne schon selber.

Neues Rennen, neues Glück und neue Kuriositäten. Wie jene mit den heiligen Kühen auf der Zufahrtsstraße, mit den wilden Hunden auf der Rennstrecke und der ängstlichen Fledermaus im Medienzentrum. Die Formel I ist schon wieder um ein Land reicher geworden. Und was für eines! „Endlich Indien", sagt CEO und Chefvermarkter Bernie Ecclestone – und versteht nicht, „dass wir hierher nicht schon viel früher gekommen sind".

Schließlich ist dieses Neuland eine potente Wirtschaftsmacht. Mit Indien und Delhi kommt der fünfte neue GP-Schauplatz innerhalb von vier Jahren auf die FI-Landkarte: Singapur und Valencia 2008, Abu Dhabi 2009, Südkorea 2010. Die Formel-I-Inder schwärmen natürlich von ihrer Heimat: Vijay Mallya, der Force-India-Teamchef und „Bernie's Maharadscha" sowie die Piloten Narain Karthikeyan und Karun Chandhok.

Indien ist mit mehr als 1,2 Milliarden Einwohnern das zweit-bevölkerungsreichste Land – nach China. Gemessen an seiner Einwohnerzahl gilt es als größte Demokratie der Welt. Nun geht auch der Grand-Prix-Tross auf dem Subkontinent, wo sich sportlich alles um Cricket dreht, auf Entdeckungsreise. Ein hochinteressanter Trip, natürlich mit Hindernissen: von der zermürbenden FI-Visum-Bürokratie über die heiklen Einreisebestimmungen auf dem „Indira Gandhi International Airport" bis hin zu abenteuerlichen Sondersteuern für Teams und Piloten.

Was für eine administrative Regulierungswut im Riesenreich. „Ich habe ein wenig das Gefühl, dass uns die Inder gar nicht so gern sehen wollen", sagt der Virgin-Deutsche Timo Glock und witzelt: „Fehlt nur noch, dass sie mein Seepferdchen sehen wollen, für den Fall, dass ich in einen indischen Tümpel falle. Ich hoffe, dass die indischen Fans uns schneller ins Herz schließen als die hiesigen Einreisebehörden." Der Lotus-Finne Heikki Kovalainen stöhnt: „Ich musste rund 70 Seiten Papierkram unterzeichnen. Alles scheint kompliziert, das ist unwirklich."

Nico Rosberg wird das Visum zunächst sogar verweigert. „Inder-Wahnsinn" oder was? Keinesfalls. Letztlich konnten fast überall, so auch beim Mercedes-GP-Fahrer, Lösungen oder Kompromisse gefunden werden. Der Dank dafür gilt der Rennstrecken-Besitzergesellschaft Jaypee Sports International (JPSI). Dieser Veranstalter versuchte geradezu heroisch zu retten, was der Staat zuvor verbockt hatte.

Dass der neue „Buddh International Circuit" in Delhis Industrie-Vorstadt Greater Noida einzig und allein von dieser privaten Gesellschaft JPSI betrieben wird, hatte von Anfang an nur Vorteile. „Den Grand Prix veranstaltet ein privater Promoter und nicht der Staat. Das macht in Indien einen Riesenunterschied aus", erklärt Sauber-Geschäftsführerin Monisha Kaltenborn-Narang, eine gebürtige Inderin aus

GANDHI FRAGTE: „WIESO DREIMAL ANGEZOGEN?"

Die Formel I darf nicht immer nur Monte Carlo sein. Indien – der Grand Prix der Gegensätze. Die meisten Milliardäre unter 1,2 Milliarden, aber auch bitterste Armut. „Eine völlig andere Welt", spürt auch Niki Lauda. „Aber ich find es gut für die Formel-I-Menschen, dass sie sehen: Es gibt auch solche Grands Prix. Das bringt sie wieder auf den Boden, in die Realität zurück. Weil die Formel I schon abhebt – oder viele Menschen in der Formel I." Es müssen nicht immer das Taj Mahal und andere Luxushotels sein.

Als ich im Februar 2008 nach Mumbai zur Weltpremiere des Force-India-Teams flog, war ein Boxenstopp im Gandhi-Museum natürlich Pflicht. Mit der berühmten nachgestellten Szene, wie Gandhi mit dem englischen König spricht: mit Hemd, Weste und Jackett. „Wieso gibt es Menschen, die sich dreifach anziehen?", wunderte sich Gandhi. Das Fahnen-Etikett ist in Indien heute noch Gesetz: Die indische Flagge – gestern im TV deutlich zu sehen – muss aus handgewebtem Hanf sein, wie es Gandhi gewollt hätte.

Alle bewunderten Sebastian Vettels neues Helmdesign – von ihm selber entworfen. Aber viele staunten, dass der einzige Formel-I-Inder Narain Karthikeyan kein indisches Symbol auf Helm, Overall oder Auto hatte. Als der 34-Jährige aus Madras seine Rennfahrerkarriere begann, wurde er ernsthaft ermahnt: „Du musst unbedingt deinen Helm modifizieren!" Das passierte sogar dem Cricket-Superstar Sachin Tendulkar, der das Landeswappen von seinem Helm entfernen musste …

Karthikeyan, gestern kurz in die Formel I zurückgekehrt, hat die zweifelhafte Ehre, in zwei der vier Grands Prix ohne einzigen Ausfall jeweils Letzter zu werden – Monza 2005 und Valencia 2011.

An den bisher 1.025 Überholmanövern 2011 war er nicht beteiligt. 725 dieser Überholungen passierten nach der ersten Runde – also ist ein Superstart in der Ära von KERS und DRS (wieder zweimal pro Runde) offenbar nicht mehr ganz so wichtig. Die erste Kurve natürlich schon.

Jenson Button, Mark Webbers Rivale Nr. 1 für den Vizeweltmeistertitel, hatte von den 1.025 die meisten Überholungen – 52 insgesamt, davon allein 19 in Montreal. Aber noch vier andere schafften mehr als 10 Überholungen in einem Rennen: Webber, Hamilton, Heidfeld und Kobayashi.

Und wer wurde am öftesten überholt? Heikki Kovalainen im Lotus, gleich 56-mal, gefolgt von Timo Glock (46-mal).

Dafür war das Safety-Car zeitweise diskret: Nur zweimal in den ersten 11 Rennen 2011 im Einsatz, dafür jedes Mal in den letzten fünf Rennen.

Und das Außergewöhnlichste für die Formel-I-Buchhalter: Sebastian Vettel hat mit 24 Jahren, 119 Tagen schon 20-mal so viele Grands Prix gewonnen wie Michael Schumacher. Der hatte im gleichen Alter erst einen Grand Prix (in Spa 1992) erkämpft – Vettel aber schon 20 und zwei WM-Titel. Übrigens: Der Chef über alle, ob arm oder reich, wurde am Freitag 81. Happy Birthday, Bernie!

Dehradun, gut 200 km nördlich von Delhi. PS: Sauber konnte mit „Amul", der größten Milchmarke Asiens, einen bedeutenden indischen Partner für diesen GP gewinnen.

Zurück zu Nico Rosberg. Nach der geglückten Landung und der ebensolchen Einreise in Delhi gönnt er sich das außergewöhnliche und unglaublich wunderbare Indien. Dafür reiste er extra einige Tage früher an. Sein Ziel: „Einige Sehenswürdigkeiten zu besichtigen, ganz besonders das Taj Mahal in Agra, gut zwei Autostunden von Delhi entfernt. Dabei fährt man auf dem Yamuna-Expressway an der Rennstrecke vorbei."

Sebastian Vettel freut sich auf „ein Land, das wohl sehr faszinierend ist". Der Doppelweltmeister geht in Delhi auf Sightseeing-Tour im Tuk-Tuk, der Motorrad-Rickscha: Das größte Bauwerk dort ist „Lal Qila", was „Rotes Fort" heißt. Das monumentale Bauwerk mit Türmen und Zinnen ist von dicken, roten Sandsteinmauern und einem breiten, ausgetrockneten Burggraben umgeben. Seit 2007 ist das „Rote Fort" Unesco-Weltkulturerbe.

Vettels nächste Besuchsstation ist „Jami Masjid", Indiens größte Moschee. Was bereits aus der Ferne riesig erscheint, ist noch gigantischer, wenn man die breite Treppe zum Torbogen hinaufsteigt und den dahinter liegenden Innenhof betritt: Bis zu 25.000 Gläubige finden hier Platz. Weithin sichtbar überragt die rot-weiße „Jami Masjid" die umgebenden Basare – rund 500 Meter westlich des „Roten Forts".

Die Metropole Delhi schließt die indische Hauptstadt Neu-Delhi mit ein (National Capital Territory of Delhi). Mit 11 Millionen Einwohnern in der eigentlichen Stadt und 16,3 Millionen in der Agglomeration ist Delhi nach Mumbai die zweitgrößte Stadt Indiens und gehört weltweit zu den Megastädten. Die moderne Regierungshauptstadt Neu-Delhi entstand 1911 südlich des historischen Delhi-Stadtkerns.

Der „Buddh International Circuit" und die darum herum entstehende Jaypee Greens Sports City in Greater Noida liegen rund 50 km südöstlich von Neu-Delhi. Beides gehört zu Uttar Pradesh, einem nördlichen Bundesstaat. Noida steht übrigens für New Okhla Industrial Development Authority. Eine Stadt als Behörde! Sie wurde 1976 im Zuge eines Urbanisierungsprogrammes von Sanjay Gandhi, dem Sohn der damaligen Premierministerin Indira Gandhi, gegründet.

Für Red Bull ist Indien kein Neuland. Immerhin konnten die „Bullen" als Erste die neue Strecke kennenlernen. Zwölf Tage vor dem GP-Debüt wurde die knapp 300 Millionen Dollar teure Rennstreckenanlage offiziell präsentiert – und von Neel Jani im Red-Bull-Showcar eröffnet. Der Vater des Schweizer Piloten stammt aus Indien. Zuvor erkundete Jani mit dem höher gestellten Red-Bull-Demo-Boliden sogar einen Himalaya-Pass in Ladakh – bis ihn auf 5.500 Metern der Schnee stoppte. So hoch hinaus driftete noch nie ein FI-Bolide.

Der 16-Kurven-Kurs im Namen Buddhas ist eine Kreation aus dem Aachener Architektenbüro von Streckendesigner Hermann Tilke. Sein Motto lautete: Die Einfahrten in die Kurven eher breit halten, um Überholmanöver zu fördern. Vorerst vereinbarte Ecclestone mit der Delhi-Strecke einen 10-Jahres-Vertrag.

Die Schlüsselstellen des im Uhrzeigersinn gefahrenen 5,137 km langen Buddh Circuits sind die Kurven 10, 11 und 12: Sie ähneln mit ihren – jeweils mehreren – Scheitelpunkten der berühmten Kurve 8 der Istanbul-Park-Strecke. Aber abweichend zur tückischen, türkischen Kurve 8 sind die Kurven 10, 11 und 12 in Indien enger. Die Kurven sind langgezogen und werden mit hoher Geschwindigkeit durchfahren. Dadurch wirken hohe laterale Kräfte auf die Reifen.

Apropos Pirelli: Das indische Hauptquartier des Reifen-Monopolisten befindet sich ebenfalls in Neu-Delhi. Und dann gibt es da noch den sehenswert anderen Indien-Bezug: das indische Fashion-Model Lakshmi Menon. Geboren in Bangalore, war sie eine der Hauptdarstellerinnen des Pirelli-Kalenders 2011 – der in Paris fotografiert und in Moskau präsentiert wurde.

Bei Pirelli beginnt das Freitag-Training mit einer Geschichtsstunde zum indischen Motorsport. Am 25. Oktober 1953 wurde in Chennai (früher Madras) erstmals ein professionelles Auto- und Motorradrennen organisiert. Ein Jahr später wurde dort der erste Motorsportklub gegründet: ein Vorläufer des heutigen Nationalverbandes FMSCI (seit 1971).

Eines der Gründungsmitglieder des FMSCI war übrigens Indu Chandhok, der Vater des heutigen Präsidenten Vicky Chandhok. Und der wiederum ist ein enger Freund von Milliardär und Teamchef Vijay Mallya – und der Vater von Fahrer Karun Chandhok.

Schade für Karun Chandhok, dass er bei seinem Heim-GP im Lotus nur im Freitagvormittag-Training mitmachen darf. Dann übernimmt wieder Team-Lotus-Stammfahrer Heikki Kovalainen. Als erster Inder war Kumar Ram Narain Karthikeyan, wie er mit vollem Namen heißt, 2005 in der Formel I. Der 34-Jährige darf beim Heimrennen nicht nur trainieren, sondern auch im Rennen starten – bei HRT.

Im Freitag-Training verblüfft Ferrari mit neuen Flexi-Frontflügeln, die sich während der Fahrt noch offensichtlicher verbiegen als jene von Red Bull. Die Roten haben es geschafft, die umstrittene Abtriebs-„Wunderwaffe“ von Red Bulls Aerodynamik-Genie Adrian Newey zu kopieren. Und sind dabei sogar noch um einen Schritt weitergegangen. Vielleicht zu weit.

Ferraris schnellste Freitag-Runden werden durch den neuen Strecken-Asphalt später relativiert: Je mehr Runden, desto mehr Grip und je schneller werden auch die Konkurrenten. Am Samstag montiert die Scuderia eine „zivilere“ Version des Flexi-Flügels. Fernando Alonso und Felipe Massa fallen damit weniger auf – und sind im Qualifying auch langsamer. Alonso holt Startplatz 3, Massa ist 6.

Die Pole-Position geht – natürlich – an Vettel. Er sichert sich damit seine 13. Saison-„Pole" vor Red-Bull-Gefährten Mark Webber. Der Australier profitiert davon, dass Lewis Hamilton vom zweiten auf den fünften Startplatz strafversetzt wird. Grund: Er überholte im Freitag-Training unter doppelt geschwenkten gelben Flaggen.

Am Sonntag, vor dem Start des Premierenrennens, legt die Formel I eine Gedenkminute ein. Alle trauern um die tödlich verunglückten Motorsport-Persönlichkeiten Marco Simoncelli (MotoGP-Star, 250er-Motorrad-Champion 2008) und Dan Wheldon (IndyCar-Champion 2005, zweimaliger Indy-500-Sieger). Beide Todesfälle haben die Königsklasse schwer erschüttert. Jenson Button und Mark Webber fahren mit Wheldons Initialen auf ihren Vollvisierhelmen. Die meisten Piloten tragen Trauerflor.

Das Renngeschehen tritt in den Hintergrund. Noch dazu, weil über 60 Runden auf dem Buddh-Circuit alles „normal" verläuft – Vettel siegt vor Button und Alonso, Webber ist nur Vierter, Hamilton und Massa kollidieren. Nichts Außergewöhnliches also. Die ersten drei des Indien-GPs widmen das Rennen dem Italiener Simoncelli und dem Briten Wheldon. Dass sie bei der Siegesfeier Champagner verspritzen, wenn auch halbherzig, ist ihnen später unangenehm und regelrecht anzusehen. Die Top-3 gedenken ihrer verstorbenen Fahrerkollegen auch bei der Medienkonferenz.

Für Vettel zeigen die tragischen Zwischenfälle, „wie schnell sich im Leben alles ändern kann". Den Unfall Simoncellis hatte er live vor dem TV verfolgt. Bis zum bitteren Ende bangte er um den Italiener, den er persönlich kannte. „Das Warten vor dem Fernseher war ganz schlimm", sagt Vettel, „vor allem, weil man je länger, desto mehr wusste: Das ist kein gutes Zeichen."

„Ich habe gemischte Gefühle", sagt Neu-Delhi-Triumphator Vettel nach seinem souveränen Hattrick mit Pole-Position, schnellster Runde und Start-Ziel-Erfolg, „es ist der erste Grand Prix in Indien und ich bin sehr stolz darauf, der erste Sieger dieses Rennens zu sein. Andererseits haben wir in den vergangenen Wochen zwei unserer Fahrerkollegen verloren. Unsere Gedanken gelten diesen Jungs." Nachdenklich fügt er an: „Ja, wir sind dazu bereit, gewisse Risiken einzugehen, wenn wir ins Auto steigen. Wir beten aber jedes Mal dafür, dass nichts passiert. Manchmal wird man daran erinnert, doch das ist das Letzte, was wir sehen wollen."

In der „Times of India" steht am Montag: „Was für eine Formel-I-Premiere. Was für ein neues Sport-Spektakel für Indien. Kompliment dem Organisator ... Und eines der großen Highlights für die mehr als 100.000 neuen, neugierigen Fans an der Strecke war auch die Grand-Prix-typische Champagner-Siegesfeier. Diese Zeremonie gehört zur Formel I wie das Dröhnen der Motoren." Da bleibt wohl nur der Schluss: Danke für die Schweigeminute, doch „the Show must go on".

Der doppelte Maharadscha! Sebastian Vettel fliegt nach dem Indien-GP nochmals nach Neu Delhi – um am 9. November seinen zweiten WM-Pokal zu kassieren. Und „in einem Aufwaschen" wäre das nicht möglich? Nein – weil die FIA ja nicht nur den Formel-1-Weltmeister auszeichnet, sondern auch die vielen Champions in anderen Klassen – und die laufen z. T. noch.

DIE LOGIK SAGT FERRARI

Wenn es nach der Tradition geht, kann eigentlich nur Fernando Alonso oder Felipe Massa in Neu Delhi gewinnen – ist Ferrari Favorit für den GP von Indien. Kein anderes Team war bisher bei Premierenrennen auf neuen Rennstrecken auch nur annähernd so erfolgreich wie die Roten. Von den neun Eröffnungsrennen im letzten Jahrzehnt hat Ferrari sechs gewonnen – Neu Delhi ist der zehnte neue Grand Prix.

ALLE PREMIERENSIEGER:

1999	*Sepang* Eddie Irvine (Ferrari)
2000	*Indianapolis* Michael Schumacher (Ferrari)
2004	*Bahrain* Michael Schumacher (Ferrari)
2004	*Shanghai* Rubens Barrichello (Ferrari)
2005	*Istanbul* Kimi Räikkönen (McLaren)
2007	*Fuji* Lewis Hamilton (McLaren) *)
2008	*Valencia* Felipe Massa (Ferrari)
2008	*Singapur* Fernando Alonso (Renault)
2009	*Abu Dhabi* Sebastian Vettel (Red Bull)
2010	*Yengam* Fernando Alonso (Ferrari)

*) *Fuji-Strecke wurde total umgebaut*

Andernfalls hätte die FIA schon nach dem ersten Rennen (Melbourne am 27. März) Vettel als Weltmeister ausrufen können …

Aber wieso Indien? Nina Rindt bekam Jochens posthumen WM-Pokal 1970 noch in Paris, Niki Lauda kassierte seine drei WM-Trophäen schon in Monte Carlo … aber warum jetzt Neu Delhi, wo auch der offizielle Formel-1-Kalender für 2012 abgesegnet wird?

Schade nur, dass zwei Vorschläge von Bernie Ecclestone abgeschmettert wurden – ob er es für 2012 nochmals probieren will? Bernie wollte zuerst das inflationäre Punktesystem abschaffen, stattdessen Gold-, Silber- und Bronzemedaillen für die jeweils drei Ersten jedes Rennens vergeben und nach dem WM-Finale alles addieren – von allen 12 Teams abgelehnt.

Und auch mit dem Extrapunkt für jede Pole-Position (wie schon in den 1950er-Jahren) kam Bernie bis jetzt nicht durch.

„Wir wären dafür gewesen!", ärgert sich Dr. Helmut Marko. „Leider nur als Einzige. Aber dann hätte Vettel jetzt um 11 Punkte mehr …" In Indien will man sich nochmals zusammensetzen und analysieren.

Punktesystem also noch nicht bestätigt – das technische Reglement schon. Die neue Auspuffkrümmung ist wieder einmal eine „Lex Red Bull" gegen Didi Mateschitz' Superteam, weil man 2012 den Diffusor nicht mehr anblasen kann. „Trifft uns am schwersten", seufzt Marko, „weil wir mit diesem System die Ersten und Besten waren. McLaren hat erst später aufgeholt." Bis zu den Button- und Hamilton-Siegen ab Sommer.

Dagegen kommt das neue „große KERS" mit doppelter Kapazität erst 2014 mit den 6-Zylinder-Motoren. Dauer verdoppelt: 13 statt 6,5 Sekunden pro Runde. PS-Gewinn: 160 statt 80. Das wird sich brutal auf die Bremsen auswirken.

Und der neue Red Bull RB8 für 2012? „Absolut im Plan. Wir sind weder zu früh noch zu spät. Adrian Newey weiß, wann 2012 der erste Test ist – es wird wie immer hart und eng. Aber Adrian ist immer noch fertig geworden – zumindest bis zum Rennen …"

Sebastian Vettel in der Nestroy-Rolle: „Der Zerrissene". „Ich freu mich auf Weihnachten und die Winterpause", atmet der Doppelweltmeister durch, „denn jetzt hab ich noch keine Zeit für Ferien." Weder fürs Skifahren oder Langlaufen noch fürs Snowmobilfahren.

In seinem 2011-Vertrag mit Red Bull hat sich Vettel ausbedungen: weniger PR-Auftritte, weniger Interviews, mehr Erholungszeit. 15 Tage im Jahr muss er 2011 Red Bull zur Verfügung stehen – für PR-Aktionen, Sponsor-Auftritte etc. „Aber davon ist fast nix mehr übrig", rechnet Dr. Helmut Marko. „Schon alles verbraucht." Zuletzt drei Tage lang für Infiniti in Japan. Und die Sponsoren stehen Schlange …

Ich weiß noch, wie Jochen Rindt 1970 mit Lotus-Chef Colin Chapman gestritten hat: „Wenn ich Weltmeister bin, erwarte von mir ja keine großen Reden oder Shows. Ich fahr gleich wieder zurück nach Genf …"

Vettel bewundert Rindt heute noch. „Ich glaub, die damaligen Rennfahrer waren weniger Egoisten und mehr kameradschaftlich", hat er mir neulich gesagt. Aber die hatten auch ein bissl mehr Zeit.

Das aktuelle Tagebuch des Champions? Gleich nach seinem zweiten Titeltriumph flog Super-Seb zurück nach England zur ersten intimen Feier mit dem Team in der Fabrik in Milton Keynes. Christian Horner hielt eine kurze Rede, dann Vettel, „obwohl ich nicht weiß, was ich sagen soll. Schwer, die richtigen Worte zu finden. Aber ich hab diese WM nicht allein gewonnen, ich verdanke sie jedem einzelnen von euch – und ihr habt sie auch verdient!" Teamplayer David Coulthard applaudierte am lautesten.

In Heppenheim wollte keiner warten; zehntausende Fans feierten Vettel, als er mit dem Show-Car durch die Straßen seiner Heimatstadt düste.

Abu Dhabi: „Good Evening, Mr. Mansell!"

SCHON WIEDER REKORD

„Shukran" – Dankeschön, dass ihr unsere Gäste seid. So herzlich empfängt das Emirat Abu Dhabi auf seinem Internationalen Wüsten-Airport die Formel-I-Karawane und ihre Fans. Dazu werden am Welcome-Desk des „Home-Carriers" und GP-Sponsors Etihad-Airlines Datteln, Feigen und Mokka aus goldenen Kaffeekannen gereicht. Und das zum dritten Mal seit 2009, seit in der Hauptstadt der Vereinigten Arabischen Emirate auf der künstlich aufgeschütteten Yas-Insel Grands Prix gefahren werden.

Abu Dhabi heißt „Vater der Gazelle". Als solcher gilt Scheich Khalifa bin Zayid Al Nahyan, der Herrscher im Emirat. Dem Vernehmen nach ist der Emir ein großer Fan von Rennen – vor allem Kamel- und Pferderennen. Doch natürlich beehrt er auch den Grand Prix mit seiner Anwesenheit. Ein einzigartiges Rennen übrigens: mit dem Start bei Tageslicht, den Runden in der Dämmerung und dem Zieleinlauf bei Nacht. Das alles unter einmaliger Himmelskulisse: zuerst der Sonnenuntergang, dann der Vollmond.

Der „Vater" des Yas Marina Circuits heißt Hermann Tilke. Der Aachener Architekt hatte im Auftrag des Öl- und Gas-milliardenschweren Al-Nahyan-Herrscherklans die bisher aufwändigste Rennstrecke konzipiert. 5,55 km lang. 55 Runden dauert das Rennen – und es ist der 5. Kurs im GP-Kalender, auf dem entgegen dem Uhrzeigersinn gefahren wird (neben Istanbul, Singapur, Südkorea und São Paulo). Abu Dhabi soll für das Grand-Prix-Projekt samt Drumherum, wie dem Ferrari-„Disneyland", dem Yachthafen, den Luxushotels und vielem mehr, rund eine Milliarde Dollar locker gemacht haben! Das ist zweifellos der größte Preis für einen Grand Prix.

Als größter Fahrer gilt in Abu Dhabi Sebastian Vettel. Der Grund dafür ist einfach: Der Hesse hat dort alles gewonnen, was es bisher zu gewinnen gab. Er triumphierte 2009 und 2010. Letzteres war die Triumphfahrt zum ersten Titel. Das Beste an der Wüste ist für den Doppelweltmeister, „dass sie irgendwann aufhört". Immerhin sei es „schön warm". Und solange man was zu trinken habe, „ist es gut". Sein Red-Bull-Teamgefährte Mark Webber durchquerte die Wüste auf einem Kamel und wurde dabei kräftig durchgeschüttelt. An einem Kamelrennen, das weiß der „Aussie" seither mit Bestimmtheit, würde er „nie und nimmer teilnehmen".

Ganz anders Michael Schumacher. Für ihn gilt: Die Wüste lebt. Den 20. Jahrestag mit seiner Frau Corinna feiert er auf einer eigens gebuchten Wüsten-Safari. „Der Orient hat seine eigenen Reize", schwärmt der Rekordweltmeister vor dem

Trainingsauftakt in Abu Dhabi, „in der Wüste herrscht eine ganz besondere Atmosphäre, die ganz anders ist als alles andere auf dieser Welt."

Ganz anders ist auch die Ferrari-World, die die Schumachers auch besuchten. Der weltgrößte Indoor-Vergnügungspark fällt durch die futuristische, rote Dachkonstruktion auf. Sie misst unglaubliche 200.000 Quadratmeter und trägt das größte Ferrari-Logo der Welt! Darunter verbirgt sich unter anderem der Formula Rossa Rollercoaster, die schnellste Achterbahn der Welt – bis zu Tempo 240!

Am Donnerstag vor dem Wüsten-GP geht es im Fahrerlager weniger um Formula Rossa, Schumacher oder Vettel, sondern mehr um Nico Rosberg. Denn der Weltmeistersohn hat mit Mercedes GP einen langfristigen Vertrag abgeschlossen: über 2013 hinaus, vermutlich bis 2015. Dass diese „Weichenstellung für die Zukunft" in Abu Dhabi geschieht, ist kein Zufall. Für Mercedes GP ist dieses Rennen nach Deutschland, Großbritannien und Malaysia (Sponsor Petronas) der vierte Heim-GP. Weil hier Aabar, der Anteilseigner und Partner der Silberpfeile, zu Hause ist.

Für wen das nun der größere Coup ist, bleibt abzuwarten, solange man nicht weiß, welches Angebot Rosberg von Ferrari hatte. Wenn er denn überhaupt eines gehabt hat – und wahrhaftig vor der Entscheidung stand: Mythos Ferrari oder Mythos Silberpfeil? Es gibt Spekulationen, wonach Rosberg von 2012 bis 2015 rund 48 Millionen Euro verdienen soll, also 12 Millionen pro Jahr.

Wenn Aabar, Mercedes und Co. wirklich so viel bezahlen, muss Rosberg ein äußerst lukratives Ferrari-Angebot gehabt haben. Sonst wäre er wohl viel günstiger zu haben gewesen – in Ermangelung echter Alternativen. Dass ihm Renault eine Offerte machte, klingt glaubhaft. Doch das wäre für ihn keine wirkliche Alternative zum Stern-Team gewesen. Denn der noch immer sieglose Rosberg (107 GPs) braucht dringend ein Auto, mit dem er Rennen gewinnen kann.

„Als mich einige zu Ferrari schrieben und ich in Maranello gewesen sein soll, war ich mit Mercedes schon handelseinig", gibt Rosberg zu, „Mercedes war mein Wunschteam. Der entscheidende Schub für meine Entscheidung war das Bekenntnis unserer Chefs, in den nächsten Jahren Vollgas zu geben. Die Verpflichtung der Techniker Geoff Willis und Aldo Costa hat das nur noch unterstrichen. Es ist ganz klar der Wille zu erkennen, dass Mercedes das beste Team im Feld werden will."

Rosbergs geht in seiner „Liebeserklärung" sogar noch weiter: „Mercedes GP stelle ich auf ein ähnliches Niveau wie Ferrari. Wenn ich als deutscher Fahrer in einem Silberpfeil gewinnen würde, dann hätte das etwas noch Größeres. Ich sehe auf Mercedes-Veranstaltungen oft Videos aus der Zeit von Juan Manuel Fangio – und stelle mir dann vor, wie es sein müsste, so wie er als Mercedes-Fahrer ganz oben zu stehen."

Eine Vision, die Respekt abverlangt. Die Realität sieht derzeit so aus, dass der 26-Jährige 2011 bisher noch nicht über Platz 5 hinausgekommen ist. Das beste Mercedes-GP-Resultat ist bislang der vierte Rang von Schumacher in Montreal.

Um die Silberpfeile ist es im Freitag-Training wieder still geworden. Nur Rosberg fällt auf, weil er mit insgesamt 103 Runden der Fleißigste, jedoch bei weitem nicht der Schnellste (15.) ist. Im Mittelpunkt steht ein anderes Team mit Mercedes-Power: McLaren. Lewis Hamilton und Jenson Button sind so schnell unterwegs, dass sie selbst von den Red-Bull-Verantwortlichen zu den Favoriten fürs Rennen gemacht werden.

Motorsport-Konsulent und Sportdirektor Helmut Marko sagt: „Lewis ist hier sehr, sehr schnell. Doch wir müssen besonders auf Jenson aufpassen, weil der im Rennen mit den Reifen pfleglicher umgehen kann." Etwas „zu frech", wie er selbst sagt, geht Marko-Schützling Vettel im Training zu Werke – und prallt gegen die Reifenstapel. „Kann passieren, sollte aber nicht. Doch passiert ist mir nichts", beruhigt der Hesse.

Am Samstagvormittag ist Hamilton erneut klar der Schnellste (1:38,976). Gut vier Zehntel dahinter platzieren sich Vettel, Webber und Button – jeweils im Tausendstel-Abstand. Der Favorit für das Qualifying heißt somit Hamilton. Zudem hat der Brite noch einen prominenten Daumendrücker: Sir Paul McCartney. Der Ex-Beatle war schon in Monaco Ehrengast von McLaren. Doch eigentlich müsste er ja die Boxen von Red Bull besuchen. Denn nur dort findet er den größten Beatles-Fan unter den GP-Piloten: Sebastian Vettel. „Seb ist fantastisch", sagt der Weltstar über den Weltmeister, „aber am Sonntag müssen die britischen Jungs gewinnen."

Das Qualifying findet zur selben Ortszeit statt wie das Rennen am Sonntag: um 17 Uhr, bei 25 bis 28 Grad. Die Asphalttemperaturen sinken im Laufe der Dämmerung von 41 auf 28 Grad ab. Auf der Strecke geht es heiß her. So richtig brenzlig wird es in den letzten Minuten des Top-ten-Qualifyings. McLaren oder Red Bull? Wer gewinnt das Duell um die Pole-Position?

Button hat mit 1:38,631 eine Zeit vorgelegt, die am Red-Bull-Kommandostand Kopfzerbrechen bereitet. Hamilton kontert gar mit 1:38,622. Kann Vettel das mit seinem „letzten Schuss" noch unterbieten? Er kann. Mit sagenhaften 1:38,481 fährt er über die Ziellinie – und reißt sofort jubelnd einen Arm in die Höhe.

Gleich darauf folgt der Funkspruch von Teamchef Christian Horner: „Good evening, Mister Mansell!" Denn Vettel hat sich in Abu Dhabi die 14. Pole-Position dieser Saison gesichert. Damit hat er diesen Formel-I-Rekord von Nigel Mansell (1992) egalisiert. Für Red Bulls Nummer 1 ist es insgesamt die 29. „Pole". Je nach Zählweise ist er damit gleichauf mit Juan Manuel Fangio bzw. hat ihn überholt.

Dass es am Sonntag auch mit Vettels drittem Abu-Dhabi-Sieg in Folge klappt, ist allerdings noch längst nicht sicher. Die beiden McLarens haben sich auf den Startplätzen zwei und drei in Lauerstellung gebracht. Detail am Rande: Im zweiten Qualifying-Teil hatte Hamilton die Tagesbestzeit gesetzt, konnte das in Q3, also im Top-ten-Finale, nicht mehr wiederholen. Hamilton ärgert sich, bleibt aber fair:

„Sebastian hat das wie immer sehr gut hinbekommen." Hinter Vettel, Hamilton und Button startet Webber als Vierter ins Rennen. Der Australier ist kein Freund der Strecke in Abu Dhabi, wo er 2010 wie Fernando Alonso seine Titelchance vergeben hatte.

Im Rennen muss „Pole"-Mann Vettel seine Siegchance früh begraben: Nach dem Start gewinnt er den 215-m-Sprint bis zur ersten Kurve, doch in Kurve 2 geht ihm die Luft aus – hinten rechts platzt der Reifen. Auf der Felge fahrend, rettet er sich an die Box. Dort wird noch ein Radträger-Schaden festgestellt, Vettel muss aussteigen. Sein erster Ausfall in dieser Saison. Helmut Marko und Bernie Ecclestone trösten ihn in der Box. Danach sucht ein sichtlich frustrierter Vettel Ablenkung am Kommandostand: Mit den Ingenieuren arbeitet er an der Webber-Rennstrategie mit.

Auf der Strecke ist der Weg frei für McLaren: Hamilton zieht auf und davon. Button kann ihm nicht folgen, weil sein KERS nicht funktioniert. Davon profitiert Fernando Alonso im Ferrari. Hamilton fährt seinen dritten Saison-Triumph souverän ein. Vor Alonso, Button und Webber. Noch auf der Auslaufrunde denkt Hamilton an seine Mutter, die Geburtstag hat: „Happy Birthday, Mum." Hamilton widmet Carmen Lockhart, seiner geschiedenen Mutter, diesen Sieg von Abu Dhabi. Im Parc fermé läuft er sofort zu seiner „Mum" und zu seinen Mechanikern. Alle freuen sich mit ihm. Endlich wieder positive Schlagzeilen. Die harten Wochen sind vorbei. Hamilton strahlt. Die Erlösung steht ihm ins Gesicht geschrieben. Sein Teamchef Martin Whitmarsh ist erleichtert, weil wir siegten und weil der „aggressiv fahrende Lewis" nichts mit dem Vettel-Ausfall zu tun hatte.

Der gefragteste Mann aber ist Pirelli-Sportchef Paul Hembery. Warum platzte Vettels Reifen? „Eine kleine Ursache kann eine große Wirkung haben", sagt er, „vielleicht werden wir den genauen Grund nie herausfinden." Immerhin konnten seine Spezialisten Überreste des zerstörten Slicks bergen. Sie werden in die Pirelli-Zentrale nach Mailand transportiert und noch einmal genauer untersucht. PS: Ein Gummiteil von Vettels zerfetztem Reifen verfing sich ausgerechnet unter Webbers RB7. Webber: „Das war nicht hilfreich."

Vettel lässt „den Gummi Gummi sein" – und sucht am Sonntagabend mit Vater, Mutter, Bruder und Schwester Trost beim Wüsten-Konzert seines Lieblings Paul McCartney. In der Yas-Arena hört der Beatles-Fan, wie Sir Paul vor 30.000 Fans schmunzelnd sagt: „Ich habe Seb ausrichten lassen: Lass' die britischen Jungs gewinnen. Und was soll ich sagen? Er hat's getan." Am Ende signiert der Ex-Beatle noch die Bassgitarre, die Vettel dabei hat – und macht Seb glücklich.

Interlagos: Ein paar Öltropfen retten Vettel

ENDLICH MARK WEBBER

Der Champion brüllte wie am Spieß, und alle litten mit ihm mit: Seine McLaren-Boxencrew, die das Drama im Cockpit akustisch live miterlebte, und die Millionen TV-Fans – weil der Boxenfunk live zugeschaltet war. Der soviel Qual erlitt, war Ayrton Senna. Aber als er die Zielflagge bekam, knapp vor Riccardo Patrese und Gerhard Berger – ein gigantischer Freudenausbruch, gegen den sogar Sebastian Vettels Siegerjubel wie von einem Sängerknaben klingt.

„Ayrton hat keine Show gemacht", erinnert sich sein damaliger Freund und Teamkollege Gerhard Berger. „Der Schultergurt hatte ihm einen Nerv abgeklemmt, was höllisch wehgetan haben muss. Er konnte kaum mehr schalten oder lenken – noch dazu damals ohne Servolenkung." Aber Senna gewann 1991 zum ersten Mal seinen Heim-Grand-Prix in Interlagos – vor 20 Jahren. Sein Mythos verblasst nie. Die Brasilianer vergöttern ihn noch heute. Berger war 1995, beim ersten Brasilien-GP nach Sennas Imola-Tragödie, noch extra einen Tag in São Paulo geblieben – um Montag zeitig in der Früh auf dem Friedhof von Morumbi, ganz allein, von Ayrton stillen Abschied zu nehmen.

Jetzt ist die Bergauf-Straße nach Morumbi, wie jedes Jahr, von Senna-Souvenirständen flankiert. Der rote Overall, der gelbe Helm. Blumen und Kränze, Flaggen und Transparente. Die Autobahn vom Flugplatz nach São Paulo heißt längst „Rodovia Ayrton Senna".

Die Legende lebt, auch dank Ayrtons Schwester Viviane, die sich rührend um die Millionenstiftung ihres Bruders kümmert. Eine Zeit lang bekamen 30.000 Waisen- und Straßenkinder je eine warme Suppe pro Tag, um die ärgste Not in Sao Paulo zu lindern.

Berger – heuer nicht in Interlagos – hat Viviane erst kürzlich in Mexiko getroffen. „Bei der Hochzeit eines gemeinsamen Freundes sind wir am gleichen Tisch gesessen …"

In der Senna-Strandvilla von Angra dos Reis seh ich seit mehr als 15 Jahren Tag und Nacht eine Kerze brennen. Ich war schon oft dort, wo nach der Imola-Tragödie Großvater Milton ein Machtwort sprach: „Motorsport ist bei uns ab jetzt tabu, Rennfahren verboten."

Bis eines Tages Viviane, die ihren eigenen Mann durch einen Motorradunfall verloren hatte, mit ihrem Sohn Bruno in Europa auftauchte und Gerhard Berger bat: „Bruno möchte unbedingt Rennfahrer werden – wie kannst du uns helfen?" Berger arrangierte Formel-BMW und Formel-III-Cockpits für Ayrtons Neffen. „Ich hab ihm bei seinem Einstieg geholfen. Aber an Brunos Formel-I-Karriere hab ich keinen Anteil."

Und wenn er Bruno mit Ayrton vergleicht? „Ich schau bei Rennfahrersöhnen oder -neffen weniger auf ihren Fahrstil, sondern vielmehr, wie sie als Mensch sind. Und wenn du Bruno zuhörst, wie er redet, meist sanft und leise – dann hat Bruno schon sehr viel von Ayrton."

Und als Rennfahrer, Gerhard? „Auf der Herz- und Mutstrecke von Spa hat mir Bruno am meisten imponiert – 7. Startplatz, leider ging dann im Rennen vieles schief. Aber in Monza war er Neunter."

Und am Sonntag in Interlagos? Schon fünf Brasilianer haben ihren Heim-GP gewonnen: Emerson Fittipaldi, Ayrton Senna, Nelson Piquet und Felipe Massa je zweimal, Carlos Pace einmal. Barrichello noch nie. Aber für Bruno Senna schlägt das Herz von ganz Brasilien. WM-Punkte für den Senna-Neffen als Requiem für Ayrton?

DIE MEISTEN GP-STARTS

(inklusive Brasilien 2011 laut FIA-Statistik)

323	Rubens Barrichello
287	Michael Schumacher
256	Riccardo Patrese
253	Jarno Trulli
246	David Coulthard
229	Giancarlo Fisichella
210	Gerhard Berger
208	Andrea de Cesaris
	Jenson Button
204	Nelson Piquet
201	Jean Alesi
199	Alain Prost
194	Michele Alboreto
187	Nigel Mansell
183	Nick Heidfeld
180	Ralf Schumacher
176	Graham Hill
	Jacques Laffite
171	Niki Lauda

Funkelnde, flitternde Samba-Abschiedsparty? Ein eisgekühltes Goodbye wie schon oft für gefeuerte oder zurücktretende Williams-Piloten? Sein 323. Weltrekord-Grand Prix als letztes Rennen in den WM-Punkten? „Noch ist nichts entschieden!", beharrt das Williams-Team vor Rubens Barrichellos großem Heimrennen in Interlagos – nach dem schrecklichen letzten Startplatz in Abu Dhabi. „Jetzt ist alles möglich ..." Rücktritt, Weiterfahren, Stallwechsel?

100 Grands Prix sind mehr als ein Menschenleben, philosophierte einmal Bruce McLaren. Jochen Rindt wollte immer „mit 30 aufhören. Bevor ich abgebrannt bin wie andere und nur weitermach, weil ich sonst nix kann." Niki Lauda trat mit 36 ganz cool ab, Gerhard Berger mit 39 und leisen Zweifeln – und jetzt Barrichello auch mit 39 nach unfassbaren 323 Grand Prix? „Dein nächstes Ziel?" wurde er zu seinem 300. GP gefragt. „Vielleicht 400 ..."

Der kleine Brasilianer wurde lang unterschätzt – weil er zu ehrlich, gutmütig ist für die Hölle der Formel I? Mit ihm begann 1994 das Katastrophen-Wochenende

FINALE FURIOSO: DIE SPÄTESTEN FORMEL-I-FINALRENNEN

Jeder Grand Prix kostet heute 20 Millionen Dollar. Ausgenommen der erste des Jahres, also Melbourne: 30 Millionen. Und der letzte, also Interlagos: 50 Millionen. Diesmal auf den 27. November angesetzt.

Ich weiß, dass Ferrari früher sogar noch am 24. Dezember in Fiorano getestet hat – wie sich auch Niki Lauda dunkel erinnern kann. Es roch auf der berühmten Teststrecke mehr nach Benzin als nach Weihnachtsgansl, zumindest bis Mittag.

Aber Formel I am ersten Adventsonntag – ist der GP von Brasilien wirklich der späteste aller bisher gefahrenen 857 WM-Läufe? Nicht wirklich. Drei Grand Prix wurden sogar noch später gestartet, zwei davon in East London im heißen Südafrika, also im europäischen Winter.

Alles außergewöhnliche Rennen. Am 29. Dezember 1962 ging es zwischen Jim Clark (Lotus) und Graham Hill (BRM) um den WM-Titel. Clark führte 60 Runden, den WM-Triumph vor Augen – dann platzte sein Motor. Spiel, Satz und Sieg für den schnauzbärtigen Graham Hill – und natürlich der WM-Titel.

Ein Jahr später, am 28. Dezember 1963, revanchierte sich Clark, Hill wurde überrundet Dritter – und der „fliegende Schotte" erstmals Weltmeister.

Am 12. Dezember 1959 schob Jack Brabham in Sebring (USA) seinen Cooper 800 Meter weit ins Ziel, um noch den Titel zu retten: Weihnachtsstress in der Formel I ...

Aber es geht auch umgekehrt.

1965, wieder in East London, war die Formel-I-Silvesterparty extrem kurz – wie jeden 31. Dezember bei den Skispringern in Garmisch-Partenkirchen: Saisonauftakt bereits am 1. Jänner – mit Jochen Rindts Premierenrennen als Nr.2-Pilot bei Cooper und Stallkollege von Bruce McLaren.

„Der Teamkollege – dein größter Feind!" prägte Rindt damals einen seiner berühmten Sprüche. „Weil er der Erste ist, an dem du gemessen wirst." Und später: „Wir sind einander das ganze Jahr nicht nähergekommen – aber das wollten wir auch gar nicht."

Auch am Neujahrstag gewann Jim Clark. Aber niemand ahnte, dass sein 25. GP-Sieg auch sein letzter bleiben würde. Drei Monate später verunglückte Clark in Hockenheim, wo Rindt 1970 seinen letzten GP gewann. Den Lorbeerkranz legte er auf Jimmys Grab.

von Imola: Mörderischer Abflug im Freitagtraining, sein Auto ritt senkrecht die Barriere entlang. Eine Nacht im Krankenhaus. „Senna hat mich besucht", erzählte er mit fast kindlicher Freude.

Nach Ayrtons Tod packte er die brasilianische Flagge mit dem Motto „Frieden und Fortschritt", weiß aber heute: „Ich hab mich zu stark unter Druck gesetzt. Ich wollte unbedingt ein zweiter Senna werden, bis ich einsah: Das kann keiner!" Als er entkrampfte, gewann er elf GPs, den ersten 2000 in Hockenheim mit Trockenreifen im Regen auf Ferrari, aber jahrelang überstrahlt von Schumacher.

Rubens durfte oft nicht gewinnen. „Lass Michael für die WM überholen!" Der Funkbefehl des damaligen Ferrari-Chefs Jean Todt ging von Zeltweg um die Welt. Rubens trotzte, fügte sich aber. In Indianapolis wollte Schumacher ein Rad-an-Rad-Fotofinish inszenieren, zwei Ferrari nebeneinander, irrte sich aber mit den Querlinien und war nur Zweiter. „Shit!" entfuhr es ihm ins Bordmikro. Der ewige Zweite war der Held des Tages. Aber die Rivalität ging weiter. Als ihn Schumi in Budapest mit 300 km/h gegen die Boxenmauer drückte, empörte sich Rubens: „Ich hab keine Lust, früher im Himmel zu sein als er …"

Barrichello wurde 20-mal (!) Zweiter hinter Schumi. In Brasilien spotteten sie schon, nannten ihn „das kleine Eselchen", machten Witzzeichnungen: Barrichello betritt eine Bar, wird aber abgewiesen: „Der Deutsche war schon da …"

„Rubinho" ist in Interlagos aufgewachsen. „Wo heute die Tribünen aufgebaut sind, stand unser Familienhaus. Wenn ich in die erste Kurve einlenke, erkenne ich heute noch viele Gesichter."

Jetzt startet er zum 19. Mal in seinem Heim-Grands-Prix. Angeführt hat er ihn fast immer – gewonnen noch nie. Oft nur wegen Riesenpech. Einmal ging ihm auf Platz 1 der Sprit aus, weil Ferrari zuwenig eingefüllt hatte – die Schlamperei aber offiziell als „Benzindruckprobleme" deklarierte.

São Paulo polarisiert – und spaltet alljährlich die Formel-I-Geister: Die einen lieben Brasiliens größte Samba-Metropole „heiß". Den anderen wiederum ist der einzig verbliebene GP-Brückenkopf Südamerikas aus Sicherheitsgründen zu „heiß". São Paulo ist einmalig: Heiße Rhythmen und ein heißes Pflaster – diesen feurig-brenzligen Mix gibt es nicht nur in der pulsierenden Megacity, sondern auch an deren Traditionsrennstrecke.

Das „Autódromo José Carlos Pace" wurde am 12. Mai 1942 in Interlagos eröffnet. Mittlerweile liegt die in die Jahre gekommene Anlage „zwischen den Seen" im São-Paulo-Stadtteil Interlagos (Bezirk Parelheiros). Der Moloch São Paulo hat die heutige, 4,309 km lange Rennstrecke, die einst 8 km lang war und auf dem Lande lag, längst geschluckt. Der kurvenreiche Kurs wird entgegen dem Uhrzeigersinn gefahren und zählt zu den anspruchsvollsten Strecken – auch wegen der Wetterkap-

BERNIES GEHEIME VERTRÄGE

Bei den Formel-I-Siegerehrungen ist unsere Bundeshymne längst ein Hit, der „Red Bull Ring" von Didi Mateschitz ist offiziell „Formel I-tauglich", die Fans sehnen sich nach einem Grand Prix von Österreich – kommt der jemals wieder zurück? Ein WM-Lauf in Europa kostet 15-25 Millionen, bringt aber weltweite Werbung. Doch gäbe es überhaupt einen Platz in Bernie Ecclestones überfülltem Rennkalender? Schauen wir Bernie über die Schulter. Was ist fix, wo tun sich Lücken auf, wie sind die geheimen Verträge?

MELBOURNE: Vertrag bis 2014. Für die Politiker zu teuer, für die Stadt ein tolles Geschäft, will unbedingt weitermachen.
BAHRAIN: Vertrag bis 2016, aber der GP ist wie 2011 kaum vorstellbar, wenn wegen der politischen Unruhen sogar ein Golfturnier abgesagt wird.
SEPANG: Noch mindestens 6 Jahre.
SHANGHAI: Vertrag bis 2012, wird schon neu verhandelt.
SÜDKOREA: Noch 5 Jahre bis 2016.
ISTANBUL: Preise extrem erhöht, Vertrag heuer ausgelaufen, der GP von Ecclestone bereits aus dem Kalender genommen.
BARCELONA: Bis 2014/16. König Juan Carlos nicht restlos begeistert, aber der katalanische Automobilverband ist sehr reich …
MONTE CARLO: Unumstritten, für ewig im Kalender.
MONTREAL: Bis 2014 verlängert.
AUSTIN: 6-Jahres-Vertrag bis 2017, trotzdem schon abgesagt.
VALENCIA: Bis 2012, aber große finanzielle Probleme – bis jetzt hatten Stadt und Region alles bezahlt.
SILVERSTONE: Damon Hill schloss mit Bernie einen Rekordvertrag – über 17 Jahre!
NÜRBURGRING: Vertrag läuft 2012 aus, wird aber schon neu verhandelt. Nächstes Jahr ist sowieso wieder Hockenheim dran.
BUDAPEST: Kugelsicherer Vertrag bis 2016.
SPA: Läuft 2012 aus, wird aber immer kurzfristig verlängert.
MONZA: Bis 2016 fix.
SINGAPUR: 6-Jahres-Vertrag zur Hälfte erfüllt.
SUZUKA: Viele Wechsel. Honda hat sich als Hauptaktionär zurückgezogen.
NEU DELHI: Der neue indische GP ist für mindestens sechs Jahre fix. Strecke fertig, schon dreimal asphaltiert.
ABU DHABI: Vertrag bis 2018.
INTERLAGOS: Da kann Bernie machen, wann und wie er will – er veranstaltet den GP von Brasilien ja selbst.
RUSSLAND: Der neue russische GP kommt 2014 – für mindestens 3 Jahre, wahrscheinlich alternierend zwischen Moskau und Sotschi. Putin wünscht sich die Olympiastadt für die Formel I. Typischer Schlussatz von Ecclestone: „Wenn das Geld stimmt, fahr ich auch im Waldviertel …"

riolen. Benannt ist er nach dem GP-Fahrer José Carlos Pace, dem Paulista und Brabham-Piloten, der am 18. März 1977 bei einem Flugzeugabsturz sein Leben verlor.

Von den heutigen Piloten kommen Rubens Barrichello (39), Felipe Massa (30) und Ayrton Sennas Neffe Bruno (28) aus São Paulo. Alle drei Paulistas machen harte Zeiten durch, weil sie um ihre Cockpits bangen müssen. Vor ihrem Heimrennen stehen die drei Brasilianer enorm unter Erfolgsdruck. Für Barrichello kann es der letzte GP bei Williams sein. Für Bruno Senna das letzte Rennen bei Renault-Lotus.

Und für Massa, der seit drei Jahren sieglos ist, steht bei seinem 100. Grand Prix für Ferrari seine Zukunft in Rot auf dem Spiel. Kann er seinem Teamgefährten Fernando Alonso auch 2012 nicht das Wasser reichen, verliert er sein rotes Cockpit. Um allen Transfer-Diskussionen einen Riegel vorzuschieben, sagt Ferrari-Präsident Luca di Montezemolo: „Obwohl Felipe keine tolle oder besonders glückliche Saison hatte, stellen wir sein Können nicht infrage."

Dabei wird den Freunden Massa und Barrichello in ihrer engeren Heimat der temperamentvollste Empfang seit langem bereitet. Am Aeroporto Internacional de São Paulo/Guarulhos werden die beiden von heißblütigen Fans und Carnevaltänzerinnen lange und heftig gefeiert. Emotionen kommen hoch und die Samba-Trommler schlagen stundenlang im gleichen Rhythmus.

Unter besten Verkehrsbedingungen dauert die Fahrt vom Flughafen Guarulhos zum Stadtzentrum eine Stunde, in der Hauptverkehrszeit kann sie fast drei Stunden dauern. Im bevölkerungsreichsten und größten industriellen Ballungsraum Lateinamerikas leben knapp 20 Millionen. Deshalb sind Staus und chaotische Verkehrsverhältnisse an der Tagesordnung. Bei starkem Regen bricht der Verkehr ganz zusammen. Sebastian Vettel und Mark Webber sind deshalb auch schon auf Helikopter umgestiegen. São Paulo soll gegenwärtig den größten Hubschrauberverkehr weltweit haben.

Auch Bernie Ecclestone und einige Formel-I-Teamchefs zahlen gerne mehr – und „umfliegen" die prekäre Verkehrssituation und die hohe Kriminalität per Hubschrauber. Mehr als 300 Helikopterlandeplätze befinden sich allein in der Metropole. Jenson Button, Lewis Hamilton, Michael Schumacher und Nico Rosberg lassen sich mit gepanzerten Limousinen von Bodyguards an die Strecke chauffieren. Button wurde ja letztes Jahr im Auto von Gangstern mit Maschinenpistolen bedroht. Mitglieder des Sauber-Teams wurden ausgeraubt.

Doch Bernie Ecclestone, dessen Freundin Fabiana Flosi aus São Paulo stammt, will von Polizeischutz für den GP-Tross nichts hören: „Wenn ich hier bin, fahre ich täglich diese eine Straße entlang. Mir winken dort immer nur sehr nette Menschen zu. Überall auf der Welt gibt es Personen, die Dinge wollen, ohne etwas dafür zu tun. Wir werden sicher nicht ein großartiges Rennen streichen, nur weil irgendwer für Schwierigkeiten sorgt."

DIE „OSCARS“ DER FORMEL I 2011

Formel I wie Hollywood! Nicht nur wegen dem bevorstehen den Niki-Lauda-James-Hunt-Film. Glanz, Glamour, Sex and Money. Geld macht sexy, Gewinnen auch. Die offiziellen Pokale für die WM 2011 werden erst bei der großen FIA-Party in Neu Delhi vergeben, die Oscars in Hollywood noch später – bei uns aber schon hier. Lesen Sie hier, welche Nominierungen in den einzelnen Kategorien am besten gefallen.

Bester Hauptdarsteller 2011: Keine Frage – einstimmig Sebastian Vettel. Auf der Formel I-Bühne aufgetaucht wie der junge Brad Pitt, 2011 bereits der Pilot vom anderen Planeten (Didi Mateschitz), aber in Star Wars höchstens verwickelt mit Lewis Hamilton. Dafür ähnlich wie Kevin Costner und sein Wolf: „Der mit dem Bullen tanzt“.

Beste weibliche Hauptrolle: Jenson Buttons Freundin Michibata? Hamiltons „Pussy Cat“ Nicole war zu zickig, und Vettels Freundin Hanna kommt viel zu selten zur FI.

Beste Nebenrolle: Toro Rosso. Die Bullen-Youngsters Alguersuari und Buemi, das jüngste Duo der Formel I; waren oft direkt hinter den „großen Vier“ im Ziel, viermal gemeinsam in den WM-Punkten.

Bester Produzent: Bernie Ecclestone. Mit dem Einstieg von Pirelli, der Premiere von DRS (runterklappbare Heckflügel) und dem Comeback on KERS brachte Bernie viel neue Spannung in die Formel I.

Beste Regie: Red Bull mit den „Superhirnen“ Christian Horner und Adrian Newey an der Boxenmauer. Strategisch perfekt geplante Rennen – auch fast immer perfekt ausgeführt.

Bestes Kostüm: Niki Lauda – von der blauen wieder auf die traditionelle rote Kappe zurückgewechselt. Auch Sohn Max (2) war begeistert: „Papa Hut.“

Bester Song: „I did it my way“, gesungen von Doppelweltmeister Sebastian Vettel bei der großen Karaoke-Party in Suzuka.

Beste Massenszene: Valencia mit allen 24 gestarteten Autos im Ziel und Suzuka mit 19 Autos in der gleichen Runde wie der Sieger.

Beste Beleuchtung: Singapur.

Beste Dialogregie: Ferrari und Fernando Alonso-Renningenieur Rob Smedley am Boxenfunk: „Fernando, du musst jetzt anfangen zu pushen.“ Alonso: „Was glaubst du, tu ich schon die ganze Zeit?“

Bester Stunt: Wie Kobayashi in Singapur die Schikane abschnitt, zwei Meter hoch geschleudert wurde und in der Luft noch zu lenken versuchte – bis er gegen die Reifenmauer prallte.

Beste Trickaufnahmen: Die Kollisionen Schumacher-Petrov in Monte Carlo und Korea.

Überraschendster Filmschnitt: Wie Jenson Button in Montreal in der letzten Runde den führenden Vettel noch niederkämpfte.

Bester Boxenstopp: Wie die Red-Bull-Crew in Silverstone um jede Zehntelsekunde kämpfte, damit Vettel beim Boxenstop Massa schlagen kann – um Zentimeter.

Größter Action-Hero: Sebastian Vettel, wie er ausgerechnet in Monza den Ferrari von Fernando Alonso in der Curva della Roggia außen mit zwei Rädern auf Gras überholte. Ein rennentscheidendes Manöver mit viel Herz – Marke Hollywood.

Zum Freitag-Training sind alle sicher angereist. Knappe Abstände in den Sessions versprechen ein spannendes Saisonfinale. Hamilton sichert sich die Freitagsbestzeit. Vettel ist aber dicht dran am McLaren-Piloten. Dass McLaren mit Red Bull immer noch nicht auf Augenhöhe fahren kann, zeigt das Samstag-Training (Vettel Schnellster) und das Qualifying.

Mit der 15. Pole-Position im 19. Saison-GP bricht Vettel den 19 Jahre alten Rekord von Nigel Mansell. Im Top-ten-Qualifying kann keiner das Tempo des Hessen halten (1:11,918). Vettel feiert den Rekord auf seine Weise. Er kauft sich am Flughafen einen künstlichen Schnurrbart und klebt diesen auf seine Oberlippe – ein netter Gruß an Mansell, der seinerzeit mit Schnauzer fuhr. Mansell „twitterte" Vettel: „Gratulation zu einer großartigen Runde und wunderbaren Leistung." Insgesamt ist es Vettels 30. Trainingsbestzeit.

Der härteste Konkurrent um den Sieg beim Brasilien-GP kommt aus dem eigenen Stall: Webber startet neben ihm (1:12,099). Am Sonntagnachmittag bleibt der angekündigte Regen ebenso aus wie Vettels 12. Saisonsieg. Dennoch erklingt als Bestes zum Schluss dieser einmaligen Red-Bull-Saison die österreichische Hymne: Mark Webber freut sich über seinen ersten Saisonsieg wie über ein Weihnachtsgeschenk. Er profitiert von den Getriebeproblemen des führenden Vettels.

In Runde 29 (von 71) lässt Vettel seinen Teamgefährten kampflos vorbei – und behauptet Platz zwei vor Button bis ins Ziel. Der dritte Red-Bull-Doppelsieg krönt eine triumphale Bullen-Saison: Mit 18 Pole-Positions und 12 Siegen in 19 Rennen! Und mit einem weiteren Vettel-Rekord: bei 19 GPs 17-mal auf dem Podest. Damit zieht er mit Schumachers Bestmarke von 2002 gleich (17 GPs, 17 Podiums).

Was für ein fantastisches Jahr 2011: Mit einer Red-Bull- und Vettel-Dominanz, die GP-Geschichte schreibt: vom Auftakt bis zum Finale, vom Start bis ins Ziel. Didi Mateschitz kann stolz sein. Auch, weil sein Team und seine Boliden vor Energy nur so strotzen. Weiter so. Auf ein Neues im Jahr 2012. Champagner für Vettel. Wein für Webber. Prosit Red Bull.

Monza 1961: Requiem für Graf Trips

CHAMPION DER HERZEN

Die GRAND PRIX STORY 2010 hatte ein ausführliches Special über Jochen Rindt, dessen Monza-Drama sich zum 40. Mal jährte. Dieses Jahr: Ein Extra über Wolfgang Graf Berghe von Trips, der vor genau 50 Jahren, 1961, als erster Deutscher nach dem WM-Titel griff, ehe er verunglückte – gleichfalls in Monza.

Wolfgang Graf Berghe von Trips

DER SCHNELLE GRAF

* 4. Mai 1928 in Horrem bei Köln

† 11. September 1961 in Monza

Historisch gesehen ist er der Mann, der die Brücke schlug zwischen den Staubkappen-Heroen der 30er-Jahre, Caracciola, Rosemeyer, Stuck, Brauchitsch, Lang – und der goldenen Schumacher-Ära: Wolfgang Graf Berghe von Trips, der Rennfahrer, der Deutschland nach dem Krieg erst wieder auf die Weltlandkarte des Autorennsports zurückbrachte. Furchtlos, hochtalentiert, schnell und sensibel, vor allem aber kühn und ritterlich: Der junge Schlossherr von Schloss Hemmersbach in Horrem war ein Gentleman-Driver, charakterstark, ohne Tricks.

Als Trips 1958 mit seinem Porsche-Stallkollegen Jean Behra um den damals sehr wertvollen Berg-Europameistertitel kämpfte, beschwerte sich der Franzose: „Trips hat den stärkeren Motor." Worauf der Deutsche, fair und freiwillig, einen Autotausch vorschlug – und natürlich wieder gewann.

Bei der letzten Mille Miglia – dem lebensgefährlichen 1000-Meilen-Rennen Brescia-Rom-Brescia auf offenen Straßen – 1957 kämpften nach dem tödlichen Unfall des spanischen Abenteurers Marquis Alfonso de Portago die zwei überlebenden Ferrari-Stars um den Sieg: Piero Taruffi, ein weißhaariger Ingenieur aus Rom, später Weltrekordfahrer mit der „Taruffi-Zigarre", und Graf Trips. Der Deutsche wusste um den privaten Schwur, den Taruffi seiner durch die Katastrophenserie im Ferrari-Team verängstigten Frau geleistet hatte: „Wenn ich die Mille Miglia gewinn, hör ich sofort auf."

Trips attackierte Taruffi nicht und gab sich mit Platz 2 zufrieden: Typisch für ihn, genau wie die Reaktion auf seine Fans. Ein junger Reporter aus Wien schrieb Trips damals einen Brief nach Schloss Hemmersbach mit fünf Fragen – die der junge Schlossherr postwendend und ausführlich beantwortete. Heute reagieren die meisten Superstars nicht einmal auf Autogrammwünsche …

„Taffy", wie die Engländer den populären Deutschen nannten, war anders. Sehr höflich, sehr adelig. Und fanatisch im Einsatz für mehr Sicherheit im Straßenverkehr. Kein Zufall, dass ihn der AvD für später als „Fahrlehrer der Nation" gewinnen wollte.

Begonnen hat seine Karriere unter dem Pseudonym „Axel Linther": der Name eines schwedischen Vorfahren. Wertungsfahrten (heute: Rallyes), Sportwagen, Berg-Europameister 1958 auf Porsche, Dritter bei der Tourist Trophy auf Mercedes, dann Zweiter mit dem kleinen Porsche. Längst war Enzo Ferrari auf den schnellen, mutigen Aristokraten aufmerksam geworden.

Wolfgangs Ferrari-Karriere begann inmitten einer Schreckensserie im Ferrari-Team: Binnen zwei Jahren war eine ganze junge Rennfahrergeneration ausgelöscht worden: Eugenio Castellotti, Luigi Musso, Marquis de Portago, Peter Collins – junge, positive Rennfahrer, aber in erbitterte Stallkriege um oft nur zwei Autos verstrickt. Trips hatte seine erste Chance in Monza 1956: Trainingsunfall wegen gebrochener Lenkung. Wieder in Monza, brach er sich 1958 bei einer Kollision mit Harry Schell ein Bein. 1960 dann endlich die ersten Ferrari-Siege, wenn auch in Rennen, die nicht zur WM zählten: Syracuse auf Sizilien und Solitude bei Stuttgart. Ein Stern war aufgegangen.

1961 sollte das große Triumphjahr werden – es wurde für Graf Trips das Schicksalsjahr. Der „Shark-nose-Ferrari" – das Haifischmaul – war im ersten Jahr der damaligen 1,5-Liter-Formel das Superauto. Die beiden Teamkollegen des deutschen Edelmannes waren Amerikaner: Phil Hill, Sohn des Postmeisters von Santa Monica, Kalifornien, und der sommersprossige Richie Ginther. „Für Ferrari zu fahren war das Größte, das dir damals passieren konnte", erinnerte sich Phil Hill viele Jahre später, als er als 75-jähriger amerikanische Touristen zu den europäischen Formel-I-Rennen begleitete – vor allem nach Monza.

Das große Geld war's nicht. „Wir verdienten 150.000 Lire im Monat. 75.000 davon kostete allein das Hotelzimmer in Modena." Heute unvorstellbar, genau wie die Anreise der beiden Ferrari-Starpiloten: Hill und Trips fuhren, um Flugkosten zu sparen, oft gemeinsam im Auto zu den Rennen. Heute wohnen Teamkollegen oft nicht einmal im gleichen Hotel oder reden gar nicht miteinander. „Wir aber führten viele tiefsinnige Gespräche, weit über den Autorennsport hinaus."

Der Deutsche: ein total feinsinniger musischer Mensch, der klassische Konzerte liebte. Der Amerikaner: hatte zuhause drei Klaviere, konnte alle großen Opernarien auswendig pfeifen. Der berühmte Yehudi Menuhin bescheinigte ihm einmal: „Phil Hill hat das feinste Gehör, das ich jemals bei einem nicht berufsmäßigen Musiker entdeckt habe."

Und diese zwei kämpften 1961 in einem fairen, aber undurchsichtigen Ferrari-Stallduell um den Weltmeistertitel: Trips als erster Deutscher – oder Hill als erster Amerikaner? Phill Hill analysierte mit mir einmal einen ganzen Vormittag lang die dramatischen Abläufe dieser WM: den heißen Sommer of Sixty-one. „Wir sind ein gutes, starkes Team. Aber es gibt keine amerikanische Seite im Team und keine deutsche."

Beim Saisonauftakt in Monte Carlo wird das Ferrari-Trio von Stirling Moss geschlagen: 2. Ginther, 3. Hill, 4. Trips. Moss hat zwar nur 140 PS gegen 180 von

Ferrari, aber auf dem engen Stadtkurs das wendigere Auto. Wie wurde damals bei Ferrari abgestimmt? Phil Hill: „Alles tut das Ingenieursteam. Du musst dir jede Änderung am Auto erbetteln, musst um alles kämpfen. Oft weigern sich die Techniker – oder ändern dein Auto ins genaue Gegenteil."

Auf dem holländischen Dünenkurs von Zandvoort okkupieren die drei Ferraris geschlossen die erste Startreihe. Trips geht sofort in Führung. Ein merkwürdiges Rennen: Der erste – und viele Jahre einzige – Grand Prix der Geschichte ohne einen einzigen Ausfall, einen einzigen Boxenstopp. Trips kommandiert von Start bis Ziel. Trotzdem ein schwieriges Rennen, weil der Wind den feinen Dünensand auf die Strecke treibt – die sich ständig verändert. Aber ein historischer Sieg: Der erste für Deutschland seit den Silberpfeilen, Trips ist der erste Deutsche überhaupt, der einen WM-Lauf gewinnt!

Die Siegerparty? Hill spürt auch heute noch keine Bitternis aufkeimen: „Ich bin happy für Taffy und enttäuscht von mir selber." Die WM-Situation: Trips 12 und Hill 10 Punkte.

Auf der ultraschnellen Strecke von Spa sind alle vier Ferrari vorn: Es gewinnt Hill 0,7 vor Trips, dann Ginther, dann der Belgier Gendebien. Stallorder – ein brennheißes Thema wie zuletzt 2010? „Sie wollen uns nichts sagen", erinnert sich Hill. Will Ferrari, dass ihr gegeneinander kämpft? „Sie wollen, und sie wollen auch nicht. Da sind Anzeichen, leise Hinweise – aber Ferrari will nur nicht, dass wir gegeneinander kämpfen." Und Hill glaubt heute noch: „Ferrari wäre böse gewesen, hätte Trips in den letzten Runden noch etwas Verrücktes riskiert." Hat er natürlich nicht.

In der Hitzeschlacht von Reims zerschlägt ein Stein den Kühler von Trips. „Wahrscheinlich von mir abgeschosssen", grinst Hill. Ferrari-Neuling Baghetti gewinnt, das WM-Duell ist neutralisiert: 19:18 für Hill. Und Hektik und Chaos in der Ferrari. Box? „Nichts davon. Nur große Stille in der Box. Das ganze Jahr schleichen fremde Franzosen um uns herum, reden aber kein Wort." Und das WM-Duell? „Keine Strategie, kein Briefing, nur die Facts. Niemand redet über die Weltmeisterschaft."

Ein Ferrari-Pilot verriet mir später über die Ferrari-Rennleiter: „Franco Lini war ein cleverer Teufel, ein anderer war dies, einer jenes. Der Einzige, der ein Herz hatte, war Romolo Tavoni. Aber er durfte keines haben …"

Von Rennleiter Tavoni – später Direktor des Autodroms von Monza – kommen 1961 nie irgendwelche Anweisungen oder Instruktionen. Phil Hill: „It's a race. Niemand redet drüber."

Auch nicht beim englischen Grand Prix in Aintree. Eine Seeschlacht in England. Es schüttet wie aus Kübeln. Unfälle, verletzte Piloten, noch lange kein Safety-

Car, aber dauernder Einsatz des Krankenwagens, Hill rutscht einmal aus, aber sein großer Gegner beherrscht das Rennen majestätisch: auch als gegen Ende die Strecke abtrocknet, was immer enormes Fahrgefühl verlangt. Als Trips nach 75 Runden die Zielflagge bekommt, liegt er 46 Sekunden vor Hill. Und führt, wie schon nach Zandvoort wieder in der WM, aber jetzt allein: Trips 27, Hill 25.

Immer mehr sieht Trips wie der kommende Weltmeister 1961 aus. Der Nürburgring ist verrückt nach seinem deutschen Superstar – wie früher nach den Silberpfeilen oder später nach Schumacher – und jetzt nach Sebastian Vettel. Trips und Hill wohnen gemeinsam im Tribünenhotel, essen zusammen im „Wilden Schwein" von Adenau. Belauern einander aber nicht, reden übers Rennen „nur bis zu einem gewissen Punkt. Wir verwickeln uns in keine Diskussionen."

Glaubte damals jeder der beiden, dass er Weltmeister 1961 wird? Hill wiegt noch Jahrzehnt danach jedes Wort vorsichtig ab:

„Ich glaube, dass Trips glaubt, dass er auf einem gewissen Niveau auserkoren ist, die WM zu gewinnen. Nicht, dass er es direkt sagt, aber ich hör' es aus unseren Gesprächen heraus. Wegen seiner Position, seiner Familie, seinem Reichtum. Ich hab von all dem nichts. Gäbe es eine Art diskreter Bevorzugung eines Fahrers, das wäre Trips gewesen, nicht ich." Aber war der amerikanische Markt nicht 1961 für Ferrari interessanter als der deutsche? „Vielleicht mochte Enzo Ferrari Trips mehr als mich – aber ich hab dafür keine Beweise."

Nürburgring also: Hill und Trips durchstoßen als Erste die Schallmauer der 9 Minuten. Im Rennen quält die Frage: Regen- oder Trockenreifen? Stirling Moss, der Trickreiche, gewinnt den Reifenpoker, am Ende hängen seine Pneus in Fetzen. In der letzten Runde noch ein Regenschauer: Querstehend kommen Trips und Hill aus der letzten Kurve, Trips fängt seinen Ferrari einen Hauch früher ab und schlägt Hill. 300.000 Fans sind ausser sich vor Freude. Trips 33, Hill 29 Punkte – der Deutsche sieht wirklich schon sehr wie der Weltmeister aus.

„Aber wir beide wissen: Monza muss entscheiden. Der Medienrummel hält sich noch in Grenzen", blickt Hill zurück. Seine Philosophie damals: „Too slow, you loose, too quick, you die – bist du zu langsam, verlierst du, bist du zu schnell, stirbst du." Wolfgangs letzter Abend ist dokumentiert: Er kommt zu einer offiziellen Veranstaltung in Mailand lieber zu spät, als ein klassisches Konzert im Autoradio abzudrehen.

Und er hat Pole-Position. Der letzte Dialog mit Hill vorm Start? „Good luck, have a good race. So wie immer. Wir sagten uns das oft ..."

Trips hat keinen guten Start. Viel Unruhe kommt bei der Windschattenschlacht vom jungen mexikanischen Heißsporn Ricardo Rodriguez, einer neuen Ferrari-Entdeckung. Mit ihm beginnt die Kettenreaktion, weil er versucht, sich hineinzuboxen, womit er andere zur Seite drängt – als das Feld auf die Parabolica-Kurve zujagt. So erinnern sich Fahrer, die überlebt haben.

Hill analysiert, und seine Stimme fängt an zu zittern: „Trips bremst wahrscheinlich schon zum letztmöglich spätesten Punkt, wie er es später im Rennen getan hätte – aber anscheinend nähert sich Jim Clark mit dem leichteren Lotus, der wesentlich später bremsen kann, schneller als erwartet, als Trips gerade auf die Ideallinie für die Parabolica geht."

Jim Clark überlebt die Kollision ohne Kratzer, aber Graf Trips ist tot und mit ihm sterben 12 Zuschauer in der Parabolica. Der italienische Privatfahrer Piotti kommt mit der Schreckensnachricht an die Box. Die deutschen Radioreporter brechen mit tränenerstickter Stimme die Direktübertragung aus Monza ab.

Hill ahnt, was passiert ist: „Dass der umgekippte Ferrari der Wagen von Trips ist, aber wie oft gehen Fahrer nach einem Totalschaden zu Fuß weg." Der Amerikaner gewinnt unangefochten, fährt aber nicht zur Siegerehrung, sondern direkt in die Box: „How is Trips?" Carlo Chiti, der Ingenieur, verdreht aber nur die Augen, schaut an Phil vorbei und sagt: „Go, go, rasch zur Siegerehrung."

Trips tot, Hill Weltmeister: Die Schlagzeile, die 1961 die Sportwelt erschüttert. Auch die Leuchtschrift in Graz, von der Jochen Rindt und Helmut Marko die Monza-Tragödie ablesen. Sie kommen gerade von einem Rennen aus Südtirol zurück. „Aber außer Traurigkeit und ein bissl Heldenverehrung ist bei Jochen nichts zurückgeblieben."

In Monza muss die Hölle los sein. Ob er seinem verlorenen Stallkameraden den Titel widme, ob er überhaupt drauf verzichte, wird Hill im Lärm und Chaos gefragt. „Aber zu viel stürmt auf mich ein. Ich bin selber ganz verwirrt, geb lauter konfuse Antworten." Aber wie ein Soldat erfüllt Hill seine Kameradschaftspflicht: „Ich rufe Taffys Mutter in Deutschland an. Weil ich ihr sagen muss, wie leid es mir tut. Sie weiß es bereits, aber sie klingt tapfer. Was für eine wunderbare, starke Frau!"

Wolfgangs langjähriger Mechaniker Gerd Gentsch – später bei Renault Deutschland – fuhr den Sarg mit Wolfgangs blumengeschmücktem privatem Ferrari zur Familiengruft. Die Eltern überlebten ihren Sohn, ihr einziges Kind, um mehr als ein Vierteljahrhundert. Mit Wolfgang ist auch das jahrhundertealte Geschlecht der Reichsgrafen von Trips ausgestorben.

Das Wasserschloss ist heute zu einem Trips-Museum umgebaut und Horrem längst an Kerpen angegliedert – noch bevor Michael Schumacher Deutschlands erster Formel-I-Weltmeister wurde, 33 Jahre nach dem Drama um Graf Trips.

Phil Hill heiratete spät. Sein Sohn Derek John Hill fuhr in der Formel 3000, von den 1,5-Liter-Ferraris von 1961 existiert heute kein Einziger mehr. Enzo Ferrari hat sie 1962 alle zerstören lassen und Phil Hill nachgeschimpft: „Bilde dir auf deinen WM-Titel nur ja nichts ein!" Jahrelang, in der Woche von Monza, hat ihn der Amerikaner nochmals nachempfunden: „Bitter sweet memories. Bitter-süße Erinnerungen."

Das Bild des schnellen Reichsgrafen heute, 50 Jahre danach? „Trips was a wonderful guy – ein wundervoller Mensch. Aber damals waren wir ja noch richtige boys, alle beide. Ich hätte Taffy lieber 30, 40 Jahr später als Erwachsenen gekannt." Dann hätten sie wahrscheinlich gemeinsam die Salzburger oder Bayreuther Festspiele besucht und sich offen und ehrlich unterhalten, wie es damals war: der heiße Sommer 1961.

STATISTIK

AUTOMOBILWELTMEISTER

1950 Dr. Giuseppe Nino Farina (Italien) auf Alfa Romeo
1951 Juan Manuel Fangio (Argentinien) auf Alfa Romeo
1952 Alberto Ascari (Italien) auf Ferrari
1953 Alberto Ascari (Italien) auf Ferrari
1954 Juan Manuel Fangio (Argentinien) auf Maserati und Mercedes
1955 Juan Manuel Fangio (Argentinien) auf Mercedes
1956 Juan Manuel Fangio (Argentinien) auf Ferrari
1957 Juan Manuel Fangio (Argentinien) auf Maserati
1958 Mike Hawthorn (England) auf Ferrari
1959 Jack Brabham (Australien) auf Cooper-Climax
1960 Jack Brabham (Australien) auf Cooper-Climax
1961 Phil Hill (USA) auf Ferrari
1962 Graham Hill (England) auf BRM
1963 Jim Clark (Schottland) auf Lotus-Climax
1964 John Surtees (England) auf Ferrari
1965 Jim Clark (Schottland) auf Lotus-Climax
1966 Jack Brabham (Australien) auf Brabham-Repco
1967 Denis Hulme (Neuseeland) auf Brabham-Repco
1968 Graham Hill (England) auf Lotus-Ford
1969 Jackie Stewart (Schottland) auf Matra-Ford
1970 Jochen Rindt (Österreich) auf Lotus-Ford
1971 Jackie Stewart (Schottland) auf Tyrrell-Ford
1972 Emerson Fittipaldi (Brasilien) auf Lotus-Ford
1973 Jackie Stewart (Schottland) auf Tyrell Ford
1974 Emerson Fittipaldi (Brasilien) auf McLaren-Ford
1975 Niki Lauda (Österreich) auf Ferrari
1976 James Hunt (England) auf McLaren-Ford
1977 Niki Lauda (Österreich) auf Ferrari
1978 Mario Andretti (USA) auf Lotus-Ford
1979 Jody Scheckter (Südafrika) auf Ferrari
1980 Alan Jones (Australien) auf Williams-Ford
1981 Nelson Piquet (Brasilien) auf Brabham-Ford
1982 Keke Rosberg (Finnland) auf Williams-Ford
1983 Nelson Piquet (Brasilien) auf Brabham-BMW-Turbo
1984 Niki Lauda (Österreich) auf McLaren-Porsche-Turbo
1985 Alain Prost (Frankreich) auf McLaren-Porsche-Turbo
1986 Alain Prost (Frankreich) auf McLaren-Porsche-Turbo
1987 Nelson Piquet (Brasilien) auf Williams-Honda
1988 Ayrton Senna (Brasilien) auf McLaren-Honda
1989 Alain Prost (Frankreich) auf McLaren-Honda
1990 Ayrton Senna (Brasilien) auf McLaren-Honda
1991 Ayrton Senna (Brasilien) auf McLaren-Honda
1992 Nigel Mansell (England) auf Williams-Renault
1993 Alain Prost (Frankreich) auf Williams-Renault
1994 Michael Schumacher (Deutschland) auf Benetton-Ford
1995 Michael Schumacher (Deutschland) auf Benetton-Renault
1996 Damon Hill (England) auf Williams-Renault
1997 Jacques Villeneuve (Kanada) auf Williams-Renault
1998 Mika Hakkinen (Finnland) auf McLaren-Mercedes
1999 Mika Hakkinen (Finnland) auf McLaren-Mercedes
2000 Michael Schumacher (Deutschland) auf Ferrari
2001 Michael Schumacher (Deutschland) auf Ferrari
2002 Michael Schumacher (Deutschland) auf Ferrari
2003 Michael Schumacher (Deutschland) auf Ferrari
2004 Michael Schumacher (Deutschland) auf Ferrari
2005 Fernando Alonso (Spanien) auf Renault
2006 Fernando Alonso (Spanien) auf Renault
2007 Kimi Räikkönen (Finnland) auf Ferrari
2008 Lewis Hamilton (England) auf McLaren-Mercedes
2009 Jenson Button (England) auf Brawn GP-Mercedes
2010 Sebastian Vettel (Deutschland) auf Red Bull-Renault
2011 Sebastian Vettel (Deutschland) auf Red Bull-Renault

KONSTRUKTEURWELTMEISTER

1958 Vanwall (Großbritannien)
1959 Cooper-Climax (Großbritannien)
1960 Cooper-Climax (Großbritannien)
1961 Ferrari (Italien)
1962 BRM (Großbritannien)
1963 Lotus-Climax (Großbritannien)
1964 Ferrari (Italien)
1965 Lotus-Climax (Großbritannien)
1966 Brabham-Repco (Großbritannien)
1967 Brabham-Repco (Großbritannien)
1968 Lotus-Ford (Großbritannien)
1969 Matra-Ford (Frankreich)
1970 Lotus-Ford (Großbritannien)
1971 Tyrrell-Ford (Großbritannien)
1972 Lotus-Ford (Großbritannien)
1973 Lotus-Ford (Großbritannien)
1974 McLaren-Ford (Großbritannien)
1975 Ferrari (Italien)
1976 Ferrari (Italien)
1977 Ferrari (Italien)
1978 Lotus-Ford (Großbritannien)
1979 Ferrari (Italien)
1980 Williams-Ford (Großbritannien)
1981 Williams-Ford (Großbritannien)
1982 Ferrari (Italien)
1983 Ferrari (Italien)
1984 McLaren-Porsche (Großbritannien)
1985 McLaren-Porsche (Großbritannien)
1986 Williams-Honda (Großbritannien)
1987 Williams-Honda (Großbritannien)
1988 McLaren-Honda (Großbritannien)
1989 McLaren-Honda (Großbritannien)
1990 McLaren-Honda (Großbritannien)
1991 McLaren-Honda (Großbritannien)
1992 Williams-Renault (Großbritannien)
1993 Williams-Renault (Großbritannien)
1994 Williams-Renault (Großbritannien)
1995 Benetton-Renault (Großbritannien)
1996 Williams-Renault (Großbritannien)
1997 Williams-Renault (Großbritannien)
1998 McLaren-Mercedes (Großbritannien)
1999 Ferrari (Italien)
2000 Ferrari (Italien)
2001 Ferrari (Italien)
2002 Ferrari (Italien)
2003 Ferrari (Italien)
2004 Ferrari (Italien)
2005 Renault (Frankreich)
2006 Renault (Frankreich)
2007 Ferrari (Italien)
2008 McLaren-Mercedes (Großbritannien)
2009 Brawn GP-Mercedes (Großbritannien)
2010 Red Bull-Renault (Österreich)
2011 Red Bull-Renault (Österreich)

FAHRERWELTMEISTERSCHAFT 2011

	Australien	Malaysia	China	Türkei	Spanien	Monaco	Kanada	Europa	Grossbritannien	Deutschland	Ungarn	Belgien	Italien	Singapur	Japan	Korea	Indien	Abu Dhabi	Brasilien	**gesamt**
1. Sebastian Vettel (GER) Red Bull-Renault	25	25	18	25	25	25	18	25	18	12	18	25	25	25	15	25	25	0	18	**392**
2. Jenson Button (ENG) McLaren-Mercedes	8	18	12	8	15	15	25	8	0	0	25	15	18	18	25	12	18	15	15	**270**
3. Mark Webber (AUS) Red Bull-Renault	10	12	15	18	12	12	15	15	15	15	10	18	0	15	12	15	12	12	25	**258**
4. Fernando Alonso (ESP) Ferrari	12	8	6	15	10	18	0	18	25	18	15	12	15	12	18	10	15	18	12	**257**
5. Lewis Hamilton (ENG) McLaren-Mercedes	18	4	25	12	18	8	0	12	12	25	12	0	12	10	10	18	6	25	0	**227**
6. Felipe Massa (BRA) Ferrari	6	10	8	0	0	0	8	10	10	10	8	4	8	2	6	8	0	10	10	**118**
7. Nico Rosberg (GER) Mercedes	0	0	10	10	6	0	0	6	8	6	2	8	0	6	1	4	8	8	6	**89**
8. Michael Schumacher (GER) Mercedes	0	2	4	0	8	0	12	0	2	4	0	10	10	0	8	0	10	6	0	**76**
9. Adrian Sutil (GER) Force India-Mercedes	2	0	0	0	0	6	0	2	0	8	0	6	0	4	0	0	2	4	8	**42**
10. Vitaly Petrov (RUS) Renault	15	0	2	4	0	0	10	0	0	1	0	2	0	0	2	0	0	0	1	**37**
11. Nick Heidfeld (GER) Renault	0	15	0	6	4	4	0	1	4	0	0	–	–	–	–	–	–	–	–	**34**
12. Kamui Kobayashi (JAP) Sauber-Ferrari	X	6	1	1	1	10	6	0	0	2	0	0	0	0	0	0	0	1	2	**30**
13. Paul Di Resta (SCO) Force India-Mercedes	1	1	0	0	0	0	0	0	0	0	6	0	4	8	0	1	0	2	4	**27**
14. Jaime Alguersuari (ESP) Toro Rosso-Ferrari	0	0	0	0	0	0	4	4	1	0	0	0	6	0	0	6	4	0	0	**26**
15. Sébastien Buemi (CH) Toro Rosso-Ferrari	4	0	0	2	0	1	1	0	0	0	4	0	1	0	0	2	0	0	0	**15**
16. Sergio Pérez (MEX) Sauber-Ferrari	X	0	0	0	2	–	0	0	6	0	1	0	0	1	4	0	1	0	0	**14**
17. Rubens Barrichello (BRA) Williams-Cosworth	0	0	0	0	0	2	2	0	0	0	0	0	0	0	0	0	0	0	0	**4**
18. Bruno Senna (BRA) Renault	–	–	–	–	–	–	–	–	–	–	–	0	2	0	0	0	0	0	0	**2**
19. Pastor Maldonado (VEN) Williams-Cosworth	0	0	0	0	0	0	0	0	0	0	0	1	0	0	0	0	0	0	0	**1**
20. Pedro de la Rosa (ESP) Sauber-Ferrari	–	–	–	–	–	–	0	–	–	–	–	–	–	–	–	–	–	–	–	**0**
21. Jarno Trulli (ITA) Lotus-Renault	0	0	0	0	0	0	0	0	0	–	0	0	0	0	0	0	0	0	0	**0**
22. Heikki Kovalainen (FIN) Lotus-Renault	0	0	0	0	0	0	0	0	0	0	0	0	0	0	0	0	0	0	0	**0**
23. Vitantonio Liuzzi (ITA) HRT-Cosworth	–	0	0	0	0	0	0	0	0	0	0	0	0	0	0	0	–	0	0	**0**
24. Jérôme D'Ambrosio (BEL) Virgin-Cosworth	0	0	0	0	0	0	0	0	0	0	0	0	0	0	0	0	0	0	0	**0**
25. Timo Glock (GER) Virgin-Cosworth	0	0	0	–	0	0	0	0	0	0	0	0	0	0	0	0	0	0	0	**0**
26. Narain Karthikeyan (IND) HRT-Cosworth	–	0	0	0	0	0	0	0	–	–	–	–	–	–	–	–	0	–	–	**0**
27. Daniel Ricciardo (AUS) HRT-Cosworth	–	–	–	–	–	–	–	–	–	0	–	–	–	–	–	–	–	–	–	**0**
28. Karun Chandhok (IND) Lotus-Renault	–	–	–	–	–	–	–	–	–	0	–	–	–	–	–	–	–	–	–	**0**

Punkteschema 25-20-15-10-8-6-4-3-2-1 Punkte für die ersten 10 Fahrer
X = disqualifiziert, – = nicht gefahren

KONSTRUKTEURBEWERB 2011

	Australien	Malaysia	China	Türkei	Spanien	Monaco	Kanada	Europa	Grossbritannien	Deutschland	Ungarn	Belgien	Italien	Singapur	Japan	Korea	Indien	Abu Dhabi	Brasilien	**gesamt**
1. Red Bull-Renault	35	37	33	43	37	37	33	40	33	27	28	43	25	40	27	40	37	12	43	**650**
2. McLaren-Mercedes	26	22	37	20	33	23	25	20	12	25	37	15	30	28	35	30	24	40	15	**497**
3. Ferrari	18	18	14	15	10	18	8	28	35	28	23	16	23	14	24	18	15	28	22	**375**
4. Mercedes	0	2	14	10	14	0	12	6	10	10	2	18	10	6	9	4	18	14	6	**165**
5. Renault	15	15	2	10	4	4	10	1	4	1	0	2	2	0	2	0	0	0	1	**73**
6. Force India-Mercedes	3	1	0	0	0	6	0	2	0	8	6	6	4	12	0	1	2	6	12	**69**
7. Sauber-Ferrari	0	6	1	1	3	10	6	0	6	2	0	0	0	1	4	0	1	1	2	**44**
8. Toro Rosso-Ferrari	4	0	0	2	0	1	5	4	1	0	5	0	7	0	0	8	4	0	0	**41**
9. Williams-Cosworth	0	0	0	0	0	2	2	0	0	0	0	1	0	0	0	0	0	0	0	**5**
10. Lotus-Renault	0	0	0	0	0	0	0	0	0	0	0	0	0	0	0	0	0	0	0	**0**
11. HRT-Cosworth	–	0	0	0	0	0	0	0	0	0	0	0	0	0	0	0	0	0	0	**0**
12. Virgin-Cosworth	0	0	0	0	0	0	0	0	0	0	0	0	0	0	0	0	0	0	0	**0**

SO FUHREN SIE 2011

1 Sebastian Vettel (GER) Red Bull-Renault V8
2 Mark Webber (AUS) Red Bull-Renault V8

3 Lewis Hamilton (ENG) McLaren-Mercedes V8
4 Jenson Button (ENG) McLaren-Mercedes V8

5 Fernando Alonso (ESP) Ferrari V8
6 Felipe Massa (BRA) Ferrari V8

7 Michael Schumacher (GER) Mercedes V8
8 Nico Rosberg (GER) Mercedes V8

9 Nick Heidfeld (GER) Renault V8
9 Bruno Senna (BRA) Renault V8
10 Vitaly Petrov (RUS) Renault V8

11 Rubens Barrichello (BRA) Williams-Cosworth V8
12 Pastor Maldonado (VEN) Williams-Cosworth V8

14 Adrian Sutil (GER) Force India-Mercedes V8
15 Paul Di Resta (SCO) Force India-Mercedes V8

16 Kamui Kobayashi (JAP) Sauber-Ferrari V8
17 Sergio Pérez (MEX) Sauber-Ferrari V8
17 Pedro de la Rosa (ESP) Sauber-Ferrari V8

18 Sébastien Buemi (CH) Toro Rosso-Ferrari V8
19 Jaime Alguersuari (ESP) Toro Rosso-Ferrari V8

20 Heikki Kovalainen (FIN) Lotus-Renault V8
21 Jarno Trulli (ITA) Lotus-Renault V8
21 Karun Chandhok (IND) Lotus-Renault V8

22, 23 Narain Karthikeyan (IND) HRT-Cosworth V8
22 Daniel Ricciardo (AUS) HRT-Cosworth V8
23 Vitantonio Liuzzi (ITA) HRT-Cosworth V8

24 Timo Glock (GER) Virgin-Cosworth V8
25 Jérôme D'Ambrosioi (BEL) Virgin-Cosworth V8

FREITAG VORMITTAG TESTFAHRER 2011

Force India-Mercedes
14, 15 Nico Hülkenberg (GER) Force India-Mercedes V8

Hülkenberg fährt in Australien, Malaysia, China, Türkei, Spanien, Kanada, Europa, Grossbritannien, Deutschland, Ungarn, Belgien, Italien, Japan und Brasilien

---

Lotus-Renault
20 Davide Valsecchi (ITA) Lotus-Renault V8
20, 21 Karun Chandhok (IND) Lotus-Renault V8
21 Luiz Razia (BRA) Lotus-Renault V8

Chandhok fährt in Australien, Türkei, Europa, Grossbritannien, Belgien, Italien, Japan, Korea und Indien
Valsecchi fährt in Malaysia
Razia fährt in China und Brasilien

Scuderia Toro Rosso-Ferrari
18, 19 Daniel Ricciardo (AUS) Toro Rosso-Ferrari V8
18, 19 Jean-Eric Vergne (FRA) Toro Rosso-Ferrari V8

Ricciardo fährt in Australien, Malaysia, China, Türkei, Spanien, Monaco, Kanada und Europa
Vergne fährt in Korea, Abu Dhabi und Brasilien

HRT-Cosworth
23 Narain Karthikeyan (IND) HRT-Cosworth V8
23 Jan Charouz (CZE) HRT-Cosworth V8

Karthikeyan fährt in Deutschland, Singapur, Japan und Korea
Charouz fährt in Brasilien

Renault
9 Bruno Senna (BRA) Renault V8
9 Romain Grosjean (FRA) Renault V8

Senna fährt in Ungarn
Grosjean fährt in Abu Dhabi und Brasilien

Virgin-Cosworth
25 Robert Wickens (CDN) Virgin-Cosworth V8

Wickens fährt in Abu Dhabi

De la Rosa fährt in Kanada statt Pérez, **Ricciardo** fährt ab Grossbritannien statt Karthikeyan, **Chandhok** fährt in Deutschland statt Trulli, **Senna** fährt ab Belgien statt Heidfeld, **Karthikeyan** fährt in Indien statt Liuzzi

PLATZIERUNGEN ALLER 28 PILOTEN 2011

	Australien	Malaysia	China	Türkei	Spanien	Monaco	Kanada	Europa	Grossbritannien	Deutschland	Ungarn	Belgien	Italien	Singapur	Japan	Korea	Indien	Abu Dhabi	Brasilien
1. Vettel	1	1	2	1	1	1	2	1	2	4	2	1	1	1	3	1	1	○	2
2. Button	6	2	4	6	3	3	1	6	○	○	1	3	2	2	1	4	2	3	3
3. Webber	5	4	3	2	4	4	3	3	3	3	5	2	○	3	4	3	4	4	1
4. Alonso	4	6	7	3	5	2	○	2	1	2	3	4	3	4	2	5	3	2	4
5. Hamilton	2	8	1	4	2	6	○	4	4	1	4	○	4	5	5	2	7	1	○
6. Massa	7	5	6	11	○	○	6	5	5	5	6	8	6	9	7	6	○	5	5
7. Rosberg	○	12	5	5	7	11	11	7	6	7	9	6	○	7	10	8	6	6	7
8. Schumacher	○	9	8	12	6	○	4	17	9	8	○	5	5	○	6	○	5	7	15
9. Sutil	9	11	15	13	13	7	○	9	11	6	14	7	○	8	11	11	9	8	6
10. Petrov	3	(17)	9	8	11	○	5	15	12	10	12	9	○	17	9	○	11	13	10
11. Heidfeld	12	3	12	7	8	8	○	10	8	○	○	–	–	–	–	–	–	–	–
12. Kobayashi	X	7	10	10	10	5	7	16	○	9	11	12	○	14	13	15	○	10	9
13. Di Resta	10	10	11	○	12	12	18	14	15	13	7	11	8	6	12	10	13	9	8
14. Alguersuari	11	14	○	16	16	○	8	8	10	12	10	○	7	(21)	15	7	8	15	11
15. Buemi	8	13	14	9	14	10	10	13	○	15	8	○	10	12	○	9	○	○	12
16. Pérez	X	○	17	14	9	–	–	11	7	11	15	○	○	10	8	16	10	11	13
17. Barrichello	○	○	13	15	17	9	9	12	13	○	13	16	12	13	17	12	15	12	14
18. Senna	–	–	–	–	–	–	–	–	–	–	–	13	9	15	16	13	12	16	17
19. Maldonado	○	○	18	17	15	(18)	○	18	14	14	16	10	11	11	14	○	○	14	○
20. De la Rosa	–	–	–	–	–	–	12	–	–	–	–	–	–	–	–	–	–	–	–
21. Trulli	13	○	19	18	18	13	16	20	○	–	○	14	14	○	19	17	19	18	18
22. Kovalainen	○	15	16	19	○	14	○	19	○	16	○	15	13	16	18	14	14	17	16
23. Liuzzi	–	○	22	22	○	16	13	23	18	○	20	19	○	20	23	21	–	20	○
24. D'Ambrosio	14	○	20	20	20	15	14	22	17	18	19	17	○	18	21	20	16	○	19
25. Glock	○	16	21	–	19	○	15	21	16	17	17	18	15	○	20	18	○	19	○
26. Karthikeyan	–	○	23	21	21	17	17	24	–	–	–	–	–	–	–	–	17	–	–
27. Ricciardo	–	–	–	–	–	–	–	–	19	19	18	○	○	19	22	19	18	○	20
28. Chandhok	–	–	–	–	–	–	–	–	–	20	–	–	–	–	–	–	–	–	–

Zahl = Resultat, (Zahl) = bei Rennschluß nicht mehr im Rennen, aber gewertet, ○ = ausgefallen, gestürzt, aufgegeben, X = disqualifiziert, – = nicht gefahren

ALLE QUALIFYING-ERGEBNISSE 2011

	Australien	Malaysia	China	Türkei	Spanien	Monaco	Kanada	Europa	Grossbritannien	Deutschland	Ungarn	Belgien	Italien	Singapur	Japan	Korea	Indien	Abu Dhabi	Brasilien
1. Vettel	1	1	1	1	2	1	1	1	2	3	1	1	1	1	1	2	1	1	1
2. Button	4	4	2	6	5	2	7	6	5	7	3	13	3	3	2	3	5	3	3
3. Webber	3	3	18	2	1	3	4	2	1	1	6	3	5	2	6	4	3	4	2
4. Alonso	5	5	5	5	4	4	2	4	3	4	5	8	4	5	5	6	4	5	5
5. Hamilton	2	2	3	4	3	7	5	3	10	2	2	2	2	4	3	1	2	2	4
6. Massa	8	7	6	10	8	6	3	5	4	5	4	4	6	6	4	5	6	6	7
7. Rosberg	7	9	4	3	7	8	6	7	9	6	7	5	9	7	23	7	7	7	6
8. Schumacher	11	11	14	8	10	5	8	8	13	10	9	24	8	8	8	12	12	8	10
9. Sutil	16	17	11	12	17	15	14	10	11	8	8	15	12	9	11	10	9	9	8
10. Petrov	6	8	10	7	6	11	10	11	14	9	12	10	7	18	10	8	11	12	15
11. Heidfeld	18	6	16	9	–	16	9	9	16	11	14	–	–	–	–	–	–	–	–
12. Kobayashi	9	10	13	24	14	13	13	14	8	18	13	12	17	17	7	14	18	16	16
13. Di Resta	14	14	8	13	16	14	11	12	6	12	11	18	11	10	12	9	13	10	11
14. Alguersuari	12	13	7	17	13	20	18	18	18	17	16	6	18	16	16	11	10	15	13
15. Buemi	10	12	9	16	11	17	15	17	19	16	18	11	16	14	15	13	9	13	14
16. Pérez	13	16	12	15	12	10	–	16	12	15	10	9	15	11	17	17	17	11	17
17. Barrichello	17	15	15	11	19	12	16	13	15	14	15	14	13	12	13	18	16	24	12
18. Senna	–	–	–	–	–	–	–	–	–	–	–	7	10	15	9	15	15	14	9
19. Maldonado	15	18	17	14	9	9	12	15	7	13	17	16	14	13	14	16	14	17	18
20. De la Rosa	–	–	–	–	–	–	17	–	–	–	–	–	–	–	–	–	–	–	–
21. Trulli	20	20	20	19	18	19	19	20	21	–	20	19	19	20	19	20	20	19	20
22. Kovalainen	19	19	19	18	15	18	20	19	17	19	19	17	20	19	18	19	19	18	19
23. Liuzzi	23	23	23	21	21	–	21	22	23	24	22	22	24	24	24	23	–	23	21
24. D'Ambrosio	22	22	21	20	23	22	24	23	22	22	24	21	22	22	20	22	23	22	23
25. Glock	21	21	22	22	20	21	22	21	20	20	21	20	21	21	21	21	24	20	24
26. Karthikeyan	24	24	24	23	22	–	23	24	–	–	–	–	–	–	–	–	22	–	–
27. Ricciardo	–	–	–	–	–	–	–	–	24	23	23	23	23	23	22	24	21	21	22
28. Chandhok	–	–	–	–	–	–	–	–	–	21	–	–	–	–	–	–	–	–	–

Gesamtklassement nach Qualifying, ohne Strafversetzungen

ANALYSE DER 19 WM-LÄUFE 2011

Rennen	Qualifying - Poleposition (Vorsprung)	Führungsrunden		Sieger (Vorsprung)	Schnellste Runde
Melbourne (Australien)	Vettel +0,778	Vettel Hamilton Vettel	1 - 13 14 - 16 17 - 58	Vettel +22,297	Massa
Sepang (Malaysia)	Vettel +0,104	Vettel Alonso Vettel Alonso Vettel	1 - 13 14 15 - 25 26 27 - 56	Vettel +3,261	Webber
Shanghai (China)	Vettel +0,715	Button Hamilton Alonso Rosberg Vettel Massa Rosberg Vettel Hamilton	1 - 13 14 15 - 16 17 - 24 25 - 30 31 - 33 34 - 39 40 - 51 52 - 56	Hamilton +5,198	Webber
Istanbul (Türkei)	Vettel +0,405	Vettel Button Vettel	1 - 11 12 13 - 58	Vettel +8,807	Webber
Barcelona (Spanien)	Webber +0,200	Alonso Hamilton Alonso Hamilton Vettel Hamilton Vettel Hamilton Vettel	1 - 10 11 12 - 18 19 - 23 24 - 33 34 - 35 36 - 47 48 - 49 50 - 66	Vettel +0,630	Hamilton
Monte Carlo (Monaco)	Vettel +0,441	Vettel Alonso Button Vettel	1 - 15 16 17 - 32 33 - 78	Vettel +1,138	Webber
Montreal (Kanada)	Vettel +0,185	Vettel Massa Vettel Button	1 - 19 20 21 - 69 70	Button +2,709	Button
Valencia (Europa)	Vettel +0,188	Vettel Massa Vettel	1 - 13 14 15 - 57	Vettel +10,891	Vettel
Silverstone (Grossbritannien)	Webber +0,032	Vettel Alonso	1 - 27 28 - 52	Alonso +16,511	Alonso
Nürburgring (Deutschland)	Webber +0,055	Hamilton Webber Hamilton Webber Hamilton Alonso Hamilton Alonso Webber Hamilton	1 - 11 12 13 - 16 17 - 29 30 31 - 32 33 - 50 51 - 53 54 - 56 57 - 60	Hamilton +3,980	Hamilton
Budapest (Ungarn)	Vettel +0,163	Vettel Hamilton Button Vettel Hamilton Button Hamilton Button Hamilton Button	1 - 4 5 - 26 27 28 29 - 40 41 - 42 43 - 46 47 - 50 51 52 - 70	Button +3,588	Massa

Rennen	Qualifying - Poleposition (Vorsprung)	Führungsrunden		Sieger (Vorsprung)	Schnellste Runde
Spa Francorchamps	Vettel	Rosberg	1 - 2	Vettel	Webber
(Belgien)	+0,432	Vettel	3 - 5	+3,741	
		Rosberg	6		
		Alonso	7		
		Hamilton	8 - 10		
		Vettel	11 - 13		
		Alonso	14 - 17		
		Vettel	18 - 30		
		Button	31		
		Vettel	32 - 44		
Monza	Vettel	Alonso	1 - 4	Vettel	Hamilton
(Italien)	+0,450	Vettel	5 - 53	+9,590	
Singapur	Vettel	Vettel	1 - 61	Vettel	Button
(Singapur)	+0,351			+1,737	
Suzuka	Vettel	Vettel	1 - 9	Button	Button
(Japan)	+0,009	Button	10	+1,160	
		Massa	11		
		Vettel	12 - 18		
		Button	19 - 20		
		Alonso	21		
		Massa	22		
		Button	23 - 36		
		Alonso	37		
		Schumacher	38 - 40		
		Button	41 - 43		
Yeongam	Hamilton	Vettel	1 - 34	Vettel	Vettel
(Korea)	+0,222	Alonso	35 - 36	+12,019	
		Vettel	37 - 55		
Greater Noida	Vettel	Vettel	1 - 60	Vettel	Vettel
(Indien)	+0,296			+8,433	
Abu Dhabi	Vettel	Hamilton	1 - 16	Hamilton	Webber
(Abu Dhabi)	+0,141	Webber	17	+8,457	
		Hamilton	18 - 40		
		Alonso	41 - 43		
		Hamilton	44 - 55		
Interlagos	Vettel	Vettel	1 - 16	Webber	Webber
(Brasilien)	+0,181	Webber	17 - 18	+16,983	
		Massa	19 - 20		
		Vettel	21 - 29		
		Webber	30 - 37		
		Vettel	38 - 39		
		Webber	40 - 58		
		Vettel	59		
		Webber	60 - 71		

Führungsrunden gesamt 2011: 1. Vettel 739, 2. Hamilton 150, 3. Button 88, 4. Alonso 68, 5. Webber 59, 6. Rosberg 17, 7. Massa 9, 8. Schumacher 3

Polepositions 2011: 1. Vettel 15, 2. Webber 3, 3. Hamilton 1

Siege 2011: 1. Vettel 11, 2. Button, Hamilton je 3, 4. Alonso, Webber je 1

Schnellste Runden 2011: 1. Webber 7, 2. Hamilton, Button, Vettel je 3, 5. Massa 2, 6. Alonso 1

Lauf 1 - Großer Preis von Australien - Melbourne, 27. März 2011

1. Training (Freitag Vormittag): 1. Webber 1:26,831, 2. Vettel 1:27,158, 3. Alonso 1:27,749, 4. Rosberg 1:28,152, 5. Barrichello 1:28,430, 6. Button 1:28,440, 7. Hamilton 1:28,483, 8. Schumacher 1:28,690, 9. Kobayashi 1:28,725, 10. Petrov 1:28,765, 11. Massa 1:28,842, 12. Heidfeld 1:28,928, 13. Sutil 1:29,314, 14. Buemi 1:29,328, 15. Maldonado 1:29,403, 16. Ricciardo 1:29,468, 17. Pérez 1:29,643, 18. Hülkenberg 1:31,002, 19. Kovalainen 1:32,428, 20. D'Ambrosio 1:35,282, 21. Glock 1:35,289, 22. Chandhok keine Zeit

2. Training (Freitag Nachmittag): 1. Button 1:25,854, 2. Hamilton 1:25,986, 3. Alonso 1:26,001, 4. Vettel 1:26,014, 5. Webber 1:26,283, 6. Schumacher 1:26,590, 7. Massa 1:26,789, 8. Pérez 1:27,101, 9. Barrichello 1:27,280, 10. Rosberg 1:27,448, 11. Alguersuari 1:27,525, 12. Petrov 1:27,528, 13. Heidfeld 1:27,536, 14. Buemi 1:27,697, 15. Kobayashi 1:28,095, 16. Di Resta 1:28,376, 17. Sutil 1:28,583, 18. Maldonado 1:29,386, 19. Kovalainen 1:30,829, 20. Trulli 1:30,912, 21. D'Ambrosio 1:32,106, 22. Glock 1:32,135

3. Training (Samstag)		**Qualifying** (Samstag) **(1.Phase)**			**(2.Phase)**		**(3.Phase)**
1. Vettel	1:24,507	1. Vettel	1:25,296	1. Vettel	1:24,090	1. Vettel	1:23,529
2. Webber	1:25,364	2. Hamilton	1:25,384	2. Hamilton	1:24,595	2. Hamilton	1:24,307
3. Hamilton	1:25,553	3. Petrov	1:25,543	3. Webber	1:24,658	3. Webber	1:24,395
4. Button	1:25,567	4. Alonso	1:25,707	4. Button	1:24,957	4. Button	1:24,779
5. Petrov	1:25,906	5. Kobayashi	1:25,717	5. Alonso	1:25,242	5. Alonso	1:24,974
6. Alonso	1:26,121	6. Pérez	1:25,812	6. Kobayashi	1:25,405	6. Petrov	1:25,247
7. Kobayashi	1:26,417	7. Rosberg	1:25,856	7. Petrov	1:25,582	7. Rosberg	1:25,421
8. Rosberg	1:26,520	8. Button	1:25,886	8. Rosberg	1:25,606	8. Massa	1:25,599
9. Heidfeld	1:26,746	9. Webber	1:25,900	9. Massa	1:25,611	9. Kobayashi	1:25,626
10. Schumacher	1:26,856	10. Schumacher	1:25,962	10. Buemi	1:25,882	10. Buemi	1:27,066
11. Buemi	1:27,008	11. Massa	1:26,031	11. Schumacher	1:25,971		
12. Massa	1:27,011	12. Buemi	1:26,232	12. Alguersuari	1:26,103		
13. Alguersuari	1:27,066	13. Sutil	1:26,245	13. Pérez	1:26,108		
14. Di Resta	1:27,087	14. Barrichello	1:26,270	14. Di Resta	1:26,739		
15. Sutil	1:27,180	15. Maldonado	1:26,298	15. Maldonado	1:26,768		
16. Barrichello	1:28,068	16. Alguersuari	1:26,620	16. Sutil	1:31,407		
17. Pérez	1:28,077	17. Di Resta	1:27,222	17. Barrichello	-:--		
18. Kovalainen	1:29,772	18. Heidfeld	1:27,239				
19. Trulli	1:30,003	19. Kovalainen	1:29,254				
20. Glock	1:30,261	20. Trulli	1:29,342				
21. Maldonado	1:30,496	21. Glock	1:29,858				
22. D'Ambrosio	1:30,704	22. D'Ambrosio	1:30,822				
23. Karthikeyan	1:41,554	23. Liuzzi	1:32,978				
24. Liuzzi	-:--	24. Karthikeyan	1:34,293				

Startaufstellung: Zuerst die Piloten 1 bis 10 aus der dritten Qualifying-Phase, danach die Piloten 11-17 aus der zweiten Qualifying-Phase, dahinter die Piloten 18-24 aus der ersten Qualifying-Phase - inklusive Strafversetzungen:

1. Sebastian Vettel
Red Bull-Renault RB7 V8
1:23,529

2. Lewis Hamilton
McLaren-Mercedes MP4/26 V8
1:24,307

3. Mark Webber
Red Bull-Renault RB7 V8
1:24,395

4. Jenson Button
McLaren-Mercedes MP4/26 V8
1:24,779

5. Fernando Alonso
Ferrari 150° Italia V8
1:24,974

6. Vitaly Petrov
Renault R31 V8
1:25,247

7. Nico Rosberg
Mercedes MGP W02
1:25,421

8. Felipe Massa
Ferrari 150° Italia V8
1:25,599

9. Kamui Kobayashi
Sauber-Ferrari C30 V8
1:25,626

10. Sébastien Buemi
Toro Rosso-Ferrari STR6 V8
1:27,066

11. Michael Schumacher
Mercedes MGP W02
1:25,971

12. Jaime Alguersuari
Toro Rosso-Ferrari STR6 V8
1:26,103

13. Sergio Pérez
Sauber-Ferrari C30 V8
1:26,108

14. Paul Di Resta
Force India-Mercedes VJM04 V8
1:26,739

15. Pastor Maldonado
Williams-Cosworth FW33 V8
1:26,768

16. Adrian Sutil
Force India-Mercedes VJM04 V8
1:31,407

17. Rubens Barrichello
Williams-Cosworth FW33 V8
keine Zeit

18. Nick Heidfeld
Renault R31 V8
1:27,239

19. Heikki Kovalainen
Lotus-Renault T128 V8
1:29,254

20. Jarno Trulli
Lotus-Renault T128 V8
1:29,342

21. Timo Glock
Virgin-Cosworth MVR-02 V8
1:29,858

22. Jérôme D'Ambrosio
Virgin-Cosworth MVR-02 V8
1:30,822

Liuzzi, und **Karthikeyan** können sich nicht für das Rennen qualifizieren weil in der ersten Qualifying-Phase die Zeiten um weniger als sieben Prozent langsamer waren als die Bestzeit

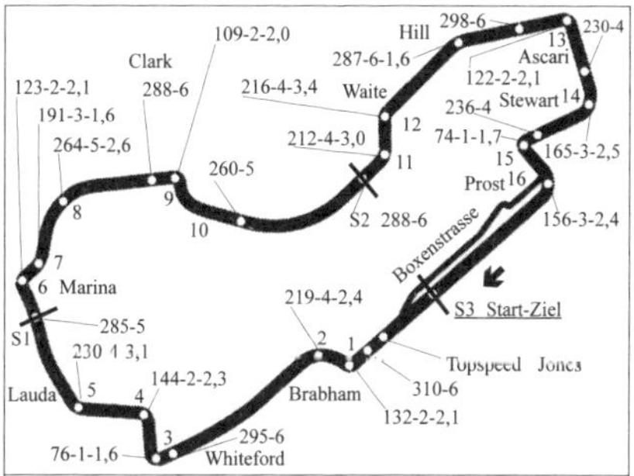

Legende: 132-2-2,1 = 132 km/h-2. Gang-2,1 Gravitation

Wetter am Renntag: Sonnig und warm,
17° Lufttemperatur, 23°-18°Asphalttemperatur,
62-63 % Lufttfeuchtigkeit, 115.000 Zuschauer am Renntag

Distanz: 58 Runden à 5,303 km = 307,574 km
Ziellinie 0,000 km hinter der Startlinie

Sieger 2010: Button (McLaren-Mercedes),
1.33:36,531 = 197,144 km/h

Poleposition 2010: Vettel (Red Bull-Renault),
1:23,919 = 227,490 km/h

Schnellste Runde 2010: Vettel (Red Bull-Renault),
1:28,358 = 216,061 km/h

Boxenstopps:

Alguersuari: 1. Runde: Reifenwechsel nach Kontakt mit Schumacher, verliert total 26,8 sec., Platz 21
Schumacher: 1. Runde: Reifenwechsel wegen Refenschaden rechts hinten nach Kontakt mit Alguersuari, verliert total 25,0 sec., Platz 22
Webber: 11. Runde: Reifenwechsel von weich auf hart in total 23,4 sec., Platz 7-8
Alonso: 12. Runde: Reifenwechsel von weich auf weich in 3,7 sec., total 23,2 sec., Platz 12-13
Massa: 13. Runde: Reifenwechsel von weich auf weich in total 23,8 sec., Platz 11-12
Barrichello: 13. Runde: Reifenwechsel von weich auf weich in total 23,6 sec., Platz 17
Vettel: 14. Runde: Reifenwechsel von weich auf weich in 3,4 sec., total 22,6 sec., Platz 3-4
Di Resta: 14. Runde: Reifenwechsel von weich auf weich in total 24,8 sec., Platz 16-17
D'Ambrosio: 14. Runde: Reifenwechsel von weich auf hart in total 25,2 sec., Platz 20-21
Buemi: 15. Runde: Reifenwechsel von weich auf weich in total 25,3 sec., Platz 13-15
Heidfeld: 15. Runde: Reifenwechsel von weich auf weich in total 22,9 sec., Platz 16-17
Hamilton: 16. Runde: Reifenwechsel von weich auf weich in 4,2 sec., total 23,2 sec., Platz 1-2
Petrov: 16. Runde: Reifenwechsel von weich auf weich in total 24,5 sec., Platz 4-5
Rosberg: 16. Runde: Reifenwechsel von weich auf hart in total 23,7 sec., Platz 8-9
Kobayashi: 16. Runde: Reifenwechsel von weich auf weich in total 24,0 sec., Platz 10
Sutil: 16. Runde: Reifenwechsel von weich auf hart in total 25,9 sec., Platz 12-14
Trulli: 16. Runde: Reifenwechsel von hart auf weich in total 21,8 sec., Platz 19
Button: 17. Runde: Drive-Through-Strafe wegen Verlassens der Strecke während des Überholens von Rosberg, verliert total 16,8 sec., Platz 4-6
Alguersuari: 17. Runde: 2. Stopp, Reifenwechsel von weich auf weich in total 24,4 sec., Platz 17-16
Kovalainen: 17. Runde: Reifenwechsel von weich auf weich in total 24,8 sec., Platz 18-17
Schumacher: 17. Runde: 2. Stopp, Reifenwechsel von weich auf hart in total 23,9 sec., Platz 21
Glock: 18. Runde: Reifenwechsel von weich auf weich in total 23,7 sec., Platz 18-21
Button: 19. Runde: 2. Stopp, Reifenwechsel von weich auf weich in total 23,3 sec., Platz 9-12
Glock: 19. Runde: 2. Stopp, Reparatur der Aufhängung und Reifenwechsel von weich auf weich , verliert total 8,56 min., Platz 21
Pérez: 23. Runde: Reifenwechsel von hart auf weich in total 23,4 sec., Platz 13
Barrichello: 23. Runde: 2. Stopp, Reifenwechsel von weich auf weich in total 37,8 sec., Platz 15
Webber: 26. Runde: 2. Stopp, Reifenwechsel von hart auf weich in 3,5 sec., total 22,5 sec., Platz 6
Alonso: 27. Runde: 2. Stopp, Reifenwechsel von weich auf weich in 5,4 sec., total 24,7 sec., Platz 5-6
Barrichello: 28. Runde: 3. Stopp, Drive-Through-Strafe wegen vermeidbarer Kollision mit Rosberg, verliert total 16,8 sec., Platz 15
Buemi: 29. Runde: 2. Stopp, Reifenwechsel von weich auf weich in total 23,1 sec., Platz 13-12
Heidfeld: 30. Runde: 2. Stopp, Reifenwechsel von weich auf hart in total 25,0 sec., Platz 14
Massa: 31. Runde: 2. Stopp, Reifenwechsel von weich auf hart in 5,1 sec., total 24,5 sec., Platz 8-7
Kobayashi: 32. Runde: 2. Stopp, Reifenwechsel von weich auf hart in total 24,1 sec., Platz 11
Vettel: 36. Runde: 2. Stopp, Reifenwechsel von weich auf hart in 5,0 sec., total 24,0 sec., Platz 1
Hamilton: 36. Runde: 2. Stopp, Reifenwechsel von weich auf hart in 4,2 sec., total 23,1 sec., Platz 2
Alguersuari: 35. Runde: 3. Stopp, Reifenwechsel von hart auf hart in total 26,3 sec., Platz 14
Petrov: 36. Runde: 2. Stopp, Reifenwechsel von weich auf hart in 6,0 sec., total 25,6 sec., Platz 5
Di Resta: 36. Runde: 2. Stopp, Reifenwechsel von weich auf hart in total 24,3 sec., Platz 12
Button: 37. Runde: 3. Stopp, Reifenwechsel von weich auf hart in 3,8 sec., total 22,6 sec., Platz 7
Sutil: 37. Runde: 2. Stopp, Reifenwechsel von hart auf hart in total 23,8 sec., Platz 11
Trulli: 37. Runde: 2. Stopp, Reifenwechsel in total 24,8 sec., Platz 16
D'Ambrosio: 38. Runde: 2. Stopp, Reifenwechsel von hart auf hart in total 26,4 sec., Platz 17
Webber: 41. Runde: 3. Stopp, Reifenwechsel von weich auf hart in 7,4 sec., total 26,2 sec., Platz 5
Barrichello: 40. Runde: 4. Stopp, Reifenwechsel von weich auf weich in total 26,3 sec., Platz 15
Alonso: 42. Runde: 3. Stopp, Reifenwechsel in 5,1 sec., total 24,1 sec., Platz 4
Massa: 48. Runde: 3. Stopp, Reifenwechsel von hart auf weich in total 24,0 sec., Platz 10

Ausfälle:

Maldonado:	10. Runde: Kraftübertragung defekt, Platz 15
Schumacher:	20. Runde: Kollision mit Alguersuari, Platz 20
Kovalainen:	20. Runde: Wasserleck, Platz 17
Rosberg:	23. Runde: Kollision mit Barrichello, Platz 8
Barrichello:	49. Runde: Kraftübertragung defekt, Platz 15
Glock:	50. Runde: Nicht klassifiziert, Platz 17
Kobayashi:	59. Runde: Disqualifiziert, Platz 8
Pérez:	59. Runde: Disqualifiziert, Platz 7

Stand nach der 1. Runde:
1. Vettel, 2. Hamilton, 3. Webber, 4. Petrov, 5. Massa, 6. Button, 7. Rosberg, 8. Kobayashi, 9. Alonso, 10. Di Resta

Ergebnis:

1. Sebastian Vettel (Deutschland) Red Bull-Renault	1.29:30,259 = 206,184 km/h	
2. Lewis Hamilton (England) McLaren-Mercedes	1.29:52,556 = 205,332 km/h	22,297 zurück
3. Vitaly Petrov (Russland) Renault	1.30:00,819 = 205,018 km/h	30,56 zurück
4. Fernando Alonso (Spanien) Ferrari	1.30:02,031 = 204,972 km/h	31,772 zurück
5. Mark Webber (Australien) Red Bull-Renault	1.30:08,430 = 204,729 km/h	38,171 zurück
6. Jenson Button (England) McLaren-Mercedes	1.30:24,563 = 204,120 km/h	54,304 zurück
7. Felipe Massa (Brasilien) Ferrari	1.30:55,445 = 202,965 km/h	85,186 zurück
8. Sébastien Buemi (Schweiz) Toro Rosso-Ferrari	1.29:38,705 = 202,311 km/h	1 Runde zurück
9. Adrian Sutil (Deutschland) Force India-Mercedes	1.29:54,794 = 201,708 km/h	1 Runde zurück
10. Paul Di Resta (Schottland) Force India-Mercedes	1.30:23,766 = 200,631 km/h	1 Runde zurück
11. Jaime Alguersuari (Spanien) Toro Rosso-Ferrari	1.30:28,923 = 200,440 km/h	1 Runde zurück
12. Nick Heidfeld (Deutschland) Renault	1.30:43,901 = 199,888 km/h	1 Runde zurück
13. Jarno Trulli (Italien) Lotus-Renault	1.30:53,536 = 196,035 km/h	2 Runden zurück
14. Jérôme D'Ambrosio (Belgien) Virgin-Cosworth	1.29:34,518 = 191,813 km/h	4 Runden zurück

Pérez und **Kobayashi** werden wegen illegaler Heckflügel nachträglich aus der Wertung genommen

Schnellste Runde im Qualifying: Vettel (Red Bull-Renault): 1:23,529 = 228,552 km/h (erzielt in Phase 3)
Schnellste Runde im Rennen: Massa (Ferrari): 1:28,947 = 214,631 km/h
Höchstgeschwindigkeiten (Freitag, Training): 1. Kobayashi 314,5, 2. Buemi 314,1, 3. Rosberg 314,0, 4. Hülkenberg 313,7, 5. Pérez 313,6, 6. Sutil 313,4, 7. Vettel 311,9, 8. Di Resta 311,6, 9. Button 311,3, 10. Petrov 311,3, 11. Heidfeld 311,1, 12. Hamilton 310,1, 13. Schumacher 309,8, 14. Alguersuari 309,3, 15. Ricciardo 308,5, 16. Webber 308,4, 17. Barrichello 308,4, 18. Maldonado 308,3, 19. Massa 306,1, 20. Alonso 305,0, 21. Kovalainen 303,3, 22. D'Ambrosio 303,0, 23. Trulli 301,4, 24. Glock 300,1, 25. Liuzzi 138,6, 26. Chandhok 128,4
Höchstgeschwindigkeiten (Samstag, Qualifying): 1. Kobayashi 314,2, 2. Pérez 313,5, 3. Rosberg 313,4, 4. Button 312,8, 5. Hamilton 312,7, 6. Schumacher 312,6, 7. Sutil 311,7, 8. Maldonado 311,7, 9. Di Resta 311,4, 10. Barrichello 311,3, 11. Petrov 311,1, 12. Heidfeld 311,0, 13. Buemi 309,7, 14. Alonso 309,7, 15. Massa 309,5, 16. Alguersuari 309,5, 17. Vettel 308,3, 18. Webber 308,3, 19. Karthikeyan 305,1, 20. Liuzzi 304,3, 21. Kovalainen 303,5, 22. Trulli 303,4, 23. D'Ambrosio 301,6, 24. Glock 301,1
Höchstgeschwindigkeiten (Sonntag): 1. Button 313,4, 2. Pérez 312,6, 3. Schumacher 309,7, 4. Sutil 309,5, 5. Alonso 309,1, 6. Di Resta 308,6, 7. Heidfeld 308,6, 8. Kobayashi 308,3, 9. Vettel 307,4, 10. Petrov 307,4, 11. Massa 307,4, 12. Webber 306,3, 13. Barrichello 305,9, 14. Maldonado 305,4, 15. Alguersuari 304,6, 16. Buemi 303,8, 17. D'Ambrosio 301,0, 18. Hamilton 299,3, 19. Trulli 299,0, 20. Glock 296,8, 21. Rosberg 294,5, 22. Kovalainen 292,7
Schnellste Runde jedes Fahrers im Rennen: 1. Massa 1:28,947 (55.), 2. Alonso 1:29,487 (49.), 3. Webber 1:29,600 (50.), 4. Vettel 1:29,844 (44.), 5. Button 1:29,883 (49.), 6. Petrov 1:30,064 (55.), 7. Hamilton 1:30,314 (41.), 8. Alguersuari 1:30,467 (41.), 9. Buemi 1:30,836 (44.), 10. Barrichello 1:31,404 (47.), 11. Sutil 1:31,526 (55.), 12. Di Resta 1:31,941 (40.), 13. Heidfeld 1:32,377 (43.), 14. Trulli 1:32,550 (52.), 15. Rosberg 1:33,503 (21.), 16. Maldonado 1:34,102 (7.), 17. D'Ambrosio 1:34,523 (44.), 18. Kovalainen 1:34,918 (19.), 19. Schumacher 1:35,319 (13.), 20. Glock 1:35,789 (48.), Pérez 1:29,962 (39.), Kobayashi 1:30,384 (51.)
WM-Stand: 1. Vettel 25, 2. Hamilton 18, 3. Petrov 15, 4. Alonso 12, 5. Webber 10, 6. Button 8, 7. Massa 6, 8. Buemi 4, 9. Sutil 2, 10. Di Resta 1
Konstrukteur-WM: 1. Red Bull-Renault 35, 2. McLaren-Mercedes 26, 3. Ferrari 18, 4. Renault 15, 5. Toro Rosso-Ferrari 4, 6. Force India-Mercedes 3

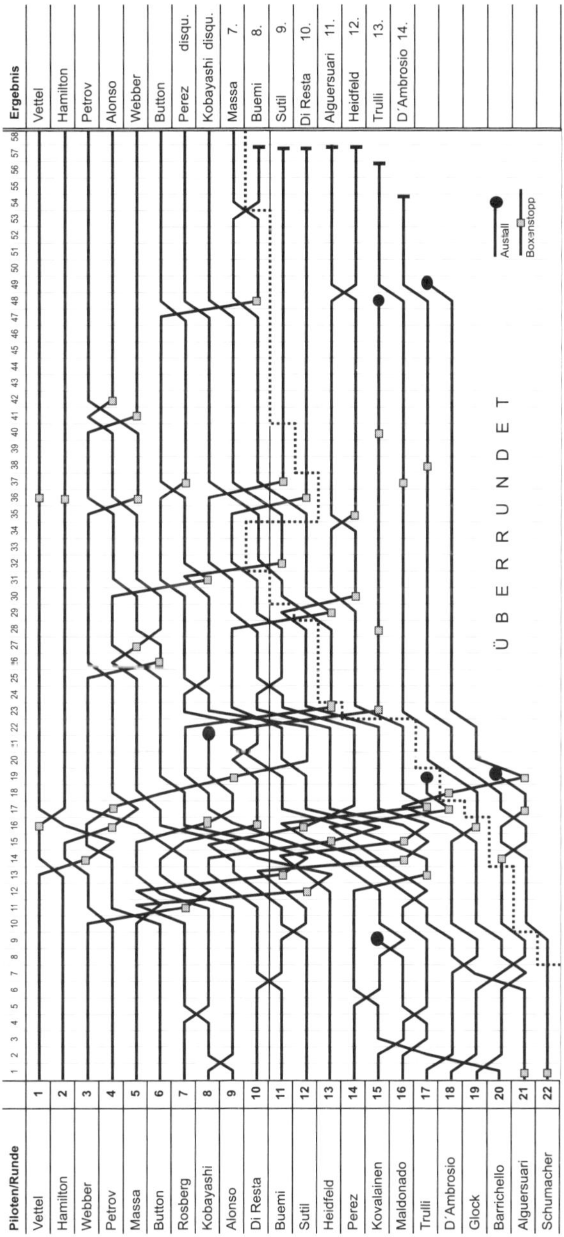
Piloten/Runde
Vettel 1
Hamilton 2
Webber 3
Petrov 4
Massa 5
Button 6
Rosberg 7
Kobayashi 8
Alonso 9
Di Resta 10
Buemi 11
Sutil 12
Heidfeld 13
Perez 14
Kovalainen 15
Maldonado 16
Trulli 17
D´Ambrosio 18
Glock 19
Barrichello 20
Alguersuari 21
Schumacher 22
Ergebnis
Vettel
Hamilton
Petrov
Alonso
Webber
Button
Perez disqu.
Kobayashi disqu.
Massa 7.
Buemi 8.
Sutil 9.
Di Resta 10.
Alguersuari 11.
Heidfeld 12.
Trulli 13.
D´Ambrosio 14.
Ü B E R R U N D E T
Ausfall
Boxenstopp

Lauf 2 - Großer Preis von Malaysia - Sepang, 10. April 2011

1. Training (Freitag Vormittag): 1. Webber 1:37,651, 2. Hamilton 1:39,316, 3. Schumacher 1:39,791, 4. Hülkenberg 1:40,377, 5. Maldonado 1:40,443, 6. Massa 1:40,453, 7. Heidfeld 1:40,525, 8. Barrichello 1:40,581, 9. Alonso 1:40,601, 10. Rosberg 1:40,646, 11. Sutil 1:40,734, 12. Ricciardo 1:40,748, 13. Alguersuari 1:40,770, 14. Kobayashi 1:40,872, 15. Button 1:40,927, 16. Trulli 1:41,620, 17. Vettel 1:41,627, 18. Pérez 1:41,642, 19. Glock 1:42,154, 20. D'Ambrosio 1:42,540, 21. Valsecchi 1:44,054, 22. Liuzzi 1:45,228, 23. Karthikeyan 1:46,267, 24. Petrov 1:47,932

2. Training (Freitag Nachmittag): 1. Webber 1:36,876, 2. Button 1:36,881, 3. Hamilton 1:37,010, 4. Vettel 1:37,090, 5. Schumacher 1:38,088, 6. Massa 1:38,089, 7. Rosberg 1:38,565, 8. Heidfeld 1:38,570, 9. Alonso 1:38,583, 10. Alguersuari 1:38,846, 11. Maldonado 1:38,968, 12. Barrichello 1:39,187, 13. Petrov 1:39,267, 14. Kobayashi 1:39,398, 15. Pérez 1:39,603, 16. Di Resta 1:39,625, 17. Sutil 1:39,809, 18. Buemi 1:40,115, 19. Glock 1:40,866, 20. Trulli 1:41,890, 21. Karthikeyan 1:43,197, 22. Liuzzi 1:43,991, 23. Kovalainen 1:44,886

3. Training (Samstag)		**Qualifying** (Samstag) **(1.Phase)**			**(2.Phase)**		**(3.Phase)**
1. Hamilton	1:36,340	1. Massa	1:36,744	1. Button	1:35,569	1. Vettel	1:34,870
2. Webber	1:36,630	2. Hamilton	1:36,861	2. Hamilton	1:35,852	2. Hamilton	1:34,974
3. Button	1:36,762	3. Alonso	1:36,897	3. Vettel	1:35,934	3. Webber	1:35,179
4. Heidfeld	1:37,115	4. Schumacher	1:36,904	4. Webber	1:36,080	4. Button	1:35,200
5. Vettel	1:37,175	5. Kobayashi	1:36,994	5. Alonso	1:36,320	5. Alonso	1:35,802
6. Alonso	1:37,284	6. Button	1:37,033	6. Rosberg	1:36,388	6. Heidfeld	1:36,124
7. Petrov	1:37,297	7. Petrov	1:37,210	7. Massa	1:36,557	7. Massa	1:36,251
8. Massa	1:37,762	8. Heidfeld	1:37,224	8. Petrov	1:36,642	8. Petrov	1:36,324
9. Kobayashi	1:38,059	9. Rosberg	1:37,316	9. Kobayashi	1:36,691	9. Rosberg	1:36,809
10. Schumacher	1:38,300	10. Vettel	1:37,468	10. Heidfeld	1:36,811	10. Kobayashi	1:36,820
11. Rosberg	1:38,307	11. Alguersuari	1:37,677	11. Schumacher	1:37,035		
12. Pérez	1:38,448	12. Sutil	1:37,693	12. Buemi	1:37,160		
13. Sutil	1:38,464	13. Buemi	1:37,693	13. Alguersuari	1:37,347		
14. Maldonado	1:38,597	14. Pérez	1:37,759	14. Di Resta	1:37,370		
15. Buemi	1:38,665	15. Webber	1:37,924	15. Barrichello	1:37,496		
16. Barrichello	1:38,681	16. Di Resta	1:38,045	16. Pérez	1:37,528		
17. Alguersuari	1:38,716	17. Barrichello	1:38,163	17. Sutil	1:37,593		
18. Di Resta	1:38,864	18. Maldonado	1:38,276				
19. Kovalainen	1:39,260	19. Kovalainen	1:38,645				
20. Trulli	1:39,699	20. Trulli	1:38,791				
21. D'Ambrosio	1:41,215	21. Glock	1:40,648				
22. Glock	1:41,414	22. D'Ambrosio	1:41,001				
23. Liuzzi	1:43,147	23. Liuzzi	1:41,549				
24. Karthikeyan	1:43,383	24. Karthikeyan	1:42,574				

Startaufstellung: Zuerst die Piloten 1 bis 10 aus der dritten Qualifying-Phase, danach die Piloten 11-17 aus der zweiten Qualifying-Phase, dahinter die Piloten 18-24 aus der ersten Qualifying-Phase - inklusive Strafversetzungen:

1. Sebastian Vettel
Red Bull-Renault RB7 V8
1:34,870

2. Lewis Hamilton
McLaren-Mercedes MP4/26 V8
1:34,974

3. Mark Webber
Red Bull-Renault RB7 V8
1:35,179

4. Jenson Button
McLaren-Mercedes MP4/26 V8
1:35,200

5. Fernando Alonso
Ferrari 150° Italia V8
1:35,802

6. Nick Heidfeld
Renault R31 V8
1:36,124

7. Felipe Massa
Ferrari 150° Italia V8
1:36,251

8. Vitaly Petrov
Renault R31 V8
1:36,324

9, Nico Rosberg
Mercedes MGP W02
1:36,809

10. Kamui Kobayashi
Sauber-Ferrari C30 V8
1:36,820

11. Michael Schumacher
Mercedes MGP W02
1:37,035

12. Sébastien Buemi
Toro Rosso-Ferrari STR6 V8
1:37,160

13. Jaime Alguersuari
Toro Rosso-Ferrari STR6 V8
1:37,347

14. Paul Di Resta
Force India-Mercedes VJM04 V8
1:37,370

15. Rubens Barrichello
Williams-Cosworth FW33 V8
1:37,496

16. Sergio Pérez
Sauber-Ferrari C30 V8
1:37,528

17. Adrian Sutil
Force India-Mercedes VJM04 V8
1:37,593

18. Pastor Maldonado
Williams-Cosworth FW33 V8
1:38,276

19. Heikki Kovalainen
Lotus-Renault T128 V8
1:38,645

20. Jarno Trulli
Lotus-Renault T128 V8
1:38,791

21. Timo Glock
Virgin-Cosworth MVR-02 V8
1:40,648

22. Jérôme D'Ambrosio
Virgin-Cosworth MVR-02 V8
1:41,001

23. Vitantonio Liuzzi
HRT-Cosworth HRT F111 V8
1:41,549

24. Narain Karthikeyan
HRT-Cosworth HRT F111 V8
1:42,574

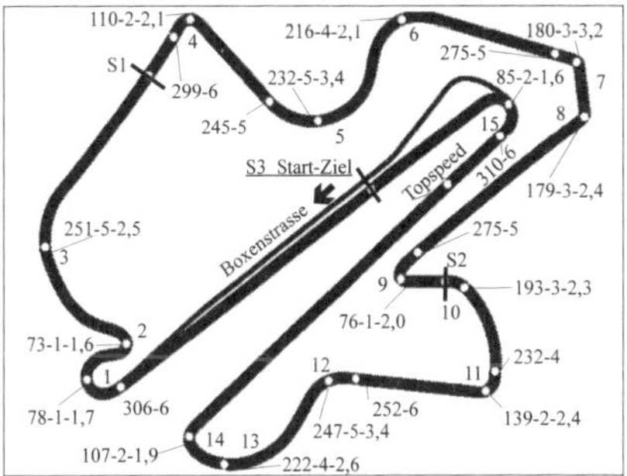

Legende: 132-2-2,1 = 132 km/h-2. Gang-2,1 Gravitation

Wetter am Renntag: Heiss, bewölkt und schwül,
28° Lufttemperatur, 31°-30° Asphalttemperatur,
82-83 % Lufttfeuchtigkeit, 65.000 Zuschauer am Renntag

Distanz: 56 Runden à 5,543 km = 310,408 km
Ziellinie 0,000 km hinter der Startlinie

Sieger 2010: Vettel (Red Bull-Renault),
1.33:48,412 = 198,540 km/h

Poleposition 2010: Webber (Red Bull-Renault),
1:49,327 = 182,523 km/h

Schnellste Runde 2010: Webber (Red Bull-Renault),
1:37,054 = 205,605 km/h

Boxenstopps:

Sutil:	3. Runde: Reifenwechsel von weich auf weich in total 31,6 sec., Platz 21-23
Barrichello:	3. Runde: Reifenwechsel von weich auf weich wegen Reifenplatten, verliert total 32,9 sec., Platz 24
Webber:	10. Runde: Reifenwechsel von weich auf weich in total 22,5 sec., Platz 11-17
Di Resta:	11. Runde: Reifenwechsel von weich auf weich in total 22,7 sec., Platz 14-18
Hamilton:	12. Runde: Reifenwechsel von weich auf weich in total 22,5 sec., Platz 6-10
Vettel:	13. Runde: Reifenwechsel von weich auf weich in 3,6 sec., total 23,0 sec., Platz 1-3
Heidfeld:	13. Runde: Reifenwechsel von weich auf weich in total 23,9 sec., Platz 3-9
Button:	13. Runde: Reifenwechsel von weich auf weich in 3,2 sec., total 22,4 sec., Platz 4-7
Massa:	13. Runde: Reifenwechsel von weich auf weich (verlorene Radmutter vorne links), verliert total 29,2 sec., Platz 5-13
Trulli:	13. Runde: Reifenwechsel von weich auf weich in total 25,5 sec., Platz 16-21
Alonso:	14. Runde: Reifenwechsel von weich auf weich in total 23,1 sec., Platz 1-6
Schumacher:	14. Runde: Reifenwechsel von weich auf weich in 3,7 sec., total 22,5 sec., Platz 8-16
Petrov:	15. Runde: Reifenwechsel von weich auf weich in 3,6 sec., total 23,1 sec., Platz 2-9
Buemi:	15. Runde: Reifenwechsel von weich auf weich in total 23,2 sec., Platz 9-14
Rosberg:	15. Runde: Reifenwechsel von weich auf weich in total 24,9 sec., Platz 14-17
Kovalainen:	15. Runde: Reifenwechsel von weich auf weich in total 29,0 sec., Platz 15-19
Alguersuari:	16. Runde: Reifenwechsel von weich auf weich in total 23,5 sec., Platz 13-16
Sutil:	16. Runde: 2. Stopp, Reifenwechsel von weich auf hart in total 22,0 sec., Platz 15-17
Kobayashi:	17. Runde: Reifenwechsel von weich auf weich in total 23,2 sec., Platz 7-11
Pérez:	17. Runde: Reifenwechsel von weich auf weich in total 23,5 sec., Platz 13-15
Glock:	17. Runde: Reifenwechsel von weich auf weich in total 24,6 sec., Platz 14-18
D'Ambrosio:	17. Runde: Reifenwechsel von weich auf weich in total 26,2 sec., Platz 19-20
Liuzzi:	17. Runde: Reifenwechsel von weich auf weich in total 27,8 sec., Platz 21
Barrichello:	17. Runde: 2. Stopp, Reifenwechsel von weich auf hart in total 24,5 sec., Platz 22
Buemi:	20. Runde: 2. Stopp, 10 sec.-Stop-and-Go-Strafe wegen überhöhter Geschwindigkeit in der Boxengasse, verliert total 29,8 sec., Platz 12-16
Webber:	22. Runde: 2. Stopp, Reifenwechsel von weich auf weich in total 21,9 sec., Platz 7-11
Button:	23. Runde: 2. Stopp, Reifenwechsel von weich auf weich in 3,6 sec., total 22,4 sec., Platz 4-7
Hamilton:	24. Runde: 2. Stopp, Reifenwechsel von weich auf hart in 3,5 sec., total 22,6 sec., Platz 2-6
Di Resta:	24. Runde: 2. Stopp, Reifenwechsel von weich auf weich in total 22,4 sec., Platz 9-12
Vettel:	25. Runde: 2. Stopp, Reifenwechsel von weich auf weich in 2,7 sec., total 21,8 sec., Platz 1-3
Alonso:	26. Runde: 2. Stopp, Reifenwechsel von weich auf weich in total 23,8 sec., Platz 1-5
Heidfeld:	26. Runde: 2. Stopp, Reifenwechsel von weich auf weich in total 23,2 sec., Platz 4-8
Massa:	27. Runde: 2. Stopp, Reifenwechsel von weich auf weich in 3,5 sec., total 22,5 sec., Platz 3-7
Petrov:	27. Runde: 2. Stopp, Reifenwechsel von weich auf hart in 3,5 sec., total 22,6 sec., Platz 6-10
Schumacher:	28. Runde: 2. Stopp, Reifenwechsel von weich auf weich in total 22,2 sec., Platz 9-13
Rosberg:	29. Runde: 2. Stopp, Reifenwechsel von weich auf weich in total 22,5 sec., Platz 12-15
Webber:	32. Runde: 3. Stopp, Reifenwechsel von weich auf hart in 3,5 sec., total 22,0 sec., Platz 5-7
Alguersuari:	32. Runde: 2. Stopp, Reifenwechsel von weich auf hart in total 22,8 sec., Platz 12-14
Sutil:	32. Runde: 3. Stopp, Reifenwechsel von hart auf weich in total 22,5 sec., Platz 13-15
Buemi:	32. Runde: 3. Stopp, Reifenwechsel von weich auf hart in total 27,4 sec., Platz 15-16
Kovalainen:	34. Runde: 2. Stopp, Reifenwechsel von weich auf hart in total 23,3 sec., Platz 13-16
Glock:	34. Runde: 2. Stopp, Reifenwechsel von weich auf hart in total 24,4 sec., Platz 17-18
D'Ambrosio:	35. Runde: 2. Stopp, Reifenwechsel von weich auf hart in total 24,4 sec., Platz 17-18
Kobayashi:	36. Runde: 2. Stopp, Reifenwechsel von weich auf hart in 4,2 sec., total 23,4 sec., Platz 9-11
Hamilton:	37. Runde: 3. Stopp, Reifenwechsel von hart auf hart in 6,9 sec., total 25,3 sec., Platz 3-6
Di Resta:	37. Runde: 3. Stopp, Reifenwechsel von weich auf hart in total 23,9 sec., Platz 10-11
Button:	38. Runde: 3. Stopp, Reifenwechsel von weich auf hart in 3,5 sec., total 22,4 sec., Platz 3-4
Massa:	38. Runde: 3. Stopp, Reifenwechsel von weich auf hart in total 22,8 sec., Platz 5-8
Heidfeld:	39. Runde: 3. Stopp, Reifenwechsel von weich auf hart in 3,9 sec., total 22,6 sec., Platz 3-7
Liuzzi:	38. Runde: 2. Stopp, Reifenwechsel von weich auf hart in total 26,5 sec., Platz 19
Rosberg:	40. Runde: 3. Stopp, Reifenwechsel von weich auf hart in total 22,5 sec., Platz 13-15
Vettel:	41. Runde: 3. Stopp, Reifenwechsel von weich auf hart in 3,4 sec., total 22,3 sec., Platz 1

Alonso:	41. Runde: 3. Stopp, Reifenwechsel von weich auf hart in 5,1 sec., total 23,8 sec., Platz 2-5
Schumacher:	42. Runde: 3. Stopp, Reifenwechsel von weich auf hart in total 22,2 sec., Platz 10-11
Webber:	43. Runde: 4. Stopp, Reifenwechsel von hart auf hart in 3,7 sec., total 22,1 sec., Platz 5-8
Petrov:	44. Runde: 3. Stopp, Reifenwechsel von hart auf hart in total 28,6 sec., Platz 7-9
Alonso:	46. Runde: 4. Stopp, Neue Nase und Reifenwechsel von hart auf hart in 8,9 sec., verliert total 27,1 sec., Platz 4-7
Liuzzi:	44. Runde: 3. Stopp, Reifenwechsel von hart auf weich in total 38,8 sec., Platz 18
Hamilton:	52. Runde: 4. Stopp, Reifenwechsel von hart auf hart in 3,7 sec., total 22,4 sec., Platz 6-7

Ausfälle:

Maldonado:	9. Runde: Elektrikschaden, Platz 20
Karthikeyan:	15. Runde: Stoppt den Wagen um keinen Motorschaden zu erleiden, Platz 22
Barrichello:	23. Runde: Hydraulikdefekt, Platz 22
Pérez:	24. Runde: Ein Teil trifft den Unterboden, der Feuerlöscher geht los und die Stromversorgung fällt aus, Platz 14
Trulli:	32. Runde: Kupplungschaden, Platz 17
D'Ambrosio:	43. Runde: Nach Sprung über einen Kerb schaltet der Wagen den Motor ab, Platz 18
Liuzzi:	47. Runde: Defekter Heckflügel, Platz 18
Petrov:	53. Runde: Dreher, Platz 17

Stand nach der 1. Runde:

1. Vettel, 2. Heidfeld, 3. Hamilton, 4. Button, 5. Petrov, 6. Massa, 7. Alonso, 8. Schumacher, 9. Webber, 10. Kobayashi

Ergebnis:

1. Sebastian Vettel (Deutschland) Red Bull-Renault	1.37:39,832 = 190,699 km/h	
2. Jenson Button (England) McLaren-Mercedes	1.37:43,093 = 190,593 km/h	3,261 zurück
3. Nick Heidfeld (Deutschland) Renault	1.38:04,907 = 189,887 km/h	25,075 zurück
4. Mark Webber (Australien) Red Bull-Renault	1.38:06,216 = 189,845 km/h	26,384 zurück
5. Felipe Massa (Brasilien) Ferrari	1.38:16,790 = 189,504 km/h	36,958 zurück
6. Fernando Alonso (Spanien) Ferrari	1.38:37,080 = 188,854 km/h	57,248 zurück
7. Kamui Kobayashi (Japan) Sauber-Ferrari	1.38:46,271 = 188,561 km/h*	66,439 zurück*
8. Lewis Hamilton (England) McLaren-Mercedes	1.38:49,789 = 188,450 km/h*	69,957 zurück*
9. Michael Schumacher (Deutschland) Mercedes	1.39:04,728 = 187,976 km/h	84,896 zurück
10. Paul Di Resta (Schottland) Force India-Mercedes	1.39:11,395 = 187,765 km/h	91,563 zurück
11. Adrian Sutil (Deutschland) Force India-Mercedes	1.39:21,211 = 187,456 km/h	101,379 zurück
12. Nico Rosberg (Deutschland) Mercedes	1.37:45,770 = 187,104 km/h	1 Runde zurück
13. Sébastien Buemi (Schweiz) Toro Rosso-Ferrari	1.38:13,721 = 186,217 km/h	1 Runde zurück
14. Jaime Alguersuari (Spanien) Toro Rosso-Ferrari	1.38:23,108 = 185,921 km/h	1 Runde zurück
15. Heikki Kovalainen (Finnland) Lotus-Renault	1.38:23,523 = 185,908 km/h	1 Runde zurück
16. Timo Glock (Deutschland) Virgin-Cosworth	1.37:52,361 = 183,496 km/h	2 Runden zurück
17. Vitaly Petrov (Russland) Renault	1.31:40,647 = 188,641 km/h	Dreher

Hamilton erhält im Nachhinen eine 20-sec.-Drive-Through-Strafe wegen mehrfachem Wechsel der Fahrbahn im Zweikampf mit Alonso
Alonso erhält im Nachhinen eine 20-sec.-Drive-Through-Strafe wegen einer vermeidbaren Kollision mit Hamilton
*Inklusive der 20-Sekunden-Drive-Through-Strafe

Petrov beendet nicht das Rennen, wird aber aufgrund der zurückgelegten Distanz gewertet

Schnellste Runde im Qualifying: Vettel (Red Bull-Renault): 1:34,870 = 210,338 km/h (erzielt in Phase 3)
Schnellste Runde im Rennen: Webber (Red Bull-Renault): 1:40,571 = 198,415 km/h
Höchstgeschwindigkeiten (Freitag, Training): 1. Heidfeld 307,9, 2. Alonso 305,4, 3. Petrov 304,7, 4. Hülkenberg 303,8, 5. Di Resta 303,8, 6. Sutil 303,7, 7. Webber 303,6, 8. Rosberg 302,9, 9. Vettel 302,5, 10. Hamilton 302,2, 11. Massa 301,6, 12. Schumacher 301,0, 13. Kobayashi 300,0, 14. Glock 299,8, 15. Button 299,7, 16. Maldonado 299,3, 17. Pérez 299,3, 18. Barrichello 299,1, 19. Alguersuari 298,7, 20. Liuzzi 297,1, 21. Valsecchi 296,8, 22. Buemi 296,6, 23. Trulli 296,4, 24. D'Ambrosio 296,4, 25. Ricciardo 295,4, 26. Karthikeyan 291,4, 27. Kovalainen 291,3
Höchstgeschwindigkeiten (Samstag, Qualifying): 1. Sutil 311,4, 2. Schumacher 311,0, 3. Rosberg 310,6, 4. Di Resta 308,8, 5. Button 306,8, 6. Petrov 306,4, 7. Heidfeld 306,2, 8. Alonso 305,9, 9. Massa 304,9, 10. Vettel 304,8, 11. Maldonado 304,6, 12. Webber 304,3, 13. Pérez 304,0, 14. Hamilton 303,3, 15. Barrichello 303,3, 16. Kobayashi 303,0, 17. D'Ambrosio 301,7, 18. Buemi 301,7, 19. Alguersuari 301,5, 20. Glock 300,9, 21. Trulli 300,9, 22. Liuzzi 299,1, 23. Kovalainen 298,9, 24. Karthikeyan 296,5
Höchstgeschwindigkeiten (Sonntag): 1. Heidfeld 299,6, 2. Liuzzi 298,7, 3. Massa 298,1, 4. Schumacher 297,6, 5. Petrov 296,8, 6. Alonso 296,6, 7. Rosberg 296,2, 8. Button 295,0, 9. Hamilton 294,1, 10. Di Resta 292,8, 11. Webber 291,9, 12. Sutil 291,4, 13. Barrichello 291,2, 14. Alguersuari 290,3, 15. Vettel 290,0, 16. Buemi 290,0, 17. Kobayashi 289,8, 18. Maldonado 289,4, 19. Trulli 289,3, 20. Kovalainen 289,3, 21. D'Ambrosio 289,3, 22. Pérez 288,3, 23. Glock 287,8, 24. Karthikeyan 281,6
Schnellste Runde jedes Fahrers im Rennen: 1. Webber 1:40,571 (46.), 2. Alonso 1:40,717 (49.), 3. Petrov 1:41,054 (49.), 4. Button 1:41,264 (50.), 5. Hamilton 1:41,512 (54.), 6. Vettel 1:41,539 (33.), 7. Heidfeld 1:41,547 (47.), 8. Rosberg 1:41,778 (45.), 9. Massa 1:41,999 (41.), 10. Kobayashi 1:42,095 (39.), 11. Schumacher 1:42,491 (45.), 12. Buemi 1:42,659 (36.), 13. Di Resta 1:42,883 (48.), 14. Sutil 1:42,973 (34.), 15. Pérez 1:43,298 (19.), 16. Kovalainen 1:43,677 (43.), 17. Alguersuari 1:43,744 (37.), 18. Trulli 1:45,280 (23.), 19. D'Ambrosio 1:45,346 (41.), 20. Glock 1:45,357 (50.), 21. Barrichello 1:45,516 (10.), 22. Maldonado 1:45,689 (5.), 23. Liuzzi 1:46,521 (42.), 24. Karthikeyan 1:49,385 (5.)
WM-Stand: 1. Vettel 50, 2. Button 26, 3. Hamilton 22, 4. Webber 22, 5. Alonso 20, 6. Massa 16, 7. Heidfeld 15, 8. Petrov 15, 9. Kobayashi 6, 10. Buemi 4, 11. Sutil 2, 12. Schumacher 2, 13. Di Resta 2
Konstrukteur-WM: 1. Red Bull-Renault 72, 2. McLaren-Mercedes 48, 3. Ferrari 36, 4. Renault 30, 5. Sauber-Ferrari 6, 6. Toro Rosso-Ferrari 4, 7. Force India-Mercedes 4, 8. Mercedes 2

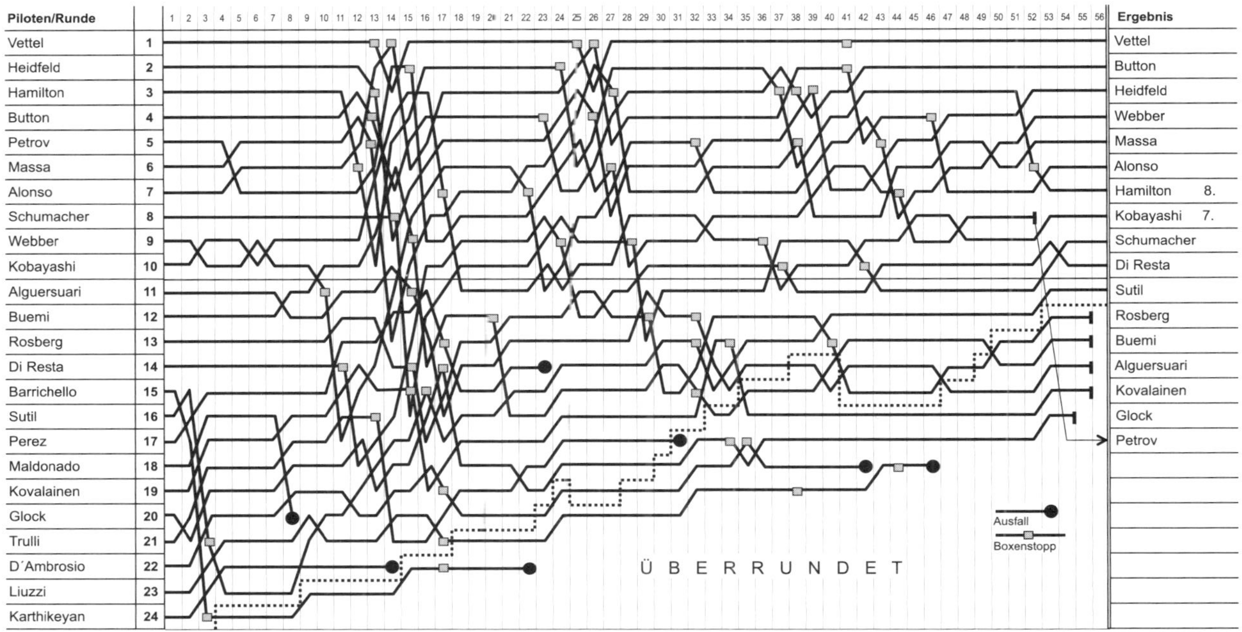

Alonso, Hamilton - 20 Sekunden Zeitstrafe

Lauf 3 - Großer Preis von China - Shanghai, 17. April 2011

1. Training (Freitag Vormittag): 1. Vettel 1:38,739, 2. Webber 1:39,354, 3. Hamilton 1:40,845, 4. Button 1:40,940, 5. Heidfeld 1:40,987, 6. Massa 1:41,046, 7. Pérez 1:41,189, 8. Maldonado 1:41,222, 9. Petrov 1:41,231, 10. Buemi 1:41,328, 11. Rosberg 1:41,361, 12. Alonso 1:41,434, 13. Hülkenberg 1:41,494, 14. Kovalainen 1:41,579, 15. Di Resta 1:41,610, 16. Ricciardo 1:41,752, 17. Barrichello 1:41,939, 18. Schumacher 1:42,301, 19. Kobayashi 1:43,792, 20. D'Ambrosio 1:44,089, 21. Liuzzi 1:44,359, 22. Glock 1:44,438, 23. Razia 1:44,542, 24. Karthikeyan 1:45,019

2. Training (Freitag Nachmittag): 1. Vettel 1:37,688, 2. Hamilton 1:37,854, 3. Button 1:37,935, 4. Rosberg 1:37,943, 5. Schumacher 1:38,105, 6. Massa 1:38,507, 7. Sutil 1:38,735, 8. Heidfeld 1:38,805, 9. Petrov 1:38,859, 10. Webber 1:39,327, 11. Kobayashi 1:39,538, 12. Maldonado 1:39,667, 13. Buemi 1:39,771, 14. Alonso 1:39,779, 15. Alguersuari 1:39,828, 16. Barrichello 1:39,925, 17. Pérez 1:39,953, 18. Kovalainen 1:40,476, 19. Trulli 1:41,482, 20. Karthikeyan 1:42,902, 21. Liuzzi 1:43,850, 22. D'Ambrosio 1:44,008, 23. Glock 1:44,747

3. Training (Samstag)		**Qualifying** (Samstag) **(1.Phase)**			**(2.Phase)**		**(3.Phase)**
1. Vettel	1:34,968	1. Rosberg	1:35,272	1. Hamilton	1:34,486	1. Vettel	1:33,706
2. Button	1:35,176	2. Petrov	1:35,370	2. Button	1:34,662	2. Button	1:34,421
3. Hamilton	1:35,373	3. Alonso	1:35,389	3. Vettel	1:34,776	3. Hamilton	1:34,463
4. Rosberg	1:35,677	4. Massa	1:35,478	4. Petrov	1:35,149	4. Rosberg	1:34,670
5. Alonso	1:35,818	5. Schumacher	1:35,508	5. Alonso	1:35,165	5. Alonso	1:35,119
6. Massa	1:35,971	6. Vettel	1:35,674	6. Massa	1:35,437	6. Massa	1:35,145
7. Petrov	1:36,098	7. Di Resta	1:35,702	7. Buemi	1:35,500	7. Alguersuari	1:36,158
8. Sutil	1:36,125	8. Heidfeld	1:35,910	8. Alguersuari	1:35,563	8. Di Resta	1:36,190
9. Schumacher	1:36,141	9. Barrichello	1:35,911	9. Rosberg	1:35,850	9. Buemi	1:36,203
10. Di Resta	1:36,370	10. Button	1:35,924	10. Di Resta	1:35,858	10. Petrov	-:--
11. Heidfeld	1:36,404	11. Pérez	1:36,046	11. Sutil	1:35,874		
12. Kobayashi	1:36,582	12. Hamilton	1:36,091	12. Pérez	1:36,053		
13. Pérez	1:36,596	13. Sutil	1:36,092	13. Kobayashi	1:36,236		
14. Buemi	1:36,717	14. Buemi	1:36,110	14. Schumacher	1:36,457		
15. Webber	1:36,896	15. Maldonado	1:36,121	15. Barrichello	1:36,465		
16. Alguersuari	1:36,953	16. Alguersuari	1:36,133	16. Heidfeld	1:36,611		
17. Barrichello	1:37,007	17. Kobayashi	1:36,147	17. Maldonad	1:36,956		
18. Maldonado	1:37,304	18. Webber	1:36,468				
19. Kovalainen	1:38,176	19. Kovalainen	1:37,894				
20. Trulli	1:38,739	20. Trulli	1:38,318				
21. Glock	1:39,938	21. D'Ambrosio	1:39,119				
22. D'Ambrosio	1:39,998	22. Glock	1:39,708				
23. Liuzzi	1:40,593	23. Liuzzi	1:40,212				
24. Karthikeyan	1:40,881	24. Karthikeyan	1:40,445				

Startaufstellung: Zuerst die Piloten 1 bis 10 aus der dritten Qualifying-Phase, danach die Piloten 11-17 aus der zweiten Qualifying-Phase, dahinter die Piloten 18-24 aus der ersten Qualifying-Phase - inklusive Strafversetzungen:

1. Sebastian Vettel
Red Bull-Renault RB7 V8
1:33,706

2. Jenson Button
McLaren-Mercedes MP4/26 V8
1:34,421

3. Lewis Hamilton
McLaren-Mercedes MP4/26 V8
1:34,463

4. Nico Rosberg
Mercedes MGP W02
1:34,670

5. Fernando Alonso
Ferrari 150° Italia V8
1:35,119

6. Felipe Massa
Ferrari 150° Italia V8
1:35,145

7. Jaime Alguersuari
Toro Rosso-Ferrari STR6 V8
1:36,158

8. Paul Di Resta
Force India-Mercedes VJM04 V8
1:36,190

9. Sébastien Buemi
Toro Rosso-Ferrari STR6 V8
1:36,203

10. Vitaly Petrov
Renault R31 V8
keine Zeit

11. Adrian Sutil
Force India-Mercedes VJM04 V8
1:35,874

12. Sergio Pérez
Sauber-Ferrari C30 V8
1:36,053

13. Kamui Kobayashi
Sauber-Ferrari C30 V8
1:36,236

14. Michael Schumacher
Mercedes MGP W02
1:36,457

15. Rubens Barrichello
Williams-Cosworth FW33 V8
1:36,465

16. Nick Heidfeld
Renault R31 V8
1:36,611

17. Pastor Maldonado
Williams-Cosworth FW33 V8
1:36,956

18. Mark Webber
Red Bull-Renault RB7 V8
1:36,468

19. Heikki Kovalainen
Lotus-Renault T128 V8
1:37,894

20. Jarno Trulli
Lotus-Renault T128 V8
1:38,318

21. Jérôme D'Ambrosio
Virgin-Cosworth MVR-02 V8
1:39,119

22. Timo Glock
Virgin-Cosworth MVR-02 V8
1:39,708

23. Vitantonio Liuzzi
HRT-Cosworth HRT F111 V8
1:40,212

24. Narain Karthikeyan
HRT-Cosworth HRT F111 V8
1:40,445

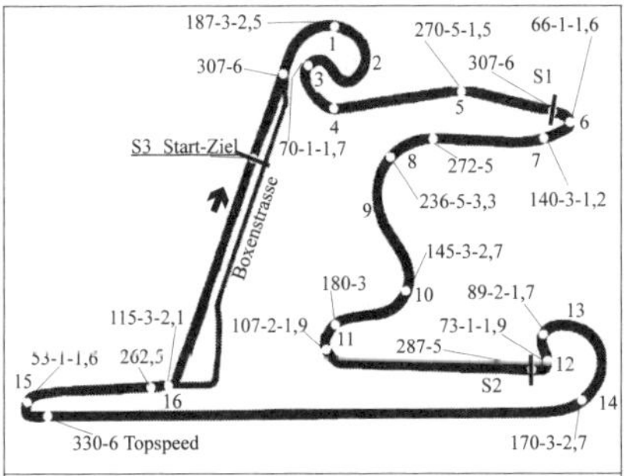

Legende: 132-2-2,1 = 132 km/h-2. Gang-2,1 Gravitation

Wetter am Renntag: Sonnig, heiss und trocken,
22°-21° Lufttemperatur, 29°-26° Asphalttemperatur,
24-30 % Luftfeuchtigkeit, 91.000 Zuschauer am Renntag

Distanz: 56 Runden à 5,451 km = 305,066 km
Ziellinie 0,190 km hinter der Startlinie

Sieger 2010: Button (McLaren-Mercedes),
1.46:42,163 = 171,541 km/h

Poleposition 2010: Vettel (Red Bull-Renault),
1:34,558 = 207,529 km/h

Schnellste Runde 2010: Hamilton (McLaren/Mercedes),
1:42,061 = 192,273 km/h

Boxenstopps:

Alguersuari:	9. Runde: Reifenwechsel von weich auf weich in 4,3 sec., total 22,4 sec., Platz 17
Liuzzi:	9. Runde: Drive-Through-Strafe wegen Frühstarts, verliert total 14,1 sec., Platz 24
Schumacher:	10. Runde: Reifenwechsel von weich auf weich in 3,4 sec., total 20,5 sec., Platz 11-16
Webber:	10. Runde: Reifenwechsel von hart auf weich in 5,8 sec., total 23,4 sec., Platz 17-20
Maldonado:	10. Runde: Reifenwechsel von weich auf weich in total 23,1 sec., Platz 19-22
Di Resta:	11. Runde: Reifenwechsel von weich auf weich in total 21,9 sec., Platz 10-16
Rosberg:	12. Runde: Reifenwechsel von weich auf weich in 3,7 sec., total 20,7 sec., Platz 6-9
Buemi:	12. Runde: Reifenwechsel von weich auf hart in total 22,0 sec., Platz 13-18
Button:	14. Runde: Reifenwechsel von weich auf weich in total 23,7 sec., Platz 4-9
Vettel:	14. Runde: Reifenwechsel von weich auf weich in 3,6 sec., total 21,9 sec., Platz 5-7
Kobayashi:	14. Runde: Reifenwechsel von weich auf weich in total 21,8 sec., Platz 9-15
Massa:	15. Runde: Reifenwechsel von weich auf weich in total 21,6 sec., Platz 2-6
Hamilton:	15. Runde: Reifenwechsel von weich auf weich in 3,8 sec., total 20,8 sec., Platz 3-7
Sutil:	15. Runde: Reifenwechsel von weich auf weich in total 20,9 sec., Platz 6-13
Alonso:	16. Runde: Reifenwechsel von weich auf weich in 5,2 sec., total 22,5 sec., Platz 1-9
Pérez:	16. Runde: Reifenwechsel von weich auf weich in total 21,4 sec., Platz 10-16
Barrichello:	16. Runde: Reifenwechsel von weich auf weich in total 21,7 sec., Platz 12-17
Buemi:	16. Runde: 2. Stopp, Reifenwechsel von hart auf hart in total 24,7 sec., Platz 18-20
Glock:	16. Runde: Reifenwechsel von weich auf weich in total 22,6 sec., Platz 21-22
Petrov:	17. Runde: Reifenwechsel von weich auf weich in total 21,9 sec., Platz 6-13
Heidfeld:	18. Runde: Reifenwechsel von weich auf weich in 4,9 sec., total 22,2 sec., Platz 9-14
Kovalainen:	19. Runde: Reifenwechsel von weich auf weich in total 22,4 sec., Platz 16-18
Trulli:	20. Runde: Reifenwechsel von weich auf weich in total 23,0 sec., Platz 17-19
D'Ambrosio:	20. Runde: Reifenwechsel von weich auf weich in total 22,9 sec., Platz 20-22
Liuzzi:	21. Runde: 2. Stopp, Reifenwechsel von weich auf hart in total 24,4 sec., Platz 23
Karthikeyan:	23. Runde: Reifenwechsel von weich auf hart in total 26,0 sec., Platz 21-22
Button:	24. Runde: 2. Stopp, Reifenwechsel von weich auf weich in 3,7 sec., total 20,7 sec., Platz 5-8
Rosberg:	25. Runde: 2. Stopp, Reifenwechsel von weich auf weich in 5,0 sec., total 22,0 sec., Platz 2-4
Hamilton:	25. Runde: 2. Stopp, Reifenwechsel von weich auf weich in total 20,5 sec., Platz 4-8
Webber:	25. Runde: 2. Stopp, Reifenwechsel von weich auf weich in 4,0 sec., total 21,1 sec., Platz 13-15
Maldonado:	25. Runde: 2. Stopp, Reifenwechsel von weich auf hart in total 22,0 sec., Platz 16-18
Schumacher:	26. Runde: 2. Stopp, Reifenwechsel von weich auf weich in total 21,9 sec., Platz 5-13
Glock:	28. Runde: 2. Stopp, Reifenwechsel von weich auf weich in total 21,9 sec., Platz 20-21
Sutil:	30. Runde: 2. Stopp, Reifenwechsel von weich auf hart in 3,3 sec., total 21,0 sec., Platz 11-13
Kobayashi:	30. Runde: 2. Stopp, Reifenwechsel von weich auf hart in total 21,9 sec., Platz 13-14
Heidfeld:	30. Runde: 2. Stopp, Reifenwechsel von weich auf hart in total 21,8 sec., Platz 14-15
Vettel:	31. Runde: 2. Stopp, Reifenwechsel von weich auf hart in 4,1 sec., total 21,5 sec., Platz 2-5
Alonso:	32. Runde: 2. Stopp, Reifenwechsel von weich auf hart in 3,7 sec., total 21,2 sec., Platz 6-10
Di Resta:	32. Runde: 2. Stopp, Reifenwechsel von weich auf hart in total 21,2 sec., Platz 10-12
Massa:	33. Runde: 2. Stopp, Reifenwechsel von weich auf hart in total 21,1 sec., Platz 1-5
Buemi:	33. Runde: 3. Stopp, Reifenwechsel von hart auf hart in total 21,9 sec., Platz 17-19
D'Ambrosio:	34. Runde: 2. Stopp, Reifenwechsel von weich auf hart in total 22,8 sec., Platz 20-21
Barrichello:	35. Runde: 2. Stopp, Reifenwechsel von weich auf hart in total 21,4 sec., Platz 15-16
Pérez:	36. Runde: 2. Stopp, Reifenwechsel von weich auf hart in total 23,3 sec., Platz 10-14
Button:	37. Runde: 3. Stopp, Reifenwechsel von weich auf hart in 4,3 sec., total 21,2 sec., Platz 3-5
Petrov:	37. Runde: 2. Stopp, Reifenwechsel von weich auf hart in total 22,0 sec., Platz 9-13
Hamilton:	38. Runde: 3. Stopp, Reifenwechsel von weich auf hart in 3,8 sec., total 20,5 sec., Platz 2-4
Rosberg:	39. Runde: 3. Stopp, Reifenwechsel von weich auf hart in 3,5 sec., total 20,7 sec., Platz 1-3
Schumacher:	39. Runde: 3. Stopp, Reifenwechsel von weich auf hart in total 21,4 sec., Platz 7-8
Webber:	40. Runde: 3. Stopp, Reifenwechsel von weich auf weich in total 21,0 sec., Platz 6-7

Glock:	39. Runde: 3. Stopp, Reifenwechsel von weich auf hart in total 33,8 sec., Platz 20-23
Kovalainen:	40. Runde: 2. Stopp, Reifenwechsel von weich auf hart in total 21,8 sec., Platz 16-18
Maldonado:	40. Runde: 3. Stopp, Reifenwechsel von hart auf hart in total 27,6 sec., Platz 18-19
Trulli:	42. Runde: 2. Stopp, Reifenwechsel von weich auf hart in total 22,2 sec., Platz 18-19
Liuzzi:	45. Runde: 3. Stopp, Reifenwechsel von hart auf weich in total 23,4 sec., Platz 23
Sutil:	47. Runde: 3. Stopp, Neuer Frontflügel nach Kontakt mit Pérez und Reifenwechsel von hart auf weich, total 28,7 sec., Platz 15-16
Pérez:	48. Runde: 3. Stopp, Drive-Through-Strafe wegen Kollision mit Heidfeld, verliert total 13,9 sec., Platz 13-15
Pérez:	50. Runde: 4. Stopp, 10 sec.-Stop-and-Go-Strafe wegen Kollision mit Sutil, verliert total 28,8 sec., Platz 15-17

Ausfälle:

Alguersuari:	20. Runde: Radmutter beim 1. Stopp schlecht befestigt dadurch Radverlust, Platz 17

Stand nach der 1. Runde:
1. Button, 2. Hamilton, 3. Vettel, 4. Rosberg, 5. Massa, 6. Alonso, 7. Di Resta, 8. Sutil, 9. Schumacher, 10. Alguersuari

Ergebnis:

1. Lewis Hamilton (England) McLaren-Mercedes	1.36:58,226 = 188,758 km/h	
2. Sebastian Vettel (Deutschland) Red Bull-Renault	1.37:03,424 = 188,589 km/h	5,198 zurück
3. Mark Webber (Australien) Red Bull-Renault	1.37:05,781 = 188,513 km/h	7,555 zurück
4. Jenson Button (England) McLaren-Mercedes	1.37:08,226 = 188,434 km/h	10,000 zurück
5. Nico Rosberg (Deutschland) Mercedes	1.37:11,674 = 188,322 km/h	13,448 zurück
6. Felipe Massa (Brasilien) Ferrari	1.37:14,066 = 188,245 km/h	15,840 zurück
7. Fernando Alonso (Spanien) Ferrari	1.37:28,848 = 187,769 km/h	30,622 zurück
8. Michael Schumacher (Deutschland) Mercedes	1.37:29,252 = 187,756 km/h	31,026 zurück
9. Vitaly Petrov (Russland) Renault	1.37:55,630 = 186,914 km/h	57,404 zurück
10. Kamui Kobayashi (Japan) Sauber-Ferrari	1.38:01,499 = 186,727 km/h	63,273 zurück
11. Paul Di Resta (Schottland) Force India-Mercedes	1.38:06,983 = 186,553 km/h	68,757 zurück
12. Nick Heidfeld (Deutschland) Renault	1.38:10,965 = 186,427 km/h	72,739 zurück
13. Rubens Barrichello (Brasilien) Williams-Cosworth	1.38:28,415 = 185,876 km/h	90,189 zurück
14. Sébastien Buemi (Schweiz) Toro Rosso-Ferrari	1.38:28,897 = 185,861 km/h	90,671 zurück
15. Adrian Sutil (Deutschland) Force India-Mercedes	1.36:58,956 = 185,362 km/h	1 Runde zurück
16. Heikki Kovalainen (Finnland) Lotus-Renault	1.37:12,024 = 184,946 km/h	1 Runde zurück
17. Sergio Pérez (Mexiko) Sauber-Ferrari	1.37:15,434 = 184,838 km/h	1 Runde zurück
18. Pastor Maldonado (Venezuela) Williams-Cosworth	1.37:20,363 = 184,682 km/h	1 Runde zurück
19. Jarno Trulli (Italien) Lotus-Renault	1.37:34,174 = 184,247 km/h	1 Runde zurück
20. Jérôme D'Ambrosio (Belgien) Virgin-Cosworth	1.37:24,115 = 181,206 km/h	2 Runden zurück
21. Timo Glock (Deutschland) Virgin-Cosworth	1.37:54,356 = 180,273 km/h	2 Runden zurück
22. Vitantonio Liuzzi (Italien) HRT-Cosworth	1.38:12,137 = 179,729 km/h	2 Runden zurück
23. Narain Karthikeyan (Indien) HRT-Cosworth	1.38:13,309 = 179,693 km/h	2 Runden zurück

Schnellste Runde im Qualifying: Vettel (Red Bull-Renault): 1:33,706 = 209,416 km/h (erzielt in Phase 3)
Schnellste Runde im Rennen: Webber (Red Bull-Renault): 1:38,993 = 198,232 km/h
Höchstgeschwindigkeiten (Freitag, Training): 1. Buemi 324,9, 2. Petrov 319,3, 3. Heidfeld 319,1, 4. Sutil 318,3, 5. Schumacher 317,4, 6. Rosberg 317,3, 7. Massa 316,5, 8. Alguersuari 315,8, 9. Webber 315,8, 10. Vettel 315,7, 11. Di Resta 315,5, 12. Hülkenberg 315,3, 13. Alonso 314,5, 14. Button 314,5, 15. Kobayashi 314,0, 16. Pérez 313,8, 17. Hamilton 313,0, 18. Kovalainen 312,2, 19. D'Ambrosio 312,2, 20. Ricciardo 311,9, 21. Razia 311,8, 22. Trulli 311,5, 23. Maldonado 308,3, 24. Barrichello 308,1, 25. Liuzzi 307,5, 26. Karthikeyan 307,4, 27. Glock 307,0
Höchstgeschwindigkeiten (Samstag, Qualifying): 1. Heidfeld 322,6, 2. Petrov 322,5, 3. Maldonado 322,0, 4. Barrichello 322,0, 5. Di Resta 320,7, 6. Sutil 320,6, 7. Pérez 318,6, 8. Kobayashi 318,4, 9. Schumacher 317,9, 10. Rosberg 317,4, 11. Vettel 316,9, 12. Massa 316,9, 13. Alonso 316,8, 14. Buemi 316,7, 15. Alguersuari 316,3, 16. Webber 316,0, 17. Hamilton 315,3, 18. Button 315,1, 19. D'Ambrosio 312,6, 20. Glock 312,4, 21. Kovalainen 312,1, 22. Trulli 311,7, 23. Karthikeyan 308,0, 24. Liuzzi 307,6
Höchstgeschwindigkeiten (Sonntag): 1. Petrov 323,2, 2. Heidfeld 323,0, 3. Sutil 320,3, 4. Di Resta 319,7, 5. Pérez 318,8, 6. Kobayashi 318,6, 7. Schumacher 317,5, 8. Rosberg 317,5, 9. Massa 317,3, 10. Webber 317,0, 11. Alonso 316,9, 12. Vettel 316,8, 13. Barrichello 316,4, 14. Buemi 315,8, 15. Hamilton 315,6, 16. Button 315,3, 17. Maldonado 313,5, 18. Glock 312,5, 19. D'Ambrosio 312,0, 20. Kovalainen 310,3, 21. Alguersuari 309,1, 22. Trulli 309,0, 23. Liuzzi 307,7, 24. Karthikeyan 307,2
Schnellste Runde jedes Fahrers im Rennen: 1. Webber 1:38,993 (42.), 2. Hamilton 1:40,415 (48.), 3. Button 1:40,623 (39.), 4. Sutil 1:41,157 (54.), 5. Rosberg 1:41,166 (41.), 6. Schumacher 1:41,215 (46.), 7. Petrov 1:41,261 (50.), 8. Vettel 1:41,321 (47.), 9. Pérez 1:41,643 (39.), 10. Massa 1:41,678 (39.), 11. Buemi 1:41,696 (45.), 12. Maldonado 1:41,702 (46.), 13. Barrichello 1:42,031 (45.), 14. Trulli 1:42,052 (53.), 15. Alonso 1:42,070 (41.), 16. Heidfeld 1:42,406 (51.), 17. Kobayashi 1:42,577 (32.), 18. Di Resta 1:42,614 (45.), 19. Kovalainen 1:42,672 (45.), 20. Liuzzi 1:43,384 (52.), 21. Glock 1:44,381 (54.), 22. D'Ambrosio 1:44,806 (45.), 23. Alguersuari 1:45,700 (5.), 24. Karthikeyan 1:46,081 (41.)
WM-Stand: 1. Vettel 68, 2. Hamilton 47, 3. Button 38, 4. Webber 37, 5. Alonso 26, 6. Massa 24, 7. Petrov 17, 8. Heidfeld 15, 9. Rosberg 10, 10. Kobayashi 7, 11. Schumacher 6, 12. Buemi 4, 13. Sutil 2, 14. Di Resta 2
Konstrukteur-WM: 1. Red Bull-Renault 105, 2. McLaren-Mercedes 85, 3. Ferrari 50, 4. Renault 32, 5. Mercedes 16, 6. Sauber-Ferrari 7, 7. Toro Rosso-Ferrari 4, 8. Force India-Mercedes 4

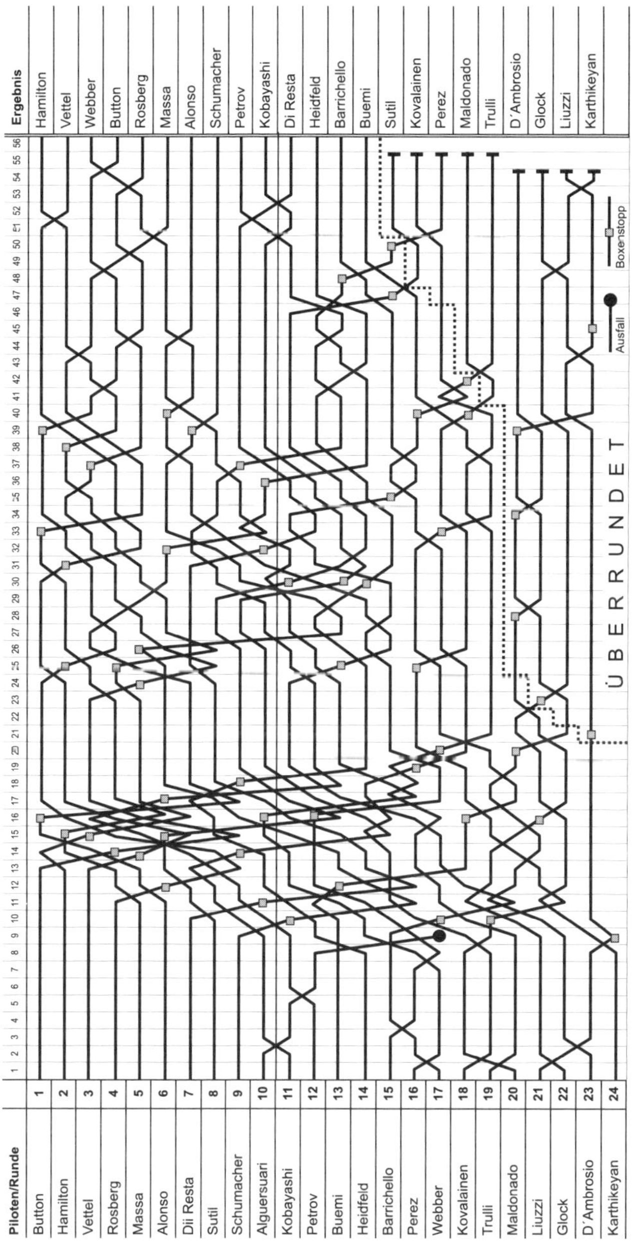

Piloten/Runde
Button
Hamilton
Vettel
Rosberg
Massa
Alonso
Dii Resta
Sutil
Schumacher
Alguersuari
Kobayashi
Petrov
Buemi
Heidfeld
Barrichello
Perez
Webber
Kovalainen
Trulli
Maldonado
Liuzzi
Glock
D´Ambrosio
Karthikeyan
Ergebnis
Hamilton
Vettel
Webber
Button
Rosberg
Massa
Alonso
Schumacher
Petrov
Kobayashi
Di Resta
Heidfeld
Barrichello
Buemi
Sutil
Kovalainen
Perez
Maldonado
Trulli
D´Ambrosio
Glock
Liuzzi
Karthikeyan
ÜBERRUNDET
Ausfall
Boxenstopp

Lauf 4 - Großer Preis der Türkei - Istanbul, 8. Mai 2011

1. Training (Freitag Vormittag): 1. Alonso 1:38,670, 2. Rosberg 1:40,072, 3. Schumacher 1:40,132, 4. Heidfeld 1:40,338, 5. Petrov 1:40,401, 6. Kobayashi 1:40,421, 7. Massa 1:40,697, 8. Ricciardo 1:41,094, 9. Buemi 1:41,178, 10. Hülkenberg 1:41,347, 11. Webber 1:42,564, 12.Maldonado 1:42,597, 13. Di Resta 1:43,525, 14. Barrichello 1:43,913, 15. Chandhok 1:43,986, 16. Liuzzi 1:44,787, 17. Vettel 1:44,954, 18. Glock 1:45,183, 19. D'Ambrosio 1:45,237, 20. Karthikeyan 1:48,461, 21. Trulli 1:51,676, 22. Pérez 1:55,791, 23. Button 2:00,666

2. Training (Freitag Nachmittag): 1. Button 1:26,456, 2. Rosberg 1:26,521, 3. Hamilton 1:27,033, 4. Schumacher 1:27,063, 5. Webber 1:27,149, 6. Massa 1:27,340, 7. Petrov 1:27,517, 8. Di Resta 1:27,725, 9. Pérez 1:27,844, 10. Sutil 1:28,052, 11. Alonso 1:28,069, 12. Buemi 1:28,153, 13. Heidfeld 1:28,475, 14. Alguersuari 1:28,765, 15. Maldonado 1:28,828, 16. Barrichello 1:28,946, 17. Trulli 1:29,409, 18. Kobayashi 1:29,637, 19. Kovalainen 1:30,281, 20. D'Ambrosio 1:31,035, 21. Glock 1:31,221, 22. Karthikeyan 1:31,320, 23. Liuzzi 1:31,989

3. Training (Samstag)		**Qualifying** (Samstag) (**1.Phase**)			**(2.Phase)**		**(3.Phase)**
1. Vettel	1:26,037	1. Massa	1:27,013	1. Vettel	1:25,610	1. Vettel	1:25,049
2. Schumacher	1:26,038	2. Vettel	1:27,039	2. Rosberg	1:25,801	2. Webber	1:25,454
3. Webber	1:26,404	3. Webber	1:27,090	3. Hamilton	1:26,066	3. Rosberg	1:25,574
4. Rosberg	1:26,420	4. Hamilton	1:27,091	4. Webber	1:26,075	4. Hamilton	1:25,595
5. Button	1:26,578	5. Alonso	1:27,349	5. Schumacher	1:26,121	5. Alonso	1:25,851
6. Hamilton	1:26,726	6. Button	1:27,374	6. Alonso	1:26,152	6. Button	1:25,982
7. Petrov	1:26,755	7. Sutil	1:27,392	7. Massa	1:26,395	7. Petrov	1:26,296
8. Alonso	1:26,819	8. Maldonado	1:27,396	8. Button	1:26,485	8. Schumacher	1:26,646
9. Massa	1:26,883	9. Petrov	1:27,475	9. Petrov	1:26,654	9. Heidfeld	1:26,659
10. Buemi	1:27,080	10. Rosberg	1:27,514	10. Heidfeld	1:26,740	10. Massa	-:--
11. Pérez	1:27,121	11. Buemi	1:27,620	11. Barrichello	1:26,764		
12. Maldonado	1:27,255	12. Di Resta	1:27,625	12. Sutil	1:27,027		
13. Sutil	1:27,318	13. Schumacher	1:27,697	13. Di Resta	1:27,145		
14. Heidfeld	1:27,379	14. Pérez	1:27,778	14. Maldonado	1:27,236		
15. Barrichello	1:27,528	15. Heidfeld	1:27,901	15. Pérez	1:27,244		
16. Di Resta	1:27,644	16. Alguersuari	1:28,055	16. Buemi	1:27,255		
17. Alguersuari	1:27,724	17. Barrichello	1:28,246	17. Alguersuari	1:27,572		
18. Kobayashi	1:27,976	18. Kovalainen	1:28,780				
19. Kovalainen	1:28,911	19. Trulli	1:31,119				
20. Trulli	1:29,697	20. D'Ambrosio	1:30,445				
21. D'Ambrosio	1:31,097	21. Liuzzi	1:30,692				
22. Glock	1:31,175	22. Glock	1:30,813				
23. Liuzzi	1:31,375	23. Karthikeyan	1:31,564				
24. Karthikeyan	1:32,009	24. Kobayashi	-:--				

Startaufstellung: Zuerst die Piloten 1 bis 10 aus der dritten Qualifying-Phase, danach die Piloten 11-17 aus der zweiten Qualifying-Phase, dahinter die Piloten 18-24 aus der ersten Qualifying-Phase - inklusive Strafversetzungen:

1. Sebastian Vettel
Red Bull-Renault RB7 V8
1:25,049

2. Mark Webber
Red Bull-Renault RB7 V8
1:25,454

3. Nico Rosberg
Mercedes MGP W02
1:25,574

4. Lewis Hamilton
McLaren-Mercedes MP4/26 V8
1:25,595

5. Fernando Alonso
Ferrari 150° Italia V8
1:25,851

6. Jenson Button
McLaren-Mercedes MP4/26 V8
1:25,982

7. Vitaly Petrov
Renault R31 V8
1:26,296

8. Michael Schumacher
Mercedes MGP W02
1:26,646

9, Nick Heidfeld
Renault R31 V8
1:26,659

10. Felipe Massa
Ferrari 150° Italia V8
keine Zeit

11. Rubens Barrichello
Williams-Cosworth FW33 V8
1:26,764

12. Adrian Sutil
Force India-Mercedes VJM04 V8
1:27,027

13. Paul Di Resta
Force India-Mercedes VJM04 V8
1:27,145

14. Pastor Maldonado
Williams-Cosworth FW33 V8
1:27,236

15. Sergio Pérez
Sauber-Ferrari C30 V8
1:27,244

16. Sébastien Buemi
Toro Rosso-Ferrari STR6 V8
1:27,255

17. Jaime Alguersuari
Toro Rosso-Ferrari STR6 V8
1:27,572

18. Heikki Kovalainen
Lotus-Renault T128 V8
1:28,780

19. Jarno Trulli
Lotus-Renault T128 V8
1:31,119

20. Vitantonio Liuzzi
HRT-Cosworth HRT F111 V8
1:30,692

21. Timo Glock
Virgin-Cosworth MVR-02 V8
1:30,813

22. Narain Karthikeyan
HRT-Cosworth HRT F111 V8
1:31,564

23. Jérôme D'Ambrosio
Virgin-Cosworth MVR-02 V8
1:30,445

24. Kamui Kobayashi
Sauber-Ferrari C30 V8
keine Zeit

Kobayashi rollt in den ersten Minuten der Qualifikation wegen eines Problems mit der Benzinversorgung aus, darf aber als Letzter starten. **D'Ambrosio** wird wegen Ignorierens der gelben Flagge im 2. Training um 5 Plätze nach hinten versetzt.

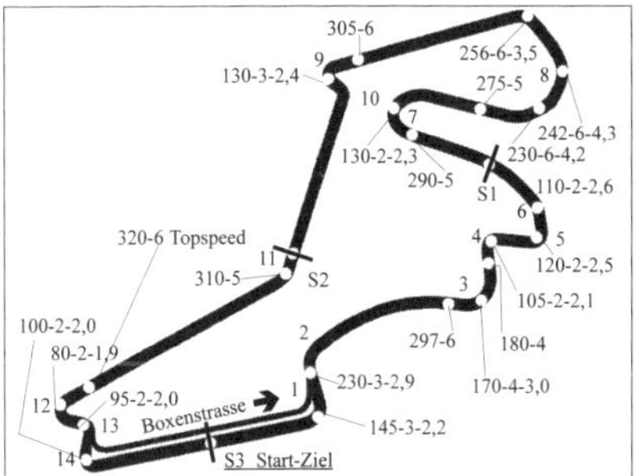

Legende: 132-2-2,1 = 132 km/h-2. Gang-2,1 Gravitation

Wetter am Renntag: Sonnig, kühl und trocken, 16°-17° Lufttemperatur, 35°-31° Asphalttemperatur, 44-45 % Luftfeuchtigkeit, 27.000 Zuschauer am Renntag

Distanz: 58 Runden à 5,338 km = 309,396 km
Ziellinie 0,208 km hinter der Startlinie

Sieger 2010: Hamilton (McLaren-Mercedes), 1.28:47,620 = 209,066 km/h

Poleposition 2010: Webber (Red Bull/Renault), 1:26,295 = 222,687 km/h

Schnellste Runde 2010: Petrov (Renault), 1:29,165 = 215,519 km/h

Boxenstopps:

Pérez:	1. Runde: Wegen Plattfuß nach Kontakt mit Buemi Reifenwechsel von weich auf hart, verliert total 29,2 sec., Platz 23
Schumacher:	2. Runde: Neue Nase nach Kontakt mit Petrov und Reifenwechsel von weich auf weich, verliert total 30,1 sec., Platz 8-22
Petrov:	8. Runde: Reifenwechsel von weich auf hart in 4,4 sec., total 21,4 sec., Platz 8-18
Massa:	9. Runde: Reifenwechsel von weich auf weich in total 22,0 sec., Platz 6-12
Hamilton:	9. Runde: Reifenwechsel von weich auf weich in 3,6 sec., total 20,8 sec., Platz 7-11
Buemi:	9. Runde: Reifenwechsel von weich auf weich in total 21,7 sec., Platz 11-19
Webber:	10. Runde: Reifenwechsel von weich auf weich in 3,8 sec., total 21,0 sec., Platz 2-3
Alonso:	10. Runde: Reifenwechsel von weich auf weich in 4,1 sec., total 21,3 sec., Platz 3-4
Rosberg:	10. Runde: Reifenwechsel von weich auf hart in total 22,5 sec., Platz 4-7
Heidfeld:	10. Runde: Reifenwechsel von weich auf hart in total 22,3 sec., Platz 6-13
Barrichello:	10. Runde: Reifenwechsel von weich auf weich in total 22,7 sec., Platz 7-18
Sutil:	10. Runde: Reifenwechsel von weich auf weich in total 21,6 sec., Platz 8-19
Vettel:	11. Runde: Reifenwechsel von weich auf weich in 3,6 sec., total 20,6 sec., Platz 1-2
Di Resta:	11. Runde: Reifenwechsel von weich auf weich in total 20,7 sec., Platz 6-18
Maldonado:	11. Runde: Reifenwechsel von weich auf weich in total 23,8 sec., Platz 11-20
Button:	13. Runde: Reifenwechsel von weich auf weich in 4,2 sec., total 21,3 sec., Platz 2-7
Kobayashi:	13. Runde: Reifenwechsel von hart auf weich in total 21,8 sec., Platz 6-12
Alguersuari:	13. Runde: Reifenwechsel von hart auf weich in total 22,7 sec., Platz 13-19
Trulli:	13. Runde: Reifenwechsel von weich auf weich in total 23,0 sec., Platz 18-21
Schumacher:	14. Runde: 2. Stopp, Reifenwechsel von weich auf weich in total 20,9 sec., Platz 15-17
Karthikeyan:	14. Runde: Reifenwechsel von weich auf weich in total 27,3 sec., Platz 23
Kovalainen:	15. Runde: Reifenwechsel von weich auf weich in total 22,8 sec., Platz 15-20
Liuzzi:	15. Runde: Reifenwechsel von weich auf weich in total 24,6 sec., Platz 22-23
Pérez:	16. Runde: 2. Stopp, Reifenwechsel von hart auf weich in total 22,8 sec., Platz 18-20
D'Ambrosio:	16. Runde: Reifenwechsel von weich auf weich in total 22,7 sec., Platz 21
Liuzzi:	16. Runde: 2. Stopp, Reifenwechsel (wegen verlorener Radmutter) von weich auf hart, verliert total 56,6 sec., Platz 23
Petrov:	19. Runde: 2. Stopp, Reifenwechsel von hart auf hart in total 21,3 sec., Platz 8-14
Hamilton:	20. Runde: 2. Stopp, Reifenwechsel von weich auf weich in 3,8 sec., total 21,0 sec., Platz 4-10
Webber:	21. Runde: 2. Stopp, Reifenwechsel von weich auf weich in 3,4 sec., total 20,4 sec., Platz 2-3
Rosberg:	22. Runde: 2. Stopp, Reifenwechsel von hart auf hart in 3,8 sec., total 20,9 sec., Platz 6-12
Heidfeld:	22. Runde: 2. Stopp, Reifenwechsel von hart auf hart in total 21,9 sec., Platz 7-13
Alonso:	23. Runde: 2. Stopp, Reifenwechsel von weich auf weich in total 21,7 sec., Platz 2-3
Massa:	23. Runde: 2. Stopp, Reifenwechsel von weich auf weich in 4,0 sec., total 21,3 sec., Platz 5-9
Buemi:	23. Runde: 2. Stopp, Reifenwechsel von weich auf weich in total 22,1 sec., Platz 7-15
Kobayashi:	23. Runde: 2. Stopp, Reifenwechsel von weich auf weich in 5,3 sec., total 23,4 sec., Platz 14-17
Barrichello:	24. Runde: 2. Stopp, Reifenwechsel von weich auf weich in total 22,8 sec., Platz 6-14
Di Resta:	24. Runde: 2. Stopp, Reifenwechsel von weich auf hart in total 20,9 sec., Platz 12-15
Vettel:	25. Runde: 2. Stopp, Reifenwechsel von weich auf weich in 3,1 sec., total 20,1 sec., Platz 1
Sutil:	25. Runde: 2. Stopp, Reifenwechsel von weich auf hart in total 21,0 sec., Platz 8-14
Maldonado:	25. Runde: 2. Stopp, Reifenwechsel von weich auf weich in total 22,5 sec., Platz 17-19
Trulli:	25. Runde: 2. Stopp, Reifenwechsel von weich auf weich in total 22,8 sec., Platz 19-20
Button:	26. Runde: 2. Stopp, Reifenwechsel von weich auf weich in 5,2 sec., total 22,6 sec., Platz 4-7
Karthikeyan:	27. Runde: 2. Stopp, Reifenwechsel von weich auf hart in total 24,9 sec., Platz 22
Alguersuari:	29. Runde: 2. Stopp, Reifenwechsel von weich auf weich in total 21,8 sec., Platz 12-17
Schumacher:	30. Runde: 3. Stopp, Reifenwechsel von weich auf hart in total 20,3 sec., Platz 11-14
Kovalainen:	31. Runde: 2. Stopp, Reifenwechsel von weich auf hart in total 21,6 sec., Platz 19-20
Di Resta:	32. Runde: 3. Stopp, Reifenwechsel von hart auf weich in total 20,8 sec., Platz 15-16
Pérez:	32. Runde: 3. Stopp, Reifenwechsel von weich auf weich in total 22,3 sec., Platz 17-18
Rosberg:	33. Runde: 3. Stopp, Reifenwechsel von hart auf weich in 4,1 sec., total 20,9 sec., Platz 8-11
Hamilton:	34. Runde: 3. Stopp, Reifenwechsel (Radmutter klemmt rechts vorne) von weich auf hart in 15,6 sec., verliert total 35,6 sec., Platz 4-7
D'Ambrosio:	33. Runde: 2. Stopp, Reifenwechsel von weich auf hart in total 24,8 sec., Platz 21
Petrov:	34. Runde: 3. Stopp, Reifenwechsel von hart auf hart in total 21,8 sec., Platz 5-10
Massa:	34. Runde: 3. Stopp, Reifenwechsel von weich auf hart in 6,1 sec., total 23,4 sec., Platz 7-13
Webber:	35. Runde: 3. Stopp, Reifenwechsel von weich auf hart in 3,9 sec., total 20,8 sec., Platz 3
Alonso:	36. Runde: 3. Stopp, Reifenwechsel von weich auf hart in 4,5 sec., total 21,7 sec., Platz 2
Heidfeld:	36. Runde: 3. Stopp, Reifenwechsel von hart auf hart in total 20,8 sec., Platz 5-10
Liuzzi:	35. Runde: 3. Stopp, Reifenwechsel von hart auf weich in total 25,1 sec., Platz 23
Kobayashi:	38. Runde: 3. Stopp, Reifenwechsel von weich auf weich in total 22,4 sec., Platz 14-17
Button:	39. Runde: 3. Stopp, Reifenwechsel von weich auf hart in 4,5 sec., total 21,4 sec., Platz 4-7
Alguersuari:	39. Runde: 3. Stopp, Reifenwechsel von weich auf weich in total 21,9 sec., Platz 14-17
Vettel:	40. Runde: 3. Stopp, Reifenwechsel von weich auf hart in 3,3 sec., total 20,3 sec., Platz 1
Trulli:	39. Runde: 3. Stopp, Reifenwechsel von weich auf hart in total 22,2 sec., Platz 19-20
Buemi:	40. Runde: 3. Stopp, Reifenwechsel von weich auf hart in total 22,0 sec., Platz 6-11
Barrichello:	40. Runde: 3. Stopp, Reifenwechsel von weich auf hart in total 21,6 sec., Platz 11-16
Sutil:	40. Runde: 3. Stopp, Reifenwechsel von hart auf weich in total 21,0 sec., Platz 13-17

Liuzzi:	37. Runde: 4. Stopp, Reifenwechsel (Schlagschrauber funktioniert nicht einwandfrei) von weich auf hart, verliert total 43,6 sec., Platz 23
Maldonado:	41. Runde: 3. Stopp, Reifenwechsel von weich auf hart in total 21,8 sec., Platz 18
Pérez:	42. Runde: 4. Stopp, Reifenwechsel von weich auf hart in total 21,7 sec., Platz 13-17
Rosberg:	44. Runde: 4. Stopp, Reifenwechsel von weich auf weich in total 20,3 sec., Platz 5-9
Di Resta:	44. Runde: 4. Stopp, Reifenwechsel von weich auf hart in total 21,4 sec., Platz 14
Webber:	45. Runde: 4. Stopp, Reifenwechsel von hart auf hart in 5,1 sec., total 22,0 sec., Platz 3
Petrov:	45. Runde: 4. Stopp, Reifenwechsel von hart auf weich in total 21,6 sec., Platz 6-10
Schumacher:	45. Runde: 4. Stopp, Reifenwechsel von hart auf weich in total 20,5 sec., Platz 11-13
Alonso:	46. Runde: 4. Stopp, Reifenwechsel von hart auf hart in 4,3 sec., total 21,3 sec., Platz 2
Maldonado:	45. Runde: 4. Stopp, Drive-Through-Strafe wegen überhöhter Geschwindigkeit in der Boxengasse, verliert total 13,9 sec., Platz 17
Hamilton:	46. Runde: 4. Stopp, Reifenwechsel von hart auf hart in 4,4 sec., total 22,0 sec., Platz 4-5
Heidfeld:	46. Runde: 4. Stopp, Reifenwechsel von hart auf weich in total 21,8 sec., Platz 6-9
Massa:	46. Runde: 4. Stopp, Reifenwechsel (Probleme rechts hinten) von hart auf hart in 9,4 sec., verliert total 26,6 sec., Platz 8-13
Vettel:	47. Runde: 4. Stopp, Reifenwechsel von hart auf hart in total 20,4 sec., Platz 1
Karthikeyan:	45. Runde: 3. Stopp, Reifenwechsel von hart auf weich in 3,3 sec., total 24,4 sec., Platz 21
Kovalainen:	53. Runde: 3. Stopp, Reifenwechsel von hart auf hart in total 23,1 sec., Platz 19
Alguersuari:	55. Runde: 4. Stopp, Reifenwechsel von weich auf hart in total 21,9 sec., Platz 15-16

Ausfälle:

Glock:	Nicht gestartet wegen eines Getriebedefektes, Platz 21 (in der Startaufstellung)
Di Resta:	45. Runde: Aufgabe wegen eines Hinterraddefektes, Platz 14

Stand nach der 1. Runde:
1. Vettel, 2. Rosberg, 3. Webber, 4. Alonso, 5. Button, 6. Hamilton, 7. Schumacher, 8. Petrov, 9. Heidfeld, 10. Massa

Ergebnis:

1. Sebastian Vettel (Deutschland) Red Bull-Renault	1.30:17,558 = 205,595 km/h	
2. Mark Webber (Australien) Red Bull-Renault	1.30:26,365 = 205,261 km/h	8,807 zurück
3. Fernando Alonso (Spanien) Ferrari	1.30:27,633 = 205,213 km/h	10,075 zurück
4. Lewis Hamilton (England) McLaren-Mercedes	1.30:57,790 = 204,079 km/h	40,232 zurück
5. Nico Rosberg (Deutschland) Mercedes	1.31:05,097 = 203,807 km/h	47,539 zurück
6. Jenson Button (England) McLaren-Mercedes	1.31:16,989 = 203,364 km/h	59,431 zurück
7. Nick Heidfeld (Deutschland) Renault	1.31:18,415 = 203,311 km/h	60,857 zurück
8. Vitaly Petrov (Russland) Renault	1.31:25,726 = 203,040 km/h	68,168 zurück
9. Sébastien Buemi (Schweiz) Toro Rosso-Ferrari	1.31:26,952 = 202,995 km/h	69,394 zurück
10. Kamui Kobayashi (Japan) Sauber-Ferrari	1.31:35,579 = 202,676 km/h	78,021 zurück
11. Felipe Massa (Brasilien) Ferrari	1.31:37,381 = 202,610 km/h	79,823 zurück
12. Michael Schumacher (Deutschland) Mercedes	1.31:43,002 = 202,403 km/h	85,444 zurück
13. Adrian Sutil (Deutschland) Force India-Mercedes	1.30:20,932 = 201,922 km/h	1 Runde zurück
14. Sergio Pérez (Mexiko) Sauber-Ferrari	1.30:20,963 = 201,921 km/h	1 Runde zurück
15. Rubens Barrichello (Brasilien) Williams-Cosworth	1.30:31,456 = 201,531 km/h	1 Runde zurück
16. Jaime Alguersuari (Spanien) Toro Rosso-Ferrari	1.30:31,610 = 201,525 km/h	1 Runde zurück
17. Pastor Maldonado (Venezuela) Williams-Cosworth	1.30:52,155 = 200,766 km/h	1 Runde zurück
18. Jarno Trulli (Italien) Lotus-Renault	1.31:23,869 = 199,605 km/h	1 Runde zurück
19. Heikki Kovalainen (Finnland) Lotus-Renault	1.30:21,373 = 198,361 km/h	2 Runden zurück
20. Jérôme D'Ambrosio (Belgien) Virgin-Cosworth	1.31:07,701 = 196,680 km/h	2 Runden zurück
21. Narain Karthikeyan (Indien) HRT-Cosworth	1.30:26,738 = 194,624 km/h	3 Runden zurück
22. Vitantonio Liuzzi (Italien) HRT-Cosworth	1.30:24,932 = 187,604 km/h	5 Runden zurück

Schnellste Runde im Qualifying: Vettel (Red Bull-Renault): 1:25,049 = 225,949 km/h (erzielt in Phase 3)
Schnellste Runde im Rennen: Webber (Red Bull-Renault): 1:29,703 = 214,226 km/h
Höchstgeschwindigkeiten (Freitag, Training): 1. Hamilton 319,8, 2. Alguersuari 319,2, 3. Petrov 319,0, 4. Massa 318,9, 5. Buemi 318,4, 6. Alonso 318,3, 7. Heidfeld 318,1, 8. Maldonado 317,9, 9. Barrichello 317,9, 10. Schumacher 316,7, 11. Rosberg 315,2, 12. Button 315,0, 13. Sutil 314,7, 14. Di Resta 314,4, 15. Pérez 313,4, 16. D'Ambrosio 312,8, 17. Kobayashi 312,5, 18. Webber 311,6, 19. Glock 311,4, 20. Trulli 310,9, 21. Kovalainen 308,5, 22. Liuzzi 305,8, 23. Karthikeyan 305,3, 24. Ricciardo 286,2, 25. Hülkenberg 283,9, 26. Vettel 255,1, 27. Chandhok 223,9
Höchstgeschwindigkeiten (Samstag, Qualifying): 1. Pérez 322,6, 2. Hamilton 319,4, 3. Button 319,4, 4. Alonso 319,2, 5. Petrov 319,2, 6. Massa 319,2,7. Heidfeld 318,9, 8. Buemi 318,5, 9. Alguersuari 318,3, 10. Maldonado 317,8, 11. Schumacher 316,7, 12. Barrichello 316,1, 13. Rosberg 316,0, 14. Sutil 314,8, 15. Di Resta 314,7, 16. Vettel 312,0, 17. Webber 311,9, 18. D'Ambrosio 311,8, 19. Glock 311,4, 20. Kovalainen 309,8, 21. Trulli 309,4, 22. Karthikeyan 309,2, 23. Liuzzi 309,1, 24. Kobayashi 299,6
Höchstgeschwindigkeiten (Sonntag): 1. Pérez 319,7, 2. Alonso 319,2, 3. Alguersuari 318,7, 4. Buemi 318,1, 5. Petrov 317,9, 6. Hamilton 317,7, 7. Kobayashi 317,7, 8. Heidfeld 316,6, 9. Schumacher 316,5, 10. Button 316,4, 11. Massa 315,3, 12. Rosberg 315,2, 13. Sutil 313,1, 14. Di Resta 312,6, 15. Webber 311,9, 16. D'Ambrosio 309,5, 17. Vettel 309,5, 18. Trulli 308,0, 19. Maldonado 307,7, 20. Barrichello 306,3, 21. Kovalainen 305,0, 22. Liuzzi 302,0, 23. Karthikeyan 301,0
Schnellste Runde jedes Fahrers im Rennen: 1. Webber 1:29,703 (48.), 2. Alguersuari 1:29,894 (57.), 3. Vettel 1:29,937 (50.), 4. Hamilton 1:30,108 (48.), 5. Heidfeld 1:30,158 (52.), 6. Alonso 1:30,279 (48.), 7. Rosberg 1:30,573 (47.), 8. Petrov 1:30,618 (48.), 9. Pérez 1:30,797 (46.), 10. Kobayashi 1:31,038 (45.), 11. Massa 1:31,118 (57.), 12. Schumacher 1:31,153 (47.), 13. Button 1:31,167 (47.), 14. Buemi 1:31,360 (44.), 15. Maldonado 1:32,044 (44.), 16. Sutil 1:32,070 (43.), 17. Barrichello 1:32,079 (46.), 18. Di Resta 1:32,519 (40.), 19. Kovalainen 1:32,695 (55.), 20. Trulli 1:32,862 (49.), 21. Karthikeyan 1:33,948 (51.), 22. Liuzzi 1:34,699 (41.), 23. D'Ambrosio 1:34,971 (55.)
WM-Stand: 1. Vettel 93, 2. Hamilton 59, 3. Webber 55, 4. Button 46, 5. Alonso 41, 6. Massa 24, 7. Heidfeld 21, 8. Petrov 21, 9. Rosberg 20, 10. Kobayashi 8, 11. Schumacher 6, 12. Buemi 6, 13. Sutil 2, 14. Di Resta 2
Konstrukteur-WM: 1. Red Bull-Renault 148, 2. McLaren-Mercedes 105, 3. Ferrari 65, 4. Renault 42, 5. Mercedes 26, 6. Sauber-Ferrari 8, 7. Toro Rosso-Ferrari 6, 8. Force India-Mercedes 4

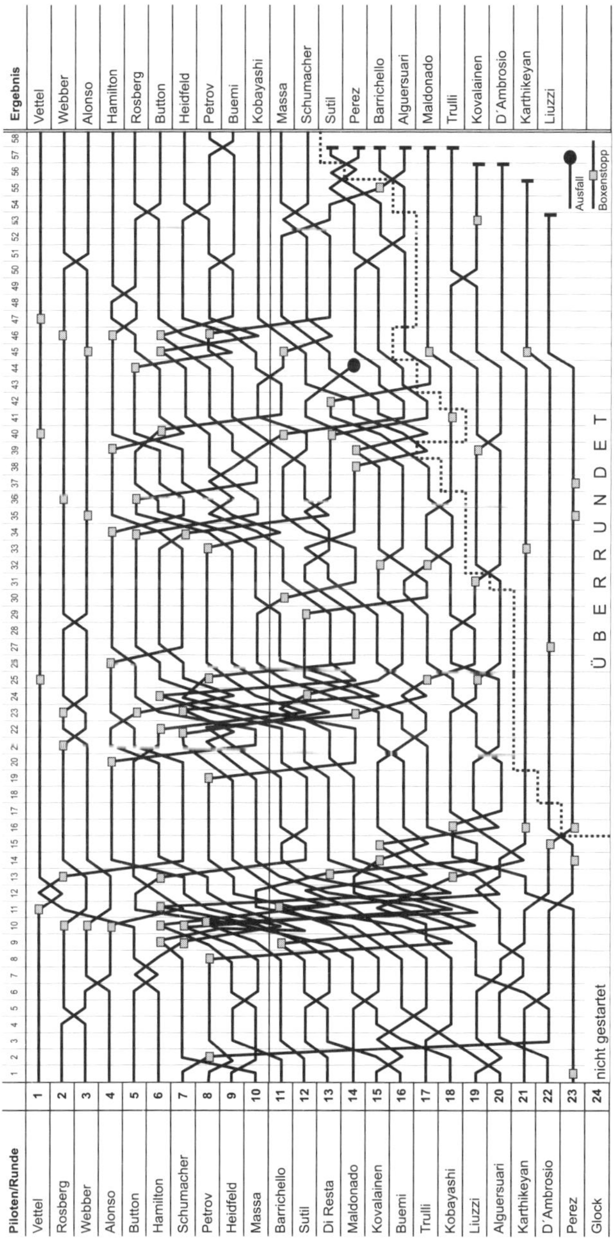
Piloten/Runde
Vettel
Rosberg
Webber
Alonso
Button
Hamilton
Schumacher
Petrov
Heidfeld
Massa
Barrichello
Sutil
Di Resta
Maldonado
Kovalainen
Buemi
Trulli
Kobayashi
Liuzzi
Alguersuari
Karthikeyan
D´Ambrosio
Perez
Glock
1
2
3
4
5
6
7
8
9
10
11
12
13
14
15
16
17
18
19
20
21
22
23
24
nicht gestartet
ÜBERRUNDET
Ausfall
Boxenstopp
Ergebnis
Vettel
Webber
Alonso
Hamilton
Rosberg
Button
Heidfeld
Petrov
Buemi
Kobayashi
Massa
Schumacher
Sutil
Perez
Barrichello
Alguersuari
Maldonado
Trulli
Kovalainen
D´Ambrosio
Karthikeyan
Liuzzi

Lauf 5 - Großer Preis von Spanien - Barcelona, 22. Mai 2011

1. Training (Freitag Vormittag): 1. Webber 1:25,142, 2. Vettel 1:26,149, 3. Rosberg 1:26,379, 4. Alonso 1:26,480, 5. Pérez 1:26,738, 6. Hamilton 1:26,988, 7. Schumacher 1:27,016, 8. Heidfeld 1:27,132, 9. Button 1:27,138, 10. Barrichello 1:27,212, 11. Petrov 1:27,241, 12. Ricciardo 1:27,471, 13. Maldonado 1:28,005, 14. Hülkenberg 1:28,027, 15. Sutil 1:28,163, 16. Massa 1:28,654, 17. Kobayashi 1:28,819, 18. Alguersuari 1:28,995, 19. Kovalainen 1:29,231, 20. D'Ambrosio 1:30,896, 21. Glock 1:31,235, 22. Liuzzi 1:31,268, 23. Trulli 1:31,418, 24. Karthikeyan 1:32,106

2. Training (Freitag Nachmittag): 1. Webber 1:22,470, 2. Hamilton 1:22,509, 3. Vettel 1:22,826, 4. Button 1:23,188, 5. Alonso 1:23,568, 6. Rosberg 1:23,586, 7. Schumacher 1:23,981, 8. Massa 1:24,278, 9. Kobayashi 1:24,290, 10. Heidfeld 1:24,366, 11. Pérez 1:24,483, 12. Petrov 1:24,786, 13. Buemi 1:25,296, 14. Barrichello 1:25,303, 15. Alguersuari 1:25,457, 16. Maldonado 1:25,603, 17. Di Resta 1:26,073, 18. Kovalainen 1:26,417, 19. Sutil 1:27,123, 20. Trulli 1:27,189, 21. D'Ambrosio 1:28,036, 22. Glock 1:28,062, 23. Karthikeyan 1:29,469, 24. Liuzzi 1:29,476

3. Training (Samstag)		**Qualifying** (Samstag) **(1.Phase)**			**(2.Phase)**		**(3.Phase)**
1. Vettel	1:21,707	1. Schumacher	1:22,960	1. Vettel	1:21,540	1. Webber	1:20,981
2. Webber	1:21,791	2. Petrov	1:23,069	2. Webber	1:21,773	2. Vettel	1:21,181
3. Schumacher	1:23,057	3. Maldonado	1:23,406	3. Button	1:22,050	3. Hamilton	1:21,961
4. Hamilton	1:23,068	4. Alonso	1:23,485	4. Hamilton	1:22,148	4. Alonso	1:21,964
5. Button	1:23,214	5. Massa	1:23,506	5. Rosberg	1:22,569	5. Button	1:21,996
6. Rosberg	1:23,397	6. Rosberg	1:23,507	6. Schumacher	1:22,671	6. Petrov	1:22,471
7. Kobayashi	1:23,669	7. Webber	1:23,619	7. Alonso	1:22,813	7. Rosberg	1:22,599
8. Petrov	1:24,043	8. Kobayashi	1:23,656	8. Maldonado	1:22,854	8. Massa	1:22,888
9. Alonso	1:24,270	9. Buemi	1:23,962	9. Petrov	1:22,948	9. Maldonado	1:22,952
10. Barrichello	1:24,318	10. Alguersuari	1:24,049	10. Massa	1:23,026	10. Schumacher	-:--
11. Massa	1:24,322	11. Vettel	1:24,142	11. Buemi	1:23,231		
12. Pérez	1:24,329	12. Pérez	1:24,209	12. Pérez	1:23,367		
13. Maldonado	1:24,399	13. Di Resta	1:24,332	13. Alguersuari	1:23,694		
14. Buemi	1:24,535	14. Hamilton	1:24,370	14. Kobayashi	1:23,702		
15. Sutil	1:24,695	15. Button	1:24,428	15. Kovalainen	1:25,403		
16. Alguersuari	1:24,722	16. Sutil	1:24,648	16. Di Resta	1:26,126		
17. Di Resta	1:25,223	17. Kovalainen	1:25,874	17. Sutil	1:26,571		
18. Kovalainen	1:26,236	18. Trulli	1:26,521				
19. Trulli	1:27,000	19. Barrichello	1:26,910				
20. Glock	1:27,706	20. Glock	1:27,315				
21. Liuzzi	1:28,330	21. Liuzzi	1:27,809				
22. D'Ambrosio	1:29,057	22. Karthikeyan	1:27,908				
23. Heidfeld	1:29,200	23. D'Ambrosio	1:28,556				
24. Karthikeyan	1:29,562						

Startaufstellung: Zuerst die Piloten 1 bis 10 aus der dritten Qualifying-Phase, danach die Piloten 11-17 aus der zweiten Qualifying-Phase, dahinter die Piloten 18-24 aus der ersten Qualifying-Phase - inklusive Strafversetzungen:

1. Mark Webber
Red Bull-Renault RB7 V8
1:20,981

2. Sebastian Vettel
Red Bull-Renault RB7 V8
1:21,181

3. Lewis Hamilton
McLaren-Mercedes MP4/26 V8
1:21,961

4. Fernando Alonso
Ferrari 150° Italia V8
1:21,964

5. Jenson Button
McLaren-Mercedes MP4/26 V8
1:21,996

6. Vitaly Petrov
Renault R31 V8
1:22,471

7. Nico Rosberg
Mercedes MGP W02
1:22,599

8. Felipe Massa
Ferrari 150° Italia V8
1:22,888

9. Pastor Maldonado
Williams-Cosworth FW33 V8
1:22,952

10. Michael Schumacher
Mercedes MGP W02
keine Zeit

11. Sébastien Buemi
Toro Rosso-Ferrari STR6 V8
1:23,231

12. Sergio Pérez
Sauber-Ferrari C30 V8
1:23,367

13. Jaime Alguersuari
Toro Rosso-Ferrari STR6 V8
1:23,694

14. Kamui Kobayashi
Sauber-Ferrari C30 V8
1:23,702

15. Heikki Kovalainen
Lotus-Renault T128 V8
1:25,403

16. Paul Di Resta
Force India-Mercedes VJM04 V8
1:26,126

17. Adrian Sutil
Force India-Mercedes VJM04 V8
1:26,571

18. Jarno Trulli
Lotus-Renault T128 V8
1:26,521

19. Rubens Barrichello
Williams-Cosworth FW33 V8
1:26,910

20. Timo Glock
Virgin-Cosworth MVR-02 V8
1:27,315

21. Vitantonio Liuzzi
HRT-Cosworth HRT F111 V8
1:27,809

22. Narain Karthikeyan
HRT-Cosworth HRT F111 V8
1:27,908

23. Jérôme D'Ambrosio
Virgin-Cosworth MVR-02 V8
1:28,556

24. Nick Heidfeld
Renault R31 V8
keine Zeit

Die Reparartur an **Heidfelds** Wagen wird zur Qualifikation wegen eines Feuerschadens im 3. Training nicht fertig, Heidfeld darf aber als Letzter starten.

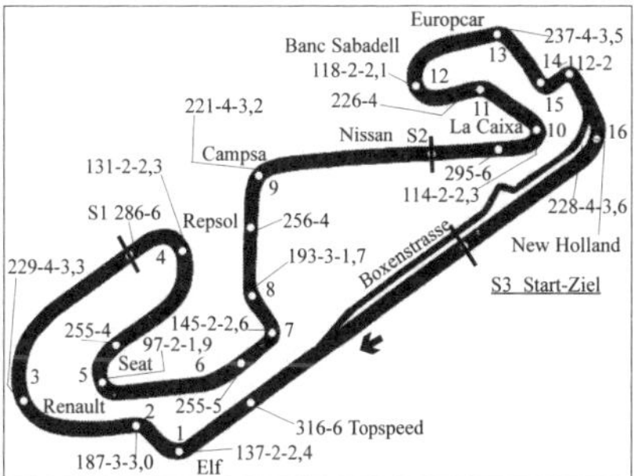

Legende: 132-2-2,1 = 132 km/h-2. Gang-2,1 Fliehkraft

Wetter am Renntag: Sonnig, trocken und heiss, 26°-27° Lufttemperatur, 34°-44° Asphalttemperatur, 31-32 % Lufftfeuchtigkeit, 78.100 Zuschauer am Renntag

Distanz: 66 Runden à 4,655 km = 307,104 km
Ziellinie 0,126 km hinter der Startlinie

Sieger 2010: Webber (Red Bull-Renault), 1.35:44,101 = 192,471 km/h

Poleposition 2010: Webber (Red Bull-Renault), 1:19,995 = 209,488 km/h

Schnellste Runde 2010: Hamilton (McLaren-Mercedes), 1:24,357 = 198,655 km/h

Boxenstopps:

Kobayashi:	1. Runde: Reifenschaden links hinten, daher Reifenwechsel von weich auf hart, verliert total 24,8 sec., Platz 24
Pérez:	7. Runde: Reifenwechsel von weich auf hart in total 23,5 sec., Platz 14-19
Maldonado:	8. Runde: Reifenwechsel von weich auf weich in 5,4 sec., total 22,6 sec., Platz 13-18
Vettel:	9. Runde: Reifenwechsel von weich auf weich in 3,7 sec., total 20,2 sec., Platz 4-6
Buemi:	9. Runde: Reifenwechsel von weich auf weich in total 20,8 sec., Platz 10-15
Alonso:	10. Runde: Reifenwechsel von weich auf weich in 4,2 sec., total 20,5 sec., Platz 1-2
Webber:	10. Runde: Reifenwechsel von weich auf weich in 3,8 sec., total 20,8 sec., Platz 3-6
Schumacher:	10. Runde: Reifenwechsel (re. hi. klemmt die Radmutter) von weich auf weich, verliert total 20,0 sec., Platz 7-13
Hamilton:	11. Runde: Reifenwechsel von weich auf weich in 3,4 sec., total 19,7 sec., Platz 1-3
Petrov:	11. Runde: Reifenwechsel von weich auf weich in 3,7 sec., total 21,8 sec., Platz 4-9
Rosberg:	11. Runde: Reifenwechsel von weich auf weich in total 20,6 sec., Platz 7-11
Massa:	11. Runde: Reifenwechsel von weich auf weich in 4,3 sec., total 20,8 sec., Platz 8-12
Alguersuari:	11. Runde: Reifenwechsel von weich auf weich in total 20,7 sec., Platz 10-16
Barrichello:	11. Runde: Reifenwechsel von hart auf weich in total 29,9 sec., Platz 19-24
Sutil:	13. Runde: Reifenwechsel von hart auf weich in total 20,7 sec., Platz 18-21
Button:	14. Runde: Reifenwechsel von weich auf weich in 3,7 sec., total 20,0 sec., Platz 5-6
Karthikeyan:	14. Runde: Reifenwechsel von weich auf weich in total 24,8 sec., Platz 24
Di Resta:	15. Runde: Reifenwechsel von weich auf weich in total 20,0 sec., Platz 8-14
Trulli:	15. Runde: Reifenwechsel von weich auf weich in total 22,3 sec., Platz 12-17
Kovalainen:	16. Runde: Reifenwechsel von weich auf weich in total 21,0 sec., Platz 15-18
Liuzzi:	16. Runde: Reifenwechsel von weich auf weich in total 23,1 sec., Platz 21-22
Glock:	16. Runde: Reifenwechsel von weich auf weich in total 22,7 sec., Platz 22-23
D'Ambrosio:	17. Runde: Reifenwechsel von weich auf weich in total 23,1 sec., Platz 21-23
Vettel:	18. Runde: 2. Stopp, Reifenwechsel von weich auf weich in 3,6 sec., total 19,8 sec., Platz 4-5
Alonso:	19. Runde: 2. Stopp, Reifenwechsel von weich auf weich in 3,9 sec., total 20,2 sec., Platz 2-3
Webber:	19. Runde: 2. Stopp, Reifenwechsel von weich auf weich in 3,6 sec., total 20,0 sec., Platz 3-4
Maldonado:	20. Runde: 2. Stopp, Reifenwechsel von weich auf weich in total 24,8 sec., Platz 13-17
Massa:	21. Runde: 2. Stopp, Reifenwechsel von weich auf weich in 4,5 sec., total 21,6 sec., Platz 9-12
Heidfeld:	21. Runde: Reifenwechsel von hart auf weich in total 21,3 sec., Platz 15-20
Hamilton:	23. Runde: 2. Stopp, Reifenwechsel von weich auf weich in 3,9 sec., total 20,2 sec., Platz 1-2
Barrichello:	23. Runde: 2. Stopp, Reifenwechsel von weich auf weich in total 21,2 sec., Platz 20
Alguersuari:	24. Runde: 2. Stopp, Reifenwechsel von weich auf weich in total 20,8 sec., Platz 12-16
Buemi:	25. Runde: 2. Stopp, Reifenwechsel von weich auf weich in total 24,7 sec., Platz 10-14
Kobayashi:	25. Runde: 2. Stopp, Reifenwechsel von hart auf weich in total 21,1 sec., Platz 19-20
Schumacher:	26. Runde: 2. Stopp, Reifenwechsel von weich auf weich in total 20,4 sec., Platz 6-8
Petrov:	26. Runde: 2. Stopp, Reifenwechsel von weich auf weich in total 24,2 sec., Platz 8-10
Rosberg:	27. Runde: 2. Stopp, Reifenwechsel von weich auf weich in 3,2 sec., total 19,5 sec., Platz 6-9
Alonso:	29. Runde: 3. Stopp, Reifenwechsel von weich auf hart in 4,2 sec., total 20,7 sec., Platz 3-4
Webber:	29. Runde: 3. Stopp, Reifenwechsel von weich auf hart in 3,3 sec., total 20,2 sec., Platz 4-5
Kovalainen:	28. Runde: 2. Stopp, Reifenwechsel von weich auf weich in total 20,8 sec., Platz 18-20
Pérez:	29. Runde: 2. Stopp, Reifenwechsel von hart auf weich in total 21,1 sec., Platz 14-16
Trulli:	29. Runde: 2. Stopp, Reifenwechsel von weich auf weich in total 21,7 sec., Platz 15-18
Karthikeyan:	28. Runde: 2. Stopp, Reifenwechsel von weich auf weich in total 24,4 sec., Platz 24
Button:	30. Runde: 2. Stopp, Reifenwechsel von weich auf weich in total 20,7 sec., Platz 3-5
Sutil:	30. Runde: 2. Stopp, Reifenwechsel von weich auf weich in total 20,2 sec., Platz 15-19
Di Resta:	32. Runde: 2. Stopp, Reifenwechsel von weich auf weich in total 20,1 sec., Platz 10-14
Vettel:	34. Runde: 3. Stopp, Reifenwechsel von weich auf hart in total 20,4 sec., Platz 2
Hamilton:	35. Runde: 3. Stopp, Reifenwechsel von weich auf hart in 4,1 sec., total 20,4 sec., Platz 1-2
D'Ambrosio:	34. Runde: 2. Stopp, Reifenwechsel von weich auf weich in total 22,9 sec., Platz 22
Barrichello:	35. Runde: 3. Stopp, Reifenwechsel von weich auf hart in total 20,6 sec., Platz 18-20
Massa:	36. Runde: 3. Stopp, Reifenwechsel von weich auf hart in 5,6 sec., total 22,4 sec., Platz 8-9
Maldonado:	36. Runde: 3. Stopp, Reifenwechsel von weich auf hart in total 21,5 sec., Platz 10-14
Heidfeld:	36. Runde: 2. Stopp, Reifenwechsel von weich auf weich in total 21,9 sec., Platz 14-16
Alguersuari:	36. Runde: 3. Stopp, Reifenwechsel von weich auf hart in total 21,0 sec., Platz 15-18
Alonso:	39. Runde: 4. Stopp, Reifenwechsel von hart auf hart in 4,0 sec., total 20,3 sec., Platz 5
Glock:	38. Runde: 2. Stopp, Reifenwechsel von weich auf weich in total 21,6 sec., Platz 21
Schumacher:	41. Runde: 3. Stopp, Reifenwechsel von weich auf hart in 4,0 sec., total 20,4 sec., Platz 7
Petrov:	41. Runde: 3. Stopp, Reifenwechsel von weich auf hart in total 21,7 sec., Platz 8-11
Kovalainen:	41. Runde: 3. Stopp, Reifenwechsel von weich auf hart in total 23,0 sec., Platz 20

Rosberg:	42. Runde: 3. Stopp, Reifenwechsel von weich auf hart in total 20,3 sec., Platz 6-7
Buemi:	42. Runde: 3. Stopp, Reifenwechsel von weich auf hart in total 20,8 sec., Platz 12-16
Trulli:	43. Runde: 3. Stopp, Reifenwechsel von weich auf hart in total 23,0 sec., Platz 18-19
Kobayashi:	44. Runde: 3. Stopp, Reifenwechsel von weich auf weich in total 20,5 sec., Platz 13-17
Webber:	47. Runde: 4. Stopp, Reifenwechsel von hart auf hart in 3,2 sec., total 19,9 sec., Platz 4
Vettel:	48. Runde: 4. Stopp, Reifenwechsel von hart auf hart in 3,8 sec., total 20,2 sec., Platz 1
Pérez:	47. Runde: 3. Stopp, Reifenwechsel von weich auf weich in total 21,8 sec., Platz 11-13
Button:	48. Runde: 3. Stopp, Reifenwechsel von weich auf hart in 3,7 sec., total 20,1 sec., Platz 3
Hamilton:	49. Runde: 4. Stopp, Reifenwechsel von hart auf hart in 4,4 sec., total 20,9 sec., Platz 1-2
Sutil:	48. Runde: 3. Stopp, Reifenwechsel von weich auf weich in total 23,2 sec., Platz 15-17
Karthikeyan:	47. Runde: 3. Stopp, Reifenwechsel von weich auf hart in total 24,2 sec., Platz 23
Heidfeld:	50. Runde: 3. Stopp, Reifenwechsel von weich auf weich in total 20,7 sec., Platz 10-14
Alguersuari:	50. Runde: 4. Stopp, Reifenwechsel von hart auf hart in total 23,1 sec., Platz 16-18
D'Ambrosio:	49. Runde: 3. Stopp, Reifenwechsel von weich auf hart in total 21,7 sec., Platz 21
Di Resta:	51. Runde: 3. Stopp, Reifenwechsel von weich auf hart in total 20,5 sec., Platz 9-14
Maldonado:	53. Runde: 4. Stopp, Reifenwechsel von hart auf hart in total 22,0 sec., Platz 14-16
Glock:	53. Runde: 3. Stopp, Reifenwechsel von weich auf hart in total 21,1 sec., Platz 20
Barrichello:	54. Runde: 4. Stopp, Reifenwechsel von hart auf weich in total 20,6 sec., Platz 18

Ausfälle:

Liuzzi:	29. Runde: Getriebedefekt, Platz 22
Kovalainen:	49. Runde: Dreher, Platz 20
Massa:	59. Runde: Getriebedefekt, Platz 10

Stand nach der 1. Runde:

1. Alonso, 2. Vettel, 3. Webber, 4. Hamilton, 5. Petrov, 6. Schumacher, 7. Rosberg, 8. Massa, 9. Buemi, 10. Button

Ergebnis:

1. Sebastian Vettel (Deutschland) Red Bull-Renault	1.39:03,301 = 186,020 km/h	
2. Lewis Hamilton (England) McLaren-Mercedes	1.39:03,931 = 186,000 km/h	0,630 zurück
3. Jenson Button (England) McLaren-Mercedes	1.39:38,998 = 184,909 km/h	35,697 zurück
4. Mark Webber (Australien) Red Bull-Renault	1.39:51,267 = 184,530 km/h	47,966 zurück
5. Fernando Alonso (Spanien) Ferrari	1.39:13,856 = 182,875 km/h	1 Runde zurück
6. Michael Schumacher (Deutschland) Mercedes	1.39:31,695 = 182,329 km/h	1 Runde zurück
7. Nico Rosberg (Deutschland) Mercedes	1.39:32,570 = 182,302 km/h	1 Runde zurück
8. Nick Heidfeld (Deutschland) Renault	1.39:33,015 = 182,289 km/h	1 Runde zurück
9. Sergio Pérez (Mexiko) Sauber-Ferrari	1.39:53,605 = 181,663 km/h	1 Runde zurück
10. Kamui Kobayashi (Japan) Sauber-Ferrari	1.39:58,323 = 181,520 km/h	1 Runde zurück
11. Vitaly Petrov (Russland) Renault	1.40:11,150 = 181,132 km/h	1 Runde zurück
12. Paul Di Resta (Schottland) Force India-Mercedes	1.40:17,511 = 180,941 km/h	1 Runde zurück
13. Adrian Sutil (Deutschland) Force India-Mercedes	1.40:23,337 = 180,766 km/h	1 Runde zurück
14. Sébastien Buemi (Schweiz) Toro Rosso-Ferrari	1.40:29,839 = 180,571 km/h	1 Runde zurück
15. Pastor Maldonado (Venezuela) Williams-Cosworth	1.40:30,081 = 180,564 km/h	1 Runde zurück
16. Jaime Alguersuari (Spanien) Toro Rosso-Ferrari	1.39:13,809 = 180,062 km/h	2 Runden zurück
17. Rubens Barrichello (Brasilien) Williams-Cosworth	1.39:15,964 = 179,997 km/h	2 Runden zurück
18. Jarno Trulli (Italien) Lotus-Renault	1.40:11,203 = 178,343 km/h	2 Runden zurück
19. Timo Glock (Deutschland) Virgin-Cosworth	1.40:27,140 = 175,091 km/h	3 Runden zurück
20. Jérôme D'Ambrosio (Belgien) Virgin-Cosworth	1.39:18,879 = 174,284 km/h	4 Runden zurück
21. Narain Karthikeyan (Indien) HRT-Cosworth	1.39:10,631 = 171,710 km/h	5 Runden zurück

Schnellste Runde im Qualifying: Webber (Red Bull-Renault): 1:20,981 = 206,937 km/h (erzielt in Phase 3)
Schnellste Runde im Rennen: Hamilton (McLaren-Mercedes): 1:26,727 = 193,227 km/h

Höchstgeschwindigkeiten (Freitag, Training): 1. Kobayashi 326,2, 2. Massa 324,9, 3. Barrichello 322,7, 4. Maldonado 322,2, 5. Rosberg 321,9, 6. Schumacher 321,8, 7. Alonso 321,1, 8. Petrov 320,0, 9. Sutil 319,9, 10. Hülkenberg 319,7, 11. Di Resta 319,5, 12. Heidfeld 319,4, 13. Pérez 319,1, 14. Buemi 317,6, 15. Ricciardo 316,9, 16. Alguersuari 316,9, 17. Button 315,4, 18. Hamilton 315,4, 19. D'Ambrosio 313,0, 20. Kovalainen 312,8, 21. Glock 312,7, 22. Vettel 312,4, 23. Trulli 312,2, 24. Webber 311,6, 25. Karthikeyan 308,0, 26. Liuzzi 308,0

Höchstgeschwindigkeiten (Samstag, Qualifying): 1. Sutil 325,2, 2. Di Resta 323,2, 3. Schumacher 321,9, 4. Barrichello 321,9, 5. Rosberg 321,8, 6. Petrov 321,5, 7. Massa 321,3, 8. Alonso 320,9, 9. Button 319,2, 10. Hamilton 318,7, 11. Maldonado 318,4, 12. Buemi 314,6, 13. Alguersuari 314,5, 14. Webber 313,6, 15. Kobayashi 313,5, 16. Glock 312,7, 17. Vettel 312,3, 18. Pérez 310,9, 19. D'Ambrosio 310,8, 20. Liuzzi 310,6, 21. Karthikeyan 309,5, 22. Trulli 306,9, 23. Kovalainen 306,8

Höchstgeschwindigkeiten (Sonntag): 1. Pérez 330,1, 2. Kobayashi 328,8, 3. Di Resta 326,6, 4. Sutil 326,0, 5. Heidfeld 323,3, 6. Barrichello 322,0, 7. Schumacher 321,3, 8. Petrov 321,0, 9. Massa 320,8, 10. Button 320,8, 11. Rosberg 320,8, 12. Hamilton 320,8, 13. Alonso 320,0, 14. Maldonado 318,6, 15. Alguersuari 316,7, 16. Buemi 316,2, 17. Webber 314,9, 18. Trulli 312,8, 19. D'Ambrosio 312,7, 20. Glock 312,5, 21. Kovalainen 312,4, 22. Vettel 311,9, 23. Karthikeyan 309,3, 24. Liuzzi 301,0

Schnellste Runde jedes Fahrers im Rennen: 1. Hamilton 1:26,727 (52.), 2. Barrichello 1:26,891 (60.), 3. Heidfeld 1:26,958 (61.), 4. Vettel 1:27,162 (60.), 5. Webber 1:27,187 (50.), 6. Pérez 1:27,247 (55.), 7. Button 1:27,518 (63.), 8. Kobayashi 1:27,615 (52.), 9. Alonso 1:28,737 (22.), 10. Sutil 1:28,791 (52.), 11. Massa 1:29,081 (24.), 12. Alguersuari 1:29,132 (52.), 13. Rosberg 1:29,155 (34.), 14. Maldonado 1:29,391 (64.), 15. Schumacher 1:29,463 (34.), 16. Di Resta 1:29,469 (42.), 17. Petrov 1:29,592 (35.), 18. Buemi 1:30,049 (27.), 19. Kovalainen 1:30,618 (34.), 20. Trulli 1:30,783 (34.), 21. Glock 1:31,635 (40.), 22. D'Ambrosio 1:32,549 (36.), 23. Karthikeyan 1:32,848 (33.), 24. Liuzzi 1:33,884 (22.)

WM-Stand: 1. Vettel 118, 2. Hamilton 77, 3. Webber 67, 4. Button 61, 5. Alonso 51, 6. Rosberg 26, 7. Heidfeld 25, 8. Massa 24, 9. Petrov 21, 10. Schumacher 14, 11. Kobayashi 9, 12. Buemi 6, 13. Sutil 2, 14. Pérez 2, 15. Di Resta 2

Konstrukteur-WM: 1. Red Bull-Renault 185, 2. McLaren-Mercedes 138, 3. Ferrari 75, 4. Renault 46, 5. Mercedes 40, 6. Sauber-Ferrari 11, 7. Toro Rosso-Ferrari 6, 8. Force India-Mercedes 4

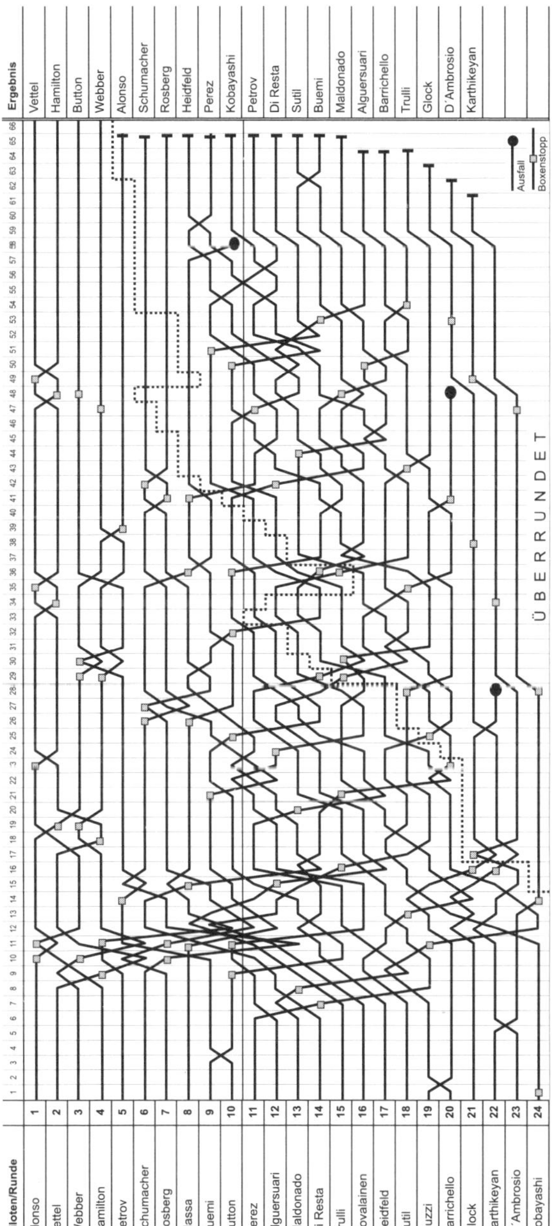
Piloten/Runde
1 Alonso
2 Vettel
3 Webber
4 Hamilton
5 Petrov
6 Schumacher
7 Rosberg
8 Massa
9 Buemi
10 Button
11 Perez
12 Alguersuari
13 Maldonado
14 Di Resta
15 Trulli
16 Kovalainen
17 Heidfeld
18 Sutil
19 Liuzzi
20 Barrichello
21 Glock
22 Karthikeyan
23 D´Ambrosio
24 Kobayashi
Ergebnis
Vettel
Hamilton
Button
Webber
Alonso
Schumacher
Rosberg
Heidfeld
Perez
Kobayashi
Petrov
Di Resta
Sutil
Buemi
Maldonado
Alguersuari
Barrichello
Trulli
Glock
D´Ambrosio
Karthikeyan
Ausfall
Boxenstopp
ÜBERRUNDET

Lauf 6 - Großer Preis von Monaco - Monte Carlo, 29. Mai 2011

1. Training (Freitag Vormittag): 1. Vettel 1:16,619, 2. Alonso 1:16,732, 3. Rosberg 1:17,139, 4. Massa 1:17,316, 5. Hamilton 1:17,350, 6. Button 1:17,534, 7. Maldonado 1:18,527, 8. Sutil 1:18,578, 9. Petrov 1:18,733, 10. Schumacher 1:18,805, 11. Heidfeld 1:18,928, 12. Buemi 1:19,234, 13. Barrichello 1:19,395, 14. Ricciardo 1:19,463, 15. Kobayashi 1:19,768, 16. Pérez 1:19,792, 17. Kovalainen 1:20,083, 18. Trulli 1:21,116, 19. Di Resta 1:21,548, 20. D'Ambrosio 1:21,758, 21. Glock 1:21,815, 22. Liuzzi 1:22,840, 23. Karthikeyan 1:23,885, 24. Webber keine Zeit

2. Training (Freitag Nachmittag): 1. Alonso 1:15,123, 2. Hamilton 1:15,228, 3. Rosberg 1:15,321, 4. Button 1:15,448, 5. Vettel 1:15,667, 6. Massa 1:15,781, 7. Schumacher 1:16,356, 8. Webber 1:16,642, 9. Sutil 1:17,101, 10. Heidfeld 1:17,126, 11. Petrov 1:17,337, 12. Pérez 1:17,541, 13. Barrichello 1:17,570, 14. Buemi 1:17,581, 15. Maldonado 1:17,633, 16. Kobayashi 1:17,706, 17. Alguersuari 1:17,789, 18. Kovalainen 1:18,266, 19. Trulli 1:18,490, 20. Di Resta 1:19,053, 21. D'Ambrosio 1:19,185, 22. Glock 1:19,338, 23. Karthikeyan 1:22,066

3. Training (Samstag)		**Qualifying** (Samstag) **(1.Phase)**		**(2.Phase)**		**(3.Phase)**	
1. Alonso	1:14,433	1. Hamilton	1:15,207	1. Hamilton	1:14,275	1. Vettel	1:13,556
2. Button	1:14,996	2. Button	1:15,397	2. Vettel	1:14,277	2. Button	1:13,997
3. Massa	1:15,024	3. Vettel	1:15,606	3. Button	1:14,545	3. Webber	1:14,019
4. Vettel	1:15,245	4. Maldonado	1:15,819	4. Alonso	1:14,569	4. Alonso	1:14,483
5. Schumacher	1:15,310	5. Rosberg	1:15,858	5. Massa	1:14,648	5. Schumacher	1:14,682
6. Hamilton	1:15,386	6. Pérez	1:15,918	6. Rosberg	1:14,741	6. Massa	1:14,877
7. Webber	1:15,529	7. Alonso	1:16,051	7. Webber	1:14,742	7. Hamilton	1:15,280
8. Alguersuari	1:16,617	8. Webber	1:16,087	8. Schumacher	1:14,981	8. Rosberg	1:15,766
9. Buemi	1:16,736	9. Schumacher	1:16,092	9. Pérez	1:15,482	9. Maldonado	1:16,528
10. Pérez	1:16,821	10. Massa	1:16,309	10. Maldonado	1:15,545	10. Pérez	-:--
11. Di Resta	1:16,990	11. Buemi	1:16,358	11. Petrov	1:15,815		
12. Barrichello	1:17,196	12. Petrov	1:16,378	12. Barrichello	1:15,826		
13. Maldonado	1:17,333	13. Kobayashi	1:16,513	13. Kobayashi	1:15,973		
14. Kobayashi	1:17,403	14. Sutil	1:16,600	14. Di Resta	1:16,118		
15. Petrov	1:17,779	15. Barrichello	1:16,807	15. Sutil	1:16,121		
16. Heidfeld	1:17,880	16. Heidfeld	1:16,681	16. Heidfeld	1:16,214		
17. Sutil	1:18,069	17. Di Resta	1:16,813	17. Buemi	1:16,300		
18. Kovalainen	1:18,115	18. Kovalainen	1:17,343				
19. Glock	1:18,580	19. Trulli	1:17,381				
20. D'Ambrosio	1:18,808	20. Alguersuari	1:17,820				
21. Trulli	1:19,259	21. Glock	1:17,914				
22. Liuzzi	1:20,115	22. D'Ambrosio	1:18,736				
23. Karthikeyan	1:20,278						
24. Rosberg	-:--						

Startaufstellung: Zuerst die Piloten 1 bis 10 aus der dritten Qualifying-Phase, danach die Piloten 11-17 aus der zweiten Qualifying-Phase, dahinter die Piloten 18-24 aus der ersten Qualifying-Phase - inklusive Strafversetzungen:

1. Sebastian Vettel
Red Bull-Renault RB7 V8
1:13,556

2. Jenson Button
McLaren-Mercedes MP4/26 V8
1:13,997

3. Mark Webber
Red Bull-Renault RB7 V8
1:14,019

4. Fernando Alonso
Ferrari 150° Italia V8
1:14,483

5. Michael Schumacher
Mercedes MGP W02
1:14,682

6. Felipe Massa
Ferrari 150° Italia V8
1:14,877

7. Nico Rosberg
Mercedes MGP W02
1:15,766

8. Pastor Maldonado
Williams-Cosworth FW33 V8
1:16,528

9. Lewis Hamilton
McLaren-Mercedes MP4/26 V8
keine Zeit

10. Vitaly Petrov
Renault R31 V8
1:15,815

11. Rubens Barrichello
Williams-Cosworth FW33 V8
1:15,826

12. Kamui Kobayashi
Sauber-Ferrari C30 V8
1:15,973

13. Paul Di Resta
Force India-Mercedes VJM04 V8
1:16,118

14. Adrian Sutil
Force India-Mercedes VJM04 V8
1:16,121

15. Nick Heidfeld
Renault R31 V8
1:16,214

16. Sébastien Buemi
Toro Rosso-Ferrari STR6 V8
1:16,300

17. Heikki Kovalainen
Lotus-Renault T128 V8
1:17,343

18. Jarno Trulli
Lotus-Renault T128 V8
1:17,381

19. Jaime Alguersuari
Toro Rosso-Ferrari STR6 V8
1:17,820

20. Timo Glock
Virgin-Cosworth MVR-02 V8
1:17,914

21. Jérôme D'Ambrosio
Virgin-Cosworth MVR-02 V8
1:18,736

22. Vitantonio Liuzzi
HRT-Cosworth HRT F111 V8
keine Zeit

23. Narain Karthikeyan
HRT-Cosworth HRT F111 V8
keine Zeit

- **Liuzzi** und **Karthikeyan** starten nicht im Qualifying wegen einer defekter Hinterradaufängung (Karthikeyan) und eines Unfalls im 3. Training (Liuzzi). Beide dürfen nach Erlaubnis der Stewards beim Rennen starten
- Schwerer Unfall in der Hafenschikane von **Pérez** der beim Rennen nicht startet
- **Lewis Hamilton** wird die Zeit aus der 3. Qualifying-Phase gestrichen weil er die Schikane abgekürzt hat, er wird 2 Plätze nach hinten versetzt

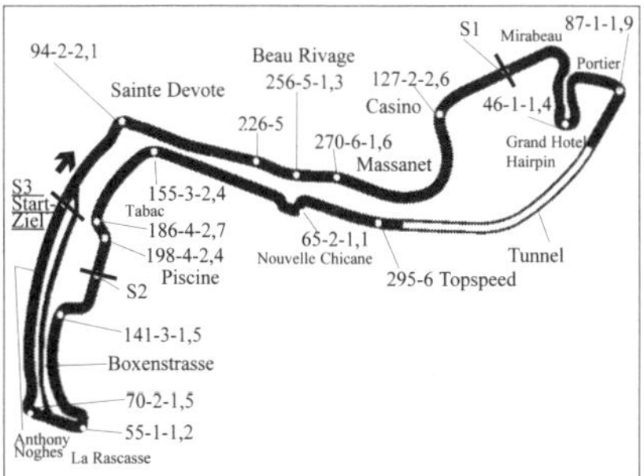

Legende: 132-2-2,1 = 132 km/h-2. Gang-2,1 Gravitation

Wetter am Renntag: Sonnig, trocken und warm,
23°-25° Lufttemperatur, 42°-46° Asphalttemperatur,
36-34 % Luftfeuchtigkeit, 69.000 Zuschauer am Renntag

Distanz: 78 Runden à 3,340 km = 260,520 km
Ziellinie 0,000 km hinter der Startlinie

Sieger 2010: Webber (Red Bull-Renault),
1.50:13,355 = 141,814 km/h

Poleposition 2010: Webber (Red Bull-Renault),
1:13,826 = 162,869 km/h

Schnellste Runde 2010. Vettel (Red Bull-Renault),
1:15,192 = 159,910 km/h

Boxenstopps:

Schumacher: 12. Runde: Neue Nase nach Kontakt mit Hamilton und Reifenwechsel von superweich auf superweich in 13,4 sec., verliert total 35,0 sec., Platz 7
Button: 15. Runde: Reifenwechsel von superweich auf superweich in 4,0 sec., total 25,2 sec., Platz 4-3
Rosberg: 15. Runde: Reifenwechsel von superweich auf weich in 3,7 sec., total 25,1 sec., Platz 19-20
Vettel: 16. Runde: Reifenwechsel (Heizdecke lässt sich vo.re. nicht lösen) von superweich auf weich in 6,9 sec., verliert total 28,5 sec.,
Platz 2-3
Webber: 16. Runde: Reifenwechsel (Mechaniker waren noch nicht bereit) von superweich auf weich in 15,5 sec., verliert total 37,7 sec., Platz 14
Alonso: 17. Runde: Reifenwechsel von superweich auf weich in 4,1 sec., total 25,3 sec., Platz 2-3
Kovalainen: 19. Runde: Reifenwechsel von superweich auf weich in total 26,4 sec., Platz 21
Di Resta: 20. Runde: Reifenwechsel von superweich auf superweich in total 24,9 sec., Platz 15
Hamilton: 22. Runde: Reifenwechsel von weich auf superweich in 9,7 sec., total 31,4 sec., Platz 13-14
Glock: 22. Runde: Reifenwechsel von superweich auf weich in total 26,8 sec., Platz 21
Trulli: 24. Runde: Reifenwechsel von superweich auf superweich in total 25,5 sec., Platz 18
Maldonado: 25. Runde: Reifenwechsel von superweich auf weich in 4,5 sec., total 26,4 sec., Platz 13
Massa: 26. Runde: Reifenwechsel von superweich auf weich in 5,3 sec., total 26,6 sec., Platz 9-11
Karthikeyan: 25. Runde: Reifenwechsel von superweich auf weich in total 28,3 sec., Platz 23
Di Resta: 27. Runde: 2. Stopp, Drive-Through-Strafe wegen vermeidbarer Kollision mit Alguersuari, verliert total 19,3 sec., Platz 17
Petrov: 28. Runde: Reifenwechsel von superweich auf weich in 7,0 sec., total 28,8 sec., Platz 13
Alguersuari: 29. Runde: Reifenwechsel von weich auf weich in total 25,9 sec., Platz 17
Barrichello: 32. Runde: Reifenwechsel von superweich auf weich in 4,3 sec., total 25,9 sec., Platz 13-12
Button: 33. Runde: 2. Stopp, Reifenwechsel von superweich auf superweich in 5,4 sec., total 26,4 sec., Platz 3-2
Di Resta: 32. Runde: 3. Stopp, Neue Nase nach Kontakt mit Alguersuari und Reifenwechsel von superweich auf weich, verliert total 17,2 sec., Platz 20-18
Heidfeld: 33. Runde: Reifenwechsel von weich auf superweich in total 25,8 sec., Platz 10
Buemi: 33. Runde: Reifenwechsel von weich auf weich in total 26,0 sec., Platz 11
Alonso: 34. Runde: 2. Stopp, Reifenwechsel von weich auf weich in 9,5 sec., total 31,3 sec., Platz 3
Rosberg: 33. Runde: 2. Stopp, Reifenwechsel von weich auf weich in total 25,3 sec., Platz 14-15
Liuzzi: 32. Runde: Reifenwechsel von weich auf superweich in total 28,2 sec., Platz 21-19
D'Ambrosio: 33. Runde: Reifenwechsel von weich auf superweich in total 27,5 sec., Platz 17
Kobayashi: 34. Runde: Reifenwechsel von weich auf superweich in total 28,6 sec., Platz 5
Sutil: 34. Runde: Reifenwechsel von weich auf superweich in total 25,0 sec., Platz 4
Karthikeyan: 33. Runde: 2. Stopp, Reifenwechsel von weich auf superweich in total 39,9 sec., Platz 20
Hamilton: 43. Runde: 2. Stopp, Drive-Through-Strafe wegen vermeidbarer Kollision mit Massa, verliert total 19,3 sec., Platz 9
Trulli: 46. Runde: 2. Stopp, Reifenwechsel von superweich auf weich in total 26,0 sec., Platz 18
Button: 48. Runde: 3. Stopp, Reifenwechsel von superweich auf weich in 3,5 sec., total 24,6 sec., Platz 3
Hamilton: 49. Runde: 3. Stopp, Reifenwechsel von superweich auf weich in 5,6 sec., total 26,9 sec., Platz 9
Kovalainen: 52. Runde: 2. Stopp, Reifenwechsel von weich auf weich in total 25,8 sec., Platz 18
Rosberg: 53. Runde: 3. Stopp, Reifenwechsel von weich auf weich in 4,0 sec., total 25,1 sec., Platz 14
Maldonado: 54. Runde: 2. Stopp, Reifenwechsel von weich auf superweich in total 25,6 sec., Platz 8
Webber: 55. Runde: 2. Stopp, Reifenwechsel von weich auf weich in 4,9 sec., total 26,2 sec., Platz 7
Alguersuari: 56. Runde: 2. Stopp, Reifenwechsel von weich auf superweich in total 27,5 sec., Platz 13-14
Buemi: 62. Runde: 2. Stopp, Reifenwechsel von weich auf superweich in total 25,0 sec., Platz 12
D'Ambrosio: 63. Runde: 2. Stopp, Reifenwechsel von superweich auf weich in total 26,4 sec., Platz 18
Sutil: 68. Runde: 2. Stopp, Reifenwechsel (wegen Kontakt mit Mauer) von superweich auf superweich, verliert total 27,8 sec., Platz 8
Barrichello: 68. Runde: 2. Stopp, Reifenwechsel von weich auf superweich in 25,6 sec., Platz 10
Heidfeld: 69. Runde: 2. Stopp, Reifenwechsel von superweich auf superweich in 26,2 sec., Platz 9
Vettel: 72. Runde: Reifenwechsel von weich auf superweich in der Neustartaufstellung
Alonso: 72. Runde: Reifenwechsel von weich auf superweich in der Neustartaufstellung
Button: 72. Runde: Reifenwechsel von weich auf weich in der Neustartaufstellung
Webber: 72. Runde: Reifenwechsel von weich auf superweich in der Neustartaufstellung
Kobayashi: 72. Runde: Reifenwechsel von superweich auf superweich in der Neustartaufstellung
Hamilton: 72. Runde: Neuer Frontflügel und Heckflügel und Reifenwechsel von weich auf superweich in der Neustartaufstellung
Heidfeld: 72. Runde: Reifenwechsel von superweich auf superweich in der Neustartaufstellung
Barrichello: 72. Runde: Reifenwechsel von superweich auf superweich in der Neustartaufstellung
Buemi: 72. Runde: Reifenwechsel von superweich auf superweich in der Neustartaufstellung
Rosberg: 72. Runde: Reifenwechsel von superweich auf superweich in der Neustartaufstellung
Di Resta: 72. Runde: Reifenwechsel von weich auf superweich in der Neustartaufstellung
Trulli: 72. Runde: Reifenwechsel von weich auf superweich in der Neustartaufstellung
Kovalainen: 72. Runde: Reifenwechsel von weich auf superweich in der Neustartaufstellung
D'Ambrosio: 72. Runde: Reifenwechsel von weich auf weich in der Neustartaufstellung
Liuzzi: 72. Runde: Reifenwechsel von superweich auf superweich in der Neustartaufstellung
Karthikeyan: 72. Runde: Reifenwechsel von superweich auf weich in der Neustartaufstellung
Maldonado: 72. Runde: Reifenwechsel von superweich auf weich in der Neustartaufstellung

Ausfälle:

Pérez:	Nicht teilgenommen
Glock:	31. Runde: Stoßdämpfer rechts hinten defekt, Platz 20
Schumacher:	33. Runde: Feuer in der Airbox, Platz 14
Massa:	33. Runde: Unfall im Tunnel, Platz 9
Alguersuari:	67. Runde: Kollision mit Hamilton und Petrov, Platz 12
Petrov:	68. Runde: Kollision mit Alguersuari, Platz 7
Maldonado:	73. Runde: Kollision mit Hamilton, Platz 18

Stand nach der 1. Runde:
1. Vettel, 2. Button, 3. Alonso, 4. Webber, 5. Rosberg, 6. Massa, 7. Maldonado, 8. Petrov, 9. Schumacher, 10. Hamilton

Safety Car-Phase:
33. bis 37. Runde um Wrackteile des Ferrari von Massa im Tunnel und dahinter zu bergen
58. bis 72. Runde um Wrackteile des Renault von Petrov und des Toro Rosso-Ferrari von Alguersuari zu bergen

Das Rennen wird zwischen 71. und 72. Runde 20 Minuten unterbrochen um die medizinische Versorgung von Petrov zu sichern Während der Wartezeit auf den Neustart dürfen Arbeiten an den Autos durchgeführt werden.

Ergebnis:

1. Sebastian Vettel (Deutschland) Red Bull-Renault	2.09:38,373 = 120,574 km/h	
2. Fernando Alonso (Spanien) Ferrari	2.09:39,511 = 120,556 km/h	1,138 zurück
3. Jenson Button (England) McLaren-Mercedes	2.09:40,751 = 120,537 km/h	2,378 zurück
4. Mark Webber (Australien) Red Bull-Renault	2.10:01,474 = 120,217 km/h	23,101 zurück
5. Kamui Kobayashi (Japan) Sauber-Ferrari	2.10:05,289 = 120,158 km/h	26,916 zurück
6. Lewis Hamilton (England) McLaren-Mercedes	2.10:25,583 = 119,846 km/h*	47,210 zurück*
7. Adrian Sutil (Deutschland) Force India-Mercedes	2.09:54,910 = 118,775 km/h	1 Runde zurück
8. Nick Heidfeld (Deutschland) Renault	2.09:58,699 = 118,718 km/h	1 Runde zurück
9. Rubens Barrichello (Brasilien) Williams-Cosworth	2.10:09,135 = 118,559 km/h	1 Runde zurück
10. Sébastien Buemi (Schweiz) Toro Rosso-Ferrari	2.10:09,637 = 118,551 km/h	1 Runde zurück
11. Nico Rosberg (Deutschland) Mercedes	2.09:54,060 = 117,246 km/h	2 Runden zurück
12. Paul Di Resta (Schottland) Force India-Mercedes	2.09:55,850 = 117,219 km/h	2 Runden zurück
13. Jarno Trulli (Italien) Lotus-Renault	2.10:19,445 = 116,865 km/h	2 Runden zurück
14. Heikki Kovalainen (Finnland) Lotus-Renault	2.10:19,884 = 116,859 km/h	2 Runden zurück
15. Jérôme D'Ambrosio (Belgien) Virgin-Cosworth	2.10:18,135 = 115,347 km/h	3 Runden zurück
16. Vitantonio Liuzzi (Italien) HRT-Cosworth	2.10:21,400 = 115,299 km/h	3 Runden zurück
17. Narain Karthikeyan (Indien) HRT-Cosworth	2.10:34,524 = 113,571 km/h	4 Runden zurück
18. Pastor Maldonado (Venezuela) Williams-Cosworth	2.03:25,063 = 118,534 km/h	Kollision

Maldonado beendet nicht das Rennen, wird aber aufgrund der zurückgelegten Distanz gewertet
Hamilton erhält im Nachhinen eine 20-sec.-Zeit-Strafe wegen einer vermeidbarer Kollision mit Maldonado
*Inklusive der 20-Sekunden-Zeit-Strafe
Schnellste Runde im Qualifying: Vettel (Red Bull-Renault): 1:13,556 = 163,467 km/h (erzielt in Phase 3)
Schnellste Runde im Rennen: Webber (Red Bull-Renault): 1:16,234 = 157,724 km/h
Höchstgeschwindigkeiten (Freitag, Training): 1. Sutil 283,4, 2. Di Resta 283,3, 3. Petrov 281,7, 4. Heidfeld 280,3, 5. Schumacher 280,2, 6. Hamilton 279,9, 7. Button 279,4, 8. Maldonado 279,4, 9. Vettel 279,1, 10. Buemi 278,9, 11. Rosberg 278,8, 12. Barrichello 277,9, 13. Massa 277,7, 14. Alguersuari 277,5, 15. Ricciardo 277,4, 16. Kobayashi 277,3, 17. Alonso 277,2, 18. Glock 276,9, 19. Pérez 276,7, 20. Karthikeyan 276,5, 21. Trulli 276,0, 22. Kovalainen 275,7, 23. Webber 275,7, 24. D'Ambrosio 274,7, 25. Liuzzi 273,0
Höchstgeschwindigkeiten (Samstag, Qualifying): 1. Sutil 285,6, 2. Button 284,7, 3. Di Resta 284,3, 4. Hamilton 284,1, 5. Schumacher 284,1, 6. Barrichello 283,8, 7. Maldonado 283,7, 8. Rosberg 283,5, 9. Buemi 283,0, 10. Petrov 283,0, 11. Heidfeld 282,7, 12. Massa 282,2, 13. Alguersuari 281,9, 14. Trulli 280,2, 15. Vettel 280,1, 16. Alonso 280,0, 17. Pérez 279,9, 18. Kovalainen 279,8, 19. Kobayashi 279,7, 20. Webber 278,6, 21. Glock 277,8, 22. D'Ambrosio 277,7
Höchstgeschwindigkeiten (Sonntag): 1. Hamilton 289,0, 2. Webber 285,4, 3. Kobayashi 284,8, 4. Button 284,6, 5. Buemi 284,1, 6. Maldonado 283,9, 7. Massa 283,7, 8. Di Resta 283,7, 9. Alonso 283,6, 10. Alguersuari 283,4, 11. Sutil 282,6, 12. Heidfeld 282,5, 13. Petrov 282,2, 14. Barrichello 281,7, 15. Vettel 281,1, 16. Kovalainen 280,8, 17. Rosberg 280,3, 18. Schumacher 279,4, 19. D'Ambrosio 277,4, 20. Liuzzi 276,2, 21. Trulli 275,7, 22. Karthikeyan 275,2, 23. Glock 273,6
Schnellste Runde jedes Fahrers im Rennen: 1. Webber 1:16,234 (78.), 2. Vettel 1:16,267 (78.), 3. Button 1:16,463 (78.), 4. Alonso 1:16,471 (77.), 5. Hamilton 1:17,847 (54.), 6. Heidfeld 1:17,857 (77.), 7. Kobayashi 1:18,308 (76.), 8. Barrichello 1:18,584 (76.), 9. Alguersuari 1:18,608 (59.), 10. Rosberg 1:18,699 (56.), 11. Di Resta 1:18,724 (75.), 12. Buemi 1:18,832 (77.), 13. Sutil 1:18,872 (77.), 14. Maldonado 1:18,904 (62.), 15. Schumacher 1:19,801 (30.), 16. Petrov 1:20,058 (57.), 17. Massa 1:20,202 (16.), 18. Kovalainen 1:20,678 (54.), 19. Trulli 1:21,277 (66.), 20. D'Ambrosio 1:21,391 (75.), 21. Liuzzi 1:21,566 (74.), 22. Glock 1:22,102 (30.), 23. Karthikeyan 1:22,731 (74.)
WM-Stand: 1. Vettel 143, 2. Hamilton 85, 3. Webber 79, 4. Button 76, 5. Alonso 69, 6. Heidfeld 29, 7. Rosberg 26, 8. Massa 24, 9. Petrov 21, 10. Kobayashi 19, 11. Schumacher 14, 12. Sutil 8, 13. Buemi 7, 14. Barrichello 2, 15. Pérez 2, 16. Di Resta 2
Konstrukteur-WM: 1. Red Bull-Renault 222, 2. McLaren-Mercedes 161, 3. Ferrari 93, 4. Renault 50, 5. Mercedes 40, 6. Sauber-Ferrari 21, 7. Force India-Mercedes 10, 8. Toro Rosso-Ferrari 7, 9. Williams-Cosworth 2

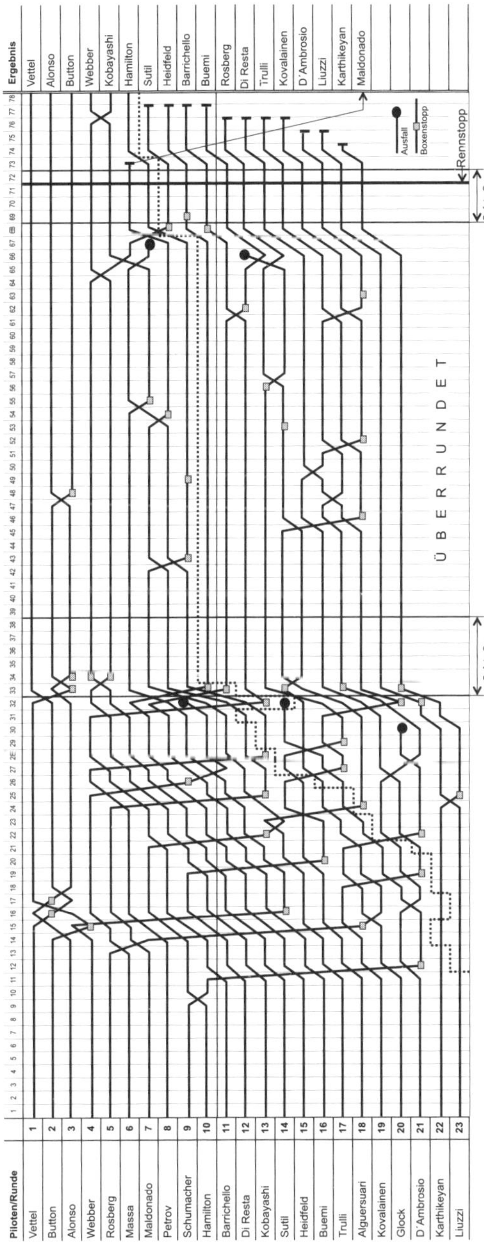
Piloten/Runde
Vettel
Button
Alonso
Webber
Rosberg
Massa
Maldonado
Petrov
Schumacher
Hamilton
Barrichello
Di Resta
Kobayashi
Sutil
Heidfeld
Buemi
Trulli
Alguersuari
Kovalainen
Glock
D´Ambrosio
Karthikeyan
Liuzzi
Ergebnis
Vettel
Alonso
Button
Webber
Kobayashi
Hamilton
Sutil
Heidfeld
Barrichello
Buemi
Rosberg
Di Resta
Trulli
Kovalainen
D´Ambrosio
Liuzzi
Karthikeyan
Maldonado
Safety Car
Safety Car
Rennstopp
Ausfall
Boxenstopp
Ü B E R R U N D E T

Lauf 7 - Großer Preis von Kanada - Montreal, 12. Juni 2011

1. Training (Freitag Vormittag): 1. Rosberg 1:15,591, 2. Alonso 1:16,139, 3. Schumacher 1:16,549, 4. Massa 1:16,658, 5. Button 1:16,676, 6. Hamilton 1:16,842, 7. Barrichello 1:16,990, 8. Di Resta 1:17,294, 9. Heidfeld 1:17,445, 10. Hülkenberg 1:17,549, 11. Pérez 1:17,662, 12. Webber 1:17,820, 13. Alguersuari 1:18,458, 14. Petrov 1:18,506, 15. Ricciardo 1:18,648, 16. Vettel 1:18,852, 17. Maldonado 1:18,932, 18. Trulli 1:19,274, 19. Kovalainen 1:19,422, 20. Kobayashi 1:19,577, 21. D'Ambrosio 1:19,838, 22. Liuzzi 1:19,960, 23. Glock 1:20,520, 24. Karthikeyan 1:20,839

2. Training (Freitag Nachmittag): 1. Alonso 1:15,107, 2. Vettel 1:15,476, 3. Massa 1:15,601, 4. Hamilton 1:15,977, 5. Button 1:15,989, 6. Di Resta 1:16,089, 7. Webber 1:16,102, 8. Petrov 1:16,324, 9. Heidfeld 1:16,422, 10. Barrichello 1:16,687, 11. Sutil 1:16,905, 12. Maldonado 1:16,941, 13. Buemi 1:17,051, 14. Alguersuari 1:17,684, 15. Kobayashi 1:17,757, 16. Trulli 1:18,470, 17. Kovalainen 1:18,482, 18. De la Rosa 1:18,536, 19. Rosberg 1:18,601, 20. Schumacher 1:19,209, 21. Glock 1:19,810, 22. Liuzzi 1:20,284, 23. Karthikeyan 1:20,311, 24. D'Ambrosio 1:20,922

3. Training (Samstag)		**Qualifying** (Samstag) **(1.Phase)**			**(2.Phase)**		**(3.Phase)**
1. Vettel	1:13,381	1. Alonso	1:13,822	1. Massa	1:13,431	1. Vettel	1:13,014
2. Alonso	1:13,701	2. Vettel	1:14,011	2. Vettel	1:13,486	2. Alonso	1:13,199
3. Rosberg	1:13,919	3. Massa	1:14,026	3. Webber	1:13,654	3. Massa	1:13,217
4. Massa	1:13,956	4. Hamilton	1:14,114	4. Alonso	1:13,672	4. Webber	1:13,429
5. Button	1:14,335	5. Button	1:14,374	5. Hamilton	1:13,926	5. Hamilton	1:13,565
6. Hamilton	1:14,469	6. Webber	1:14,375	6. Rosberg	1:13,950	6. Rosberg	1:13,814
7. Schumacher	1:14,488	7. Petrov	1:14,699	7. Button	1:13,955	7. Button	1:13,838
8. Petrov	1:14,917	8. Di Resta	1:14,874	8. Schumacher	1:14,242	8. Schumacher	1:13,864
9. Sutil	1:15,217	9. Rosberg	1:14,920	9. Petrov	1:14,354	9. Heidfeld	1:14,062
10. Di Resta	1:15,243	10. Sutil	1:14,931	10. Heidfeld	1:14,467	10. Petrov	1:14,085
11. Maldonado	1:15,312	11. Schumacher	1:14,970	11. Di Resta	1:14,752		
12. Heidfeld	1:15,350	12. Heidfeld	1:15,096	12. Maldonado	1:15,043		
13. Buemi	1:16,138	13. Barrichello	1:15,331	13. Kobayashi	1:15,285		
14. Alguersuari	1:16,145	14. Maldonado	1:15,585	14. Sutil	1:15,287		
15. Kobayashi	1:16,236	15. Kobayashi	1:15,694	15. Buemi	1:15,334		
16. Barrichello	1:16,438	16. Buemi	1:15,901	16. Barrichello	1:15,361		
17. De la Rosa	1:16,706	17. De la Rosa	1:16,229	17. De la Rosa	1:15,587		
18. Kovalainen	1:17,093	18. Alguersuari	1:16,294				
19. Trulli	1:17,523	19. Trulli	1:16,745				
20. Liuzzi	1:18,910	20. Kovalainen	1:16,786				
21. Glock	1:19,073	21. Liuzzi	1:18,424				
22. Karthikeyan	1:19,213	22. Glock	1:18,537				
23. D'Ambrosio	1:20,475	23. Karthikeyan	1:18,574				
		24. D'Ambrosio	1:19,414				

Startaufstellung: Zuerst die Piloten 1 bis 10 aus der dritten Qualifying-Phase, danach die Piloten 11-17 aus der zweiten Qualifying-Phase, dahinter die Piloten 18-24 aus der ersten Qualifying-Phase - inklusive Strafversetzungen:

1. Sebastian Vettel
Red Bull-Renault RB7 V8
1:13,014

2. Fernando Alonso
Ferrari 150° Italia V8
1:13,199

3. Felipe Massa
Ferrari 150° Italia V8
1:13,217

4. Mark Webber
Red Bull-Renault RB7 V8
1:13,429

5. Lewis Hamilton
McLaren-Mercedes MP4/26 V8
1:13,565

6. Nico Rosberg
Mercedes MGP W02
1:13,814

7. Jenson Button
McLaren-Mercedes MP4/26 V8
1:13,838

8. Michael Schumacher
Mercedes MGP W02
1:13,864

9. Nick Heidfeld
Renault R31 V8
1:14,062

10. Vitaly Petrov
Renault R31 V8
1:14,085

11. Paul Di Resta
Force India-Mercedes VJM04 V8
1:14,752

12. Pastor Maldonado
Williams-Cosworth FW33 V8
1:15,043

13. Kamui Kobayashi
Sauber-Ferrari C30 V8
1:15,285

14. Adrian Sutil
Force India-Mercedes VJM04 V8
1:15,287

15. Sébastien Buemi
Toro Rosso-Ferrari STR6 V8
1:15,334

16. Rubens Barrichello
Williams-Cosworth FW33 V8
1:15,361

17. Pedro de la Rosa
Sauber-Ferrari C30 V8
1:15,587

18. Jarno Trulli
Lotus-Renault T128 V8
1:16,745

19. Heikki Kovalainen
Lotus-Renault T128 V8
1:16,786

20. Vitantonio Liuzzi
HRT-Cosworth HRT F111 V8
1:18,424

21. Timo Glock
Virgin-Cosworth MVR-02 V8
1:18,537

22. Narain Karthikeyan
HRT-Cosworth HRT F111 V8
1:18,574

23. Jérôme D'Ambrosio
Virgin-Cosworth MVR-02 V8
1:19,414

24. Jaime Alguersuari
Toro Rosso-Ferrari STR6 V8
1:16,294

Alguersuari wird nach Motorwechsel um 10 Plätze nach hinten versetzt.

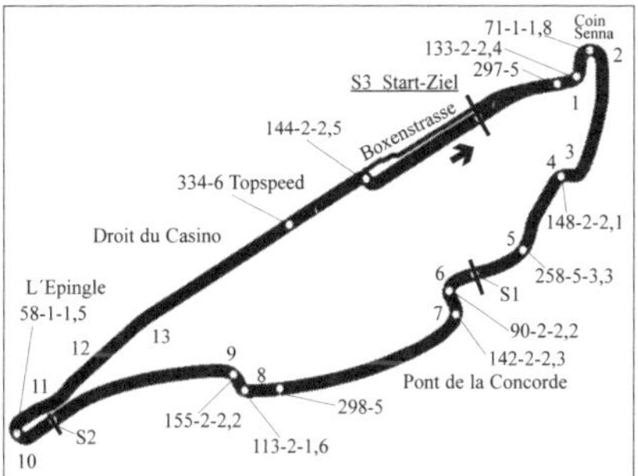

Legende: 132-2-2,1 = 132 km/h-2. Gang-2,1 Gravitation

Wetter am Renntag: Starker Regen bei Start bis 24. Runde, leichter Regen bei Neustart, Abtrocknend ab Runde 50, 19° Lufttemperatur, 19° Asphalttemperatur, 79-85 % Lufttfeuchtigkeit, 125.000 Zuschauer am Renntag

Distanz: 70 Runden à 4,361 km = 305,270 km
Ziellinie 0,000 km hinter der Startlinie

Sieger 2010: Hamilton (McLaren-Mercedes),
1.33:53,456 = 195,079 km/h

Poleposition 2010: Hamilton (McLaren-Mercedes),
1:15,105 = 209,035 km/h

Schnellste Runde 2010: Kubica (Renault),
1:16,972 = 203,965 km/h

Boxenstopps:

Button:	8. Runde: Reifenwechsel nach Kollision mit Hamilton von Regenreifen auf Intermediates in 4,7 sec., verliert total 23,6 sec., Platz 14-12
Liuzzi:	9. Runde: Reifenwechsel von Regenreifen auf Regenreifen in total 27,2 sec., Platz 23
Button:	13. Runde: 2. Stopp, Drive-Through-Strafe wegen überschrittenem Speedlimit hinter dem Safety Car, verliert total 14,5 sec., Platz 15-14
Barrichello:	15. Runde: Reifenwechsel von Regenreifen auf Intermediates in 4,0 sec., total 23,3 sec., Platz 22-20
Sutil:	16. Runde: Reifenwechsel von Regenreifen auf Intermediates in total 24,0 sec., Platz 21-19
Alonso:	17. Runde: Reifenwechsel von Regenreifen auf Intermediates in 4,4 sec., total 23,8 sec., Platz 8-5
Rosberg:	17. Runde: Reifenwechsel von Regenreifen auf Intermediates in 3,4 sec., total 23,1 sec., Platz 11-10
Maldonado:	17. Runde: Reifenwechsel von Regenreifen auf Intermediates in total 23,5 sec., Platz 18
Buemi:	17. Runde: Reifenwechsel von Regenreifen auf Intermediates in total 23,9 sec., Platz 21-20
D'Ambrosio:	17. Runde: Reifenwechsel von Regenreifen auf Intermediates in total 24,1 sec., Platz 23
Schumacher:	18. Runde: Reifenwechsel von Regenreifen auf Intermediates in 5,0 sec., total 24,4 sec., Platz 11-8
Alonso:	19. Runde: 2. Stopp, Reifenwechsel von Intermediates auf Regenreifen in 6,1 sec., total 26,3 sec., Platz 9
Button:	19. Runde: 3. Stopp, Reifenwechsel von Intermediates auf Regenreifen in total 23,8 sec., Platz 11
Rosberg:	19. Runde: 2. Stopp, Reifenwechsel von Intermediates auf Regenreifen in total 22,9 sec., Platz 12
Alguersuari:	19. Runde: Reifenwechsel von Regenreifen auf Regenreifen in total 26,0 sec., Platz 15-14
Barrichello:	19. Runde: 2. Stopp, Reifenwechsel von Intermediates auf Regenreifen in total 25,0 sec., Platz 17-16
Kovalainen:	19. Runde: Reifenwechsel von Regenreifen auf Regenreifen in total 44,0 sec., Platz 22
Trulli:	19. Runde: Reifenwechsel von Regenreifen auf Regenreifen in total 51,6 sec., Platz 23
Maldonado:	19. Runde: 2. Stopp, Reifenwechsel von Intermediates auf Regenreifen in total 24,9 sec., Platz 20
Vettel:	20. Runde: Reifenwechsel von Regenreifen auf Regenreifen in 4,0 sec., total 23,8 sec., Platz 2-1
Webber:	20. Runde: Lenkradwechsel wegen Problemen beim Herunterschalten und Reifenwechsel von Regenreifen auf Regenreifen in 9,0 sec., verliert total 29,5 sec., Platz 7
Buemi:	20. Runde: 2. Stopp, Reifenwechsel von Intermediates auf Regenreifen in total 24,6 sec., Platz 18
Massa:	21. Runde: Reifenwechsel von Regenreifen auf Regenreifen in 2,3 sec., total 24,8 sec., Platz 3
Schumacher:	21. Runde: 2. Stopp, Reifenwechsel von Intermediates auf Regenreifen in 4,5 sec., total 24,1 sec., Platz 12
D'Ambrosio:	23. Runde: 2. Stopp, Reifenwechsel von Intermediates auf Regenreifen in total 30,4 sec., Platz 23
ALLE FAHRER:	24. Runde: Reifenwechsel auf Regenreifen in der Neustartaufstellung
D'Ambrosio:	33. Runde: 3. Stopp, Reifenwechsel von Regenreifen auf Intermediates in total 24,6 sec., Platz 22-16
Schumacher:	34. Runde: 3. Stopp, Reifenwechsel von Regenreifen auf Intermediates in 3,9 sec., total 22,8 sec., Platz 18-13
Sutil:	34. Runde: 2. Stopp, Reifenwechsel von Regenreifen auf Intermediates in total 22,9 sec., Platz 19-11
Glock:	34. Runde: Reifenwechsel von Regenreifen auf Intermediates in total 24,4 sec., Platz 20
Barrichello:	34. Runde: 3. Stopp, Reifenwechsel von Regenreifen auf Intermediates in total 24,6 sec., Platz 21-17
Buemi:	34. Runde: 3. Stopp, Reifenwechsel von Regenreifen auf Intermediates in total 23,9 sec., Platz 22-19
Heidfeld:	35. Runde: Reifenwechsel von Regenreifen auf Intermediates in 4,5 sec., total 23,1 sec., Platz 8-4
Di Resta:	35. Runde: Reifenwechsel von Regenreifen auf Intermediates in total 22,4 sec., Platz 15-7
Button:	35. Runde: 4. Stopp, Reifenwechsel von Regenreifen auf Intermediates in 4,9 sec., total 23,5 sec., Platz 15-11
De la Rosa:	35. Runde: Reifenwechsel von Regenreifen auf Intermediates in total 30,2 sec., Platz 21-20
Alguersuari:	35. Runde: 2. Stopp, Reifenwechsel von Regenreifen auf Intermediates in total 24,8 sec., Platz 16
Maldonado:	35. Runde: 3. Stopp, Reifenwechsel von Regenreifen auf Intermediates in total 23,5 sec., Platz 18-15
Liuzzi:	35. Runde: 2. Stopp, Reifenwechsel von Regenreifen auf Intermediates in total 34,8 sec., Platz 22
Kobayashi:	36. Runde: Reifenwechsel von Regenreifen auf Intermediates in total 23,6 sec., Platz 2
Massa:	36. Runde: 2. Stopp, Reifenwechsel von Regenreifen auf Intermediates in total 22,7 sec., Platz 3-4
Petrov:	36. Runde: Reifenwechsel von Regenreifen auf Intermediates in total 23,8 sec., Platz 6-8
Webber:	36. Runde: 2. Stopp, Reifenwechsel von Regenreifen auf Intermediates in 3,6 sec., total 22,4 sec., Platz 5-6
Alonso:	36. Runde: 3. Stopp, Reifenwechsel von Regenreifen auf Intermediates in 4,2 sec., total 26,1 sec., Platz 10
Rosberg:	36. Runde: 3. Stopp, Reifenwechsel von Regenreifen auf Intermediates in total 22,7 sec., Platz 9
Trulli:	36. Runde: 2. Stopp, Reifenwechsel von Regenreifen auf Intermediates in total 23,3 sec., Platz 21-18
D'Ambrosio:	36. Runde: 4. Stopp, Drive-Through-Strafe wegen inkorrekten Reifenwechsels nach Neustart, verliert total 14,5 sec., Platz 18-15
Vettel:	37. Runde: 2. Stopp, Reifenwechsel von Regenreifen auf Intermediates in 4,1 sec., total 22,9 sec., Platz 1
Karthikeyan:	37. Runde: Reifenwechsel von Regenreifen auf Intermediates in total 29,1 sec., Platz 19
Button:	37. Runde: 5. Stopp, Reifenwechsel in 9,4 sec., total 31,7 sec., Platz 21
Di Resta:	43. Runde: 2. Stopp, Neuer Flügel nach Kontakt mit Heidfeld und Reifenwechsel von Intermediates auf Intermediates in 9,5 sec., verliert total 28,6 sec., Platz 21-19
Sutil:	45. Runde: 3. Stopp, Drive-Through-Strafe wegen Überholens während einer Safety Car-Phase, verliert total 14,5 sec., Platz 14
Sutil:	49. Runde: 4. Stopp, Reifenwechsel von Intermediates auf Intermediates in total 32,4 sec., Platz 18
Webber:	50. Runde: 3. Stopp, Reifenwechsel von Intermediates auf superweich in 3,3 sec., total 22,7 sec., Platz 11-8
Barrichello:	50. Runde: 4. Stopp, Reifenwechsel von Intermediates auf superweich in total 23,0 sec., Platz 13-12
Buemi:	50. Runde: 4. Stopp, Reifenwechsel von Intermediates auf superweich in total 26,5 sec., Platz 15-16
Di Resta:	50. Runde: 3. Stopp, Drive-Through-Strafe wegen vermeidbarer Kollision mit Heidfeld total 14,5 sec., Platz 14
Button:	51. Runde: 6. Stopp, Reifenwechsel von Intermediates auf superweich in 4,2 sec., total 23,7 sec., Platz 10-9
Alguersuari:	51. Runde: 3. Stopp, Reifenwechsel von Intermediates auf superweich in total 23,3 sec., Platz 11-13
Maldonado:	51. Runde: 4. Stopp, Reifenwechsel von Intermediates auf superweich in total 23,7 sec., Platz 13-14
Glock:	51. Runde: 2. Stopp, Reifenwechsel von Intermediates auf superweich in total 25,0 sec., Platz 18-17
Karthikeyan:	51. Runde: 2. Stopp, Reifenwechsel von Intermediates auf superweich in total 29,5 sec., Platz 20
Schumacher:	52. Runde: 4. Stopp, Reifenwechsel von Intermediates auf superweich in 4,0 sec., total 22,8 sec., Platz 4-3

Massa:	52. Runde: 3. Stopp, Reifenwechsel von Intermediates auf superweich in total 22,5 sec., Platz 6-12
Heidfeld:	52. Runde: 2. Stopp, Reifenwechsel von Intermediates auf superweich in total 23,3 sec., Platz 7-5
De la Rosa:	52. Runde: 2. Stopp, Reifenwechsel von Intermediates auf superweich in total 24,0 sec., Platz 12-13
Trulli:	52. Runde: 3. Stopp, Reifenwechsel von Intermediates auf superweich in total 25,1 sec., Platz 16
D'Ambrosio:	52. Runde: 5. Stopp, Reifenwechsel von Intermediates auf superweich in total 30,7 sec., Platz 18
Vettel:	53. Runde: 3. Stopp, Reifenwechsel von Intermediates auf superweich in 4,0 sec., total 22,5 sec., Platz 1
Liuzzi:	52. Runde: 3. Stopp, Reifenwechsel von Intermediates auf superweich in total 33,2 sec., Platz 19-20
Kobayashi:	53. Runde: 2. Stopp, Reifenwechsel von Intermediates auf superweich in total 24,6 sec., Platz 2-4
Petrov:	53. Runde: 2. Stopp, Reifenwechsel von Intermediates auf superweich in total 24,1 sec., Platz 6-7
Rosberg:	53. Runde: 4. Stopp, Reifenwechsel von Intermediates auf superweich in total 22,7 sec., Platz 8-10
Massa:	53. Runde: 4. Stopp, Neuer Flügel nach Mauerkontakt und Reifenwechsel von superweich auf superweich in 9,4 sec., verliert total 28,3 sec., Platz 12
Di Resta:	53. Runde: 4. Stopp, Reifenwechsel von Intermediates auf Intermediates in total 23,1 sec., Platz 12-13
Trulli:	55. Runde: 4. Stopp, Ein Teil hat sich im Cockpit gelöst und wurde wieder befestigt und Reifenwechsel von superweich auf superweich verliert total 1,10 min., Platz 20-19
Maldonado:	61. Runde: 5. Stopp, Reifenwechsel von superweich auf superweich in total 31,7 sec., Platz 14

Ausfälle:

Pérez:	Zurückgezogen
Hamilton:	8. Runde: Kollision mit Button, Platz 7
Kovalainen:	29. Runde: Antriebswelle gebrochen, Platz 21
Alonso:	37. Runde: Kollision mit Button, Platz 10
Sutil:	50. Runde: Aufhängung li. hinten gebrochen nach Kontakt mit Mauer , Platz 18
Heidfeld:	56. Runde: Dreher nach Kollision mit Kobayashi, Platz 6
Maldonado:	62. Runde: Kollision mit Rosberg, Platz 14

Stand nach der 1. Runde:
1. Vettel, 2. Alonso, 3. Massa, 4. Webber, 5. Hamilton, 6. Rosberg, 7. Button, 8. Schumacher, 9. Heidfeld, 10. Petrov

Stand nach der 5. Runde (nach Freigabe des Rennens):
1. Vettel, 2. Alonso, 3. Massa, 4. Rosberg, 5. Schumacher, 6. Hamilton, 7. Button, 8. Di Resta, 9. Heidfeld, 10. Kobayashi

Vor dem Start:
- Alguersuari startet aus der Boxengasse
- Das Rennen startet hinter dem Safety Car wegen des starken Regens, es gibt keine Aufwärmrunde, alle Piloten starten auf Regenreifen
- Nach 47 Minuten wird das Rennen in der 24. Runde für 123 Minuten wegen Unfahrbarkeit unterbrochen
- Neustart hinter dem Safety Car in der 25. Runde. Während der Wartezeit auf den Neustart dürfen Arbeiten an den Autos durchgeführt werden.

Safety Car-Phase:
1. bis 3. Runde um das Rennen zu starten
7. bis 11. Runde um den McLaren-Mercedes von Hamilton in Kurve 5 zu bergen
19. bis 24. Runde um das Rennen wegen Starkregens zu neutralisieren
25. bis 33. Runde um das Rennen neu zu starten
37. bis 39. Runde um den Ferrari von Alonso zu bergen
57. bis 59. Runde um den Lotus-Renault von Heidfeld zu bergen

Ergebnis:

1. Jenson Button (England) McLaren-Mercedes	4.04:39,537 = 74,864 km/h	
2. Sebastian Vettel (Deutschland) Red Bull-Renault	4.04:42,246 = 74,850 km/h	2,709 zurück
3. Mark Webber (Australien) Red Bull-Renault	4.04:53,365 = 74,793 km/h	13,828 zurück
4. Michael Schumacher (Deutschland) Mercedes	4.04:53,756 = 74,791 km/h	14,219 zurück
5. Vitaly Petrov (Russland) Renault	4.04:59,932 = 74,760 km/h	20,395 zurück
6. Felipe Massa (Brasilien) Ferrari	4.05:12,762 = 74,695 km/h	33,225 zurück
7. Kamui Kobayashi (Japan) Sauber-Ferrari	4.05:12,807 = 74,694 km/h	33,270 zurück
8. Jaime Alguersuari (Spanien) Toro Rosso-Ferrari	4.05:15,501 = 74,681 km/h	35,964 zurück
9. Rubens Barrichello (Brasilien) Williams-Cosworth	4.05:24,654 = 74,634 km/h	45,117 zurück
10. Sébastien Buemi (Schweiz) Toro Rosso-Ferrari	4.05:26,593 = 74,624 km/h	47,056 zurück
11. Nico Rosberg (Deutschland) Mercedes	4.05:29,991 = 74,607 km/h	50,454 zurück
12. Pedro de la Rosa (Spanien) Sauber-Ferrari	4.05:43,144 = 74,541 km/h	63,607 zurück
13. Vitantonio Liuzzi (Italien) HRT-Cosworth	4.05:53,138 = 73,426 km/h	1 Runde zurück
14. Jérôme D'Ambrosio (Belgien) Virgin-Cosworth	4.06:01,652 = 73,384 km/h	1 Runde zurück
15. Timo Glock (Deutschland) Virgin-Cosworth	4.06:01,982 = 73,382 km/h	1 Runde zurück
16. Jarno Trulli (Italien) Lotus-Renault	4.06:02,312 = 73,380 km/h	1 Runde zurück
17. Narain Karthikeyan (Indien) HRT-Cosworth	4.06:20,698 = 73,289 km/h*	1 Runde zurück*
18. Paul Di Resta (Schottland) Force India-Mercedes	4.01:19,556 = 72,645 km/h	3 Runden zurück

Karthikeyan erhält im Nachhinen eine 20-sec.-Drive-Through-Strafe wegen Abkürzens einer Kurve und Erlangen eines Vorteils
*Inklusive der 20-Sekunden-Drive-Through-Strafe

Schnellste Runde im Qualifying: Vettel (Red Bull-Renault): 1:13,014 = 215,021 km/h (erzielt in Phase 3)
Schnellste Runde im Rennen: Button (McLaren-Mercedes): 1:16,956 = 204,007 km/h

Höchstgeschwindigkeiten (Freitag, Training): 1. Sutil 329,7, 2. Petrov 329,1, 3. Heidfeld 329,0, 4. Barrichello 328,5, 5. Maldonado 328,1, 6. Di Resta 326,4, 7. Hülkenberg 325,8, 8. De la Rosa 324,6, 9. Alguersuari 324,1, 10. Buemi 324,1, 11. Ricciardo 323,6, 12. Schumacher 323,1, 13. Alonso 321,1, 14. Massa 320,8, 15. Pérez 320,7, 16. Trulli 320,5, 17. Webber 320,5, 18. Vettel 320,5, 19. Kovalainen 320,0, 20. Button 320,0, 21. Glock 319,6, 22. D'Ambrosio 319,2, 23. Hamilton 318,7, 24. Karthikeyan 317,9, 25. Liuzzi 317,7, 26. Rosberg 317,4, 27. Kobayashi 317,1

Höchstgeschwindigkeiten (Samstag, Qualifying): 1. Alguersuari 324,2, 2. Buemi 323,6, 3. Sutil 322,0, 4. Schumacher 321,3, 5. Rosberg 321,3, 6. Di Resta 320,5, 7. Vettel 320,0, 8. Petrov 319,8, 9. Alonso 319,6, 10. Heidfeld 319,5, 11. Massa 319,3, 12. Webber 318,3, 13. Kovalainen 316,8, 14. Trulli 316,7, 15. Button 316,7, 16. Liuzzi 316,0, 17. Barrichello 315,4, 18. Maldonado 315,2, 19. Hamilton 314,5, 20. Karthikeyan 314,3, 21. Kobayashi 312,7, 22. Glock 312,4, 23. De la Rosa 311,1, 24. D'Ambrosio 307,6

Höchstgeschwindigkeiten (Sonntag): 1. Webber 321,6, 2. Sutil 320,8, 3. Di Resta 320,7, 4. Massa 320,5, 5. Heidfeld 319,8, 6. Maldonado 319,4, 7. Rosberg 319,3, 8 Petrov 319,2, 9. Button 318,8, 10. Schumacher 317,0, 11. Trulli 316,9, 12. Alguersuari 315,8, 13. Kobayashi 314,5, 14. Karthikeyan 314,3, 15. Liuzzi 311,5, 16. Vettel 311,1, 17. Buemi 308,7, 18. Barrichello 306,6, 19. Glock 305,4, 20. De la Rosa 303,5, 21. Hamilton 302,4, 22. Kovalainen 301,8, 23. Alonso 300,5, 24. D'Ambrosio 297,1

Schnellste Runde jedes Fahrers im Rennen: 1. Button 1:16,956 (69.), 2. Vettel 1:17,217 (69.), 3. Petrov 1:19,054 (68.), 4. Schumacher 1:19,138 (70.), 5. Massa 1:19,148 (68.), 6. Di Resta 1:19,395 (67.), 7. Buemi 1:19,507 (69.), 8. Webber 1:19,572 (65.), 9. Rosberg 1:20,071 (69.), 10. Kobayashi 1:20,213 (70.), 11. Barrichello 1:20,316 (68.), 12. De la Rosa 1:20,369 (70.), 13. Alguersuari 1:20,371 (69.), 14. Trulli 1:22,233 (67.), 15. D'Ambrosio 1:22,495 (68.), 16. Karthikeyan 1:23,116 (66.), 17. Liuzzi 1:23,419 (63.), 18. Maldonado 1:24,265 (53.), 19. Glock 1:24,590 (68.), 20. Heidfeld 1:25,135 (55.), 21. Sutil 1:30,171 (47.), 22. Alonso 1:34,223 (14.), 23. Hamilton 1:37,761 (7.), 24. Kovalainen 1:38,460 (16.)

WM-Stand: 1. Vettel 161, 2. Button 101, 3. Webber 94, 4. Hamilton 85, 5. Alonso 69, 6. Massa 32, 7. Petrov 31, 8. Heidfeld 29, 9. Schumacher 26, 10. Rosberg 26, 11. Kobayashi 25, 12. Sutil 8, 13. Buemi 8, 14. Alguersuari 4, 15. Barrichello 4, 16. Pérez 2, 17. Di Resta 2

Konstrukteur-WM: 1. Red Bull-Renault 255, 2. McLaren-Mercedes 186, 3. Ferrari 101, 4. Renault 60, 5. Mercedes 52, 6. Sauber-Ferrari 27, 7. Toro Rosso-Ferrari 12, 8. Force India-Mercedes 10, 9. Williams-Cosworth 4

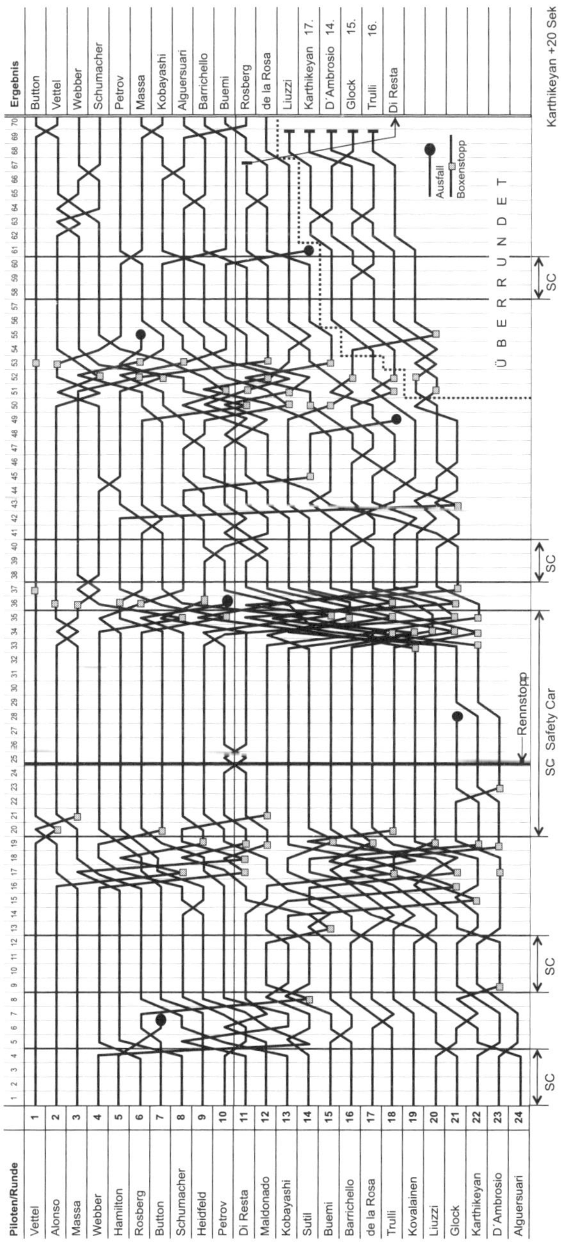

Piloten/Runde
Vettel
Alonso
Massa
Webber
Hamilton
Rosberg
Button
Schumacher
Heidfeld
Petrov
Di Resta
Maldonado
Kobayashi
Sutil
Buemi
Barrichello
de la Rosa
Trulli
Kovalainen
Liuzzi
Glock
Karthikeyan
D'Ambrosio
Alguersuari
Ergebnis
Button
Vettel
Webber
Schumacher
Petrov
Massa
Kobayashi
Alguersuari
Barrichello
Buemi
Rosberg
de la Rosa
Liuzzi
Karthikeyan 17.
D'Ambrosio 14.
Glock 15.
Trulli 16.
Di Resta
Karthikeyan +20 Sek
SC
SC Safety Car
Rennstopp
Ausfall
Boxenstopp
Ü B E R R U N D E T

Lauf 8 - Großer Preis von Europa - Valencia, 26. Juni 2011

1. Training (Freitag Vormittag): 1. Webber 1:40,403, 2. Petrov 1:41,227, 3. Alonso 1:41,239, 4. Hamilton 1:41,510, 5. Heidfeld 1:41,580, 6. Massa 1:41,758, 7. Button 1:41,926, 8. Sutil 1:41,955, 9. Rosberg 1:42,043, 10. Alguersuari 1:42,216, 11. Schumacher 1:42,270, 12. Ricciardo 1:42,412, 13. Barrichello 1:42,704, 14. Pérez 1:42,738, 15. Maldonado 1:42,841, 16. Vettel 1:42,941, 17. Kobayashi 1:43,201, 18. Hülkenberg 1:43,769, 19. Kovalainen 1:44,136, 20. D'Ambrosio 1:45,026, 21. Glock 1:45,221, 22. Liuzzi 1:45,494, 23. Karthikeyan 1:46,926,

2. Training (Freitag Nachmittag): 1. Alonso 1:37,968, 2. Hamilton 1:38,195, 3. Vettel 1:38,265, 4. Schumacher 1:38,315, 5. Massa 1:38,443, 6. Button 1:38,483, 7. Webber 1:38,531, 8. Rosberg 1:38,981, 9. Heidfeld 1:39,040, 10. Petrov 1:39,586, 11. Sutil 1:39,626, 12. Barrichello 1:40,020, 13. Maldonado 1:40,301, 14. Di Resta 1:40,363, 15. Buemi 1:40,454, 16. Pérez 1:40,531, 17. Kobayashi 1:42,083, 18. Kovalainen 1:42,156, 19. Trulli 1:42,239, 20. Glock 1:42,273, 21. D'Ambrosio 1:42,809, 22. Liuzzi 1:44,460, 23. Karthikeyan 1:46,906

3. Training (Samstag)		**Qualifying** (Samstag) **(1.Phase)**			**(2.Phase)**		**(3.Phase)**
1. Vettel	1:37,258	1. Massa	1:38,413	1. Vettel	1:37,305	1. Vettel	1:36,975
2. Alonso	1:37,678	2. Vettel	1:39,116	2. Hamilton	1:37,727	2. Webber	1:37,163
3. Massa	1:37,840	3. Schumacher	1:39,198	3. Button	1:37,749	3. Hamilton	1:37,380
4. Webber	1:38,068	4. Hamilton	1:39,244	4. Alonso	1:37,930	4. Alonso	1:37,454
5. Button	1:38,326	5. Rosberg	1:39,266	5. Webber	1:38,058	5. Massa	1:37,535
6. Rosberg	1:38,580	6. Sutil	1:39,329	6. Schumacher	1:38,365	6. Button	1:37,645
7. Hamilton	1:38,741	7. Button	1:39,453	7. Rosberg	1:38,373	7. Rosberg	1:38,231
8. Schumacher	1:38,799	8. Pérez	1:39,494	8. Massa	1:38,566	8. Schumacher	1:38,240
9. Petrov	1:38,822	9. Barrichello	1:39,602	9. Heidfeld	1:38,781	9. Heidfeld	-:--
10. Heidfeld	1:39,113	10. Buemi	1:39,679	10. Sutil	1:39,034	10. Sutil	-:--
11. Sutil	1:39,411	11. Maldonado	1:39,690	11. Petrov	1:39,068		
12. Pérez	1:39,778	12. Petrov	1:39,690	12. Di Resta	1:39,422		
13. Di Resta	1:39,823	13. Alonso	1:39,725	13. Barrichello	1:39,489		
14. Kobayashi	1:39,848	14. Di Resta	1:39,852	14. Kobayashi	1:39,525		
15. Buemi	1:39,888	15. Heidfeld	1:39,877	15. Maldonado	1:39,645		
16. Barrichello	1:39,987	16. Webber	1:39,956	16. Pérez	1:39,657		
17. Maldonado	1:40,004	17. Kobayashi	1:40,131	17. Buemi	1:39,711		
18. Alguersuari	1:40,239	18. Alguersuari	1:40,232				
19. Kovalainen	1:41,267	19. Kovalainen	1:41,664				
20. Trulli	1:41,690	20. Trulli	1:42,234				
21. Glock	1:42,557	21. Glock	1:42,553				
22. Liuzzi	1:43,243	22. Liuzzi	1:43,584				
23. D'Ambrosio	1:43,309	23. D'Ambrosio	1:43,735				
24. Karthikeyan	1:44,630	24. Karthikeyan	1:44,363				

Startaufstellung: Zuerst die Piloten 1 bis 10 aus der dritten Qualifying-Phase, danach die Piloten 11-17 aus der zweiten Qualifying-Phase, dahinter die Piloten 18-24 aus der ersten Qualifying-Phase - inklusive Strafversetzungen:

1. Sebastian Vettel
Red Bull-Renault RB7 V8
1:36,975

2. Mark Webber
Red Bull-Renault RB7 V8
1:37,163

3. Lewis Hamilton
McLaren-Mercedes MP4/26 V8
1:37,380

4. Fernando Alonso
Ferrari 150° Italia V8
1:37,454

5. Felipe Massa
Ferrari 150° Italia V8
1:37,535

6. Jenson Button
McLaren-Mercedes MP4/26 V8
1:37,645

7. Nico Rosberg
Mercedes MGP W02
1:38,231

8. Michael Schumacher
Mercedes MGP W02
1:38,240

9. Nick Heidfeld
Renault R31 V8
keine Zeit

10. Adrian Sutil
Force India-Mercedes VJM04 V8
keine Zeit

11. Vitaly Petrov
Renault R31 V8
1:39,068

12. Paul Di Resta
Force India-Mercedes VJM04 V8
1:39,422

13. Rubens Barrichello
Williams-Cosworth FW33 V8
1:39,489

14. Kamui Kobayashi
Sauber-Ferrari C30 V8
1:39,525

15. Pastor Maldonado
Williams-Cosworth FW33 V8
1:39,645

16. Sergio Pérez
Sauber-Ferrari C30 V8
1:39,657

17. Sébastien Buemi
Toro Rosso-Ferrari STR6 V8
1:39,711

18. Jaime Alguersuari
Toro Rosso-Ferrari STR6 V8
1:40,232

19. Heikki Kovalainen
Lotus-Renault T128 V8
1:41,664

20. Jarno Trulli
Lotus-Renault T128 V8
1:42,234

21. Timo Glock
Virgin-Cosworth MVR-02 V8
1:42,553

22. Vitantonio Liuzzi
HRT-Cosworth HRT F111 V8
1:43,584

23. Jérôme D'Ambrosio
Virgin-Cosworth MVR-02 V8
1:43,735

24. Narain Karthikeyan
HRT-Cosworth HRT F111 V8
1:44,363

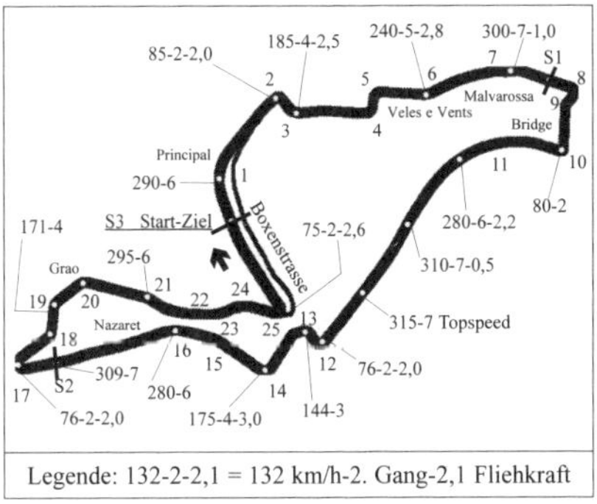

Wetter am Renntag: Sonnig, heiss und trocken, 28°-27° Lufttemperatur, 47°-46° Asphalttemperatur, 62-60 % Lufttfeuchtigkeit, 85.100 Zuschauer am Renntag

Distanz: 57 Runden à 5.419 km = 308,883 km
Ziellinie 0,000 km hinter der Startlinie

Sieger 2010: Vettel (Red Bull-Renault), 1.40:29,571 = 184,420 km/h

Poleposition 2010: Vettel (Red Bull-Renault), 1:37,587 = 199,907 km/h

Schnellste Runde 2010: Button (McLaren-Mercedes), 1:38,766 = 197,521 km/h

Boxenstopps:

Maldonado:	10. Runde: Reifenwechsel von medium auf weich in total 21,3 sec., Platz 24
Heidfeld:	11. Runde: Reifenwechsel von weich auf weich in 4,5 sec., total 22,1 sec., Platz 15
Barrichello:	11. Runde: Reifenwechsel von weich auf weich in total 21,1 sec., Platz 16-18
Kobayashi:	11. Runde: Reifenwechsel von weich auf medium in total 23,4 sec., Platz 19
Hamilton:	12. Runde: Reifenwechsel von weich auf weich in 3,7 sec., total 20,3 sec., Platz 6-7
Rosberg:	12. Runde: Reifenwechsel von weich auf weich in total 21,0 sec., Platz 9-11
Sutil:	12. Runde: Reifenwechsel von weich auf weich in total 20,6 sec., Platz 13-14
Webber:	13. Runde: Reifenwechsel von weich auf weich in 3,2 sec., total 20,4 sec., Platz 4
Vettel:	14. Runde: Reifenwechsel von weich auf weich in 3,6 sec., total 21,0 sec., Platz 2-1
Alonso:	14. Runde: Reifenwechsel von weich auf weich in 4,1 sec., total 21,4 sec., Platz 3
Button:	14. Runde: Reifenwechsel von weich auf weich in total 20,9 sec., Platz 6
Schumacher:	14. Runde: Reifenwechsel von weich auf weich in total 21,2 sec., Platz 9-20
Di Resta:	14. Runde: Reifenwechsel von weich auf weich in total 20,5 sec., Platz 14-13
Buemi:	14. Runde: Reifenwechsel von weich auf weich in total 21,3 sec., Platz 16-15
Kovalainen:	14. Runde: Reifenwechsel von weich auf weich in total 23,2 sec., Platz 20-21
Karthikeyan:	14. Runde: Reifenwechsel von weich auf weich in total 28,0 sec., Platz 24
Massa:	15. Runde: Reifenwechsel von weich auf weich in 3,7 sec., total 20,7 sec., Platz 4-5
Petrov:	15. Runde: Reifenwechsel von medium auf weich in total 22,1 sec., Platz 17
Schumacher:	15. Runde: 2. Stopp, Neue Nase nach Kontakt mit Petrov und Reifenwechsel von weich auf weich in 13,6 sec., verliert total 30,6 sec., Platz 20-21
Liuzzi:	15. Runde: Reifenwechsel von weich auf weich in total 24,4 sec., Platz 23
Glock:	17. Runde: Reifenwechsel von weich auf weich in total 21,9 sec., Platz 22-21
Trulli:	18. Runde: Reifenwechsel von weich auf weich in total 23,3 sec., Platz 19-20
D'Ambrosio:	18. Runde: Reifenwechsel von weich auf weich in total 21,9 sec., Platz 22-23
Alguersuari:	19. Runde: Reifenwechsel von weich auf weich in 4,4 sec., total 21,3 sec., Platz 13-14
Hamilton:	24. Runde: 2. Stopp, Reifenwechsel von weich auf weich in 4,4 sec., total 21,0 sec., Platz 6
Pérez:	25. Runde: Reifenwechsel von medium auf weich in total 21,9 sec., Platz 18
Buemi:	26. Runde: 2. Stopp, Reifenwechsel von weich auf weich in total 20,4 sec., Platz 14
Kovalainen:	26. Runde: 2. Stopp, Reifenwechsel von weich auf weich in total 21,1 sec., Platz 20
Heidfeld:	27. Runde: 2. Stopp, Reifenwechsel von weich auf weich in 5,2 sec., total 22,2 sec., Platz 11
Di Resta:	27. Runde: 2. Stopp, Reifenwechsel von weich auf weich in total 20,8 sec., Platz 12
Petrov:	27. Runde: 2. Stopp, Reifenwechsel von weich auf weich in total 21,1 sec., Platz 16
Webber:	28. Runde: 2. Stopp, Reifenwechsel von weich auf weich in 3,7 sec., total 20,3 sec., Platz 3-4
Sutil:	28. Runde: 2. Stopp, Reifenwechsel von weich auf weich in total 20,2 sec., Platz 9
Barrichello:	28. Runde: 2. Stopp, Reifenwechsel von weich auf weich in total 21,2 sec., Platz 10-12
Maldonado:	28. Runde: 2. Stopp, Reifenwechsel von weich auf weich in total 21,8 sec., Platz 18-19
Alonso:	29. Runde: 2. Stopp, Reifenwechsel von weich auf weich in 3,7 sec., total 20,5 sec., Platz 2-4
Liuzzi:	28. Runde: 2. Stopp, Reifenwechsel von weich auf weich in total 22,7 sec., Platz 23
Vettel:	30. Runde: 2. Stopp, Reifenwechsel von weich auf weich in 3,6 sec., total 20,4 sec., Platz 1
Button:	30. Runde: 2. Stopp, Reifenwechsel von weich auf weich in 3,9 sec., total 20,3 sec., Platz 6
Rosberg:	30. Runde: 2. Stopp, Reifenwechsel von weich auf weich in total 23,5 sec., Platz 7-8
Karthikeyan:	29. Runde: 2. Stopp, Reifenwechsel von weich auf weich in total 24,6 sec., Platz 24
Massa:	31. Runde: 2. Stopp, Reifenwechsel (Radmutter klemmt) von weich auf weich in 8,6 sec., verliert total 25,5 sec., Platz 5
Schumacher:	31. Runde: 3. Stopp, Reifenwechsel von weich auf medium in total 21,1 sec., Platz 17
Kobayashi:	33. Runde: 2. Stopp, Reifenwechsel von medium auf weich in total 20,5 sec., Platz 16
Trulli:	34. Runde: 2. Stopp, Reifenwechsel von weich auf medium in total 22,1 sec., Platz 20
D'Ambrosio:	37. Runde: 2. Stopp, Reifenwechsel von weich auf medium in total 22,2 sec., Platz 22
Petrov:	39. Runde: 3. Stopp, Reifenwechsel von weich auf weich in total 21,1 sec., Platz 15-16
Heidfeld:	40. Runde: 3. Stopp, Reifenwechsel von weich auf medium in total 21,4 sec., Platz 12

Barrichello:	40. Runde: 3. Stopp, Reifenwechsel von weich auf medium in total 21,2 sec., Platz 13-14
Webber:	42. Runde: 3. Stopp, Reifenwechsel von weich auf medium in 3,6 sec., total 20,3 sec., Platz 3
Hamilton:	42. Runde: 3. Stopp, Reifenwechsel von weich auf medium in 3,3 sec., total 20,2 sec., Platz 5-6
Alguersuari:	42. Runde: 2. Stopp, Reifenwechsel von weich auf medium in total 21,1 sec., Platz 11
Kovalainen:	42. Runde: 3. Stopp, Reifenwechsel von weich auf medium in total 22,6 sec., Platz 19-20
Sutil:	43. Runde: 3. Stopp, Reifenwechsel von weich auf medium in total 21,0 sec., Platz 10
Glock:	42. Runde: 2. Stopp, Reifenwechsel von weich auf medium in total 22,0 sec., Platz 21
Di Resta:	44. Runde: 3. Stopp, Reifenwechsel von weich auf medium in total 21,0 sec., Platz 13-14
Alonso:	45. Runde: 3. Stopp, Reifenwechsel von weich auf medium in 3,4 sec., total 20,1 sec., Platz 2
Liuzzi:	43. Runde: 3. Stopp, Reifenwechsel von weich auf medium in total 22,2 sec., Platz 23
Maldonado:	44. Runde: 3. Stopp, Reifenwechsel von weich auf weich in total 21,4 sec., Platz 18
Rosberg:	45. Runde: 3. Stopp, Reifenwechsel von weich auf medium in total 20,8 sec., Platz 7
Buemi:	45. Runde: 3. Stopp, Reifenwechsel von weich auf medium in total 20,9 sec., Platz 12-13
Vettel:	47. Runde: 3. Stopp, Reifenwechsel von weich auf medium in 3,8 sec., total 20,3 sec., Platz 1
Karthikeyan:	44. Runde: 3. Stopp, Reifenwechsel von weich auf medium in total 26,0 sec., Platz 24
Massa:	48. Runde: 3. Stopp, Reifenwechsel von weich auf medium in 3,5 sec., total 20,4 sec., Platz 5
Button:	48. Runde: 3. Stopp, Reifenwechsel von weich auf medium in 3,4 sec., total 20,4 sec., Platz 6

Stand nach der 1. Runde:
1. Vettel, 2. Webber, 3. Alonso, 4. Massa, 5. Hamilton, 6. Rosberg, 7. Button, 8. Schumacher, 9. Sutil, 10. Heidfeld

Ergebnis:

1. Sebastian Vettel (Deutschland) Red Bull-Renault	1.39:36,169 = 186,068 km/h	
2. Fernando Alonso (Spanien) Ferrari	1.39:47,060 = 185,730 km/h	10,891 zurück
3. Mark Webber (Australien) Red Bull-Renault	1.40:03,424 = 185,224 km/h	27,255 zurück
4. Lewis Hamilton (England) McLaren-Mercedes	1.40:22,359 = 184,641 km/h	46,190 zurück
5. Felipe Massa (Brasilien) Ferrari	1.40:27,874 = 184,472 km/h	51,705 zurück
6. Jenson Button (England) McLaren-Mercedes	1.40:36,234 = 184,217 km/h	60,065 zurück
7. Nico Rosberg (Deutschland) Mercedes	1.41:14,259 = 183,064 km/h	98,090 zurück
8. Jaime Alguersuari (Spanien) Toro Rosso-Ferrari	1.39:43,385 = 182,584 km/h	1 Runde zurück
9. Adrian Sutil (Deutschland) Force India-Mercedes	1.39:43,880 = 182,568 km/h	1 Runde zurück
10. Nick Heidfeld (Deutschland) Renault	1.39:52,277 = 182,313 km/h	1 Runde zurück
11. Sergio Pérez (Mexiko) Sauber-Ferrari	1.39:59,029 = 182,107 km/h	1 Runde zurück
12. Rubens Barrichello (Brasilien) Williams-Cosworth	1.40:04,146 = 181,952 km/h	1 Runde zurück
13. Sébastien Buemi (Schweiz) Toro Rosso-Ferrari	1.40:05,383 = 181,915 km/h	1 Runde zurück
14. Paul Di Resta (Schottland) Force India-Mercedes	1.40:07,378 = 181,854 km/h	1 Runde zurück
15. Vitaly Petrov (Russland) Renault	1.40:11,044 = 181,743 km/h	1 Runde zurück
16. Kamui Kobayashi (Japan) Sauber-Ferrari	1.40:12,498 = 181,699 km/h	1 Runde zurück
17. Michael Schumacher (Deutschland) Mercedes	1.40:27,320 = 181,253 km/h	1 Runde zurück
18. Pastor Maldonado (Venezuela) Williams-Cosworth	1.40:45,308 = 180,713 km/h	1 Runde zurück
19. Heikki Kovalainen (Finnland) Lotus-Renault	1.39:47,875 = 179,189 km/h	2 Runden zurück
20. Jarno Trulli (Italien) Lotus-Renault	1.40:25,816 = 178,060 km/h	2 Runden zurück
21. Timo Glock (Deutschland) Virgin-Cosworth	1.40:41,990 = 177,584 km/h	2 Runden zurück
22. Jérôme D'Ambrosio (Belgien) Virgin-Cosworth	1.41:02,650 = 176,979 km/h	2 Runden zurück
23. Vitantonio Liuzzi (Italien) HRT-Cosworth	1.39:42,633 = 176,085 km/h	3 Runden zurück
24. Narain Karthikeyan (Indien) HRT-Cosworth	1.41:18,345 = 173,312 km/h	3 Runden zurück

Schnellste Runde im Qualifying: Vettel (Red Bull-Renault): 1:36,975 = 201,169 km/h (erzielt in Phase 3)
Schnellste Runde im Rennen: Vettel (Red Bull-Renault): 1:41,852 = 191,536 km/h

Höchstgeschwindigkeiten (Freitag, Training): 1. Maldonado 317,9, 2. Rosberg 317,6, 3. Schumacher 317,5, 4. Massa 316,8, 5. Di Resta 315,7, 6. Barrichello 315,7, 7. Sutil 315,6, 8. Heidfeld 315,4, 9. Petrov 315,4, 10. Alonso 314,9, 11. Ricciardo 314,8, 12. Button 314,5, 13. Hamilton 314,0, 14. Buemi 313,6, 15. Hülkenberg 313,1, 16. Webber 312,7, 17. Karthikeyan 312,5, 18. Vettel 312,5, 19. D'Ambrosio 312,2, 20. Pérez 312,2, 21. Trulli 312,1, 22. Kovalainen 312,0, 23. Liuzzi 311,9, 24 Alguersuari 311,7, 25. Kobayashi 311,6, 26. Glock 311,2, 27. Chandhok 175,8

Höchstgeschwindigkeiten (Samstag, Qualifying): 1. Rosberg 317,5, 2. Barrichello 317,5, 3. Schumacher 316,6, 4. Buemi 316,4, 5. Kobayashi 316,3, 6. Liuzzi 316,2, 7. Button 315,7, 8. Sutil 315,6, 9. Heidfeld 315,5, 10. Petrov 315,5, 11. Di Resta 315,4, 12. Karthikeyan 315,4, 13. Hamilton 314,6, 14. Pérez 314,4, 15. Alguersuari 313,4, 16. Alonso 313,4, 17. Massa 313,0, 18. Maldonado 312,6, 19. Vettel 312,3, 20. Webber 312,1, 21. D'Ambrosio 310,7, 22. Glock 309,1, 23. Kovalainen 307,6, 24. Trulli 307,1

Höchstgeschwindigkeiten (Sonntag): 1. Kobayashi 318,0, 2. Sutil 315,4, 3. Petrov 315,0, 4. Buemi 313,8, 5. Pérez 313,7, 6. Rosberg 313,4, 7. Alonso 313,1, 8. Vettel 312,5, 9. Button 311,6, 10. Heidfeld 311,3, 11. Barrichello 311,3, 12. Alguersuari 311,2, 13. Webber 311,2, 14. Massa 311,0, 15. Hamilton 310,5, 16. Schumacher 310,4, 17. Di Resta 309,3, 18. Liuzzi 307,5, 19. Trulli 307,2, 20. Glock 306,9, 21. Maldonado 306,1, 22. Kovalainen 306,0, 23. Karthikeyan 304,6, 24. D'Ambrosio 302

Schnellste Runde jedes Fahrers im Rennen: 1. Vettel 1:41,852 (53.), 2. Alonso 1:42,308 (49.), 3. Button 1:42,340 (57.), 4. Webber 1:42,534 (39.), 5. Massa 1:42,705 (53.), 6. Hamilton 1:42,947 (47.), 7. Maldonado 1:43,134 (47.), 8. Petrov 1:43,151 (41.), 9. Kobayashi 1:43,517 (42.), 10. Sutil 1:43,526 (53.), 11. Alguersuari 1:43,579 (53.), 12. Rosberg 1:43,649 (53.), 13. Di Resta 1:43,851 (54.), 14. Heidfeld 1:43,901 (51.), 15. Pérez 1:43,949 (41.), 16. Buemi 1:44,103 (47.), 17. Barrichell 1:44,131 (55.), 18. Schumacher 1:44,578 (50.), 19. Kovalainen 1:45,055 (44.), 20. Trulli 1:46,208 (28.), 21. Glock 1:46,628 (49.), 22. D'Ambrosio 1:47,164 (51.), 23. Liuzzi 1:47,418 (37.), 24. Karthikeyan 1:47,708 (32.)

WM-Stand: 1. Vettel 186, 2. Button 109, 3. Webber 109, 4. Hamilton 97, 5. Alonso 87, 6. Massa 42, 7. Rosberg 32, 8. Petrov 31, 9. Heidfeld 30, 10. Schumacher 26, 11. Kobayashi 25, 12. Sutil 10, 13. Alguersuari 8, 14. Buemi 8, 15. Barrichello 4, 16. Pérez 2, 17. Di Resta 2

Konstrukteur-WM: 1. Red Bull-Renault 295, 2. McLaren-Mercedes 206, 3. Ferrari 129, 4. Renault 61, 5. Mercedes 58, 6. Sauber-Ferrari 27, 7. Toro Rosso-Ferrari 16, 8. Force India-Mercedes 12, 9. Williams-Cosworth 4

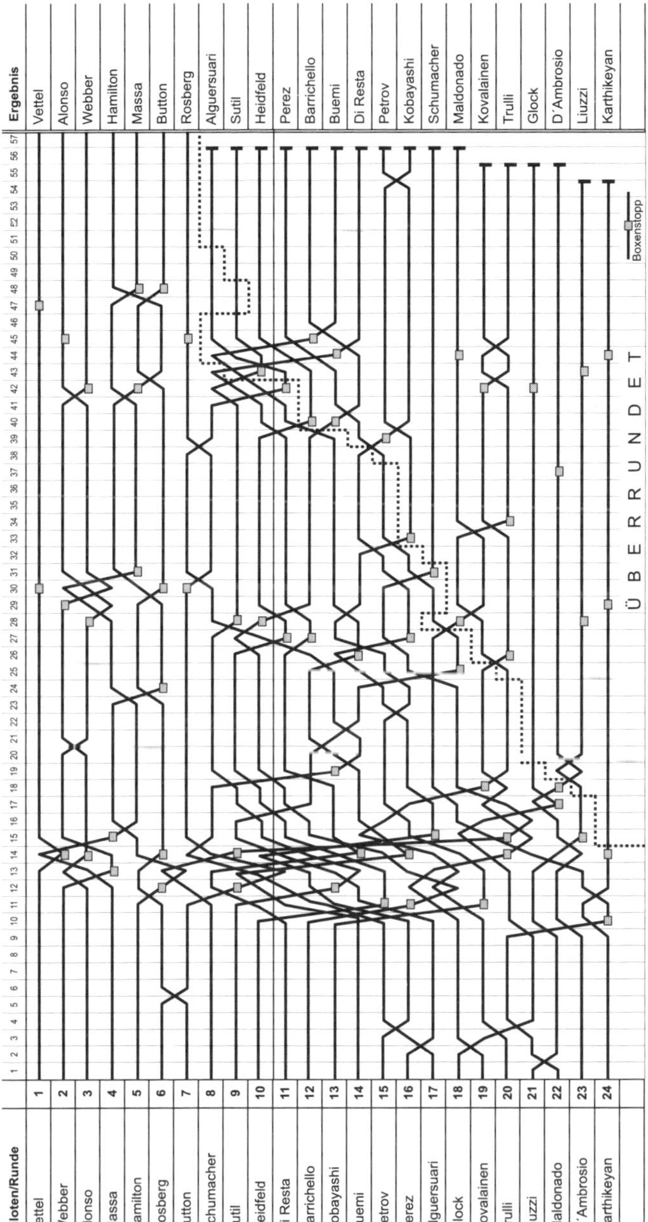
Piloten/Runde
Vettel 1
Webber 2
Alonso 3
Massa 4
Hamilton 5
Rosberg 6
Button 7
Schumacher 8
Sutil 9
Heidfeld 10
Di Resta 11
Barrichello 12
Kobayashi 13
Buemi 14
Petrov 15
Perez 16
Alguersuari 17
Glock 18
Kovalainen 19
Trulli 20
Liuzzi 21
Maldonado 22
D´Ambrosio 23
Karthikeyan 24
Ergebnis
Vettel
Alonso
Webber
Hamilton
Massa
Button
Rosberg
Alguersuari
Sutil
Heidfeld
Perez
Barrichello
Buemi
Di Resta
Petrov
Kobayashi
Schumacher
Maldonado
Kovalainen
Trulli
Glock
D´Ambrosio
Liuzzi
Karthikeyan
Boxenstopp
ÜBERRUNDET

Lauf 9 - Großer Preis von Grossbritannien - Silverstone, 10. Juli 2011

1. Training (Freitag Vormittag): 1. Webber 1:46,603, 2. Schumacher 1:47,263, 3. Barrichello 1:47,347, 4. Pérez 1:47,422, 5. Massa 1:47,562, 6. Rosberg 1:47,758, 7. Alonso 1:48,161, 8. Hamilton 1:48,549, 9. Hülkenberg 1:48,598, 10. Alguersuari 1:48,678, 11. Di Resta 1:48,730, 12. Buemi 1:48,778, 13. Vettel 1:48,794, 14. Maldonado 1:48,809, 15. Button 1:48,841, 16. Heidfeld 1:48,941, 17. Petrov 1:49,603, 18. Kobayashi 1:50,133, 19. Trulli 1:50,222, 20. Chandhok 1:51,119, 21. Glock 1:52,470, 22. Liuzzi 1:53,143, 23. D'Ambrosio 1:53,469, 24. Ricciardo 1:54,334

2. Training (Freitag Nachmittag): 1. Massa 1:49,967, 2. Rosberg 1:50,744, 3. Kobayashi 1:51,395, 4. Hamilton 1:51,438, 5. Button 1:51,518, 6. Sutil 1:51,738, 7. Di Resta 1:51,781, 8. Barrichello 1:51,992, 9. Pérez 1:52,169, 10. Buemi 1:52,189, 11. Petrov 1:52,198, 12. Schumacher 1:52,325, 13. Kovalainen 1:52,578, 14. Webber 1:52,587, 15. Alonso 1:52,869, 16. Heidfeld 1:54,023, 17. Alguersuari 1:54,274, 18. Vettel 1:54,545, 19. D'Ambrosio 1:54,714, 20. Maldonado 1:55,155, 21. Trulli 1:55,155, 22. Glock 1:55,549, 23. Ricciardo 1:55,828, 24. Liuzzi 1:56,037

3. Training (Samstag)		**Qualifying** (Samstag) **(1.Phase)**		**(2.Phase)**		**(3.Phase)**	
1. Vettel	1:31,401	1. Webber	1:32,670	1. Massa	1:31,640	1. Webber	1:30,399
2. Alonso	1:31,464	2. Maldonado	1:32,702	2. Webber	1:31,673	2. Vettel	1:30,431
3. Webber	1:31,829	3. Massa	1:32,760	3. Alonso	1:31,727	3. Alonso	1:30,516
4. Massa	1:32,169	4. Vettel	1:32,977	4. Button	1:32,273	4. Massa	1:31,124
5. Maldonado	1:32,496	5. Alonso	1:32,986	5. Rosberg	1:32,295	5. Button	1:31,989
6. Button	1:32,956	6. Barrichello	1:33,532	6. Vettel	1:32,379	6. Di Resta	1:31,929
7. Kobayashi	1:33,014	7. Hamilton	1:33,581	7. Kobayashi	1:32,399	7. Maldonado	1:31,933
8. Rosberg	1:33,044	8. Pérez	1:34,145	8. Hamilton	1:32,505	8. Kobayashi	1:32,128
9. Pérez	1:33,264	9. Schumacher	1:34,160	9. Di Resta	1:32,569	9. Rosberg	1:32,209
10. Di Resta	1:33,423	10. Rosberg	1:34,186	10. Maldonado	1:32,588	10. Hamilton	1:32,376
11. Schumacher	1:33,551	11. Button	1:34,230	11. Sutil	1:32,617		
12. Sutil	1:33,660	12. Kobayashi	1:34,324	12. Pérez	1:32,624		
13. Hamilton	1:33,842	13. Petrov	1:34,766	13. Schumacher	1:32,656		
14. Barrichello	1:33,905	14. Sutil	1:34,454	14. Petrov	1:32,734		
15. Petrov	1:34,042	15. Di Resta	1:34,472	15. Barrichello	1:33,119		
16. Alguersuari	1:34,329	16. Kovalainen	1:34,923	16. Heidfeld	1:33,805		
17. Buemi	1:34,799	17. Heidfeld	1:35,132	17. Kovalainen	1:34,821		
18. Heidfeld	1:34,822	18. Alguersuari	1:35,245				
19. Kovalainen	1:35,225	19. Buemi	1:35,749				
20. Trulli	1:36,905	20. Glock	1:36,203				
21. Glock	1:37,614	21. Trulli	1:36,456				
22. D'Ambrosio	1:38,068	22. D'Ambrosio	1:37,154				
23. Ricciardo	1:38,289	23. Liuzzi	1:37,484				
24. Liuzzi	1:38,568	24. Ricciardo	1:38,059				

Startaufstellung: Zuerst die Piloten 1 bis 10 aus der dritten Qualifying-Phase, danach die Piloten 11-17 aus der zweiten Qualifying-Phase, dahinter die Piloten 18-24 aus der ersten Qualifying-Phase - inklusive Strafversetzungen:

1. Mark Webber
Red Bull-Renault RB7 V8
1:30,399

2. Sebastian Vettel
Red Bull-Renault RB7 V8
1:30,431

3. Fernando Alonso
Ferrari 150° Italia V8
1:30,516

4. Felipe Massa
Ferrari 150° Italia V8
1:31,124

5. Jenson Button
McLaren-Mercedes MP4/26 V8
1:31,989

6. Paul Di Resta
Force India-Mercedes VJM04 V8
1:31,929

7. Pastor Maldonado
Williams-Cosworth FW33 V8
1:31,933

8. Kamui Kobayashi
Sauber-Ferrari C30 V8
1:32,128

9. Nico Rosberg
Mercedes MGP W02
1:32,209

10. Lewis Hamilton
McLaren-Mercedes MP4/26 V8
1:32,376

11. Adrian Sutil
Force India-Mercedes VJM04 V8
1:32,617

12. Sergio Pérez
Sauber-Ferrari C30 V8
1:32,624

13. Michael Schumacher
Mercedes MGP W02
1:32,656

14. Vitaly Petrov
Renault R31 V8
1:32,734

15. Rubens Barrichello
Williams-Cosworth FW33 V8
1:33,119

16. Nick Heidfeld
Renault R31 V8
1:33,805

17. Heikki Kovalainen
Lotus-Renault T128 V8
1:34,821

18. Jaime Alguersuari
Toro Rosso-Ferrari STR6 V8
1:35,245

19. Sébastien Buemi
Toro Rosso-Ferrari STR6 V8
1:35,749

20. Timo Glock
Virgin-Cosworth MVR-02 V8
1:36,203

21. Jarno Trulli
Lotus-Renault T128 V8
1:36,456

22. Jérôme D'Ambrosio
Virgin-Cosworth MVR-02 V8
1:37,154

23. Vitantonio Liuzzi
HRT-Cosworth HRT F111 V8
1:37,484

24. Daniel Ricciardo
HRT-Cosworth HRT F111 V8
1:38,059

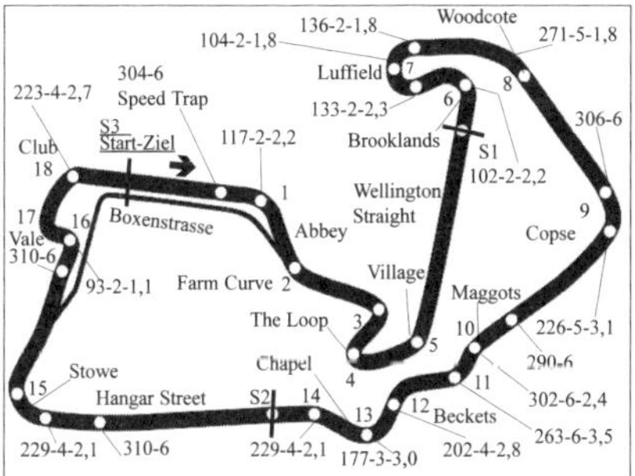

Legende: 132-2-2,1 = 132 km/h-2. Gang-2,1 Gravitation

Wetter am Renntag: Anfangs Regen, später bewölkt, 20°-21° Lufttemperatur, 22°-27° Asphalttemperatur, 58-53 % Luftfeuchtigkeit, 122.000 Zuschauer am Renntag

Distanz: 52 Runden à 5,891 km = 306,198 km
Ziellinie 0,134 km hinter der Startlinie

Sieger 2010: Webber (Red Bull-Renault),
1.24:38,200 = 217,088 km/h

Poleposition 2010: Vettel (Red Bull-Renault),
1:29,615 = 236,652 km/h

Schnellste Runde 2010: Alonso (Ferrari),
1:30,874 = 233,373 km/h

Boxenstopps:

Schumacher: 9. Runde: Neue Nase nach Kollision mit Kobayashi und Reifenwechsel von Intermediates auf weich in 8,4 sec., verliert total 30,2 sec., Platz 10-18
Heidfeld: 10. Runde: Reifenwechsel von Intermediates auf weich in total 24,7 sec., Platz 12-18
Button: 11. Runde: Reifenwechsel von Intermediates auf weich in 3,9 sec., total 25,0 sec., Platz 6-8
Sutil: 11. Runde: Reifenwechsel von Intermediates auf weich in total 25,7 sec., Platz 7-11
Kobayashi: 11. Runde: Reifenwechsel von Intermediates auf weich (behindert beim Losfahren den gerade vorbei fahrenden Maldonado, verreißt den Wagen und reißt Schläuche in der Box von Force Inda-Mercedes ab) in total 28,4 sec., Platz 9-13
Maldonado: 11. Runde: Reifenwechsel von Intermediates auf weich in total 26,2 sec., Platz 12-15
Buemi: 11. Runde: Reifenwechsel von Intermediates auf weich in total 26,2 sec., Platz 13-16
Petrov: 11. Runde: Reifenwechsel von Intermediates auf weich in total 24,8 sec., Platz 15-17
Barrichello: 11. Runde: Reifenwechsel von Intermediates auf weich in total 25,8 sec., Platz 16-18
Glock: 11. Runde: Reifenwechsel von Intermediates auf weich in total 25,4 sec., Platz 19
Liuzzi: 11. Runde: Reifenwechsel von Intermediates auf weich in total 26,6 sec., Platz 20-21
D'Ambrosio: 11. Runde: Reifenwechsel von Intermediates auf weich in total 28,7 sec., Platz 21-22
Webber: 12. Runde: Reifenwechsel von Intermediates auf weich in 3,5 sec., total 23,9 sec., Platz 2-3
Alonso: 12. Runde: Reifenwechsel von Intermediates auf weich in 5,8 sec., total 26,5 sec., Platz 3-4
Hamilton: 12. Runde: Reifenwechsel von Intermediates auf weich in 4,4 sec., total 25,1 sec., Platz 4-5
Di Resta: 12. Runde: Reifenwechsel von Intermediates auf weich in total 26,6 sec., Platz 6-7
Rosberg: 12. Runde: Reifenwechsel von Intermediates auf weich in total 24,7 sec., Platz 7-10
Pérez: 12. Runde: Reifenwechsel von Intermediates auf weich in total 25,3 sec., Platz 9-11
Alguersuari: 12. Runde: Reifenwechsel von Intermediates auf weich in total 24,7 sec., Platz 10-14
Ricciardo: 12. Runde: Reifenwechsel von Intermediates auf weich in total 25,8 sec., Platz 20-22
Vettel: 13. Runde: Reifenwechsel von Intermediates auf weich in 3,9 sec., total 24,8 sec., Platz 1
Massa: 13. Runde: Reifenwechsel von Intermediates auf weich in total 24,1 sec., Platz 2-6
Schumacher: 16. Runde: 2. Stopp, 10 sec.-Stop-and-Go-Strafe wegen vermeidbarer Kollision mit Kobayashi, verliert total 31,7 sec., Platz 8-17
Kobayashi: 20. Runde: 2. Stopp, 10 sec.-Stop-and-Go-Strafe wegen unsicheren Abfahrens nach 1. Stopp, verliert total 31,5 sec., Platz 12-18
Hamilton: 24. Runde: 2. Stopp, Reifenwechsel von weich auf weich in 4,3 sec., total 24,0 sec., Platz 3-6
Di Resta: 24. Runde: 2. Stopp, Reifenwechsel (musste warten - Reifen waren für Teamkollegen vorbereitet) von weich auf weich, verliert total 45,2 sec., Platz 7-16
Maldonado: 24. Runde: 2. Stopp, Reifenwechsel von weich auf weich in total 24,2 sec., Platz 13-17
Sutil: 25. Runde: 2. Stopp, Reifenwechsel von weich auf weich in total 24,0 sec., Platz 7-11
Buemi: 25. Runde: 2. Stopp, Reifenwechsel von weich auf weich in total 24,6 sec., Platz 12
Webber: 26. Runde: 2. Stopp, Reifenwechsel von weich auf weich in 5,2 sec., total 25,4 sec., Platz 2-4
Button: 26. Runde: 2. Stopp, Reifenwechsel von weich auf weich in 4,2 sec., total 24,2 sec., Platz 4-5
Massa: 26. Runde: 2. Stopp, Reifenwechsel von weich auf weich in 3,2 sec., total 23,9 sec., Platz 5-6
Di Resta: 26. Runde: 3. Stopp, Reifenwechsel von weich auf hart in total 31,4 sec., Platz 16
Vettel: 27. Runde: 2. Stopp, Reifenwechsel (Wagenheber links hinten gebrochen) von weich auf weich in 11,4 sec., verliert total 31,5 sec., Platz 1-3
Alonso: 27. Runde: 2. Stopp, Reifenwechsel von weich auf weich in 4,1 sec., total 23,9 sec., Platz 2-1
D'Ambrosio: 28. Runde: 2. Stopp, Reifenwechsel von weich auf weich in total 25,4 sec., Platz 18-19
Ricciardo: 28. Runde: 2. Stopp, Reifenwechsel von weich auf weich in total 26,9 sec., Platz 22
Rosberg: 30. Runde: 2. Stopp, Reifenwechsel von weich auf weich in total 24,3 sec., Platz 7-10
Heidfeld: 30. Runde: 2. Stopp, Reifenwechsel von weich auf weich in total 24,4 sec., Platz 9-14
Glock: 30. Runde: 2. Stopp, Reifenwechsel von weich auf weich in total 24,9 sec., Platz 17
Alguersuari: 31. Runde: 2. Stopp, Reifenwechsel von weich auf weich in total 24,0 sec., Platz 8-12
Schumacher: 31. Runde: 3. Stopp, Reifenwechsel von weich auf weich in total 24,6 sec., Platz 9-13
Barrichello: 31. Runde: 2. Stopp, Reifenwechsel von weich auf weich in total 23,9 sec., Platz 13-15
Pérez: 32. Runde: 2. Stopp, Reifenwechsel von weich auf weich in total 25,6 sec., Platz 7-8
Liuzzi: 31. Runde: 2. Stopp, Reifenwechsel von weich auf weich in total 25,5 sec., Platz 18-19
Maldonado: 35. Runde: 3. Stopp, Reifenwechsel von weich auf weich in total 23,8 sec., Platz 14-15

Vettel:	36. Runde: 3. Stopp, Reifenwechsel von weich auf weich in 3,4 sec., total 23,1 sec., Platz 2-5
Hamilton:	37. Runde: 3. Stopp, Reifenwechsel von weich auf weich in 3,6 sec., total 23,3 sec., Platz 2-6
Webber:	38. Runde: 3. Stopp, Reifenwechsel von weich auf weich in 4,0 sec., total 23,7 sec., Platz 2-6
Petrov:	38. Runde: 2. Stopp, Reifenwechsel von weich auf weich in total 24,1 sec., Platz 10-13
Alonso:	39. Runde: 3. Stopp, Reifenwechsel von weich auf weich in 3,7 sec., total 23,4 sec., Platz 1
Button:	39. Runde: 3. Stopp, Reifenwechsel (Radmutter rechts vorne nicht befestigt) von weich auf weich in 3,9 sec., total 23,2 sec., Platz 2
Sutil:	40. Runde: 3. Stopp, Reifenwechsel von weich auf weich in total 27,2 sec., Platz 8-11
Massa:	41. Runde: 3. Stopp, Reifenwechsel von weich auf weich in 3,2 sec., total 23,2 sec., Platz 4-5

Ausfälle:

Kovalainen:	40. Runde: Getriebedefekt, Platz 24
Trulli:	26. Runde: Ölleck, Platz 20
Kobayashi:	24. Runde: Ölleck, Platz 18
Buemi:	11. Runde: Kollision mit Di Resta, Platz 12
Button:	3. Runde: Radmutter nicht befestigt, daher Radverlust rechts vorne nach der Boxengasse, Platz 2

Stand nach der 1. Runde:
1. Vettel, 2. Webber, 3. Alonso, 4. Button, 5. Massa, 6. Hamilton, 7. Di Resta, 8. Kobayashi, 9. Schumacher, 10. Maldonado

Ergebnis:

1. Fernando Alonso (Spanien) Ferrari	1.28:41,196 = 207,155 km/h	
2. Sebastian Vettel (Deutschland) Red Bull-Renault	1.28:57,707 = 206,514 km/h	16,511 zurück
3. Mark Webber (Australien) Red Bull-Renault	1.28:58,143 = 206,497 km/h	16,947 zurück
4. Lewis Hamilton (England) McLaren-Mercedes	1.29:10,182 = 206,032 km/h	28,986 zurück
5. Felipe Massa (Brasilien) Ferrari	1.29:10,206 = 206,031 km/h	29,010 zurück
6. Nico Rosberg (Deutschland) Mercedes	1.29:41,861 = 204,820 km/h	60,665 zurück
7. Sergio Pérez (Mexiko) Sauber-Ferrari	1.29:46,786 = 204,632 km/h	65,590 zurück
8. Nick Heidfeld (Deutschland) Renault	1.29:56,738 = 204,255 km/h	75,542 zurück
9. Michael Schumacher (Deutschland) Mercedes	1.29:59,108 = 204,165 km/h	77,912 zurück
10. Jaime Alguersuari (Spanien) Toro Rosso-Ferrari	1.30:00,304 = 204,120 km/h	79,108 zurück
11. Adrian Sutil (Deutschland) Force India-Mercedes	1.30:00,908 = 204,097 km/h	79,712 zurück
12. Vitaly Petrov (Russland) Renault	1.30:01,877 = 204,061 km/h	80,681 zurück
13. Rubens Barrichello (Brasilien) Williams-Cosworth	1.28:42,272 = 203,128 km/h	1 Runde zurück
14. Pastor Maldonado (Venezuela) Williams-Cosworth	1.28:43,098 = 203,096 km/h	1 Runde zurück
15. Paul Di Resta (Schottland) Force India-Mercedes	1.29:33,432 = 201,194 km/h	1 Runde zurück
16. Timo Glock (Deutschland) Virgin-Cosworth	1.29:28,458 = 197,430 km/h	2 Runden zurück
17. Jérôme D'Ambrosio (Belgien) Virgin-Cosworth	1.29:55,381 = 196,445 km/h	2 Runden zurück
18. Vitantonio Liuzzi (Italien) HRT-Cosworth	1.30:03,141 = 196,163 km/h	2 Runden zurück
19. Daniel Ricciardo (Australien) HRT-Cosworth	1.29:43,466 = 192,940 km/h	3 Runden zurück

Schnellste Runde im Qualifying: Webber (Red Bull-Renault): 1:30,399 = 234,599 km/h (erzielt in Phase 3)
Schnellste Runde im Rennen: Alonso (Ferrari): 1:34,908 = 223,454 km/h
Höchstgeschwindigkeiten (Freitag, Training): 1. Webber 300,3, 2. Heidfeld 292,9, 3. Schumacher 291,4, 4. Hamilton 290,4, 5. Barrichello 290,4, 6. Petrov 289,0, 7. Rosberg 288,1, 8. Maldonado 288,0, 9. Di Resta 288,0, 10. Hülkenberg 287,9, 11. Button 287,3, 12. Massa 286,3, 13. Vettel 286,3, 14. Glock 285,9, 15. Sutil 285,8, 16. Ricciardo 285,4, 17. D'Ambrosio 284,8, 18. Trulli 284,2, 19. Kobayashi 284,2, 20. Kovalainen 283,4, 21. Buemi 283,3, 22. Alonso 282,4, 23. Pérez 281,8, 24. Chandhok 281,2, 25. Alguersuari 280,7, 26. Liuzzi 280,5
Höchstgeschwindigkeiten (Samstag, Qualifying): 1. Rosberg 314,3, 2. Schumacher 314,0, 3. Barrichello 313,8, 4. Petrov 310,9, 5. Heidfeld 310,7, 6. Pérez 309,6, 7. Maldonado 309,4, 8. Vettel 308,3, 9. Buemi 308,3, 10. Webber 308,1, 11. Button 307,5, 12. Sutil 307,4, 13. Massa 307,4, 14. Di Resta 306,9, 15. Hamilton 306,9, 16. Alonso 306,6, 17. Alguersuari 303,2, 18. D'Ambrosio 302,6, 19. Glock 302,6, 20. Kovalainen 302,3, 21. Kobayashi 301,5, 22. Ricciardo 300,5, 23. Liuzzi 299,2, 24. Trulli 298,8
Höchstgeschwindigkeiten (Sonntag): 1. Schumacher 313,5, 2. Pérez 312,7, 3. Petrov 310,0, 4. Alguersuari 307,6, 5. Webber 307,6, 6. Vettel 306,5, 7. Sutil 306,3, 8. Hamilton 305,9, 9. Barrichello 305,7, 10. Massa 305,0, 11. Alonso 304,9, 12. Heidfeld 304,1, 13. Maldonado 299,2, 14. Di Resta 298,7, 15. Liuzzi 297,2, 16. Rosberg 296,6, 17. Buemi 295,2, 18. Ricciardo 291,8, 19. Glock 291,8, 20. Button 291,8, 21. D'Ambrosio 290,7, 22. Kobayashi 288,2, 23. Trulli 267,0, 24. Kovalainen 218,9
Schnellste Runde jedes Fahrers im Rennen: 1. Alonso 1:34,908 (41.), 2. Massa 1:35,474 (49.), 3. Vettel 1:35,565 (38.), 4. Webber 1:35,665 (49.), 5. Hamilton 1:36,180 (39.), 6. Petrov 1:36,308 (40.), 7. Pérez 1:36,656 (35.), 8. Barrichello 1:36,733 (38.), 9. Sutil 1:36,744 (42.), 10. Button 1:36,982 (31.), 11. Schumacher 1:37,034 (34.), 12. Maldonado 1:37,036 (41.), 13. Rosberg 1:37,073 (32.), 14. Heidfeld 1:37,117 (37.), 15. Alguersuari 1:37,160 (38.), 16. Di Resta 1:37,936 (48.), 17. Glock 1:39,811 (49.), 18. Buemi 1:40,224 (24.), 19. Liuzzi 1:40,524 (40.), 20. D'Ambrosio 1:40,560 (30.), 21. Kobayashi 1:40,703 (23.), 22. Ricciardo 1:40,910 (30.), 23. Trulli 1:55,491 (9.), 24. Kovalainen 2:10,404 (2.)
WM-Stand: 1. Vettel 204, 2. Webber 124, 3. Alonso 112, 4. Hamilton 109, 5. Button 109, 6. Massa 52, 7. Rosberg 40, 8. Heidfeld 34, 9. Petrov 31, 10. Schumacher 28, 11. Kobayashi 25, 12. Sutil 10, 13. Alguersuari 9, 14. Pérez 8, 15. Buemi 8, 16. Barrichello 4, 17. Di Resta 2
Konstrukteur-WM: 1. Red Bull-Renault 328, 2. McLaren-Mercedes 218, 3. Ferrari 164, 4. Mercedes 68, 5. Renault 65, 6. Sauber-Ferrari 33, 7. Toro Rosso-Ferrari 17, 8. Force India-Mercedes 12, 9. Williams-Cosworth 4

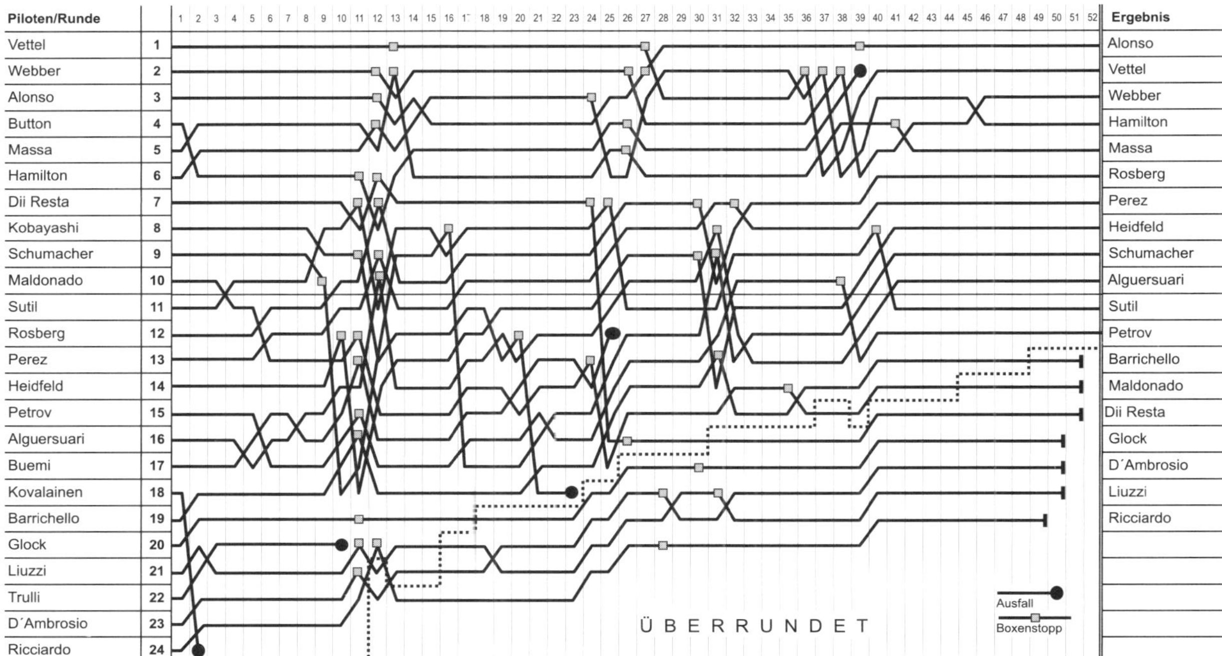
Piloten/Runde
Vettel 1
Webber 2
Alonso 3
Button 4
Massa 5
Hamilton 6
Dii Resta 7
Kobayashi 8
Schumacher 9
Maldonado 10
Sutil 11
Rosberg 12
Perez 13
Heidfeld 14
Petrov 15
Alguersuari 16
Buemi 17
Kovalainen 18
Barrichello 19
Glock 20
Liuzzi 21
Trulli 22
D´Ambrosio 23
Ricciardo 24
Ergebnis
Alonso
Vettel
Webber
Hamilton
Massa
Rosberg
Perez
Heidfeld
Schumacher
Alguersuari
Sutil
Petrov
Barrichello
Maldonado
Dii Resta
Glock
D´Ambrosio
Liuzzi
Ricciardo
ÜBERRUNDET
Ausfall
Boxenstopp

Lauf 10 - Großer Preis von Deutschland - Nürburgring, 24. Juli 2011

1. Training (Freitag Vormittag): 1. Alonso 1:31,894, 2. Mark Webber 1:32,217, 3. Vettel 1:32,268, 4. Massa 1:32,681, 5. Hamilton 1:32,996, 6. Button 1:33,628, 7. Rosberg 1:33,787, 8. Sutil 1:33,832, 9. Hülkenberg 1:33,858, 10. Schumacher 1:33,863, 11. Petrov 1:34,094, 12. Alguersuari 1:35,115, 13. Buemi 1:35,371, 14. Barrichello 1:35,389, 15. Heidfeld 1:35,444, 16. Pérez 1:36,371, 17. Kovalainen 1:36,392, 18. Maldonado 1:36,842, 19. Kobayashi 1:36,882, 20. Karthikeyan 1:38,504, 21. Chandhok 1:38,765, 22. Ricciardo 1:39,279, 23. Glock 1:40,109, 24. D'Ambrosio 1:40,428

2. Training (Freitag Nachmittag): 1. Webber 1:31,711, 2. Alonso 1:31,879, 3. Vettel 1:32,084, 4. Massa 1:32,354, 5. Schumacher 1:32,411, 6. Rosberg 1:32,557, 7. Hamilton 1:32,724, 8. Heidfeld 1:33,098, 9. Petrov 1:33,138, 10. Sutil 1:33,211, 11. Button 1:33,225, 12. Di Resta 1:33,299, 13. Pérez 1:34,113, 14. Barrichello 1:34,344, 15. Alguersuari 1:34,487, 16. Kobayashi 1:34,491, 17. Maldonado 1:34,996, 18. Kovalainen 1:35,753, 19. Glock 1:36,940, 20. Chandhok 1:37,248, 21. D'Ambrosio 1:37,313, 22. Liuzzi 1:38,145, 23. Ricciardo 1:40,737

3. Training (Samstag)		**Qualifying** (Samstag) (**1.Phase**)			**(2.Phase)**		**(3.Phase)**
1. Vettel	1:30,916	1. Massa	1:31,826	1. Hamilton	1:30,998	1. Webber	1:30,079
2. Webber	1:31,049	2. Sutil	1:32,286	2. Vettel	1:31,017	2. Hamilton	1:30,134
3. Alonso	1:31,138	3. Heidfeld	1:32,505	3. Alonso	1:31,150	3. Vettel	1:30,216
4. Hamilton	1:31,578	4. Schumacher	1:32,603	4. Webber	1:31,311	4. Alonso	1:30,442
5. Button	1:31,623	5. Di Resta	1:32,651	5. Rosberg	1:31,343	5. Massa	1:30,910
6. Rosberg	1:31,694	6. Rosberg	1:32,785	6. Button	1:31,532	6. Rosberg	1:31,263
7. Massa	1:32,144	7. Alonso	1:32,916	7. Massa	1:31,582	7. Button	1:31,288
8. Sutil	1:32,391	8. Hamilton	1:32,934	8. Sutil	1:31,809	8. Sutil	1:32,010
9. Schumacher	1:32,523	9. Vettel	1:32,973	9. Petrov	1:31,985	9. Petrov	1:32,187
10. Maldonado	1:32,751	10. Maldonado	1:33,003	10. Schumacher	1:32,180	10. Schumacher	1:32,482
11. Petrov	1:32,777	11. Webber	1:33,096	11. Heidfeld	1:32,215		
12. Di Resta	1:32,813	12. Petrov	1:33,187	12. Di Resta	1:32,560		
13. Heidfeld	1:33,072	13. Button	1:33,224	13. Maldonado	1:32,635		
14. Barrichello	1:33,179	14. Pérez	1:33,295	14. Barrichello	1:33,043		
15. Pérez	1:33,531	15. Buemi	1:33,635	15. Pérez	1:33,176		
16. Kobayashi	1:33,671	16. Alguersuari	1:33,658	16. Buemi	1:33,546		
17. Buemi	1:33,948	17. Barrichello	1:33,664	17. Alguersuari	1:33,698		
18. Alguersuari	1:34,125	18. Kobayashi	1:33,786				
19. Kovalainen	1:35,385	19. Kovalainen	1:35,599				
20. Glock	1:36,724	20. Glock	1:36,400				
21. Liuzzi	1:36,804	21. Chandhok	1:36,422				
22. D'Ambrosio	1:36,894	22. D'Ambrosio	1:36,641				
23. Chandhok	1:36,959	23. Liuzzi	1:37,011				
24. Ricciardo	1:37,554	24. Ricciardo	1:37,036				

Startaufstellung: Zuerst die Piloten 1 bis 10 aus der dritten Qualifying-Phase, danach die Piloten 11-17 aus der zweiten Qualifying-Phase, dahinter die Piloten 18-24 aus der ersten Qualifying-Phase - inklusive Strafversetzungen:

1. Mark Webber
Red Bull-Renault RB7 V8
1:30,079

2. Lewis Hamilton
McLaren-Mercedes MP4/26 V8
1:30,134

3. Sebastian Vettel
Red Bull-Renault RB7 V8
1:30,216

4. Fernando Alonso
Ferrari 150° Italia V8
1:30,442

5. Felipe Massa
Ferrari 150° Italia V8
1:30,910

6. Nico Rosberg
Mercedes MGP W02
1:31,263

7. Jenson Button
McLaren-Mercedes MP4/26 V8
1:31,288

8. Adrian Sutil
Force India-Mercedes VJM04 V8
1:32,010

9. Vitaly Petrov
Renault R31 V8
1:32,187

10. Michael Schumacher
Mercedes MGP W02
1:32,482

11. Nick Heidfeld
Renault R31 V8
1:32,215

12. Paul Di Resta
Force India-Mercedes VJM04 V8
1:32,560

13. Pastor Maldonado
Williams-Cosworth FW33 V8
1:32,635

14. Rubens Barrichello
Williams-Cosworth FW33 V8
1:33,043

15. Sergio Pérez
Sauber-Ferrari C30 V8
1:33,176

16. Jaime Alguersuari
Toro Rosso-Ferrari STR6 V8
1:33,698

17. Kamui Kobayashi
Sauber-Ferrari C30 V8
1:33,786

18. Heikki Kovalainen
Lotus-Renault T128 V8
1:35,599

19. Timo Glock
Virgin-Cosworth MVR-02 V8
1:36,400

20. Karun Chandhok
Lotus-Renault T128 V8
1:36,422

21. Jérôme D'Ambrosio
Virgin-Cosworth MVR-02 V8
1:36,641

22. Daniel Ricciardo
HRT-Cosworth HRT F111 V8
1:37,036

23. Vitantonio Liuzzi
HRT-Cosworth HRT F111 V8
1:37,011

24. Sébastien Buemi
Toro Rosso-Ferrari STR6 V8
1:33,546

Liuzzi wird nach Getriebewechsel um 5 Plätze nach hinten versetzt
Buemi wird wegen illegalen Benzins ans Ende des Feldes versetzt

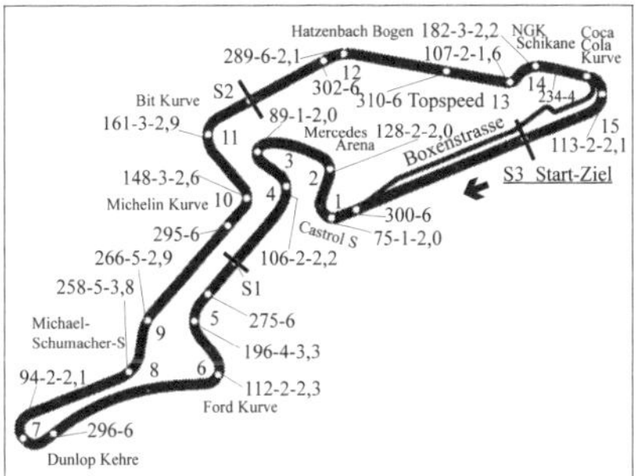

Legende: 132-2-2,1 = 132 km/h-2. Gang-2,1 Gravitation

Wetter am Renntag: Bewölkt, trocken und kühl, 13°-14° Lufttemperatur, 15°-18° Asphalttemperatur, 74-65 % Luftfeuchtigkeit, 68.000 Zuschauer am Renntag

Distanz: 60 Runden à 5,148 km = 308,863 km
Ziellinie 0,017 km hinter der Startlinie

Sieger 2009: Webber (Red Bull-Renault),
1.36:43,310 = 191,598 km/h

Poleposition 2009: Webber (Red Bull-Renault),
1:32,230 = 200,941 km/h

Schnellste 2009 Jahr: Alonso (Renault),
1:33,365 = 198,498 km/h

Boxenstopps:

Pérez: 8. Runde: Reifenwechsel wegen Ausritt auf Wiese von weich auf weich in total 27,2 sec., Platz 19-24
Buemi: 10. Runde: Reifenwechsel nach Kontakt mit Heidfeld von weich auf weich in total 27,3 sec., Platz 17-22
Chandhok: 10. Runde: Reifenwechsel von weich auf weich in total 31,8 sec., Platz 23
Webber: 14. Runde: Reifenwechsel von weich auf weich in 3,5 sec., total 20,4 sec., Platz 3-5
Rosberg: 14. Runde: Reifenwechsel von weich auf weich in total 20,3 sec., Platz 7-14
Schumacher: 15. Runde: Reifenwechsel von weich auf weich in total 20,7 sec., Platz 7-12
Maldonado: 15. Runde: Reifenwechsel von weich auf weich in total 21,6 sec., Platz 12-15
Hamilton: 16. Runde: Reifenwechsel von weich auf weich in 3,5 sec., total 20,9 sec., Platz 1-2
Alonso: 16. Runde: Reifenwechsel von weich auf weich in 3,4 sec., total 20,4 sec., Platz 2-3
Vettel: 16. Runde: Reifenwechsel von weich auf weich in total 20,3 sec., Platz 5-9
Massa: 17. Runde: Reifenwechsel von weich auf weich in 3,3 sec., total 20,3 sec., Platz 4-8
Kobayashi: 20. Runde: Reifenwechsel von weich auf weich in total 20,8 sec., Platz 11-14
Liuzzi: 20. Runde: Reifenwechsel von weich auf weich in total 22,0 sec., Platz 20-21
Ricciardo: 21. Runde: Reifenwechsel von weich auf weich in total 22,3 sec., Platz 20-21
Sutil: 22. Runde: Reifenwechsel von weich auf weich in total 20,8 sec., Platz 4-8
Glock: 22. Runde: Reifenwechsel von weich auf weich in total 22,2 sec., Platz 18-19
Petrov: 23. Runde: Reifenwechsel von weich auf weich in total 21,4 sec., Platz 9-13
Alguersuari: 23. Runde: Reifenwechsel von weich auf weich in total 21,0 sec., Platz 10-14
Di Resta: 23. Runde: Reifenwechsel von weich auf weich in total 23,6 sec., Platz 14-16
Button: 24. Runde: Reifenwechsel von weich auf weich in 4,2 sec., total 20,9 sec., Platz 5-8
D'Ambrosio: 24. Runde: Reifenwechsel von weich auf weich in total 20,7 sec., Platz 18-21
Kovalainen: 26. Runde: Reifenwechsel von weich auf weich in total 22,0 sec., Platz 17
Webber: 30. Runde: 2. Stopp, Reifenwechsel von weich auf weich in 4,2 sec., total 21,2 sec., Platz 3
Chandhok: 28. Runde: 2. Stopp, Reifenwechsel von weich auf weich in total 22,3 sec., Platz 22
Hamilton: 31. Runde: 2. Stopp, Reifenwechsel von weich auf weich in 3,2 sec., total 20,4 sec., Platz 2
Alonso: 32. Runde: 2. Stopp, Reifenwechsel von weich auf weich in 3,2 sec., total 20,0 sec., Platz 1-2
Maldonado: 35. Runde: 2. Stopp, Reifenwechsel von weich auf medium in total 21,0 sec., Platz 13-14
Rosberg: 36. Runde: 2. Stopp, Reifenwechsel von weich auf weich in 4,3 sec., total 20,9 sec., Platz 7-8
Buemi: 36. Runde: 2. Stopp, Reifenwechsel von weich auf medium in total 20,9 sec., Platz 15
Schumacher: 37. Runde: 2. Stopp, Reifenwechsel von weich auf weich in 3,6 sec., total 20,2 sec., Platz 9-12
Vettel: 40. Runde: 2. Stopp, Reifenwechsel von weich auf weich in 3,1 sec., total 20,2 sec., Platz 5
Massa: 41. Runde: 2. Stopp, Reifenwechsel von weich auf weich in 3,2 sec., total 20,1 sec., Platz 4
Pérez: 41. Runde: 2. Stopp, Reifenwechsel von weich auf medium in total 21,6 sec., Platz 11-13
Alguersuari: 43. Runde: 2. Stopp, Reifenwechsel von weich auf medium in total 21,6 sec., Platz 12-13
Petrov: 46. Runde: 2. Stopp, Reifenwechsel von weich auf medium in 3,8 sec., total 20,5 sec., Platz 10-11
Sutil: 48. Runde: 2. Stopp, Reifenwechsel von weich auf medium in total 20,8 sec., Platz 6-7
Kobayashi: 48. Runde: 2. Stopp, Reifenwechsel von weich auf medium in total 21,2 sec., Platz 9-10
Glock: 48. Runde: 2. Stopp, Reifenwechsel von weich auf medium in total 21,2 sec., Platz 17-18
Hamilton: 51. Runde: 3. Stopp, Reifenwechsel von weich auf medium in 3,7 sec., total 20,4 sec., Platz 2-3
D'Ambrosio: 49. Runde: 2. Stopp, Reifenwechsel von weich auf medium in total 23,5 sec., Platz 17-18
Ricciardo: 49. Runde: 2. Stopp, Reifenwechsel von weich auf medium in total 24,0 sec., Platz 19
Kovalainen: 50. Runde: 2. Stopp, Reifenwechsel von weich auf medium in total 21,1 sec., Platz 16
Di Resta: 51. Runde: 2. Stopp, Reifenwechsel von weich auf medium in total 22,5 sec., Platz 9-13
Alonso: 53. Runde: 3. Stopp, Reifenwechsel von weich auf medium in 3,2 sec., total 19,9 sec., Platz 1-3
Rosberg: 53. Runde: 3. Stopp, Reifenwechsel von weich auf medium in 3,4 sec., total 20,0 sec., Platz 6-8
Chandhok: 51. Runde: 3. Stopp, Reifenwechsel von weich auf medium in total 22,4 sec., Platz 20
Webber: 56. Runde: 3. Stopp, Reifenwechsel von weich auf medium in total 20,3 sec., Platz 1-3
Schumacher: 56. Runde: 3. Stopp, Reifenwechsel von weich auf medium in 3,3 sec., total 19,9 sec., Platz 7-8
Massa: 59. Runde: 3. Stopp, Reifenwechsel (Radmutter springt davon) von weich auf medium in 5,0 sec., total 21,9 sec., Platz 4-5

Ausfälle:

Heidfeld:	10. Runde: Kollision mit Buemi, Platz 16
Barrichello:	17. Runde: Ölleck, Platz 14
Button:	36. Runde: Hydraulikdefekt, Platz 8
Liuzzi:	38. Runde: Defekt an der Elektrik, Platz 18

Stand nach der 1. Runde:
1. Hamilton, 2. Webber, 3. Alonso, 4. Vettel, 5. Rosberg, 6. Massa, 7. Sutil, 8. Petrov, 9. Schumacher, 10. Button

Ergebnis:

1. Lewis Hamilton (England) McLaren-Mercedes	1.37:30,334 = 189,911 km/h	
2. Fernando Alonso (Spanien) Ferrari	1.37:34,314 = 189,781 km/h	3,980 zurück
3. Mark Webber (Australien) Red Bull-Renault	1.37:40,122 = 189,593 km/h	9,788 zurück
4. Sebastian Vettel (Deutschland) Red Bull-Renault	1.38:18,255 = 188,368 km/h	47,921 zurück
5. Felipe Massa (Brasilien) Ferrari	1.38:22,586 = 188,229 km/h	52,252 zurück
6. Adrian Sutil (Deutschland) Force India-Mercedes	1.38:56,542 = 187,153 km/h	86,208 zurück
7. Nico Rosberg (Deutschland) Mercedes	1.37:36,053 = 186,560 km/h	1 Runde zurück
8. Michael Schumacher (Deutschland) Mercedes	1.37:45,987 = 186,244 km/h	1 Runde zurück
9. Kamui Kobayashi (Japan) Sauber-Ferrari	1.37:54,841 = 185,964 km/h	1 Runde zurück
10. Vitaly Petrov (Russland) Renault	1.37:55,160 = 185,954 km/h	1 Runde zurück
11. Sergio Pérez (Mexiko) Sauber-Ferrari	1.38:08,511 = 185,532 km/h	1 Runde zurück
12. Jaime Alguersuari (Spanien) Toro Rosso-Ferrari	1.38:14,571 = 185,341 km/h	1 Runde zurück
13. Paul Di Resta (Schottland) Force India-Mercedes	1.38:15,040 = 185,326 km/h	1 Runde zurück
14. Pastor Maldonado (Venezuela) Williams-Cosworth	1.38:21,319 = 185,129 km/h	1 Runde zurück
15. Sébastien Buemi (Schweiz) Toro Rosso-Ferrari	1.38:52,794 = 184,147 km/h	1 Runde zurück
16. Heikki Kovalainen (Finnland) Lotus-Renault	1.38:10,881 = 182,311 km/h	2 Runden zurück
17. Timo Glock (Deutschland) Virgin-Cosworth	1.37:51,795 = 179,748 km/h	3 Runden zurück
18. Jérôme D'Ambrosio (Belgien) Virgin-Cosworth	1.38:02,125 = 179,432 km/h	3 Runden zurück
19. Daniel Ricciardo (Australien) HRT-Cosworth	1.38:28,184 = 178,641 km/h	3 Runden zurück
20. Karun Chandhok (Indien) Lotus-Renault	1.38:26,941 = 175,541 km/h	4 Runden zurück

Beim nächsten Grand Prix wird **Buemi** wegen Abdrängens von Heidfeld um fünf Startpositionen strafversetzt

Schnellste Runde im Qualifying: Webber (Red Bull-Renault): 1:30,079 = 205,739 km/h (erzielt in Phase 3)
Schnellste Runde im Rennen: Hamilton (McLaren-Mercedes): 1:34,302 = 196,526 km/h
Höchstgeschwindigkeiten (Freitag, Training): 1. Schumacher 308,0, 2. Rosberg 306,1, 3. Sutil 304,8, 4. Heidfeld 304,4, 5. Webber 303,2, 6. Petrov 303,0, 7. Alonso 301,9, 8. Hülkenberg 301,2, 9. Massa 301,0, 10. Pérez 300,4, 11. Di Resta 300,1, 12. Vettel 300,0, 13. Alguersuari 299,8, 14. Hamilton 299,8, 15. Kobayashi 296,3, 16. Button 296,1, 17. Kovalainen 295,9, 18. Karthikeyan 295,1, 19. Buemi 295,0, 20. D'Ambrosio 294,9, 21. Maldonado 293,4, 22. Barrichello 293,2, 23. Glock 293,0, 24. Ricciardo 292,5, 25. Liuzzi 290,9, 26. Chandhok 288,2
Höchstgeschwindigkeiten (Samstag, Qualifying): 1. Schumacher 310,4, 2. Rosberg 310,3, 3. Massa 309,8, 4. Di Resta 306,9, 5. Sutil 306,9, 6. Alonso 306,2, 7. Hamilton 305,8, 8. Alguersuari 305,7, 9. Petrov 305,5, 10. Heidfeld 305,3, 11. Button 304,6, 12. Maldonado 304,4, 13. Buemi 304,2, 14. Barrichello 303,8, 15. Pérez 303,4, 16. Glock 302,1, 17. D'Ambrosio 301,8, 18. Kobayashi 301,8, 19. Webber 299,1, 20. Vettel 298,9, 21. Kovalainen 298,2, 22. Chandhok 298,0, 23. Liuzzi 294,3, 24. Ricciardo 294,1
Höchstgeschwindigkeiten (Sonntag): 1. Schumacher 310,1, 2. Massa 308,4, 3. Di Resta 307,3, 4. Rosberg 307,2, 5. Sutil 306,9, 6. Petrov 305,5, 7. Alonso 305,3, 8. Button 304,8, 9. Heidfeld 304,7, 10. Maldonado 304,1, 11. Pérez 303,4, 12. Alguersuari 301,5, 13. Kobayashi 301,5, 14. Buemi 301,3, 15. Hamilton 300,6, 16. Webber 299,7, 17. Vettel 299,3, 18. Glock 298,6, 19. Chandhok 295,4, 20. Ricciardo 294,3, 21. Liuzzi 294,1, 22. Kovalainen 290,9, 23. D'Ambrosio 290,7, 24. Barrichello 288,3
Schnellste Runde jedes Fahrers im Rennen: 1. Hamilton 1:34,302 (59.), 2. Webber 1:34,468 (60.), 3. Vettel 1:34,587 (47.), 4. Massa 1:34,609 (51.), 5. Alonso 1:34,626 (60.), 6. Schumacher 1:35,628 (49.), 7. Rosberg 1:36,181 (51.), 8. Petrov 1:36,186 (50.), 9. Button 1:36,258 (33.), 10. Sutil 1:36,653 (57.), 11. Kobayashi 1:36,659 (50.), 12. Di Resta 1:36,715 (54.), 13. Pérez 1:37,033 (53.), 14. Alguersuari 1:37,415 (59.), 15. Maldonado 1:37,568 (50.), 16. Buemi 1:37,863 (48.), 17. Kovalainen 1:39,050 (54.), 18. Heidfeld 1:39,452 (7.), 19. Barrichello 1:39,679 (8.), 20. D'Ambrosio 1:39,787 (57.), 21. Glock 1:39,982 (57.), 22. Chandhok 1:40,435 (56.), 23. Ricciardo 1:40,489 (57.), 24. Liuzzi 1:40,683 (28.)
WM-Stand: 1. Vettel 216, 2. Webber 139, 3. Hamilton 134, 4. Alonso 130, 5. Button 109, 6. Massa 62, 7. Rosberg 46, 8. Heidfeld 34, 9. Petrov 32, 10. Schumacher 32, 11. Kobayashi 27, 12. Sutil 18, 13. Alguersuari 9, 14. Pérez 8, 15. Buemi 8, 16. Barrichello 4, 17. Di Resta 2
Konstrukteur-WM: 1. Red Bull-Renault 355, 2. McLaren-Mercedes 243, 3. Ferrari 192, 4. Mercedes 78, 5. Renault 66, 6. Sauber-Ferrari 35, 7. Force India-Mercedes 20, 8. Toro Rosso-Ferrari 17, 9. Williams-Cosworth 4

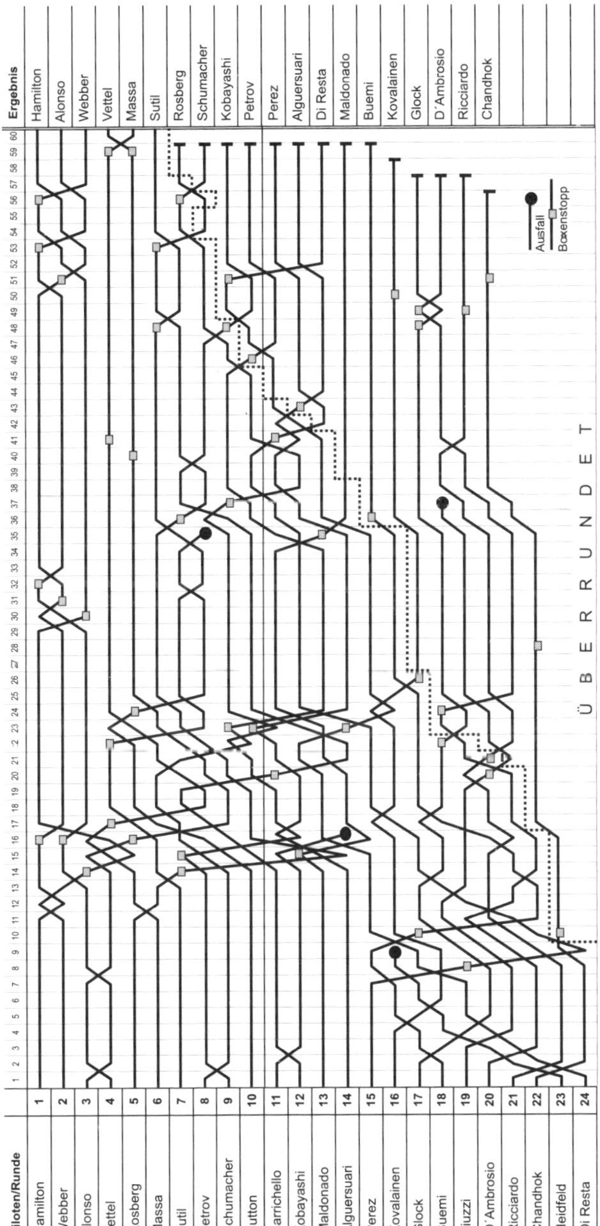
Piloten/Runde
Hamilton
Webber
Alonso
Vettel
Rosberg
Massa
Sutil
Petrov
Schumacher
Button
Barrichello
Kobayashi
Maldonado
Alguersuari
Perez
Kovalainen
Glock
Buemi
Liuzzi
D´Ambrosio
Ricciardo
Chandhok
Heidfeld
Di Resta
Ergebnis
Hamilton
Alonso
Webber
Vettel
Massa
Sutil
Rosberg
Schumacher
Kobayashi
Petrov
Perez
Alguersuari
Di Resta
Maldonado
Buemi
Kovalainen
Glock
D´Ambrosio
Ricciardo
Chandhok
Ausfall
Boxenstopp
ÜBERRUNDET

Lauf 11 - Großer Preis von Ungarn - Budapest, 31. Juli 2011

1. Training (Freitag Vormittag): 1. Hamilton 1:23,350, 2. Vettel 1:23,564, 3. Alonso 1:23,642, 4. Webber 1:23,666, 5. Button 1:23,772, 6. Massa 1:24,115, 7. Rosberg 1:24,250, 8. Schumacher 1:24,369, 9. Pérez 1:24,620, 10. Petrov 1:25,093, 11. Kobayashi 1:25,113, 12. Di Resta 1:25,336, 13. Hülkenberg 1:25,357, 14. Barrichello 1:25,836, 15. Senna 1:25,855, 16. Buemi 1:25,890, 17. Alguersuari 1:26,099, 18. Maldonado 1:26,124, 19. Kovalainen 1:26,878, 20. Trulli 1:27,352, 21. Glock 1:28,533, 22. D'Ambrosio 1:28,903, 23. Liuzzi 1:29,059, 24. Ricciardo 1:29,904

2. Training (Freitag Nachmittag): 1. Hamilton 1:21,018, 2. Alonso 1:21,259, 3. Button 1:21,322, 4. Webber 1:21,508, 5. Vettel 1:21,549, 6. Massa 1:22,099, 7. Rosberg 1:22,121, 8. Schumacher 1:22,440, 9. Di Resta 1:22,835, 10. Sutil 1:22,981, 11. Kobayashi 1:23,030, 12. Pérez 1:23,399, 13. Barrichello 1:23,679, 14. Heidfeld 1:23,861, 15. Maldonado 1:24,181, 16. Alguersuari 1:24,182, 17. Petrov 1:24,546, 18. Buemi 1:24,878, 19. Trulli 1:24,994, 20. Kovalainen 1:25,447, 21. Glock 1:26,823, 22. D'Ambrosio 1:27,261, 23. Ricciardo 1:27,730, 24. Liuzzi 1:28,255

3. Training (Samstag)		**Qualifying** (Samstag) **(1.Phase)**			**(2.Phase)**		**(3.Phase)**
1. Vettel	1:21,168	1. Alonso	1:21,578	1. Alonso	1:20,262	1. Vettel	1:19,815
2. Alonso	1:21,469	2. Hamilton	1:21,636	2. Button	1:20,578	2. Hamilton	1:19,978
3. Button	1:21,639	3. Vettel	1:21,740	3. Webber	1:20,890	3. Button	1:20,024
4. Webber	1:21,645	4. Button	1:22,038	4. Vettel	1:21,095	4. Massa	1:20,350
5. Massa	1:22,002	5. Massa	1:22,305	5. Massa	1:21,099	5. Alonso	1:20,365
6. Rosberg	1:22,534	6. Webber	1:22,208	6. Hamilton	1:21,105	6. Webber	1:20,474
7. Hamilton	1:22,667	7. Sutil	1:22,237	7. Rosberg	1:21,243	7. Rosberg	1:21,098
8. Schumacher	1:23,037	8. Schumacher	1:22,876	8. Schumacher	1:21,852	8. Sutil	1:21,445
9. Petrov	1:23,175	9. Di Resta	1:22,976	9. Sutil	1:22,000	9. Schumacher	1:21,907
10. Di Resta	1:23,276	10. Rosberg	1:22,996	10. Pérez	1:22,157	10. Pérez	-:--
11. Heidfeld	1:23,281	11. Heidfeld	1:23,024	11. Di Resta	1:22,256		
12. Pérez	1:23,375	12. Pérez	1:23,067	12. Petrov	1:22,284		
13. Kobayashi	1:23,626	13. Petrov	1:23,070	13. Kobayashi	1:22,435		
14. Barrichello	1:23,663	14. Barrichello	1:23,075	14. Heidfeld	1:22,470		
15. Maldonado	1:23,894	15. Kobayashi	1:23,278	15. Barrichello	1:22,684		
16. Sutil	1:23,966	16. Alguersuari	1:23,285	16. Alguersuari	1:22,979		
17. Alguersuari	1:23,998	17. Maldonado	1:23,847	17. Maldonado	-:--		
18. Buemi	1:25,061	18. Buemi	1:24,070				
19. Trulli	1:25,141	19. Kovalainen	1:24,362				
20. Kovalainen	1:25,501	20. Trulli	1:24,534				
21. D'Ambrosio	1:26,955	21. Glock	1:26,294				
22. Ricciardo	1:26,991	22. Liuzzi	1:26,323				
23. Glock	1:27,174	23. Ricciardo	1:26,479				
24. Liuzzi	1:27,713	24. D'Ambrosio	1:26,510				

Startaufstellung: Zuerst die Piloten 1 bis 10 aus der dritten Qualifying-Phase, danach die Piloten 11-17 aus der zweiten Qualifying-Phase, dahinter die Piloten 18-24 aus der ersten Qualifying-Phase - inklusive Strafversetzungen:

1. Sebastian Vettel
Red Bull-Renault RB7 V8
1:19,815

2. Lewis Hamilton
McLaren-Mercedes MP4/26 V8
1:19,978

3. Jenson Button
McLaren-Mercedes MP4/26 V8
1:20,024

4. Felipe Massa
Ferrari 150° Italia V8
1:20,350

5. Fernando Alonso
Ferrari 150° Italia V8
1:20,365

6. Mark Webber
Red Bull-Renault RB7 V8
1:20,474

7. Nico Rosberg
Mercedes MGP W02
1:21,098

8. Adrian Sutil
Force India-Mercedes VJM04 V8
1:21,445

9. Michael Schumacher
Mercedes MGP W02
1:21,907

10. Sergio Pérez
Sauber-Ferrari C30 V8
keine Zeit

11. Paul Di Resta
Force India-Mercedes VJM04 V8
1:22,256

12. Vitaly Petrov
Renault R31 V8
1:22,284

13. Kamui Kobayashi
Sauber-Ferrari C30 V8
1:22,435

14. Nick Heidfeld
Renault R31 V8
1:22,470

15. Rubens Barrichello
Williams-Cosworth FW33 V8
1:22,684

16. Jaime Alguersuari
Toro Rosso-Ferrari STR6 V8
1:22,979

17. Pastor Maldonado
Williams-Cosworth FW33 V8
keine Zeit

18. Heikki Kovalainen
Lotus-Renault T128 V8
1:24,362

19. Jarno Trulli
Lotus-Renault T128 V8
1:24,534

20. Timo Glock
Virgin-Cosworth MVR-02 V8
1:26,294

21. Vitantonio Liuzzi
HRT-Cosworth HRT F111 V8
1:26,323

22. Daniel Ricciardo
HRT-Cosworth HRT F111 V8
1:26,479

23. Sébastien Buemi
Toro Rosso-Ferrari STR6 V8
1:24,070

24. Jérôme D'Ambrosio
Virgin-Cosworth MVR-02 V8
1:26,510

Buemi wird wegen Abdrängens von Heidfeld beim vorigen Grand Prix um fünf Startpositionen strafversetzt

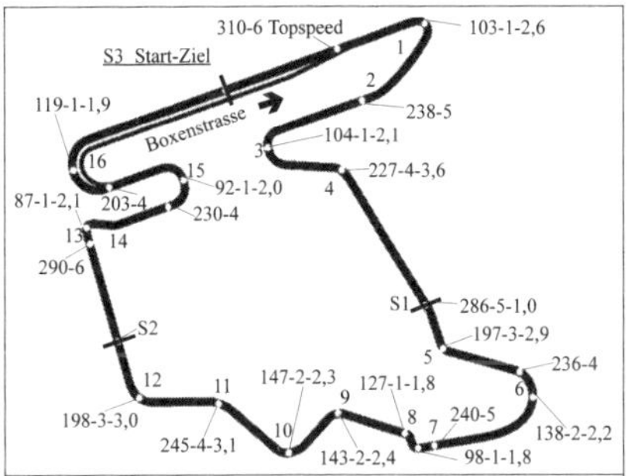

Legende: 132-2-2,1 = 132 km/h-2. Gang-2,1 Gravitation

Wetter am Renntag: Regnerisch mit Unterbrechnungen,
18° Lufttemperatur, 19° Asphalttemperatur,
79-78 % Lufttfeuchtigkeit, 65.000 Zuschauer am Renntag

Distanz: 70 Runden à 4,381 km = 306,630 km
Ziellinie 0,040 km hinter der Startlinie

Sieger 2010: Webber (Red Bull-Renault),
1.41:05,571 = 181,989 km/h

Poleposition 2010: Vettel (Red Bull-Renault),
1:18,773 = 200,215 km/h

Schnellste Runde 2010: Vettel (Red Bull-Renault),
1:22,362 = 191,491 km/h

Boxenstopps:

Webber:	10. Runde: Reifenwechsel von Intermediates auf superweich in 3,7 sec., total 20,8 sec., Platz 6-11
Massa:	10. Runde: Reifenwechsel von Intermediates auf superweich in 4,2 sec., total 22,2 sec., Platz 9-17
Petrov:	10. Runde: Reifenwechsel von Intermediates auf superweich in total 25,5 sec., Platz 13-20
Barrichello:	10. Runde: Reifenwechsel von Intermediates auf superweich in total 22,6 sec., Platz 14-19
Button:	11. Runde: Reifenwechsel von Intermediates auf superweich in 4,4 sec., total 21,7 sec., Platz 4-6
Di Resta:	11. Runde: Reifenwechsel von Intermediates auf superweich in total 22,2 sec., Platz 7-11
Maldonado:	11. Runde: Reifenwechsel von Intermediates auf superweich in total 23,3 sec., Platz 12-19
Heidfeld:	11. Runde: Reifenwechsel von Intermediates auf superweich in total 21,3 sec., Platz 16-20
Glock:	11. Runde: Reifenwechsel von Intermediates auf superweich in total 22,2 sec., Platz 21-22
D'Ambrosio:	11. Runde: Reifenwechsel von Intermediates auf superweich in total 25,3 sec., Platz 23-24
Hamilton:	12. Runde: Reifenwechsel von Intermediates auf superweich in 4,1 sec., total 21,8 sec., Platz 1
Vettel:	12. Runde: Reifenwechsel von Intermediates auf superweich in 3,5 sec., total 20,6 sec., Platz 2-3
Alonso:	12. Runde: Reifenwechsel von Intermediates auf superweich in 5,6 sec., total 22,8 sec., Platz 3-5
Rosberg:	12. Runde: Reifenwechsel von Intermediates auf superweich in total 20,7 sec., Platz 4-7
Kobayashi:	12. Runde: Reifenwechsel von Intermediates auf weich in total 23,7 sec., Platz 7-11
Buemi:	12. Runde: Reifenwechsel von Intermediates auf superweich in total 22,3 sec., Platz 10-15
Kovalainen:	12. Runde: Reifenwechsel von Intermediates auf superweich in total 22,7 sec., Platz 12-17
Sutil:	12. Runde: Reifenwechsel von Intermediates auf superweich in total 21,9 sec., Platz 14-19
Pérez:	12. Runde: Reifenwechsel von Intermediates auf superweich in total 22,2 sec., Platz 15-20
Liuzzi:	12. Runde: Reifenwechsel von Intermediates auf superweich in total 23,6 sec., Platz 23-24
Schumacher:	13. Runde: Reifenwechsel von Intermediates auf superweich in total 21,9 sec., Platz 2-8
Alguersuari:	13. Runde: Reifenwechsel von Intermediates auf superweich in total 23,7 sec., Platz 9-15
Trulli:	13. Runde: Reifenwechsel von Intermediates auf superweich in total 23,1 sec., Platz 16-21
Ricciardo:	13. Runde: Reifenwechsel von Intermediates auf superweich in total 22,8 sec., Platz 21-23
Maldonado:	16. Runde: 2. Stopp, Drive-Through-Strafe wegen überhöhter Geschwindigkeit in der Boxengasse, verliert total 13,1 sec., Platz 15-17
Heidfeld:	23. Runde: 2. Stopp, Reifenwechsel (hi. li. klemmt die Radmutter), Feuer bei der Ausfahrt, von superweich auf weich, verliert total 25,4 sec., Platz 9
Barrichello:	24. Runde: 2. Stopp, Reifenwechsel von superweich auf superweich in total 22,2 sec., Platz 12-13
Alguersuari:	24. Runde: 2. Stopp, Reifenwechsel von superweich auf weich in total 22,5 sec., Platz 13-14
Kovalainen:	24. Runde: 2. Stopp, Reifenwechsel von superweich auf superweich in total 22,1 sec., Platz 17
Pérez:	24. Runde: 2. Stopp, Reifenwechsel von superweich auf superweich in total 20,5 sec., Platz 18
Webber:	25. Runde: 2. Stopp, Reifenwechsel von superweich auf superweich in total 20,0 sec., Platz 4
Alonso:	25. Runde: 2. Stopp, Reifenwechsel von superweich auf superweich in total 23,2 sec., Platz 5
Massa:	25. Runde: 2. Stopp, Reifenwechsel von superweich auf superweich in total 21,1 sec., Platz 9-10
Petrov:	25. Runde: 2. Stopp, Reifenwechsel von superweich auf weich in total 24,1 sec., Platz 11-13
Buemi:	25. Runde: 2. Stopp, Reifenwechsel von superweich auf weich in total 21,4 sec., Platz 12-14
Hamilton:	26. Runde: 2. Stopp, Reifenwechsel von superweich auf superweich in total 20,8 sec., Platz 1-3
Schumacher:	26. Runde: 2. Stopp, Reifenwechsel von superweich auf weich in total 20,0 sec., Platz 8
Liuzzi:	25. Runde: 2. Stopp, Reifenwechsel von superweich auf superweich in total 22,5 sec., Platz 22
Sutil:	26. Runde: 2. Stopp, Reifenwechsel von superweich auf weich in total 20,5 sec., Platz 15
Button:	27. Runde: 2. Stopp, Reifenwechsel von superweich auf superweich in 4,2 sec., total 21,0 sec., Platz 1-3
Rosberg:	27. Runde: 2. Stopp, Reifenwechsel von superweich auf weich in total 19,9 sec., Platz 6-8
Di Resta:	27. Runde: 2. Stopp, Reifenwechsel von superweich auf superweich in total 20,8 sec., Platz 7-9
Vettel:	28. Runde: 2. Stopp, Reifenwechsel von superweich auf superweich in total 20,6 sec., Platz 1-3
Maldonado:	28. Runde: 3. Stopp, Reifenwechsel von superweich auf superweich in total 21,4 sec., Platz 14-16
Glock:	28. Runde: 2. Stopp, Reifenwechsel von superweich auf weich in total 20,6 sec., Platz 18
Ricciardo:	28. Runde: 2. Stopp, Reifenwechsel von superweich auf superweich in total 23,5 sec., Platz 20
D'Ambrosio:	29. Runde: 2. Stopp, Reifenwechsel von superweich auf weich in total 20,9 sec., Platz 19
Pérez:	32. Runde: 3. Stopp, Drive-Through-Strafe wegen Überholens unter gelber Flagge, verliert total 13,2 sec., Platz 16
Kobayashi:	34. Runde: 2. Stopp, Reifenwechsel von weich auf superweich in total 22,8 sec., Platz 8-13
Alonso:	36. Runde: 3. Stopp, Reifenwechsel von superweich auf superweich in 3,8 sec., total 19,9 sec., Platz 5
Barrichello:	37. Runde: 3. Stopp, Reifenwechsel von superweich auf weich in total 20,5 sec., Platz 12-13
Webber:	39. Runde: 3. Stopp, Reifenwechsel von superweich auf weich in 4,2 sec., total 20,6 sec., Platz 4-5
Liuzzi:	37. Runde: 3. Stopp, Reifenwechsel von superweich auf weich in total 27,8 sec., Platz 21
Hamilton:	40. Runde: 3. Stopp, Reifenwechsel von superweich auf superweich in 3,9 sec., total 20,8 sec., Platz 1-3
Massa:	40. Runde: 3. Stopp, Reifenwechsel von superweich auf superweich in total 22,4 sec., Platz 7-9
Vettel:	41. Runde: 3. Stopp, Reifenwechsel von superweich auf weich in 3,1 sec., total 19,6 sec., Platz 2-4
Button:	42. Runde: 3. Stopp, Reifenwechsel von superweich auf weich in 3,4 sec., total 20,0 sec., Platz 1-2
Di Resta:	42. Runde: 3. Stopp, Reifenwechsel von superweich auf weich in total 20,9 sec., Platz 9-13
Buemi:	43. Runde: 3. Stopp, Reifenwechsel von weich auf weich in total 20,3 sec., Platz 10-13
Kovalainen:	43. Runde: 3. Stopp, Reifenwechsel von superweich auf weich in total 20,9 sec., Platz 17
Pérez:	44. Runde: 4. Stopp, Reifenwechsel von superweich auf weich in total 20,9 sec., Platz 16
Ricciardo:	43. Runde: 3. Stopp, Reifenwechsel von superweich auf weich in total 21,6 sec., Platz 20-21
Alonso:	47. Runde: 4. Stopp, Reifenwechsel von superweich auf weich in 3,5 sec., total 20,1 sec., Platz 4-5
Alguersuari:	47. Runde: 3. Stopp, Reifenwechsel von weich auf weich in total 21,3 sec., Platz 8-10

D'Ambrosio:	47. Runde: 3. Stopp, Dreht sich beim Versuch vor der Garage zu halten, Reifenwechsel von weich auf Intermediates, verliert total 49,8 sec., Platz 19
Rosberg:	50. Runde: 3. Stopp, Reifenwechsel von weich auf Intermediates in total 20,5 sec., Platz 7
Webber:	51. Runde: 4. Stopp, Reifenwechsel von weich auf Intermediates in 4,1 sec., total 21,1 sec., Platz 4-5
Petrov:	50. Runde: 3. Stopp, Reifenwechsel von weich auf Intermediates in total 21,3 sec., Platz 12
Barrichello:	50. Runde: 4. Stopp, Reifenwechsel von weich auf Intermediates in total 31,5 sec., Platz 13
Kovalainen:	49. Runde: 4. Stopp, Reifenwechsel von weich auf Intermediates in total 22,3 sec., Platz 17
Sutil:	50. Runde: 3. Stopp, Reifenwechsel von weich auf Intermediates in total 21,7 sec., Platz 14
Liuzzi:	48. Runde: 4. Stopp, Reifenwechsel von weich auf Intermediates in total 23,0 sec., Platz 21
Maldonado:	50. Runde: 4. Stopp, Reifenwechsel von superweich auf Intermediates in total 23,0 sec., Platz 15
Hamilton:	52. Runde: 4. Stopp, Reifenwechsel von superweich auf Intermediates in 4,4 sec., total 20,8 sec., Platz 2-3
Webber:	53. Runde: 5. Stopp, Reifenwechsel von Intermediates auf weich in 3,7 sec., total 20,7 sec., Platz 4-5
Barrichello:	52. Runde: 5. Stopp, Reifenwechsel von Intermediates auf weich in total 25,5 sec., Platz 13
Hamilton:	54. Runde: 5. Stopp, Reifenwechsel von Intermediates auf weich in 3,5 sec., total 21,6 sec., Platz 2-3
Petrov:	53. Runde: 4. Stopp, Reifenwechsel von Intermediates auf weich in total 21,6 sec., Platz 12
Kovalainen:	52. Runde: 5. Stopp, Reifenwechsel von Intermediates auf superweich in total 21,7 sec., Platz 17
Sutil:	53. Runde: 4. Stopp, Reifenwechsel von Intermediates auf superweich in total 21,5 sec., Platz 13-14
D'Ambrosio:	51. Runde: 4. Stopp, Reifenwechsel von Intermediates auf weich in total 22,4 sec., Platz 20
Rosberg:	54. Runde: 4. Stopp, Reifenwechsel von Intermediates auf weich in total 23,2 sec., Platz 8-11
Maldonado:	53. Runde: 5. Stopp, Reifenwechsel von Intermediates auf superweich in total 22,8 sec., Platz 15-16
Liuzzi:	51. Runde: 5. Stopp, Reifenwechsel von Intermediates auf superweich in total 22,4 sec., Platz 21
Glock:	53. Runde: 3. Stopp, Reifenwechsel von weich auf weich in total 20,9 sec., Platz 18
Hamilton:	56. Runde: 6. Stopp, Drive-Through-Strafe wegen gefährlichen Wendens auf der Strecke (Di Resta muss ins Gras ausweichen), verliert total 13,1 sec., Platz 4-6
Massa:	58. Runde: 4. Stopp, Reifenwechsel von superweich auf weich in 4,1 sec., total 21,1 sec., Platz 6
Kobayashi:	62. Runde: 3. Stopp, Reifenwechsel von superweich auf superweich in total 21,2 sec., Platz 11

Ausfälle:

Trulli:	18. Runde: Ölleck, Platz 21
Heidfeld:	24. Runde: Feuer, Platz 19
Schumacher:	27. Runde: Getriebedefekt, Platz 8
Kovalainen:	56. Runde: Wasserleck, Platz 17

Stand nach der 1. Runde:

1. Vettel, 2. Hamilton, 3. Button, 4. Rosberg, 5. Alonso, 6. Schumacher, 7. Massa, 8. Webber, 9. Di Resta, 10. Kobayashi

Ergebnis:

1. Jenson Button (England) McLaren-Mercedes	1.46:42,337 = 172,416 km/h	
2. Sebastian Vettel (Deutschland) Red Bull-Renault	1.46:45,925 = 172,319 km/h	3,588 zurück
3. Fernando Alonso (Spanien) Ferrari	1.47:02,156 = 171,884 km/h	19,819 zurück
4. Lewis Hamilton (England) McLaren-Mercedes	1.47:30,675 = 171,124 km/h	48,338 zurück
5. Mark Webber (Australien) Red Bull-Renault	1.47:32,079 = 171,087 km/h	49,742 zurück
6. Felipe Massa (Brasilien) Ferrari	1.48:05,513 = 170,205 km/h	83,176 zurück
7. Paul Di Resta (Schottland) Force India-Mercedes	1.47:33,222 = 168,612 km/h	1 Runde zurück
8. Sébastien Buemi (Schweiz) Toro Rosso-Ferrari	1.47:34,154 = 168,588 km/h	1 Runde zurück
9. Nico Rosberg (Deutschland) Mercedes	1.47:34,736 = 168,573 km/h	1 Runde zurück
10. Jaime Alguersuari (Spanien) Toro Rosso-Ferrari	1.47:41,807 = 168,388 km/h	1 Runde zurück
11. Kamui Kobayashi (Japan) Sauber-Ferrari	1.48:01,397 = 167,879 km/h	1 Runde zurück
12. Vitaly Petrov (Russland) Renault	1.48:03,493 = 167,825 km/h	1 Runde zurück
13. Rubens Barrichello (Brasilien) Williams-Cosworth	1.47:03,295 = 166,943 km/h	2 Runden zurück
14. Adrian Sutil (Deutschland) Force India-Mercedes	1.47:39,661 = 166,003 km/h	2 Runden zurück
15. Sergio Pérez (Mexiko) Sauber-Ferrari	1.47:42,320 = 165,934 km/h	2 Runden zurück
16. Pastor Maldonado (Venezuela) Williams-Cosworth	1.47:50,742 = 165,718 km/h	2 Runden zurück
17. Timo Glock (Deutschland) Virgin-Cosworth	1.46:58,179 = 162,161 km/h	4 Runden zurück
18. Daniel Ricciardo (Australien) HRT-Cosworth	1.47:37,531 = 161,173 km/h	4 Runden zurück
19. Jérôme D'Ambrosio (Belgien) Virgin-Cosworth	1.46:59,876 = 159,661 km/h	5 Runden zurück
20. Vitantonio Liuzzi (Italien) HRT-Cosworth	1.47:19,517 = 159,174 km/h	5 Runden zurück

Schnellste Runde im Qualifying: Vettel (Red Bull-Renault): 1:19,815 = 197,601 km/h (erzielt in Phase 3)
Schnellste Runde im Rennen: Massa (Ferrari): 1:23,415 = 189,073 km/h

Höchstgeschwindigkeiten (Freitag, Training): 1. Kobayashi 299,3, 2. Schumacher 299,2, 3. Rosberg 296,1, 4. Hamilton 295,9, 5. Sutil 295,5, 6. Massa 294,5, 7. Petrov 294,1, 8. Heidfeld 293,9, 9. Vettel 293,8, 10. Alonso 293,2, 11. Di Resta 291,1, 12. Button 291,0, 13. Webber 290,0, 14. Barrichello 289,3, 15. Senna 289,1, 16. Hülkenberg 289,0, 17. Pérez 288,6, 18. Buemi 288,3, 19. Maldonado 287,4, 20. D'Ambrosio 287,3, 21. Glock 286,0, 22. Alguersuari 285,0, 23. Liuzzi 284,8, 24. Ricciardo 283,9, 25. Trulli 283,5, 26. Kovalainen 283,3

Höchstgeschwindigkeiten (Samstag, Qualifying): 1. Schumacher 300,5, 2. Rosberg 298,3, 3. Alonso 298,0, 4. Sutil 296,6, 5. Heidfeld 296,6, 6. Massa 296,0, 7. Kobayashi 295,4, 8. Webber 295,1, 9. Button 293,6, 10. Barrichello 293,1, 11. Vettel 292,2, 12. Di Resta 291,9, 13. Petrov 291,9, 14. Maldonado 291,3, 15. Pérez 291,1, 16. Hamilton 289,7, 17. Ricciardo 289,3, 18. Buemi 288,6, 19. Alguersuari 287,9, 20. Glock 286,5, 21. D'Ambrosio 285,8, 22. Liuzzi 284,9, 23. Kovalainen 284,2, 24. Trulli 282,4,

Höchstgeschwindigkeiten (Sonntag): 1. Pérez 302,4, 2. Massa 300,5, 3. Di Resta 300,0, 4. Rosberg 299,8, 5. Alonso 298,0, 6. Barrichello 297,9, 7. Maldonado 297,0, 8. Button 296,4, 9. Heidfeld 296,2, 10. Sutil 295,9, 11. Kobayashi 295,5, 12. Petrov 295,4, 13. Webber 295,2, 14. Alguersuari 294,8, 15. Hamilton 294,7, 16. Vettel 294,6, 17. Buemi 294,5, 18. Glock 286,6, 19. Schumacher 286,2, 20. Ricciardo 285,9, 21. Liuzzi 285,1, 22. Kovalainen 284,9, 23. D'Ambrosio 284,8, 24. Trulli 279,8

Schnellste Runde jedes Fahrers im Rennen: 1. Massa 1:23,415 (61.), 2. Hamilton 1:23,661 (61.), 3. Alonso 1:23,711 (62.), 4. Webber 1:23,718 (61.), 5. Vettel 1:23,875 (70.), 6. Button 1:23,937 (58.), 7. Kobayashi 1:24,664 (65.), 8. Petrov 1:24,664 (68.), 9. Rosberg 1:24,857 (64.), 10. Pérez 1:24,999 (67.), 11. Barrichello 1:25,018 (65.), 12. Sutil 1:25,579 (66.), 13. Maldonado 1:25,724 (56.), 14. Di Resta 1:25,935 (65.), 15. Buemi 1:25,977 (65.), 16. Alguersuari 1:26,025 (68.), 17. Kovalainen 1:27,149 (54.), 18. Glock 1:28,022 (59.), 19. Ricciardo 1:28,876 (62.), 20. D'Ambrosio 1:29,068 (58.), 21. Liuzzi 1:29,208 (53.), 22. Schumacher 1:29,781 (19.), 23. Heidfeld 1:30,826 (19.), 24. Trulli 1:35,252 (16.)

WM-Stand: 1. Vettel 234, 2. Webber 149, 3. Hamilton 146, 4. Alonso 145, 5. Button 134, 6. Massa 70, 7. Rosberg 48, 8. Heidfeld 34, 9. Petrov 32, 10. Schumacher 32, 11. Kobayashi 27, 12. Sutil 18, 13. Buemi 12, 14. Alguersuari 10, 15. Pérez 8, 16. Di Resta 8, 17. Barrichello 4

Konstrukteur-WM: 1. Red Bull-Renault 383, 2. McLaren-Mercedes 280, 3. Ferrari 215, 4. Mercedes 80, 5. Renault 66, 6. Sauber-Ferrari 35, 7. Force India-Mercedes 26, 8. Toro Rosso-Ferrari 22, 9. Williams-Cosworth 4

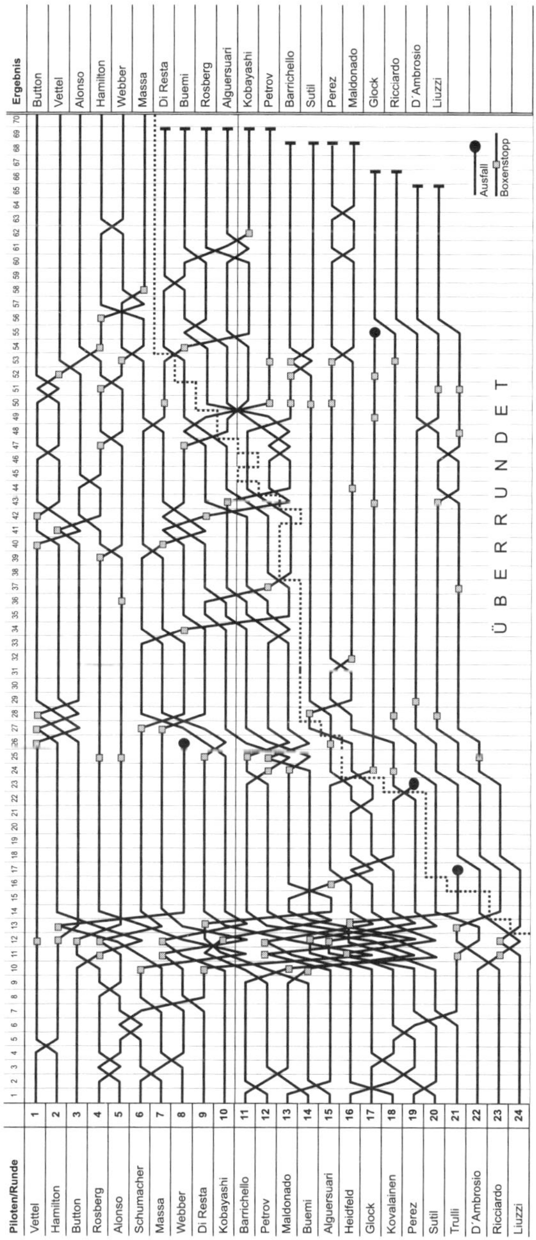
Piloten/Runde
Vettel
Hamilton
Button
Rosberg
Alonso
Schumacher
Massa
Webber
Di Resta
Kobayashi
Barrichello
Petrov
Maldonado
Buemi
Alguersuari
Heidfeld
Glock
Kovalainen
Perez
Sutil
Trulli
D´Ambrosio
Ricciardo
Liuzzi
1
2
3
4
5
6
7
8
9
10
11
12
13
14
15
16
17
18
19
20
21
22
23
24
Ergebnis
Button
Vettel
Alonso
Hamilton
Webber
Massa
Di Resta
Buemi
Rosberg
Alguersuari
Kobayashi
Petrov
Barrichello
Sutil
Perez
Maldonado
Glock
Ricciardo
D´Ambrosio
Liuzzi
Ausfall
Boxenstopp
Ü B E R R U N D E T

Lauf 12 - Großer Preis von Belgien - Spa Francorchamps, 28. August 2011

1. Training (Freitag Vormittag): 1. Schumacher 1:54,355, 2. Rosberg 1:54,829, 3. Button 2:02,740, 4. Vettel 2:03,752, 5. Hamilton 2:04,301, 6. Sutil 2:04,663, 7. Massa 2:04,728, 8. Barrichello 2:05,391, 9. Alguersuari 2:06,583, 10. Kobayashi 2:06,886, 11. Alonso 2:07,055, 12. Pérez 2:07,481, 13. Trulli 2:08,233, 14. Buemi 2:08,239, 15. Maldonado 2:08,918, 16. Webber 2:09,792, 17. Glock 2:12,278, 18. Liuzzi 2:12,389, 19. D'Ambrosio 2:12,772, 20. Di Resta 2:13,058, 21. Chandhok 2:13,090, 22. Petrov 2:13,601, 23. Senna 2:14,340, 24. Ricciardo 2:14,933

2. Training (Freitag Nachmittag): 1. Webber 1:50,321, 2. Alonso 1:50,461, 3. Button 1:50,770, 4. Hamilton 1:50,838, 5. Massa 1:51,218, 6. Rosberg 1:51,242, 7. Pérez 1:51,655, 8. Hülkenberg 1:51,725, 9. Di Resta 1:51,751, 10. Vettel 1:51,790, 11. Schumacher 1:51,922, 12. Maldonado 1:52,750, 13. Kobayashi 1:52,780, 14. Alguersuari 1:52,911, 15. Buemi 1:53,009, 16. Barrichello 1:53,156, 17. Senna 1:53,835, 18. Trulli 1:55,051, 19. Glock 1:55,494, 20. Kovalainen 1:56,202, 21. D'Ambrosio 1:56,816, 22. Liuzzi 1:57,450, 23. Ricciardo 1:57,612, 24. Petrov 2:02,234

3. Training (Samstag)		**Qualifying** (Samstag) **(1.Phase)**			**(2.Phase)**		**(3.Phase)**
1. Webber	2:08,988	1. Button	2:01,813	1. Alonso	2:02,768	1. Vettel	1:48,298
2. Hamilton	2:09,046	2. Webber	2:02,827	2. Hamilton	2:02,823	2. Hamilton	1:48,730
3. Alguersuari	2:09,931	3. Hamilton	2:03,008	3. Webber	2:03,302	3. Webber	1:49,376
4. Button	2:10,257	4. Vettel	2:03,029	4. Vettel	2:03,317	4. Massa	1:50,256
5. Vettel	2:10,402	5. Alonso	2:04,450	5. Petrov	2:03,466	5. Rosberg	1:50,552
6. Buemi	2:10,580	6. Buemi	2:04,744	6. Rosberg	2:03,723	6. Alguersuari	1:50,773
7. Rosberg	2:10,837	7. Senna	2:05,047	7. Senna	2:04,452	7. Senna	1:51,121
8. Sutil	2:11,437	8. Rosberg	2:05,091	8. Massa	2:04,507	8. Alonso	1:51,251
9. Senna	2:11,664	9. Petrov	2:05,292	9. Alguersuari	2:04,561	9. Pérez	1:51,374
10. Schumacher	2:11,667	10. Alguersuari	2:05,419	10. Pérez	2:04,625	10. Petrov	1:52,303
11. Di Resta	2:11,874	11. Maldonado	2:05,621	11. Buemi	2:04,692		
12. Kovalainen	2:13,036	12. Barrichello	2:05,720	12. Kobayashi	2:04,757		
13. Maldonado	2:13,074	13. Massa	2:05,834	13. Button	2:05,150		
14. Kobayashi	2:13,182	14. Sutil	2:06,000	14. Barrichello	2:07,349		
15. Petrov	2:13,290	15. Pérez	2:06,284	15. Sutil	2:07,777		
16. Barrichello	2:13,778	16. Kovalainen	2:06,780	16. Maldonado	2:08,106		
17. Pérez	2:14,334	17. Kobayashi	2:07,194	17. Kovalainen	2:08,354		
18. Trulli	2:14,682	18. Di Resta	2:07,758				
19. D'Ambrosio	2:17,159	19. Trulli	2:08,773				
20. Glock	2:18,039	20. Glock	2:09,566				
21. Ricciardo	2:19,001	21. D'Ambrosio	2:11,601				
22. Liuzzi	2:19,597	22. Liuzzi	2:11,616				
23. Massa	2:22,454	23. Ricciardo	2:13,077				
24. Alonso	-,--	24. Schumacher	-:--				

Startaufstellung: Zuerst die Piloten 1 bis 10 aus der dritten Qualifying-Phase, danach die Piloten 11-17 aus der zweiten Qualifying-Phase, dahinter die Piloten 18-24 aus der ersten Qualifying-Phase - inklusive Strafversetzungen:

1. Sebastian Vettel
Red Bull-Renault RB7 V8
1:48,298

2. Lewis Hamilton
McLaren-Mercedes MP4/26 V8
1:48,730

3. Mark Webber
Red Bull-Renault RB7 V8
1:49,376

4. Felipe Massa
Ferrari 150° Italia V8
1:50,256

5. Nico Rosberg
Mercedes MGP W02
1:50,552

6. Jaime Alguersuari
Toro Rosso-Ferrari STR6 V8
1:50,773

7. Bruno Senna
Renault R31 V8
1:51,121

8. Fernando Alonso
Ferrari 150° Italia V8
1:51,251

9. Sergio Pérez
Sauber-Ferrari C30 V8
1:51,374

10. Vitaly Petrov
Renault R31 V8
1:52,303

11. Sébastien Buemi
Toro Rosso-Ferrari STR6 V8
2:04,692

12. Kamui Kobayashi
Sauber-Ferrari C30 V8
2:04,757

13. Jenson Button
McLaren-Mercedes MP4/26 V8
2:05,150

14. Rubens Barrichello
Williams-Cosworth FW33 V8
2:07,349

15. Adrian Sutil
Force India-Mercedes VJM04 V8
2:07,777

16. Heikki Kovalainen
Lotus-Renault T128 V8
2:08,354

17. Paul Di Resta
Force India-Mercedes VJM04 V8
2:07,758

18. Jarno Trulli
Lotus-Renault T128 V8
2:08,773

19. Timo Glock
Virgin-Cosworth MVR-02 V8
2:09,566

20. Jérôme D'Ambrosio
Virgin-Cosworth MVR-02 V8
2:11,601

21. Pastor Maldonado
Williams-Cosworth FW33 V8
2:08,106

22. Vitantonio Liuzzi
HRT-Cosworth HRT F111 V8
2:11,616

23. Daniel Ricciardo
HRT-Cosworth HRT F111 V8
2:13,077

24. Michael Schumacher
Mercedes MGP W02
keine Zeit

Maldonado wird wegen eines absichtlichen Remplers gegen Hamilton um 5 Plätze nach hinten versetzt

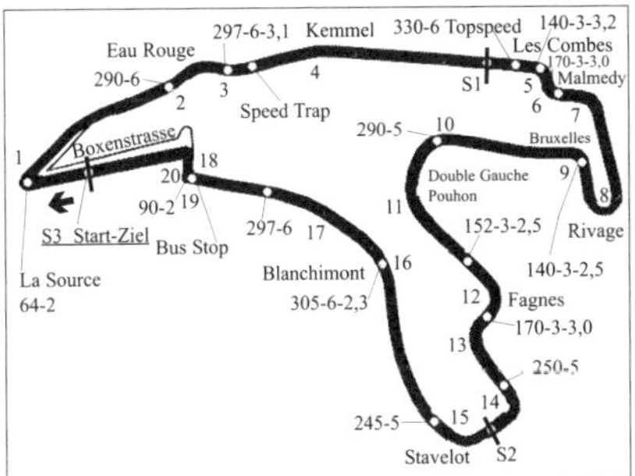

Wetter am Renntag: Bewölkt und trocken, 16-17 Lufttemperatur, 24-26 Asphalttemperatur, 59-50 % Luftfeuchtigkeit, 55.000 Zuschauer am Renntag

Distanz: 44 Runden à 7,004 km = 308,052 km
Ziellinie 0,124 km hinter der Startlinie

Sieger 2010: Hamilton (McLaren-Mercedes), 1.29:04,268 = 207,509 km/h

Poleposition 2010: Webber (Red Bull-Renault), 1:45,778 = 238,370 km/h

Schnellste Runde 2010: Hamilton (McLaren-Mercedes), 1:49,069 = 231,178 km/h

Boxenstopps:

Glock: 1. Runde: Reparatur und Reifenwechsel nach Kontakt mit Sutil von weich auf weich, verliert total 35,0 sec., Platz 20-21
Senna: 1. Runde: Reifenwechsel nach Kontakt mit Alguersuari von weich auf weich, verliert total 30,7 sec., Platz 22
Kovalainen: 1. Runde: Neue Nase und Reifenwechsel nach Kontakt mit Trulli von weich auf weich, verliert total 28,5 sec., Platz 23
Webber: 3. Runde: Reifenwechsel von weich auf medium in 3,7 sec., total 21,0 sec., Platz 11-15
Button: 3. Runde: Neue Nase und Reifenwechsel nach Kontakt von medium auf weich, verliert total 26,0 sec., Platz 15-19
Schumacher: 4. Runde: Reifenwechsel von medium auf weich in total 20,1 sec., Platz 14-15
Vettel: 5. Runde: Reifenwechsel von weich auf weich in 3,6 sec., total 20,8 sec., Platz 1-7
Pérez: 5. Runde: Reifenwechsel von weich auf weich in total 26,0 sec., Platz 14-20
Glock: 6. Runde: 2. Stopp, Drive-Through-Strafe wegen Verursachen einer vermeidbaren Kollision mit Sutil, verliert total 13,9 sec., Platz 23
Alonso: 8. Runde: Reifenwechsel von weich auf weich in 3,7 sec., total 20,9 sec., Platz 2-9
Senna: 8. Runde: 2. Stopp, Drive-Through-Strafe wegen Verursachen einer vermeidbaren Kollision mit Alguersuari, verliert total 13,9 sec., Platz 20
Massa: 9. Runde: Reifenwechsel von weich auf weich in total 22,2 sec., Platz 4-13
Hamilton: 10. Runde: Reifenwechsel von weich auf weich in 5,0 sec., total 21,8 sec., Platz 1-8
Rosberg: 11. Runde: Reifenwechsel von weich auf weich in 5,9 sec., total 23,0 sec., Platz 3-13
Liuzzi: 11. Runde: Reifenwechsel von weich auf weich in total 21,7 sec., Platz 19-20
Petrov: 12. Runde: Reifenwechsel von weich auf weich in total 21,3 sec., Platz 7-10
Maldonado: 12. Runde: Reifenwechsel von weich auf weich in total 21,4 sec., Platz 14
Vettel: 13. Runde: 2. Stopp, Reifenwechsel von weich auf weich in 4,3 sec., total 21,4 sec., Platz 1-3
Sutil: 13. Runde: Reifenwechsel von weich auf weich in total 22,7 sec., Platz 4-7
Barrichello: 13. Runde: Reifenwechsel von weich auf weich in total 21,8 sec., Platz 9-12
Schumacher: 13. Runde: 2. Stopp, Reifenwechsel von weich auf weich in 3,4 sec., total 20,2 sec., Platz 10-11
Button: 13. Runde: 2. Stopp, Reifenwechsel von weich auf weich in 3,5 sec., total 21,7 sec., Platz 11-13
Ricciardo: 13. Runde: Reifenwechsel von weich auf weich in total 23,7 sec., Platz 15
Trulli: 13. Runde: Reifenwechsel von weich auf weich in total 22,1 sec., Platz 16
D'Ambrosio: 13. Runde: Reifenwechsel von weich auf weich in total 22,9 sec., Platz 17
Kovalainen: 13. Runde: 2. Stopp, Reifenwechsel von weich auf weich in total 22,0 sec., Platz 20-19
Kobayashi: 14. Runde: Neue Nase und Reifenwechsel nach Kontakt mit Hamilton von weich auf weich, verliert total 24,1 sec., Platz 6-14
Di Resta: 14. Runde: Reifenwechsel von weich auf weich in total 21,3 sec., Platz 8-13
Glock: 14. Runde: 3. Stopp, Reifenwechsel von weich auf weich in total 24,2 sec., Platz 20
Senna: 21. Runde: 3. Stopp, Reifenwechsel von weich auf medium in total 20,7 sec., Platz 17-20
Pérez: 22. Runde: 2. Stopp, Drive-Through-Strafe wegen Verursachen einer vermeidbaren Kollision mit Buemi, verliert total 14,0 sec., Platz 14-15
Pérez: 23. Runde: 3. Stopp, Reifenwechsel von weich auf medium in total 23,8 sec., Platz 15-18
Liuzzi: 27. Runde: 2. Stopp, Reifenwechsel von weich auf medium in total 30,9 sec., Platz 19
Alonso: 29. Runde: 2. Stopp, Reifenwechsel von weich auf medium in 4,1 sec., total 21,2 sec., Platz 3-4
Maldonado: 29. Runde: 2. Stopp, Reifenwechsel von weich auf medium in total 22,3 sec., Platz 11-12
Kobayashi: 29. Runde: 2. Stopp, Reifenwechsel von weich auf medium in total 21,2 sec., Platz 13-14
Vettel: 30. Runde: 3. Stopp, Reifenwechsel von weich auf medium in 3,8 sec., total 20,7 sec., Platz 1-2
Rosberg: 30. Runde: 2. Stopp, Reifenwechsel von weich auf medium in 4,0 sec., total 21,1 sec., Platz 7
Massa: 30. Runde: 2. Stopp, Reifenwechsel von weich auf medium in 3,6 sec., total 21,8 sec., Platz 8
Petrov: 30. Runde: 2. Stopp, Reifenwechsel von weich auf medium in total 21,9 sec., Platz 9
Di Resta: 30. Runde: 2. Stopp, Reifenwechsel von weich auf medium in total 21,3 sec., Platz 11-12
Webber: 31. Runde: 2. Stopp, Reifenwechsel von medium auf medium in 3,3 sec., total 20,9 sec., Platz 3-4
Sutil: 31. Runde: 2. Stopp, Reifenwechsel von weich auf medium in total 20,9 sec., Platz 5-6
Schumacher: 31. Runde: 3. Stopp, Reifenwechsel von weich auf weich in total 21,3 sec., Platz 6-7

Barrichello:	31. Runde: 2. Stopp, Reifenwechsel von weich auf medium in total 21,4 sec., Platz 10-13
Trulli:	31. Runde: 2. Stopp, Reifenwechsel von weich auf medium in total 21,4 sec., Platz 15-16
Button:	32. Runde: 3. Stopp, Reifenwechsel von weich auf weich in 4,4 sec., total 21,6 sec., Platz 2-4
Massa:	32. Runde: 3. Stopp, Erneuter Reifenwechsel wegen eines Platten von medium auf medium in 4,5 sec., total 21,4 sec., Platz 8
Kovalainen:	33. Runde: 3. Stopp, Reifenwechsel von weich auf medium in total 22,3 sec., Platz 15-16
Glock:	35. Runde: 4. Stopp, Reifenwechsel von weich auf medium in total 21,7 sec., Platz 18
D'Ambrosio:	36. Runde: 2. Stopp, Reifenwechsel von weich auf medium in total 22,1 sec., Platz 17
Barrichello:	40. Runde: 3. Stopp, Neue Nase und Reifenwechsel nach Kontakt mit Kobayashi von medium auf weich, verliert total 47,7 sec., Platz 14-16

Ausfälle:

Alguersuari:	1. Runde: Kollision mit Senna, Platz 6 (in der Startaufstellung)
Buemi:	7. Runde: Kollision mit Pérez, Platz 13
Hamilton:	13. Runde: Kollision mit Kobayashi, Platz 5
Ricciardo:	14. Runde: Heckdefekt, Platz 15
Pérez:	28. Runde: Heckdefekt, Platz 20

Stand nach der 1. Runde:
1. Rosberg, 2. Vettel, 3. Massa, 4. Hamilton, 5. Alonso, 6. Buemi, 7. Pérez, 8. Webber, 9. Kobayashi, 10. Petrov

Safety Car-Phase:
12. bis 15. Runde um die Wrackteile des McLaren-Mercedes von Hamilton zu entfernen

Ergebnis:

1. Sebastian Vettel (Deutschland) Red Bull-Renault	1.26:44,893 = 213,066 km/h	
2. Mark Webber (Australien) Red Bull-Renault	1.26:48,634 = 212,913 km/h	3,741 zurück
3. Jenson Button (England) McLaren-Mercedes	1.26:54,562 = 212,671 km/h	9,669 zurück
4. Fernando Alonso (Spanien) Ferrari	1.26:57,915 = 212,534 km/h	13,022 zurück
5. Michael Schumacher (Deutschland) Mercedes	1.27:32,357 = 211,140 km/h	47,464 zurück
6. Nico Rosberg (Deutschland) Mercedes	1.27:33,567 = 211,092 km/h	48,674 zurück
7. Adrian Sutil (Deutschland) Force India-Mercedes	1.27:44,606 = 210,649 km/h	59,713 zurück
8. Felipe Massa (Brasilien) Ferrari	1.27:50,969 = 210,395 km/h	66,076 zurück
9. Vitaly Petrov (Russland) Renault	1.27:56,810 = 210,162 km/h	71,917 zurück
10. Pastor Maldonado (Venezuela) Williams-Cosworth	1.28:02,508 = 209,935 km/h	77,615 zurück
11. Paul Di Resta (Schottland) Force India-Mercedes	1.28:08,887 = 209,682 km/h	83,994 zurück
12. Kamui Kobayashi (Japan) Sauber-Ferrari	1.28:16,869 = 209,366 km/h	91,976 zurück
13. Bruno Senna (Brasilien) Renault	1.28:17,878 = 209,326 km/h	92,985 zurück
14. Jarno Trulli (Italien) Lotus-Renault	1.26:55,773 = 207,787 km/h	1 Runde zurück
15. Heikki Kovalainen (Finnland) Lotus-Renault	1.27:02,556 = 207,517 km/h	1 Runde zurück
16. Rubens Barrichello (Brasilien) Williams-Cosworth	1.27:02,594 = 207,516 km/h	1 Runde zurück
17. Jérôme D'Ambrosio (Belgien) Virgin-Cosworth	1.27:52,627 = 205,547 km/h	1 Runde zurück
18. Timo Glock (Deutschland) Virgin-Cosworth	1.27:54,328 = 205,480 km/h	1 Runde zurück
19. Vitantonio Liuzzi (Italien) HRT-Cosworth	1.28:33,305 = 203,973 km/h	1 Runde zurück

Schnellste Runde im Qualifying: Vettel (Red Bull-Renault): 1:48,298 = 232,824 km/h (erzielt in Phase 3)
Schnellste Runde im Rennen: Webber (Red Bull-Renault): 1:49,883 = 229,465 km/h
Höchstgeschwindigkeiten (Freitag, Training): Daten werden nicht übermittelt
Höchstgeschwindigkeiten (Samstag, Qualifying): 1. Rosberg 321,6, 2. Pérez 320,7, 3. Alguersuari 320,0, 4. Senna 319,0, 5. Petrov 317,7, 6. Massa 317,1, 7. Webber 316,9, 8. Alonso 316,8, 9. Vettel 316,7, 10. Hamilton 316,6, 11. Kovalainen 309,1, 12. Sutil 307,9, 13. Barrichello 306,7, 14. Kobayashi 306,5, 15. Maldonado 306,0, 16. Trulli 304,8, 17. Glock 304,1, 18. Di Resta 303,0, 19. Button 302,6, 20. Liuzzi 302,0, 21. Buemi 301,5, 22. Ricciardo 301,5, 23. D'Ambrosio 291,4, 24. Schumacher 248,8
Höchstgeschwindigkeiten (Sonntag): 1. Kobayashi 329,3, 2. Pérez 328,8, 3. Maldonado 326,1, 4. Barrichello 325,8, 5. Schumacher 322,5, 6. Button 321,2, 7. Rosberg 321,0, 8. Di Resta 320,9, 9. Sutil 320,8, 10. Petrov 319,5, 11. Senna 319,3, 12. Hamilton 319,2, 13. Webber 317,2, 14. Massa 316,9, 15. Kovalainen 316,6, 16. Trulli 316,5, 17. Alonso 316,4, 18. Vettel 316,0, 19. Liuzzi 315,3, 20. Buemi 313,8, 21. D'Ambrosio 312,7, 22. Glock 312,6, 23. Ricciardo 306,3, 24. Alguersuari 203,8
Schnellste Runde jedes Fahrers im Rennen: 1. Webber 1:49,883 (33.), 2. Button 1:50,062 (39.), 3. Barrichello 1:50,424 (42.), 4. Vettel 1:50,451 (36.), 5. Alonso 1:51,107 (41.), 6. Schumacher 1:51,137 (34.), 7. Massa 1:51,564 (42.), 8. Rosberg 1:52,263 (39.), 9. Petrov 1:52,432 (34.), 10. Sutil 1:52,591 (33.), 11. Di Resta 1:53,223 (32.), 12. Maldonado 1:53,362 (43.), 13. Senna 1:53,585 (39.), 14. Kobayashi 1:53,871 (35.), 15. Kovalainen 1:54,051 (35.), 16. Pérez 1:54,244 (26.), 17. Trulli 1:54,571 (38.), 18. Hamilton 1:55,647 (8.), 19. D'Ambrosio 1:56,319 (38.), 20. Glock 1:56,540 (37.), 21. Buemi 1:56,790 (4.), 22. Liuzzi 1:58,061 (42.), 23. Ricciardo 1:59,831 (10.)
WM-Stand: 1. Vettel 259, 2. Webber 167, 3. Alonso 157, 4. Button 149, 5. Hamilton 146, 6. Massa 74, 7. Rosberg 56, 8. Schumacher 42, 9. Petrov 34, 10. Heidfeld 34, 11. Kobayashi 27, 12. Sutil 24, 13. Buemi 12, 14. Alguersuari 10, 15. Pérez 8, 16. Di Resta 8, 17. Barrichello 4, 18. Maldonado 1
Konstrukteur-WM: 1. Red Bull-Renault 426, 2. McLaren-Mercedes 295, 3. Ferrari 231, 4. Mercedes 98, 5. Renault 68, 6. Sauber-Ferrari 35, 7. Force India-Mercedes 32, 8. Toro Rosso-Ferrari 22, 9. Williams-Cosworth 5

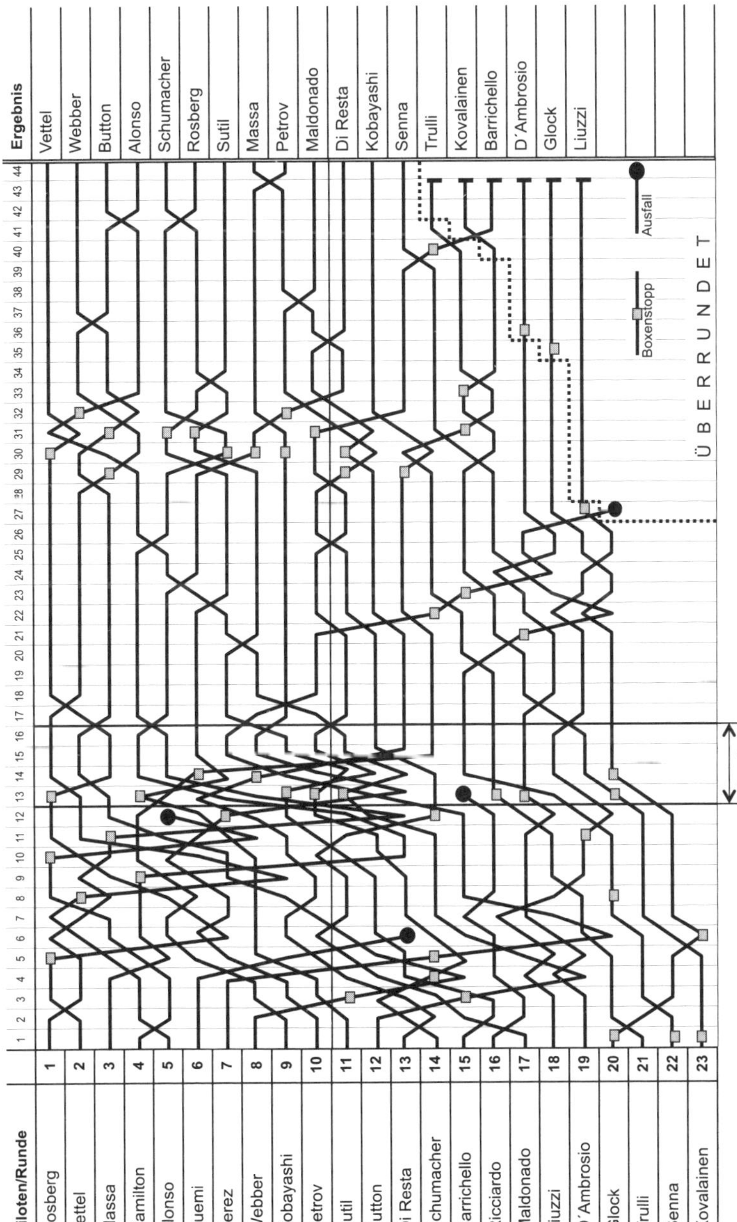

Piloten/Runde
Rosberg
Vettel
Massa
Hamilton
Alonso
Buemi
Perez
Webber
Kobayashi
Petrov
Sutil
Button
Di Resta
Schumacher
Barrichello
Ricciardo
Maldonado
Liuzzi
D´Ambrosio
Glock
Trulli
Senna
Kovalainen
Ergebnis
Vettel
Webber
Button
Alonso
Schumacher
Rosberg
Sutil
Massa
Petrov
Maldonado
Di Resta
Kobayashi
Senna
Trulli
Kovalainen
Barrichello
D´Ambrosio
Glock
Liuzzi
Safety Car
Boxenstopp
Ausfall
ÜBERRUNDET

Lauf 13 - Großer Preis von Italien - Monza, 11. September 2011

1. Training (Freitag Vormittag): 1. Hamilton 1:23,865, 2. Button 1:24,786, 3. Vettel 1:25,231, 4. Webber 1:25,459, 5. Sutil 1:26,550, 6. Petrov 1:26,625, 7. Alonso 1:26,647, 8. Massa 1:26,676, 9. Pérez 1:26,694, 10. Alguersuari 1:26,696, 11. Schumacher 1:26,699, 12. Hülkenberg 1:26,826, 13. Barrichello 1:26,836, 14. Kobayashi 1:26,996, 15. Maldonado 1:27,365, 16. Senna 1:27,385, 17. Buemi 1:27,433, 18. Rosberg 1:27,492, 19. Kovalainen 1:29,539, 20. Chandhok 1:30,148, 21. Ricciardo 1:30,609, 22. Liuzzi 1:30,619, 23. Glock 1:31,052, 24. D'Ambrosio 1:31,899

2. Training (Freitag Nachmittag): 1 Vettel 1:24,010, 2. Hamilton 1:24,046, 3. Schumacher 1:24,347, 4. Massa 1:24,366, 5. Alonso 1:24,433, 6. Webber 1:24,468, 7. Button 1:24,508, 8. Pérez 1:25,097, 9. Kobayashi 1:25,182, 10. Senna 1:25,325, 11. Petrov 1:25,450, 12. Sutil 1:25,496, 13. Di Resta 1:25,683, 14. Alguersuari 1:25,758, 15. Barrichello 1:26,202, 16. Maldonado 1:26,353, 17. Buemi 1:28,347, 18. Trulli 1:28,559, 19. Kovalainen 1:28,605, 20. Glock 1:28,804, 21. Liuzzi 1:29,162, 22. Rosberg 1:29,184, 23. D'Ambrosio 1:29,622, 24. Ricciardo 1:29,841

3. Training (Samstag)		**Qualifying** (Samstag) **(1.Phase)**		**(2.Phase)**		**(3.Phase)**	
1. Vettel	1:23,170	1. Hamilton	1:23,976	1. Vettel	1:22,914	1. Vettel	1:22,275
2. Webber	1:23,534	2. Vettel	1:24,002	2. Button	1:23,031	2. Hamilton	1:22,725
3. Massa	1:23,668	3. Button	1:24,013	3. Hamilton	1:23,172	3. Button	1:22,777
4. Hamilton	1:23,741	4. Alonso	1:24,134	4. Rosberg	1:23,335	4. Alonso	1:22,841
5. Button	1:23,787	5. Webber	1:24,148	5. Alonso	1:23,342	5. Webber	1:22,972
6. Rosberg	1:23,875	6. Petrov	1:24,486	6. Webber	1:23,387	6. Massa	1:23,188
7. Schumacher	1:24,114	7. Massa	1:24,523	7. Schumacher	1:23,671	7. Petrov	1:23,530
8. Alonso	1:24,133	8. Rosberg	1:24,550	8. Massa	1:23,681	8. Schumacher	1:23,777
9. Sutil	1:24,543	9. Di Resta	1:24,574	9. Petrov	1:23,741	9. Rosberg	1:24,477
10. Di Resta	1:24,581	10. Sutil	1:24,595	10. Senna	1:24,157	10. Senna	-:--
11. Senna	1:24,853	11. Maldonado	1:24,798	11. Di Resta	1:24,163		
12. Petrov	1:24,889	12. Kobayashi	1:24,879	12. Sutil	1:24,209		
13. Pérez	1:24,948	13. Senna	1:24,914	13. Barrichello	1:24,648		
14. Kobayashi	1:25,261	14. Barrichello	1:24,975	14. Maldonado	1:24,726		
15. Barrichello	1:25,319	15. Schumacher	1:25,108	15. Pérez	1:24,845		
16. Alguersuari	1:25,426	16. Pérez	1:25,113	16. Buemi	1:24,932		
17. Buemi	1:25,439	17. Buemi	1:25,164	17. Kobayashi	1:25,065		
18. Maldonado	1:25,539	18. Alguersuari	1:25,334				
19. Trulli	1:27,328	19. Trulli	1:26,647				
20. Kovalainen	1:27,491	20. Kovalainen	1:27,184				
21. D'Ambrosio	1:28,186	21. Glock	1:27,591				
22. Liuzzi	1:28,441	22. D'Ambrosio	1:27,609				
23. Glock	1:28,962	23. Ricciardo	1:28,054				
24. Ricciardo	1:30,316	24. Liuzzi	1:28,231				

Startaufstellung: Zuerst die Piloten 1 bis 10 aus der dritten Qualifying-Phase, danach die Piloten 11-17 aus der zweiten Qualifying-Phase, dahinter die Piloten 18-24 aus der ersten Qualifying-Phase - inklusive Strafversetzungen:

1. Sebastian Vettel
Red Bull-Renault RB7 V8
1:22,275

2. Lewis Hamilton
McLaren-Mercedes MP4/26 V8
1:22,725

3. Jenson Button
McLaren-Mercedes MP4/26 V8
1:22,777

4. Fernando Alonso
Ferrari 150° Italia V8
1:22,841

5. Mark Webber
Red Bull-Renault RB7 V8
1:22,972

6. Felipe Massa
Ferrari 150° Italia V8
1:23,188

7. Vitaly Petrov
Renault R31 V8
1:23,530

8. Michael Schumacher
Mercedes MGP W02
1:23,777

9. Nico Rosberg
Mercedes MGP W02
1:24,477

10. Bruno Senna
Renault R31 V8
keine Zeit

11. Paul Di Resta
Force India-Mercedes VJM04 V8
1:24,163

12. Adrian Sutil
Force India-Mercedes VJM04 V8
1:24,209

13. Rubens Barrichello
Williams-Cosworth FW33 V8
1:24,648

14. Pastor Maldonado
Williams-Cosworth FW33 V8
1:24,726

15. Sergio Pérez
Sauber-Ferrari C30 V8
1:24,845

16. Sébastien Buemi
Toro Rosso-Ferrari STR6 V8
1:24,932

17. Kamui Kobayashi
Sauber-Ferrari C30 V8
1:25,065

18. Jaime Alguersuari
Toro Rosso-Ferrari STR6 V8
1:25,334

19. Jarno Trulli
Lotus-Renault T128 V8
1:26,647

20. Heikki Kovalainen
Lotus-Renault T128 V8
1:27,184

21. Timo Glock
Virgin-Cosworth MVR-02 V8
1:27,591

22. Jérôme D'Ambrosio
Virgin-Cosworth MVR-02 V8
1:27,609

23. Daniel Ricciardo
HRT-Cosworth HRT F111 V8
1:28,054

24. Vitantonio Liuzzi
HRT-Cosworth HRT F111 V8
1:28,231

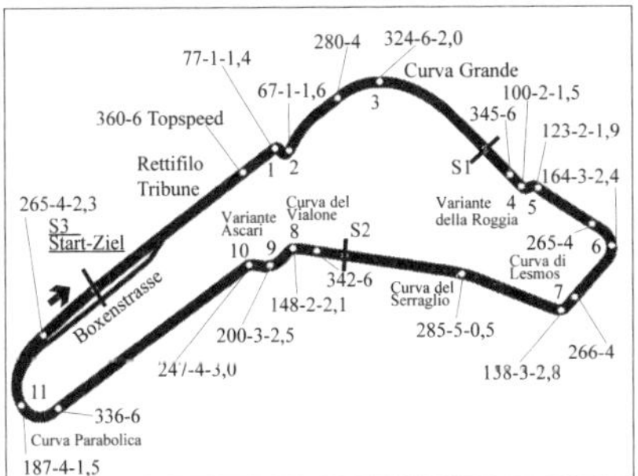

Legende: 132-2-2,1 = 132 km/h-2. Gang-2,1 Gravitation

Wetter am Renntag: Sonnig, trocken und warm
29°-30° Lufttemperatur, 43°-44° Asphalttemperatur,
41-44 % Lufttfeuchtigkeit, 90.000 Zuschauer am Renntag

Distanz: 53 Runden à 5,793 km = 306,720 km
Ziellinie 0,309 km hinter der Startlinie

Sieger 2010: Alonso (Ferrari),
1.16:24,572 = 240,849 km/h

Poleposition 2010: Alonso (Ferrari),
1:21,962 = 254,444 km/h

Schnellste Runde 2010: Alonso (Ferrari),
1:24,139 = 247,861 km/h

Boxenstopps:

Kobayashi: 1. Runde: Neue Nase nach Kontakt bei Unfall in Kurve 1 und Reifenwechsel von medium auf weich, verliert total 27,5 sec., Platz 18
Barrichello: 1. Runde: Neue Nase nach Kontakt bei Unfall in Kurve 1 und Reifenwechsel von weich auf medium, verliert total 29,1 sec., Platz 20-19
Senna: 2. Runde: Reifenwechsel von medium auf weich in 3,8 sec., total 22,5 sec., Platz 17-18
Ricciardo: 1. Runde: Reparaturen am Wasserkühler nachdem der Motor am Start abgestorben ist und Reifenwechsel von weich auf weich, verliert total 16,4 min., Platz 22-21
Trulli: 5. Runde: Neue Nase nach Kontakt mit Massa und Reifenwechsel von weich auf weich, verliert total 30,3 sec., Platz 17-18
Di Resta: 13. Runde: Reifenwechsel von weich auf weich in 3,7 sec., total 21,8 sec., Platz 13-15
Schumacher: 16. Runde: Reifenwechsel von weich auf weich in total 22,7 sec., Platz 5-7
Buemi: 16. Runde: Reifenwechsel von weich auf weich in total 24,2 sec., Platz 12-15
Button: 17. Runde: Reifenwechsel von weich auf weich in 3,5 sec., total 21,6 sec., Platz 4-5
Hamilton: 18. Runde: Reifenwechsel von weich auf weich in 4,2 sec., total 22,0 sec., Platz 3-6
Kobayashi: 18. Runde 2. Stopp, Reifenwechsel von weich auf weich in total 22,9 sec., Platz 11-14
Alonso: 19. Runde: Reifenwechsel von weich auf weich in 3,0 sec., total 22,5 sec., Platz 2-3
Maldonado: 19. Runde: Reifenwechsel von weich auf weich in total 23,0 sec., Platz 9-11
Senna: 19. Runde: 2. Stopp, Reifenwechsel von weich auf weich in total 23,1 sec., Platz 10-13
Vettel: 20. Runde: Reifenwechsel von weich auf weich in 3,7 sec., total 22,1 sec., Platz 1
Alguersuari: 20. Runde: Reifenwechsel von weich auf weich in total 21,9 sec., Platz 8-9
Glock: 20. Runde: Reifenwechsel von weich auf weich in total 25,1 sec., Platz 16-17
Massa: 21. Runde: Reifenwechsel von weich auf weich in total 21,8 sec., Platz 3-7
Kovalainen: 21. Runde: Reifenwechsel von weich auf weich in total 23,2 sec., Platz 11-14
Trulli: 24. Runde: 2. Stopp, Reifenwechsel von weich auf medium in total 23,4 sec., Platz 15-16
Di Resta: 31. Runde: 2. Stopp, Reifenwechsel von weich auf medium in total 23,0 sec., Platz 10-12
Barrichello: 32. Runde: 2. Stopp, Reifenwechsel von medium auf weich in 4,2 sec., total 23,4 sec., Platz 13
Button: 33. Runde: 2. Stopp, Reifenwechsel von weich auf medium in 3,7 sec., total 22,0 sec., Platz 3-5
Ricciardo: 20. Runde: 2. Stopp, Reifenwechsel von weich auf medium in total 30,7 sec., Platz 18
Alonso: 34. Runde: 2. Stopp, Reifenwechsel von weich auf medium in 3,4 sec., total 21,9 sec., Platz 2-3
Hamilton: 34. Runde: 2. Stopp, Reifenwechsel von weich auf medium in 4,0 sec., total 21,8 sec., Platz 4-6
Vettel: 35. Runde: 2. Stopp, Reifenwechsel von weich auf medium in 2,9 sec., total 21,3 sec., Platz 1
Kovalainen: 35. Runde: 2. Stopp, Reifenwechsel von weich auf medium in total 22,6 sec., Platz 12-13
Schumacher: 37. Runde: 2. Stopp, Reifenwechsel von weich auf medium in 4,1 sec., total 22,0 sec., Platz 2-6
Maldonado: 37. Runde: 2. Stopp, Reifenwechsel von weich auf medium in 4,3 sec., total 22,6 sec., Platz 10-11
Glock: 38. Runde: 2. Stopp, Reifenwechsel von weich auf medium in total 22,7 sec., Platz 14-15
Buemi: 40. Runde: 2. Stopp, Reifenwechsel von weich auf medium in total 24,0 sec., Platz 8-9
Senna: 40. Runde: 3. Stopp, Reifenwechsel von weich auf weich in total 22,2 sec., Platz 9-10
Massa: 41. Runde: 2. Stopp, Reifenwechsel von weich auf medium in 3,0 sec., total 22,1 sec., Platz 4-6
Alguersuari: 41. Runde: 2. Stopp, Reifenwechsel von weich auf medium in total 22,2 sec., Platz 7

Ausfälle:

Liuzzi:	1. Runde: Kollision in der ersten Kurve, Platz 24 (in der Startaufstellung)
Rosberg:	1. Runde: Kollision in der ersten Kurve, Platz 9 (in der Startaufstellung)
Petrov:	1. Runde: Kollision in der ersten Kurve, Platz 7 (in der Startaufstellung)
D'Ambrosio:	2. Runde: Getriebedefekt, Platz 19
Webber:	5. Runde: Kollision mit Massa, Platz 6
Sutil:	10. Runde: Hydraulikdefekt, Platz 14
Kobayashi:	22. Runde: Getriebedefekt, Platz 14
Pérez:	33. Runde: Getriebedefekt, Platz 7
Ricciardo:	40. Runde: Nicht klassifiziert, Platz 16

Stand nach der 1. Runde:
1. Alonso, 2. Vettel, 3. Hamilton, 4. Schumacher, 5. Massa, 6. Button, 7. Webber, 8. Di Resta, 9. Maldonado, 10. Pérez
Safety Car-Phase:
1. bis 3. Runde um Wrackteile von der Kollision zwischen Liuzzi/Rosberg/Petrov in der ersten Kurve zu entfernen
Ergebnis:

1. Sebastian Vettel (Deutschland) Red Bull-Renault	1.20:46,172 = 227,848 km/h	
2. Jenson Button (England) McLaren-Mercedes	1.20:55,762 = 227,398 km/h	9,590 zurück
3. Fernando Alonso (Spanien) Ferrari	1.21:03,081 = 227,056 km/h	16,909 zurück
4. Lewis Hamilton (England) McLaren-Mercedes	1.21:03,589 = 227,032 km/h	17,417 zurück
5. Michael Schumacher (Deutschland) Mercedes	1.21:18,849 = 226,322 km/h	32,677 zurück
6. Felipe Massa (Brasilien) Ferrari	1.21:29,165 = 225,844 km/h	42,993 zurück
7. Jaime Alguersuari (Spanien) Toro Rosso-Ferrari	1.20:54,891 = 223,143 km/h	1 Runde zurück
8. Paul Di Resta (Schottland) Force India-Mercedes	1.20:58,821 = 222,962 km/h	1 Runde zurück
9. Bruno Senna (Brasilien) Renault	1.20:59,687 = 222,923 km/h	1 Runde zurück
10. Sébastien Buemi (Schweiz) Toro Rosso-Ferrari	1.21:10,095 = 222,446 km/h	1 Runde zurück
11. Pastor Maldonado (Venezuela) Williams-Cosworth	1.21:22,769 = 221,869 km/h	1 Runde zurück
12. Rubens Barrichello (Brasilien) Williams-Cosworth	1.21:38,443 = 221,159 km/h	1 Runde zurück
13. Heikki Kovalainen (Finnland) Lotus-Renault	1.20:47,072 = 219,200 km/h	2 Runden zurück
14. Jarno Trulli (Italien) Lotus-Renault	1.21:18,239 = 217,800 km/h	2 Runden zurück
15. Timo Glock (Deutschland) Virgin-Cosworth	1.21:36,845 = 216,972 km/h	2 Runden zurück

Beim nächsten Rennen wird **Liuzzi** 5 Startplätze zurück gereiht als Strafe für die verursachte Startkollision
Schnellste Runde im Qualifying: Vettel (Red Bull-Renault): 1:22,275 = 253,476 km/h (erzielt in Phase 3)
Schnellste Runde im Rennen: Hamilton (McLaren-Mercedes): 1:26,187 = 241,971 km/h
Höchstgeschwindigkeiten (Freitag, Training): 1. Petrov 347,1, 2. Alguersuari 345,7, 3. Kobayashi 344,2, 4. Buemi 343,1, 5. Trulli 341,7, 6. Pérez 341,2, 7. Kovalainen 340,1, 8. Massa 339,7, 9. Di Resta 338,9, 10. Sutil 338,8, 11. Senna 338,6, 12. Hülkenberg 338,6, 13. Schumacher 338,5, 14. Maldonado 337,1, 15. Hamilton 336,8, 16. Webber 336,7, 17. Button 336,6, 18. D'Ambrosio 336,5, 19. Alonso 336,4, 20. Ricciardo 336,3, 21. Chandhok 335,9, 22. Rosberg 333,3, 23. Glock 332,0, 24. Liuzzi 329,8, 25. Barrichello 329,5, 26. Vettel 327,9
Höchstgeschwindigkeiten (Samstag, Qualifying): 1. Pérez 349,2, 2. Senna 347,2, 3. Petrov 344,8, 4. Massa 342,3, 5. Alonso 342,2, 6. Buemi 341,9, 7. Alguersuari 341,8, 8. Kobayashi 341,7, 9. Barrichello 340,4, 10. Maldonado 340,2, 11. Rosberg 339,5, 12. Di Resta 339,3, 13. Sutil 338,7, 14. Schumacher 338,7, 15. D'Ambrosio 336,7, 16. Glock 336,6, 17. Ricciardo 336,2, 18. Webber 336,1, 19. Liuzzi 335,7, 20. Button 333,1, 21. Hamilton 332,7, 22. Trulli 331,8, 23. Kovalainen 331,8, 24. Vettel 327,7
Höchstgeschwindigkeiten (Sonntag): 1. Senna 347,0, 2. Massa 342,8, 3. Pérez 342,8, 4. Alguersuari 341,9, 5. Buemi 341,2, 6. Schumacher 339,0, 7. Barrichello 338,9, 8. Kobayashi 337,6, 9. Maldonado 337,0, 10. Alonso 336,7, 11. Ricciardo 336,2, 12. Di Resta 335,6, 13. Webber 334,5, 14. Button 333,2, 15. Hamilton 333,0, 16. Sutil 332,9, 17. Trulli 332,0, 18. Glock 330,9, 19. Kovalainen 329,5, 20. Vettel 327,4, 21. Rosberg 283,0, 22. Petrov 266,8, 23. Liuzzi 250,9, 24. D'Ambrosio 213,9
Schnellste Runde jedes Fahrers im Rennen: 1. Hamilton 1:26,187 (52.), 2. Button 1:26,207 (52.), 3. Vettel 1:26,557 (49.), 4. Senna 1:26,895 (51.), 5. Massa 1:26,924 (53.), 6. Alonso 1:27,191 (50.), 7. Schumacher 1:27,402 (46.), 8. Di Resta 1:28,054 (52.), 9. Buemi 1:28,202 (51.), 10. Alguersuari 1:28,357 (49.), 11. Barrichello 1:28,377 (49.), 12. Maldonado 1:28,934 (51.), 13. Pérez 1:29,403 (29.), 14. Kovalainen 1:29,639 (50.), 15. Trulli 1:29,825 (50.), 16. Kobayashi 1:30,000 (21.), 17. Glock 1:30,783 (51.), 18. Webber 1:30,994 (4.), 19. Sutil 1:31,455 (8.), 20. Ricciardo 1:32,013 (36.)
WM-Stand: 1. Vettel 284, 2. Alonso 172, 3. Button 167, 4. Webber 167, 5. Hamilton 158, 6. Massa 82, 7. Rosberg 56, 8. Schumacher 52, 9. Petrov 34, 10. Heidfeld 34, 11. Kobayashi 27, 12. Sutil 24, 13. Alguersuari 16, 14. Buemi 13, 15. Di Resta 12, 16. Pérez 8, 17. Barrichello 4, 18. Senna 2, 19. Maldonado 1
Konstrukteur-WM: 1. Red Bull-Renault 451, 2. McLaren-Mercedes 325, 3. Ferrari 254, 4. Mercedes 108, 5. Renault 70, 6. Force India-Mercedes 36, 7. Sauber-Ferrari 35, 8. Toro Rosso-Ferrari 29, 9. Williams-Cosworth 5

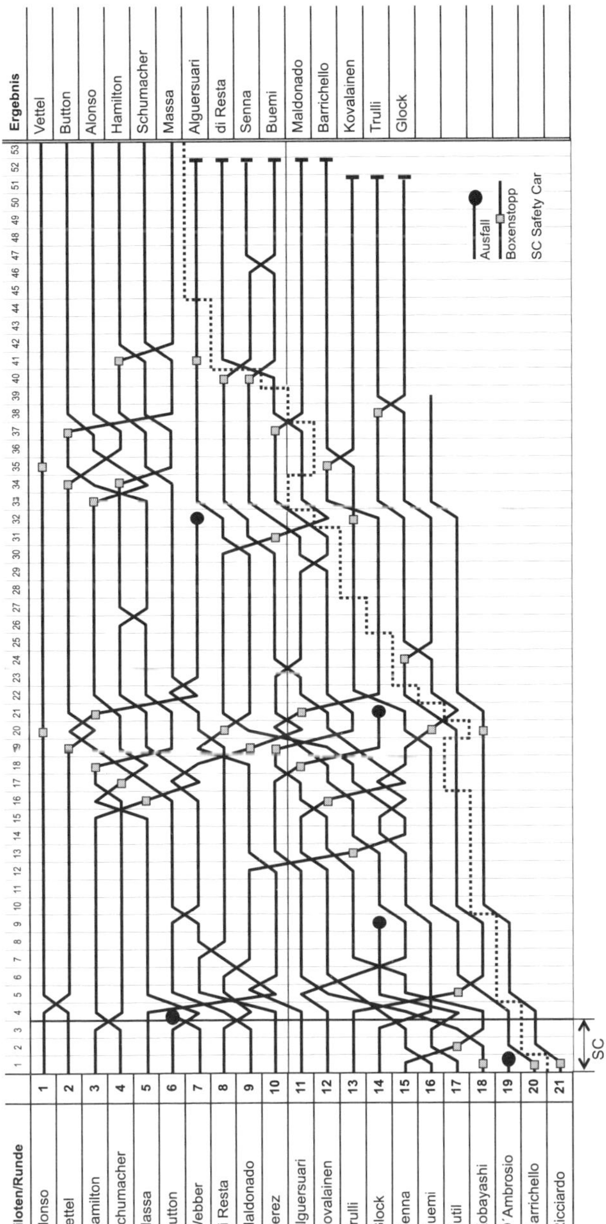
Piloten/Runde
Alonso
Vettel
Hamilton
Schumacher
Massa
Button
Webber
di Resta
Maldonado
Perez
Alguersuari
Kovalainen
Trulli
Glock
Senna
Buemi
Sutil
Kobayashi
D'Ambrosio
Barrichello
Ricciardo
Ergebnis
Vettel
Button
Alonso
Hamilton
Schumacher
Massa
Alguersuari
di Resta
Senna
Buemi
Maldonado
Barrichello
Kovalainen
Trulli
Glock
Ausfall
Boxenstopp
SC Safety Car
SC

Lauf 14 - Großer Preis von Singapur - Singapur, 25. September 2011

1. Training (Freitag Nachmittag): 1. Hamilton 1:48,599, 2. Vettel 1:49,005, 3. Webber 1:50,066, 4. Alonso 1:50,596, 5. Button 1:50,952, 6. Massa 1:52,043, 7. Sutil 1:52,251, 8. Schumacher 1:52,416, 9. Di Resta 1:52,435, 10. Rosberg 1:52,815, 11. Barrichello 1:52,991, 12. Alguersuari 1:53,050, 13. Maldonado 1:53,399, 14. Pérez 1:53,703, 15. Kobayashi 1:53,749, 16. Senna 1:53,765, 17. Buemi 1:53,785, 18. Petrov 1:54,736, 19. Trulli 1:54,821, 20. Kovalainen 1:56,198, 21. D'Ambrosio 1:57,798, 22. Glock 1:58,792, 23. Ricciardo 1:59,169, 24. Karthikeyan 1:59,214

2. Training (Freitag Abend): 1. Vettel 1:46,374, 2. Alonso 1:46,575, 3. Hamilton 1:47,115, 4. Massa 1:47,120, 5. Webber 1:47,265, 6. Schumacher 1:48,418, 7. Sutil 1:48,866, 8. Pérez 1:49,578, 9. Kobayashi 1:49,730, 10. Button 1:49,751, 11. Alguersuari 1:49,792, 12. Senna 1:50,241, 13. Di Resta 1:50,345, 14. Petrov 1:50,399, 15. Rosberg 1:50,790, 16. Barrichello 1:50,897, 17. Maldonado 1:50,937, 18. Kovalainen 1:51,950, 19. Buemi 1:52,257, 20. Trulli 1:52,489, 21. Glock 1:53,579, 22. D'Ambrosio 1:54,649, 23. Ricciardo 1:54,754, 24. Liuzzi 1:55,198

3. Training (Samstag)		**Qualifying** (Samstag) **(1.Phase)**			**(2.Phase)**		**(3.Phase)**
1. Webber	1:46,081	1. Vettel	1:46,397	1. Vettel	1:44,931	1. Vettel	1:44,381
2. Button	1:46,108	2. Button	1:46,956	2. Button	1:45,472	2. Webber	1:44,732
3. Vettel	1:46,345	3. Hamilton	1:47,014	3. Webber	1:45,651	3. Button	1:44,804
4. Alonso	1:46,396	4. Alonso	1:47,054	4. Alonso	1:45,779	4. Hamilton	1:44,809
5. Hamilton	1:46,936	5. Webber	1:47,332	5. Massa	1:45,955	5. Alonso	1:44,874
6. Rosberg	1:47,831	6. Rosberg	1:47,688	6. Schumacher	1:46,043	6. Massa	1:45,800
7. Schumacher	1:47,837	7. Pérez	1:47,717	7. Rosberg	1:46,405	7. Rosberg	1:46,013
8. Massa	1:48,711	8. Massa	1:47,945	8. Hamilton	1:46,829	8. Schumacher	-.--
9. Kobayashi	1:49,057	9. Sutil	1:47,952	9. Sutil	1:47,093	9. Sutil	-.--
10. Sutil	1:49,304	10. Di Resta	1:48,022	10. Di Resta	1:47,486	10. Di Resta	-:--
11. Pérez	1:49,583	11. Kobayashi	1:48,054	11. Pérez	1:47,616		
12. Buemi	1:49,679	12. Barrichello	1:48,061	12. Barrichello	1:48,082		
13. Di Resta	1:49,816	13. Buemi	1:48,753	13. Maldonado	1:48,270		
14. Maldonado	1:49,851	14. Schumacher	1:48,819	14. Buemi	1:48,634		
15. Barrichello	1:50,189	15. Senna	1:48,861	15. Senna	1:48,662		
16. Petrov	1:50,229	16. Alguersuari	1:49,588	16. Alguersuari	1:49,862		
17. Senna	1:50,523	17. Maldonado	1:49,710	17. Kobayashi	-:--		
18. Alguersuari	1:50,547	18. Petrov	1:49,835				
19. Kovalainen	1:52,510	19. Kovalainen	1:50,948				
20. D'Ambrosio	1:52,697	20. Trulli	1:51,012				
21. Ricciardo	1:53,728	21. Glock	1:52,154				
22. Trulli	1:53,823	22. D'Ambrosio	1:52,363				
23. Glock	1:53,829	23. Ricciardo	1:52,404				
24. Liuzzi	1:55,203	24. Liuzzi	1:52,810				

Startaufstellung: Zuerst die Piloten 1 bis 10 aus der dritten Qualifying-Phase, danach die Piloten 11-17 aus der zweiten Qualifying-Phase, dahinter die Piloten 18-24 aus der ersten Qualifying-Phase - inklusive Strafversetzungen:

1. Sebastian Vettel
Red Bull-Renault RB7 V8
1:44,381

2. Mark Webber
Red Bull-Renault RB7 V8
1:44,732

3. Jenson Button
McLaren-Mercedes MP4/26 V8
1:44,804

4. Lewis Hamilton
McLaren-Mercedes MP4/26 V8
1:44,809

5. Fernando Alonso
Ferrari 150° Italia V8
1:44,874

6. Felipe Massa
Ferrari 150° Italia V8
1:45,800

7. Nico Rosberg
Mercedes MGP W02
1:46,013

8. Michael Schumacher
Mercedes MGP W02
keine Zeit

9. Adrian Sutil
Force India-Mercedes VJM04 V8
keine Zeit

10. Paul Di Resta
Force India-Mercedes VJM04 V8
keine Zeit

11. Sergio Pérez
Sauber-Ferrari C30 V8
1:47,616

12. Rubens Barrichello
Williams-Cosworth FW33 V8
1:48,082

13. Pastor Maldonado
Williams-Cosworth FW33 V8
1:48,270

14. Sébastien Buemi
Toro Rosso-Ferrari STR6 V8
1:48,634

15. Bruno Senna
Renault R31 V8
1:48,662

16. Jaime Alguersuari
Toro Rosso-Ferrari STR6 V8
1:49,862

17. Kamui Kobayashi
Sauber-Ferrari C30 V8
keine Zeit

18. Vitaly Petrov
Renault R31 V8
1:49,835

19. Heikki Kovalainen
Lotus-Renault T128 V8
1:50,948

20. Jarno Trulli
Lotus-Renault T128 V8
1:51,012

21. Timo Glock
Virgin-Cosworth MVR-02 V8
1:52,154

22. Jérôme D'Ambrosio
Virgin-Cosworth MVR-02 V8
1:52,363

23. Daniel Ricciardo
HRT-Cosworth HRT F111 V8
1:52,404

24. Vitantonio Liuzzi
HRT-Cosworth HRT F111 V8
1:52,810

Liuzzi wird 5 Startplätze zurück gereiht als Strafe für die verursachte Startkollision beim Grand Prix in Italien

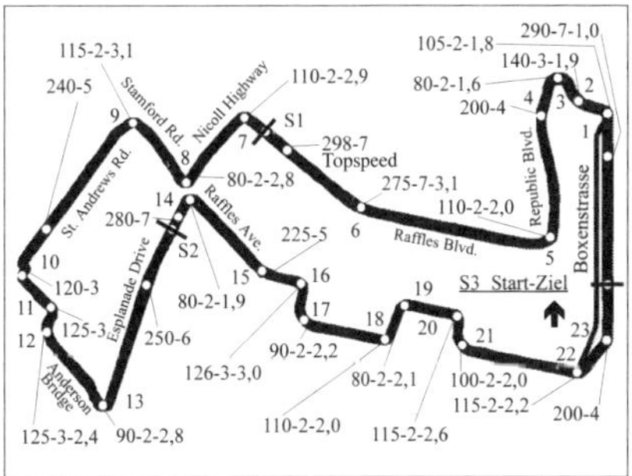

Legende: 132-2-2,1 = 132 km/h-2. Gang-2,1 Fliehkraft

Wetter am Renntag: Nacht, Schwül, trocken, 31°-30° Lufttemperatur, 34°-31° Asphalttemperatur, 61-70 % Luftfeuchtigkeit, 82.000 Zuschauer am Renntag

Distanz: 61 Runden à 5,073 km = 309,316 km
Ziellinie 0,137 km hinter der Startlinie

Sieger 2010: Alonso (Ferrari),
1.57:53,579 = 157,422 km/h

Poleposition 2010: Alonso (Ferrari),
1:45,390 = 173,287 km/h

Schnellste Runde 2010: Alonso (Ferrari),
1:47,976 = 169,137 km/h

Boxenstopps:

Ricciardo: 1. Runde: Neue Nase nach Kontakt und Reifenwechsel von superweich auf superweich, verliert total 44,1 sec., Platz 24
Rosberg: 9. Runde: Reifenwechsel von superweich auf superweich in 3,2 sec., total 29,5 sec., Platz 10-15
Alonso: 10. Runde: Reifenwechsel von superweich auf weich in 4,1 sec., total 30,6 sec., Platz 6-10
Schumacher: 10. Runde: Reifenwechsel von superweich auf superweich in total 29,6 sec., Platz 10-15
Senna: 10. Runde: Reifenwechsel von superweich auf weich in total 35,3 sec., Platz 19-22
Massa: 11. Runde: Reifenwechsel von superweich auf weich in 2,9 sec., total 30,2 sec., Platz 4-17
Hamilton: 11. Runde: Reifenwechsel von superweich auf superweich in 4,0 sec., total 30,1 sec., Platz 5-7
Sutil: 11. Runde: Reifenwechsel von superweich auf weich in total 30,7 sec., Platz 8-12
Maldonado: 11. Runde: Reifenwechsel von superweich auf weich in total 30,8 sec., Platz 12-16
Buemi: 11. Runde: Reifenwechsel von superweich auf weich in total 32,8 sec., Platz 18-19
Kovalainen: 11. Runde: Reifenwechsel von superweich auf weich in total 32,2 sec., Platz 19-21
Senna: 11. Runde: 2. Stopp, Reifenwechsel von weich auf weich in total 36,8 sec., Platz 22
Webber: 12. Runde: Reifenwechsel von superweich auf weich in total 30,4 sec., Platz 3-6
Barrichello: 12. Runde: Reifenwechsel von superweich auf weich in total 30,4 sec., Platz 9-16
Massa: 12. Runde: 2. Stopp, Nach Kontakt mit Hamilton Reifenplatten rechts hinten - daher Reifenwechsel von weich auf weich, verliert total 32,3 sec., Platz 17-20
Hamilton: 13. Runde: 2. Stopp, Neue Nase nach Kontakt mit Massa und Reifenwechsel von superweich auf weich in 7,1 sec., verliert total 33,4 sec., Platz 8-16
Liuzzi: 13. Runde: Reifenwechsel von weich auf superweich in total 34,3 sec., Platz 21
Vettel: 14. Runde: Reifenwechsel von superweich auf weich in 3,2 sec., total 30,0 sec., Platz 1
Button: 14. Runde: Reifenwechsel von superweich auf weich in total 30,1 sec., Platz 4
Pérez: 15. Runde: Reifenwechsel von superweich auf weich in total 30,8 sec., Platz 7-9
Hamilton: 15. Runde: 3. Stopp, Drive-Through-Strafe wegen vermeidbarer Kollision mt Massa, verliert total 24,3 sec., Platz 17-19
Kobayashi: 16. Runde: Reifenwechsel von weich auf weich in total 30,4 sec., Platz 10-15
Trulli: 16. Runde: Reifenwechsel von superweich auf weich in total 31,0 sec., Platz 15-18
Petrov: 16. Runde: Reifenwechsel von weich auf weich in total 30,8 sec., Platz 16-19
Ricciardo: 15. Runde: 2. Stopp, Reifenwechsel von superweich auf superweich in total 34,7 sec., Platz 23
D'Ambrosio: 16. Runde: Reifenwechsel von weich auf superweich in total 31,7 sec., Platz 20
Alguersuari: 17. Runde: Reifenwechsel von weich auf weich in total 30,9 sec., Platz 14-18
Di Resta: 19. Runde: Reifenwechsel von weich auf superweich in 3,8 sec., total 30,7 sec., Platz 5-8
Trulli: 19. Runde: 2. Stopp, Reifenwechsel von weich auf weich in total 33,3 sec., Platz 22
Rosberg: 22. Runde: 2. Stopp, Reifenwechsel von superweich auf superweich in total 29,4 sec., Platz 6-9
Schumacher: 24. Runde: 2. Stopp, Reifenwechsel von superweich auf superweich in total 29,4 sec., Platz 5-9
Massa: 24. Runde: 3. Stopp, Reifenwechsel von weich auf superweich in total 30,4 sec., Platz 15
Alguersuari: 24. Runde: 2. Stopp, Drive-Through-Strafe wegen vermeidbarer Kollision mt Trulli, verliert total 24,2 sec., Platz 17-18
Alonso: 25. Runde: 2. Stopp, Reifenwechsel von weich auf weich in 4,0 sec., total 30,3 sec., Platz 4
Maldonado: 25. Runde: 2. Stopp, Reifenwechsel von weich auf superweich in total 30,1 sec., Platz 12-14
Kovalainen: 26. Runde: 2. Stopp, Reifenwechsel von weich auf weich in total 31,6 sec., Platz 16-18
Liuzzi: 26. Runde: 2. Stopp, Reifenwechsel von superweich auf superweich in total 32,1 sec., Platz 21-22
Webber: 29. Runde: 2. Stopp, Reifenwechsel von weich auf weich in 4,6 sec., total 31,2 sec., Platz 3-4
D'Ambrosio: 28. Runde: 2. Stopp, Reifenwechsel von superweich auf weich in total 31,5 sec., Platz 19-18
Di Resta: 29. Runde: 2. Stopp, Reifenwechsel von superweich auf weich in total 29,7 sec., Platz 5
Sutil: 29. Runde: 2. Stopp, Reifenwechsel von weich auf weich in total 33,4 sec., Platz 6-7
Rosberg: 29. Runde: 3. Stopp, Reifenwechsel von superweich auf weich in total 30,2 sec., Platz 7-6
Pérez: 29. Runde: 2. Stopp, Nach Kontakt mit Schumacher Reifenplatten - daher Reifenwechsel von weich auf superweich, verliert total 33,3 sec., Platz 8
Ricciardo: 27. Runde: 3. Stopp, Reifenwechsel von superweich auf weich in total 33,0 sec., Platz 23
Senna: 28. Runde: 3. Stopp, Reifenwechsel von superweich auf superweich in total 30,8 sec., Platz 20-19
Hamilton: 29. Runde: 4. Stopp, Reifenwechsel von weich auf superweich in total 30,7 sec., Platz 9-10
Vettel: 30. Runde: 2. Stopp, Reifenwechsel von weich auf weich in 3,9 sec., total 30,8 sec., Platz 1
Kobayashi: 29. Runde: 2. Stopp, Reifenwechsel von weich auf superweich in total 31,6 sec., Platz 13-14
Button: 30. Runde: 2. Stopp, Reifenwechsel von weich auf weich in 3,4 sec., total 29,9 sec., Platz 2
Petrov: 29. Runde: 2. Stopp, Reifenwechsel von weich auf superweich in total 30,6 sec., Platz 15-17
Barrichello: 30. Runde: 2. Stopp, Reifenwechsel von weich auf weich in total 30,5 sec., Platz 9-12
Buemi: 31. Runde: 2. Stopp, Reifenwechsel von weich auf weich in total 31,3 sec., Platz 11-13
Alguersuari: 35. Runde: 3. Stopp, Reifenwechsel von weich auf superweich in total 31,8 sec., Platz 18-19
Kobayashi: 40. Runde: 3. Stopp, Drive-Through-Strafe wegen Ignorierens der blauen Flaggen, verliert total 24,7 sec., Platz 14
Massa: 41. Runde: 4. Stopp, Reifenwechsel von superweich auf weich in total 30,9 sec., Platz 12-13
Maldonado: 45. Runde: 3. Stopp, Reifenwechsel von superweich auf weich in 4,0 sec., total 30,4 sec., Platz 12-13

Trulli:	44. Runde: 3. Stopp, Reifenwechsel von weich auf weich in total 31,1 sec., Platz 20-22
Webber:	47. Runde: 3. Stopp, Reifenwechsel von weich auf superweich in 3,9 sec., total 30,4 sec., Platz 3-4
Liuzzi:	45. Runde: 3. Stopp, Reifenwechsel von superweich auf superweich in total 31,6 sec., Platz 20-22
Button:	48. Runde: 3. Stopp, Reifenwechsel von weich auf superweich in 3,6 sec., total 30,3 sec., Platz 2
Hamilton:	48. Runde: 5. Stopp, Reifenwechsel von superweich auf weich in 3,6 sec., total 29,8 sec., Platz 5-9
Kovalainen:	47. Runde: 3. Stopp, Reifenwechsel von weich auf weich in total 31,2 sec., Platz 17
Vettel:	49. Runde: 3. Stopp, Reifenwechsel von weich auf superweich in 3,7 sec., total 30,7 sec., Platz 1
Petrov:	47. Runde: 3. Stopp, Reifenwechsel von superweich auf superweich in total 30,4 sec., Platz 18-19
Alonso:	49. Runde: 3. Stopp, Reifenwechsel von weich auf weich in 3,6 sec., total 29,9 sec., Platz 3-4
Buemi:	49. Runde: 3. Stopp, Reifenwechsel von weich auf superweich in total 32,7 sec., Platz 12-13
Liuzzi:	46. Runde: 4. Stopp, Reifenwechsel von superweich auf weich in total 42,9 sec., Platz 22
Senna:	48. Runde: 4. Stopp, Reifenwechsel von superweich auf superweich in total 30,9 sec., Platz 16
Kobayashi:	53. Runde: 4. Stopp, Reifenwechsel von superweich auf superweich in total 30,8 sec., Platz 14-15

Ausfälle:

Glock:	10. Runde: Nach Unfall schleppt sich Glock mit Aufhängungsbruch rechts hinten an die Box, Platz 22
Schumacher:	29. Runde: Kollision mit Pérez in Kurve 8, Platz 9
Trulli:	48. Runde: Getriebeschaden, Platz 21
Alguersuari:	47. Runde: Unfall, Platz 21

Stand nach der 1. Runde:
1. Vettel, 2. Button, 3. Alonso, 4. Webber, 5. Massa, 6. Rosberg, 7. Schumacher, 8. Hamilton, 9. Sutil, 10. Di Resta

Safety Car-Phase:
30. bis 32. Runde um das Wrack und Wrackteile des Mercedes von Schumacher zu entfernen

Ergebnis:

1. Sebastian Vettel (Deutschland) Red Bull-Renault	1.59:06,757 = 155,810 km/h	
2. Jenson Button (England) McLaren-Mercedes	1.59:08,494 = 155,772 km/h	1,737 zurück
3. Mark Webber (Australien) Red Bull-Renault	1.59:36,036 = 155,174 km/h	29,279 zurück
4. Fernando Alonso (Spanien) Ferrari	2.00:02,206 = 154,610 km/h	55,449 zurück
5. Lewis Hamilton (England) McLaren-Mercedes	2.00:14,523 = 154,346 km/h	67,766 zurück
6. Paul Di Resta (Schottland) Force India-Mercedes	2.00:57,824 = 153,425 km/h	111,067 zurück
7. Nico Rosberg (Deutschland) Mercedes	1.59:07,583 = 153,237 km/h	1 Runde zurück
8. Adrian Sutil (Deutschland) Force India-Mercedes	1.59:07,965 = 153,228 km/h	1 Runde zurück
9. Felipe Massa (Brasilien) Ferrari	1.59:08,346 = 153,220 km/h	1 Runde zurück
10. Sergio Pérez (Mexiko) Sauber-Ferrari	1.59:10,653 = 153,171 km/h	1 Runde zurück
11. Pastor Maldonado (Venezuela) Williams-Cosworth	1.59:19,332 = 152,985 km/h	1 Runde zurück
12. Sébastien Buemi (Schweiz) Toro Rosso-Ferrari	1.59:19,941 = 152,972 km/h	1 Runde zurück
13. Rubens Barrichello (Brasilien) Williams-Cosworth	1.59:35,807 = 152,634 km/h	1 Runde zurück
14. Kamui Kobayashi (Japan) Sauber-Ferrari	1.59:40,313 = 149,995 km/h	2 Runden zurück
15. Bruno Senna (Brasilien) Renault	1.59:58,610 = 149,613 km/h	2 Runden zurück
16. Heikki Kovalainen (Finnland) Lotus-Renault	2.00:20,977 = 149,150 km/h	2 Runden zurück
17. Vitaly Petrov (Russland) Renault	2.00:36,150 = 148,837 km/h	2 Runden zurück
18. Jérôme D'Ambrosio (Belgien) Virgin-Cosworth	2.01:08,205 = 148,181 km/h	2 Runden zurück
19. Daniel Ricciardo (Australien) HRT-Cosworth	1.59:46,220 = 144,789 km/h	4 Runden zurück
20. Vitantonio Liuzzi (Italien) HRT-Cosworth	2.00:50,864 = 143,498 km/h	4 Runden zurück
21. Jaime Alguersuari (Spanien) Toro Rosso-Ferrari	1.54:07,646 = 149,281 km/h	Dreher

Alguersuari beendet nicht das Rennen, wird aber aufgrund der zurückgelegten Distanz gewertet

Schnellste Runde im Qualifying: Vettel (Red Bull-Renault): 1:44,381 = 174,962 km/h (erzielt in Phase 3)
Schnellste Runde im Rennen: Button (McLaren-Mercedes): 1:48,454 = 168,392 km/h

Höchstgeschwindigkeiten (Freitag, Training): 1. Sutil 291,3, 2. Massa 290,3, 3. Schumacher 290,0, 4. Webber 289,4, 5. Di Resta 288,2, 6. Vettel 288,0, 7. Hamilton 287,5, 8. Alonso 287,4, 9. Kobayashi 286,9, 10. Pérez 286,8, 11. Alguersuari 286,6, 12. Buemi 286,6, 13. Petrov 286,0, 14. Senna 285,9, 15. D'Ambrosio 284,7, 16. Button 284,5, 17. Maldonado 284,5, 18. Glock 283,3, 19. Barrichello 282,7, 20. Ricciardo 282,3, 21. Liuzzi 282,0, 22. Karthikeyan 280,1, 23. Kovalainen 279,8, 24. Trulli 279,8, 25. Rosberg 278,9

Höchstgeschwindigkeiten (Samstag, Qualifying): 1. Buemi 305,0, 2. Alguersuari 301,9, 3. Massa 300,1, 4. Alonso 299,9, 5. Rosberg 299,8, 6. Schumacher 299,0, 7. Petrov 298,1, 8. Barrichello 296,9, 9. Sutil 295,7, 10. Hamilton 295,5, 11. Di Resta 295,4, 12. Senna 295,0, 13. Button 295,0, 14. Maldonado 294,3, 15. Pérez 293,0, 16. Kobayashi 292,5, 17. Ricciardo 291,8, 18. Trulli 291,3, 19. Kovalainen 291,1, 20. Vettel 288,0, 21. Webber 287,9, 22. Glock 287,8, 23. Liuzzi 287,5, 24. D'Ambrosio 287,3

Höchstgeschwindigkeiten (Sonntag): 1. Alguersuari 305,0, 2. Buemi 303,4, 3. Hamilton 303,1, 4. Senna 302,7, 5. Maldonado 301,9, 6. Button 301,3, 7. Massa 301,0, 8. Rosberg 300,8, 9. Pérez 300,6, 10. Alonso 300,3, 11. Schumacher 298,8, 12. Petrov 298,3, 13. Barrichello 298,0, 14. Sutil 295,1, 15. Di Resta 295,0, 16. Kobayashi 293,9, 17. Kovalainen 293,9, 18. Ricciardo 291,3, 19. Trulli 290,5, 20. Vettel 289,4, 21. Webber 289,3, 22. D'Ambrosio 288,5, 23. Glock 288,1, 24. Liuzzi 287,6

Schnellste Runde jedes Fahrers im Rennen: 1. Button 1:48,454 (54.), 2. Vettel 1:48,688 (51.), 3. Webber 1:50,088 (54.), 4. Hamilton 1:50,832 (54.), 5. Alonso 1:50,891 (58.), 6. Kobayashi 1:51,329 (56.), 7. Buemi 1:52,197 (51.), 8. Massa 1:52,550 (26.), 9. Schumacher 1:53,096 (26.), 10. Maldonado 1:53,198 (50.), 11. Alguersuari 1:53,676 (37.), 12. Senna 1:53,774 (55.), 13. Kovalainen 1:54,063 (56.), 14. Petrov 1:54,204 (56.), 15. Di Resta 1:54,239 (41.), 16. Rosberg 1:54,383 (42.), 17. Sutil 1:54,564 (45.), 18. Pérez 1:54,615 (42.), 19. Barrichello 1:55,235 (40.), 20. Trulli 1:57,126 (25.), 21. Liuzzi 1:58,283 (41.), 22. D'Ambrosio 1:58,730 (22.), 23. Ricciardo 1:59,064 (40.), 24. Glock 2:00,412 (6.)

WM-Stand: 1. Vettel 309, 2. Button 185, 3. Alonso 184, 4. Webber 182, 5. Hamilton 168, 6. Massa 84, 7. Rosberg 62, 8. Schumacher 52, 9. Petrov 34, 10. Heidfeld 34, 11. Sutil 28, 12. Kobayashi 27, 13. Di Resta 20, 14. Alguersuari 16, 15. Buemi 13, 16. Pérez 9, 17. Barrichello 4, 18. Senna 2, 19. Maldonado 1

Konstrukteur-WM: 1. Red Bull-Renault 491, 2. McLaren-Mercedes 353, 3. Ferrari 268, 4. Mercedes 114, 5. Renault 70, 6. Force India-Mercedes 48, 7. Sauber-Ferrari 36, 8. Toro Rosso-Ferrari 29, 9. Williams-Cosworth 5

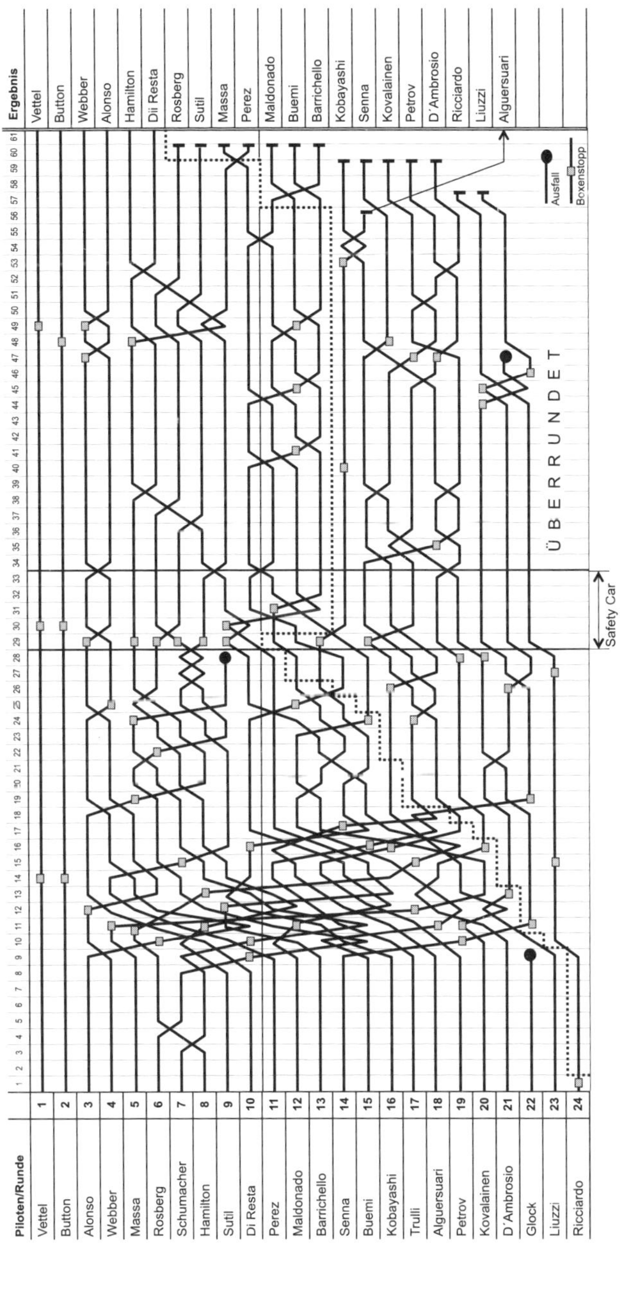

Piloten/Runde
Vettel
Button
Alonso
Webber
Massa
Rosberg
Schumacher
Hamilton
Sutil
Di Resta
Perez
Maldonado
Barrichello
Senna
Buemi
Kobayashi
Trulli
Alguersuari
Petrov
Kovalainen
D´Ambrosio
Glock
Liuzzi
Ricciardo
Ergebnis
Vettel
Button
Webber
Alonso
Hamilton
Dii Resta
Rosberg
Sutil
Massa
Perez
Maldonado
Buemi
Barrichello
Kobayashi
Senna
Kovalainen
Petrov
D´Ambrosio
Ricciardo
Liuzzi
Alguersuari
Safety Car
Ü B E R R U N D E T
Ausfall
Boxenstopp

Lauf 15 - Großer Preis von Japan - Suzuka, 9. Oktober 2011

1. Training (Freitag Vormittag): 1. Button 1:33,634, 2. Hamilton 1:33,725, 3. Vettel 1:34,090, 4. Alonso 1:34,372, 5. Webber 1:34,426, 6. Alguersuari 1:34,937, 7. Massa 1:35,585, 8. Buemi 1:35,590, 9. Schumacher 1:36,033, 10. Petrov 1:36,370, 11. Senna 1:36,487, 12. Hülkenberg 1:36,700, 13. Kobayashi 1:36,948, 14. Di Resta 1:36,949, 15. Pérez 1:37,103, 16. Rosberg 1:38,197, 17. Barrichello 1:38,331, 18. Maldonado 1:38,446, 19. Trulli 1:39,168, 20. Chandhok 1:39,946, 21. Glock 1:40,872, 22. D'Ambrosio 1:41,019, 23. Ricciardo 1:41,106, 24. Karthikeyan 1:41,775

2. Training (Freitag Nachmittag): 1. Button 1:31,901, 2. Alonso 1:32,075, 3. Vettel 1:32,095, 4. Webber 1:32,147, 5. Massa 1:32,448, 6. Schumacher 1:32,710, 7. Rosberg 1:32,982, 8. Hamilton 1:33,245, 9. Petrov 1:33,446, 10. Buemi 1:33,681, 11. Alguersuari 1:33,705, 12. Sutil 1:33,790, 13. Pérez 1:34,393, 14. Senna 1:34,557, 15. Di Resta 1:34,601, 16. Kobayashi 1:36,038, 17. Kovalainen 1:36,225, 18. Barrichello 1:37,123, 19. Glock 1:37,440, 20. D'Ambrosio 1:38,093, 21. Maldonado 1:38,387, 22. Ricciardo 1:38,763, 23. Trulli 1:39,800, 24. Liuzzi 1:42,480

3. Training (Samstag)		**Qualifying** (Samstag) **(1.Phase)**		**(2.Phase)**		**(3.Phase)**	
1. Button	1:31,255	1. Kobayashi	1:32,626	1. Hamilton	1:31,139	1. Vettel	1:30,466
2. Hamilton	1:31,762	2. Sutil	1:32,761	2. Vettel	1:31,424	2. Button	1:30,475
3. Vettel	1:32,122	3. Alonso	1:32,817	3. Button	1:31,434	3. Hamilton	1:30,617
4. Alonso	1:32,279	4. Hamilton	1:32,843	4. Webber	1:31,576	4. Massa	1:30,804
5. Webber	1:32,401	5. Petrov	1:32,877	5. Alonso	1:31,612	5. Alonso	1:30,886
6. Massa	1:32,429	6. Button	1:32,947	6. Massa	1:31,909	6. Webber	1:31,156
7. Schumacher	1:32,725	7. Vettel	1:33,051	7. Schumacher	1:32,116	7. Schumacher	-:--
8. Rosberg	1:32,878	8. Buemi	1:33,064	8. Petrov	1:32,245	8. Senna	-:--
9. Petrov	1:33,058	9. Webber	1:33,135	9. Senna	1:32,297	9. Petrov	-:--
10. Sutil	1:33,424	10. Massa	1:33,235	10. Kobayashi	1:32,380	10. Kobayashi	-.--
11. Buemi	1:33,469	11. Senna	1:33,359	11. Sutil	1:32,463		
12. Alguersuari	1:33,545	12. Di Resta	1:33,499	12. Di Resta	1:32,746		
13. Kobayashi	1:33,818	13. Schumacher	1:33,748	13. Barrichello	1:33,079		
14. Pérez	1:33,836	14. Maldonado	1:33,781	14. Maldonado	1:33,224		
15. Di Resta	1:33,990	15. Barrichello	1:33,921	15. Buemi	1:33,227		
16. Maldonado	1:34,321	16. Pérez	1:34,704	16. Alguersuari	1:33,427		
17. Senna	1:35,389	17. Alguersuari	1:35,111	17. Pérez	-:--		
18. Barrichello	1:35,651	18. Kovalainen	1:35,454				
19. Trulli	1:36,327	19. Trulli	1:35,514				
20. Kovalainen	1:36,912	20. D'Ambrosio	1:36,439				
21. D'Ambrosio	1:37,938	21. Glock	1:36,507				
22. Glock	1:38,011	22. Ricciardo	1:37,846				
23. Ricciardo	1:38,355	23. Rosberg	-:--				
24. Liuzzi	1:41,097	24. Liuzzi	-:--				

Startaufstellung: Zuerst die Piloten 1 bis 10 aus der dritten Qualifying-Phase, danach die Piloten 11-17 aus der zweiten Qualifying-Phase, dahinter die Piloten 18-24 aus der ersten Qualifying-Phase - inklusive Strafversetzungen:

1. Sebastian Vettel
Red Bull-Renault RB7 V8
1:30,466

2. Jenson Button
McLaren-Mercedes MP4/26 V8
1:30,475

3. Lewis Hamilton
McLaren-Mercedes MP4/26 V8
1:30,617

4. Felipe Massa
Ferrari 150° Italia V8
1:30,804

5. Fernando Alonso
Ferrari 150° Italia V8
1:30,886

6. Mark Webber
Red Bull-Renault RB7 V8
1:31,156

7. Kamui Kobayashi
Sauber-Ferrari C30 V8
keine Zeit

8. Michael Schumacher
Mercedes MGP W02
keine Zeit

9. Bruno Senna
Renault R31 V8
keine Zeit

10. Vitaly Petrov
Renault R31 V8
keine Zeit

11. Adrian Sutil
Force India-Mercedes VJM04 V8
1:32,463

12. Paul Di Resta
Force India-Mercedes VJM04 V8
1:32,746

13. Rubens Barrichello
Williams-Cosworth FW33 V8
1:33,079

14. Pastor Maldonado
Williams-Cosworth FW33 V8
1:33,224

15. Sébastien Buemi
Toro Rosso-Ferrari STR6 V8
1:33,227

16. Jaime Alguersuari
Toro Rosso-Ferrari STR6 V8
1:33,427

17. Sergio Pérez
Sauber-Ferrari C30 V8
keine Zeit

18. Heikki Kovalainen
Lotus-Renault T128 V8
1:35,454

19. Jarno Trulli
Lotus-Renault T128 V8
1:35,514

20. Jérôme D'Ambrosio
Virgin-Cosworth MVR-02 V8
1:36,439

21. Timo Glock
Virgin-Cosworth MVR-02 V8
1:36,507

22. Daniel Ricciardo
HRT-Cosworth HRT F111 V8
1:37,846

23. Nico Rosberg
Mercedes MGP W02
keine Zeit

24. Vitantonio Liuzzi
HRT-Cosworth HRT F111 V8
keine Zeit

Gemäss Artikel 36.2b.1.–3. des FIA-Sportgesetzes wird die Reihung für Piloten ohne Zeit so festgelegt: Zunächst all jene Fahrer, die einen Quali-Versuch unternahmen, dann jene, die auf der Strecke waren, aber keinen Quali-Versuch unternahmen (z.B Abbruch der Aufwärmrunde), dahinter jene, die gar nicht auf der Bahn anzutreffen waren. Jene Fahrer, auf die das Gleiche zutrifft, werden nach ihren Startnummern sortiert.

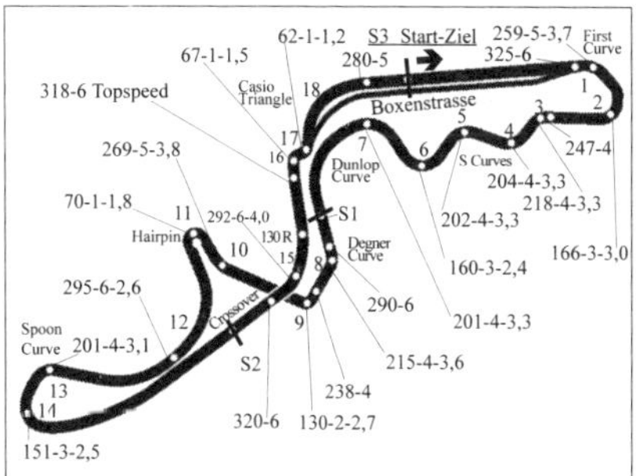

Legende: 132-2-2,1 = 132 km/h-2. Gang-2,1 Gravitation

Wetter am Renntag: Sonnig, trocken und warm,
24°-23° Lufttemperatur, 35°-26° Asphalttemperatur,
31-39 % Luftfeuchtigkeit, 102.000 Zuschauer am Renntag

Distanz: 53 Runden à 5,807 km = 307,471 km
Ziellinie 0,300 km hinter der Startlinie

Sieger 2010: Vettel (Red Bull-Renault),
1.30:27,323 = 203,948 km/h

Poleposition 2010: Vettel (Red Bull-Renault),
1:30,785 = 230,271 km/h

Schnellste Runde 2010: Webber (Red Bul-Renault),
1:33,474 = 223,647 km/h

Boxenstopps:

Hamilton: 8. Runde: Plattfuß rechts hinten, daher Reifenwechsel von weich auf weich, verliert total 21,0 sec., Platz 5-10
Sutil: 8. Runde: Reifenwechsel von weich auf weich in total 21,5 sec., Platz 9-18
Liuzzi: 8. Runde: Reifenwechsel von weich auf medium in total 28,2 sec., Platz 24
Vettel: 9. Runde: Reifenwechsel von weich auf weich in 4,6 sec., total 22,3 sec., Platz 1-5
Schumacher: 9. Runde: Reifenwechsel von weich auf weich in total 20,6 sec., Platz 6-14
Button: 10. Runde: Reifenwechsel von weich auf weich in 3,5 sec., total 21,0 sec., Platz 1-3
Alonso: 10. Runde: Reifenwechsel von weich auf weich in 3,7 sec., total 21,1 sec., Platz 2-4
Webber: 10. Runde: Reifenwechsel von weich auf weich in total 21,8 sec., Platz 4-7
Di Resta: 10. Runde: Reifenwechsel von weich auf weich in total 21,9 sec., Platz 6-16
Kobayashi: 10. Runde: Reifenwechsel von weich auf weich in 6,5 sec., total 24,2 sec., Platz 11-19
Kovalainen: 10. Runde: Reifenwechsel von weich auf weich in total 21,4 sec., Platz 18-22
Massa: 11. Runde: Reifenwechsel von weich auf weich in total 21,3 sec., Platz 1-5
Buemi: 11. Runde: Reifenwechsel von weich auf weich in total 21,8 sec., Platz 9
Trulli: 11. Runde: Reifenwechsel von weich auf weich in total 21,6 sec., Platz 18-21
Ricciardo: 11. Runde: Reifenwechsel von weich auf weich in total 23,7 sec., Platz 23-22
Barrichello: 12. Runde: Reifenwechsel von weich auf weich in total 22,1 sec., Platz 9-16
Rosberg: 12. Runde: Reifenwechsel von medium auf weich in 3,2 sec., total 20,5 sec., Platz 15-17
Glock: 12. Runde: Reifenwechsel von weich auf weich (Reifen re. hi. lässt sich nicht sofort befestigen), verliert total 25,5 sec., Platz 20-22
D'Ambrosio: 13. Runde: Reifenwechsel von weich auf weich in total 23,0 sec., Platz 19-20
Senna: 15. Runde: Reifenwechsel von medium auf medium in total 25,9 sec., Platz 12-18
Maldonado: 16. Runde: Reifenwechsel von medium auf medium in total 21,3 sec., Platz 15-17
Alguersuari: 17. Runde: Reifenwechsel von medium auf weich in total 21,7 sec., Platz 15-18
Petrov: 18. Runde: Reifenwechsel von medium auf medium in 3,7 sec., total 21,3 sec., Platz 9-14
Vettel: 19. Runde: 2. Stopp, Reifenwechsel von weich auf weich in 3,9 sec., total 21,5 sec., Platz 2-5
Webber: 19. Runde: 2. Stopp, Reifenwechsel von weich auf weich in total 21,3 sec., Platz 6-7
Button: 20. Runde: 2. Stopp, Reifenwechsel von weich auf weich in total 20,7 sec., Platz 1-4
Glock: 19. Runde: 2. Stopp, Reifenwechsel von weich auf weich in total 21,7 sec., Platz 22
Pérez: 20. Runde: Reifenwechsel von medium auf weich in total 21,6 sec., Platz 10-14
Alonso: 21. Runde: 2. Stopp, Reifenwechsel von weich auf weich in total 21,3 sec., Platz 1-4
Hamilton: 21. Runde: 2. Stopp, Reifenwechsel von weich auf weich in 5,5 sec., total 22,8 sec., Platz 3-7
Massa: 22. Runde: 2. Stopp, Reifenwechsel von weich auf weich in 3,6 sec., total 21,2 sec., Platz 1-5
Kovalainen: 22. Runde: 2. Stopp, Reifenwechsel von weich auf weich in total 21,5 sec., Platz 17-19
Ricciardo: 22. Runde: 2. Stopp, Reifenwechsel von weich auf weich in total 23,1 sec., Platz 21-22
Sutil: 23. Runde: 2. Stopp, Reifenwechsel von weich auf weich in total 21,3 sec., Platz 8-14
D'Ambrosio: 23. Runde: 2. Stopp, Reifenwechsel von weich auf weich in total 22,2 sec., Platz 20
Schumacher: 24. Runde: 2. Stopp, Reifenwechsel von weich auf weich in 5,5 sec., total 22,5 sec., Platz 7
Di Resta: 24. Runde: 2. Stopp, Reifenwechsel von weich auf weich in total 21,9 sec., Platz 8-10
Kobayashi: 24. Runde: 2. Stopp, Reifenwechsel von weich auf medium in 4,9 sec., total 22,2 sec., Platz 9-13
Barrichello: 24. Runde: 2. Stopp, Reifenwechsel von weich auf weich in total 22,7 sec., Platz 10-14
Rosberg: 24. Runde: 2. Stopp, Reifenwechsel von weich auf weich in total 20,6 sec., Platz 12
Liuzzi: 23. Runde: 2. Stopp, Reifenwechsel von medium auf weich in total 24,7 sec., Platz 23
Trulli: 24. Runde: 2. Stopp, Reifenwechsel von weich auf weich in total 22,2 sec., Platz 18-19
Maldonado: 25. Runde: 2. Stopp, Reifenwechsel von medium auf weich in total 21,0 sec., Platz 17-18
Vettel: 33. Runde: 3. Stopp, Reifenwechsel von weich auf medium in 3,7 sec., total 21,7 sec., Platz 3-10
Webber: 34. Runde: 3. Stopp, Reifenwechsel von weich auf medium in 3,3 sec., total 21,4 sec., Platz 5-11
Hamilton: 35. Runde: 3. Stopp, Reifenwechsel von weich auf medium in total 21,2 sec., Platz 4-10
Di Resta: 35. Runde: 3. Stopp, Reifenwechsel von weich auf medium in total 21,5 sec., Platz 7-16
Senna: 35. Runde: 2. Stopp, Reifenwechsel von medium auf weich in total 22,4 sec., Platz 19
Button: 36. Runde: 3. Stopp, Reifenwechsel von weich auf medium in 3,3 sec., total 20,9 sec., Platz 1-3
Massa: 36. Runde: 3. Stopp, Reifenwechsel von weich auf medium in total 21,1 sec., Platz 3-8
Alguersuari: 36. Runde: 2. Stopp, Reifenwechsel von weich auf weich in total 22,5 sec., Platz 15-18
Liuzzi: 35. Runde: 3. Stopp, Reifenwechsel von weich auf weich in total 22,6 sec., Platz 23
Alonso: 37. Runde: 3. Stopp, Reifenwechsel von weich auf medium in total 20,7 sec., Platz 1-3
Pérez: 37. Runde: 2. Stopp, Reifenwechsel von weich auf weich in total 24,4 sec., Platz 5-13
Sutil: 37. Runde: 3. Stopp, Reifenwechsel von weich auf medium in total 21,8 sec., Platz 10-14
Barrichello: 37. Runde: 3. Stopp, Reifenwechsel von weich auf medium in total 21,8 sec., Platz 14-16
Kovalainen: 37. Runde: 3. Stopp, Reifenwechsel von weich auf medium in total 22,5 sec., Platz 17-19
Glock: 36. Runde: 3. Stopp, Reifenwechsel von weich auf medium in total 22,8 sec., Platz 22

Trulli:	38. Runde: 3. Stopp, Reifenwechsel von weich auf medium in total 22,1 sec., Platz 15-19
D'Ambrosio:	37. Runde: 3. Stopp, Reifenwechsel von weich auf medium in total 24,2 sec., Platz 20-22
Petrov:	39. Runde: 2. Stopp, Reifenwechsel von medium auf weich in total 20,8 sec., Platz 9-14
Ricciardo:	38. Runde: 3. Stopp, Reifenwechsel von weich auf medium in total 22,9 sec., Platz 20-22
Schumacher:	41. Runde: 3. Stopp, Reifenwechsel von weich auf medium in total 20,8 sec., Platz 2-6
Rosberg:	41. Runde: 3. Stopp, Reifenwechsel von weich auf weich in total 20,8 sec., Platz 8-13
Maldonado:	41. Runde: 3. Stopp, Reifenwechsel von weich auf weich in total 21,0 sec., Platz 13-17

Ausfälle:

Buemi: 12. Runde: Unfall nachdem das Rad re. vo. beim 1. Stopp nicht korrekt befestigt wurde, Platz 9

Stand nach der 1. Runde:

1. Vettel, 2. Hamilton, 3. Button, 4. Massa, 5. Alonso, 6. Webber, 7. Schumacher, 8. Di Resta, 9. Sutil, 10. Petrov

Safety Car-Phase:

23. bis 26. Runde um einen Flügelteil des Ferrari von Massa in Kurve 7 nach Kontakt zwischen Massa und Hamilton und um einen Flügelteil des Red Bull-Renault von Webber nach Kontakt zwischen Webber und Schumacher in Kurve 16 zu entfernen

Ergebnis:

1. Jenson Button (England) McLaren-Mercedes	1.30:53,427 = 202,972 km/h	
2. Fernando Alonso (Spanien) Ferrari	1.30:54,587 = 202,929 km/h	1,160 zurück
3. Sebastian Vettel (Deutschland) Red Bull-Renault	1.30:55,433 = 202,897 km/h	2,006 zurück
4. Mark Webber (Australien) Red Bull-Renault	1.31:01,498 = 202,672 km/h	8,071 zurück
5. Lewis Hamilton (England) McLaren-Mercedes	1.31:17,695 = 202,073 km/h	24,268 zurück
6. Michael Schumacher (Deutschland) Mercedes	1.31:20,547 = 201,968 km/h	27,120 zurück
7. Felipe Massa (Brasilien) Ferrari	1.31:21,667 = 201,926 km/h	28,240 zurück
8. Sergio Pérez (Mexiko) Sauber-Ferrari	1.31:32,804 = 201,517 km/h	39,377 zurück
9. Vitaly Petrov (Russland) Renault	1.31:36,034 = 201,398 km/h	42,607 zurück
10. Nico Rosberg (Deutschland) Mercedes	1.31:37,749 = 201,336 km/h	44,322 zurück
11. Adrian Sutil (Deutschland) Force India-Mercedes	1.31:47,874 = 200,966 km/h	54,447 zurück
12. Paul Di Resta (Schottland) Force India-Mercedes	1.31:55,753 = 200,678 km/h	62,326 zurück
13. Kamui Kobayashi (Japan) Sauber-Ferrari	1.31:57,132 = 200,628 km/h	63,705 zurück
14. Pastor Maldonado (Venezuela) Williams-Cosworth	1.31:57,621 = 200,611 km/h	64,194 zurück
15. Jaime Alguersuari (Spanien) Toro Rosso-Ferrari	1.32:00,050 = 200,522 km/h	66,623 zurück
16. Bruno Senna (Brasilien) Renault	1.32:06,055 = 200,304 km/h	72,628 zurück
17. Rubens Barrichello (Brasilien) Williams-Cosworth	1.32:07,618 = 200,248 km/h	74,191 zurück
18. Heikki Kovalainen (Finnland) Lotus-Renault	1.32:21,251 = 199,755 km/h	87,824 zurück
19. Jarno Trulli (Italien) Lotus-Renault	1.32:29,567 = 199,456 km/h	96,140 zurück
20. Timo Glock (Deutschland) Virgin-Cosworth	1.31:41,117 = 193,612 km/h	2 Runden zurück
21. Jérôme D'Ambrosio (Belgien) Virgin-Cosworth	1.31:42,392 = 193,567 km/h	2 Runden zurück
22. Daniel Ricciardo (Australien) HRT-Cosworth	1.31:44,888 = 193,479 km/h	2 Runden zurück
23. Vitantonio Liuzzi (Italien) HRT-Cosworth	1.30:59,218 = 191,269 km/h	3 Runden zurück

Schnellste Runde im Qualifying: Vettel (Red Bull-Renault): 1:30,466 = 231,083 km/h (erzielt in Phase 3)

Schnellste Runde im Rennen: Button (McLaren-Mercedes): 1:36,568 = 216,481 km/h

Höchstgeschwindigkeiten (Freitag, Training): 1. Webber 309,8, 2. Alguersuari 309,7, 3. Vettel 309,7, 4. Buemi 309,4, 5. Alonso 309,1, 6. Massa 306,7, 7. Petrov 306,1, 8. Senna 305,6, 9. Button 305,1, 10. Schumacher 305,1, 11. Rosberg 304,7, 12. Hamilton 304,5, 13. Maldonado 302,6, 14. Pérez 301,7, 15. Glock 301,4, 16. Di Resta 300,4, 17. D'Ambrosio 300,2, 18. Sutil 300,0, 19. Kobayashi 299,8, 20. Barrichello 298,4, 21. Kovalainen 294,7, 22. Hülkenberg 293,0, 23. Karthikeyan 292,2, 24. Ricciardo 287,6, 25. Trulli 285,1, 26. Chandhok 279,5, 27. Liuzzi 271,8

Höchstgeschwindigkeiten (Samstag, Qualifying): 1. Alguersuari 313,8, 2. Buemi 313,1, 3. Alonso 311,8, 4. Schumacher 310,7, 5. Webber 310,5, 6. Di Resta 310,3, 7. Button 310,3, 8. Petrov 310,0, 9. Senna 309,4, 10. Sutil 309,2, 11. Massa 309,1, 12. Hamilton 308,4, 13. Maldonado 308,3, 14. Vettel 308,3, 15. Kobayashi 307,5, 16. Pérez 304,3, 17. D'Ambrosio 303,5, 18. Barrichello 302,8, 19. Glock 302,6, 20. Ricciardo 300,4, 21. Kovalainen 298,4, 22. Trulli 296,9, 23. Rosberg 294,6, 24. Liuzzi 278,4

Höchstgeschwindigkeiten (Sonntag): 1. Webber 310,5, 2. Petrov 310,1, 3. Rosberg 306,3, 4. Di Resta 305,8, 5. Alguersuari 305,6, 6. Maldonado 303,8, 7. Sutil 303,7, 8. Schumacher 303,1, 9. Vettel 302,8, 10. Massa 302,7, 11. Senna 302,6, 12. Button 302,4, 13. Buemi 299,6, 14. Trulli 299,2, 15. Barrichello 299,2, 16. Pérez 298,5, 17. Alonso 297,4, 18. Hamilton 296,7, 19. Kobayashi 295,8, 20. Kovalainen 295,5, 21. D'Ambrosio 294,7, 22. Ricciardo 294,5, 23. Liuzzi 290,7, 24. Glock 290,7

Schnellste Runde jedes Fahrers im Rennen: 1. Button 1:36,568 (52.), 2. Pérez 1:36,569 (39.), 3. Rosberg 1:36,614 (50.), 4. Alonso 1:36,682 (50.), 5. Webber 1:36,828 (47.), 6. Vettel 1:36,916 (52.), 7. Petrov 1:37,053 (47.), 8. Alguersuari 1:37,411 (41.), 9. Hamilton 1:37,645 (49.), 10. Maldonado 1:37,645 (50.), 11. Massa 1:37,800 (50.), 12. Schumacher 1:37,916 (53.), 13. Di Resta 1:37,970 (43.), 14. Sutil 1:38,133 (43.), 15. Senna 1:38,407 (42.), 16. Barrichello 1:39,080 (53.), 17. Kovalainen 1:39,297 (50.), 18. Trulli 1:39,561 (49.), 19. Kobayashi 1:39,724 (44.), 20. Ricciardo 1:41,437 (49.), 21. Glock 1:41,704 (46.), 22. D'Ambrosio 1:41,794 (45.), 23. Buemi 1:42,107 (6.), 24. Liuzzi 1:42,409 (37.)

WM-Stand: 1. Vettel 324, 2. Button 210, 3. Alonso 202, 4. Webber 194, 5. Hamilton 178, 6. Massa 90, 7. Rosberg 63, 8. Schumacher 60, 9. Petrov 36, 10. Heidfeld 34, 11. Sutil 28, 12. Kobayashi 27, 13. Di Resta 20, 14. Alguersuari 16, 15. Pérez 13, 16. Buemi 13, 17. Barrichello 4, 18. Senna 2, 19. Maldonado 1

Konstrukteur-WM: 1. Red Bull-Renault 518, 2. McLaren-Mercedes 388, 3. Ferrari 292, 4. Mercedes 123, 5. Renault 72, 6. Force India-Mercedes 48, 7. Sauber-Ferrari 40, 8. Toro Rosso-Ferrari 29, 9. Williams-Cosworth 5

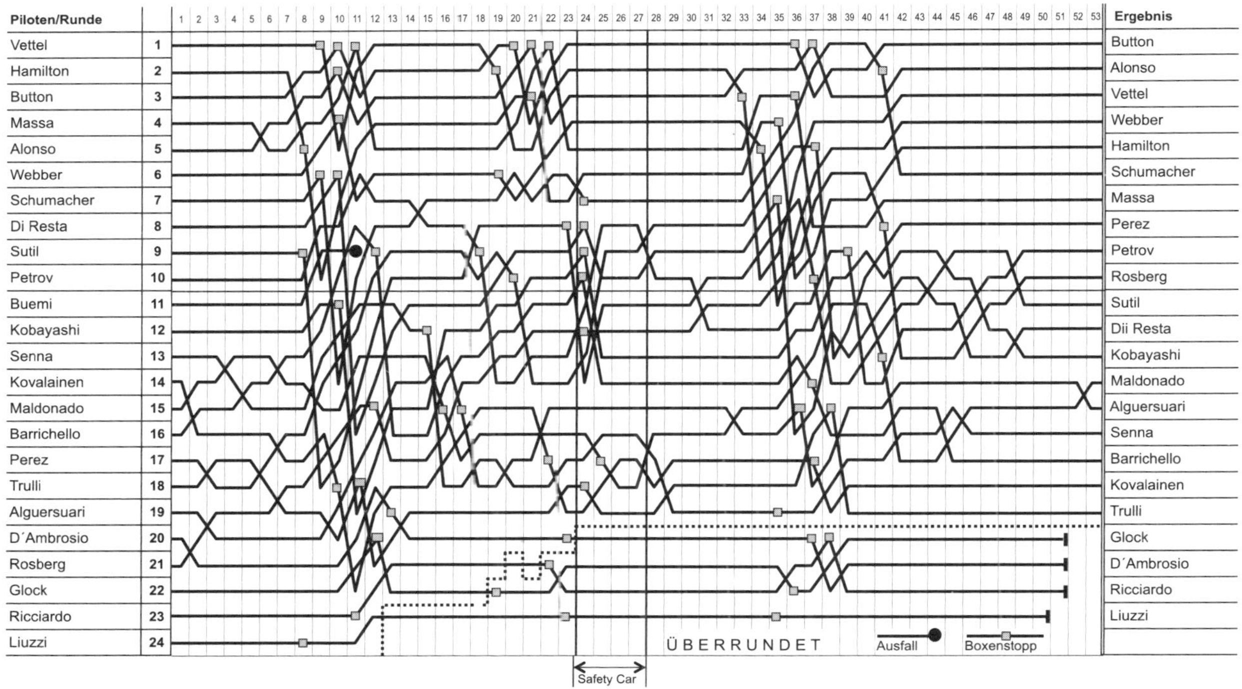

Piloten/Runde
1 2 3 4 5 6 7 8 9 10 11 12 13 14 15 16 17 18 19 20 21 22 23 24 25 26 27 28 29 30 31 32 33 34 35 36 37 38 39 40 41 42 43 44 45 46 47 48 49 50 51 52 53
Ergebnis
Vettel 1
Hamilton 2
Button 3
Massa 4
Alonso 5
Webber 6
Schumacher 7
Di Resta 8
Sutil 9
Petrov 10
Buemi 11
Kobayashi 12
Senna 13
Kovalainen 14
Maldonado 15
Barrichello 16
Perez 17
Trulli 18
Alguersuari 19
D´Ambrosio 20
Rosberg 21
Glock 22
Ricciardo 23
Liuzzi 24
Button
Alonso
Vettel
Webber
Hamilton
Schumacher
Massa
Perez
Petrov
Rosberg
Sutil
Dii Resta
Kobayashi
Maldonado
Alguersuari
Senna
Barrichello
Kovalainen
Trulli
Glock
D´Ambrosio
Ricciardo
Liuzzi
ÜBERRUNDET
Ausfall
Boxenstopp
Safety Car

Lauf 16 - Großer Preis von Korea - Yeongam, 16. Oktober 2011

1. Training (Freitag Vormittag): 1. Schumacher 2:02,784, 2. Vettel 2:02,840, 3. Di Resta 2:02,912, 4. Sutil 2:03,141, 5. Buemi 2:03,182, 6. Kobayashi 2:03,292, 7. Hamilton 2:03,391, 8. Rosberg 2:04,311, 9. Pérez 2:04,797, 10. Webber 2:05,183, 11. Chandhok 2:06,350, 12. Maldonado 2:06,852, 13. Vergne 2:07,541, 14. Barrichello 2:08,218, 15. Karthikeyan 2:08,832, 16. Ricciardo 2:09,232, 17. D'Ambrosio 2:12,658, 18. Glock 2:14,508, 19. Massa keine Zeit, 20. Alonso keine Zeit, 21. Senna keine Zeit, 22. Petrov keine Zeit, 23. Kovalainen keine Zeit, 24. Button keine Zeit

2. Training (Freitag Nachmittag): 1. Hamilton 1:50,828, 2. Button 1:50,932, 3. Vettel 1:52,646, 4. Alonso 1:52,774, 5. Webber 1:53,049, 6. Alguersuari 1:53,402, 7. Massa 1:53,707, 8. Rosberg 1:53,914, 9. Buemi 1:53,948, 10. Di Resta 1:53,957, 11. Petrov 1:54,200, 12. Sutil 1:54,392, 13. Barrichello 1:54,831, 14. Schumacher 1:54,965, 15. Senna 1:55,187, 16. Pérez 1:55,203, 17. Kobayashi 1:55,544, 18. Maldonado 1:56,067, 19. Kovalainen 1:56,669, 20. Trulli 1:57,173, 21. Glock 1:58,269, 22. D'Ambrosio 1:59,458, 23. Ricciardo 1:59,958, 24. Liuzzi 2:00,165

3. Training (Samstag)		**Qualifying** (Samstag) **(1.Phase)**			**(2.Phase)**		**(3.Phase)**
1. Button	1:36,910	1. Hamilton	1:37,525	1. Hamilton	1:36,526	1. Hamilton	1:35,820
2. Hamilton	1:37,199	2. Button	1:37,929	2. Vettel	1:37,285	2. Vettel	1:36,042
3. Webber	1:37,723	3. Petrov	1:38,378	3. Webber	1:37,292	3. Button	1:36,126
4. Alonso	1:38,029	4. Alonso	1:38,393	4. Button	1:37,302	4. Webber	1:36,468
5. Massa	1:38,434	5. Rosberg	1:38,426	5. Massa	1:37,313	5. Massa	1:36,831
6. Schumacher	1:39,559	6. Schumacher	1:38,502	6. Alonso	1:37,352	6. Alonso	1:36,980
7. Petrov	1:39,612	7. Di Resta	1:38,549	7. Rosberg	1:37,892	7. Rosberg	1:37,754
8. Sutil	1:39,660	8. Massa	1:38,670	8. Petrov	1:38,186	8. Petrov	1:38,124
9. Vettel	1:39,695	9. Sutil	1:38,789	9. Sutil	1:38,219	9. Di Resta	-:--
10. Rosberg	1:39,743	10. Webber	1:39,071	10. Di Resta	1:38,254	10. Sutil	-:--
11. Di Resta	1:39,847	11. Vettel	1:39,093	11. Alguersuari	1:38,315		
12. Alguersuari	1:39,851	12. Pérez	1:39,097	12. Schumacher	1:38,354		
13. Buemi	1:39,964	13. Senna	1:39,316	13. Buemi	1:38,508		
14. Kobayashi	1:40,005	14. Buemi	1:39,352	14. Kobayashi	1:38,775		
15. Pérez	1:40,030	15. Alguersuari	1:39,392	15. Senna	1:38,791		
16. Senna	1:40,451	16. Maldonado	1:39,436	16. Maldonado	1:39,189		
17. Maldonado	1:40,529	17. Kobayashi	1:39,464	17. Pérez	1:39,443		
18. Barrichello	1:40,711	18. Barrichello	1:39,538				
19. Kovalainen	1:41,909	19. Kovalainen	1:40,522				
20. Trulli	1:41,945	20. Trulli	1:41,101				
21. Glock	1:43,275	21. Glock	1:42,091				
22. D'Ambrosio	1:44,377	22. D'Ambrosio	1:43,483				
23. Liuzzi	1:44,421	23. Liuzzi	1:43,758				
24. Ricciardo	1:45,143	24. Ricciardo	-:--				

Startaufstellung: Zuerst die Piloten 1 bis 10 aus der dritten Qualifying-Phase, danach die Piloten 11-17 aus der zweiten Qualifying-Phase, dahinter die Piloten 18-24 aus der ersten Qualifying-Phase - inklusive Strafversetzungen:

1. Lewis Hamilton
McLaren-Mercedes MP4/26 V8
1:35,820

2. Sebastian Vettel
Red Bull-Renault RB7 V8
1:36,042

3. Jenson Button
McLaren-Mercedes MP4/26 V8
1:36,126

4. Mark Webber
Red Bull-Renault RB7 V8
1:36,468

5. Felipe Massa
Ferrari 150° Italia V8
1:36,831

6. Fernando Alonso
Ferrari 150° Italia V8
1:36,980

7. Nico Rosberg
Mercedes MGP W02
1:37,754

8. Vitaly Petrov
Renault R31 V8
1:38,124

9. Paul Di Resta
Force India-Mercedes VJM04 V8
keine Zeit

10. Adrian Sutil
Force India-Mercedes VJM04 V8
keine Zeit

11. Jaime Alguersuari
Toro Rosso-Ferrari STR6 V8
1:38,315

12. Michael Schumacher
Mercedes MGP W02
1:38,354

13. Sébastien Buemi
Toro Rosso-Ferrari STR6 V8
1:38,508

14. Kamui Kobayashi
Sauber-Ferrari C30 V8
1:38,775

15. Bruno Senna
Renault R31 V8
1:38,791

16. Pastor Maldonado
Williams-Cosworth FW33 V8
1:39,189

17. Sergio Pérez
Sauber-Ferrari C30 V8
1:39,443

18. Rubens Barrichello
Williams-Cosworth FW33 V8
1:39,538

19. Heikki Kovalainen
Lotus-Renault T128 V8
1:40,522

20. Jarno Trulli
Lotus-Renault T128 V8
1:41,101

21. Timo Glock
Virgin-Cosworth MVR-02 V8
1:42,091

22. Jérôme D'Ambrosio
Virgin-Cosworth MVR-02 V8
1:43,483

23. Vitantonio Liuzzi
HRT-Cosworth HRT F111 V8
1:43,758

24. Daniel Ricciardo
HRT-Cosworth HRT F111 V8
keine Zeit

Ricciardo erreicht wegen technischer Probleme keine Zeit, darf aber dank FIA-Ausnahmegenehmigung am Grand Prix teilnehmen

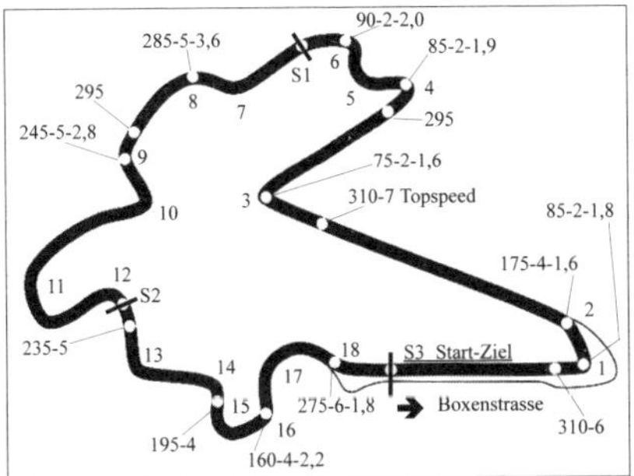

Legende: 132-2-2,1 = 132 km/h-2. Gang-2,1 Gravitation

Wetter am Renntag: Bedeckt, trocken und warm, 21° Lufttemperatur, 24°-25° Asphalttemperatur, 54-57 % Luftfeuchtigkeit, 60.000 Zuschauer am Renntag

Distanz: 55 Runden à 5.615 km = 308,630 km
Ziellinie 0,195 km hinter der Startlinie

Sieger 2010: Alonso (Ferrari),
2.48:20,810 = 110,067 km/h

Poleposition 2010: Vettel (Red Bull-Renault),
1.35,585 = 211,476 km/h

Schnellste Runde 2010: Alonso (Ferrari),
1:50,257 = 183,335 km/h

Boxenstopps:

Liuzzi: 1. Runde: Neue Nase nach Kontakt mit Virgin und Reifenwechsel von weich auf weich, verliert total 26,3 sec., Platz 24
Kobayashi: 10. Runde: Reifenwechsel von weich auf superweich in total 21,6 sec., Platz 17-19
Barrichello: 10. Runde: Reifenwechsel von superweich auf weich in total 21,7 sec., Platz 18-21
Di Resta: 11. Runde: Reifenwechsel von superweich auf superweich in total 22,0 sec., Platz 13-17
Trulli: 12. Runde: Reifenwechsel von superweich auf weich in total 22,4 sec., Platz 18-22
Button: 13. Runde: Reifenwechsel von superweich auf superweich in 3,5 sec., total 20,7 sec., Platz 6-11
Rosberg: 13. Runde: Reifenwechsel von superweich auf weich in 2,9 sec., total 20,0 sec., Platz 7-10
Senna: 13. Runde: Reifenwechsel von weich auf weich in total 21,1 sec., Platz 15-18
Kovalainen: 13. Runde: Reifenwechsel von superweich auf weich in total 21,9 sec., Platz 16-19
Webber: 14. Runde: Reifenwechsel von superweich auf weich in 3,9 sec., total 20,8 sec., Platz 3-5
Massa: 14. Runde: Reifenwechsel von superweich auf weich in 6,4 sec., total 23,6 sec., Platz 5-9
Petrov: 14. Runde: Reifenwechsel von superweich auf superweich in total 21,4 sec., Platz 6-13
Schumacher: 14. Runde: Reifenwechsel von superweich auf weich in total 20,2 sec., Platz 8-12
Buemi: 14. Runde: Reifenwechsel von superweich auf weich in total 22,0 sec., Platz 13-15
Hamilton: 15. Runde: Reifenwechsel von superweich auf superweich in 3,8 sec., total 20,8 sec., Platz 2
Alonso: 15. Runde: Reifenwechsel von superweich auf weich in 3,6 sec., total 20,9 sec., Platz 4-9
Vettel: 16. Runde: Reifenwechsel von superweich auf superweich in total 19,9 sec., Platz 1
Sutil: 16. Runde: Reifenwechsel von weich auf superweich in total 24,8 sec., Platz 8-10
Maldonado: 16. Runde: Reifenwechsel von weich auf weich in total 21,5 sec., Platz 10-11
Pérez: 16. Runde: Reifenwechsel von weich auf superweich in total 21,2 sec., Platz 11-13
Glock: 16. Runde: Reifenwechsel von weich auf weich in total 22,5 sec., Platz 20-19
Ricciardo: 16. Runde: Reifenwechsel von weich auf weich in total 23,1 sec., Platz 21-20
D'Ambrosio: 16. Runde: Reifenwechsel von weich auf weich in total 26,9 sec., Platz 22-21
Alguersuari: 17. Runde: Reifenwechsel von superweich auf superweich in 4,5 sec., total 22,3 sec., Platz 3-8
Liuzzi: 16. Runde: 2. Stopp, Reifenwechsel von weich auf weich in 3,7 sec., total 23,3 sec., Platz 23-22
Maldonado: 22. Runde: 2. Stopp, Drive-Through-Strafe wegen Einfahrens in die Boxengasse auf falscher Seite des Pollers, verliert total 13,9 sec., Platz 10-11
Kobayashi: 24. Runde: 2. Stopp, Neue Nase nach Kontakt mit Senna und Reifenwechsel von superweich auf superweich, verliert total 25,5 sec., Platz 17-21
Rosberg: 27. Runde: 2. Stopp, Reifenwechsel von weich auf weich in total 20,7 sec., Platz 8-14
Maldonado: 28. Runde: 3. Stopp, Reifenwechsel von weich auf weich in total 22,0 sec., Platz 17-21
Senna: 30. Runde: 2. Stopp, Reifenwechsel von weich auf superweich in total 21,8 sec., Platz 14-16
Di Resta: 31. Runde: 2. Stopp, Reifenwechsel von superweich auf weich in total 21,0 sec., Platz 11-13
Barrichello: 31. Runde: 2. Stopp, Reifenwechsel von weich auf weich in total 22,3 sec., Platz 13-16
Hamilton: 33. Runde: 2. Stopp, Reifenwechsel von superweich auf weich in 3,7 sec., total 20,5 sec., Platz 2-6
Webber: 33. Runde: 2. Stopp, Reifenwechsel von weich auf weich in 3,8 sec., total 20,8 sec., Platz 4-7
Vettel: 34. Runde: 2. Stopp, Reifenwechsel von superweich auf weich in 3,3 sec., total 20,1 sec., Platz 1-2
Button: 34. Runde: 2. Stopp, Reifenwechsel von superweich auf weich in 3,3 sec., total 20,7 sec., Platz 2-6
Massa: 34. Runde: 2. Stopp, Reifenwechsel von weich auf weich in total 21,0 sec., Platz 4-8
Sutil: 35. Runde: 2. Stopp, Reifenwechsel von superweich auf weich in total 21,9 sec., Platz 10-12
Buemi: 36. Runde: 2. Stopp, Reifenwechsel von weich auf superweich in total 21,9 sec., Platz 8-10
Pérez: 36. Runde: 2. Stopp, Reifenwechsel von superweich auf superweich in total 21,3 sec., Platz 10-13
Trulli: 36. Runde: 2. Stopp, Reifenwechsel von weich auf weich in total 22,8 sec., Platz 16-18
Alonso: 37. Runde: 2. Stopp, Reifenwechsel von weich auf weich in 3,4 sec., total 20,6 sec., Platz 2-5
Alguersuari: 37. Runde: 2. Stopp, Reifenwechsel von superweich auf weich in total 22,3 sec., Platz 6-8
Kovalainen: 38. Runde: 2. Stopp, Reifenwechsel von weich auf weich in total 22,6 sec., Platz 14-16
D'Ambrosio: 38. Runde: 2. Stopp, Reifenwechsel von weich auf superweich in total 22,4 sec., Platz 20
Liuzzi: 38. Runde: 3. Stopp, Reifenwechsel von weich auf superweich in total 22,0 sec., Platz 21
Glock: 41. Runde: 2. Stopp, Reifenwechsel von weich auf superweich in total 22,4 sec., Platz 18
Ricciardo: 41. Runde: 2. Stopp, Reifenwechsel von weich auf superweich in total 22,1 sec., Platz 19
Kobayashi: 42. Runde: 3. Stopp, Reifenwechsel von superweich auf superweich in total 21,4 sec., Platz 15-16
Pérez: 53. Runde: 3. Stopp, Reifenwechsel von superweich auf superweich in total 21,9 sec., Platz 14-16

Ausfälle:

Schumacher:	16. Runde: Motorschaden, Platz 12
Petrov:	17. Runde: Kollision mit Schumacher, Platz 19
Maldonado:	31. Runde: Kollision mit Petrov, Platz 21

Stand nach der 1. Runde:
1. Vettel, 2. Hamilton, 3. Webber, 4. Massa, 5. Alonso, 6. Button, 7. Rosberg, 8. Petrov, 9. Di Resta, 10. Schumacher

Safety Car-Phase:
16. bis 20. Runde um die Wrackteile des Mercedes von Schumacher nach der Kollision mit dem Renault von Petrov zu entfernen

Ergebnis:

1. Sebastian Vettel (Deutschland) Red Bull-Renault	1.38:01,994 = 188,893 km/h	
2. Lewis Hamilton (England) McLaren-Mercedes	1.38:14,013 = 188,507 km/h	12,019 zurück
3. Mark Webber (Australien) Red Bull-Renault	1.38:14,471 = 188,493 km/h	12,477 zurück
4. Jenson Button (England) McLaren-Mercedes	1.38:16,688 = 188,422 km/h	14,694 zurück
5. Fernando Alonso (Spanien) Ferrari	1.38:17,683 = 188,390 km/h	15,689 zurück
6. Felipe Massa (Brasilien) Ferrari	1.38:27,127 = 188,089 km/h	25,133 zurück
7. Jaime Alguersuari (Spanien) Toro Rosso-Ferrari	1.38:51,532 = 187,315 km/h	49,538 zurück
8. Nico Rosberg (Deutschland) Mercedes	1.38:56,047 = 187,173 km/h	54,053 zurück
9. Sébastien Buemi (Schweiz) Toro Rosso-Ferrari	1.39:04,756 = 186,898 km/h	62,762 zurück
10. Paul Di Resta (Schottland) Force India-Mercedes	1.39:10,596 = 186,715 km/h	68,602 zurück
11. Adrian Sutil (Deutschland) Force India-Mercedes	1.39:13,223 = 186,633 km/h	71,229 zurück
12. Rubens Barrichello (Brasilien) Williams-Cosworth	1.39:35,062 = 185,950 km/h	93,068 zurück
13. Bruno Senna (Brasilien) Renault	1.38:08,447 = 185,253 km/h	1 Runde zurück
14. Heikki Kovalainen (Finnland) Lotus-Renault	1.38:10,371 = 185,192 km/h	1 Runde zurück
15. Kamui Kobayashi (Japan) Sauber-Ferrari	1.38:23,507 = 184,780 km/h	1 Runde zurück
16. Sergio Pérez (Mexiko) Sauber-Ferrari	1.38:23,897 = 184,768 km/h	1 Runde zurück
17. Jarno Trulli (Italien) Lotus-Renault	1.38:45,660 = 184,089 km/h	1 Runde zurück
18. Timo Glock (Deutschland) Virgin-Cosworth	1.39:25,059 = 182,873 km/h	1 Runde zurück
19. Daniel Ricciardo (Australien) HRT-Cosworth	1.39:33,977 = 182,600 km/h	1 Runde zurück
20. Jérôme D'Ambrosio (Belgien) Virgin-Cosworth	1.39:36,409 = 182,526 km/h	1 Runde zurück
21. Vitantonio Liuzzi (Italien) HRT-Cosworth	1.38:34,293 = 177,608 km/h	3 Runden zurück

Beim nächsten Rennen wird **Petrov** 5 Startplätze zurück gereiht als Strafe für die verursachte Kollision mit Schumacher

Schnellste Runde im Qualifying: Hamilton (McLaren-Mercedes): 1:35,820 = 210,958 km/h (erzielt in Phase 3)

Schnellste Runde im Rennen: Vettel (Red Bull-Renault): 1:39,605 = 202,941 km/h

Höchstgeschwindigkeiten (Freitag, Training): 1. Alguersuari 305,1, 2. Schumacher 304,8, 3. Petrov 303,7, 4. Rosberg 303,5, 5. Senna 301,1, 6. Sutil 299,5, 7. Buemi 299,4, 8. Webber 299,2, 9. Liuzzi 298,2, 10. Maldonado 298,0, 11. Ricciardo 297,8, 12. Di Resta 297,2, 13. Trulli 296,8, 14. Kovalainen 296,3, 15. Vettel 295,6, 16. Alonso 294,4, 17. Kobayashi 293,6, 18. Glock 293,4, 19. Button 292,2, 20. D'Ambrosio 291,8, 21. Pérez 291,1, 22. Massa 290,7, 23. Hamilton 290,7, 24. Barrichello 290,3, 25. Vergne 283,3, 26. Karthikeyan 280,0, 27. Chandhok 271,6

Höchstgeschwindigkeiten (Samstag, Qualifying): 1. Alguersuari 320,3, 2. Buemi 320,0, 3. Schumacher 316,4, 4. Rosberg 316,4, 5. Kobayashi 316,0, 6. Massa 315,9, 7. Di Resta 315,8, 8. Senna 315,6, 9. Petrov 315,6, 10. Sutil 315,6, 11. Pérez 315,6, 12. Button 314,7, 13. Hamilton 314,6, 14. Maldonado 314,5, 15. Alonso 313,9, 16. Barrichello 313,7, 17. Vettel 312,5, 18. Webber 312,2, 19. Liuzzi 309,9, 20. Ricciardo 309,5, 21. D'Ambrosio 309,1, 22. Glock 308,9, 23. Kovalainen 308,3, 24. Trulli 308,1

Höchstgeschwindigkeiten (Sonntag): 1. Buemi 320,6, 2. Alguersuari 320,5, 3. Kobayashi 318,2, 4. Massa 317,1, 5. Schumacher 316,8, 6. Sutil 316,2, 7. Rosberg 316,1, 8. Alonso 316,0, 9. Button 315,8, 10. Petrov 315,4, 11. Senna 315,1, 12. Hamilton 314,1, 13. Pérez 313,4, 14. Vettel 312,9, 15. Di Resta 312,8, 16. Webber 312,6, 17. Maldonado 312,5, 18. Trulli 312,1, 19. Kovalainen 311,4, 20. Barrichello 310,9, 21. Ricciardo 309,2, 22. D'Ambrosio 308,6, 23. Glock 306,7, 24. Liuzzi 304,5

Schnellste Runde jedes Fahrers im Rennen: 1. Vettel 1:39,605 (55.), 2. Webber 1:40,294 (55.), 3. Hamilton 1:40,459 (54.), 4. Buemi 1:40,537 (50.), 5. Massa 1:40,541 (51.), 6. Alonso 1:40,547 (41.), 7. Button 1:40,709 (55.), 8. Alguersuari 1:40,940 (55.), 9. Rosberg 1:41,770 (49.), 10. Sutil 1:42,014 (49.), 11. Kobayashi 1:42,080 (45.), 12. Di Resta 1:42,102 (50.), 13. Barrichello 1:42,371 (54.), 14. Pérez 1:42,425 (39.), 15. Kovalainen 1:42,456 (52.), 16. Senna 1:42,549 (41.), 17. Trulli 1:43,009 (46.), 18. Glock 1:44,536 (53.), 19. Maldonado 1:44,689 (26.), 20. D'Ambrosio 1:44,746 (53.), 21. Ricciardo 1:44,870 (53.), 22. Schumacher 1:45,327 (13.), 23. Petrov 1:45,469 (10.), 24. Liuzzi 1:46,173 (45)

WM-Stand: 1. Vettel 349, 2. Button 222, 3. Alonso 212, 4. Webber 209, 5. Hamilton 196, 6. Massa 98, 7. Rosberg 67, 8. Schumacher 60, 9. Petrov 36, 10. Heidfeld 34, 11. Sutil 28, 12. Kobayashi 27, 13. Alguersuari 22, 14. Di Resta 21, 15. Buemi 15, 16. Pérez 13, 17. Barrichello 4, 18. Senna 2, 19. Maldonado 1

Konstrukteur-WM: 1. Red Bull-Renault 558, 2. McLaren-Mercedes 418, 3. Ferrari 310, 4. Mercedes 127, 5. Renault 72, 6. Force India-Mercedes 49, 7. Sauber-Ferrari 40, 8. Toro Rosso-Ferrari 37, 9. Williams-Cosworth 5

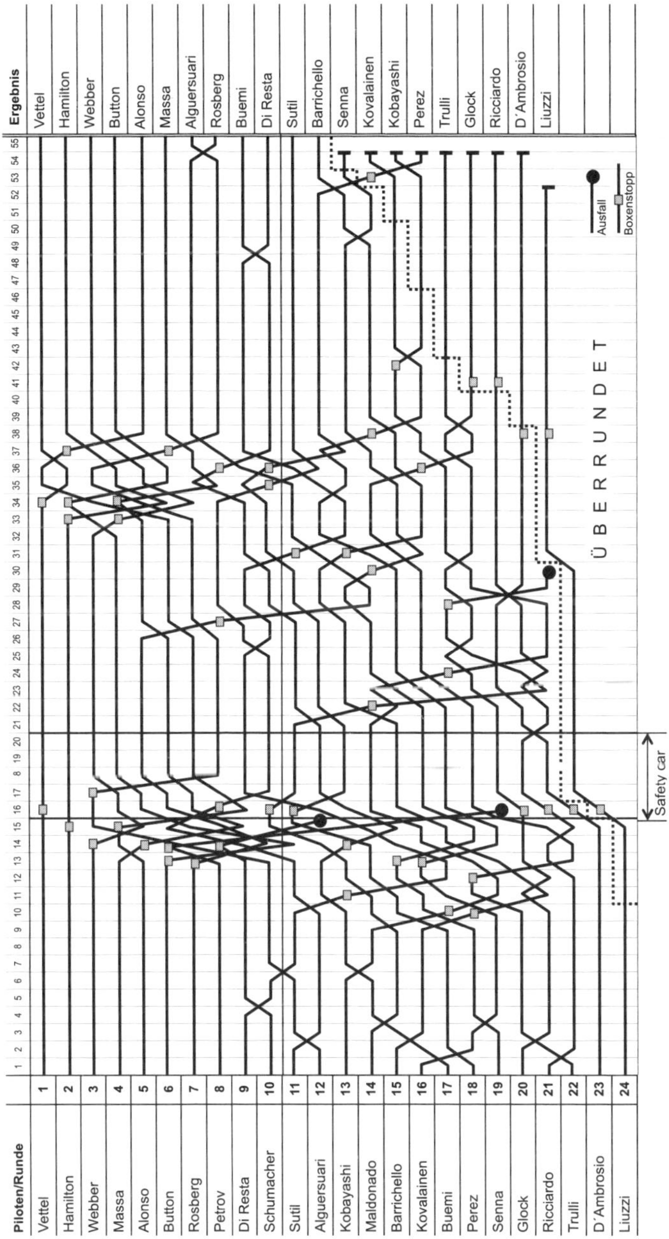
Piloten/Runde
Vettel
Hamilton
Webber
Massa
Alonso
Button
Rosberg
Petrov
Di Resta
Schumacher
Sutil
Alguersuari
Kobayashi
Maldonado
Barrichello
Kovalainen
Buemi
Perez
Senna
Glock
Ricciardo
Trulli
D´Ambrosio
Liuzzi
Ergebnis
Vettel
Hamilton
Webber
Button
Alonso
Massa
Alguersuari
Rosberg
Buemi
Di Resta
Sutil
Barrichello
Senna
Kovalainen
Kobayashi
Perez
Trulli
Glock
Ricciardo
D´Ambrosio
Liuzzi
Ü B E R R U N D E T
Safety car
Ausfall
Boxenstopp

Lauf 17 - Großer Preis von Indien - Greater Noida, 30. Oktober 2011

1. Training (Freitag Vormittag): 1. Hamilton 1:26,836, 2. Vettel 1:27,416, 3. Webber 1:27,428, 4. Button 1:28,394, 5. Schumacher 1:28,531, 6. Rosberg 1:28,542, 7. Massa 1:28,644, 8. Sutil 1:28,705, 9. Buemi 1:29,219, 10. Kobayashi 1:29,355, 11. Di Resta 1:29,700, 12. Petrov 1:29,705, 13. Senna 1:29,799, 14. Pérez 1:30,132, 15. Barrichello 1:30,367, 16. Alguersuari 1:30,566, 17. Maldonado 1:30,669, 18. Trulli 1:30,818, 19. Chandhok 1:32,487, 20. Glock 1:32,771, 21. Ricciardo 1:33,928, 22. Karthikeyan 1:34,113, 23. D'Ambrosio 1:35,796, 24. Alonso 1:35,899

2. Training (Freitag Nachmittag): 1. Massa 1:25,706, 2. Vettel 1:25,794, 3. Alonso 1:25,930, 4. Hamilton 1:26,454, 5. Webber 1:26,500, 6. Button 1:26,714, 7. Sutil 1:27,316, 8. Senna 1:27,498, 9. Di Resta 1:27,853, 10. Buemi 1:27,868, 11. Petrov 1:27,890, 12. Kobayashi 1:28,050, 13. Pérez 1:28,289, 14. Alguersuari 1:28,552, 15. Barrichello 1:28,691, 16. Maldonado 1:28,708, 17. Trulli 1:29,332, 18. Kovalainen 1:30,241, 19. Rosberg 1:31,098, 20. Glock 1:31,469, 21. Schumacher 1:31,804, 22. D'Ambrosio 1:32,593, 23. Ricciardo 1:32,768, 24. Karthikeyan 1:32,824

3. Training (Samstag)		**Qualifying** (Samstag) (**1.Phase**)			**(2.Phase)**		**(3.Phase)**
1. Vettel	1:24,824	1. Petrov	1:26,189	1. Vettel	1:24,657	1. Vettel	1:24,178
2. Button	1:25,191	2. Vettel	1:26,218	2. Hamilton	1:25,019	2. Hamilton	1:24,474
3. Webber	1:25,203	3. Button	1:26,225	3. Alonso	1:25,158	3. Webber	1:24,508
4. Hamilton	1:25,288	4. Sutil	1:26,271	4. Webber	1:25,282	4. Alonso	1:24,519
5. Alonso	1:25,784	5. Rosberg	1:26,364	5. Button	1:25,299	5. Button	1:24,950
6. Massa	1:26,058	6. Webber	1:26,473	6. Massa	1:25,522	6. Massa	1:25,122
7. Di Resta	1:26,785	7. Alguersuari	1:26,557	7. Rosberg	1:25,555	7. Rosberg	1:25,451
8. Rosberg	1:26,873	8. Hamilton	1:26,563	8. Sutil	1:26,140	8. Sutil	-:--
9. Sutil	1:26,958	9. Buemi	1:26,608	9. Buemi	1:26,161	9. Buemi	-:--
10. Buemi	1:27,146	10. Senna	1:26,766	10. Alguersuari	1:26,319	10. Alguersuari	-:--
11. Schumacher	1:27,217	11. Alonso	1:26,774	11. Petrov	1:26,319		
12. Senna	1:27,235	12. Schumacher	1:26,790	12. Schumacher	1:26,337		
13. Kobayashi	1:27,262	13. Maldonado	1:26,829	13. Di Resta	1:26,503		
14. Petrov	1:27,280	14. Di Resta	1:26,864	14. Maldonado	1:26,537		
15. Alguersuari	1:27,387	15. Massa	1:27,012	15. Senna	1:26,651		
16. Pérez	1:27,749	16. Pérez	1:27,249	16. Barrichello	1:27,247		
17. Maldonado	1:27,793	17. Barrichello	1:27,479	17. Pérez	1:27,562		
18. Barrichello	1:27,875	18. Kobayashi	1:27,876				
19. Trulli	1:29,355	19. Kovalainen	1:28,565				
20. Kovalainen	1:29,750	20. Trulli	1:28,752				
21. Glock	1:30,683	21. Ricciardo	1:30,216				
22. Karthikeyan	1:30,900	22. Karthikeyan	1:30,238				
23. D'Ambrosio	1:32,851	23. D'Ambrosio	1:30,866				
24. Ricciardo	1:33,246	24. Glock	1:34,046				

Startaufstellung: Zuerst die Piloten 1 bis 10 aus der dritten Qualifying-Phase, danach die Piloten 11-17 aus der zweiten Qualifying-Phase, dahinter die Piloten 18-24 aus der ersten Qualifying-Phase - inklusive Strafversetzungen:

1. Sebastian Vettel
Red Bull-Renault RB7 V8
1:24,178

2. Mark Webber
Red Bull-Renault RB7 V8
1:24,508

3. Fernando Alonso
Ferrari 150° Italia V8
1:24,519

4. Jenson Button
McLaren-Mercedes MP4/26 V8
1:24,950

5. Lewis Hamilton
McLaren-Mercedes MP4/26 V8
1:24,474

6. Felipe Massa
Ferrari 150° Italia V8
1:25,122

7. Nico Rosberg
Mercedes MGP W02
1:25,451

8. Adrian Sutil
Force India-Mercedes VJM04 V8
keine Zeit

9. Sébastien Buemi
Toro Rosso-Ferrari STR6 V8
keine Zeit

10. Jaime Alguersuari
Toro Rosso-Ferrari STR6 V8
keine Zeit

11. Michael Schumacher
Mercedes MGP W02
1:26,337

12. Paul Di Resta
Force India-Mercedes VJM04 V8
1:26,503

13. Pastor Maldonado
Williams-Cosworth FW33 V8
1:26,537

14. Bruno Senna
Renault R31 V8
1:26,651

15. Rubens Barrichello
Williams-Cosworth FW33 V8
1:27,247

16. Vitaly Petrov
Renault R31 V8
1:26,319

17. Kamui Kobayashi
Sauber-Ferrari C30 V8
1:27,876

18. Heikki Kovalainen
Lotus-Renault T128 V8
1:28,565

19. Jarno Trulli
Lotus-Renault T128 V8
1:28,752

20. Sergio Pérez
Sauber-Ferrari C30 V8
1:27,562

21. Jérôme D'Ambrosio
Virgin-Cosworth MVR-02 V8
1:30,866

22. Timo Glock
Virgin-Cosworth MVR-02 V8
1:34,046

23. Daniel Ricciardo
HRT-Cosworth HRT F111 V8
1:30,216

24. Narain Karthikeyan
HRT-Cosworth HRT F111 V8
1:30,238

Petrov wird wegen der verursachten Kollision mit Schumacher beim vorigen Grand Prix um fünf Startpositionen strafversetzt
Hamilton sowie **Pérez** werden um drei Ränge zurück gereiht weil sie im 1. Training in Kurve 16 die doppelt geschwenkten gelben Flaggen ignoriert und damit die sich in der Nähe befundenen Streckenposten in Gefahr gebracht haben
Ricciardo und **Glock** werden nach Getriebewechsel um 5 Plätze nach hinten versetzt
Karthikeyan wird wegen Behinderns von Schumacher in Kurve 10 um 5 Plätze nach hinten versetzt

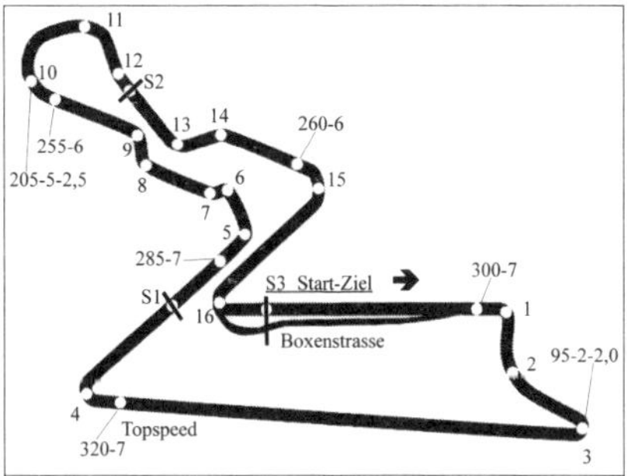

Legende: 132-2-2,1 = 132 km/h-2. Gang-2,1 Gravitation

Wetter am Renntag: Heiss und trocken
31°-30° Lufttemperatur, 38°-35° Asphalttemperatur,
19-23 % Lufttfeuchtigkeit, 90.000 Zuschauer am Renntag

Distanz: 60 Runden à 5,125 km = 307,249 km
Ziellinie 0,251 km hinter der Startlinie

Sieger 2010: Noch nicht gefahren

Poleposition 2010: Noch nicht gefahren

Schnellste Runde 2010: Noch nicht gefahren

Boxenstopps:

Pérez: 1. Runde: Reifenwechsel von hart auf weich in total 22,6 sec., Platz 20
Glock: 1. Runde: Check nach Kollision mit Kobayashi und Reifenwechsel von weich auf weich in total 27,3 sec., Platz 21
Barrichello: 1. Runde: Neue Nase nach Kontakt mit Maldonado und Reifenwechsel von weich auf hart, verliert total 33,6 sec., Platz 22
Trulli: 1. Runde: Reifenwechsel nach Reifenplatten re. hi. nach Kontakt mit einem HRT-Cosworth von weich auf weich, verliert total 40,7 sec., Platz 23
Di Resta: 2. Runde: Reifenwechsel von hart auf weich in total 21,5 sec., Platz 16-19
Petrov: 3. Runde: Reifenwechsel von hart auf weich in total 27,1 sec., Platz 15-20
Sutil: 15. Runde: Reifenwechsel von weich auf weich in 3,6 sec., total 21,4 sec., Platz 11-13
Webber: 16. Runde: Reifenwechsel von weich auf weich in total 21,3 sec., Platz 3-5
Alonso: 16. Runde: Reifenwechsel von weich auf weich in total 21,8 sec., Platz 4-7
Hamilton: 16. Runde: Reifenwechsel von weich auf weich in 4,5 sec., total 22,5 sec., Platz 6-8
Alguersuari: 16. Runde: Reifenwechsel von weich auf weich in total 22,8 sec., Platz 10-12
Massa: 17. Runde: Reifenwechsel von weich auf weich in 3,6 sec., total 21,8 sec., Platz 3-5
Rosberg: 17. Runde: Reifenwechsel von weich auf weich in total 21,1 sec., Platz 4-9
Button: 18. Runde: Reifenwechsel von weich auf weich in 3,5 sec., total 21,0 sec., Platz 2
Schumacher: 18. Runde: Reifenwechsel von weich auf weich in 3,3 sec., total 20,8 sec., Platz 7-9
Buemi: 18. Runde: Reifenwechsel von weich auf weich in total 22,5 sec., Platz 8-12
Vettel: 19. Runde: Reifenwechsel von weich auf weich in 3,2 sec., total 21,4 sec., Platz 1
Di Resta: 19. Runde: 2. Stopp, Reifenwechsel von weich auf weich in total 24,1 sec., Platz 16-19
Kovalainen: 21. Runde: Reifenwechsel von weich auf weich in total 22,2 sec., Platz 11-15
Senna: 22. Runde: Reifenwechsel von weich auf weich in total 22,1 sec., Platz 10-14
Karthikeyan: 22. Runde: Reifenwechsel von weich auf weich in total 24,0 sec., Platz 18
D'Ambrosio: 22. Runde: Reifenwechsel von weich auf weich in total 22,6 sec., Platz 19-20
Hamilton: 24. Runde: 2. Stopp, Neue Nase nach Kontakt mit Massa und Reifenwechsel von weich auf weich in 9,6 sec., verliert total 27,1 sec., Platz 6-9
Ricciardo: 25. Runde: Reifenwechsel von weich auf weich in total 25,0 sec., Platz 15-16
Trulli: 27. Runde: 2. Stopp, Reifenwechsel von weich auf weich in total 22,8 sec., Platz 20
Massa: 30. Runde: 2. Stopp, Drive-Through-Strafe wegen einer vermeidbaren Kollision mit Hamilton, verliert total 14,9 sec., Platz 5-7
Massa: 31. Runde: 3. Stopp, Neue Nase nach Kontakt mit Hamilton und Reifenwechsel von weich auf hart in 9,5 sec., verliert total 27,6 sec., Platz 7-11
Ricciardo: 32. Runde: 2. Stopp, Reifenwechsel von weich auf weich in total 42,5 sec., Platz 17-18
Petrov: 33. Runde: 2. Stopp, Reifenwechsel von weich auf weich in total 22,5 sec., Platz 11-13
Pérez: 34. Runde: 2. Stopp, Reifenwechsel von weich auf weich in total 24,7 sec., Platz 10-11
Sutil: 35. Runde: 2. Stopp, Reifenwechsel von weich auf hart in total 21,9 sec., Platz 9-10
Barrichello: 35. Runde: 2. Stopp, Reifenwechsel von hart auf weich in total 22,3 sec., Platz 15-16
Webber: 37. Runde: 2. Stopp, Reifenwechsel von weich auf hart in 3,3 sec., total 21,2 sec., Platz 4
Alonso: 39. Runde: 2. Stopp, Reifenwechsel von weich auf hart in 3,7 sec., total 21,7 sec., Platz 3
Di Resta: 39. Runde: 3. Stopp, Reifenwechsel von weich auf weich in total 20,9 sec., Platz 14
Kovalainen: 41. Runde: 2. Stopp, Reifenwechsel von weich auf hart in total 22,0 sec., Platz 13-14
Rosberg: 45. Runde: 2. Stopp, Reifenwechsel von weich auf hart in 4,3 sec., total 22,9 sec., Platz 6
Hamilton: 45. Runde: 3. Stopp, Reifenwechsel von weich auf hart in 4,2 sec., total 22,1 sec., Platz 7-8
Button: 46. Runde: 2. Stopp, Reifenwechsel von weich auf hart in 3,9 sec., total 21,8 sec., Platz 2
Alguersuari: 46. Runde: 2. Stopp, Reifenwechsel von weich auf hart in total 23,0 sec., Platz 7-8
Vettel: 47. Runde: 2. Stopp, Reifenwechsel von weich auf hart in 3,6 sec., total 21,4 sec., Platz 1
Schumacher: 50. Runde: 2. Stopp, Reifenwechsel von weich auf hart in 3,1 sec., total 21,4 sec., Platz 5
Karthikeyan: 50. Runde: 2. Stopp, Reifenwechsel von weich auf hart in total 23,6 sec., Platz 16-17
Senna: 56. Runde: 2. Stopp, Reifenwechsel von weich auf hart in 3,5 sec., total 21,7 sec., Platz 9-12
D'Ambrosio: 55. Runde: 2. Stopp, Reifenwechsel von weich auf hart in total 22,4 sec., Platz 16

Trulli:	54. Runde: 3. Stopp, Reifenwechsel von weich auf hart in total 24,1 sec., Platz 19
Ricciardo:	56. Runde: 3. Stopp, Reifenwechsel von weich auf hart in total 28,4 sec., Platz 18

Ausfälle:

Kobayashi:	1. Runde: Kollision mit Glock, Platz 17 (in der Startaufstellung)
Glock:	3. Runde: Folgeschaden nach Kollision mit Kobayashi, Platz 21
Maldonado:	13. Runde: Getriebeschaden, Platz 13
Buemi:	25. Runde: Motorschaden, Platz 10
Massa:	33. Runde: Aufhängungsbruch links vorne, Platz 11

Stand nach der 1. Runde:
1. Vettel, 2. Button, 3. Webber, 4. Alonso, 5. Massa, 6. Hamilton, 7. Rosberg, 8. Schumacher, 9. Sutil, 10. Senna

Ergebnis:

1. Sebastian Vettel (Deutschland) Red Bull-Renault	1.30:35,002 = 203,513 km/h	
2. Jenson Button (England) McLaren-Mercedes	1.30:43,435 = 203,198 km/h	8,433 zurück
3. Fernando Alonso (Spanien) Ferrari	1.30:59,303 = 202,607 km/h	24,301 zurück
4. Mark Webber (Australien) Red Bull-Renault	1.31:00,531 = 202,562 km/h	25,529 zurück
5. Michael Schumacher (Deutschland) Mercedes	1.31:40,423 = 201,092 km/h	65,421 zurück
6. Nico Rosberg (Deutschland) Mercedes	1.31:41,853 = 201,040 km/h	66,851 zurück
7. Lewis Hamilton (England) McLaren-Mercedes	1.31:59,185 = 200,409 km/h	84,183 zurück
8. Jaime Alguersuari (Spanien) Toro Rosso-Ferrari	1.30:54,422 = 199,406 km/h	1 Runde zurück
9. Adrian Sutil (Deutschland) Force India-Mercedes	1.31:10,160 = 198,832 km/h	1 Runde zurück
10. Sergio Pérez (Mexiko) Sauber-Ferrari	1.31:12,750 = 198,738 km/h	1 Runde zurück
11. Vitaly Petrov (Russland) Renault	1.31:13,627 = 198,706 km/h	1 Runde zurück
12. Bruno Senna (Brasilien) Renault	1.31:25,298 = 198,283 km/h	1 Runde zurück
13. Paul Di Resta (Schottland) Force India-Mercedes	1.31:29,243 = 198,141 km/h	1 Runde zurück
14. Heikki Kovalainen (Finnland) Lotus-Renault	1.30:41,595 = 196,485 km/h	2 Runden zurück
15. Rubens Barrichello (Brasilien) Williams-Cosworth	1.30:56,557 = 195,947 km/h	2 Runden zurück
16. Jérôme D'Ambrosio (Belgien) Virgin-Cosworth	1.30:51,481 = 192,745 km/h	3 Runden zurück
17. Narain Karthikeyan (Indien) HRT-Cosworth	1.30:52,067 = 192,724 km/h	3 Runden zurück
18. Daniel Ricciardo (Australien) HRT-Cosworth	1.31:23,903 = 191,605 km/h	3 Runden zurück
19. Jarno Trulli (Italien) Lotus-Renault	1.30:58,490 = 185,737 km/h	5 Runden zurück

Schnellste Runde im Qualifying: Vettel (Red Bull-Renault): 1:24,178 = 219,178 km/h (erzielt in Phase 3)
Schnellste Runde im Rennen: Vettel (Red Bull-Renault): 1:27,249 = 211,463 km/h
Höchstgeschwindigkeiten (Freitag, Training): 1. Pérez 323,6, 2. Alguersuari 321,0, 3. Buemi 320,7, 4. Kobayashi 319,1, 5. Maldonado 318,4, 6. Barrichello 318,4, 7. Schumacher 317,6, 8. Rosberg 317,5, 9. Massa 317,4, 10. Alonso 317,0, 11. Hamilton 316,1, 12. Di Resta 316,0, 13. Petrov 315,9, 14. Button 315,8, 15. Sutil 315,7, 16. Senna 315,7, 17. Webber 312,5, 18. Vettel 312,3, 19. D'Ambrosio 309,8, 20. Glock 309,8, 21. Kovalainen 308,3, 22. Trulli 308,3, 23. Karthikeyan 308,3, 24. Ricciardo 308,1, 25. Chandhok 307,7
Höchstgeschwindigkeiten (Samstag, Qualifying): 1. Alguersuari 324,2, 2. Buemi 323,8, 3. Pérez 323,4, 4. Barrichello 322,0, 5. Massa 321,3, 6. Sutil 319,7, 7. Di Resta 319,6, 8. Maldonado 319,3, 9. Kobayashi 318,6, 10. Schumacher 318,3, 11. Rosberg 318,0, 12. Alonso 317,2, 13. Button 316,5, 14. Hamilton 316,1, 15. Petrov 315,9, 16. Senna 315,8, 17. D'Ambrosio 313,8, 18. Glock 313,6, 19. Ricciardo 313,3, 20. Karthikeyan 312,9, 21. Webber 312,9, 22. Vettel 312,5, 23. Kovalainen 308,3, 24. Trulli 308,3

Höchstgeschwindigkeiten (Sonntag): 1. Pérez 323,7, 2. Buemi 323,3, 3. Alguersuari 323,0, 4. Sutil 319,7, 5. Barrichello 319,6, 6. Massa 319,3, 7. Maldonado 318,9, 8. Di Resta 317,8, 9. Schumacher 317,6, 10. Petrov 315,8, 11. Hamilton 315,8, 12. Button 315,5, 13. Alonso 314,7, 14. Senna 314,6, 15. Rosberg 314,0, 16. Karthikeyan 313,5, 17. Ricciardo 313,3, 18. D'Ambrosio 313,0, 19. Webber 313,0, 20. Vettel 312,5, 21. Kovalainen 308,2, 22. Trulli 305,8, 23. Glock 284,6
Schnellste Runde jedes Fahrers im Rennen: 1. Vettel 1:27,249 (60.), 2. Webber 1:27,520 (59.), 3. Alonso 1:27,953 (58.), 4. Button 1:27,967 (60.), 5. Schumacher 1:28,549 (48.), 6. Rosberg 1:28,600 (59.), 7. Barrichello 1:28,635 (56.), 8. Di Resta 1:28,679 (59.), 9. Hamilton 1:28,721 (58.), 10. Alguersuari 1:29,239 (57.), 11. Sutil 1:29,289 (59.), 12. Petrov 1:29,289 (58.), 13. Senna 1:29,310 (55.), 14. Pérez 1:29,345 (58.), 15. Massa 1:30,243 (19.), 16. Kovalainen 1:30,294 (58.), 17. Buemi 1:30,956 (23.), 18. Ricciardo 1:31,674 (49.), 19. Trulli 1:31,691 (52.), 20. Karthikeya 1:31,988 (44.), 21. D'Ambrosio 1:31,990 (51.), 22. Maldonado 1:33,573 (12.), 23. Glock 2:09,008 (2.)
WM-Stand: 1. Vettel 374, 2. Button 240, 3. Alonso 227, 4. Webber 221, 5. Hamilton 202, 6. Massa 98, 7. Rosberg 75, 8. Schumacher 70, 9. Petrov 36, 10. Heidfeld 34, 11. Sutil 30, 12. Kobayashi 27, 13. Alguersuari 26, 14. Di Resta 21, 15. Buemi 15, 16. Pérez 14, 17. Barrichello 4, 18. Senna 2, 19. Maldonado 1
Konstrukteur-WM: 1. Red Bull-Renault 595, 2. McLaren-Mercedes 442, 3. Ferrari 325, 4. Mercedes 145, 5. Renault 72, 6. Force India-Mercedes 51, 7. Sauber-Ferrari 41, 8. Toro Rosso-Ferrari 41, 9. Williams-Cosworth 5

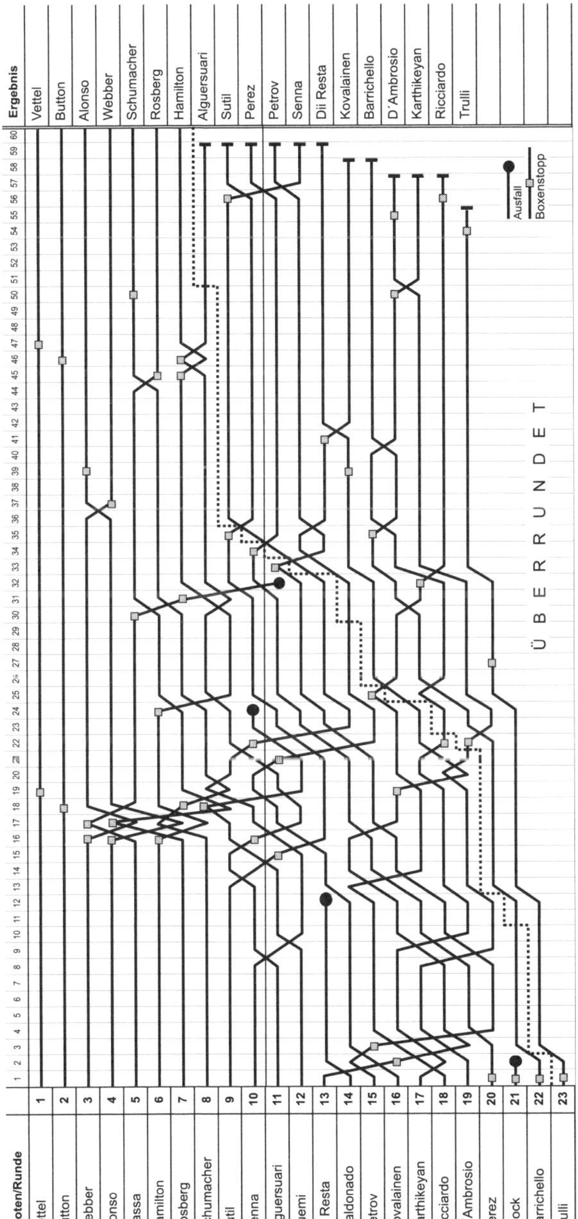
Piloten/Runde
Vettel
Button
Webber
Alonso
Massa
Hamilton
Rosberg
Schumacher
Sutil
Senna
Alguersuari
Buemi
Di Resta
Maldonado
Petrov
Kovalainen
Karthikeyan
Ricciardo
D´Ambrosio
Perez
Glock
Barrichello
Trulli
Ergebnis
Vettel
Button
Alonso
Webber
Schumacher
Rosberg
Hamilton
Alguersuari
Sutil
Perez
Petrov
Senna
Dii Resta
Kovalainen
Barrichello
D´Ambrosio
Karthikeyan
Ricciardo
Trulli
ÜBERRUNDET
Ausfall
Boxenstopp

Lauf 18 - Großer Preis von Abu Dhabi - Abu Dhabi, 13. November 2011

1. Training (Freitag Nachmittag): 1. Button 1:40,263, 2. Webber 1:40,389, 3. Hamilton 1:40,403, 4. Vettel 1:40,755, 5. Alonso 1:40,801, 6. Massa 1:41,260, 7. Sutil 1:41,340, 8. Rosberg 1:42,130, 9. Di Resta 1:42,151, 10. Alguersuari 1:42,377, 11. Vergne 1:42,633, 12. Grosjean 1:42,685, 13. Petrov 1:43,118, 14. Maldonado 1:43,255, 15. Schumacher 1:43,389, 16. Pérez 1:44,412, 17. Kobayashi 1:44,484, 18. Kovalainen 1:44,565, 19. Trulli 1:44,898, 20. Liuzzi 1:46,385, 21. Ricciardo 1:46,532, 22. Glock 1:48,024, 23. Wickens 1:48,551, 24. Barrichello keine Zeit

2. Training (Freitag Abend): 1. Hamilton 1:39,586, 2. Button 1:39,785, 3. Alonso 1:39,971, 4. Massa 1:39,980, 5. Webber 1:40,104, 6. Vettel 1:40,132, 7. Schumacher 1:40,553, 8. Sutil 1:40,951, 9. Di Resta 1:41,021, 10. Kobayashi 1:41,490, 11. Pérez 1:41,565, 12. Buemi 1:41,680, 13. Petrov 1:41,947, 14. Alguersuari 1:41,983, 15. Senna 1:42,369, 16. Barrichello 1:42,798, 17. Maldonado 1:42,910, 18. Kovalainen 1:43,562, 19. Trulli 1:44,050, 20. Rosberg 1:44,265, 21. Glock 1:45,486, 22. D'Ambrosio 1:46,142, 23. Liuzzi 1:46,249, 24. Ricciardo 1:46,328

3. Training (Samstag)		**Qualifying** (Samstag) **(1.Phase)**		**(2.Phase)**		**(3.Phase)**	
1. Hamilton	1:38,976	1. Hamilton	1:39,782	1. Hamilton	1:38,434	1. Vettel	1:38,481
2. Vettel	1:39,403	2. Webber	1:40,167	2. Vettel	1:38,516	2. Hamilton	1:38,622
3. Webber	1:39,427	3. Button	1:40,227	3. Webber	1:38,821	3. Button	1:38,631
4. Button	1:39,429	4. Vettel	1:40,478	4. Alonso	1:39,058	4. Webber	1:38,858
5. Alonso	1:39,661	5. Sutil	1:40,595	5. Button	1:39,097	5. Alonso	1:39,058
6. Rosberg	1:40,135	6. Petrov	1:40,955	6. Rosberg	1:39,420	6. Massa	1:39,695
7. Massa	1:40,183	7. Di Resta	1:41,064	7. Massa	1:39,623	7. Rosberg	1:39,773
8. Sutil	1:40,429	8. Rosberg	1:41,120	8. Sutil	1:40,205	8. Schumacher	1:40,662
9. Di Resta	1:40,511	9. Pérez	1:41,311	9. Di Resta	1:40,414	9. Sutil	1:40,768
10. Schumacher	1:40,938	10. Alonso	1:41,380	10. Schumacher	1:40,554	10. Di Resta	-:--
11. Senna	1:41,509	11. Alguersuari	1:41,386	11. Pérez	1:40,874		
12. Kobayashi	1:41,527	12. Senna	1:41,391	12. Petrov	1:40,919		
13. Pérez	1:41,566	13. Massa	1:41,592	13. Buemi	1:41,009		
14. Petrov	1:41,594	14. Kobayashi	1:41,613	14. Senna	1:41,079		
15. Buemi	1:41,622	15. Buemi	1:41,737	15. Alguersuari	1:41,162		
16. Alguersuari	1:41,855	16. Maldonado	1:42,258	16. Kobayashi	1:41,240		
17. Maldonado	1:42,025	17. Schumacher	1:42,605	17. Maldonado	1:41,760		
18. Kovalainen	1:43,409	18. Kovalainen	1:42,979				
19. Barrichello	1:43,861	19. Trulli	1:43,884				
20. Glock	1:45,262	20. Glock	1:44,515				
21. Liuzzi	1:45,302	21. Ricciardo	1:44,641				
22. D'Ambrosio	1:45,509	22. D'Ambrosio	1:44,699				
23. Ricciardo	1:45,732	23. Liuzzi	1:45,159				
24. Trulli	-:--	24. Barrichello	-:--				

Startaufstellung: Zuerst die Piloten 1 bis 10 aus der dritten Qualifying-Phase, danach die Piloten 11-17 aus der zweiten Qualifying-Phase, dahinter die Piloten 18-24 aus der ersten Qualifying-Phase - inklusive Strafversetzungen:

1. Sebastian Vettel
Red Bull-Renault RB7 V8
1:38,481

2. Lewis Hamilton
McLaren-Mercedes MP4/26 V8
1:38,622

3. Jenson Button
McLaren-Mercedes MP4/26 V8
1:38,631

4. Mark Webber
Red Bull-Renault RB7 V8
1:38,858

5. Fernando Alonso
Ferrari 150° Italia V8
1:39,058

6. Felipe Massa
Ferrari 150° Italia V8
1:39,695

7. Nico Rosberg
Mercedes MGP W02
1:39,773

8. Michael Schumacher
Mercedes MGP W02
1:40,662

9. Adrian Sutil
Force India-Mercedes VJM04 V8
1:40,768

10. Paul Di Resta
Force India-Mercedes VJM04 V8
keine Zeit

11. Sergio Pérez
Sauber-Ferrari C30 V8
1:40,874

12. Vitaly Petrov
Renault R31 V8
1:40,919

13. Sébastien Buemi
Toro Rosso-Ferrari STR6 V8
1:41,009

14. Bruno Senna
Renault R31 V8
1:41,079

15. Jaime Alguersuari
Toro Rosso-Ferrari STR6 V8
1:41,162

16. Kamui Kobayashi
Sauber-Ferrari C30 V8
1:41,240

17. Heikki Kovalainen
Lotus-Renault T128 V8
1:42,979

18. Jarno Trulli
Lotus-Renault T128 V8
1:43,884

19. Timo Glock
Virgin-Cosworth MVR-02 V8
1:44,515

20. Daniel Ricciardo
HRT-Cosworth HRT F111 V8
1:44,641

21. Jérôme D'Ambrosio
Virgin-Cosworth MVR-02 V8
1:44,699

22. Vitantonio Liuzzi
HRT-Cosworth HRT F111 V8
1:45,159

23. Pastor Maldonado
Williams-Cosworth FW33 V8
1:41,760

24. Rubens Barrichello
Williams-Cosworth FW33 V8
keine Zeit

Maldonado wird nach Einsetzen des 9. Motors in dieser Saison um 10 Plätze nach hinten versetzt

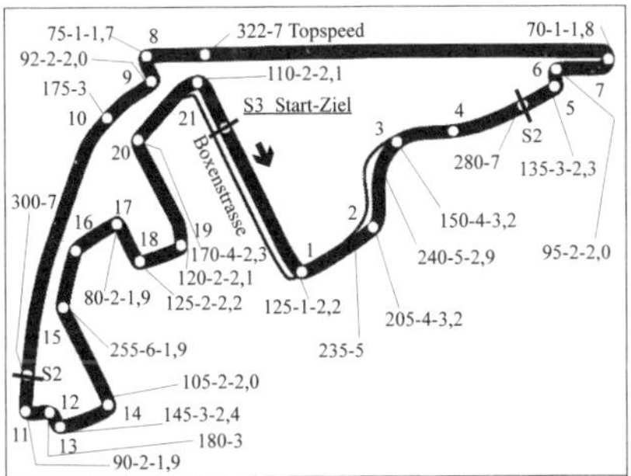

Legende: 132-2-2,1 = 132 km/h-2. Gang-2,1 Gravitation

Wetter am Renntag: Start bei Sonne - Ende bei Dunkelheit, warm, 26°-25° Lufttemperatur, 31°-28° Asphalttemperatur, 57-62 % Luftfeuchtigkeit, 60.000 Zuschauer am Renntag

Distanz: 55 Runden à 5,554 km = 305,355 km
Ziellinie 0,115 km hinter der Startlinie

Sieger 2010: Vettel (Red Bull-Renault),
1.39:36,837 = 183,923 km/h

Poleposition 2010: Vettel (Red Bull-Renault),
1:39,394 = 201,163 km/h

Schnellste Runde 2010: Hamilton (McLaren-Mercedes),
1:41,274 = 197,428 km/h

Boxenstopps:

Senna:	1. Runde: Reifenwechsel von medium auf weich in total 20,8 sec., Platz 18-23
Pérez:	2. Runde: Neuer Frontflügel nach Kontakt mit Sutil und Reifenwechsel von weich auf medium verliert total 24,6 sec., Platz 10-23
Kobayashi:	5. Runde: Reifenwechsel von medium auf weich in total 19,8 sec., Platz 15-23
Massa:	15. Runde: Reifenwechsel von weich auf weich in 4,3 sec., total 20,4 sec., Platz 5-7
Alguersuari:	15. Runde: Reifenwechsel von weich auf medium in 3,6 sec., total 43,5 sec., Platz 12-23
Hamilton:	16. Runde: Reifenwechsel von weich auf weich in total 19,4 sec., Platz 1-2
Alonso:	16. Runde: Reifenwechsel von weich auf weich in 4,0 sec., total 20,2 sec., Platz 2-3
Button:	16. Runde: Reifenwechsel von weich auf weich in total 20,9 sec., Platz 4-5
Sutil:	16. Runde: Reifenwechsel von weich auf weich in total 20,3 sec., Platz 6-9
Schumacher:	16. Runde: Reifenwechsel von weich auf weich in total 19,6 sec., Platz 8-10
Kovalainen:	16. Runde: Reifenwechsel von weich auf weich in total 21,1 sec., Platz 12-17
Webber:	17. Runde: Reifenwechsel (Mutter klemmt re. hi.) von weich auf weich in 9,4 sec., verliert total 25,1 sec., Platz 1-5
Rosberg:	17. Runde: Reifenwechsel von weich auf weich in total 19,7 sec., Platz 4-6
Trulli:	17. Runde: Reifenwechsel von weich auf weich in total 20,8 sec., Platz 18-22
Petrov:	18. Runde: Reifenwechsel von weich auf medium in total 20,7 sec., Platz 11-13
Barrichello:	18. Runde: Reifenwechsel von medium auf weich in total 24,2 sec., Platz 12-17
Ricciardo:	18. Runde: Reifenwechsel von weich auf weich in total 21,6 sec., Platz 21-22
Senna:	20. Runde: 2. Stopp, Reifenwechsel von weich auf weich in total 20,3 sec., Platz 14-17
Liuzzi:	24. Runde: Reifenwechsel von weich auf medium in total 21,2 sec., Platz 20-21
Maldonado:	25. Runde: Reifenwechsel von medium auf weich in total 20,2 sec., Platz 12-15
Glock:	25. Runde: Reifenwechsel von weich auf weich in total 21,7 sec., Platz 18-19
Di Resta:	27. Runde: Reifenwechsel von medium auf weich in total 20,2 sec., Platz 9-12
Pérez:	27. Runde: 2. Stopp, Reifenwechsel von medium auf weich in total 19,9 sec., Platz 13-15
Maldonado:	30. Runde: 2. Stopp, Drive-Through-Strafe wegen Ignorierens der blauen Flaggen, verliert total 12,8 sec., Platz 15-16
Kobayashi:	33. Runde: 2. Stopp, Reifenwechsel von weich auf weich in total 23,1 sec., Platz 9-13
Barrichello:	34. Runde: 2. Stopp, Reifenwechsel von weich auf weich in total 20,5 sec., Platz 10-14
Webber:	35. Runde: 2. Stopp, Reifenwechsel von weich auf weich in 4,2 sec., total 20,0 sec., Platz 5-6
Alguersuari:	34. Runde: 2. Stopp, Reifenwechsel von medium auf weich in total 21,3 sec., Platz 17-18
Button:	36. Runde: 2. Stopp, Reifenwechsel von weich auf medium in 4,0 sec., total 20,3 sec., Platz 3-5
Sutil:	36. Runde: 2. Stopp, Reifenwechsel von weich auf medium in total 20,6 sec., Platz 8
Senna:	36. Runde: 3. Stopp, Drive-Through-Strafe wegen Ignorierens der blauen Flaggen, verliert total 12,9 sec., Platz 15-16
Petrov:	38. Runde: 2. Stopp, Reifenwechsel von medium auf weich in total 19,9 sec., Platz 12-14
Hamilton:	40. Runde: 2. Stopp, Reifenwechsel von weich auf medium in 3,6 sec., total 19,3 sec., Platz 1-2
Kovalainen:	39. Runde: 2. Stopp, Reifenwechsel von weich auf medium in total 20,6 sec., Platz 13-16
Massa:	40. Runde: 2. Stopp, Reifenwechsel von weich auf medium in 4,1 sec., total 20,0 sec., Platz 3-6
Schumacher:	42. Runde: 2. Stopp, Reifenwechsel von weich auf medium in total 20,6 sec., Platz 7
Ricciardo:	41. Runde: 2. Stopp, Reifenwechsel von weich auf medium in total 23,1 sec., Platz 20
Alonso:	43. Runde: 2. Stopp, Reifenwechsel von weich auf medium in 5,2 sec., total 21,3 sec., Platz 1-2
Trulli:	42. Runde: 2. Stopp, Reifenwechsel von weich auf medium in 20,7 sec., Platz 18
Glock:	44. Runde: 2. Stopp, Reifenwechsel von weich auf medium in 20,5 sec., Platz 19
Rosberg:	48. Runde: 2. Stopp, Reifenwechsel von weich auf medium in 3,3 sec., total 19,9 sec., Platz 5-6
Webber:	54. Runde: 3. Stopp, Reifenwechsel von weich auf medium in 3,8 sec., total 19,5 sec., Platz 3-4

Ausfälle:

Vettel:	1. Runde: Plattfuß rechts hinten, dadurch Dreher und in Folge Aufhängungsdefekt, Platz 24
D'Ambrosio:	19. Runde: Bremsen defekt, Platz 23
Buemi:	20. Runde: Hydraulikdefekt, Platz 16
Ricciardo:	49. Runde: Defekte Lichtmaschine, Platz 20

Stand nach der 1. Runde:
1. Hamilton, 2. Button, 3. Alonso, 4. Webber, 5. Massa, 6. Schumacher, 7. Rosberg, 8. Sutil, 9. Pérez, 10. Di Resta

Ergebnis:

1. Lewis Hamilton (England) McLaren-Mercedes	1.37:11,886 = 188,494 km/h	
2. Fernando Alonso (Spanien) Ferrari	1.37:20,343 = 188,221 km/h	8,457 zurück
3. Jenson Button (England) McLaren-Mercedes	1.37:37,767 = 187,661 km/h	25,881 zurück
4. Mark Webber (Australien) Red Bull-Renault	1.37:47,670 = 187,344 km/h	35,784 zurück
5. Felipe Massa (Brasilien) Ferrari	1.38:02,464 = 186,873 km/h	50,578 zurück
6. Nico Rosberg (Deutschland) Mercedes	1.38:04,203 = 186,818 km/h	52,317 zurück
7. Michael Schumacher (Deutschland) Mercedes	1.38:27,850 = 186,070 km/h	75,964 zurück
8. Adrian Sutil (Deutschland) Force India-Mercedes	1.38:29,008 = 186,034 km/h	77,122 zurück
9. Paul Di Resta (Schottland) Force India-Mercedes	1.38:52,973 = 185,282 km/h	91,087 zurück
10. Kamui Kobayashi (Japan) Sauber-Ferrari	1.37:13,417 = 185,017 km/h	1 Runde zurück
11. Sergio Pérez (Mexiko) Sauber-Ferrari	1.37:26,738 = 184,595 km/h	1 Runde zurück
12. Rubens Barrichello (Brasilien) Williams-Cosworth	1.37:27,448 = 184,573 km/h	1 Runde zurück
13. Vitaly Petrov (Russland) Renault	1.37:31,300 = 184,451 km/h	1 Runde zurück
14. Pastor Maldonado (Venezuela) Williams-Cosworth	1.38:24,633 = 182,785 km/h*	1 Runde zurück
15. Jaime Alguersuari (Spanien) Toro Rosso-Ferrari	1.38:25,938 = 182,745 km/h*	1 Runde zurück
16. Bruno Senna (Brasilien) Renault	1.38:34,408 = 182,483 km/h	1 Runde zurück
17. Heikki Kovalainen (Finnland) Lotus-Renault	1.38:37,753 = 182,380 km/h	1 Runde zurück
18. Jarno Trulli (Italien) Lotus-Renault	1.37:53,904 = 180,338 km/h	2 Runden zurück
19. Timo Glock (Deutschland) Virgin-Cosworth	1.38:23,176 = 179,443 km/h	2 Runden zurück
20. Vitantonio Liuzzi (Italien) HRT-Cosworth	1.38:55,177 = 178,476 km/h	2 Runden zurück

Maldonado erhält im Nachhinen eine 30-sec.-Zeit-Strafe wegen Ignorierens der blauen Flaggen
Alguersuari erhält im Nachhinen eine 20-sec.-Zeit-Strafe wegen Ignorierens der blauen Flaggen
*Inklusive der 20- bzw. 30-Sekunden-Zeit-Strafe
Schnellste Runde im Qualifying: Hamilton (McLaren-Mercdes): 1:38,434 = 203,124 km/h (erzielt in Phase 2)
Schnellste Runde im Rennen: Webber (Red Bull-Renault): 1:42,612 = 194,854 km/h
Höchstgeschwindigkeiten (Freitag, Training): 1. Alguersuari 323,4, 2. Vergne 323,4, 3. Buemi 323,4, 4. Pérez 322,6, 5. Kobayashi 319,8, 6. Petrov 319,4, 7. Grosjean 319,3, 8. Senna 318,9, 9. Maldonado 318,2, 10. Schumacher 317,4, 11. Barrichello 316,6, 12. Rosberg 316,5, 13. Sutil 316,1, 14. Di Resta 316,1, 15. Hamilton 315,7, 16. Massa 313,4, 17. Alonso 313,4, 18. Ricciardo 313,3, 19. Wickens 313,3, 20. D'Ambrosio 313,2, 21. Liuzzi 313,2, 22. Webber 313,1, 23. Glock 312,9, 24. Vettel 312,8, 25. Button 311,6, 26. Kovalainen 307,9, 27. Trulli 307,9
Höchstgeschwindigkeiten (Samstag, Qualifying): 1. Pérez 323,4, 2. Kobayashi 322,8, 3. Alguersuari 320,2, 4. Maldonado 320,0, 5. Senna 319,2, 6. Petrov 318,9, 7. Rosberg 317,7, 8. Schumacher 317,5, 9. Buemi 316,9, 10. Di Resta 316,2, 11. Hamilton 316,2, 12. Sutil 315,9, 13. Alonso 313,8, 14. Massa 313,4, 15. Ricciardo 313,0, 16. Liuzzi 312,8, 17. Button 311,8, 18. Webber 308,9, 19. Vettel 308,5, 20. Kovalainen 307,8, 21. Trulli 307,6, 22. D'Ambrosio 305,6, 23. Glock 305,0
Höchstgeschwindigkeiten (Sonntag): 1. Pérez 322,7, 2. Kobayashi 322,7, 3. Barrichello 320,6, 4. Alguersuari 320,1, 5. Schumacher 317,9, 6. Senna 317,5, 7. Maldonado 317,1, 8. Di Resta 315,6, 9. Buemi 315,4, 10. Sutil 315,4, 11. Massa 313,4, 12. Ricciardo 313,1, 13. Liuzzi 312,5, 14. Alonso 312,3, 15. Rosberg 311,7, 16. Button 311,7, 17. Hamilton 311,0, 18. Webber 309,1, 19. Trulli 308,0, 20. Petrov 306,9, 21. D'Ambrosio 305,6, 22. Glock 305,4, 23. Kovalainen 304,9, 24. Vettel 161,6
Schnellste Runde jedes Fahrers im Rennen: 1. Webber 1:42,612 (51.), 2. Button 1:43,154 (51.), 3. Hamilton 1:43,461 (51.), 4. Kobayashi 1:43,521 (47.), 5. Petrov 1:43,673 (52.), 6. Alonso 1:43,914 (41.), 7. Rosberg 1:43,993 (55.), 8. Alguersuari 1:44,093 (47.), 9. Di Resta 1:44,120 (49.), 10. Massa 1:44,288 (51.), 11. Barrichello 1:44,438 (50.), 12. Pérez 1:44,566 (41.), 13. Maldonado 1:44,628 (52.), 14. Sutil 1:44,709 (53.), 15. Schumacher 1:44,916 (48.), 16. Senna 1:46,150 (32.), 17. Kovalainen 1:46,610 (50.), 18. Buemi 1:47,094 (17.), 19. Trulli 1:47,444 (36.), 20. Glock 1:48,085 (42.), 21. Ricciardo 1:48,274 (35.), 22. Liuzzi 1:49,242 (52.), 23. D'Ambrosio 1:51,196 (16.)
WM-Stand: 1. Vettel 374, 2. Button 255, 3. Alonso 245, 4. Webber 233, 5. Hamilton 227, 6. Massa 108, 7. Rosberg 83, 8. Schumacher 76, 9. Petrov 36, 10. Heidfeld 34, 11. Sutil 34, 12. Kobayashi 28, 13. Alguersuari 26, 14. Di Resta 23, 15. Buemi 15, 16. Pérez 14, 17. Barrichello 4, 18. Senna 2, 19. Maldonado 1
Konstrukteur-WM: 1. Red Bull-Renault 607, 2. McLaren-Mercedes 482, 3. Ferrari 353, 4. Mercedes 159, 5. Renault 72, 6. Force India-Mercedes 57, 7. Sauber-Ferrari 42, 8. Toro Rosso-Ferrari 41, 9. Williams-Cosworth 5

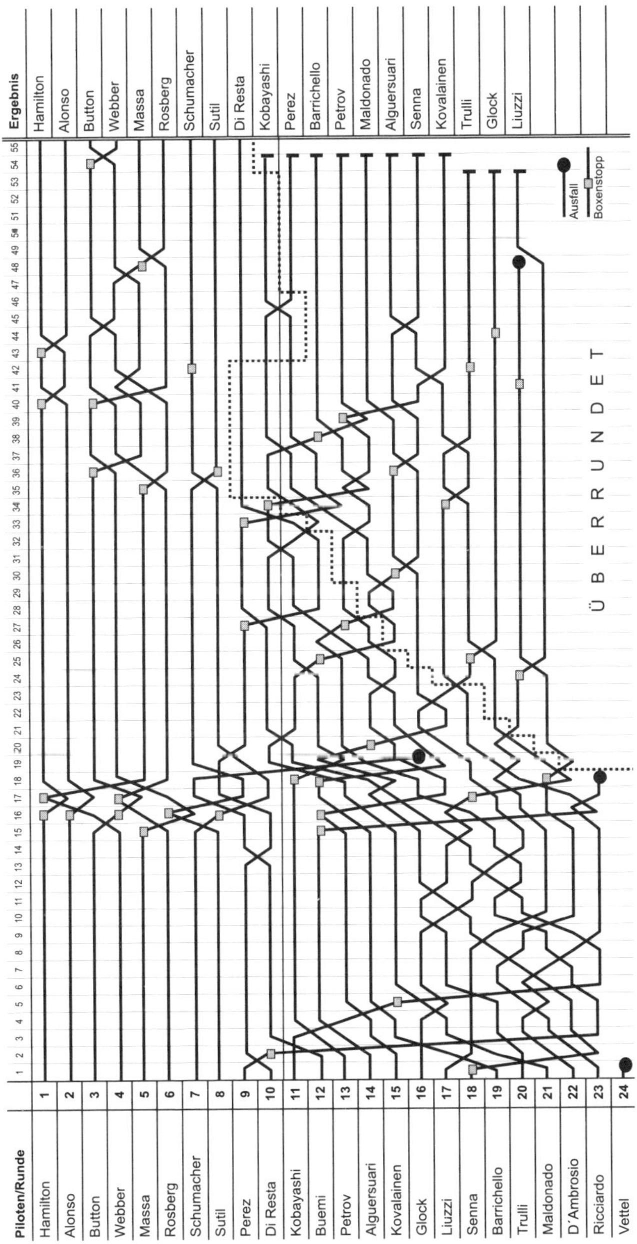

Piloten/Runde
Hamilton
Alonso
Button
Webber
Massa
Rosberg
Schumacher
Sutil
Perez
Di Resta
Kobayashi
Buemi
Petrov
Alguersuari
Kovalainen
Glock
Liuzzi
Senna
Barrichello
Trulli
Maldonado
D'Ambrosio
Ricciardo
Vettel
Ergebnis
Hamilton
Alonso
Button
Webber
Massa
Rosberg
Schumacher
Sutil
Di Resta
Kobayashi
Perez
Barrichello
Petrov
Maldonado
Alguersuari
Senna
Kovalainen
Trulli
Glock
Liuzzi
Ausfall
Boxenstopp
ÜBERRUNDET

Lauf 19 - Großer Preis von Brasilien - Interlagos, 27. November 2011

1. Training (Freitag Vormittag): 1. Webber 1:13,811, 2. Button 1:13,825, 3. Hamilton 1:13,961, 4. Vettel 1:14,025, 5. Massa 1:14,507, 6. Alonso1:14,541, 7. Schumacher 1:15,162, 8. Hülkenberg 1:15,178, 9. Di Resta 1:15,241, 10. Rosberg 1:15,321, 11.Alguersuari 1:15,468, 12. Grosjean 1:15,547, 13. Barrichello 1:15,663, 14. Senna 1:15,732, 15. Kobayashi 1:15,747, 16. Maldonado 1:15,836, 17. Pérez 1:15,979, 18. Vergne 1:16,052, 19. Kovalainen 1:16,514, 20. Razia 1:17,595, 21. Glock 1:18,140, 22. D'Ambrosio 1:18,653, 23. Ricciardo 1:18,952, 24. Charouz 1:19,577

2. Training (Freitag Nachmittag): 1. Hamilton 1:13,392, 2. Vettel 1:13,559, 3. Webber 1:13,587, 4. Alonso 1:13,598, 5. Schumacher 1:13,723, 6. Massa 1:13,750, 7. Button 1:13,787, 8. Rosberg 1:13,872, 9. Sutil 1:14,144, 10. Di Resta 1:14,807, 11. Petrov 1:14,856, 12. Senna 1:14,931, 13. Pérez 1:14,970, 14. Kobayashi 1:15,019, 15. Buemi 1:15,264, 16. Alguersuari 1:15,388, 17. Maldonado 1:15,679, 18. Barrichello 1:15,903, 19. Trulli 1:16,298, 20. Kovalainen 1:16,338, 21. D'Ambrosio 1:18,031, 22. Glock 1:18,051, 23. Ricciardo 1:18,367, 24. Liuzzi 1:18,476

3. Training (Samstag)		**Qualifying** (Samstag) **(1.Phase)**			**(2.Phase)**		**(3.Phase)**
1. Vettel	1:12,460	1. Button	1:13,281	1. Vettel	1:12,446	1. Vettel	1:11,918
2. Button	1:12,547	2. Hamilton	1:13,361	2. Rosberg	1:12,569	2. Webber	1:12,099
3. Webber	1:12,597	3. Webber	1:13,467	3. Webber	1:12,658	3. Button	1:12,283
4. Hamilton	1:12,622	4. Sutil	1:13,480	4. Hamilton	1:12,811	4. Hamilton	1:12,480
5. Alonso	1:12,765	5. Vettel	1:13,664	5. Button	1:12,820	5. Alonso	1:12,591
6. Sutil	1:13,113	6. Schumacher	1:13,694	6. Alonso	1:12,870	6. Rosberg	1:13,050
7. Rosberg	1:13,286	7. Di Resta	1:13,733	7. Sutil	1:13,261	7. Massa	1:13,068
8. Schumacher	1:13,393	8. Petrov	1:13,859	8. Massa	1:13,291	8. Sutil	1:13,298
9. Di Resta	1:13,419	9. Alonso	1:13,969	9. Senna	1:13,300	9. Senna	1:13,761
10. Massa	1:13,583	10. Rosberg	1:14,083	10. Schumacher	1:13,571	10. Schumacher	-:--
11. Petrov	1:13,838	11. Barrichello	1:14,117	11. Di Resta	1:13,584		
12. Barrichello	1:14,283	12. Alguersuari	1:14,225	12. Barrichello	1:13,801		
13. Alguersuari	1:14,286	13. Massa	1:14,269	13. Alguersuari	1:13,804		
14. Kobayashi	1:14,311	14. Pérez	1:14,430	14. Buemi	1:13,919		
15. Maldonado	1:14,454	15. Senna	1:14,453	15. Petrov	1:14,053		
16. Pérez	1:14,547	16. Buemi	1:14,500	16. Kobayashi	1:14,129		
17. Senna	1:14,551	17. Kobayashi	1:14,571	17. Pérez	1:14,182		
18. Trulli	1:15,843	18. Maldonado	1:14,625				
19. Kovalainen	1:16,026	19. Kovalainen	1:15,068				
20. D'Ambrosio	1:16,616	20. Trulli	1:15,358				
21. Liuzzi	1:17,143	21. Liuzzi	1:16,631				
22. Ricciardo	1:17,296	22. Ricciardo	1:16,890				
23. Glock	1:17,984	23. D'Ambrosio	1:17,019				
24. Buemi	-:--	24. Glock	1:17,060				

Startaufstellung: Zuerst die Piloten 1 bis 10 aus der dritten Qualifying-Phase, danach die Piloten 11-17 aus der zweiten Qualifying-Phase, dahinter die Piloten 18-24 aus der ersten Qualifying-Phase - inklusive Strafversetzungen:

1. Sebastian Vettel
Red Bull-Renault RB7 V8
1:11,918

2. Mark Webber
Red Bull-Renault RB7 V8
1:12,099

3. Jenson Button
McLaren-Mercedes MP4/26 V8
1:12,283

4. Lewis Hamilton
McLaren-Mercedes MP4/26 V8
1:12,480

5. Fernando Alonso
Ferrari 150° Italia V8
1:12,591

6. Nico Rosberg
Mercedes MGP W02
1:13,050

7. Felipe Massa
Ferrari 150° Italia V8
1:13,068

8. Adrian Sutil
Force India-Mercedes VJM04 V8
1:13,298

9. Bruno Senna
Renault R31 V8
1:13,761

10. Michael Schumacher
Mercedes MGP W02
keine Zeit

11. Paul Di Resta
Force India-Mercedes VJM04 V8
1:13,584

12. Rubens Barrichello
Williams-Cosworth FW33 V8
1:13,801

13. Jaime Alguersuari
Toro Rosso-Ferrari STR6 V8
1:13,804

14. Sébastien Buemi
Toro Rosso-Ferrari STR6 V8
1:13,919

15. Vitaly Petrov
Renault R31 V8
1:14,053

16. Kamui Kobayashi
Sauber-Ferrari C30 V8
1:14,129

17. Sergio Pérez
Sauber-Ferrari C30 V8
1:14,182

18. Pastor Maldonado
Williams-Cosworth FW33 V8
1:14,625

19. Heikki Kovalainen
Lotus-Renault T128 V8
1:15,068

20. Jarno Trulli
Lotus-Renault T128 V8
1:15,358

21. Vitantonio Liuzzi
HRT-Cosworth HRT F111 V8
1:16,631

22. Daniel Ricciardo
HRT-Cosworth HRT F111 V8
1:16,890

23. Jérôme D'Ambrosio
Virgin-Cosworth MVR-02 V8
1:17,019

24. Timo Glock
Virgin-Cosworth MVR-02 V8
1:17,060

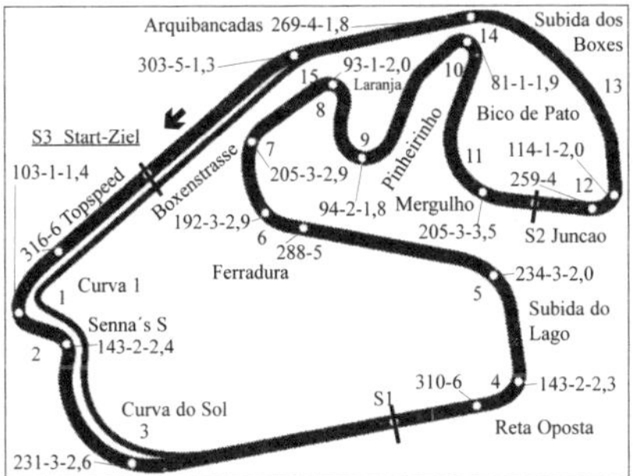

Legende: 132-2-2,1 = 132 km/h-2. Gang-2,1 Gravitation

Wetter am Renntag: Bewölt, trocken und warm, 26°-24° Lufttemperatur, 45° Asphalttemperatur, 56-62 % Luftfeuchtigkeit, 71.000 Zuschauer am Renntag

Distanz: 71 Runden à 4,309 km = 305,909 km
Ziellinie 0,030 km hinter der Startlinie

Sieger 2010: Vettel (Red Bull-Renault), 1.33:11,803 = 196,944 km/h

Poleposition 2010: Hülkenberg (Williams-Cosworth), 1:14,470 = 208,304 km/h

Schnellste Runde 2010: Hamilton (McLaren-Mercedes), 1:13,851 = 210,049 km/h

Boxenstopps:

Schumacher: 10. Runde: Reifenplatten nach Kontakt mit Senna daher Reifenwechsel von weich auf weich in 5,7 sec., verliert total 25,4 sec., Platz 24
Senna: 12. Runde: Reifenwechsel von weich auf weich in 3,9 sec., total 21,9 sec., Platz 12-18
Petrov: 13. Runde: Reifenwechsel von weich auf weich in total 21,1 sec., Platz 12-17
Sutil: 14. Runde: Reifenwechsel von weich auf weich in 3,9 sec., total 21,0 sec., Platz 8-14
Button: 15. Runde: Reifenwechsel von weich auf weich in total 22,0 sec., Platz 6-7
Alonso: 16. Runde: Reifenwechsel von weich auf weich in 3,7 sec., total 20,7 sec., Platz 3-4
Hamilton: 16. Runde: Reifenwechsel von weich auf weich in 3,9 sec., total 21,0 sec., Platz 5-6
Rosberg: 16. Runde: Reifenwechsel von weich auf weich in total 20,7 sec., Platz 6-13
Barrichello: 16. Runde: Reifenwechsel von weich auf weich in total 21,5 sec., Platz 15-19
Vettel: 17. Runde: Reifenwechsel von weich auf weich in 3,7 sec., total 20,9 sec., Platz 2-3
Di Resta: 17. Runde: Reifenwechsel von weich auf weich in total 20,7 sec., Platz 8-14
Maldonado: 17. Runde: Reifenwechsel von weich auf medium in total 21,5 sec., Platz 15-18
Kovalainen: 17. Runde: Reifenwechsel von weich auf weich in total 22,8 sec., Platz 17-19
Webber: 18. Runde: Reifenwechsel von weich auf weich in 3,5 sec., total 20,7 sec., Platz 1-3
Senna: 18. Runde: 2. Stopp, Drive-Through-Strafe wegen einer vermeidbaren Kollision mit Schumacher, verliert total 14,0 sec., Platz 15-17
Buemi: 19. Runde: Reifenwechsel von weich auf weich in total 22,4 sec., Platz 12-14
Pérez: 20. Runde: Reifenwechsel von weich auf weich in total 22,2 sec., Platz 11-14
D'Ambrosio: 20. Runde: Reifenwechsel von weich auf weich in total 21,8 sec., Platz 22-23
Ricciardo: 20. Runde: Reifenwechsel von weich auf weich in total 23,4 sec., Platz 23-24
Massa: 21. Runde: Reifenwechsel von weich auf weich in 4,1 sec., total 21,6 sec., Platz 3-6
Kobayashi: 21. Runde: Reifenwechsel von weich auf weich in total 25,1 sec., Platz 8-11
Alguersuari: 21. Runde: Reifenwechsel von weich auf weich in total 22,7 sec., Platz 11-14
Liuzzi: 21. Runde: Reifenwechsel von weich auf weich in total 22,6 sec., Platz 20-22
Glock: 21. Runde: Reifenwechsel von weich auf weich in total 22,4 sec., Platz 21
Trulli: 22. Runde: Reifenwechsel von weich auf weich in total 22,6 sec., Platz 18-19
Senna: 28. Runde: 3. Stopp, Reifenwechsel von weich auf medium in total 23,2 sec., Platz 17-18
Petrov: 30. Runde: 2. Stopp, Reifenwechsel von weich auf weich in total 23,1 sec., Platz 10-14
Button: 31. Runde: 2. Stopp, Reifenwechsel von weich auf medium in total 21,0 sec., Platz 5-6
Sutil: 31. Runde: 2. Stopp, Reifenwechsel von weich auf weich in 3,7 sec., total 20,9 sec., Platz 7-9
Kovalainen: 31. Runde: 2. Stopp, Reifenwechsel von weich auf weich in total 22,0 sec., Platz 16-17
Hamilton: 33. Runde: 2. Stopp, Reifenwechsel von weich auf weich in 3,4 sec., total 20,3 sec., Platz 4-6
Schumacher: 32. Runde: 2. Stopp, Reifenwechsel von weich auf weich in total 20,7 sec., Platz 16-19
Barrichello: 34. Runde: 2. Stopp, Reifenwechsel von weich auf medium in total 22,5 sec., Platz 15
Alonso: 35. Runde: 2. Stopp, Reifenwechsel von weich auf weich in 3,6 sec., total 20,6 sec., Platz 3
Webber: 38. Runde: 2. Stopp, Reifenwechsel von weich auf weich in 3,3 sec., total 20,9 sec., Platz 2
Vettel: 39. Runde: 2. Stopp, Reifenwechsel von weich auf weich in 3,6 sec., total 20,6 sec., Platz 1-2
Di Resta: 40. Runde: 2. Stopp, Reifenwechsel von weich auf medium in total 21,7 sec., Platz 10-13
Rosberg: 42. Runde: 2. Stopp, Reifenwechsel von weich auf medium in total 20,6 sec., Platz 8-9
Buemi: 42. Runde: 2. Stopp, Reifenwechsel von weich auf medium in total 22,4 sec., Platz 12-14
D'Ambrosio: 41. Runde: 2. Stopp, Reifenwechsel von weich auf medium in total 23,5 sec., Platz 21
Ricciardo: 41. Runde: 2. Stopp, Reifenwechsel von weich auf medium in total 22,9 sec., Platz 22-23
Trulli: 42. Runde: 2. Stopp, Reifenwechsel von weich auf medium in total 21,5 sec., Platz 19
Kobayashi: 43. Runde: 2. Stopp, Reifenwechsel von weich auf medium in total 21,2 sec., Platz 8-12
Hamilton: 44. Runde: 3. Stopp, Reifenwechsel von weich auf medium in 3,5 sec., total 20,6 sec., Platz 6
Pérez: 44. Runde: 2. Stopp, Reifenwechsel von weich auf medium in total 21,3 sec., Platz 13-15
Massa: 45. Runde: 2. Stopp, Reifenwechsel von weich auf medium in 3,9 sec., total 21,0 sec., Platz 5
Sutil: 45. Runde: 3. Stopp, Reifenwechsel von weich auf medium in total 21,1 sec., Platz 7-8
Petrov: 45. Runde: 3. Stopp, Reifenwechsel von weich auf medium in total 21,7 sec., Platz 11-12

Liuzzi:	45. Runde: 2. Stopp, Reifenwechsel von weich auf medium in total 22,9 sec., Platz 20-21
Alguersuari:	48. Runde: 2. Stopp, Reifenwechsel von weich auf medium in total 21,8 sec., Platz 9-11
Senna:	48. Runde: 4. Stopp, Reifenwechsel von medium auf weich in total 22,1 sec., Platz 17
Kovalainen:	49. Runde: 3. Stopp, Reifenwechsel von weich auf medium in total 21,4 sec., Platz 16
Button:	52. Runde: 3. Stopp, Reifenwechsel von medium auf medium in 4,2 sec., total 21,5 sec., Platz 4
Schumacher:	51. Runde: 3. Stopp, Reifenwechsel von weich auf medium in total 21,3 sec., Platz 15
Alonso:	54. Runde: 3. Stopp, Reifenwechsel von weich auf medium in 3,7 sec., total 20,7 sec., Platz 3
Barrichello:	53. Runde: 3. Stopp, Reifenwechsel von medium auf weich in total 21,6 sec., Platz 14
Webber:	58. Runde: 3. Stopp, Reifenwechsel von weich auf medium in 3,4 sec., total 20,7 sec., Platz 1-2
Vettel:	59. Runde: 3. Stopp, Reifenwechsel von weich auf medium in 5,0 sec., total 22,0 sec., Platz 1-2

Ausfälle:

Glock:	22. Runde: Unfall nachdem das Rad links hinten nach 1. Boxenstopp nicht korrekt befestigt wurde, Platz 21
Maldonado:	27. Runde: Dreher nach heftigem Übersteuern, Platz 16
Hamilton:	47. Runde: Getriebedefekt, Platz 6
Liuzzi:	62. Runde: Lichtmaschinendefekt, Platz 20

Stand nach der 1. Runde:
1. Vettel, 2. Webber, 3. Button, 4. Alonso, 5. Hamilton, 6. Massa, 7. Rosberg, 8. Sutil, 9. Senna, 10. Di Resta

Ergebnis:

1. Mark Webber (Australien) Red Bull-Renault	1.32:17,464 = 198,876 km/h	
2. Sebastian Vettel (Deutschland) Red Bull-Renault	1.32:34,447 = 198,268 km/h	16,983 zurück
3. Jenson Button (England) McLaren-Mercedes	1.32:45,102 = 197,888 km/h	27,638 zurück
4. Fernando Alonso (Spanien) Ferrari	1.32:52,512 = 197,625 km/h	35,048 zurück
5. Felipe Massa (Brasilien) Ferrari	1.33:24,197 = 196,508 km/h	66,733 zurück
6. Adrian Sutil (Deutschland) Force India-Mercedes	1.32:24,235 = 195,835 km/h	1 Runde zurück
7. Nico Rosberg (Deutschland) Mercedes	1.32:33,036 = 195,525 km/h	1 Runde zurück
8. Paul Di Resta (Schottland) Force India-Mercedes	1.32:42,985 = 195,175 km/h	1 Runde zurück
9. Kamui Kobayashi (Japan) Sauber-Ferrari	1.32:47,575 = 195,014 km/h	1 Runde zurück
10. Vitaly Petrov (Russland) Renault	1.32:50,293 = 194,919 km/h	1 Runde zurück
11. Jaime Alguersuari (Spanien) Toro Rosso-Ferrari	1.32:53,541 = 194,806 km/h	1 Runde zurück
12. Sébastien Buemi (Schweiz) Toro Rosso-Ferrari	1.33:04,884 = 194,410 km/h	1 Runde zurück
13. Sergio Pérez (Mexiko) Sauber-Ferrari	1.33:15,629 = 194,037 km/h	1 Runde zurück
14. Rubens Barrichello (Brasilien) Williams-Cosworth	1.33:19,956 = 193,887 km/h	1 Runde zurück
15. Michael Schumacher (Deutschland) Mercedes	1.33:24,115 = 193,743 km/h	1 Runde zurück
16. Heikki Kovalainen (Finnland) Lotus-Renault	1.32:56,493 = 191,921 km/h	2 Runden zurück
17. Bruno Senna (Brasilien) Renault	1.33:26,183 = 190,904 km/h	2 Runden zurück
18. Jarno Trulli (Italien) Lotus-Renault	1.33:34,391 = 190,625 km/h	2 Runden zurück
19. Jérôme D'Ambrosio (Belgien) Virgin-Cosworth	1.33:06,717 = 188,793 km/h	3 Runden zurück
20. Daniel Ricciardo (Australien) HRT-Cosworth	1.33:27,563 = 188,091 km/h	3 Runden zurück

Schnellste Runde im Qualifying: Vettel (Red Bull-Renault): 1:11,918 = 215,695 km/h (erzielt in Phase 3)
Schnellste Runde im Rennen: Webber (Red Bull-Renault): 1:15,324 = 205,942 km/h
Höchstgeschwindigkeiten (Freitag, Training): 1. Alguersuari 320,7, 2. Vergne 320,4, 3. Buemi 318,4, 4. Maldonado 314,8, 5. Schumacher 314,6, 6. Pérez 313,7, 7. Barrichello 313,5, 8. Kobayashi 312,7, 9. Rosberg 312,3, 10. Hülkenberg 311,5, 11. Senna 311,4, 12. Di Resta 311,1, 13. Grosjean 311,0, 14. Sutil 310,8, 15. Alonso 309,6, 16. Petrov 309,2, 17. Webber 309,1, 18. Vettel 308,9, 19. Massa 308,7, 20. Hamilton 307,8, 21. Button 307,3, 22. Ricciardo 307,0, 23. Kovalainen 306,9, 24. Glock 305,6, 25. Razia 305,3, 26. D'Ambrosio 304,8, 27. Charouz 304,4, 28. Trulli 303,7
Höchstgeschwindigkeiten (Samstag, Qualifying): 1. Alguersuari 316,2, 2. Pérez 314,4, 3. Kobayashi 314,0, 4. Barrichello 313,4, 5. Petrov 311,1, 6. Buemi 310,9, 7. Senna 310,8, 8. Schumacher 310,0, 9. Rosberg 309,5, 10. Maldonado 308,3, 11. Kovalainen 307,7, 12. Sutil 307,4, 13. Trulli 307,3, 14. Di Resta 307,1, 15. Alonso 306,9, 16. Hamilton 306,5, 17. Button 306,2, 18. Massa 306,2, 19. Liuzzi 301,7, 20. Ricciardo 301,5, 21. Webber 299,6, 22. Vettel 299,3, 23. D'Ambrosio 296,9, 24. Glock 296,7
Höchstgeschwindigkeiten (Sonntag): 1. Schumacher 302,8, 2. Sutil 302,7, 3. Barrichello 302,6, 4. Alguersuari 301,5, 5. Pérez 300,8, 6. Rosberg 300,6, 7. Ricciardo 300,5, 8. Button 300,5, 9. Di Resta 300,0, 10. Kovalainen 299,0, 11. Petrov 298,3, 12. Kobayashi 297,7, 13. Senna 297,2, 14. Vettel 296,7, 15. Liuzzi 296,5, 16. Buemi 296,0, 17. Webber 295,3, 18. Glock 295,0, 19. Maldonado 294,5, 20. Trulli 293,7, 21. Alonso 289,3
Schnellste Runde jedes Fahrers im Rennen: 1. Webber 1:15,324 (71.), 2. Button 1:15,580 (63.), 3. Vettel 1:16,076 (68.), 4. Alonso 1:16,181 (65.), 5. Schumacher 1:16,681 (62.), 6. Barrichello 1:16,684 (70.), 7. Petrov 1:17,011 (58.), 8. Sutil 1:17,161 (36.), 9. Alguersuari 1:17,162 (55.), 10. Rosberg 1:17,207 (45.), 11. Hamilton 1:17,209 (35.), 12. Massa 1:17,271 (64.), 13. Buemi 1:17,428 (59.), 14. Di Resta 1:17,452 (64.), 15. Kobayashi 1:17,644 (55.), 16. Pérez 1:17,780 (63.), 17. Kovalainen 1:18,023 (69.), 18. Senna 1:18,274 (62.), 19. Trulli 1:18,596 (47.), 20. Ricciardo 1:19,649 (64.), 21. Maldonado 1:19,706 (26.), 22. D'Ambrosio 1:19,902 (60.), 23. Liuzzi 1:20,648 (60.), 24. Glock 1:21,773 (14.)
WM-Stand: 1. Vettel 392, 2. Button 270, 3. Webber 258, 4. Alonso 257, 5. Hamilton 227, 6. Massa 118, 7. Rosberg 89, 8. Schumacher 76, 9. Sutil 42, 10. Petrov 37, 11. Heidfeld 34, 12. Kobayashi 30, 13. Di Resta 27, 14. Alguersuari 26, 15. Buemi 15, 16. Pérez 14, 17. Barrichello 4, 18. Senna 2, 19. Maldonado 1
Konstrukteur-WM: 1. Red Bull-Renault 650, 2. McLaren-Mercedes 497, 3. Ferrari 375, 4. Mercedes 165, 5. Renault 73, 6. Force India-Mercedes 69, 7. Sauber-Ferrari 44, 8. Toro Rosso-Ferrari 41, 9. Williams-Cosworth 5

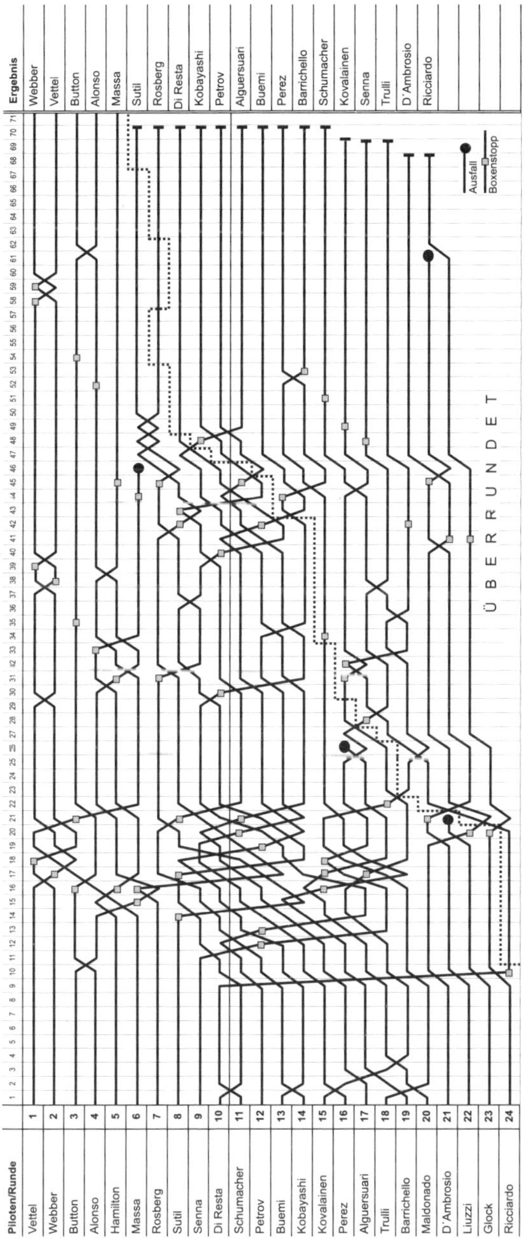
Piloten/Runde
Vettel
Webber
Button
Alonso
Hamilton
Massa
Rosberg
Sutil
Senna
Di Resta
Schumacher
Petrov
Buemi
Kobayashi
Kovalainen
Perez
Alguersuari
Trulli
Barrichello
Maldonado
D´Ambrosio
Liuzzi
Glock
Ricciardo
Ergebnis
Webber
Vettel
Button
Alonso
Massa
Sutil
Rosberg
Di Resta
Kobayashi
Petrov
Alguersuari
Buemi
Perez
Barrichello
Schumacher
Kovalainen
Senna
Trulli
D´Ambrosio
Ricciardo
Ausfall
Boxenstopp
ÜBERRUNDET

GRAND-PRIX-SIEGER 1950-2011

91 Große Preise	Michael Schumacher (Deutschland)
51 Große Preise	Alain Prost (Frankreich)
41 Große Preise	Ayrton Senna (Brasilien)
31 Große Preise	Nigel Mansell (England)
27 Große Preise	Jackie Stewart (Schottland)
	Fernando Alonso (Spanien)
25 Große Preise	Jim Clark (Schottland)
	Niki Lauda (Österreich)
24 Große Preise	Juan Manuel Fangio (Argentinien)
23 Große Preise	Nelson Piquet (Brasilien)
22 Große Preise	Damon Hill (England)
21 Große Preise	Sebastian Vettel (Deutschland)
20 Große Preise	Mika Hakkinen (Finnland)
18 Große Preise	Kimi Räikkönen (Finnland)
17 Große Preise	Lewis Hamilton (England)
16 Große Preise	Stirling Moss (England)
14 Große Preise	Jack Brabham (Australien)
	Graham Hill (England)
	Emerson Fittipaldi (Brasilien)
13 Große Preise	Alberto Ascari (Italien)
	David Coulthard (Schottland)
12 Große Preise	Mario Andretti (USA)
	Alan Jones (Australien)
	Carlos Reutemann (Argentinien)
	Jenson Button (England)
11 Große Preise	Jacques Villeneuve (Kanada)
	Felipe Massa (Brasilien)
	Rubens Barrichello (Brasilien)
10 Große Preise	James Hunt (England)
	Ronnie Peterson (Schweden)
	Jody Scheckter (Südafrika)
	Gerhard Berger (Österreich)
8 Große Preise	Denis Hulme (Neuseeland)
	Jacky Ickx (Belgien)
7 Große Preise	Rene Arnoux (Frankreich)
	Mark Webber (Australien)
	Juan Pablo Montoya (Kolumbien)
6 Große Preise	Tony Brooks (England)
	John Surtees (England)
	Jochen Rindt (Österreich)
	Gilles Villeneuve (Kanada)
	Jacques Laffite (Frankreich)
	Ralf Schumacher (Deutschland)
	Riccardo Patrese (Italien)
5 Große Preise	Dr. Giuseppe Nino Farina (Italien)
	Clay Regazzoni (Schweiz)
	John Watson (Irland
	Keke Rosberg (Finnland)
	Michele Alboreto (Italien)
4 Große Preise	Bruce McLaren (Neuseeland)
	Dan Gurney (USA)
	Eddie Irvine (Irland)
3 Große Preise	Mike Hawthorn (England)
	Peter Collins (England)
	Phil Hill (USA)
	Didier Pironi (Frankreich)
	Thierry Boutsen (Belgien)
	Johnny Herbert (England)
	Heinz Harald Frentzen (Deutschland)
	Giancarlo Fisichella (Italien)
2 Große Preise	Froilan Gonzalez (Argentinien)
	Maurice Trintignant (Frankreich)
	Wolfgang Graf Berghe von Trips (Deutschland)
	Pedro Rodriguez (Mexiko)
	Jo Siffert (Schweiz)
	Peter Revson (USA)
	Patrick Depailler (Frankreich)
	Jean-Pierre Jabouille (Frankreich)
	Patrick Tambay (Frankreich)
	Elio de Angelis (Italien)
1 Großer Preis	Giancarlo Baghetti (Italien)
	Lorenzo Bandini (Italien)
	Jean-Pierre Beltoise (Frankreich)
	Vittorio Brambilla (Italien)
	Joakim Bonnier (Schweden)
	Francois Cevert (Frankreich)
	Luigi Fagioli (Italien)
	Peter Gethin (England)
	Richie Ginther (USA)
	Innes Ireland (Schottland)
	Jochen Mass (Deutschland)
	Luigi Musso (Italien)
	Alessandro Nannini (Italien)
	Gunnar Nilsson (Schweden)
	Carlos Pace (Brasilien)
	Ludovico Scarfiotti (Italien)
	Piero Taruffi (Italien)
	Jean Alesi (Frankreich)
	Olivier Panis (Frankreich)
	Jarno Trulli (Italien)
	Robert Kubica (Polen)
	Heikki Kovalainen (Finnland)

SIEGERMARKEN DER WM-LÄUFE 1950-2011

(exklusive Indianapolis, das 1950–1960 zur Fahrer-WM zählte)

Ferrari	216	Cooper	16	Wolf	3
McLaren	175	Alfa Romeo	10	Honda	3
Williams	113	Mercedes	9	Eagle	1
Lotus	79	Maserati	9	Hesketh	1
Brabham	35	Matra	9	Penske	1
Renault	35	Vanwall	9	Porsche	1
Benetton	27	Ligier	9	Shadow	1
Red Bull	27	Brawn	8	Stewart	1
Tyrrell	23	Jordan	4	BMW Sauber	1
BRM	17	March	3	Toro Rosso	1